集人文社科之思　刊专业学术之声

集刊名：人权研究
主　　编：齐延平
执行主编：郑智航

(Vol.22) JOURNAL OF HUMAN RIGHTS

第二十二卷

集刊序列号：PIJ-2018-269
中国集刊网：www.jikan.com.cn
集刊投约稿平台：www.iedol.cn

人权研究

主　编／齐延平

执行主编／郑智航

JOURNAL OF HUMAN RIGHTS

Volume 22

第二十二卷

社会科学文献出版社
SOCIAL SCIENCES ACADEMIC PRESS (CHINA)

《人权研究》集刊序

“人权”，乃是人因其为人即应享有的权利，它无疑是人类文明史中一个最能唤起内心激情与理想的词汇。人权，在今天已不再是一种抽象的意识形态，而是已成为一门需要熟虑慎思的学问。在呼吁人权的激情稍稍冷却的时候，挑战我们的智慧与理性的时代已经来临。

近代以来国人对人权理想的追求，总难摆脱经济发展、民族复兴的夙愿，曾经的救亡图存激起的民族主义情绪，始终是我们面对“西方”人权观念时挥之不去的顾虑。在个人与社群、公民与国家、自由与秩序、普适价值与特殊国情之间，我们一直在做艰难的抉择。也正因此，为人权理想奔走呼号的人士固然可敬，那些秉持真诚的保留态度的人们也值得尊重。

人权不但张扬个人的自尊、自主、自强，也代表着一种不同于两千年中国法制传统的“现代”政治制度，它所依托的话语体系，既需要融合我们自己对理想社会的追求，也对我们既有的生活方式构成了严峻挑战。当意识到必须以一种近乎全新的政治法律制度迎接人权时代的来临之时，我们必须审慎思考自己脱胎换骨、破旧立新的方式。当经历“三千年未有之大变局”之后，一个古老的中国无疑遇到了新的问题。在这种格局下，人权的支持者和怀疑者都需要交代内心的理由：人权对中国意味着什么？对于渴望民族复兴的中国来说，人权对公共权力的规训是否意味着削弱我们行动的能力？对于一个缺乏个人主义传统的国家来说，人权对个人价值的强调是否意味着鼓励放纵？对于一个较少理性主义的国家来说，人权是否意味着将割裂我们为之眷恋的传统之根？对于这一源自“西方”的观念，我们又如何既尊重其普适价值又能不罔顾国情？诸如此类的问题，人权主义者必须做出回答，批评者亦必须做出回应。

人权既是美好的理想，又是政府行动的底线标准。

人权因其美好而成为我们为之奋斗的目标，毕竟，一个大国政道和治道的双重转换，确实需要时间来承载思想和制度上的蜕变。但是，对公共权力的民意约束、对表达自由的保护、对信仰自由的尊重、对基本生存底线的维持、对人的个性发展的保障，都昭示了政治文明走向以人权为核心的追求“时不我待”。我们必须承认，人权不是今人栽树、后人乘凉的美好愿景，而应当成为政府的底线政治伦理。政府的人权伦理不能等待渐进的实现，而是政府之为政府的要件。人权标准是一个“理想”并不等于也不应成为故步自封、拒绝制度转型的理由。

人权规范政府，但并不削弱权威。

近代民族国家的兴起和资本主义的扩张，将个人从传统的群体生活中抛出，个人直面国家，成为现代政治的基本特征。个人主义价值观的兴起，在文化意义上凸现了个性的价值，在制度设计上为保护个人提供了防护性装置。民主化消除了君主专制和寡头政治的专横，但又带来了“多数派暴政”的危险，而巨型资本渐趋显现的对个人权利的社会性侵害，也经由政府释放着它的威胁。因此，人权观念的主流精神，始终在于防范公共权力。

但是，政府固然没有能力为非，行善却也无能为力。缺乏公正而有力政府的社会，同样是滋生专制和暴政的温床。我们不会把尊重秩序与爱好专制混为一谈，也不会将笃信自由与蔑视法律视为一事。为公共权力设定人权标准，将强化而不是削弱权威，因为只有立基于民主选举、表达自由、尊重个性之上的公共权力才会获得正当性。与此同时，权威不等于暴力，它不是说一不二和独断专行。只有一个受到民意约束的政府，才能对维护公民的权利和自由保持高度的敏感。在一系列由于公共治理危机引发的严峻公共事件不断叩问我们良心的时候，我们相信，只有健全保障权利的政治安排，才能不致使政府因为无法获知民众的多元诉求而闭目塞听。我们需要牢记，一个基于民意和保障权利的政府才是有力量的。

人权张扬个性，但并不鼓励放纵。

人权旨在通过强化个人力量来对抗国家，它既张扬个性的价值，也坚信由制度所构造的个人创新精神乃是社会文明进步的根本动力。它让我们重新思考保障公共利益依赖于牺牲个人权益的传统途径的合法性和有效性是否仍然可行。在人权主义者看来，集体首先是个人的联合，公共利益也并非在各个场合都先于个人利益，它并不具有超越于个人之上的独立价值。为了所谓公益而把牺牲个人当作无可置疑的一般原则，将最终使公共利益无所依归。人权尊重个人自由，也倡导个体责任与自由结伴而行，它旨在改善个人努力的方向，排除在公共安排方面的投机，唤起普遍的慎重和勤奋，阻止社会的原子化和个人的骄奢放纵。自由与责任的结合，使每个人真正成为自我事务的"主权者"。当专断与暴政试图损害人的心灵的时候，人权思想具有阻止心灵堕落的功能。一个尊重个人价值的社会，才能滋养自立自强、尊重他人、关爱社群的精神氛围。一个尊重个人价值的社会，才能真正增进公共利益、获致国家的富强和民族的复兴。

人权尊重理性，但并不拒绝传统。

面临现代社会个人与国家的二元对立，我们期望通过培育权利和自由观念增强个人的力量。人权尊重理性，它将"摆脱一统的思想、习惯的束缚、家庭的清规、阶级的观点，甚至在一定程度上摆脱民族的偏见；只把传统视为一种习得的知识，把现存的事实视为创新和改进的有用学习材料"（托克维尔语）。理性主义尊重个体选择，但它并不是"弱者的武器"，甚至不能假"保护少数"之名行欺侮多数之实。"强者"和"多数"的权利同样属于人权的范畴。张扬理性乃是所有人的天赋权利，故人权理念不鼓励人群对立、均分财富和政治清算。我们主张人权与传统的融合，意味着我们要把界定"传统"含义的权利当作个人选择的领地留给公民自己、把增进公民德行的期望寄托于自由精神的熏陶而不是当权者的教化。我们相信，人权所张扬的理性价值，在审视和反思一切陈规陋习的同时，又能真诚地保留家庭、社群、民族的优良传统。

人权尊重普适价值，但并不排斥特殊国情。

人权的普适价值，系指不同的民族和文化类型在人权观念上的基本共识，它旨在唤醒超越国家疆界的同胞情谊，抛却民族主义的偏私见解。"普适价值"的称谓的确源于"西方"，但"西方"已不再是一个地理概念而是政治范畴。人权不是“西方”的专属之物，而是为全人类共享的价值。我们拒绝个别国家挥舞的人权大棒，仅仅是确信那些出于狭隘民族国家利益的人权诉求构成了对人类共同价值的威胁。二战以后，随着对威胁人类和平和尊严的反思日益深切和国际交往的日益紧密，人权概念从东方和西方两个角度得到阐释，它厘定了共同的底线标准，也容忍各国的特殊实践。没有哪个国家可以标榜自己为人权的标准版本。但是我们相信，承认人权的特殊性只是为了拓展各族人民推进人权保障的思想潜力，任何国家以其特殊性来否定人权价值都是缺乏远见的。特殊性的主张不能成为遮羞布，人权在消除不人道、不公正实践方面的规范意义，应被置于首要地位。正像宪政民主有其改造现实、修正传统的功能和追求一样，人权标准与现实之间的紧张关系必须通过优化制度安排、改造陈规陋习来解决。

当下纷繁复杂的人权理论，寄托着人们的期望，也挑战着人们的理智；既是我们研究的起点，也是我们审视的对象。人权是一门需要理性建构的学科。唯怀有追求自由的执着热情，又秉持慎思明辨的冷静见解，才能使之萌茁发展。《人权研究》集刊就是为之搭建的一个发展平台。

是为序。

徐显明

2008 年 12 月 10 日

目　录

目　录

CONTENTS

CONTENTS

Research on the Development of Rights

Empirical Research on Human Rights

人权基本理论

人权理论视域中“天人合一”话语改造的法治价值*

余　俊**

摘　要：国外占主导地位的人权理论以人本主义哲学为依据，将人与生态环境作为法律主体和法律客体分离开来，在这种“主客二分”思维方式影响下产生的自然法与实在法、人法与物法等背景预设的法学话语体系长期抑制了中华法文化学术话语的生产和创新。在中国传统法文化中，“天人合一”话语体系蕴含着“主客体一元化”的辩证唯物主义法哲学思想，以及人与自然和谐共生的人权理念。在人类社会向生态文明新时代的转型发展中，挖掘“天人合一”话语所蕴含的人与自然和谐共生的整体主义思维方法、修身齐家治国平天下的义利观，以及天理国法人情相协调的制度保障体系的思想精髓，对中国社会平衡充分发展的法治保障与人权理论创新发展具有重要的价值。

关键词：天人合一；话语体系；法治价值

历史文化是由各种各样的话语构成的体系。话语，是一种叙事方式，是文化外化的重要表现形式；同时也是一种权力结构，具有鲜明的主体意识和价值立场。① “天人合一”话语体系是中国传统文化的法哲学思想精髓，蕴含着朴素的与自然和谐共生的人权理念和中华法文化德法兼修的制度保障体系，但也存在一些与现代法治建设不适的制度障碍。习近平主席

* 本文系安徽平台引进高层次人才（皖组通字〔2017〕51号）和安徽高校拔尖人才项目（项目编号：gxbjZD05）的阶段性成果。

** 余俊，安徽师范大学法学院教授、博士生导师，法学博士、博士后。

① 龙柏林：《中华文化走出去的话语具象方式》，《光明日报》2018年7月16日。

在 2014 年 5 月中国国际友好大会暨中国人民对外友好协会成立 60 周年纪念活动上的讲话中谈到应该弘扬“天人合一”的宇宙观后，在 2018 年 5 月全国生态环境保护大会上的讲话中再次明确提出“天人合一”理念是中华民族优秀传统文化的观念。因此，梳理并重新阐释“天人合一”传统文化在新时代背景下的法治价值，对阐释中国社会平衡充分发展的法治保障与人权理论创新发展的法哲学内涵意义重大。

一 “天人合一”话语考辨

在中国哲学史上，“天人合一”思想主要是儒家的思想观念。所谓“天人合一”，主要有三种学说。第一种认为“天”指最高主宰，所谓“合一”就是符合的含义；第二种观点认为“天”指自然界，“天人合一”就是人与自然的和谐；第三种观点认为“天”指最高原理，“天人合一”就是“天理”与人情的统一。[①] 其中，第二种观点是现代学者对“天人合一”传统文化进行了创造性转化的解释，如季羡林先生对其解释为：天，就是大自然；人，就是人类；合，就是互相理解，结成友谊。[②]

中国哲学史上儒家“天人合一”的思想是在道家的“道法自然”思想的基础上，逐步从实体意义的“天”向伦理意义的“天理”转化而形成的。老子曰：“人法地，地法天，天法道，道法自然。”[③]《庄子·达生》曰：“天地者，万物之父母也。”所以，在道家思想中“天”是一个纯粹意义的自然实在，“道法自然”就是人与天地自然的法则要结合到一起，人类社会的生活规律需要与天地自然变化相一致。在老子阐述的“道法自然”中，“自然”是指自然而然，这就是“道”，这种“道”是高于人间之“法令”的。老子主张人类社会的理想状态应该“无为而治”，反对法

① 参见张岱年《中国哲学中“天人合一”思想的剖析》，《北京大学学报》（哲学社会科学版）1985 年第 1 期。

② 参见季羡林《“天人合一”新解》，转引自季羡林研究所《季羡林说国学》，中国书店出版社，2007，第 35 页。

③ 《道德经·道经第二十五章》，转引自刘彦灯等译《道德经　百喻经俗译》，华中理工大学出版社，1990，第 68 页。

令滋彰。庄子继承和发展了老子的“无为而治”思想，主张绝对无为，取消一切制度和规范，把“贵生”“为我”引向“达生”“忘我”，认为只有这样才能形成天然的“道”“我”合一，即“弃世则形不劳，遗生则精不亏。夫形全精复，与天为一”。这里的“与天为一”，不是“天人合一而是归一”。道家思想中蕴含着中国古代朴素的唯物主义思想，即人类社会属于自然的一部分，受自然规律的支配。这种观点与马克思的历史唯物主义观点有吻合之处。马克思以唯物史观为理论基础，以经济基础决定上层建筑的原理为指导，从法的客观规律性上去认识“法”，把它与“法律”的主观意识性相区别。马克思认为，“法”是“自由的无意识的自然规律”，“法律”则是“一种反映着经济关系的意志关系”，而且“这种法的关系的内容是由经济关系本身决定的”。[①] 道家思想与马克思将“法”和“法律”区分开来的观念有一致之处。

不过，道家思想忽视了人作为实践主体的主观能动性。与道家对“道法自然”观念不同，我国先秦儒家思想是提倡“人治”“德治”，反对“道法自然”。孔子虽然敬畏天命，但主张：“为政在人”“文武之政，布在方策。其人存，则其政举；其人亡，则其政息”。[②] 孔子还提倡“仁”，所谓“仁”，他认为是“克己复礼为仁”，[③] 主张“仁”的本义是“爱人”。孟子继承和发展了孔子以“仁”为核心的思想，提出了“教以人伦”“薄其赋敛”并“制民之产”的“仁政”方略，丰富和发展了处理人事关系的儒家“人治”“德治”思想。先秦儒家中，荀子是受道家影响最深的一位。荀子对道家思想的天道观有所批判地继承，他反对道家“道法自然”的观念，更重视人为的努力，在孔子、孟子的“人治”“德治”基础上，他提出了“天人之分”“隆礼重法”的观念。荀子说：“天能生物，不能辨物也；地能载人，不能治人也。”因此，天道与人道是分开的，但是人可以“从天而颂之，孰与制天命而用之；望时而待之，孰与应时而

---

① 《马克思恩格斯全集》第1卷，人民出版社，1995，第176页；《马克思恩格斯全集》第21卷，人民出版社，2003，第375页。

② 《礼记·中庸》，转引自杨天宇《礼记译注》，上海古籍出版社，2004，第700页。

③ 《论语·颜渊》，转引自杨伯峻《论语译注》，中华书局，2006，第138页。

使之"[①]。

以荀子的"天人之分"为理论依据，吸收前期法家商鞅的观念，法家代表人物韩非子提出了"法、术、势"的"法治"思想。韩非子虽然是荀子的学生，但反对儒家的"人治""德治"思想，而在某种程度上发扬了道家的"道法自然"思想，继承了商鞅的"礼法以时而定，制令各顺其宜"观念。《韩非子·五蠹》记载的"守株待兔"、《吕氏春秋·察今》中的"刻舟求剑"、《淮南子·说林训》中"削足适履"等典故，都反映了法家从"天人之分"立场出发主张"制天命而用之""世易时移，变法宜矣"的观点。韩非子还在《韩非子·解老》一文中，谈到宇宙、天道的本质、规律以及社会应该遵循的原则时说："道者，万物之所然也，万理之所稽也。理者，成物之文也；道者，万物之所以成也。"[②]"缘道理以从事者，无不能成。无不能成者，大能成天子之势尊，而小易得卿相将军之赏禄。"[③] 而在《难势》一篇中他却说，"抱法处势则治，背法去势则乱"，这与商鞅"法古则后于时，修今则塞于势"的"势"不同，是"权势"而不是"时势"，进一步将君主专制政体上升到法家政治哲学的本体论高度，将之作为宇宙本体、天道规律，从而使"法统"变成了"专制"。

汉朝罢黜百家、独尊儒术以后，法家"天人之分"的观念受到排斥，糅合道家思想的儒家提出了新的"天人合一"理论来改造先秦法家制定的律令典章，形成了早期的"天人合一"经学思想。儒家代表人物董仲舒提出："天人之际，合而为一"。"天者，万物之祖"，而人是天的副本，是"化天数而成"。所以，他提出了"循天之道""大德而小刑"等法律原则。"是故王者上谨于承天意，以顺命也；下务明教化民，以成性也；正法度之宜，别上下之序，以防欲也。"[④] 从而，道家的"道法自然"观念转化为儒家的"天人感应"观念，并在汉以后占据主流文化地位。东汉王充继承了荀子的"明于天人之分"思想，反对"天人感应"，指出"夫天

---

① 《荀子·天论》，转引自王天海《荀子校译》，上海古籍出版社，2005，第696页。

② 《韩非子·解老》，中华书局，2010，第208页。

③ 《韩非子·解老》，中华书局，2010，第194页。

④ 《春秋繁露·深察名号》，中华书局，1975，第359页。

地合气，人偶自生也”，“夫人，物也”。而“天人合一”一语的正式出现，则归于宋代理学家张载。张载也认为人与天地万物统一于气，但他认为人具有道德理性和知识理性，可以通向“天人合一”境界。他说：“儒者则因明致诚，因诚致明，故天人合一，致学而可以成圣，得天而未始遗人，《易》所谓不遗、不流、不过者也。”[①] 张载在这里，破除了董仲舒的天人感应的迷信色彩，继承了王充等人的气化论，并将其发展到本体论水平，“天人合一”也就是民胞物与、天人合德。

可是，随着近代西方法治思想的东渐，中国“天人合一”传统文化受到了挑战。新文化运动时期有一些学者认为其阻碍了中国“法律科学”的产生。在西方文化中，近代的科学，旨在于理性、客观的前提下，用实证方法获取关于世界的系统知识。1888 年，达尔文也曾给科学下过一个定义：“科学就是整理事实，从中发现规律，做出结论。”[②] 由科学的定义我们知道，科学只能解决有客观现实基础的问题。而诸如道德、价值判断、社会取向、个人态度这些问题是无法用科学方法加以解决的，可为了追求精神世界而无视科学也是万万不能的。1923 年至 1924 年，中国思想学术界发生了著名的“科玄之争”，即关于科学与人生观关系问题的学术论争。新儒家代表人物之一张君劢在清华大学做的题为《人生观》的专题演讲中，主张科学无法支配人生观，被人们称为玄学派。张君劢认为，儒家因尚“德治”而不讲“法治”，这是中西政治思想的分界线，但儒学对人生观的看法符合“人情”。他宣称西方科学之新学并不能解决人生与道德的问题，当然他也不排斥来自西方文化的科学理性和人权理论等现代化的基本价值因素。他以康德与新儒家作比较，认为康德强调道德意志比理论悟性更具有优先性，在这点上也就更接近于中国思想。[③] 针对这一观点，丁文江、陈独秀、胡适等进行了批驳，他们坚持科学对人生观具有决定作用，被称为科学派，两派对科学与人生观的关系展开了激烈的辩论。

中国思想学术界的这场“科玄之争”，是知识分子对中国“天人合

---

① 《正蒙·乾称》。（宋）张载：《张载集》，中华书局，1978，第 65 页。

② 陆琦：《科学精神如何融入文化建设》，《中国科学报》2012 年 3 月 2 日。

③ 参见张君劢《人生观》，《清华月刊》1923 年第 272 期。

一”思想的人权理论反思。张君劢受宋明理学以及西方柏格森、康德的先验主义纯粹哲学的影响，重视人生非理性因素与自然界因果律、决定论的矛盾关系，更多地从康德的人与人之间自由并存角度界定人权概念。[①] 胡适主张实用主义哲学，反对张君劢的新儒学思想，主张个性自由和解放的人权理论。[②] 胡适也反对陈独秀将“物质”一词解释为经济，反对经济一元论或物质一元论，强调历史是多元的，申明知识、思想、教育可以变动社会，解释历史，支配人生观。因此，胡适的人权理念受西方自然法的抽象人性论影响很深。他主张从物理学、生物学、心理学、人类学等科学角度解释人生观，叫人知道人不过是动物的一种，知道生物界生存竞争的浪费与残酷。他认为董仲舒《春秋繁露·重政》的“天人合一”观念不是人与自然和谐，而是扼杀科学和个体的主体性，强调圣人权威。[③] 国外一些学者对此也持相同观点，认为儒家“天人合一”思想与人权理论是相互矛盾的，忽视了对人作为实践理性的主体性探讨。韦伯的《儒教与道教》就指摘了中国文化的巫术和神秘的“天人合一”思想，认为它为儒、道两教所共同具有，并倾向于无批判地肯定现世，这是变革社会现实的结构性阻力。在韦伯的论述中，中国“天人合一”传统文化是和西方科学理性相对立的范畴。[④]

不过，近现代中国的学者却采取了“格物致知”的概念来翻译西方的“科学”概念，更多的学者赞同儒家“天人合一”思想蕴含着一种科学的“格物致知”的法学方法论，将自然权利也翻译成“天赋人权”。随着两次世界大战的爆发以及二战后种族问题、生态环境问题的频频爆发，西方占据主流文化的科学实证理论也遭遇挑战，中国传统“天人合一”的观念再次被世界重视。张世英2007年在《求是》中阐述了“天人合一”思想对于构建和谐社会、实现人与自然和谐相处、解决生态危机问题的重要意义。[⑤] 郝海燕却认为儒家的“天人合一”主要不是指人与自然的和谐。[⑥]

① 参见张君劢《再论人生观与科学并答丁在君》，上海泰东书局，1925，第92~93页。

② 参见欧阳哲生主编《胡适文集》，北京大学出版社，1998，第423页。

③ 参见胡明《胡适传论》（下），人民文学出版社，1996，第543、548页。

④ 参见苏国勋《韦伯关于中国文化论述的再思考》，《社会学研究》2011年第4期。

⑤ 参见张世英《中国古代的“天人合一”思想》，《求是》2007年第7期。

⑥ 参见郝海燕《儒家的“天人合一”与人和自然的和谐》，《哲学研究》2012年第5期。

关于“天人合一”的研究法学界也给予了关注。例如，公丕祥认为，在古代中国体现儒家伦理精神的法律，乃是一个建构于“天人合一”道德基础之上的以王道精神相标榜的、通过家族本位与君权主义体现出来的系统。①马小红在《天学与法律》（序）中认为应该从“天理、国法、人情”的整体性研究角度解释“天人合一”哲学思想的法律含义。② 除此之外，还有徐显明③、张文显④等从人与自然关系角度对“天人合一”话语体系做了一番考察和理性的思考，他们都认为中国传统文化包含着对人与自然关系的深刻体认与把握，当今社会要善待自然，应该确立“天人合一”的世界观。

在西方法文化话语体系的建构中，由柏拉图开端、经笛卡尔接近完成的精神、物质二元论存在着文化与自然、价值与事实的脱节。斯宾诺莎是一个彻底的自然主义者，他在《伦理学》中认为自然权利是包括人在内的一切事物努力维护自己存在的权利，人和万物都遵循自然法则。⑤ 而笛卡尔在其《谈谈方法》的开头就断言，良知也好，理性也好，对所有的人来说都是天赋的、平等的，并认为这种理性是人类的最终依据。⑥ 随着西方发达资本主义国家工业化过程中环境问题的严重化，传统西方“主客体二元论”受到批评。20 世纪 60 年代以来，美国学者卡逊、英国学者佩珀等撰文提倡自然界的权利，呼吁重视中国“天人合一”传统文化。20 世纪 70 年代还出现了一种以莱斯为代表的批评“控制自然”理论，一种以哈贝马斯等为代表的研究主体间性问题的西方马克思主义流派，呈现对“主客二分”法学话语体系的纠偏趋势。

在中国，围绕“中国法学话语体系的当代建构”这一话题，张晋藩⑦、顾培东⑧等学者，都撰文阐述了中华法文化对当代中国法治话语体

① 参见公丕祥《当代中国的自主型司法改革道路》，《法律科学》2010 年第 3 期。

② 参见方潇《天学与法律》，北京大学出版社，2014，第 2 页。

③ 参见徐显明《和谐权：第四代人权》，《人权》2006 第 2 期。

④ 参见张文显《和谐精神的导入与中国法治的转型》，《新华文摘》2010 年第 17 期。

⑤ 〔荷〕斯宾诺莎：《伦理学》，贺麟译，商务印书馆，1983，第 690 页。

⑥ 〔法〕笛卡尔：《谈谈方法》，王太庆译，商务印书馆，2009，第 1 页。

⑦ 参见张晋藩《构建中国特色的法治话语体系》（上、下），《中国社会科学报》2016 年 1 月 21、26 日。

⑧ 参见顾培东《当代中国法治话语体系的构建》，《法学研究》2012 年第 3 期。

系构建的意义，他们都认为西方传统的法学研究方法虽然具有某种现代科学合理因素，但常常带来一些副作用，主要是片面强调“分”而不注意“合”，分而不合，就造成人与自然的主、客体隔绝。与西方文化偏重分析、弱于综合、追求概念准确等不同，中国传统文化“天人合一”论把天和人看作和谐、统一、浑汇交融的整体，把天与人、自然与文化、主体与客体放在一起加以考察，形成了天人合一宇宙观的整体思维模式，这些模式反映了自然界乃至人类社会的一切事物的共同性，这和当今人与自然和谐共生所体现的环境人权理论是一致的。但他们论及的法治“元理论”并没有明确指向“天人合一”。蔡守秋主张以“主体、客体一体化”的方法来研究生态环境法治建设，认为环境法不仅调整人与人的关系，还调整人与自然的关系。[①] 余谋昌更是指出应该将“天人合一”理念向生态哲学等领域纵深发展，而不是仅仅局限于狭义的生态环境保护问题。[②] 因此，对传统文化的“天人合一”话语体系进行创新性改造，不仅是对人权理论的创新，也对中国特色社会主义法治建设具有重要理论和实践意义。

二　第三代人权理论视域下“天人合一”话语改造的契机

在人权理论的发展过程中，第一代人权主张人人生而平等、自由等权利，从而将人作为个人主体从自然和社会中独立出来；第二代人权主张社会弱势群体的劳动权、教育权、社会保障权等权利，倡导社会正义；第三代人权包括民族自决权、发展权、和平权、健康环境权、文化遗产保护权、代际公平和可持续发展等权利，体现了人与自然和谐共生、人与人之间宽容相处、国际社会之间构建人类命运共同体的全球法治发展趋势。[③]

中华法文化是涵养当代公民法治核心价值观的源泉。中国传统的“天

① 参见蔡守秋《调整论——对主流法理学的反思与补充》，高等教育出版社，2003，第25页。

② 参见余谋昌《适应生态文明的哲学范式转型》，《人民日报》2017年11月27日。

③ 参见齐延平《人权与法治》，山东人民出版社，2003，第45页。

人合一”文化经过几千年的沧桑岁月，是先人传承下来的价值理念和道德规范，孕育了中华民族讲仁爱、尚和合、求大同的民族精神，这与第三代人权理念有着相通的时代精神，我们要汲取其中的思想智慧，处理好继承和创造性发展的关系。中华法文化中“天人合一”话语体系的形成，儒家思想发挥了重要作用。儒家从效仿天地之道入手，吸收道家思想精华，将天地之道内化为人德和国法，而后修身、齐家、治国、平天下。如，张载认为：“天人一物，辄生取舍，可谓知天乎。”“辄生取舍”，即舍人生而求天性。怎能知天之理呢？“天人合一”即天理、人道合一。[①] 因此，儒家“天人合一”传统文化蕴含着人与自然和谐共生的朴素人权理念，以及“修身齐家治国平天下”的公法、私法相统一的制度文明落实机制，是涵养当代中国公民法治核心价值观的精神源泉。因此，用时代精神改造“天人合一”传统文化，将中国传统文化“天人合一”话语体系中所蕴含的正确义利观及人与自然和谐的人权理念激活，是有利于培养新时代的人与自然和谐共生的人权理念和“修身齐家治国平天下”的法治文化，并促进中国特色社会主义法治建设的。

以市场经济为基础的现代法治模式源于西方，其有益的市场经济法治经验我们可以借鉴，但不能照抄照搬。恩格斯说，罗马私法是“以私有制为基础的法律的最完备形式”，[②] 是“商品生产者社会的第一个世界性法律”[③]。由古罗马法学家乌尔比安最早提出了公法、私法（民法）与自然法的划分。按照乌尔比安的解释，公法是以保护国家（公共）利益为目的的法律，私法是以保护私人利益为目的的法律。[④] 由于西方法律文化中存在着自然法（人类的理性）与意定法（人的理性）的区分，所以西方与中国对待“公”与“私”的关系明显不同。罗马人将实在法划分为公法与私法，是以罗马社会简单商品经济为基础的，因此，其以个人功利主义

① 《正蒙·乾称》。（宋）张载：《张载集》，中华书局，1978，第232页。

② 《马克思恩格斯全集》第20卷，人民出版社，1971，第113页。

③ 恩格斯：《路德维希·费尔巴哈和德国古典哲学的终结》，载《马克思恩格斯选集》第4卷，人民出版社，1972，第248页。

④ 〔意〕彼德罗·彭梵得：《罗马法教科书》，黄风译，中国政法大学出版社，1994，第9页。

为价值追求的私法较为发达。在西方私法文化中，人权主体是个体的自然人，自然环境就是我们所称的“物”。“物”作为权利客体给人带来的是经济利益，例如，森林可以提供木材、水流可以航行、矿藏可以开采加工……将自然资源纳入“物”的范围，是人类法律文化发展的结果。在此之前，阳光、水等环境要素作为“公用地”或“无主物”存在，导致了自然法假设中的“斗争状态”。可是，仅仅将自然环境作为客体“物”，容易形成公法与私法、人法与物法的矛盾，以及“公地悲剧”的产生。魏玛宪法将社会权纳入基本人权的范围，强调国家对私域的干预，试图解决市场经济体制中个人人权与集体人权的冲突、公法与私法的矛盾，但受制于人本主义思想而难以脱离功利主义哲学的思维范式。因此，生态环境作为“物法”的特征难以改变。即便公法给予了生态环境保护，也不能动摇西方人权理论的人本主义哲学基础。

中国传统社会中虽然商品经济也曾较发达，但最终还是没占据主流地位，“私法”也就淹没于“公法”之中。在中国传统法律制度中，“公法”一词出自法家。[①] 战国时期法家先贤李悝、商鞅、申不害相继在各国变法，颁布的法律主要是奖励耕战，意在强化“奉法为公”，对商人重利的私心是谨慎防范的。战国时期的法家人士慎到还从道家的“天人合一”观念出发，将法归为“至公大定之制”，系统阐述了奉法为公的“法治”观念。他说：“天道，因则大，化而细。因也者，因人之情也。人莫不自为也，化而使之为我，则莫可得而用矣。”在这里，慎到是从人情中引出天道，从“天道”论证“法者，所以齐天下之动，至公大定之制也”。[②] 慎到将法律归为“立公去私”的观点得到了商鞅的继承。商鞅说，“故法者，国之权衡也”，他主张“任法去私”，而不能“释法任私”。[③] 商鞅还通过变法，废井田开阡陌，奖励耕战，将《法经》改造成了秦律，形成了诸如《田律》等制度，奠定了农耕文明的法制基础，历史上称之为“改法为律”。[④]

① 《战国策·秦策三》，转引自王守谦等《战国策全译》，贵州人民出版社，1992，第56页。

② 《慎子·因循》。（清）钱熙祚校：《慎子》（《诸子集成》本），中华书局，1954年，第6页。

③ 《商君书·修权》，转引自高亨《商君书注释》，中华书局，1974，第296页。

④ 参见沈家本《历代刑法考》（第2册），中华书局，1985，第847页。

可法家“奉法为公”的法律制度是封建君主的治世之具，不利于商品经济发展。商鞅在变法中曾颁布一项奖励耕织的法令，其主要内容是：“戮力本业，耕织致粟帛多者，复其身……事末利及怠而贫者，举以为收孥。”①

与法家强调“公法”的价值追求不同，儒家是认同一定范围的“私法”的。如孟子曰：“易其田畴，薄其税敛，民可使富也。”② 儒家代表人物孟子等虽然不反对商品经济，但主张不义之利“不苟得”。但是，中国传统社会不管是儒家“天人合一”所倡导的“礼治”还是法家“天人之分”倡导的“法治”，都是以农为宗，礼法制度建立在农耕文明以家为基本法律单位的基础上，把山水林田湖草作为家园环境对待。不过，法家所颁布的法律制度经过儒家“天人合一”思想的改造后，中国传统法律制度的“公法”观念也发生了变化，逐步形成了以儒家“天理”“人情”为根本的“治国平天下”的“国法”制度，以及“修身齐家”的“私法”。西汉戴圣在《礼记·礼运》谈到的“大道之行也，天下为公”，是以“平天下”为“公法”，而不是以君主的一家之利为“公法”。隋朝杨坚主张“以公执律修德，慎狱恤刑”，③ 宋朝陈亮的“以法为公”，④ 王夫之的“体天无私”⑤ 等，都反映了这种公法观念的变化。⑥ 至于“私法”，只要私不害公，也是允许的。孔子还说“礼失求诸野”，可见以宗族等自治主体为单位的“礼治”的“私法”在传统社会中占据广阔空间。但是儒家所谓“礼治”的家族“私法”，是与农耕文明相适应而不是与西方社会商品经济的“私法”体系相对应的。

因此，中国传统社会以农耕文明为基础，形成的“修身齐家治国平天下”的户婚、厩库、擅兴、贼盗是“私法”和“公法”的统一，这与西

① 《史记·商君列传》。（西汉）司马迁：《史记商君列传》，线装书局，2006，第 301 页。

② 《孟子·公孙丑上》。《孟子·尽心章句上》，转引自杨伯峻译注《孟子译注》，中华书局，1960，第 311 页。

③ 《隋书·高祖上》。（唐）魏徵等：《二十四史全译·隋书·高祖上》，汉语大词典出版社，2004，第 11 页。

④ 《谢梁侍郎启》。（宋）陈亮：《陈亮集·谢梁侍郎启》，中华书局，1974，第 244 页。

⑤ 《读四书大全说》（卷三）。（清）王夫之：《读四书大全说》卷三，中华书局，1975，第 123 页。

⑥ 参见张国华主编《中国法律思想史》，法律出版社，1982，第 93 页。

方以商品经济为基础的重视个人利益保护的"私法"存在根本的差异。在中华法文化中，个体权利处在家庭、国家的公共利益之下。近代以来，中华法系在西方法律文化的东渐中，传统社会"天人合一"理念及其制度化的体系受到了很大冲击，传统"修身齐家治国平天下"的法律体系逐渐被西方公法、私法体系取代。可是，西方工业文明和市场经济的发展在进一步促进了西方国家法律发展的同时，也带来社会、环境等公共利益的损害问题。20 世纪 60 年代以来，西方国家的民法出现了社会化趋势，一些关于社会保障、环境保护等的法律大量出现，"公法"和"私法"出现混合趋势。改革开放以后，我国从计划经济改到有计划的商品经济，再发展到社会主义市场经济，法治作为治国方略在宪法中得以确立。在中国特色社会主义法律体系形成过程中，我国移植了西方一些市场经济发达国家的法律制度，也制定了中国特色社会主义的民法通则劳动合同法、环境保护法等兼具"私法"和"公法"特色的混合法律，但是始终还存在法律制度体系和法治文化冲突的问题，导致法律实施效果不理想。西方法律制度体系的追求以个人自由主义、功利主义为人权价值目标，而中国特色社会主义法治建设是以和谐、民主、文明等集体人权为核心价值的。在这方面，"天人合一"传统文化与当代法治建设的第三代人权理念的价值追求有相通之处。随着社会向生态文明新时代的转型，中华民族"天人合一"传统文化蕴含的生态伦理等人权理念有利于中国特色社会主义生态文明制度体系建构。社会主义市场经济本质上是法治经济，对私人权利法律要加强保护；但生态环境是公共利益，是一种连带性的权利，更需要用严格的法律制度来保护。

与中华法文化以家族、族群（如少数民族地区的世居民族）为本位不同，在西方法律文化中，作为人权的主体一般指的是独立于自然和社会群体的"抽象的人"。从法国 1789 年《人权与公民权利宣言》所使用的"人权"和"公民权利"的概念来看，"人权"和"公民权利"的主体是个人。而发展权、健康环境权、文化遗产保护权第三代人权的主体常常是处在一定生活环境中的一个民族或一群作为"类"的人，这就造成西方国家人权理论中常常不承认第三代人权。而将一个国家民族或一群作为

“类”的人作为人权的主体，可谓中国“天人合一”法律文化的特色。关于汉语中的“民族”一词，可以追溯到汉代。当时“族”是家族、宗族、类族、部落，没有将“民”和“族”连用。连用是在19世纪下半叶，我们国家陆续出现了现代意义上的“民族”（nation）这个词。1882年王韬在《洋务在用其所长》中有“夫我中国乃天下至大之国也，幅员辽阔，民族繁殷”的描述，此时，“民族”开始有了连用这样的先例，20世纪初，“民族”这个词被普遍使用。[①] 根据考证，现代意义上“民族”的表述和前面古汉语中“民族”的说法没有多少瓜葛，而是借用了明治维新时期日本知识分子拼凑的“民族”二字，对西文“nation”做了汉语的翻译，作为一个新词。可见在最初的意义上，我们国家的“民族”指向族类共同体，是“国族”，也就是现在广义上的“民族”意思。对此，可以在语言的谱系、地域、文化特征、经济类型、社会、经济形态、政治、人口数量的标准上进行细分，比较典型的是中华民族的表述，美利坚民族、法兰西民族、德意志民族，这是“国族”的概念。除了广义的民族之外，还有另外一种对民族的理解，即狭义的——构成这个民族的各个成员。费孝通先生指出：“在‘民族’之内部可以有语言，文化，宗教，血统之‘种族’的存在。”[②] “多元一体”构成了中国多民族国家的历史与现实，显示了中华民族“天人合一”、和而不同的总特点。

我国境内各世居民族，长期以来与所居住的地方形成了水乳交融的关系。在中国这个具有长期农耕文化的国家，中华民族强烈的族群观念、地域观念等传统文化都塑造了中华民族传统法文化的“家国同构”特征和“人法地，地法天”的“天人合一”的主体性特色。从周朝时期实施的宗法制开始，到《北齐律》将“户婚”联为一篇后，历朝历代都将土地权益与家庭婚姻制度紧密相连。中国农民不像西方国家的公民一样将土地视为财产，却把土地视为衣食父母和家园。与西方海洋商业文明不同，西方人追求个人自由，喜欢迁徙，四海为家；而中国人重视血缘宗族亲情，商

① 参见中国史学会《洋务运动》（第1册），上海人民出版社，1953，第496页。

② 参见费孝通《学术自述与反思》，载《费孝通学术文集》，生活·读书·新知三联书店，1996，第9页。

人走西口、闯关东，最后还是希望衣锦还乡，叶落归根。村头的树林、池塘、一条小溪，都是一家、一族、一村人的精神寄托和认同。

1992 年 6 月 5 日，由签约国在巴西里约热内卢举行的联合国环境与发展大会上签署的《生物多样性公约》是国际环境法阐述土著人环境权的里程碑，序言说道："意识到生物多样性的内在价值，和生物多样性及其组成部分的生态、遗传、社会、经济、科学、教育、文化、娱乐和美学价值"，"认识到许多体现传统生活方式的土著和地方社区同生物资源有着密切和传统的依存关系，应公平分享从利用与保护生物资源及持久使用其组成部分有关的传统知识、创新和作法而产生的惠益"。文化多样性是人类在生存和发展中积累的与自然和谐相处的各种区域群体的知识体系，是人的主观性的整体表现，对文化多样性的保护是土著民环境人权概念的真正要义。因此，不能仅从自然资源物权、环境容量权角度来描述环境人权，更应该从文化多样性角度来揭示环境人权概念的本质。

从中华法文化对山水林田湖草进行整体性保护的本色上讲，中华法文化是一"类"人与自然和谐共生的"环境法"，而西方法文化的演变则是一种在"主客体二分"模式下形成的公法与私法、人法与物法的分离对立的法律体系。西方法文化的这种法治模式，对推动商品经济的发展和弘扬人的主体性发挥了重要作用，但在现代社会向生态文明社会转型的阶段，也遭遇了"主客体二分"模式下第三代人权理论发展的挑战问题。所以笔者认为，用生态文明新时代精神和人与自然和谐共生的人权理念对中华民族"天人合一"的话语体系进行改造，不失为一种良好的民族文化法律保护方法和生态文明法治建设模式探索。一方面，"天人合一"的话语改造强化了民族文化与环境保护的关联性；另一方面，也是站在生态整体主义和人类命运共同体的角度维护文化多样性和环境保护的一体性。

中国传统文化"天人合一"中所蕴含的"修身齐家治国平天下"的公法、私法相统一的思想，形成了调整中国公与私、国与家之间关系的行为规范。中国有句古语"一屋之不扫，何以扫天下"，就说明了这个道理。[①]

---

① 《汉书·贾谊传》。(汉) 班固：《汉书·贾谊传》，江苏凤凰美术出版社，2016，第 195 页。

中华优秀传统文化是中华民族的根和魂，是中华民族生存发展的血脉与精神纽带。我们要心存温情和敬意，担负起守护和培育它的责任。一个时代的法律精神是这个时代一切社会制度的价值基础。[①] 党的十八届五中全会提出了创新、协调、绿色、开放、共享五大发展理念，把“绿色发展”作为五大发展理念之一，这不仅与中华民族“天人合一”的理念一脉相承，而且立意更高，指明了传统文化制度化的时代精神和生态法治意蕴。党的十九大报告进一步明确并细化了“坚持人与自然和谐共生”的发展战略，宪法修正案增加了生态文明建设的诸多条款，这些都是根据新时代人权理论对“天人合一”话语体系的创新性发展，与当今世界第三代人权理论发展趋势相吻合。因此，优秀传统文化是涵养中国特色社会主义核心价值观的重要源泉，我们要结合新的时代条件传承和弘扬传统文化中所蕴含的积极价值，培育执政党、立法者、行政人员、司法工作者和公民的法治核心价值观，推动“天人合一”人权理念入法入规，增强中国特色社会主义生态文明制度体系的法治执行力。

三　新时代“天人合一”人权理念创新的立法价值

随着新时代主要矛盾的变化，为了促进社会的平衡发展，党的十九大报告强调了“坚持人与自然和谐共生”的发展战略。“天人合一”传统文化蕴含着朴素的生态伦理理念，不仅体现了中华文化的民族精神，也与新时代人与自然和谐共生的人权理念相吻合，体现了新时代人民群众对美好生活追求的哲学内涵。十八大以来，习近平总书记也多次谈到山水林田湖草人是生命共同体，这是对“天人合一”传统文化的创造性转化和创新性发展。

中华法文化中儒家“天人合一”的思想成为主流，这是由传统农耕文明的经济基础决定的。中华民族是典型的农耕民族，将土地（包括山水林

① 参见〔美〕罗斯科·庞德《普通法的精神》（中文修订版），夏登峻译，法律出版社，2010，第1页。

田湖草）比作大地母亲，从土地那里获取生活资源，农业是主业，犁等铁制品历史悠久，人们对耕牛等生产动物有着很深的感情，而且人死也要入土为安，叶落归根，这就是老子所谓的“人法地”。中国“天人合一”的土地宗法制度与西方法律文化中将土地制度视为“物法”不同，中国农民不将土地视为“物”或财产，而将土地视为衣食父母。法家以奖励耕战而得势，儒家提倡的宗法制更是将“人法地”具体化、制度化，从而形成具有很强中华民族特色的传统社会土地法的德性特征。清代龚自珍在《五经大义终始论》说：“圣人之道，本天人之际，胪幽明之序。”在“天人合一”观的影响下，他在《农宗》篇中，提出了国家、宗法、礼乐都源于“农”的理，说明了土地法是传统制度文明的重要内容。中国土地法的立法历史从“井田制”、田律到户婚律，再到近代20世纪20年代的土地法单列，逐步在土地农业中嵌入了浓厚的宗法情感德性因素。在中国社会向生态文明新时代转型阶段，“天人合一”话语体系的人权理念创新，不是简单回归传统农耕文明的制度建构模式，而是将传统农耕文明的宗法情感德性因素改造为新时代生态文明制度体系中的家国情怀。

与中华传统文化“天人合一”的理念不同，西方传统法律制度来源于海洋文明和商品经济的发展，更多彰显的是人定胜天的人本主义人权理论本色。古希腊罗马时期商品经济就较发达，也因此具有了发达的理性法和契约法文化。西方哲学从柏拉图特别是笛卡尔以来，直到黑格尔，“主客二分”的思维模式占据主导地位。[①] 柏拉图的“理念”说将心灵世界的追求和事物的一般定义加以客观化，把它变成独立于人的实体性东西——理念世界。他认为，超越有限的、个别东西，达到超验的、无限性理念世界，这才是人生的最高意义之所在。基督教的“上帝”就是柏拉图的最高理念的人格化的变形，两者之间有着一脉相承的关系。近代哲学在笛卡尔以后，西方近代哲学的主要问题是作为主体的人如何认识客体、征服客体，以达到主客体的对立统一的认识论问题。集西方近代哲学之大成的黑格尔哲学所奉为至尊的“绝对理念”，也可以概括为对超时间的、超验的

① 参见张世英《新哲学讲演录》，广西师范大学出版社，2004，第553~571页。

无限性概念的崇尚。[①] 当然，从笛卡尔到康德、黑格尔，西方哲学的认识重心也发生了根本性变化，集中表现为由自然向人、由实体或本体向主体的迁移。

在西方法律文化的传统中，哲学上的这种“主客体二分”的人本主义人权理论思维模式导致了法学理论界自然法与实证法（人为法）、市民社会和政治国家等辩证法范畴的对立统一。西方法学理论中的自然法相当于中华法文化中的“道”和“理”，人定法相当于“礼”和“法”。在西方古典自然法思想中，由于商品经济的发展，契约制度较发达，人权理论中的自然法预设实际上是以所谓经济人性为基础，以契约文化作为评价成文法优劣的参照。霍布斯等古典自然法学派的社会契约假说，认为社会契约是人类为走出自然状态而赋予统治者以管理权的契约，但统治者必须遵守自然法。19 世纪，随着科学实证主义哲学的兴起，古典自然法的人权理论普遍受到责难，认为古典自然法只是纯粹的道德规范，与自然科学无涉。随着社会科学的发展，法这个范畴在国家和社会之分析中的地位，随学术潮流的变化而时涨时落，人权理论逐步淡出了分析实证主义法学的视野。[②] 在 20 世纪 50 年代以后，建立在人的尊严、正义、道德基础上的新自然法学派复兴，但这种新自然法与古典自然法、客观自然法（或称客观法、社会法）都不同，所谓的新自然法是与“实在法”相对应的正当程序规则，含义变成了“最好的法”“道德法”，以新自然法的人权理念指导立法建构，人权与法治再次紧密联系在一起。但是，新自然法学派的人权理念仍然是以人本主义为本位的，始终存在着人作为主体与自然作为客体进行法律协调的难题。

随着西方发达资本主义国家工业化过程中环境问题的严重化，与“五四”时期中外学者批评中国传统文化的“天人合一”观点不同，中、西方一些哲学家和法学家为了进一步探索人文主义思想和自然主义思想的融

① 参见林可济《天人合一与主客二分——中西哲学比较的重要视角》，社会科学文献出版社，2010，第 175 页。

② 参见〔德〕哈贝马斯《在事实与规范之间》，童世骏译，生活·读书·新知三联书店，2003，第 54～55 页。

通性，转向了中国“天人合一”的思想来寻找生态文明法治建设的人权理论来源，对西方现代法治模式进行了探讨。如20世纪60年代美国学者卡逊出版的《寂静的春天》就对传统西方人本主义哲学提出了批评，提倡自然界的权利。美国大地伦理思想的倡导者奥尔多·利奥波德首次推出土地共同体这一概念，认为“土地不光是土壤，它还包括气候、水、植物和动物；而土地道德则是要把人类从以土地征服者自居的角色，变成这个共同体中平等的一员和公民”。他试图寻求一种能够树立人们对土地的责任感的方式，同时希望通过这种方式影响政府对待土地和野生动物的态度和管理方式，改变人们在习惯和传统上把土地看作人的财产的观念。[①] 利奥波德等学者主张的这种生态伦理主义理论与中国“天人合一”传统文化有相似之处，不仅为资本主义国家生态文明制度体系建设提供了生态整体主义法治理论支撑，也推动了其法律体系生态化的结构变革。但是，西方生态伦理主义者还是将人与物作为法律主体和法律客体截然独立起来，在这种人权理论影响下产生的西方生态伦理最终难以落实于制度中。

欧美等发达国家一般在宪法上否定“生存权”“发展权”“环境权”等集体人权。例如，美国宪法修正案第9条规定：“本宪法对某些权利的列举，不得被解释为否定或轻视由人民保留的其他权利。”有的美国学者、律师、法官就通过对此条进行解释，认为“人民保留的其他权利”当然包括环境人权，应当受到法律保护。1960年在美国曾掀起一场公民环境权争论，密执安大学的萨克斯教授通过公共信托理论，论证了公民主张环境权的法理依据。他认为，环境资源是全体国民的“共享资源”和“公共财产”，公民为了管理他们的共有财产可将其委托给政府。因此，国家对环境资源的管理是受公民的委托的。[②] 后来，在美国宾夕法尼亚州法院审理的“Commonwealth v. Newport News”一案中承认了“公共信托理论”，其理论依据就是对宪法修正案第9条的解释。但是美国主张的环境权仍然是一种财产权，而不是人权。除了美国，属于大陆法系的法国，也试图通过

---

① 参见〔美〕奥尔多·利奥波德《沙乡年鉴》，侯文蕙译，吉林人民出版社，1997，第194页。

② 朱谦：《环境权问题：一种新的探讨路径》，《法律科学》2004年第5期。

宪法预设环境权的存在。2005 年法国议会两院联席会议通过了一部《环境宪章》，其中第 1 条确认：“人人都享有在一个平衡的和不妨害健康的环境里生活的权利。”第 7 条规定了环境知情权和参与权。2006 年法国将《环境宪章》纳入宪法序言，试图从宪法上预设环境权的存在。但法国的环境权话语体系仍然处于人本主义哲学语境之中。[①]

与西方法学话语体系将人与自然、市民社会与政治国家、自然法与实在法、公法与私法、人法与物法的二元对立不同，中华法文化中的“天人合一”话语体系蕴含着人与自然、市民社会与政治国家、自然法与实在法、公法与私法、人法与物法“合二为一”的生态整体主义的规范有效性主张和制度落实机制。“天人合一”传统文化，不仅蕴含着生态环境法律规范不能仅仅建立在生态伦理学的基础上，还应该是人与自然之间的科学技术规范。因此，生态文明制度体系建构应该是在客观（科学）自然法基础上的意定法，是人类对科学技术的合理运用。它既包含许多从自然界中获得物质生活条件的科学技术规范，又是人与人打交道中产生的真、善、美的认识和行为的理性选择。在中华传统法文化中，“天人合一”理念既体现了人类对科学理性的客观自然法追求，又体现了人类对社会正义的追求，是一种建立在实在法基础上的“新自然法”。因此，“天人合一”传统文化蕴含着“心、物一体化”的朴素生态伦理思想，如果用习近平关于人与自然和谐共生的人权理念对“天人合一”进行创造性解释，可为中国特色社会主义生态文明制度体系建设提供立法方法论的支撑。用新时代人与自然和谐共生理念重塑中华法文化的“天人合一”话语体系，可以克服西方法文化“主客二分”人权理论预设背景下环境人权等第三代人权难以入宪入法的弊端。

党的十九大作出新时代社会主要矛盾转化的重大政治论断，这也对于推进“天人合一”话语体系的环境人权理念改造具有极其深远的意义。新时代是中国进入了生态文明社会的阶段。生态文明是人类文明发展的一个新的阶段，即工业文明之后的文明形态，是人类社会在经历了农业文明、

① 王建学：《法国宪法基本权利的概念与借鉴》，《北方法学》2010 年第 5 期。

工业文明之后的一个新兴发展阶段。不同于农业文明的“靠天吃饭”和工业文明的“人定胜天”，生态文明强调人与自然、人与人、人与社会和谐共生、良性循环、全面发展、持续繁荣。随着人类社会向新时代生态文明社会的转型，2014 年 4 月我国制定了史上最严的环境保护法，2017 年 3 月全国人大通过的《民法总则》规定了节约资源保护环境的绿色原则，2018 年 3 月全国人大在宪法修正案中将“生态文明”写入宪法，这些都标志着“天人合一”环境人权理念的创新，有利于将浅层生态环境的保护深化为深层生态文明制度体系的建构。在新时代中国特色社会主义法治建设中，我们应该用“人与自然和谐共生”的人权理念对传统中国“天人合一话语体系”进行创造性转化，在立法方面，需要科学立法、民主立法，把人与自然和谐共生的人权理念融入经济、政治、文化、社会和生态立法的各方面。

中国与其他国家一样也关注人权，“国家尊重和保障人权”也为我国人权制度的发展提供了宪法的基础。但由于历史和文化观念的不同，我国的人权与西方国家的人权内涵是不同的。我国将“国家尊重和保障人权”规定在宪法第二章“公民的基本权利和义务”中，为第 33 条的第 3 款。可是环境人权是连带性的集体人权，这是否意味着我国宪法否定了环境权这一集体人权。如何在“公民的基本权利和义务”中列举环境权的含义和范围，还是个比较困难的问题。在欧美国家的宪法理论中，公民的基本权利与主观的人权概念不同，如法国《人权与公民权利宣言》中的“人权”和“公民权利”是分开规定的，也就是说“公民”是个人，而“人权”中的“人”则是自然人。德国基本法第 1 条第 3 款规定：“基本权利为直接有效地约束立法、行政和司法的法则。”这一条款是基本权利作为“客观法”的体现，与主观的人权相对。[①] 与此相似，我国宪法明确列举出来的公民基本权利是“客观法”，而概括性的“国家尊重和保障人权”则是“主观权利”，公民可以据此向国家提出另一些没有列举的基本权利，这为人与自然和谐共生的环境人权理念入宪奠定了基础。

---

① 参见张翔《基本权利的双重性质》，《法学研究》2005 年第 2 期。

有学者认为，由于我国宪法中的“人权”概念出现在“公民的基本权利和义务”一章中，因此，我国宪法不容易设立生存权、发展权、环境权等集体人权，最多是添加“公民环境权”，如在公民基本权利类型中添加一条：“公民享有在平衡、健康的自然界中过有尊严和福利的生活的权利，也有维护和改善环境的义务。”① 笔者不完全赞同这种观点，该条文通过“公民个人权利的主张”规定公民环境基本权利，这是可取的。但是，人权理念作为一种法治精神，贯穿于宪法全文而不仅仅局限于“公民的基本权利和义务”一章。笔者认为，我们还可以通过宪法序言、总则和概括性的“人权条款”为“环境人权”入宪埋下伏笔。我国宪法序言开篇所讲的就是中华民族的历史发展和中华人民共和国的来源，宪法总则介绍了国家发展的目标、指导思想和基本制度保障，为劳动权、教育权、社会保障权提供了基本制度保障。“公民的基本权利和义务”一章是对人权理念的进一步具体化、法律化，但也还有概括性的“人权条款”来包容一些新的人权类型。中国宪法对基本权利采取列举主义原则，在文本中“未列举基本权利”，可通过“国家尊重和保障人权”这一概括性的宪法规范的扩张解释来保障，这实际上预设了人与自然和谐共生的环境人权理念入宪的可行性。我国宪法如是设计，虽然没有明示环境人权，但通过将“生态文明”载入宪法序言、总纲以及其他部分，与关于环境保护的条款结合起来解释，环境人权已经呼之欲出，形成了宪法中的一种隐含的环境人权。而随之而来的，建构最严格的完备的生态文明制度体系也就有了宪法依据。

四 新时代“天人合一”人权理念创新的法律适用价值

“天人合一”话语体系是极具中国特色的中华法文化的构成元素，其表达的朴素生态伦理话语原义与现代生态伦理理念有相通之处，其蕴含的

① 余俊、韦志玲：《环境权入宪的法理基础》，《理论月刊》2011 年第 1 期。

王道追求制度实施机制与现代德法兼修的制度体系相对应。在中国社会向新时代生态文明的转型发展中，挖掘“天人合一”话语所蕴含的天理国法人情相协调的人权理论的思想精髓，对中国特色社会主义法治体系的运行和落实也是具有重要意义的。

在中国传统法文化中，“天人合一”中的“天”逐步由实体化的“天”向理念化的“道”、“德”和“理”转变，其中话语含义的转变是以儒家“王道”为中介的。“王”字的本义是：三横分别代表天、地、人，一竖是指一个贯通于天地人之间的人，即君主。君主以仁义统治天下，就是“王道”。道家的“无为而治”、先秦儒家的“为政在人”的“德治”，构成了后期儒家“天人合一”王道追求的思想渊源。其中的“道”“礼”属于“广义的法”。法家虽然是在提倡“天人之分”的理念基础上产生的“法治”思想，但最终仍融入儒家天人合德的主流传统文化中，形成了德主刑辅、外儒内法的中华法系文化。因此，“天人合一”传统文化蕴含着“天理”、“国法”与“人情”相统一的伦理法制度体系与实施机制，体现了“天人合一”所指向的“天理”“人情”对“国法”的影响。

在西方，受古希腊罗马文化、基督教文化等自然法思想的影响，其民法典形成了以公民为法律主体单元的“人法”和以土地、水、森林为对象的“物法”的分离；以及民法作为市民社会的私法与国家法（也就是公法）的区别。而中国传统法律文化以“天人合一”为理念，形成了不同于西方法律文化的以家为法律主体单元的“修身齐家治国平天下”的古代田制、水法等生态法律体系，如《唐律疏议》中户婚、厩库、擅兴、贼盗的分类排列与罗马私法中人法、物法的分类排列就不同，具有“天理”“人情”“国法”的统一性，有利于协调公法与私法、人法与物法的冲突。

同时，我们也应该深刻地认识到，中国“天人合一”的传统文化毕竟是农业文明的产物，在历史上常被用来论证君主专制的合理性，这与现代社会民主法治建设的价值观念是相违背的。传统文化中的“天人合一”思想在新时代需要注入新含义，对于其与现代文明不相适应的一面，我们应该加以扬弃。如果从新时代人与自然和谐共生的人权理论角度重新阐释

“天人合一”传统文化蕴含的“天理”、“人情”与“国法”的关系，其礼法并用实施机制还是具有一定科学价值和文化价值的。徒法不足以自行，这是中国“天人合一”传统文化给予我们的启示。在新时代中国特色社会主义法治体系建设中，我们不能不考虑“天人合一”传统文化所蕴含的德法兼修的制度落实思想，不能不对传统文化“天人合一”的观念进行现代化人权理念的转化和创新性改造。新时代中国特色社会主义法治体系建设，应该在党的领导下，坚持中国特色社会主义法治理论指导，扬弃中国传统文化中“天人合一”“德主刑辅”的伦理法制度体系与实施机制，建设科学立法、严格执法、公正司法、全民守法的社会主义法治体系，以及依法治国与以德治国相统一的法治体系运行机制，从而形成中国特色社会主义法治体系中的“天理”、“人情”与“国法”的协调机制。

目前，老百姓对我国现有生态环境保护方面的法律的执行力还不满意，依法治国中公众参与的自觉性还不够。费孝通先生在《乡土中国》一书中指出，中国传统社会结构是一种“差序格局”，即以自我为中心，然后推己及人，像水的波纹那样，一圈圈推出去，愈推愈远，愈推愈薄。[①] 要改变这种状况，就要通过法律实施的体制机制改善来提高法律的执行力。具体而言，当中国社会从“家国同构”的结构分化为“国家、社会与家”的结构后，不仅需要以家庭、村寨、居民社区等基层法治社会建构作为法治国家、法治政府建设的基础，还要通过现代“公法”“私法”观念改造“修身齐家治国平天下”的传统文化，提高国家法律在法治社会建设中的执行力，形成法治国家、法治政府、法治社会统筹推进的中国特色的法治体系。如在生态文明立法方面，立法者可以将土地法、水法、森林法和环境保护法等生态文明法律体系建设植根于中国传统文化的家国情怀之中，建立“物法”与“人法”和谐之美的善法，协调好自然资源权属中的家国关系，克服一些简单移植西方法律制度而造成的法治文化不适问题。在生态文明执法方面，强化地方党委和政府生态环境保护的主体责任，为老百姓营造好碧水蓝天净土的生态环境。在生态文明司法方面，司

① 参见费孝通《乡土中国》，生活·读书·新知三联书店，1985，第21页。

法工作者应该树立司法为民的观念，老百姓就是“天”，依法保护公众的环境权益，使人们对土地、水、森林等环境权益能“定根”“定心”。在生态文明守法方面，需要健全体现中华传统文化特征、具有中国特色的基层社会的自治、法治和德治结合体系，使天理、国法、人情能够协调起来，发挥中国传统文化中“德主刑辅”的法治教育功能，重塑传统文化中“修身齐家治国平天下”的观念，通过环境教育培育公众参与的环保“良知”。

环境人权不是一种“天赋”的消极权利，而是一种积极权利，意味着政府要将“纸上的权利”变为“现实的权利”，现实的环境人权表现为以人与自然、人与人、社会各利益群体的和谐为目标，以具体的法律制度设计为保障，落实为老百姓实实在在的利益。我国宪法以经济、政治、社会、文化和生态文明“五位一体”建设战略布局促进不同种类、不同形式人权的全面落实，将生态文明融入经济、政治、社会、文化建设过程之中，从宪法高度深化了环境人权的内涵，将文化多样性保护和生态环境保护结合起来，而不仅仅是生态环境保护，还包括非物质物化遗产保护、可持续发展等多重内涵。目前，我国环境保护法律实施效果不佳，主要原因之一是没有将其与生态文化建设、文化多样性保护联系起来，而文化多样性作为一种“天理”“人情”存在于老百姓心里。1972 年 6 月，联合国召开的斯德哥尔摩会议通过了著名的《斯德哥尔摩宣言》，首次在国际条约中把环境问题与文化问题联系起来。1992 年 6 月，联合国在巴西召开了具有历史意义的环境与发展大会，会议发表的《关于环境与发展的里约热内卢宣言》和通过的《21 世纪议程》，把“可持续发展”正式写入国际社会公约中。因此，对“天人合一”话语进行人与自然和谐共生的环境人权理念改造，符合国家人权理论发展趋势，有利于将环境保护法律与优秀传统文化保护法律的实施结合起来，形成生态文明新时代关于“天理”、“人情”与“国法”的新协调机制，从而促进生态文明制度体系的落实。

中国是一个多民族、多种生态环境和多元文化的国家，经过几千年的发展，在中国各地形成了多个文化生态区，文化与生态环境相互交融，形成了各种类型的环境人权理念。法律的实施只有与具体的地域、文化等因素结合起来，宪法上的环境人权理念才能变为现实的权利。例如，北方和西北草原游牧兼事渔猎文化区，黄河流域以粟、黍为代表的旱地农业文化区和长江流域及其以南的水田稻作农业文化区。各地方的世居民族与其生活的环境形成了水乳交融的关系，其原生态环境的破坏常会导致该区域世居民族传统文化的消失，反之亦然。如果不结合当地文化样态对生态环境进行保护，违背当地自然规律，并无视当地世居民族形成的生产经验和生活方式，打乱当地群众的生活习惯，就会影响生态平衡，造成生态破坏。因此，对世居民族原生态环境的保护，不仅有利于世居民族的文化传承，也有利于改善一定区域或人类整体的生态环境。良好的原生态环境，离不开世居民族的贡献。在工业化和城镇化加速的今天，这些“土著的”世居民族保有的原生态环境为人类发展提供了充分的环境容量和生态服务。因此，他们应该从开发区域的发展受益中获得补偿。这种补偿不仅包含自然生态的价值化，也包括人文生态的价值化。当然，对世居民族良好的原生态环境进行保护，并不是说不能加以改造，所谓的原生态环境是相对而言的。在农耕文明为主的社会时期，人类对自然环境的破坏较少，对环境质量的需求也低。随着工业化和城镇化的发展，人类改造自然界的能力大为增强，在生活水平提高的同时对环境的压力也越来越大，对环境质量的要求也提高许多，原生态环境的认定标准也必然发生变化。因而，“天人合一”环境人权概念的法律适用价值取向就是，一方面要因地施策，对不同地方不同人群的“良好的原生态环境”进行保护；另一方面也应该将“良好的原生态环境”价值化，保障各地居民在可持续发展过程中分享“良好的原生态环境”带来的各种利益。

在对不同地方的居民的生态环境和传统文化进行法律保护时，还必然涉及对它们的改造问题。现代社会是市场经济社会，在经济发展过程中，市场有时会对环境保护、文化多样性产生很大的冲击。有些地方要进行大规模开发，其自然环境必然受到影响；世居民族的传统文化，在现代社会中有些地方环境脆弱，已不利于世居民族的长期生存，或是因为生态环境整体恶化的影响，或是世居民族的传统生活方式已与现代化空间的布局不一致，其间的矛盾又该如何协调？例如，解放前我国西南地区的一些大石山区，一些少数民族地区还采用“刀耕火种”的原始耕作方法。新中国成立后，在党和政府的大力帮助下，这些少数民族地区刀耕火种的耕作方式基本改变，有的地区已使用机耕和化肥。“天人合一”人权理念的创新，有利于从发展的观点上衡平经济发展、文化传承与环境保护的关系。当然，融入了时代精神的“天人合一”人权理念与传统文化“天人合一”的迷信思想是不同的，现代意义的“天人合一”宇宙观是人定法与自然规律的统一。生态环境法的规范构成是在科学技术规范基础上制定的法律规则。科学技术规范具有很强的专业性，而法律规范则面向的是公众受体，“天人合一”人权理念需要将二者协调起来。例如，在春节等节日期间，中国人形成了以燃放烟花爆竹的方式欢庆传统节日、营造喜庆气氛的习俗。然而，烟花爆竹燃放时会释放出大量的颗粒物和硫化物，加剧雾霾程度，损害空气质量，影响人体健康，产生的噪声也影响人们的休息。现在一些市民逐步认识到燃放烟花爆竹的危害性，可是在农村很多老百姓对此还认识不足。从这些实际情况出发，我国的现行大气污染防治法只是禁止在城市燃放烟花爆竹，而对农村燃放烟花爆竹暂无限制。因此，“天人合一”环境人权理念的法律落实，也涉及其中的“天理”“人情”的变化。发展也不是线性的单纯经济发展，而是经济、文化和生态的和谐发展。所以纸上的环境人权不是现实的权利，制度还需要得到落实，从而使纸上的权利变成现实的权利。

The Rule of Law Value on Discourse System of “the Unity of Heaven and Man” in the View of Human Rights Theory

Yu Jun

Abstract: The dominant human rights theory in foreign countries is based on humanism philosophy, which separates human beings from the ecological environment as legal subjects and legal objects. The Chinese people's cultural concept of the Unity of Heaven and Man has its special implications about the methodologies for integration of mind and matter, the ecology ethics value, the enforcement of traditional institutions, and wisdom from the aspect of self-cultivating, family-regulating, state-ordering and the land great governed. However the western private law emphases liberty of individuals, it appears to be hard to harmony with Chinese tradition culture. Reaffirming the essence about the unity of heaven and man, it is benefit to promote the development of an ecological civilization and to keep the path of socialist rule of law with Chinese Characteristics.

Keywords: the Unity of Heaven and Man; Discourse System; the Rule of Law Value

权利、自由、理性的发生学：中西观念的一个比较性考察*

陈　媛**

摘　要：权利是现代西方政治和法律中一个非常核心的概念，我们有必要从发生学的意义上讨论权利在古希腊、古罗马文明背景下是如何发生的，进而通过对作为它的基石的自由和理性观念的考察，深入而细致地分析西方的权利概念是如何生成的。回到中西文化价值理念形成生长的起点，具体考察诸多因素的内在关联，在此基础上比较中国传统文化与古希腊、古罗马中世纪文化中权利观念的相通与相异之处，由此可以获得一种有关权利的更为恰当的看法。

关键词：权利；自由；理性；发生学比较

一　引言

权利是现代西方政治和法律中一个非常核心的概念，本文将以权利观念为研究对象，从发生学的意义上考察中国传统文化与古希腊罗马中世纪文化的相通和相异之处。自西学东渐以来，国人对于自我的理解常常无法离开“西方”这一参照系，有时甚至是用西方的中国思想来思考中国。受到这种做法的影响，当前我国学术界在考察中国文化传统及其对当前我国

---

* 本文系国家社科基金重点项目“中国特色政治话语体系建构研究”（项目编号：16AZZ04）的阶段性成果；上海师范大学“城市基层治理法治化与精细化”工作坊的成果。

** 陈媛，上海师范大学哲学与法政学院副教授，荷兰 Leiden 大学人文学院访问学者，政治学博士。

社会核心价值理念的影响作用时，也流露出了某些各执一端的片面性倾向，要么依据某种西方中心主义的心态，将中国文化传统的有关见解纳入西学理论的基本框架中，主要以西学理论作为背景架构来评价中国文化传统的特点和意义，要么依据某种狭隘民族主义的心态，一味排斥西方文化传统，而将中国文化传统视为珍宝，结果都在一定程度上忽视了中西文化传统在发生学意义上的相通与相异。因此，为了避免陷入以西方文化为轴心价值的预设，或是片面地完全否定西方文化的意义，笔者认为，如果我们要恰当地理解权利的观念，我们就需要回到中西文化权利理念形成生长的起点处，超越古今割裂、中西对峙的片面性思维模式，深入而细致地分析审视中西文化传统各自的历史状态，具体地考察诸多因素的内在关联。

现代西方文化是一个由不同的思想传统汇集在一起而形成的文明体，有它特有的价值体系，既不同于“前现代的西方”，也不同于“非西方”。不同的文化对于好的东西和不好的东西有不同的理解，这就必然存在价值差异。现代西方文化对权利、自由、理性等价值的概念化始于16～17世纪，但早在西方文明的源头这些价值观念即已发生。因而，在当前西方的价值理论研究中，我们要对权利观念在西方文化的历史源头中是如何发生的给予足够的重视；只有回归到权利的价值本位那里，才可能找到它作为一种价值对人类具有的重要意义。

基于这一考虑，本研究将追溯现代西方文明的历史发源处——古希腊、古罗马和中世纪文化，尝试着寻找权利观念发生的诸种基因。这种文本与实践的探究并不是一种单纯的古文献研究，也不是为了逃离现代性的危机而对逝去的古代和中世纪精神的一种缅怀，而是试图寻找权利观念中所蕴含的“原初”因素，探究埋藏在古希腊罗马中世纪的文化积淀中的发生机理。本文首先从古希腊、古罗马的文明中探寻与权利观念相关的渊源，接着，由于权利观念是以人的自由为基础的，同时这一权利是正当的且合乎理性的，因此，笔者认为从古希腊就孕育着的自由和理性这两个要素来考察其对权利观念产生的影响十分重要。最后，本文试图将西方的权利观念与中国传统上的权利观念做一个比较性分析。只有通过比较这些相通与相异之处，我们才能针对中西文化传统的那些原初意义上的权利理念何以转变为现代意义上的权利价值、怎样克服它们之间的张力冲突而达成二者的和谐统一等重大理论和实践问题提出有说服力的解释和论证。

二 权利观念的渊源

——基于古希腊罗马文化背景之考察

古希腊文明的产生与其所处的爱琴海环境密切相关，由于陆路交通不方便，农耕文明发展空间小，古希腊人主要通过工商业生产、海上贸易和殖民活动维持生存发展。这种独特的海洋文明培育了古希腊人趋向于开放的民族精神和冒险扩张的民族个性，使得公元前8世纪左右希腊半岛上陆续出现了许多小城邦，逐步形成了一种在经济发展、政治制度、思想艺术等方面都独具特色的社会文化，最终使古希腊文明成为整个西方文明的最主要源头之一，其影响深远。此外，古希腊人使用了一套极为高效的书写系统：字母。这极大地节约了语文学习的成本，使更多的人能够掌握获取知识的工具，其"哲学人口"的比例大大高于世界其他地区。由于字母本身唯一的作用是表音，构词法是透明的，对词语的阐释发挥的空间被最小化了，因此古希腊哲人直接绕过了语言，以世界为思考对象，不同的学派谈论着相同的概念、相同的问题。后人基于前人的思想，不断超越。正如罗素所言：古希腊人"首创了数学、科学和哲学；他们最先写出了有别于纯粹编年表的历史书；他们自由地思考着世界的性质和生活的目的，而不为任何因袭的正统观念的枷锁所束缚。所发生的一切都是如此之令人惊异，以至于直到最近的时代，人们还满足于惊叹并神秘地谈论着希腊的天才"。[①] 具体说来，古希腊文化有以下几个特点尤其值得我们注意。

首先，古希腊的神话源远流长，有着比较完整的体系和独特的文化魅力，孕育了古希腊文化的人文精神、自由观念以及对自然人性的赞美，从而成为现代西方人权、自由、平等、正义等价值观得以形成的最早精神萌芽。事实上，古希腊神话里的神灵和英雄们大都具有鲜明的世俗化人性形

① 〔英〕罗素：《西方哲学史》（上），李约瑟、何兆武译，商务印书馆，2007，第24页。

象，从而质朴地反映了古希腊人在追求幸福和抗争命运的过程中表现出来的崇尚个体自由的天性和对于生命意志的追求。当然，古希腊人是信仰神灵的，每个城邦都从奥林匹斯诸神中选择了自己崇拜的神灵作为偶像，经常举行祭祀活动。但另一方面，神灵在古希腊人的心目中又并非一种享有绝对威严的主宰；古希腊的人文精神就是在不断地排除神意和命运对人事影响的过程中发展起来的。正如当代一些学者指出的那样，古希腊人是“这样一个人文主义者，他崇拜有限和自然，而不是超凡脱俗的崇高理想境界。为此，他不愿使他的神带有令人敬畏的性质，他也根本不去捏造人是恶劣和罪孽造物的概念”。[①] 像古希腊悲剧中的酒神狄奥尼索斯形象，就生动地展现了人被非理性的情感、欲望、意志所支配的状况，表征着人身上一种巨大的原始的生命力，一种忘我、冲动、痴迷，一种生命的毁灭与重生的永恒循环。

同时，基于这样一种生命意识，古希腊文化也没有像中世纪的基督宗教文化那样将身体与灵魂、肉体与精神明确区分和割裂开来，而是在身心合一中充分肯定了人性自由的根本意义。所以，奥林匹斯的众神形象大都在身体方面拥有令人羡慕的优势，体现了古希腊人对于自然形体、自然人性、现世生活的赞美，折射出了他们对于自我欲望、自我利益、个体幸福的自由追求。公元前 8 世纪后期的荷马史诗进一步展现了神、命运与人之间的关系，尤其在神性与人性之间架构了一座互通的桥梁。《伊利亚特》的主人公阿喀琉斯便是古希腊人自我肯定意识的艺术化身，他不仅具有健美的肌体、无敌的武艺和勇于冒险的性格，而且无比热爱感性的现实生活，是一个追求世俗人生价值的英雄，代表了古希腊“自由人”的精神理想。中世纪之后形成的文艺复兴运动的主要内容，可以说就是以绘画、雕塑、文学的艺术形式，重新展现了蕴含在古希腊神话和艺术中的这种“自由人”的精神理想。

其次，在社会生活方面，古希腊文明是以城邦制为著名标志的。早在

---

① 〔美〕爱德华·麦克诺尔·伯恩斯、菲利普·李·拉尔夫：《世界文明史》（第 1 卷），罗经国译，商务印书馆，1987，第 216 页。

公元前800年，当地主要以氏族或部落为基础的村社开始发展为以城镇为中心的较大单元，后来更是形成了数目多达几百个的大小城邦，以雅典和斯巴达为主要代表，众多城邦之间通过各种各样的纽带连接起来，使古希腊文明成为一个整体。从一定意义上说，希腊人的历史也就是城邦的历史，只有了解了城邦才能算真正了解了古希腊的文明。柏拉图和亚里士多德都认为城邦源于人的自然本性，这种自然本性让人必须过一种城邦式的生活，人也只有在共同体中才能过上有意义的生活。城邦为自由民提供了公开发表言论、参与政治活动的公共舞台，从而孕育了“公民”的概念；亚里士多德认为要理解城邦必须先理解公民，他对公民的定义是：“凡有权参加议事和审判职能的人，我们就说他是那个城邦的公民；城邦的一般含义就是为了维持自给生活而具有足够人数的一个公民集团。”[①] 这里说的公民虽然和现代意义上的公民并不完全相同，但也享有参加政治共同体活动的某些基本权利。

值得指出的是，古希腊城邦社会还形成了人类文明史上最早的奴隶主民主政治制度，在作为古希腊文明中心的雅典城邦里更是长期建立起了直接的民主制。西方语言中的民主（demokratia）一词最早出现于古希腊历史学家希罗多德的巨著《历史》之中，由“demos”（人民）和“kratos”（统治或权力）合成，按字面的意思即为人民的权力，由人民执政治国。[②]“公元前6世纪早期，为了应对日益加剧的阶级斗争，梭伦的改革开启了民主的航程。”[③] 由此可见，雅典城邦的民主制是选举、抽签和公议三者结合的民主制。公民大会是城邦的最高权力机关，五百人会议是公民大会的常设机关，相当于城邦的最高行政机关，陪审法庭则是城邦的最高司法机关，虽然还没有形成立法、司法、行政三权分立的政体，但三个机构相互制约、相互配合，在一定程度上体现了权力分工的原则。公民大会在公共广场上举行，年满20岁的男性自由民都有资格出席，围绕各种议案发

---

① 〔古希腊〕亚里士多德：《政治学》，商务印书馆，吴寿彭译，1997，第113页。

② 〔古希腊〕希罗多德：《历史》，王嘉隽译，商务印书馆，1959，第397~398页。

③ Gouldner A. W.，“The War Between the Cities”，in *Citizenship*：*Critical Concepts*，Volume Ⅰ，ed. Bryan S. Turner and Peter Hamilton，London：Roultedge，1994，p. 332.

表自己的见解，针对各种政治和社会问题展开讨论乃至激辩，因而享有参与和决定城邦共同体公共事务的广泛权利，可以充分实践自己的公民身份。这种民主制度虽然带有许多严重的历史局限，但从某种意义上依然体现了民主政治的本质。

再次，在古希腊的思想文化中，作为“爱智慧”的哲学占据着十分重要的地位，特别重视以“逻各斯”形式呈现出来的“理性”精神的主导作用，并且因此构成了整个西方主流哲学的历史源头。本来，逻各斯（logos）这个词的基本意思是指“收集、聚集与词、言谈和叙述”[①]；早期著名的自然哲学家赫拉克利特开始将它作为哲学概念加以运用，认为逻各斯构成了整个宇宙中普遍有效的本体秩序和规律，既是万物生成的根源，又是对万物生灭的认知。古希腊哲学鼎盛时期的三位杰出代表人物苏格拉底、柏拉图、亚里士多德，进一步彰显了“逻各斯”的“理性”本质，将它视为万物存在的根本尺度和人类生活的最高准则，并且从“凭借判断推理从事逻辑思维和语言交流的能力”的角度把人定义为“理性的动物”，将其视为人类区别于其他动物的独特本质所在。17世纪以来，大多数西方哲学家从他们那里汲取丰富的理论资源，从而使理性主义构成了近现代西方哲学的主导倾向，同时也是自由、民主、法治、平等、正义、人权等现代西方核心价值最重要的哲学基础之一。[②]因此，当我们试图找寻现代西方社会核心价值的原发性文化内涵的时候，自然也有必要回溯到现代西方理性主义哲学的原初状态——古希腊哲学的理性精神那里。

同样需要指出的是，雅典城邦的民主政治实践也为理性精神的这种兴盛奠定了适宜的现实基础。当时的公民大会和公共广场为广大自由民开辟出了一个相对自由而理性的讨论思想、交流意见、传达信息的对话空间，使他们逐渐形成了对话沟通的政治意识和伦理意识，彼此之间经常展开有理有据、互揭矛盾的公开争辩，从而能够将逻辑推理和理性分析作为理解

① 张汝伦：《历史与实践》，上海人民出版社，1995，第303页。

② 参见顾肃《自由主义基本理念》，中央编译出版社，2003，第3~7页。

世界的最基本方式，为理性思维和对话能力的发展提供了良好的社会条件，而古希腊哲学家们则通过将逻各斯作为联系语言与实在的本体论桥梁，为自由民运用语言进行理性交流的可能性提供了有力的辩护。此外，也正是凭借这种得到充分发展的理性能力，古希腊人建立了人类历史上最早的科学理论，后来又逐步发展成为现代的科学体系，对人类文明的发展做出了有特色的重大贡献，其意义在今天还明显可见。事实上，2000 年后发生在中国的著名“新文化运动”试图从西方现代文化中引入的“德先生（民主）”和“赛先生（科学）”，可以说正是在古希腊文明的这种“理性”精神的母体中孕育发展起来的。

最后，古希腊文明的工商业活动和政治制度还孕育了在现代西方文化中得到了长足发展的法律意识乃至法治理念。尤其是雅典城邦的民主政治共同体，在其几百年的发展过程中经历了不断深化的改革，不仅建立了一套较为完备的法律制度，而且在相当程度上确立了公民的法律意识，从而使雅典成为古代法治社会的典范：公民大会的各项公告和法令预案公布在市政广场的“纪名英雄墙”上让广大公民了解和熟知，公民则有义务遵守城邦的法律规范，积极参加公民大会的议事活动以及陪审法庭的有关活动，把城邦利益看作实现个人利益的前提，不能有超越法律之上的特权。正如西方学者所说，这一点充分体现了古希腊人的“批判性理智，对于个人心灵早熟的意识以及从事政治组织的伟大能力”①。

古罗马文化在很大程度上继承和发展了古希腊文化的上述基本特点，除了在帝国时期放弃了古希腊城邦的民主政治制度之外，在神话传说、理性精神和法律体制等方面都积极汲取了古希腊文化的许多因素，尤其在法律体系的创制方面还大大超越了古希腊，对西方现代文化乃至整个人类文明做出了最突出也最有代表性的重大贡献。19 世纪德国法学家耶林因此指出：“罗马曾经三次征服世界，第一次是用武力，第二次是用宗教，第三次是用法律。”② 事实上，古罗马法律文化创建的一系列基本原则和制

① 〔德〕海因里希·罗门：《自然法的观念史和哲学》，姚中秋译，上海三联书店，2007，第 5 页。

② 江平：《罗马法基础》，中国政法大学出版社，1991，第 47 页。

度，如私人权利平等、遗嘱自由、契约自由、陪审制度、律师制度、所有权和占有制度、法人（团体）制度、民事责任、侵权赔偿制度等，对后世西方社会的法律制度的确产生了极其深远的影响。

由于上述原因，古罗马文化虽然不像古希腊文化那样充满了指向大自然的好奇心和求知欲，因而在自然科学以及哲学领域也没有取得像古希腊文化那样光辉灿烂的伟大成就，但唯独在法学理论特别是自然法理论方面给后世西方文化留下了古希腊文化也稍逊一筹的丰富精神遗产。本来，古希腊神话传说中已经包含着某种自然主义的观念，认为宇宙中存在的一种普遍的秩序或法则，不但支配着自然界的演化发展和人类社会的历史进程，而且还控制着诸神的行为和命运。古希腊哲学中的赫拉克利特等人特别是斯多葛学派汲取了这种思想倾向，基于自然界和人类社会是一个统一的整体、遵循着某种支配万物的普遍法则（亦即"逻各斯"、"世界理性"、"神"或"命运"）的宇宙观，提出了有关"自然法"的见解，认为神圣的"自然法（自然规律）"拥有命令人们正确地行动、禁止人们错误地行动的强制性力量，从而将其从自然领域导入了社会政治领域，具体阐发了把基于"世界理性"的法律原则当作不分国家种族、不分社会地位、对人人都适用的自然普遍法则的观点。古罗马思想家们在吸收古希腊文化的这些积极资源的基础上，进一步发展了自然法的理论，宣称在人定法之上还存在着永恒的自然法，它来自统治整个宇宙的神灵或世界理性，同时又根源于人的自然本性，并且因此将其中蕴含的正义、自由、平等等核心价值演绎到现实社会的法律原则之中，从而使罗马法成为古代法律世界中罕见的"优秀典型"①。其中最为突出的又是西塞罗，他实现了斯多葛学派自然法思想与罗马法学思想的结合。

概括说来，罗马法学兴起于罗马共和国的《十二表法》制定之后，而繁荣于罗马帝国的时期。在帝国时代，法学研究备受重视，公民学习和研究法律成为时尚，贵族阶层更是以知晓和精通法律为荣耀，从而促成了一大批法学家的成长，而法学研究的兴旺发达又促进了法律实践的迅速发

① 〔美〕R. H. 巴洛：《罗马人》，黄韬译，上海人民出版社，2000，第 235 页。

展。其中，除了维护社会秩序的基本功能之外，把法律看成维护私人利益尤其是财产权的规则，构成了罗马法学家最有原创性的建树之一。罗马法学家认为，一切公民的私有财产都应得到足够的保护，国家则不能随意侵犯公民的财产权，因为一旦财产权被侵犯了，正义原则也就从根本上受到了破坏。所以，他们把罗马法分成三大分支，除了作为终极依据的自然法之外，还有民法或市民法、万民法。民法或市民法是罗马及其公民的法律，它以成文和不成文两种形式存在，既包括元老院的法律、元老的敕令、大法官的公告，又包括某些具有法律效力的古代习俗，也为买卖、合作和契约等创设了规范性的准则。万民法则适用于罗马帝国的所有行省，不论种族、宗教信仰、文化传统如何，对于所有人都一视同仁；但万民法并非凌驾于民法或市民法之上，而是作为它的补充，主要适用于罗马公民之外的帝国居民。

古罗马帝国灭亡之后，西方文明的发展进入了中世纪时期，其最突出的特点是基督宗教的信仰观念长期占据着主导意识形态的地位，在社会生活的经济、政治、法律、哲学、艺术等领域都发挥着决定性的作用。基督宗教是从古希伯来文化的犹太教中分化独立出来的一种新的宗教信仰，形成于古罗马帝国的早期，在很长一段时间内一直受到了古罗马帝国统治者的严厉打压，主要在下层民众中蔓延发展，势头越来越大，以至于到了古罗马帝国的后期，统治集团也逐步接受了基督宗教的信仰，使之变成了古罗马帝国的官方宗教。特别是在古罗马帝国灭亡之后，基督宗教更是凭借它在精神领域的广泛影响力和教会组织在经济政治方面的强大实力，以“政教合一”的方式统治着欧洲的大部分地区，甚至成为凌驾于各国世俗政权之上的统一精神王国。

在占据了统治地位之后，基督教会就开始采用各种强制性的手段，反过来压制和迫害那些拒绝接受或违反其“一神论”信仰的人们或文化因素，其中也包括在古希腊罗马时期兴旺发达的自然科学、文学艺术乃至理性精神，以致在文艺复兴运动之后，中世纪时期长期被人们认为是割裂了古希腊罗马文明与现代文明的“黑暗时代”。这种见解虽然深刻地揭示了基督宗教在中世纪时期的“独尊式”统治所造成的种种严重的负面后果，但也存在着片面性的地方，不但没有指出中世纪在理性、法律乃至科学等方面依然在一定程度上延续了古希腊罗马文化核心价值的历史事实，而且尤其没有看到基督宗教信仰对于西方文化包括现代西方文化所产生的深远影响。事实上，从某种意义上说，正是基督宗教文化统合了古希腊和古罗马的文化源头而成了现代西方文化的直接形成基础；它的灵性信仰不但为现代西方文化的发展提供了重要的精神动力，而且还赋予了现代西方文明以不同于种种非西方文明的基本个性。所以，即便在今天，基督宗教信仰依然是整个西方文化的重要标志和精神支柱之一，不但对普通民众的日常生活特别是道德生活有着潜移默化的巨大效应，而且宗教改革之后在当代西方文化的精神层面上也扮演着不容忽视的重要角色，乃至在深层次上支撑着包括“欧洲梦”和“美国梦”在内的现代西方社会核心价值。仅仅从当前西方社会的许多人仍然独树一帜地特别看重“信仰自由”对于人生在世的重要意义这一点上，我们就不难发现基督宗教对于当代西方文化的这种价值支撑的蛛丝马迹了。

尽管中世纪的基督教会曾经以“信仰高于一切”的独断方式，压制乃至扼杀了古希腊罗马文化中的许多积极因素，但为了在古希腊罗马文化影响巨大的欧洲地区立足、传播和发展，它依然出于确立、巩固上帝信仰的目的吸收了后者的一些重要内容。例如，虽然在基督宗教的发展过程中，信仰与理性、宗教与科学之间始终存在着严峻的张力冲突，但它并没有完全拒绝古希腊哲学的理性精神和科学成果，相反还以“为我所用”的态度汲取了这些因素。早期的基督教教父在论证一神信仰的时候，便试图汲取在古希腊哲学中占有重要地位、与理性精神不可分割的逻各斯观念，阐发《约翰福音》的开篇之句“太初有道（逻各斯），道与神同在，道就是神”，从而使逻各斯的因素成为三位一体、道成肉身教义中的重要环节。后来奥古斯丁、托马斯·阿奎那等人的神学理论，也努力在肯定基督信仰至高无上的基础上，把信仰与理性、宗教与哲学结合起来，试图让理性、哲学以及科学在从属于信仰的前提下发挥为信仰服务的积极功能。有西方学者因此指出：“在这种特殊的文化框架内，理性广泛地被用来阐明、预测以及为信仰辩护。哲学研究的起点和终点，总是由在历史的神灵、启示和预言中所接受的真理而构成的实在。”[①] 结果，基督宗教神学家们的这些努力，就使得在中世纪的漫长一千年中，基于人的理性的哲学和科学因素依然得以在某种程度上保存下来，并且在文艺复兴时期反讽性地转变成了颠覆基督宗教信仰的绝对统治地位的重要思想动因。此外，中世纪的基督教会和神学理论也在许多方面继承了罗马法的有关内容，尤其是自然法的观念，从而使教会法走向了系统化，在宗教信仰的价值支撑下延续发展了古希腊罗马文化的法律意识，对西方现代社会的法治精神仍然产生着潜移默化的深远影响。

综上所述，作为现代西方文化的历史源头，古希腊、古罗马和中世纪文化分别从不同的角度，以不同的形式做出了自己的积极贡献，在相互碰撞和彼此结合的复杂互动中为当前西方社会确立具有现代意蕴的权利价值观奠定了坚实的精神基础，提供了丰富的思想资源。

三　权利观念形成的两个要素
——理性和自由

虽然当前西方社会的核心价值具有不容否认的现代意蕴，呈现鲜明独特的现代特征，但作为整个西方文化传统的一个有机组成部分，它们依然离不开古希腊、古罗马和中世纪文化母体的历史孕育，并且因此被打上了许多烙印。从文化历史传承的角度我们甚至可以说，权利的思想种子，就是在古希腊、古罗马和中世纪文化的精神土壤中生根、发芽、开花，直到今天长成参天大树的。而在孕育的过程中，两个重要的价值——理性和自由，是权利观念得以成形的基石。

（一）古希腊以来理性观念对权利观念产生的影响

从某种意义上说，“人权”这一价值理念的文化基因植根于西方文明

---

① G. P. Pobson, *A Chaos of Delight Science*: *Religion and Myth and the Shaping of Western Thought*, Equinox Publishing Ltd. , 2005, p. 256.

的最初源头——古希腊的神话传说之中，因为如前所述，其中描述的神和英雄恰恰是以“神人同性同形”的独特方式，表现出了古希腊人对于自身的自然形体、自然人性和现世生活的热烈赞美，体现了以个体的自由平等为重心的世俗人文精神。虽然古希腊哲学家们并没有明确提出“权利”的概念，但是，他们基于理性精神对于个体的自由和平等，对于社会的正义和法治的积极肯定，由此展露出了保障个体利益或权利的意愿。尤其是斯多葛学派的自然法思想倾向，更是为“权利”概念在古罗马法律文化中的萌生提供了十分适宜的精神土壤，因而在这一点上可以说其是功不可没的。按照某些西方学者的研究，严格意义上的“权利”概念直到中世纪晚期才逐步登上了西方文化的历史舞台，而在现代早期的霍布斯等人的著作那里才得到了清晰的阐释并且大显身手。不过，如果我们深入发掘这个概念的词源学源头，就可以清晰地看到，它其实就深深地植根于古罗马文化基于理性的正义和法治的价值理念之中。众所周知，“权利”这个词在西方语言中有多种表达方式，像英语中的“rights”，意大利语中的“diritto”，法语中的“droit”等，而它们全都来源于拉丁语中的“Ius”一词。从词源学角度看，这个术语包含着两层最基本的含义：一方面指的是正当、正义（justice，rctitude）；另一方面指的是法则、法（law）。而在从“Ius”到“rights”的演变过程中，“自然法”（ius naturae）恰恰扮演着十分重要的角色，因为著名的“自然权利”正是从它那里衍生出来的，强调每个人依据其自然本性特别是理性本质都会追求自己的正当利益，因此其他人也有义务尊重这些权利而不可随意侵犯；至于人定法也只有在符合了自然法保障个人正当利益的要求的基础上，赋予了每个人以应得的法律权利之后才是合乎正义的。

在古希腊哲学鼎盛时期的三位大师那里，紧密结合在一起的正义和法治理念是在理性精神的哲学基础上得以彰显的。例如，苏格拉底不但在理论上反复强调“守法者正义，违法者不义”的观念，而且最终还将这个观念落实到了自己的人生实践之中，以致当雅典公民参与陪审的法庭以煽动青年等莫须有罪名判处他死刑的时候，尽管他自己也认为这种判决不符合事实，却还是不顾弟子们劝他越狱逃跑的努力，以雅典城邦法律的至高无上作为理据，自觉服从了这一判决，饮毒赴死。柏拉图在对雅典民主政治展开激烈批判的同时，忠实地继承了苏格拉底的守法理念，在《理想国》和《法律篇》等经典著作中深入而具体地探讨了如何在城邦政治生活中达成正义理念的各种问题，不仅强调了理性对于构建人之间的正义互动的主导作用，而且强调了遵守法律对于维系城邦生活的正常秩序的重要效应，从而清晰地肯定了理性、法律和正义之间的内在关联。亚里士多德则进一步在理性精神的基础上，彰显了正义、法律和平等之间的内在关联，指出"正义的就是守法和平等的，不正义的就是违法和不平等的"①，并且全面深入地考察了有关正义和法制的种种问题，直到今天仍然影响到西方学界在这方面的有关理论研究。

从某种意义上说，古罗马法学是把"法"与"正义"和"权利"作为等值概念来理解的，从而赋予了法以正义和权利的内涵。古罗马法学家们依据斯多葛学派的自然法思想，在强调"世界理性"的基础上，将对于永恒正义的追求与法律规范的严格实施结合起来，特别强调了法治原则的稳定性、恒久性、不可侵犯性。西塞罗的自然法理论就基于人的理性本质和平等特征，阐发了一系列潜在地肯定了人的自然权利的公平正义原则，包括不可有意伤害别人和尊重私人财产等②；他有一次甚至指出："我们为正义而生，权利不是基于人的看法，而是基于自然，没有什么比完全认识这一点更有价值的了。"③ 至于在罗马法中占据重要地位的契约法，就其本质而言也包含着对人际关系中个人权利的尊重和承认；而当古罗马法学家用契约思想解释国家与法的产生及其实质，认为法律是统治者与被统治者之间合意约定的产物的时候，甚至还隐含着主张国家公权力不得任意侵犯个体正当权利的思想倾向，从而为现代西方社会的人权至上观念奠定了理论基础。

---

① 〔古希腊〕亚里士多德：《尼各马可伦理学》，廖申白译注，商务印书馆，2003，第128～129页。

② Neal Wood, *Cicero's Social and Political Thought*, Berkeley, CA: University of California Press, 1988, p. 76.

③ Cicero, "The Republic and the Laws", in William Ebenstein, *Great Political Thinkers*, New York: Holt, Rinehart and Winston, 1969 (4th ed.), p. 137.

在中世纪的基督宗教文化中，有关保障个体权利的思想和实践并不占据重要的地位，但在神学理论中自然权利的正当性和必要性依然以一种特殊的方式得到了某种程度的肯定。按照神学家们的观点，既然人人都是上帝的造物，他们就因此享有了某些不可剥夺的神圣权利——虽然这些权利的最终目的是为神服务，而不是为人服务。其中，阿奎那凭借他所说的上帝的永恒法，深化了自然法的理论，肯定了人的理性本质，对于后来文艺复兴时期的人性解放思潮以及现代西方社会的人权价值理念的形成也起到了一定的促进作用。可以说在理性观念的母体中孕育着权利及正义、法治的意涵。

应当指出的是，由于毕竟刚从原始社会脱胎而来，处在前现代的历史氛围之中，古希腊罗马中世纪文化中的权利理念无论在理论上还是在实践上，都仅仅处于初生萌芽的阶段中，不但自身就相当质朴幼稚而很不完备，以致常常陷入自相矛盾之中，而且还带有这样或那样十分深重的历史局限性，特别是往往很难在现实生活中真正落实到女性、奴隶、被征服地区居民或非基督徒等“异类”人群的身上，对此我们必须有清醒的批判意识而不能盲目将其无限夸大。不过，与此同时我们也应当看到，在这样一种前现代的历史背景下，古希腊罗马中世纪时期的有识之士能够基于自己的探索和追求，培育出权利思想萌芽，依然是难能可贵的。也正是他们的这种艰辛而珍贵的努力，为现代西方社会在现实生活中确立起这些很有意义的价值理念奠定了基础。这也是我们今天在考察和审视“欧洲梦”和“美国梦”的核心价值支柱的时候，回溯到西方文明的古希腊罗马中世纪历史源头那里的理论意义所在。

（二）古希腊以来自由观念对权利观念产生的影响

“自由”的理念是权利观念产生的另一个根基。如上所述，古希腊神话传说已经以一种诗性化的体验，开启了古希腊文化的人文精神，其中众多的形象和故事表达出了古希腊人对于生存自由和意志自由的追求。例如，作为光明使者的普罗米修斯，就敢于大胆挑战贵为天神的宙斯的权威，盗取天上的神火给凡人，教他们各种技能和手艺，希望凡人过上幸福的生活，哪怕激怒了宙斯、受到了惩罚也在所不惜。这个著名的悲剧故事表现了在一个人神共在的世界里，人不只是宿命的，而且具有反叛的精神，人性在与神的抗争中得以张扬，从而体现了人类对神性权威的蔑视和对自由的热切追求。

进一步看，古希腊的城邦生活尤其是雅典的民主政治，更是为当时古希腊人提供了争取古代历史条件下所允许的充分自由的广阔空间。例如，大到选举城邦领导人，小到具体公共事务的决策，雅典人都可以依据自己的自由意志通过公民大会进行选择，以至于托克维尔感叹说，那时对平等与自由的热爱占据着雅典人的心灵；他们不仅想建立民主的制度，而且要建立自由的制度；不仅要摧毁各种特权，而且要确认各种权利，使之神圣化；这是青春、热情、自豪、慷慨、真诚的时代，尽管它有各种错误，人们将千秋万代纪念它，而且在长时期内，它还将使所有想腐蚀或奴役别人的那类人不得安眠。

古希腊哲学进一步深化了这种自由的意识。作为“爱智慧”的活动，古希腊哲学的产生本来就体现了当时城邦公民在闲暇状态中拥有的一种“自由”的生活方式——理论生活，其实质在于“一个人已无需为当下的生计操劳奔忙，而能专注于思考有关神在世间的显现及宇宙的秩序及其永恒性等问题”①。智者派提出了“人是万物尺度”的基本原则，从人本主义的立场出发对自然、社会、政治、道德、法律等做出了自己的解释，是从自然人性中推导出法律原则的开创者，并且注意到了人作为个体存在的自由和平等的本质，因此曾有西方学者指出：“法律的批判、自由的个体和以自我为中心的个体与智者派一道进入了历史舞台。”② 而当苏格拉底批评了早期自然哲学家们过于关注自然而忽视了自我人生的倾向，从而“把哲学从天上带回人间”的时候，更是大大彰显了人作为个体自我的自由存在和终极意义的精神向度。他特别强调“认识你自己”这句古希腊著名神谕的目的，就是要求人们通过理性思维认识自我，发现真理，提升精

① 张汝伦：《历史与实践》，上海人民出版社，1995，第235页。

② 〔美〕科斯塔斯·杜兹纳：《人权的终结》，郭春发译，江苏人民出版社，2002，第26页。

神，关注自己的本质存在和自由发展。柏拉图和亚里士多德则在他们有关政治和法律问题的理论研究中，进一步讨论了城邦公民在各种政体制度中享有的基本自由及其所受的种种约束，尤其是强调了逻各斯—理性对于公民实现趋于至善的自由幸福所发挥的指导作用。到了古希腊晚期，城邦逐渐衰落，在现实世界的悲苦中人们退回到了自身的心灵之中，并在那里寻求现实世界中已经再也找不到的和谐，开始思考如何实现主体内心的自由[①]，如伊壁鸠鲁认为原子象征的是自我意识，其本质就是自由，斯多葛学派则强调人不仅是神实现意志的工具，也是自由的存在者，从而依据普遍的逻各斯—理性推导出了世界主义的观念和建立世界国家的想法，其深远影响甚至从康德和罗尔斯的有关见解中也可见一斑。

古罗马文化更偏重于从人与人之间的契约—法律关系的角度肯定个人的自由意志，强调人际互动只有建立在尊重各方的自由意志、达到了合意一致的基础上才是正当的。古罗马法学家用契约思想解释国家与法的产生及其实质，认为法律在本质上就是一种合意的约定或契约，而商业贸易、借贷租赁、财产转让、遗嘱继承等经济交往行为，同样要建立在双方合意的契约基础之上才是合法有效的。特别是在东罗马帝国皇帝查士丁尼编写的《法学阶梯》中，涉及“诺成契约”的规定已经在许多方面包含了现代契约自由的主要因素：契约是当事人达成合意的产物，具有法律上的效力，非经当事人双方的一致同意不得随意变更和解除。换言之，在诺成契约中，一切形式上的要求都被省略了，当事人之间的合意是契约成立的唯一决定性要素，契约只有在双方达成合意后方可解除。其中显然蕴藏着一条契约法的原则：契约的成立与否取决于当事人的自由意志，契约的效力来源于当事人的合意一致。这一原则后来被概括为“契约自由”的原则。从这个意义上说，古罗马法学提出的“诺成契约”概念，为现代契约自由原则的形成和发展埋下了“生命的根”。

中世纪的基督宗教神学在继承发展古希腊哲学和古罗马法学自由观念的基础上，把“自由意志”当作一个基本的概念提出来展开讨论，认为人

---

① 〔德〕黑格尔：《哲学讲演录》（第3卷），贺麟等译，商务印书馆，2013，第6页。

人都拥有的“自由意志”是人作为上帝之象（image）而形成的一种类上帝能力（god-like capacity），其影响至今未衰。奥古斯丁认为，“如果一个人是善的，并且只有因为他愿意才能正当地从事行为，他就应当拥有自由意志”①，并强调只有在上帝恩典的帮助之下，自由意志才能推动人们去追求至善幸福的目的。尤其是中世纪末期的宗教改革运动，在“唯信称义”的旗号下主张个人单凭自己的内心信仰就可得救，无须依赖天主教会以及所谓的“善功”，因而号召基督徒摆脱一切束缚并且超越一切束缚，最终实现“基督徒的自由”，也有力地彰显了自由理念的重要意义。许多西方现代思想家，包括洛克、孟德斯鸠、杰斐逊、康德、黑格尔等人在内，在倡导自由的现代价值理念时，都曾经从人类自由是出于上帝所赐的基督宗教观念中吸取了丰富的思想营养。就此而言，虽然中世纪在现实生活中确实存在着大量压制人的自由发展的种种事实，但基督宗教神学的“自由意志”观念对于西方现代权利概念的形成、确立依然做出了不容抹杀的积极贡献。

四　中国古典哲学中的权利观念

——一个比较性的分析

本文在分析比较中西文化传统的相通与相异之处的时候，将注意力主要集中到中西文化传统的“原点时空”那里，努力理解先秦中国人和古希腊人的生存际遇，一方面考察他们在解决人与自然、人与人、人与自身的辩证关系时呈现出来的原点相通性，另一方面探讨他们由于分别基于工商业活动和农业生产活动以及分别基于“字母”和“汉字”的知识传播途径所形成的初始相异性。

（一）理性：先秦的“道”与古希腊的“逻各斯”

先秦文化与古希腊文化都形成了自己的哲学理论，试图对自然界和人

① 〔古希腊〕奥古斯丁：《论自由意志》，成官泯译，上海人民出版社，2010，第100页。

类社会的最普遍的本质规律提出自己的理解和解释。不过，在两者之间这种内在相通之中，也存在着某些鲜明的相异之处。集中体现在先秦哲学所强调的“道”与古希腊哲学所强调的“逻各斯”这两个基本范畴之上。

“道”在中国传统哲学中始终是一个核心的概念。道家哲学的创始人老子用“道”来说明宇宙万物的演变，并且与古希腊的赫拉克利特用“逻各斯”来说明宇宙万物的演变几乎是同一时间，因此可以说这是人类自我意识觉醒的标志性事件。在老子看来，“道”是比“天地鬼神”更本原的东西：“道冲，而用之或不盈。渊兮，似万物之宗。……湛兮，似或存。吾不知谁之子，象帝之先。”（《道德经》第四章）“道”可以解释为客观自然规律，同时又有着独立不改、周行而不殆的永恒绝对的本体意义。道家哲学是以道为准则，以自然为中心，以人的生命存在为焦点的，自然之道是无为自化，道具有自由的特性，顺应自由之道才能维持自然的可持续发展，才能实现人的修养生性，实现人与自然的和谐统一：“昔之得一者；天得一以清；地得一以宁；神得一以灵；谷得一以盈；侯得一以为天下正。”（《道德经》第三十九章）万物遵循道的自由而运动生长，最终实现万物的自化。人类是自然界的产物也是自然界的一分子，自然规律不以人的意志为转移。从“道”的视角去理解自然、理解社会、理解人生，追求人与道的合一，不但是道家哲学的智慧所在，而且也是整个中国哲学传统的智慧所在：“人法地，地法天，天法道，道法自然。”（《道德经》第二十五章）“道”“天”“地”“人”的“自然而然”因此是一种自我生发和自我生成的动态过程。庄子哲学继承和发扬了老子哲学关于“道”的上述思想。在庄子看来，道是自然无为的，人也应是自然之性，应该按照自然本性去生活，这样才是自由、平等、逍遥的人生。

如前所述，自赫拉克利特提出“逻各斯”之后，“逻各斯”在西方主流哲学中始终是一个核心的概念，从中发展出了具有西方特色的修辞学、逻辑学、自然科学以及理性主义的本体论和认识论。“道”与“逻各斯”虽然分别被先秦与古希腊哲学家认为是世界的本源，但二者之间的差别还是相当明显的。“逻各斯”的基本含义是话语，借助理性的力量，“逻各斯”是可以被言说的，因而可以形成一套可被言说的制度规范。相比之下，老子的“道”不是可以言表的：“道可道，非常道；名可名，非常名；无名天地之始，有名万物之母。”可以说，老子侧重于直观，通过“言象互动”而进入了形而上的境界，强调“悟”，而后方知“行”；赫拉克利特侧重于认知，通过言说而进入了形而下的境界。当然，我们不能因此误认为中国传统哲学中没有理性；更准确地说，中国传统哲学中的理性在一定程度上表现为“中庸”，也就是儒家特别重视的“人和”：“中也者，天下之大本也；和也者，天下之达道也。”就此而言，中国哲学更注重在特殊、具体的直观领悟中去把握真理；而不像西方哲学那样讲究分析、注重普遍、偏于抽象的思维。①

从其价值取向上看，古希腊的自然哲学与以老庄为首的先秦道家自然哲学也存在着一些相通与相异之处。道家以“道”为核心的自然哲学思想与古希腊以“逻各斯”为核心的自然哲学思想相似，也包含着对人世间普遍规律、理想法则和正义秩序的追求。先秦道家学者以“道法自然”为思想的起点，以“天人合一”为理论的基础，强调人类社会应该顺应“天道”，效法自然，以自然法则作为最高的行为准则。在“道法自然”的天道观影响下，“无为而治”构成了道家的救世主张，也是其价值系统中的至上境界，具有正义、公正、平等的道德追求。老子指出，“孔德之容，惟道是从”（《道德经》第二十一章），认为真正有德行的人之所以能够把握事物的客观规律，并且从事道德上正当的行为，是因为他们都是按照“道”的要求来办事的。在这个意义上，先秦道家的自然法也可以说是一种道德法。只不过这种“道”是一种劝服感化的方式，以达到行德。

相比之下，古希腊的自然哲学虽然同样试图通过强调“逻各斯”来倡导人世间普遍规律、理想法则和正义秩序的追求，其具体的意蕴却有所不同。如果说先秦哲学强调的“道”主要具有自生自发的“天然”含义，那么，古希腊哲学强调的“逻各斯”却蕴含着丰富的理性精神。因此，在古希腊思想家们看来，基于“逻各斯”的自然法在本质上就是一种正当的理性准则，主张任何与人的理性相一致的行为都属于道义上正当的行为。

① 李泽厚：《中国古代思想史论》，生活·读书·新知三联书店，2008，第229页。

而所谓的理性、法则和正义，其实也就是先验的永恒的道德，所以，古希腊的自然法通常也被称为理性法或道德法，它是一种制度层面上的含义。

尽管在有关自然的理解和人生价值的追求方面，道家的自然哲学与古希腊的自然哲学如出一辙，但由于上述讨论的这些差异，这两种在同一时期萌发的哲理观念后来却逐渐朝着两个不同的方向进一步发展。一方面，道家崇尚“道”的自然哲学强调的是一种远离现世、宁静无为的生活方式，从而在后来的中国历史上产生了某种消极影响；相比之下，古希腊崇尚“逻各斯”的自然哲学强调的是一种积极入世、理性参与的生活方式，从而影响了后来西方哲学中的权利价值理念。另一方面，道家崇尚“道”的自然哲学出于对生命本质的感悟，要求人们顺应自然之道，表达了对自然之道的遵从，对和谐世界的美好向往，对人的精神绝对自由的追求，从而形成了至今仍然具有普适意义的“天人合一”的价值理念，为人类的生存提供了一种包含宇宙观意蕴的终极价值关怀，对于当今人类确立人与自然界和谐统一的价值理念也具有很好的启示作用，而这一优势又是古希腊崇尚“逻各斯”的自然哲学强调人类凭借理性征服大自然、战胜大自然的片面性观念所不具备的。

（二）自由：中西古代的生命观

最后，先秦哲学和古希腊哲学都形成了指向人本身的自我与生命的关怀，但二者之间同样存在着某些微妙的差异。从某种意义上可以说，中国古代哲学在先秦时期之开端的着眼点就在于“生命”，而西方古代哲学在古希腊时期之开端的着眼点却在于“自然”。[①] 当然，这样说既不是根本否认中国古代哲学对自然的关注，也不是根本否认西方古代哲学对生命的关注，而只是强调了由此形成的两种不同生命智慧的内在区别。

中国古代哲学很注意修身的问题。尤其在儒家学说中，更是特别关注以伦理为中心的修身问题，强调道德上的自我修养和人格上的自我完善，

① 牟宗三：《中西哲学之会通十四讲》，吴兴文编，吉林出版集团有限责任公司，2010，第13页。

而道德教化又是完善人格的重要手段。所谓“大学之道，在明明德，在亲民，在止于至善”，就明确指出了修身的目的在于修明天赋的光明德性，在于亲爱民众，在于达到至善至美的高尚境界。从这种人性论观念出发，儒家哲学预设了人性善的先天性，指出人应当加强后天修养，以使先天的善性得以扩充和发挥，所谓“修身以道，修道以仁”。仁是修身思想的中心，是一种内在的道德自觉。为了到达“仁”，孔子认为要通过“礼”的外在制约，与“仁”的内在修养相结合，实现一种内在的道德规范，所谓“礼器，是故大备”，“制礼以节事”。孔子的仁学思想实际上就是关于人生问题的哲学。儒家的修身自律包含“博学”“正已”“尚义”“中和”“多恩”“慎独”“重节”“重行”等多个方面。“学而时习之，不亦乐乎?”孔子认为学好礼节方能立身做人。而“所谓修身，在正其心者”，“己欲立而立人，己欲达而达人”，又强调为政者要以身作则，同时不能把自己的意志强加于人。同时，“慎独”也是儒家倡导的一种修身方法，就是指在个人独处的情况下，也要谨慎小心，自觉地约束自己的行为，即使在没有他人在场、不会被人发现和无人监督的情况下，也要自觉地不干坏事。《中庸》说：“君子戒慎乎其所不睹，恐惧乎其所不闻。莫见乎隐，莫显乎微。故君子慎其独也。”总之，儒家的修身思想以“人皆可以为尧舜”的思想为基础，以立“圣人之德”为修身目标，以反身自省到自悟为途径，这是一种高度道德的自觉，也是一种追求至善的心路历程，更是古代圣贤对生命意志的崇尚和以人为本的人文关怀。

具有鲜明中国特色的佛教思潮——禅宗，虽然具有浓郁的宗教信仰内容，但也十分关注自我和生命的问题，特别是张扬了人格平等的哲学意识与生命个性的艺术气质，从而体现出了与道家庄子心灵哲学的内在相通性。可以说，禅宗是在审美的意义上丰富人的精神和心灵层面的，告诉人们只要明心见性，即可由“迷”转“悟”，顿悟成佛。唐宋以来的众多文人志士在弘扬禅宗观念的过程中，都留下了可贵的人道主义思想结晶，成为后人追求自由平等与追求生命意义的基础。因此，儒家“贵生爱物”的生命观、“乐生哀死”的生死观和“修身进取”的养生观，道家“崇尚自然”的生命观、“苦生乐死”的生死观以及“与‘道’合一”的养生观，以及禅宗“爱惜生命”的生命观、“生死皆苦”的生死观和“静而生慧”的养生观，分别从不同的角度阐释了把生命的神圣与生命的价值统一起来的人与自然相统一的生命观。从这个意义上说，中国古代的生命哲学智慧，体现了追求宁静致远的生命本然状态和修身成道的道德理想状态的有机合一。

相比之下，起源于古希腊的西方主流哲学虽然也包含着对人的自我与生命的关怀，却由于“逻各斯”概念的深度影响，而呈现了不同的特征，包含着更为浓郁的强调“理性”和“神性”的内容。苏格拉底有关“认识你自己”的著名命题，反映了古希腊哲学的关注点从神到人、由自然到社会的转变，说明了人们开始认识到人的主体性以及人对人性与自身命运的自觉，并对后来的古希腊罗马哲学产生了很大的影响。然而，进入中世纪之后，基督宗教文化却扭转了这种人的主体性自觉，试图使人服从于至高的上帝，贬抑世俗的感性生活，鼓励人们将自身的幸福寄望于未来的彼岸世界，因此更为强调自我忏悔和与世隔绝的修身养性，这就使得关怀自我、认识自我的哲理倾向脱离了现实人生的坚实基础，并且进一步影响到西方近现代哲学的发展，以至于20世纪以来的不少西方哲学家从“上帝死了”的命题中推出了“人也死了”的命题。

（三）中国式的权利观念：与西方权利观念的一个比较

中国古代的权利观念主要体现在人文精神与民本精神之中。首先，中国文化自周以降就确立了与天道自然相贯通的人文传统，形成了一种“尊天、远神、重人”的思想取向，并且深刻影响了中国文化传统的根本特性。殷商时人尚没有充分而清晰地意识到人自身存在的重要意义，因此主要信奉一种以崇拜“帝”为中心，与巫术紧密结合的原始宗教。武王伐纣之后，周公认识到是民众的力量帮助周武王取得了伐纣之役的胜利，于是提出了“以德配天”和“敬德保民”的思想，要求统治者要“闻小人之劳”，“知稼穑之艰难”。正是基于这一转折，周人改变了殷人重“天”而轻“人”的天神崇拜意识，主张重民、重人，随后这一思想在春秋战国时期经过诸子百家的浓缩提炼，终于形成了内涵深厚的中华人文精神。进一步看，“天人合一”的观念最初也是起源于西周时代，后来经过儒家、墨家、道家和佛禅各大思想派别从不同的角度出发加以发展而达到成熟，其最基本的含义就是肯定“人与自然的和谐统一”。仅就儒家而言，人道与天道的合一就意味着道德原则与自然规律的统一，尤其是对于“仁义”的最高追求；而“仁者，人也”，所以早期儒学亦可称为“人学”，[①] 其基石则是人本的观念。孔子的学说从伦理道德、治学教育等方面论述了人的理性作用和人创造精神财富之道，从而使“仁”成为儒家思想的核心价值之一，强调“仁”作为人的内在德性，是个体理想人格的象征和基础，是主体的内在自觉，由此进一步建立礼和履行礼，人克己复礼便可以为仁，因此人的生命价值也就在于人的道德生活。仁者爱人是中国人文精神最深层次的体现。

此外，著名的“民本”观念成了先秦人文精神在政治哲学上的集中表现。据《左传·襄公三十一年》记载，穆叔曾引用《尚书·大誓》中的话语，说：“民之所欲，天必从之。”虢国太史甚至提出了“国”之安危系于“民”的思想：“国将兴，听于民；将亡，听于神。神，聪明正直而壹者也，依人而行。”[②] 从春秋时期开始，众多开明的政治家、思想家对统治阶级如何“获民”“因民”“保民”“托民”“爱民”“庇民”等做了探讨。例如，管子认为要成就霸业，君王就必须重视民，亲爱民，爱惜民力。孔子继承了周公“敬德保民”的思想，将“民本”列为“德政”的重要内容，强调“养民”是“要务”，亦即国家必要之政策。孟子的“民贵君轻”说进一步发展了尊君与顺民相辅相成的观念，最为清晰地阐发了《尚书》中“民为邦本”的思想。[③] 汉代董仲舒发挥了先秦儒学精神，主张“天之生民，非为王也。而天立王，以为民也。故其德足以安乐其民者，天予之。其恶足以贼害民者，天夺之”。[④] 这些早期的民本思想发挥了维护社会稳定、促进社会和谐的积极作用，也为后来的汉唐盛世奠定了

---

① 张岂之主编《中国儒学思想史》，陕西人民出版社，1990，第26页。

② （春秋）左丘明：《左传》，岳麓书社，1990，第44页。

③ 学界普遍认为《尚书·五子之歌》中“民惟邦本，本固邦宁”的思想是中国古代民本观念的典型表达和最早源头。

④ 曾振宇：《春秋繁露新注》，商务印书馆，2010，第177页。

重要的基础。

尽管也有一些论者断言，中国文化传统尤其是儒家哲学里的仁学观念和民本思想，归根到底不过是为统治者服务的，实质上是用民之道、御民之学，但客观地说，对中国古代思想的这种“立场”做过多关注并无意义。关键在于君和民在同一个伦理体系内建构而成为一种秩序，这种秩序来自无须争辩的生存基础，也就是大自然——山川河流田野，即土地。即便是中国文化传统中的神灵观念，也不能离开与土地的关联来加以解释。在某种意义上甚至可以说，中国古代文化就是立足于大地的文化，天—地—人（包括君与民及民与民）的关系的文化构建，本质上就是对古代中国生存样式的图式化。

就其终极的立足点而言，中国传统文化的人文精神与古希腊文化的人文主义观念是有着某种勾连的，因为两者都以人为中心。如果说有什么不同的话，古希腊文化的人文主义精神基于工商业生产尤其是航海贸易的基础，因而可以说是在“海神”的观念意识中萌芽生发出来的，并且体现出“神人同形同性”的特征，这一点为后世西方文化在整体上强调人自身的尊严和权利奠定了深厚的历史文化基础。相比之下，中国传统文化中的人文主义精神则基于农业生产劳动，因而虽然由于对天气（风调雨顺）和土地的高度依赖也十分强调神与人的和谐共处（“天人合一”），但两者之间存在着某种张力，人作为“三杰”之一始终对于天地神灵抱有顶礼膜拜的尊崇态度。尤为重要的是，中国古代缺少实现这些理念的制度基础。

五　结语

本文通过考察权利观念的历史缘起，尤其是通过对作为它的基石的自由和理性观念的考察，以及通过与中国传统权利理念的一个比较，以期获得一种有关权利的更为恰当的看法。就现代西方的权利观念来讲，其所强调的是一种注重个人自由，注重个人权利与国家权力相对抗的权利观念。但是这种权利观念在缺乏恰当规范约束的情况下很容易被滥用，比如绝对的财产权便会造成某些不可欲的后果。因此，晚近以来，西方世界也在反思这样一种完全立足于个人主张权的权利观念（claim right），而试图用理性，亦即合乎理性（reasonable）这一标准予以约束。恰恰在这里，我们可以看到笔者在上文所勾勒出的中国式的权利观念的某种力量与智慧：在这种权利观念中，它并不强调一种对抗式的关系模式，而强调人与人之间的和谐关系，强调人与人之间的正当关系，从而在一种正当关系中界定权利以及行使权利的限度。

因此，正是在这个意义上，我们可以说，中国虽在现代化发展的牵引之下，将现代西方的权利、自由和理性等观念变为人们生活与行动的律令，但是，中国人的生存之路与发展道路仍会在更深刻的层面上受到中国传统知识体系和价值理念的影响。一个民族总有一种属于自己的文化心理结构和精神力量，正是它们的独一无二的沉积影响到了这个民族的独特个性。中国文化传统就是中华民族在长期的历史过程中积累下来的内在文明和智慧，它具有一定的传承性，即使在当代某些具体的内容和形态发生了变化，但其内在的灵魂仍然存在，并在思维模式、道德标准等方面存有影响。因此我们说，我们正是依赖这样一些文化和思想资源来重塑一种更好和更恰当的有关权利的理解的。

The Phylogenetics of Rights, Freedom and Reason: A Comparative Investigation of Chinese and Western Concepts

Chen Yuan

Abstract: Rights is a core concept of politics and law in modern Western. It is important to discuss how rights occurs in the context of ancient Greece and Roman civilization in terms of occurrence, and to deeply analyze how the concept of western rights is generated through the investigation of freedom and ration which are the cornerstone of the civilizations. Returning to the starting point of the growth of Chinese and Western cultural values, I specifically examined the internal relations of many factors. Based on it, I compared the similarities and differences of the concept of rights between Chinese traditional culture ancient Greek and Roman cultures in order to generate a more appropriate view of rights.

Keywords: Rights; Freedom; Reason; Phylogenetics Comparion

能力、人权与反贫困*

——玛莎·纳斯鲍姆多元能力理论的反贫困价值

宁立标　陈家恩**

摘　要：玛莎·纳斯鲍姆是当代西方重要的思想家，她的多元能力理论以有尊严的生活为基本追求，主张以能力看待发展，重视人的能力尤其是核心能力发展。由于核心能力与人权的紧密联系，多元能力理论既是一种发展理论，又是一种人权理论。由于多元能力理论以反贫困为重要指向，因此它也是一种反贫困理论。该理论主张的以能力建设促发展，以法治保障能力安全以及国家对能力保障的国内义务和全球义务对当今世界的反贫困斗争以及中国的精准扶贫都具有重要启示意义。

关键词：多元能力理论；能力；人权；法治；反贫困

玛莎·纳斯鲍姆（Martha Nussbaum）是芝加哥大学法学和伦理学弗洛因德杰出贡献教授，美国人文与科学院院士，当代世界著名哲学家，曾被英国《新政治家》杂志评为“我们时代的十二位伟大思想家”之一。她致力于人的发展问题研究，在反思传统发展理论的局限性的基础上，以人的尊严为基础，构建了人的核心能力目录，提出了以能力和人权看待发展的多元能力理论。该理论不仅是一种人的发展理论和人权理论，也是一种反贫困理论。它不仅在理论界产生了重大影响，对于人类发展的实践也具有重大指导意义。

---

* 本文是国家社科基金项目“人权视野下国家反贫困义务研究”（项目编号：18BFX040）的阶段性成果。

** 宁立标，贵州大学法学院教授，博士生导师，法学博士；陈家恩，吉林大学司法文明协同创新中心博士研究生。

一　构建以社会正义为基础的人类发展标准：多元能力理论的理论抱负

发展是人类的永恒主题和不懈追求。根据联合国开发计划署的统计，“这近三十年，所有地区和人类发展群体都取得了实质性进展。2017 年全球 HDI 值为 0.728，比 1990 年的 0.598 上升约 21.7%。在世界范围内，人们的寿命更长，受教育程度更高，生活机会也更多”。[①] 尽管经济社会发展与科技创新使人类发展取得了巨大进步，但是毋庸置疑的是，人类发展存在多种类型的严重的不平衡，这种不平衡既体现为国家和地域间的不平衡，也体现为群体、种族以及性别间的不平衡。在多数人享受着人类发展带来的福祉时，仍有少数人在忍受饥饿、营养不良以及疾病的折磨，贫困与剥夺现象在全球范围仍然大量存在。正因如此，构建一种包容的、符合社会正义的人类发展标准，实现全人类的包容式发展便成了广大学者以及公共政策制定者的使命。事实上，能力理论就是对这一使命的理论回应，阿玛蒂亚·森和玛莎·纳斯鲍姆是该理论的最杰出代表。

作为能力理论的最早提出者，阿玛蒂亚·森在 1979 年的特纳讲座中提出了可行能力方法，该方法以可行能力表示一个人能够做或成为事物的可选择性的组合——他或她能够获得的各种“功能性活动”。[②] 以可行能力这一概念为基础，阿玛蒂亚·森指出“生活水准的价值取决于过各种各样生活的可行能力”。[③] 在分析贫困与饥荒问题时，阿玛蒂亚·森认为，饥饿具有社会、政治和法律等深层次原因，即合法支配足够食物的能力的缺乏和权利的失败。正因如此，解决饥饿问题不仅要保障粮食供给，更要保障食物权利。[④] 同时，阿玛蒂亚·森分析了民主与饥荒的关系，虽然阿

① 联合国开发计划署：《人类发展指数与指标报告：2018 年数据更新》，2018，第 2 页。

② 〔印〕阿玛蒂亚·森、〔美〕玛莎·纳斯鲍姆：《生活质量》，龚群等译，社会科学文献出版社，2008，第 35 页。

③ 〔印〕阿玛蒂亚·森等：《生活水准》，徐大建译，上海财经大学出版社，2007，第 45 页。

④ 〔印〕阿玛蒂亚·森：《贫困与饥荒》，王宇、王文玉译，商务印书馆，2001，第 161、198、200 页。

玛蒂亚·森认为民主社会不大可能发生饥荒，但是他并未将民主社会视为解决饥饿的充分条件，而只将其当成必要条件。[①] 在分析发展问题时，阿玛蒂亚·森提出了以自由看待发展的观点，主张“自由不仅是发展的首要目的，还是发展的主要手段”,[②] 贫困是对基本可行能力的剥夺。[③] 阿玛蒂亚·森的能力理论不仅对于提高社会底层群体的生活水准具有重要意义，为分析发展问题也提供了全新的视角。由于阿玛蒂亚·森对福利经济学的重要贡献，他获得了1998年的诺贝尔经济学奖。

作为能力理论的另一重要代表，纳斯鲍姆以阿玛蒂亚·森的可行能力方法为基础，并结合亚里士多德的德性理论，提出了多元能力理论。在纳斯鲍姆看来，人类要走出不公正发展的困局必须超越衡量人类发展的传统方法，这些方法包括经济学家们热衷的人均GDP方法、功利主义理论以及以资源为基础的方法。纳斯鲍姆指出，经济学家和政策制定者长期以来对GDP方法过度迷恋，并且总是喜欢将人均GDP的增长作为衡量国民生活水准提高的指标。在实践中，直到1990年联合国出台首份《人类发展报告》之前，人均GDP一直是衡量发展的唯一尺度。在纳斯鲍姆看来，发展经济学对人均GDP的过度崇拜违背了人类基本的经验事实，忽略了资源的不平等分配现象，存在明显的不科学性。比如，在种族隔离时代，尽管南非的人均GDP曾位居发展中国家首位，但是占该国人口多数的黑人大多生活在水深火热之中。此外，人均GDP方法遮蔽了生活质量的多重面向，使健康、教育和政治参与等衡量生活质量的重要指标都被淹没在人均GDP给定的财富量中。[④]

除了批评发展经济学的GDP方法外，纳斯鲍姆还对功利主义方法和以资源为基础的方法进行了批判。她指出，虽然功利主义方法具有关注人

---

① 郑智航：《南非食物权定性的论争及其启示》，《法商研究》2009年第5期。

② 〔印〕阿玛蒂亚·森：《以自由看待发展》，任赜、于真译，中国人民大学出版社，2012，第7页。

③ 〔印〕阿玛蒂亚·森：《以自由看待发展》，任赜、于真译，中国人民大学出版社，2012，第15页。

④ 〔美〕玛莎·纳斯鲍姆：《寻求有尊严的生活》，田雷译，中国人民大学出版社，2016，第33~36页。

本身的优势，并且在追求最大幸福时能坚持人人平等，但是以功利主义方法衡量生活质量依然存在以下难题：首先，功利主义方法与 GDP 方法一样坚持的是平均加总方法，从而忽略了资源不平等和不公正分配的问题；其次，功利主义对人之满足的追求忽略了人对幸福生活的不同理解和偏好，因为快乐是不可通约的；再次，功利主义将偏好的满足视为生活质量的衡量标准，但是偏好具有社会适应性，一些长期处于社会底层的人会自觉降低对生活质量的期望，其偏好也容易满足；最后，满足本身是一种体验，绝大多数人会有选择地行动和生活，而不愿选择诺齐克设想的“体验机器”。[①]

至于以资源为基础的方法，纳斯鲍姆认为该方法主张只要能在公民之间平等分配资源，国家资源越多，公民生活质量也就越高。在纳斯鲍姆看来，这一方法仍然有其自身的局限性，因为收入和财富不仅不能准确反映民众对资源的需求，也不能充分代表民众的能力运作。并且，该理论在强调财富和收入平等分配的同时，忽略了除财富之外的其他价值，比如人的言论自由和清洁的环境。[②]

正是考虑到上述理论的局限，纳斯鲍姆意欲构建一种新的人类发展标准。这一标准不仅能够克服 GDP 方法和功利主义的加总方法存在的不平等和不正义风险，也能够充分考虑生活质量的多个维度和人们对幸福生活的不同追求。虽然纳斯鲍姆的多元能力理论和阿玛蒂亚·森的可行能力方法都以人的能力为概念基石，并且二者都对人类包容式发展具有重大实践价值，但是二者仍然存在一定理论分歧。在纳斯鲍姆看来，多元能力理论与阿玛蒂亚·森的可行能力方法至少具有以下差别：第一，在学科方法上，阿玛蒂亚·森主要运用的是经济学方法，而纳斯鲍姆从哲学的角度对能力问题展开分析论证；[③] 第二，纳斯鲍姆希望通过能力方法建构一种关于基本社会正义的理论，阿玛蒂亚·森的能力理论虽然也是一种规范性理

① 〔美〕玛莎·纳斯鲍姆：《寻求有尊严的生活》，田雷译，中国人民大学出版社，2016，第 36～40 页。

② 〔美〕玛莎·纳斯鲍姆：《寻求有尊严的生活》，田雷译，中国人民大学出版社，2016，第 40～42 页。

③ 〔美〕玛莎·纳斯鲍姆：《正义的前沿》，陈文娟等译，中国人民大学出版社，2016，第 49 页。

论，但是没有提出一种有关基本正义的确定叙述；第三，虽然阿玛蒂亚·森认为一些能力（比如健康和教育）具有一种特别的核心地位，甚至使用了基本能力这个概念表征这些核心能力，但是阿玛蒂亚·森既没有提出具体的能力清单，也没有使用能力门槛概念；第四，纳斯鲍姆的多元能力理论以人的尊严为哲学基础，阿玛蒂亚·森虽然承认人性尊严概念的重要性，但是在其理论中尊严并非核心要素；① 第五，虽然阿玛蒂亚·森确实指出能力概念可以成为综合评估一国国内生活品质的基础，但是纳斯鲍姆认为自己的能力理论并不提供对一个社会的生活品质的一种整全性的评估，这是因为政治自由主义禁止自己提供任何一种有关价值的整全性叙述。②

纳斯鲍姆对其多元能力理论与阿玛蒂亚·森的能力理论进行比较并非单纯证明她与阿玛蒂亚·森的理论分歧，也是为了说明其多元能力理论的伟大抱负，即以阿玛蒂亚·森的可行能力方法为基础，克服功利主义以及经济学方法的内在局限，构建一种体现社会正义、保障人们有尊严生活的能力理论和人类发展标准。该理论采取的社会正义视角及其包含的能力清单，不仅是对 GDP 方法和功利主义等传统哲学的超越，也是对阿玛蒂亚·森的可行能力方法的哲学发展和理论创新。关于这一点，阿玛蒂亚·森不仅明确表示纳斯鲍姆将亚里士多德的理论与能力理论联系起来具有开创性意义，也充分肯定了纳斯鲍姆对社会评价和社会政策做出的突出贡献。③

二 以能力看待发展：多元能力理论的基本内核

作为一种新的生活质量理论和发展理论，纳斯鲍姆的多元能力理论与

① 尽管纳斯鲍姆并没有明确指出阿玛蒂亚·森的能力理论的核心要素是什么，但是从阿玛蒂亚·森对可行能力与自由的关系的论证及其以自由看待发展的论断中，不难推断其理论的核心要素应该是自由。参见阿玛蒂亚·森《以自由看待发展》，任赜、于真译，中国人民大学出版社，2012。

② 上文第二点到第五点区别参见〔美〕玛莎·纳斯鲍姆《寻求有尊严的生活》，田雷译，中国人民大学出版社，2016，第 14～15 页。

③ 〔印〕阿玛蒂亚·森：《正义的理念》，王磊、李航译，刘民权校译，中国人民大学出版社，2012，第 214～215 页。

其他理论具有本质上的差异。这一理论以尊严为基础，以核心能力清单为重要内容，构建了一套正义的能力理论和人类发展理论。

（一）人的能力：多元能力理论的概念工具

多元能力理论将能力作为自己的概念基石。与阿玛蒂亚·森一样，纳斯鲍姆也认为能力意味着人可以做些什么以及人能成为什么。这些能力的集合就是阿玛蒂亚·森所谓的实质性自由，纳斯鲍姆称之为混合能力。[①]在纳斯鲍姆看来，人的混合能力取决于人的内在能力和自由实践能力的社会政治经济条件的总和，其中人的内在能力是指构成人特质的能力，这一能力并非天赋，而是训练和发展出来的。因此，内在能力必须经由实践养成，在缺乏实践的情况下，已经习得的内在能力也可能丧失。

在能力概念的基础上，纳斯鲍姆引入了能力运作、能力底线、能力安全概念。其中能力运作是指能力的运用，能力底线是指维持正义社会需要培养的最低能力，能力安全意味着能力的保有状态。为了进一步理解不同能力的地位，纳斯鲍姆还提出了基础能力、核心能力、孵化性能力和腐蚀性劣势等概念。其中基础能力是指人天生的素养，这些素养是人发展更高级能力的基础和道德关注的根基。由于基础能力过于初级，它们不一定直接转化为运作（functioning）。[②] 正因如此，纳斯鲍姆认为，为了使每个人都得到平等的尊重，必须给予那些基础能力较弱的人更多的优待，使其能超越能力底线。核心能力是实现核心自由、过上有尊严生活的重要能力。孵化性能力就是能够促进其他能力的能力，比如受教育的能力。腐蚀性劣势是可能极大影响生活的剥夺，比如家庭暴力等。由于多元能力理论坚持国家有义务培育能力并促成能力的运作，因此核心能力以及孵化性能力等界定不同能力的地位和本质的概念，无疑对于法律与公共政策的形塑具有重要意义。

---

① 〔美〕玛莎·纳斯鲍姆：《寻求有尊严的生活》，田雷译，中国人民大学出版社，2016，第 15 页。

② Martha Nussbaum, *Women and Human Development*, Cambridge: Cambridge University Press, 2001, p. 84.

（二）十种核心能力：有尊严生活的根本保证

在《寻求有尊严的生活》第一章中，纳斯鲍姆开篇就指出“全世界的人都在努力追求过上有尊严的生活”。[①] 尽管纳斯鲍姆认为尊严是一个模糊的概念，她仍然把多元能力理论建立在人性尊严所要求的生活之上。作为一个长期关注社会正义的学者，纳斯鲍姆主张人性尊严得到尊重是社会正义的基本要求，而人要想过上有尊严的生活，就必须在最低限度上实现以下十种核心能力：1. 生命；2. 身体健康；3. 身体健全；4. 感觉、想象和思考；5. 情感；6. 实践理性；7. 归属；8. 其他物种；9. 娱乐；10. 对外在环境的控制。[②]

事实上，纳斯鲍姆只是阐释了这十种核心能力本身的含义并且承认“它是直觉的”，对于其为何是核心能力以及其与有尊严生活的必然联系没有深入论证。[③] 但是，通过仔细分析十种核心能力的内涵和外延，我们的确难以否认其核心地位，也难以想象在缺乏上述十种核心能力时，人们能过上有尊严的生活。虽然纳斯鲍姆指出这一目录是几年跨文化对话的产物，而且这一目录能够为多元文化所接受，但是她并不认为它是一个最终的封闭的目录。人们不仅可以反驳该目录包含的某一能力不具有核心地位，也可以质疑该目录缺少了有尊严生活所需的生活元素。这充分表明，纳斯鲍姆眼中的核心能力目录实为一个开放的体系，它可能随着时代的发展而变化。

（三）能力保障：国家责任与法治道路

既然能力关系到人们想要过的生活，那么核心能力就是有尊严生活的必要条件，维护能力安全和防止能力失败自然是多元能力理论的重要内

① 〔美〕玛莎·纳斯鲍姆：《寻求有尊严的生活》，田雷译，中国人民大学出版社，2016，第1页。

② 〔美〕玛莎·纳斯鲍姆：《寻求有尊严的生活》，田雷译，中国人民大学出版社，2016，第24～25页。

③ 〔美〕玛莎·纳斯鲍姆：《正义的前沿》，陈文娟等译，中国人民大学出版社，2016，第55页。

容。纳斯鲍姆坚持认为政府有责任让民众过上有尊严的生活，既然十种核心能力是有尊严生活的基本保证，那么一种体面的政治秩序就必须保证公民的十种核心能力维持在最低限度的水平之上。由于能力常常面临无法运作甚至丧失的风险，纳斯鲍姆认为国家有责任维护能力安全，积极培育能够促进其他能力的孵化性能力，削弱甚至消除那些造成能力削弱的腐蚀性劣势和恶性能力。

至于如何保障能力安全，纳斯鲍姆提供的道路显然是法治。尽管纳斯鲍姆没有明确使用法治的概念，但是她多次指出多元能力理论与法治的各个环节存在内在关联性。在瓦莎蒂的故事中，纳斯鲍姆就明确指出，不平等的法律对其生活产生不良影响。正是由于财产法、继承和家事法长期被具有浓厚的不平等色彩的印度宗教法浸淫，像瓦莎蒂一样的印度妇女既不能像男人一样平等地拥有土地，在家庭内也无法获得与男性同样的平等，并且最终陷入贫困之中。① 正因如此，在纳斯鲍姆的眼中，要让贫困人口摆脱贫困必须要有保障平等实现能力的立法。她认为立法与公共政策的关注焦点应该是如何让能力得以实现，而不是已经实现的能力。② 考虑到宪法在国家法律体系中的最高地位，纳斯鲍姆认为能力概念应该是宪法叙事的核心，国家促进能力安全的通常方法就是制定成文宪法。事实上，通过协商民主形成的重叠共识将那些与有尊严生活所必需的核心能力相关的根本权益写入宪法中，这能够防止多数人的恣意。由于单纯的立法只能使核心能力成为纸上的权利，纳斯鲍姆认为保障能力安全还需要积极发挥司法机关和行政机关的作用。总之，能力安全依赖于“立法、行政机关、法院、界定家庭制度并将权益分配给成员的法律、税收与福利体系、国家经济制度总体安排、总体司法制度体系以及一些其他结构”。③

在分析能力保障的责任主体时，纳斯鲍姆并没有将责任主体限于国

---

① 〔美〕玛莎·纳斯鲍姆：《寻求有尊严的生活》，田雷译，中国人民大学出版社，2016，第3页。

② Martha C. Nussbaum, “Social Justice and Universalism: In Defense of an Aristotelian Account of Human Functioning”, *Modern Philology*, Vol. 90, 1993, p. S58.

③ 〔美〕玛莎·纳斯鲍姆：《正义的前沿》，陈文娟等译，中国人民大学出版社，2016，第218页。

内，而是在国内与国际双重语境下探讨能力安全保障责任问题。在全球语境内，“（核心能力安全）义务是伦理性的，而不是政治性的：它们的道德约束力并不需要一种国家的执行机制”。[①] 在该语境下，能力安全责任存在如下顺序：首先是本国，其次是富裕国家，再次是非政府组织、跨国公司等，最后是个人。纳斯鲍姆的这一想法与詹姆斯·格里芬关于人权保障的责任主体顺序是一致的。[②] 在纳斯鲍姆看来，在国家语境里，政府有政治义务承担能力安全责任，这种责任是一国政府正当性与合法性之来源。正因如此，她强调一个国家应该首先保障本国人民之能力安全；如果是富裕国家的话，还要承担对贫穷国家的能力安全义务。[③]

纳斯鲍姆不仅明确了能力安全保障的法治之道，也考虑到了能力保障时的悲剧性选择问题。因为，在资源有限的情况下，核心能力清单内的所有能力可能难以同时得到保障，甚至出现“任何选择都会造成伤害”的悲剧困境。[④] 纳斯鲍姆认为，要解决能力保障的悲剧性选择，我们不仅要明确最好的干预目标，也应该思考如何尽快培育民众取得和接近最低限度水平的能力。至于如何确定公共政策的干预目标，纳斯鲍姆认为应该对能力进行排序，确定那些具有孵化性或者能够消除腐蚀性劣势的能力的优先地位。[⑤] 比如，归属和实践理性具有一种独特的架构性角色，它们可以组织起和扩展至其他能力之中。因此，在实施公共政策的过程中，可以优先考虑有助于培养归属和实践理性的具体措施，比如教育措施。[⑥]

---

① 〔美〕玛莎·纳斯鲍姆：《寻求有尊严的生活》，田雷译，中国人民大学出版社，2016，第116页。

② 〔英〕詹姆斯·格里芬：《论人权》，徐向东、刘明译，译林出版社，2015，第123~129页。

③ 〔美〕玛莎·纳斯鲍姆：《寻求有尊严的生活》，田雷译，中国人民大学出版社，2016，第84~85页。

④ 〔美〕玛莎·纳斯鲍姆：《寻求有尊严的生活》，田雷译，中国人民大学出版社，2016，第27页。

⑤ 〔美〕玛莎·纳斯鲍姆：《寻求有尊严的生活》，田雷译，中国人民大学出版社，2016，第32页。

⑥ 〔美〕玛莎·纳斯鲍姆：《寻求有尊严的生活》，田雷译，中国人民大学出版社，2016，第28页。

三 以能力看待人权：多元能力理论的人权意蕴

在纳斯鲍姆看来，多元能力理论不仅仅是一种生活质量理论以及人的发展理论，也是"一套适用于所有公民基本权利的形式"。[①] 因此，它也是"人权理论的一种"。[②] 多元能力理论之所以能被称为人权理论，根本的理由是其以能力看待人权，并且在理念和内容等方面与人权理论具有一致性。

首先，多元能力理论与人权理论具有理念上的一致性。当今世界的人权理论大多将人的尊严视为人权的来源与基础，认为人作为人都有内在的尊严，人要维持内在的尊严就必然有人权。除了人权理论对尊严论的认同外，《经济、社会和文化权利国际公约》和《公民权利和政治权利国际公约》也都在序言中明确宣示，公约中的权利"源于人的固有尊严"。与多数人权理论以及《经济、社会和文化权利国际公约》和《公民权利和政治权利国际公约》的表述一样，多元能力理论也将尊严作为自己的理论基石，认为"平等地尊重每个人的尊严"是自己的"理论核心"，[③] 将保障有尊严的生活视为正义社会的基本目标和政府的重要使命。为了保障人人过上有尊严的生活，纳斯鲍姆将尊严与能力勾连起来，认为能力对每个国家的每个公民同等重要，在保障能力时每个人都应被当作目的对待，而且每个社会有义务保障每个人的核心权益。[④] 纳斯鲍姆指出，"能力理论与人权理论之间的一致之处可以表述为如下理念，即：每一个人只因为他是人，就享有一些核心权益，而且社会有其基本义务去尊重和支持

① 〔美〕玛莎·纳斯鲍姆：《正义的前沿》，陈文娟等译，中国人民大学出版社，2016，第108页。

② 〔美〕玛莎·纳斯鲍姆：《寻求有尊严的生活》，田雷译，中国人民大学出版社，2016，第44页。

③ 〔美〕玛莎·纳斯鲍姆：《正义的前沿》，陈文娟等译，中国人民大学出版社，2016，第55页。

④ 〔美〕玛莎·纳斯鲍姆：《正义的前沿》，陈文娟等译，中国人民大学出版社，2016，第55页。

这些权益”。[①]

其次，能力清单与人权体系具有内容上的共同性。在纳斯鲍姆看来，能力清单中的“每一种能力都是公民的基本权利，对体面且有尊严的人而言，都是必须的”。[②] 其列举的十种核心能力，不仅涵盖了被称为第一代人权的公民权利和政治权利，也包含了被称为第二代人权的经济社会文化权利。具体来说，“能力清单上所包含的那些能力……包括很多在人权运动中被强调的权利：政治自由、机会自由、选择职业的自由以及各种经济和社会权利等”。[③] 尽管纳斯鲍姆在列举核心能力清单时并没有使用人权话语，但是其列举的核心能力大多对应一项甚至几项人权。比如，生命能力对应了人的生命权；身体健康能力包含了人的健康权、食物权与住房权等；身体健全的能力包含了迁徙的权利和免于暴力侵害等权利；感觉、想象和思考能力包含了文化权利、思想自由和表达自由等；情感包含了结社自由等权利；实践理性要求保护良心和宗教仪式自由；归属包含了结社自由并且禁止基于种族、性别和民族等方面的歧视；娱乐包含了休息和文化生活等权利；对外在环境的控制不仅包含了政治权利，也包含了财产权和工作权等权利；其他物种能力由于意味着与动物植物等其他物种保持良好关系的能力，该权利显然对应了良好的生态环境。[④] 事实上，纳斯鲍姆的能力理论不仅涵盖了第一代人权和第二代人权，被称为第三代人权的环境权甚至生态权等也可涵盖在其能力清单中。

再次，多元能力理论重视现实人权。人权具有四种形态，即应有权利、法律权利、习惯权利和现实权利。在法治国家，法律权利是人权的主要形态，但是法律权利只有成为现实权利，才是真实的和完整的权利，才

---

① 〔美〕玛莎·纳斯鲍姆：《寻求有尊严的生活》，田雷译，中国人民大学出版社，2016，第142页。

② 〔美〕玛莎·纳斯鲍姆：《正义的前沿》，陈文娟等译，中国人民大学出版社，2016，第116页。

③ 〔美〕玛莎·纳斯鲍姆：《正义的前沿》，陈文娟等译，中国人民大学出版社，2016，第199页。

④ 〔美〕玛莎·纳斯鲍姆：《寻求有尊严的生活》，田雷译，中国人民大学出版社，2016，第24～25页。

对主体有价值。[1] 正因如此，一种健全的权利理论都不应只重视道德论证，还要关注权利的法律化和权利的实现问题。多元能力理论作为一种人权理论，显然并没有停留在人权的道德论证上，它具有强烈的实践面向。该理论认为对权利的最好理解就是将其视为混合能力，这样的定义方式可以突出权利的实践内涵，观照如何保障权利的实现。为此，纳斯鲍姆在分析内在能力的基础上提出混合能力的概念，认为混合能力“可以理解为内在能力与自由实践能力的社会、政治、经济条件的总和……”[2] 在瓦莎蒂的故事中，瓦莎蒂的混合能力就是其在印度的社会、政治和经济条件下所具有的选择和行动机会的总和。由此可见，内在能力与相应条件之结合是混合能力实现的关键。由于作为实质性自由的混合能力在较大程度上被理解为基本权利，所以内在能力与相应条件之结合也是基本权利实现的关键。然而，如果一个国家只是在法律文本上承认某种权利，而在实践中公民缺乏行使该项权利的内在能力与外部条件，那么公民并非真正拥有这项权利。[3] 换而言之，“在我们思考什么是真正地保障某个人的某项权利时，根据能力来思维能够给我们提供一种基本的参照物。它使我们明白，这样做涉及肯定性的物质上和制度上的支撑，而不仅仅是没有妨碍”。[4] 因此，相关法律规定必须与内在能力、具体条件结合才能保障权利之实现，这也是将权利理解为混合能力的本旨所在。

复次，多元能力理论与人权理论具有功能上的相似性。纳斯鲍姆认为，“它们还起到了类似的作用，都为那种极度重要的基本权利提供了说明，这既可以被用作国内宪政思考的基础，也可以被用作思考国际正义的基础”。[5] 在作为一国宪制结构的基础时，多元能力理论“与人权进路一

---

① 张文显：《论人权的主体与主体的人权》，《中国法学》1991 年第 5 期。

② 〔美〕玛莎·纳斯鲍姆：《寻求有尊严的生活》，田雷译，中国人民大学出版社，2016，第 16 页。

③ Martha Nussbaum, *Women and Human Development*, Cambridge: Cambridge University Press, 2001, p. 98.

④ 〔美〕玛莎·纳斯鲍姆：《正义的前沿》，陈文娟等译，中国人民大学出版社，2016，第 201 页。

⑤ 〔美〕玛莎·纳斯鲍姆：《正义的前沿》，陈文娟等译，中国人民大学出版社，2016，第 199 页。

样，它在某些方面是以一个国家为中心的，并建议我们将能力清单当作衡量每一个社会内部之社会正义的一个标准、当作关于宪法基本权利的一种说明”。[①] 因此，无论一个国家是刚性宪法国家还是柔性宪法国家，都应该在宪法层面上保障人之根本权益以实现国家正义。在作为思考国际正义的基础时，“与人权进路一样，能力进路是一种部分的、关于社会正义的说明。……这一进路不仅仅明确提出了清单上的那十种核心能力，还（概括性地）明确了世界共同体需要去满足的一种最低水平”。[②] 因此，如果一个世界中的所有人具有那些核心能力，那么这个世界就具有最低限度的正义。此外，多元能力理论与人权理论还具有一个类似功能，即为跨文化之比较提供一个基础。[③] 与人权理论一样，多元能力理论不仅反对“人权帝国主义”，而且反对“民族中心主义”。前者过分强调人权或能力的普遍性，后者过分强调人权或能力的相对性。多元能力理论对两者持否定态度，认为普遍最低限度的核心能力是多元文化比较之基础。

最后，多元能力理论与人权理论存在结构上的同一性。从原则上来讲，没有无权利的义务，也没有无义务的权利，权利和义务具有结构上的相关性。在批评阿玛蒂亚·森的基础上，纳斯鲍姆认为能力具有人权所具有的与政府的概念性关联，也即核心能力作为根本人类权益的理念与义务理念之间存在一种概念上的关联。[④] 把人当作目的看待就需要维护人之尊严，维护人之尊严就需要保障人之核心能力，保障人之核心能力就需要政府有所作为。正如纳斯鲍姆所言，“一种有关政府之目标的标准叙述认为，政府的任务至少是要让民众有可能过上这种人性尊严所要求的生活”。[⑤]

① 〔美〕玛莎·纳斯鲍姆：《正义的前沿》，陈文娟等译，中国人民大学出版社，2016，第204页。

② 〔美〕玛莎·纳斯鲍姆：《正义的前沿》，陈文娟等译，中国人民大学出版社，2016，第204页。

③ 〔美〕玛莎·纳斯鲍姆：《寻求有尊严的生活》，田雷译，中国人民大学出版社，2016，第44页。

④ 〔美〕玛莎·纳斯鲍姆：《寻求有尊严的生活》，田雷译，中国人民大学出版社，2016，第45~46页。

⑤ 〔美〕玛莎·纳斯鲍姆：《寻求有尊严的生活》，田雷译，中国人民大学出版社，2016，第45页。

从国内层面看，一国政府有保障人之核心能力的完全义务；从国际层面看，一国政府有保障人之核心能力的主要义务，其他义务可以分配给跨国公司、国际机构以及个人。总之，一国政府有义务保障人之十种核心能力，这是能力理念与义务理念之间必然联系的集中体现。

四 以能力与人权看待贫困：作为反贫困理论的多元能力理论

纳斯鲍姆的多元能力理论不仅是一种以社会正义为基础的人类发展理论和人权理论，同时也是一种反贫困理论。具体理由如下。

首先，对贫困者的人文关怀是多元能力理论的基本特征。作为一位极具人文关怀的理论家，纳斯鲍姆始终把对社会弱者的关怀作为自己的理论旨趣。她不仅重视妇女权利和妇女发展，也呼吁重视残疾人等弱者的权利。考虑到贫困对社会弱势群体的严重制约，多元能力理论的目标之一就是帮助联合国等国际组织以及各个国家制定正确的反贫困战略。纳斯鲍姆之所以反对以人均 GDP 衡量一国的发展水平，是因为“这一粗糙的评估方法鼓动许多国家仅仅追求经济增长，而不去关注国内贫困居民的生活水准”。[①] 在她看来，对贫困人群而言，GDP 的高速增长就如同一桌不能享用的美食或者一幅不能欣赏的精美油画。[②] 显然，纳斯鲍姆认为人均 GDP 方法既不能合理地解释贫困人口的贫困，也不是一种能够消除贫困的发展战略。因此，纳斯鲍姆的理论目标就是建立科学的人类发展指标，促进发展中国家和发达国家确立良好的发展战略，帮助贫困人口摆脱贫困。因此，纳斯鲍姆眼中的发展，应当是包括贫困人口发展在内的发展。

其次，纳斯鲍姆多元能力理论不仅旨在解决物质贫困问题，还旨在解决精神贫困问题。虽然纳斯鲍姆没有明确提到精神贫困问题，但是解决精

① 〔美〕玛莎·纳斯鲍姆：《寻求有尊严的生活》，田雷译，中国人民大学出版社，2016，第1页，前言。

② 〔美〕玛莎·纳斯鲍姆：《寻求有尊严的生活》，田雷译，中国人民大学出版社，2016，第10页。

神贫困问题无疑是保障人之尊严的应有之义。人之贫困主要在于能力缺失，其解决方案在于保障能力安全。在核心能力目录上，“对外在环境的控制”这个核心能力可以保障人们免于物质贫困，“感觉、想象和思考”、“情感”以及“实践理性”这三个核心能力不仅有助于人们免于物质贫困，也有助于人们免于精神贫困。纳斯鲍姆认为，“在解决劣势和不平等的问题时，教育是最重要的‘孵化性运作’”。[①] 接受教育不仅可以增加人们选择工作的机会，还可以提升人们的基本文化素养，从而使人们免于物质贫困以及精神贫困。在物质贫困与精神贫困的关系上，摆脱精神贫困是消除物质贫困之先导，我国扶贫攻坚战一再强调的“扶贫先扶志”和“扶贫必扶智”说的就是这一道理。

再次，纳斯鲍姆的多元能力理论揭示了贫困与能力间的内在关联，分析了贫困与能力之间的相互促进以及恶性循环。阿玛蒂亚·森已经指出，贫困与能力丧失以及权利剥夺存在紧密联系。与阿玛蒂亚·森一样，纳斯鲍姆认为，贫穷这种不利处境不应单纯被理解为收入和财富的短缺，最好被理解为能力的失败。[②] 因此，解决贫困问题也不能只是依靠提供食品援助，长期有效的解决之道是保障作为孵化性能力的核心能力，从而解决贫困人口的能力失败问题。因为，贫困作为一种腐蚀性劣势，不仅可能威胁一个人的健康，还可能威胁一个人的生存。如果国家和社会积极培育贫困者的孵化性能力，不仅可以解决能力失败之困境，也能帮助人们摆脱贫困，最终保障个人的健康和生命，保障人之美好生活。在《寻求有尊严的生活》一书中，纳斯鲍姆通过瓦莎蒂的故事揭示了贫困与能力之间的内在关联性。她告诉我们，瓦莎蒂的贫困本质上是其能力的贫困，解决瓦莎蒂贫困的方法就是充分保障其能力安全，尤其是核心能力的安全。

复次，纳斯鲍姆多元能力理论不仅关注国内贫困，还将其视角还放大到全球贫困上。在国内层面，她认为无论是贫困国家还是富裕国家，都没

① 〔美〕玛莎·纳斯鲍姆：《寻求有尊严的生活》，田雷译，中国人民大学出版社，2016，第106页。

② 〔美〕玛莎·纳斯鲍姆：《寻求有尊严的生活》，田雷译，中国人民大学出版社，2016，第100~101页。

有实现确保每个人的尊严与机会的目标，因此每个国家都应发展公民能力，帮助其公民摆脱贫困，追求有尊严的生活。在国际层面，纳斯鲍姆从历史与现实两个层面探寻发展中国家贫困的国际根源。在历史层面，纳斯鲍姆指出发达国家的殖民活动被一些人视为发展中国家贫困的重要原因，认为发达国家的殖民不仅限制了其工业化的发展，也掠夺了其自然资源；在现实层面，纳斯鲍姆认为，当前的世界经济被富裕国家掌控和宰制，贫困国家与富裕国家之间的经济竞争本质上是一场不平等和不公平的竞争。正是由于上述历史原因和现实原因，纳斯鲍姆认为贫困国家对于解决其国内贫困问题负有首要责任，但是富裕国家也负有帮助贫困国家解决贫困问题的补充责任，也即富裕国家的政府至少要将其 GDP 的 2% 转移给贫困国家。① 为了防止富裕国家对受援助国家的政治控制，纳斯鲍姆认为这种援助应当遵循一个原则：如果接受国是民主的，那么不能削弱接受国的国家主权，同时应当通过接受国之政府进行援助；如果该民主国家存在严重的政府腐败以及不能平等地对待贫困的少数民族，那么应当通过非政府组织而不是政府组织进行援助。②

最后，纳斯鲍姆多元能力理论强调以制度体系保障核心能力，从而推进反贫困工作。纳斯鲍姆认为，“制度在促进人类能力这方面就必须起到十分重要的作用”。③ 既然人之贫困在于能力失败，要想摆脱贫困必须以制度体系保障核心能力。纳斯鲍姆认为，该制度体系就是罗尔斯所言的国家的“基本结构”。除了权力分立、司法审查以及独立的行政机构外，纳斯鲍姆还特别提到健全的反腐机制、普法教育以及健全的公共秩序对能力保护的重要性。④ 在国际层面，纳斯鲍姆不仅注意到联合国、国际法院、世界银行以及国际货币基金组织等政府间国际组织在能力保障方面的责

① 〔美〕玛莎·纳斯鲍姆：《寻求有尊严的生活》，田雷译，中国人民大学出版社，2016，第 81 页。

② 〔美〕玛莎·纳斯鲍姆：《正义的前沿》，陈文娟等译，中国人民大学出版社，2016，第 222 ~ 223 页。

③ 〔美〕玛莎·纳斯鲍姆：《正义的前沿》，陈文娟等译，中国人民大学出版社，2016，第 218 页。

④ 〔美〕玛莎·纳斯鲍姆：《正义的前沿》，陈文娟等译，中国人民大学出版社，2016，第 218 ~ 219 页。

任，也提到了跨国公司和非政府组织对能力保障的责任，并且确立了全球性结构的能力保障原则，比如尊重国家主权原则，富裕国家有责任将一定比例 GDP 赠送给贫困国家。[①] 毫无疑问，这些制度体系以及总体性原则是推进反贫困工作的关键。

五　多元能力理论与中国的反贫困行动

作为一种反贫困理论，纳斯鲍姆的多元能力理论对当代世界反贫困斗争具有重要价值，对中国的精准扶贫也具有一定的启示。中国作为世界上最大的发展中国家，一直重视减贫和保障人民的基本生活。中共十八大以来中国的精准扶贫行动更是成效显著。我国农村贫困人口已经从 2012 年末的 9899 万人减少到 2018 年末的 1660 万人，6 年时间减少了 8000 多万人，连续 6 年平均每年减贫 1300 多万人。[②] 从多元能力的视角来看，中国反贫困行动取得的重大成就，不仅有助于贫困人口的发展，也有利于能力安全和人权的实现。

尽管中国反贫困行动取得了巨大成功，对世界反贫困斗争也做出了重大贡献，但是不可否认的是，反贫困的道路上仍然有众多挑战，比如反贫困过程中存在的贪腐问题、扶贫过程中的资源有限性问题以及反贫困斗争中的国际合作问题。从上文对多元能力理论的分析来看，纳斯鲍姆的多元能力理论对中国的扶贫攻坚战具有一定启示意义。

首先，树立以能力建设和人权保障为核心的反贫困理念。纳斯鲍姆的十大核心能力本质上就是追求有尊严生活的能力，由于贫困是对有尊严生活的重大威胁，因此核心能力也是摆脱贫困的能力。纳斯鲍姆不仅指出了以人均 GDP 衡量发展所存在的社会不正义风险，也揭示了经济贫困与能力贫困以及人权贫困之间存在内在的关联性。正因如此，纳斯鲍姆的多元

---

① 〔美〕玛莎·纳斯鲍姆：《正义的前沿》，陈文娟等译，中国人民大学出版社，2016，第 221～225 页。

② 刘永富：《减贫在中国还是一项长期的任务》，新华网，http://www.xinhuanet.com/politics/2019lh/2019－03/07/c_1210075356.htm，最后访问时间：2019 年 7 月 7 日。

能力理论无疑对我国制定发展和反贫困战略具有一定启示意义。在多元能力理论看来，国家应避免对 GDP 的过度崇拜，不能以平均 GDP 遮蔽生活质量的其他面向以及分配的不公平。中国目前的反贫困行动虽然依赖于 GDP 的增长，但是在精准扶贫的过程中，必须高度重视并树立以能力建设和人权保障为核心的反贫困理念。

其次，努力消除腐蚀性劣势和培育孵化性能力。纳斯鲍姆的多元能力理论要求我们消除腐蚀性劣势和培育孵化性能力，指出腐蚀性劣势具有不利于能力的发展、传递性、无穷性和不可通约性特征，孵化性能力具有促进人的发展、传递性、无穷性以及不可通约性特征。由于孵化性能力具有的优势和腐蚀性劣势对人发展的负面影响，“公共政策应该优先采取预防措施来阻止腐蚀性劣势的形成，并且建立孵化性运作”[①]。在纳斯鲍姆眼中，人之贫困实质上是一种腐蚀性劣势，它妨碍一个人接受教育，影响其找到适当的工作，并最终使其不能体面地生活。因此，培育孵化性能力以消除贫困这个腐蚀性劣势十分必要。纳斯鲍姆对腐蚀性劣势和孵化性能力的分析告诉我们，在精准扶贫的过程中，应该采取注重培育孵化性能力和消除腐蚀性劣势的战略，加强对贫困人口的教育，增加工作机会，最终消除贫困以及其他腐蚀性劣势。从核心能力视角来看，当下的精准扶贫应该高度关注贫困人口的实践理性能力。从人权角度来看，精准扶贫必须重点加强贫困人口的受教育权以及工作权等权利的保障。

再次，建立法治型的国内反贫困长效保障机制。在当今时代，尽管联合国和各主权国家采取的一系列反贫困措施取得了诸多成就，但是也存在一系列问题。其中最为突出的问题之一就是许多国家缺乏反贫困的长效机制，尤其是反贫困的法律制度总体上落后。中国的精准扶贫行动也存在类似的问题，也即因为中国当前的反贫困行动主要是一种政策驱动型的行动，所以法律在精准扶贫过程中所发挥的作用相对有限。这种情势不仅会影响反贫困行动的可持续性，而且对于防范和解决扶贫过程中的行为失范

① Wolff and de-Shalit, “On Fertile Functionings: A Response to Martha Nussbaum”, *Journal of Human Development and Capabilities*, Vol. 14, No. 1, 2013, p. 161.

问题也有一定的局限性。比如，缺乏长效的机制不能很好地解决扶贫对象“等、靠、要”甚至骗取国家扶贫资金的问题。纳斯鲍姆的多元能力理论已经指出，法治在保障能力安全上具有重要作用。鉴于贫困与能力之间存在的正相关关系，中国的精准扶贫也必须力行法治，加强反贫困立法；同时，通过严格的执法、公正的司法和积极的监察防范扶贫过程中的权力寻租；此外，还需要消除贫困人群的腐蚀性劣势，积极培育孵化性能力，保障贫困者的能力安全和人权实现。

最后，加强反贫困的全球合作。纳斯鲍姆不仅揭示了历史上以及当下世界的不平等的政治经济秩序与发展中国家的贫困之间的因果关系，还明确指出发达国家负有帮助发展中国家反贫困的义务。作为全球最大发展中国家，中国不仅需要尽自身最大努力解决国内贫困问题，也需要积极寻求反贫困的国际援助。在寻求国际援助时，我国应积极捍卫国家主权，防止援助国提出的任何附加的有损国家主权的要求。同时，中国应该在构建人类命运共同体思想的指导下，关注其他贫困国家的发展问题，在国力允许范围之内提供援助。此外，中国应当在国家间的反贫困合作中争取话语权，并且积极推动“世界反贫困公约”的制定，强化发达国家对贫困国家减贫目标实现的相应义务，使反贫困的国际合作具有明确的和完善的国际法依据及完善的监督机制。①

六 结语

纳斯鲍姆的理论抱负是建立符合社会正义的人类发展理论。由于她将多元能力视为有尊严生活的基本标准，所以多元能力理论不仅是关于生活品质的理论，也是人权保障的理论。同时，由于能力与贫困之间的紧密联系，纳斯鲍姆的多元能力理论也是一种反贫困理论，其对于全球反贫困斗争具有重要的实践价值。我国当前正处于打赢扶贫攻坚战的关键时刻，我们在坚持党中央战略方针的同时，也可借鉴纳斯鲍姆的多元能力理论，从

① 参见郑智航《全球正义视角下免于贫困权利的实现》，《法商研究》2015 年第 1 期。

而树立以能力建设和人权保障为核心的反贫困理念，加强贫困人口的受教育权和工作权等权利，消除其腐蚀性劣势，培育孵化性能力，通过法治建设为反贫困行动建立长效机制。除此之外，我国应加强和促进反贫困的全球合作，这不仅有利于消除国内贫困，也有利于推动人类命运共同体建设。

Capacity, Human Rights and Anti-poverty: The Anti-poverty Value of Martha Nussbaum's Capabilities Approach

Ning Libiao & Chen Jiaen

Abstract: Martha Nussbaum is one of the most important thinkers in contemporary western society. Her Capabilities Approach essentially pursues a life of dignity, advocates the development as capability, and attaches importance to the development of human capability, especially core capability. Because of the close relationship between core capability and human rights, Capabilities Approach is both a development theory and a human rights theory. Since Capabilities Approach is an important point of anti-poverty, it is also an anti-poverty theory. The theory claims that capability-building aims to human development, the rule of law promotes capability security, and countries have domestic and global obligations to ensure capacity, which are of great significance to the fight against poverty in today's world and China's precise poverty alleviation.

Keywords: Capabilities Approach; Capability; Human Rights; Rule of Law; Anti-poverty

伊利程序性司法审查理论的逻辑谬误及其原因分析*

李　帅　刘亦艾**

摘　要：伊利开创性地提出了“程序性司法审查理论”，但若沿其审查思路进行分析，进而抽象出其“程序”之义，将发现在疑难案件中拒斥“界定价值和推行价值”的纯粹程序性审查是不可能的。程序性审查方法虽然存在，在适用中却遭遇最终需诉诸价值的逻辑困境，这在表面上看是由于伊利对“程序类型”和“程序审查标准”的论证不够全面与连贯，但其根源在于他所依赖的实质代表理论无法真正地为他提供一个程序性审查的有效基础。单薄的论证无法带来智识的创获与提升，只有深入伊利的司法审查理论框架并与之对话，方知其“程序性”体现在何处又失败在何地。

关键词：伊利；程序性司法审查；实质代表；司法介入

一　引言：一场缺少深度的讨论

民主或反民主？噩梦或高贵之梦？① 长期以来，美国司法审查制度总

---

* 本文为国家社会科学基金青年项目“财税法视角下司法预算分层保障机制研究”（项目编号：18CFX055）和中央高校基本科研业务费项目华东师范大学人文社会科学青年跨学科创新团队项目（项目编号：2018ECNU-QKT013）的阶段性成果。

** 李帅，华东师范大学法学院副教授，华东师范大学社会发展学院博士后，法学博士；刘亦艾，华东师范大学企业合规研究中心研究员助理。

① 英国法学家哈特在分析了美国的司法审查制度后，提出在美国法理学中存在“噩梦”与“高贵之梦”两种不同的倾向。高贵之梦，即法官有能力将既存法适用于所有具体的案件，而不需要去另行创制新法；与此相反，噩梦是这样的：人们如果将法官（转下页注）

在接受着两种相反声音的评价。而在这之中，伊利以其独具特色的理论征服了许多人。“《民主与不信任》对二十世纪美国司法审查理论做出了最重大的贡献”,[①]一本短短两三百页的小册子，一经面世便获得了以哥伦比亚大学法学院莫那甘教授为代表的宪法学者对其不加掩饰的赞赏。该著作在加深读者对美国宪法的整体理解的同时，也好似给伊利所主张的“程序导向的司法审查模式”罩上了天然的圣光，以至于人人都歆羡于他从“解释主义”与“非解释主义”进路之外提出看似无懈可击的“司法审查的第三种理论”，而对其论证本身却有所忽视。

综合现有研究可以发现，部分学者虽对书中观点持警惕或批判态度，但大多脱离伊利的论证语境而呈“隔靴搔痒”之态，难以直面伊利的理论，进而形成对话与交锋。更有少数学者甚至未理解伊利理论之要义便对其妄加评议或仅限于少数语词因而“只见树木不见森林”。[②]当然，对其理论持肯定态度的学者也不在少数，这里以却伯教授和布雷斯特教授的评论为例，通过对他们二人评论的简要分析，明确对伊利司法审查理论进行评价的前提和关键，进而展开对伊利理论的评述。

却伯教授针对伊利“那彻底的程序主义进路”，提出伊利犯了对美国宪法“过度整合式”的谬误，忽视了宪法形成中不可否认的“历史偶然性”，进而“越过了解读宪法和起草一份他自己想要的宪法之间的界限”。[③] 然而，却伯教授的此番言论因不涉及与伊利在书中具体论证的交锋，而仅给读者“他只注意到伊利的结论”之感。事实上，在伊利的著述

（接上页注①）与立法者区分开来，则这种期待经常是要落空的，因为这种区分本身就是一种幻象。参见〔英〕H. L. A. 哈特《英国人眼中的美国法理学：噩梦与高贵之梦》，载〔英〕H. L. A. 哈特《法理学与哲学论文集》，支振锋译，法律出版社，2005，第 133 页；陈金钊等《法律解释学——立场、原则与方法》，湖南人民出版社，2009，第 397 页。

① 美国哥伦比亚大学法学院莫那甘（Henry P. Monaghan）教授对《民主与不信任》所作的评价，参见汪庆华《对谁的不信任?》，《中外法学》2004 年第 5 期。

② 如惠廷顿认为，伊利的理论不能令人信服地证明宪法只关心程序价值而将各种实质性的使命排除在外——很明显，伊利本未做如此的努力。参见〔美〕基思·惠廷顿《宪法解释：文本含义，原初意图与司法审查》，杜强强等译，中国人民大学出版社，2006，第 21 页。

③〔美〕劳伦斯·却伯、迈克尔·多尔夫：《解读宪法》，陈林林、储智勇译，上海三联书店，2007，第 33 ~ 37 页。

中，作者用了大量篇幅论证“为什么这些‘价值’（参与性价值）是我们这部宪法所特别关注的”,[①] 若却伯教授欲否定此结论，则应从伊利的论证中寻找漏洞，而非诉诸“历史偶然性”“过度整合”这些空洞的辞藻。与之相类似，布雷斯特教授认定伊利的司法审查理论在“大多数情况下都需要价值判断”,[②] 这与声称伊利所持乃一种“民主的分离解释或分离观”（detached interpretation or conception of democracy）之论者对伊利“价值无涉”之司法审查理论的批驳相似。[③] 然而，他们都没有深入伊利的理论架构中回答“伊利所主张的程序性审查如何体现”并将之抽象成一种审查的模型，也无法进而回答“在程序性审查中价值判断何以存在”的问题，更没有追问为什么伊利看似完美的审查理论仍无法跳脱其所鄙弃的“界定价值和推行价值”这一约束。泛泛以“实体与价值难以从‘程序’中剥离”等理由进行无力的批判，非但无益于指出伊利司法审查理论的漏洞，反而会使我们因“不知其错在何处但又坚信其有问题”而对其理论进行通篇否定。其实，无论伊利的司法审查理论能否被认作“程序主义进路”的，它都基于大量现实判决素材与缜密推理构建出了一套开创性的程序主义方向的审查理论。本文将从伊利的理论宏图中抽象出其程序性司法审查的模型，并以此为基础分析他在程序主义的道路上走了多远、取得了什么成就、又缘何停滞。

将伊利“司法审查的一个理论”称为“程序性司法审查理论”（相比于“参与导向的，强化代议制”理论，这种称呼要更为明确）应该是没有争议的。尽管伊利区别了“言论自由等政治参与渠道”和“对少数人

---

① 〔美〕约翰·哈特·伊利：《民主与不信任：司法审查的一个理论》，张卓明译，法律出版社，2011，第 73 页。

② Paul Brest, “The Substance of Process”, *Ohio St. L. J.*, Vol. 42, 1981, p. 131，转引自〔美〕约翰·哈特·伊利《民主与不信任：司法审查的一个理论》，张卓明译，法律出版社，2011，第 19 页。

③ 民主的分离解释或分离观（detached interpretation or conception of democracy）的立场，主张在判断政治过程的公平性或民主性时，只观察这一过程本身的特征，只问它是否以平等的方式分配政治权力，不问它所许诺的结果。德沃金教授认为：“分离的民主观尽管流行并且有着突出的优点，但它的纯粹形式不可能获得成功。我们必须放弃它。”参见〔美〕罗纳德·德沃金《至上的美德》，冯克利译，江苏人民出版社，2008，第 191、195 页。

的歧视”两种“参与性价值”，但事实上前者仍然能够在一定程度上被看作“部分群体的政治参与渠道因代表们的投票而被堵塞了”。正如伊利在书中所言，“宪法试图保证掌有权力的多数不会有组织地亏待别人而优待自己，其方法是通过构造方方面面的决策程序努力确保：首先，在作出实体性的决定时，每个人的利益都会在实际上或实质上得到代表（通常二者兼有）”,[①] 实际上他所追求的正是通过司法的介入来限制代表们的立法过程，使他们关注己身之外人群的利益。在这么一种司法审查之逻辑下，“实质代表”理论显得尤为重要。本文正是通过对司法介入时机与方式的分析，论证“实质代表”理论被用作程序性的尝试究竟为何不可能，并以此论证伊利的程序性司法审查理论为何最终仍会走向实体性。这是一种无奈，如同伊利出于“没有其他选择”而在“议席分配问题”上只能迈向一人一票的标准一般,[②] 程序导向的司法审查最终迈向实体性，原因无他，同样是因为它“没有其他的选择”。

二　伊利“程序性司法审查”的基本思路

伊利所主张的“程序性司法审查”，关注的是除去“参与性政治的障碍”，以“强化代议制民主”的目的和相应的方法为“司法审查非但不与美国的代议民主制相冲突，反而巩固了美国的代议民主制”[③] 正名。这实际上是确保每个人都能拥有进行政治选择的权利。正如田雷教授所言，“最重要的……并不是我们选择的目标，而是我们选择目标的能力”。[④] 伊利通过对20世纪沃伦法院这一“能动主义者”（activist）所做的大量判决

① 〔美〕约翰·哈特·伊利：《民主与不信任：司法审查的一个理论》，张卓明译，法律出版社，2011，第98页。

② “联邦最高法院介入了其中，而且，恰恰出于可操作性的考虑，它很快发现自己没有其他的选择，而只能迈向一人一票的标准。”〔美〕约翰·哈特·伊利：《民主与不信任：司法审查的一个理论》，张卓明译，法律出版社，2011，第121页。

③ 〔美〕约翰·哈特·伊利：《民主与不信任：司法审查的一个理论》，张卓明译，法律出版社，2011，第73页。

④ 田雷：《宪法穿越时间：为什么？如何可能？来自美国的经验》，《中外法学》2015年第2期。

的整理，结合其对美国宪法修正案第 1 条至第 26 条所进行的深入分析，将司法审查的关注对象确定为如下两个层面，即“疏通政治变革的渠道”和“纠正对少数人的某些歧视”。[①] 即便伊利承认沃伦法院采取程序路径可能“并非完全是有意识的行为，并且，沃伦法院有时也的确会陷入基本价值论的话语中”，[②] 他仍坚持，这一系列判决皆能以“程序性审查”来解释，并且这套理论可以完全适用于未来。

（一）如何疏通政治变革的渠道

在“疏通政治变革的渠道”方面，伊利认为必须“严格审查侵害言论自由、出版自由和政治结社自由的法律”，[③] 并且在《民主与不信任》第五章的讨论中，他将“选举权”“议席分配”同样视为此方面不可或缺的部分。

在伊利看来，法院对言论自由的特别关注起源于对选举所产生官员的不信任，“体制内的掌权者总是想阻止体制外的无权者进入体制内。那当然意味着不能允许掌权者毫无理由地压制言论”。[④] 在声明言论自由重要性的同时，伊利也抛出了他在第五章所致力于解决的重大问题——“压制言论的理由”，或称“对言论自由的司法审查标准”究竟是什么。通过对司法审查历史的回顾，伊利梳理出大法官们曾主张的两种特性鲜明的审查方法。一是“特定威胁”方法，即认为任何行为的性质都取决于它所处的情景，宪法审查的标准须与特定言论所造成的威胁联系起来。这种方法不可避免地与“个案衡平”紧密相连从而给法官们留下了过多的个人裁量空间。伊利进而转向“不受保护的言论”这唯一可理解的“绝对主义”审查方法，即在特定案件的具体情形外，预先全盘考虑某些类型的言论可能

① 〔美〕约翰·哈特·伊利：《民主与不信任：司法审查的一个理论》，张卓明译，法律出版社，2011，第 73 页。

② 〔美〕约翰·哈特·伊利：《民主与不信任：司法审查的一个理论》，张卓明译，法律出版社，2011，第 72 页。

③ 〔美〕约翰·哈特·伊利：《民主与不信任：司法审查的一个理论》，张卓明译，法律出版社，2011，第 102 页，

④ 〔美〕约翰·哈特·伊利：《民主与不信任：司法审查的一个理论》，张卓明译，法律出版社，2011，第 104 页。

造成的危害，并列出一张不受保护言论的清单，并主张“除非属于少数明确严格界定的言论类型，一切言论均免受政府规制”。[①] 伊利对这两种审查方法进行了详尽的分析与比较，他从布莱克大法官和道格拉斯大法官“言论绝对不应受官方的惩处或其他妨碍”这一绝对主义审查路径溯至霍姆斯大法官著名的“明显且即刻的危险”审查标准（clear and present danger test），再通过对包括“凌晨拿扩音喇叭大喊‘选伊利进国会’”等棘手情形的分析，最终指出“特定威胁”方法与“不受保护的言论”方法均存在难以克服的弊端。因而，唯有将二者视为互补，并对它们进行有机地整合，即在预先全盘考虑危害的前提下，以对“非源于言论思想内容而源于其表达形式”的言论限制进行具体情境的审查为例外，才能判断政府对言论的限制是否合理。

就选举权的保护而言，伊利认为应该将平等保护条款所持的“合适理由支持下的分类可以存在”的立场和共和政体条款意涵下“一人一票”的标准结合起来。他进而主张对于“议席分配不公”的案件，法院审查的标准在于立法部门给出的分类是否有合适的理由，同时审查这种分类是否“致使多数人的意志遭受系统性的溃败”。[②]

（二）如何纠正对少数人的某些歧视

在“纠正对少数人的某些歧视”方面，伊利着眼于“动机分析”与“可疑分类”两个原则，从它们本身的利弊出发，试图通过联系此二者而建立一个能在程序上有效纠正对少数人歧视的立法或行政行为（为方便表述，在下文分析中不对立法行为与行政行为的表达进行区分）。如伊利所言，“同样一个政府行为，既可能是合宪的，也可能是违宪的，结论全然取决于该项行为背后的动机”。[③] 这同样起源于平等保护条款所要求的

① 〔美〕约翰·哈特·伊利：《民主与不信任：司法审查的一个理论》，张卓明译，法律出版社，2011，第106页。

② 〔美〕约翰·哈特·伊利：《民主与不信任：司法审查的一个理论》，张卓明译，法律出版社，2011，第118页。

③ 〔美〕约翰·哈特·伊利：《民主与不信任：司法审查的一个理论》，张卓明译，法律出版社，2011，第133页。

“分类必须基于合适的理由”。尽管如此，布莱克大法官早已指明，证明一个违宪官方动机的存在是一件极其困难的事情。伊利清醒地看到这一点，继而在对官方“作出分配决定的方法”是否违宪的探究中引入“可疑分类”原则，意图以此辅助动机分析的进行。

伊利首先将“孤立而分散的个人”被剥夺的权益分为“根据实体性的宪法权利而拥有的那些利益”和“宪法没有明文规定或暗含的权益”。[①] 对于前者，伊利认为这些利益对民主政府的有效运作来说十分重要，以至于宪法已明确将其纳入文本，因此，“它之所以被剥夺的理由不具有相关性”，[②] 这意味着权益遭受侵害的公民，可以直接主张这种利益而不管政府为什么剥夺这种利益。事实上，无论美国司法审查的历史还是伊利自身对“限制言论自由标准”的讨论都不足以证实这种观点。而对于后者，即那些宪法上完全不作要求的利益，才是伊利提出的司法审查方法所适用之全部范畴。如前所述，对于这类被侵害的利益，伊利认为法院应该联系“动机分析”与“可疑分类”两个原则，首先确定某部法律是否涉及可疑的分类，进而以“特别审查”的方式对那些“可疑立法”进行动机分析。具体而言，这种审查方法要求法官判断（也可先由立法机关提出）与所立之（可疑的）法最为契合的目的是什么，并推定该目的即为立法机关的实际立法动机。[③] 法院进一步判断，若该目的违宪，则法律被宣告无效；若该目的虽不违宪但缺少“实质的重要性”，则要打破既有的动机推定而认定“它只是一个托辞，实际上并不是这一目的促使政府作出了此一选择”，[④] 同时诉诸“特别审查”的要求，即“分类与目的之间要紧密契合”，[⑤] 由此

① 〔美〕约翰·哈特·伊利：《民主与不信任：司法审查的一个理论》，张卓明译，法律出版社，2011，第141页。

② 〔美〕约翰·哈特·伊利：《民主与不信任：司法审查的一个理论》，张卓明译，法律出版社，2011，第141页。

③ 伊利提出：“与系争分类最契合的目的，显然是立法者心中实际想追求的目的。”参见〔美〕约翰·哈特·伊利《民主与不信任：司法审查的一个理论》，张卓明译，法律出版社，2011，第142页。

④ 〔美〕约翰·哈特·伊利：《民主与不信任：司法审查的一个理论》，张卓明译，法律出版社，2011，第144页，

⑤ 〔美〕约翰·哈特·伊利：《民主与不信任：司法审查的一个理论》，张卓明译，法律出版社，2011，第144页。

将立法机关隐藏在法条背后的违宪动机“清除出来”。[①] 在后种情况下，法院将判决由于立法机关的立法动机与所立之法在联系上过于微弱而不足以支撑其对少数人权益的剥夺，故系争法律因立法程序违宪而无效。

事实上，伊利对“纠正对少数人的某些歧视”情况下法院所应采取的这种司法审查方式的讨论，即便抛开“程序性”与“实体性”，也是不完善的。原因在于，这种审查方式仍然要求法官对立法动机是否违宪进行判断，而这个判断并不容易。伊利也认识到了这点，因此面对这个难题他进一步指出，“即使不可能如此确信无疑地指明动机违宪，事实上由违宪动机所推动的分类，依然……无法轻易地通过司法审查，这得归功于可疑分类原则所产生的间接压力”。[②] 这种间接压力指的是立法机关在真实动机违宪的情况下将“不得不援用其他与该立法分类联系比较微弱的目的”，而“动机与分类联系较为微弱”将不符合“特别审查”所要求的二者应当最为契合之要求。然而，问题在于，间接压力只是一种可能使立法机关“援用其他微弱联系之动机”的因素，在许多情况下，法院还是需要面对如何判断立法动机是否违宪的难题，这似乎又回到了最初的起点。限于本文主题，后文将不继续涉及对该问题的深入讨论，但这个问题的确是伊利所不能回避的。

三 “判断”无处不在：走向失败的程序性司法审查

无论是“疏通政治变革的渠道”，还是“纠正对少数人的某些歧视”，伊利对保证其“参与性价值”所做出的努力都让人敬佩，其所提出的司法审查方法亦极富洞见且具有一定现实操作性。然而，若声称其审查方式为纯粹“程序性”的，却有失偏颇。

① 〔美〕约翰·哈特·伊利：《民主与不信任：司法审查的一个理论》，张卓明译，法律出版社，2011，第142页。

② 〔美〕约翰·哈特·伊利：《民主与不信任：司法审查的一个理论》，张卓明译，法律出版社，2011，第142页。

无论是将司法审查视作一个广义的概念，即“任何司法性质的机构依据宪法审查法律或法规的制度”，[①] 还是将之限定为“联邦法院，特别是最高法院，能够以自己对宪法的理解，确认或推翻各级政府部门的法律和规章”，[②] 都明确了司法审查活动必定是在一项立法通过或行政行为既已做出之后进行的。在此前提下，一切司法审查必然是面向过去而非立足未来。以立法为例，当法院进行司法审查时，直接呈现在法官们面前的只能是一个立法的结果而非过程的展现——这是对司法审查所处情形的客观描述而非理论刻画。此时，若伊利坚持其司法审查理论是程序导向的，那么他唯有选择以下两条理论辩护路径。第一，法官从立法结果回溯立法程序，即根据面前的结果去分析产生此结果的过程。与一眼可望至尽头的第一条路径相比，第二条路则显得更为崎岖。正如伊利所言，美国宪法最为关切的是“确保人民广泛地参与到政府的统治和资源分配过程中去”。[③] 因此，摆在伊利面前的第二个选择是：预先将立法进行“参与性”与“资源分配性”的分类，并主张司法审查只针对涉及“参与性”的立法。此时，因为伊利本人也同意将“参与性”视为一种特殊的价值，[④] 特殊到此种“参与性”立法的结果相对于“资源分配性”“价值选择性”的立法来说亦属于“前立法”的。唯有不惜代价保护了人民“广泛参与过程”的可能性，真正的“资源配置”立法才能获得民主性与正当性的源泉。因此他对此类“参与价值”之立法的结果审查同样可以被解释成“程序性”的。

从伊利著述的文本来看，他似乎不会承认自己实际上走的是“（特殊的参与性）结果导向”这条审查路径——这与他所强调的“参与导向的审查模式，其所关心的是影响价值选择与损益结果分配的决定是如何作出的”[⑤] 不可能共存，而会选择看似“程序性”的第一条路径，即从立法结

① 张千帆：《从宪法到宪政——司法审查制度比较研究》，《比较法研究》2008 年第 1 期。

② 任东来：《试论美国最高法院与司法审查》，《美国研究》2007 年第 2 期。

③ 〔美〕约翰·哈特·伊利：《民主与不信任：司法审查的一个理论》，张卓明译，法律出版社，2011，第 85 页。

④ 〔美〕约翰·哈特·伊利：《民主与不信任：司法审查的一个理论》，张卓明译，法律出版社，2011，第 73 页。

⑤ 〔美〕约翰·哈特·伊利：《民主与不信任：司法审查的一个理论》，张卓明译，法律出版社，2011，第 73 页。

果回溯立法程序。这种路径最终审查的是立法程序本身是否正当，而正当与否的结论则有赖于对立法程序是否“阻碍了代议制政府的程序入口与资源分配机会”[①]进行判断，这种判断是一种对民主的入口检验（input test）。[②]如若答案是否定的，结果将是“由于‘正当的立法程序’没有被遵守，通过该程序所形成的法律必须被宣告为违宪”。[③]要分析伊利的理论，首先需要循着伊利的审查思路，抽象出其司法审查的模型，并检验其司法审查理论的程序性特质。

（一）程序性司法审查的模型建构

根据伊利的观点，当限制了公民言论自由时，法院应该首先分析被限制的该种言论是否属于预先确定的“不受保护的言论”范畴，并且（必要时）补充分析在该特定情形下，该言论所产生的形式（与思想无关）是否会造成严重的危害。在此情况下，针对限制言论自由的立法，除非认为正当的立法程序是立法现场，代表们在限制某一言论时，应该预先判断该言论是否属于“不受保护的言论”，并且判断是否在特定情形下该言论的形式本身会造成严重的威胁，否则这种审查方式不应当被认为是程序性的。上述正当的立法程序即是在“疏通政治变革渠道”目标下伊利程序性司法审查理论中的“程序”本身，而对立法机关是否遵循该立法程序的审查即是这种情况下伊利司法审查的抽象模型。

然而，颇为遗憾的是伊利并未做如此论断，在其表述中，法院只需审查立法所限制的言论是否符合合理压制言论的上述标准（这明显是结果导向的）而不探求立法过程是否如上述所言。即便我们认为伊利只是未在文本中明示此“对立法过程的探明”，这种理论仍然不可能在实践中成立，因为“不受保护的言论”与“严重的威胁”这两个标准本身是不清晰的，

---

① 〔美〕约翰·哈特·伊利：《民主与不信任：司法审查的一个理论》，张卓明译，法律出版社，2011，第73页。

② 民主的入口检验（input test）意指民主本质上是一个平等分配政治决策权的问题。参见〔美〕罗纳德·德沃金《至上的美德》，冯克利译，江苏人民出版社，2008，第191页。

③ 〔美〕约翰·哈特·伊利：《民主与不信任：司法审查的一个理论》，张卓明译，法律出版社，2011，第165页。

且立法机关在“对‘不受保护的言论’和‘严重的威胁’进行判断”这一程序中也有出错的可能性。并且考虑到对“系争言论”类别与性质的准确把握和理解并非一件简单的事，即便是在最清晰的标准下，在进行“个案”与“类”的划归时仍然不是那么明确的，这在判断的过程中出错的可能性也并不低。倘若立法机关在法院审查自己对言论自由限制的立法时承认自己“没有经过上述判断程序”，那么此时法院确可如此宣告立法机关“违反正当程序立法”因而系争法律违宪无效。但若立法机关认为自己已进行了上述程序，只是判断的结果出了错——大多数情况下他们也不认为自己错了，对此后文将详述，那么法院还能以“未经程序”为由判断立法无效吗？当然，法院仍可以程序有误为由裁定违宪，然而，此时其所依据的只是法院乃至法官所期待的某项实体价值，因而再次回到了不被法官所满意的某项立法结果本身，程序性路径难言成功。

当涉及“纠正对少数人的某些歧视”时，因伊利在著作中集中讨论的是“未被宪法明文规定或隐含的权利”，此处的逻辑展开同样限定于此类情况。当面对一部使某类“孤立而分散”的人群处于不利地位之结果的法律时，如前所述，伊利主张根据“动机分析”和“可疑分类”两个原则进行特别审查。在此过程中，“可疑分类”原则的适用使“可疑”的法律能够从成百上千的法律中跳脱而进入司法审查的视野之中。随后的审查过程大致如此：面临自己所立之法遭受质疑甚至被宣告无效的危机，立法机关必然会为其所立之法辩护而在法院的要求下阐释立法目的，此时法院对立法机关所提目的是否与系争法律“最为契合”进行判断。若结果是肯定的，且这一目的具有“实质的重要性”，同时满足不违宪的前提，那么可疑性消除，立法有效；若法院审查后发现，该目的并非最为契合的那一个，则根据特别审查的要求，推定该项立法的实际动机是违宪的，“因为，一个违宪的立法目的，显然无法用来为立法辩护”。[1] 进而达到将违宪动机“清除出去”的目的，该分类也由于其表面动机与分类结果联系过于微

① 〔美〕约翰·哈特·伊利：《民主与不信任：司法审查的一个理论》，张卓明译，法律出版社，2011，第142页。

弱而被当然宣告无效。该审查方法之要旨，若概括为立法程序，则应为以下内容。

（1）立法机关立法时，必须保证它们是出于一个非蓄意侵害少数群体权益的实质动机去立一部与其动机最为契合的法律，若非如此，则所立之法不符合正当的立法程序。

（2）在“纠正对少数人的某些歧视”方面，伊利所要求的程序必须保证该法是出于一个非蓄意侵害少数群体权益的实质动机而立的与其动机最为契合的法律。

与对压制言论自由法律的审查类似，在伊利的理论中，法院并不需要关心立法机关是否走了这么一个程序。同理，即便法院确实如此审查，立法机关也一定会坚持自己的决策程序没有瑕疵，只是对是否“最为契合”的判断有偏差。

（二）判断：伊利程序性司法审查中的价值体现

在比较了“（特殊的参与性）结果导向”和“回溯立法过程”这两种审查路径后，伊利最终得出其审查路径应当是对立法过程的回溯。在具体的程序要求上，可以做出以下概括：在“疏通政治变革的渠道”方面，以限制言论自由为代表，伊利所要求的程序是立法现场，代表们在限制某一言论时，应该预先判断该言论是否属于“不受保护的言论”，并且判断是否在特定情形下该言论的形式本身会造成严重的威胁；在“纠正对少数人的某些歧视”方面，伊利所要求的程序是立法机关立法时，必须保证他们是出于一个非蓄意侵害少数群体权益的实质动机去立一部与其动机最为契合的法律。在上述程序性司法审查模型中，出现了立法机关或行政机关（下文统称“待审查机关”）和法院间的三类重要“判断”：第一，法院需要知晓待审查机关在立法时是否形式上履行了上述程序；第二，待审查机关主张自己的立法过程是否与标准程序中所要求的相一致；第三，法院认定待审查机关是否按标准程序的要求实现了立法程序。这三类判断，在判断主体与判断标准上都有所区别，而伊利程序性司法审查理论中可能涉及的价值选择正体现在第三类判断中，即法院按照自己的标准认定待审查机关是否实现了应有的立法程序。

当待审查机关面临以“违反正当法律程序”之由而被法院裁定立法无效的风险时，它会如何为自身辩护？它必然不会承认自己没有履行立法程序，而将以“自己在程序中所做的判断有误”，更准确地说，是以“自己所做的判断与法院不一致”来为自己开脱。肯定伊利立场的人也许会认为，待审查机关所做的判断与法院不一致即意味着该机关“违反了正当法律程序”，并可能以一些已为世人所普遍接受的正当程序规定来进行反驳。例如，根据美国宪法第四修正案和相应判例，警察进入民宅搜查必须出具搜查令，除非情况特别紧急。在此情况下，即便警察事后以“自己认为当时情况已经特别紧急”为由而为自己违反正当程序开脱，若法院有其判断标准，涉案警察仍会以违反正当法律程序为由被判决此次搜查是违宪的。前述立法机关的“错误判断”与此处警察的“错误判断”似乎并无太大的差别。而倘若对此予以肯定，那么同时也就否定了伊利所主张的程序性司法审查方法。因为没有人会主张，在涉及“情况特别紧急”的判断标准上，此种司法审查是无涉价值的，相反，价值判断在正当法律程序的具体理解标准中必不可少。其实，伊利自己也对法院与决策机关的判断进行过比较，他表示，“如果审查标准确实只是系争言论压制的利弊权衡而已，那么联邦最高法院凭什么用自己的判断取代政治部门的判断呢？”[①] 然而，当触及司法审查理论时，他却并未论证当审查标准非“系争言论压制的利弊权衡”而是他自己在审查方式中提出的其余标准时，相同的问题何以得到了解决。在多数的审查中，伊利倾向于从平等保护原则出发提出相应的标准，而“以公民是否获得‘平等法律保护’来对政府法规进行‘严格审查’，与‘实体性正当程序’标准相比，同样充满了不确定性，赋予大法官释法的广泛自由裁量权”。[②] 至此，第三类判断，即法院的判断中似乎必然存在着实体性的裁量选择。

对此逻辑漏洞伊利并非束手无策，他大可承认法院无法避免判断，在

① 〔美〕约翰·哈特·伊利：《民主与不信任：司法审查的一个理论》，张卓明译，法律出版社，2011，第105页。

② 任东来：《试论美国最高法院与司法审查》，《美国研究》2007年第2期。

法院的判断中也会存在选择，但每种选择都有其背后的考量或制约因素，这种选择并不必然就是引入了价值。从伊利的论证措辞来看，他很可能会以“常识”为法院的判断辩护，即“从其可以预见的效果以及健全的常识这样的角度来解读”[①]。然而，相比于“法官自身的价值观”“自然法”“理性”“共识”这类明显会被伊利归入“界定和推行价值”[②] 的因素，“常识”一词常被解释得太过美好，就如同伊利对“实行差别对待必须能够提供合理的解释”这一辩护理由所给予的评价那样：“此类辩护的确存在问题，但不在于不合理……问题在于，只要你愿意，这类辩护实在是太有效了。”[③] 不可否认，常识确实存在，但我们必须承认：一方面，在多元价值盛行的今天，常识的内涵遭到了大量的削减；另一方面，无论从百科全书派“明天会更好”的进步历史观还是立足于马克思主义从“生产力和生产关系的矛盾发展”角度阐述的唯物史观，我们都能轻易地发现，几百年前的常识在今天或已不能成立，今天被奉为常识的某个观点在过去可能被认作异端邪说。在肯定常识存在的同时，我们越来越感到它日渐缩小的存在空间。然而，常识却好似具有天然的正当性，我们不拒斥科学的、发展的常识，但对以常识之名呈现的别有用心的价值却应抱以更大的畏惧。在此语境下，法官若将自己的判断仅仅诉诸常识，尽管他本人可能被公众所认可，但令人恐怖的正是看似最为温和的“或许”本身，它意味着不确定性与不可预测性。

同时，必须注意到，我们在此所主要讨论的，多为困扰了几代法官与法学家的疑难案件，倘若案件的争议焦点最终能化归为常识问题，那这何尝不是对两百多年来那些致力于为疑难案件提供司法审查标准的法学家们的一种侮辱呢？举例以明之。其一，以伊利对契合与否的判断为例，他认

① 〔美〕约翰·哈特·伊利：《民主与不信任：司法审查的一个理论》，张卓明译，法律出版社，2011，第 126 页。

② 〔美〕约翰·哈特·伊利：《民主与不信任：司法审查的一个理论》，张卓明译，法律出版社，2011，第 89 页，转引自 Bork，“Neutral Principles and Some First Amendment Problems”，*Ind. L. J.*，Vol. 47，1971，pp. 7－8。

③ 〔美〕约翰·哈特·伊利：《民主与不信任：司法审查的一个理论》，张卓明译，法律出版社，2011，第 118 页。

为，“至少就法律上的种族分类而言，这必然意味着不再有其他实现政府所主张的目的的直接方法”。[①] 从最一般的意义上讲，契合意味着从诸多可能手段中挑选出一个或多个与特定目的相匹配的手段，而特别审查所要求的“最”为契合则要求所选出的手段与目的之间具有最佳匹配性，这种通常理解并未要求待选手段是实现特定目的的唯一手段而仅要求是最匹配的那一个手段。因此，将“契合”与“不再有其他方法”相联系的观点无论如何都达不到常识的高度。其二，伊利提到过这样一个案例：一位典狱长为了平息一场种族骚乱，将黑人囚犯和白人囚犯暂时隔离开来。[②] 平息种族骚乱和保护这两个种族的囚犯之生命与身体安全，是典狱长对黑人和白人进行分类所主张的目的。在此情形下，对手段与目的是否契合以及这个目的是否具有实质重要性的判断很难说是常识问题。这明显具备了高度契合性且有实质的重要性，而对此伊利却仅仅是认为我们可以就该目的“是否可信作出解释”[③] 而已。正如德沃金所言，“有争议的实质问题，也许会以同样的形式，作为有关过程的有争议问题重新出现”。[④] 在大多数疑难案件中，无论哪一方所主张的常识，如果是一个案件是否合宪的中心问题，那必然不可能是真正的常识。换言之，只要争议仍然存在，常识便无处可寻。

（三）如何评价伊利程序性司法审查中体现的价值判断

伊利的程序性司法审查理论必然涉及法院对待审查机关是否按照具体法官的标准履行了既定决策程序的判断，这种判断所依据的理由是多元的，以是否有涉价值为标准，可以分为伊利所认为的“常识”与常识外衣下法官的价值判断。对判断理由所做的常识与价值的区分，并不是面对问题判断时一种偶然或随机的选择而是要取决于所涉法条或案件的类型。在

---

① 〔美〕约翰·哈特·伊利：《民主与不信任：司法审查的一个理论》，张卓明译，法律出版社，2011，第143页。

② 〔美〕约翰·哈特·伊利：《民主与不信任：司法审查的一个理论》，张卓明译，法律出版社，2011，第146页，转引自 Lee v. Washington，390 U. S. 333，334（1968）（布莱克大法官、哈伦大法官和斯图尔特大法官的协同意见书）。

③ 〔美〕约翰·哈特·伊利：《民主与不信任：司法审查的一个理论》，张卓明译，法律出版社，2011，第144页。

④ 〔美〕罗纳德·德沃金：《至上的美德》，冯克利译，江苏人民出版社，2008，第194页。

宪法条文较为明确的情况下，法院通常可以诉诸常识来判断立法程序是否合法；在宪法规定不甚明确因而对案件的处理属“疑难法律问题”[①]时，法院所做的判断则往往与常识无关。这样的结论肯定了伊利在程序导向的司法审查路径上作出的努力，即他确实提供了一种从程序着眼对立法活动进行分析的思路，并且在大多数案件中可以适用，但同时也彰显了这种审查理论的局限性。另外，考虑到伊利提出这种司法审查理论所欲解决的是美国司法审查制度所面临的“民主性难题”，而正是疑难法律问题的存在才使司法审查的“不民主性质疑”暴露得最为深刻，因此，从重要性的角度，我们可以说，伊利的程序性司法审查理论因为不能完全抛开法官的实体价值考量因而不具有纯粹的“程序性”。

从伊利的司法审查思路着笔，我们对其审查路径做了一个逻辑化的展开并抽离出其“程序性”所在，进而又以法院无处不在的“判断”否定了伊利审查方法的纯粹程序性。这里的“程序性”前又增加了“纯粹”一词，对此的质疑直接导向对伊利所主张的“参与导向的，强化代议制”审查方式到底蕴含了多大程度的程序性，又在什么样的立场上看待实体价值的思考。若以证成伊利“关于司法审查的一个理论”的正当性为目的，原本可以“伊利对‘程序性’的推崇并不意味他于其审查方法中完全剥离‘实体考量’而只是强调‘参与价值’的重要性”为由为伊利进行辩护，事实上，伊利在《民主与不信任》中也并未直接提到其审查方法如批判者所言是“价值无涉”的，但即便几处特定的语词或几句“经过挑选”的句子能为某个思想辩护，全书整体的论证脉络方能显其真义。综观全文，伊利从对“解释主义”与“非解释主义”或客观不可行或背离民主的批判走向对探寻基本价值的分析，继而以“错误的问题注定没有答案”[②]对前人司法审查宏观概述画上了句号。在这之后，伊利通过将沃伦

① 张志铭教授借鉴德国学者的思路，将“疑难法律问题”的原因归为以下三个方面：1. 法律本身的空缺性（openness）；2. 法律解释方法上的不确定（uncertainty）；3. 价值观念上的分歧（diversity）。参见张志铭《法律解释学》，中国人民大学出版社，2015，第40页。

② 〔美〕约翰·哈特·伊利：《民主与不信任：司法审查的一个理论》，张卓明译，法律出版社，2011，第70页。

法院一系列“以程序为导向的判决”① 作为现实基础，正式提出了其“参与导向”（participational orientation）的审查模式，并从“疏通政治变革的渠道”和“确保少数人的利益得到代表”两方面展开了方法论层面的具体论述。若对全书整体的脉络有一个较好的把握，读者很明显能感受到伊利从司法审查以来囿于“价值”的囹圄中跳脱而诉诸“程序”这一不涉及“界定和推行价值”的概念之论证思路。在这个意义上，无论他人如何以局部的内容为之辩护，伊利，这个响彻美国司法审查理论史的名字，连同他的“司法审查的一个理论”，注定已在“拒斥价值走向程序”的道路上回不了头了。并且，只要伊利的司法审查理论无法剥离疑难案件中法官实体价值的考量，他就不能解决对美国司法审查制度“反民主”的质疑问题，他的程序性司法审查理论也就只能说是失败的。

然而，伊利程序性司法审查理论在事实上的失败并没能解释为何被伊利赋予了极高期待的司法审查理论会注定偏离“程序性”的道路。“法院判断无处不在”只是实体价值存在的表现而非原因。对此我们应有所追问，何以伊利苦心经营和设计的程序性司法审查方法中会留有如此重要以至于我们不可能对其忽视的“法院判断”？这一追问或许需要深入伊利对程序的理解以及他所推崇的实质代表理论中方能有所回应。

四 由表及里：程序性努力缘何失败

（一）表层原因：对“程序”的狭隘理解与对程序审查标准的矛盾使用

上文通过对伊利司法审查思路的梳理与概括，将他的司法审查理论抽象为两个基本审查模型，且毋庸置疑，这两个模型都以程序的外观存在。既然如此，为何对待审查机关是否履行相应程序部分的判断会是“实体性”的？从表面上看，这与伊利对“程序”的狭隘理解和其对程序审查

① 〔美〕约翰·哈特·伊利：《民主与不信任：司法审查的一个理论》，张卓明译，法律出版社，2011，第72页。

所依赖的标准的矛盾理解有关。

其实，伊利并未对法律程序本身进行区分。哈贝马斯认为，伊利所主张的“程序性”其实“远比我们通常所使用的‘立法程序’概念的内涵要广”，[①] 但笔者认为，伊利在书中所表达出来的他对法律程序的理解，要比通常意义上我们对程序内涵的理解窄。伊利仅仅在与价值对立的立场上谈程序，但实际上，并非所有程序都绝缘于价值判断和选择。考虑到立法机关与行政机关在对公民设置抽象规则约束时都面临着相似的权力约束，对待审查机关之立法程序的理解可以参照对行政程序的理解。章剑生教授根据行政主体实施行政行为时，对所应遵循的法定行政程序是否可自主选择为标准，将法定行政程序划分为强制性与任意性两类。其中，强制性法定程序是指，“行政主体在实施行政行为时，对所遵循的法定行政程序没有自主选择的余地，它必须是无条件的、不折不扣地执行”。[②] 例如，公安机关在进行治安行政处罚时，应当听取行政相对人的陈述与申辩，对这种程序性要求的落实基本上只有“做”与“不做”的差别。与之相反，任意性法定行政程序，则是指“行政主体在实施行政行为时，对所遵循的行政法定程序可以根据实际情况依职权作出自主选择的法定行政程序”。[③] 前文提及的“警察进民宅搜查必须出具搜查令，除非情况特别紧急”这一规定就属任意性法定行政程序。

当一项行政程序为任意性而非强制性时，行政主体“依职权作出自主选择”不仅在于其可以自主选择是否履行该程序，也意味着它可以在程序所要求的自由裁量范围内对多项可能的决定进行自主选择。正如龚祥瑞教授所言，“法律只规定行政行为的一些原则，留出余地以便执法者根据实际情况自由裁量。这种原则性与灵活性的结合是现代行政的特色”。[④] 镜鉴对行政程序的上述分类，我们也可将司法审查所面对的立法程序或行政程序区分为强制性程序和任意性程序。对于强制性程序，法院只需判断待审查机关是否

---

① 〔德〕哈贝马斯：《在事实与规范之间——关于法律与民主法治国的商谈理论》，童世骏译，生活·读书·新知三联书店，2003，第326页。

② 章剑生：《论行政程序违法及其司法审查》，《行政法学研究》1996年第1期。

③ 章剑生：《论行政程序违法及其司法审查》，《行政法学研究》1996年第1期。

④ 龚祥瑞：《比较宪法与行政法》，法律出版社，1985，第465页。

在形式上已履行了相关的程序，即它是否“已经预先判断该言论是否属于……并且判断是否……”，是否在立法时“已确认自己并非出于蓄意侵害的动机以及所做的分类与动机是最为契合的”。按照伊利的表述，他将“程序性”仅狭隘理解为排斥价值选择存在的强制性程序，但显然，待审查机关的相关活动程序所内含的裁量判断属性使其必然更为接近任意性程序，因此法院必须在实体上对之进行评价而不能仅仅判断待审查机关是否走了相应程序。任意性行政程序在表面上看是一个不含任何价值取向的中性概念，但当其“成为司法机关审查的对象时，则必然融入各类主体的价值判断和标准设定”①。正是因为无法将伊利对立法或行政活动所要求的那种程序纳入无涉价值选择的强制性程序，伊利所主张的程序性进路将不可能拒斥价值。

将程序仅仅理解为不需夹杂价值选择和判断的强制性程序是伊利对程序的一种狭隘理解，而在事实层面主张法院要对任意性程序（即他所认为的不夹杂价值选择的程序）进行审查又在另一个侧面反映了其审查标准的前后不一性。仍旧借鉴行政法理论，所谓司法审查的标准，是指法院对待审查主体在实施行为时所遵循的外部具体法定程序采用合法性审查还是兼采合理性审查。② 合法性，其意义在于判断某种程序是否违背了成文法的明确规定，③ 而合理性则更多考量行政程序中的实体因素，程序的正当性是一个难以准确界定的蕴含着主观色彩和道德评价的概念。④ 传统的英美法系和大陆法系行政法理论均强调，“法院对行政行为包括行政程序只能进行合法性审查，不能进行正当性或合理性判断”⑤，这就要求法院仅能形式地判断待审查主体是否履行了相应行政程序，而不能在实体上对其作出“好坏”“正误”的评断。法院对待审查主体的程序活动究竟是独采合法性还是兼采合理性的审查标准并无定论，⑥ 但可以明确的是，一旦认可

① 江必新：《行政程序正当性的司法审查》，《中国社会科学》2012 年第 7 期。

② 章剑生：《论行政程序违法及其司法审查》，《行政法学研究》1996 年第 1 期。

③ 江必新：《行政程序正当性的司法审查》，《中国社会科学》2012 年第 7 期。

④ 江必新教授是在“合理性”意义上使用“正当性”一词的，参见江必新《行政程序正当性的司法审查》，《中国社会科学》2012 年第 7 期。

⑤ 江必新：《行政程序正当性的司法审查》，《中国社会科学》2012 年第 7 期。

⑥ 如江必新教授认为，法院对程序进行正当性审查是必要且可行的，参见江必新《行政程序正当性的司法审查》，《中国社会科学》2012 年第 7 期。

程序审查的“合理性”标准，就同时意味着法院在程序审查的活动中可以具有较大的自由裁量权，在伊利的著作中就表现为法官可以较多地进行自主判断，这就为“价值选择”的产生提供了合理基础。伊利一方面主张司法审查应“拒斥界定和推行价值”，这表明他在主观上是倾向于独采“合法性”之程序审查标准的。但在另一方面，他又在事实上建构了一种“任意性程序导向”的司法审查理论，故必然涉及合理性的考量，这就产生了合法性与合理性之间愿望与结果的矛盾。

综上，伊利在认知上缺少对程序“强制性”和“任意性”两种类型的区分，怀着合法性的审查标准愿望却又在操作层面转向了合理性的审查标准，因此伊利的程序性司法审查理论终究逃脱不了价值的选择。

（二）根本原因：司法介入时机对实质代表理论的解构

从上述分析来看，在伊利提出具体的司法审查操作方法之时，他的程序性司法审查理论就已注定失败，这与他在构建具体操作方法前的“实质代表”理论基础似乎有所违背。如前所述，伊利的司法审查理论与他人的不同之处，在于他引入了“实质代表”理论，以确保在作出实体性的决定时，每个人的利益都会在实际上或实质上得到代表。伊利的司法审查理论主要关注的是“疏通政治变革的渠道”和“纠正对少数人的某些歧视”两方面的问题，而如前所述，这两类问题最终都是“某些政治劣势群体的利益受到侵害”的问题。实质代表理论的意义在于，代表们将会在实质上考虑少数群体的利益，并作出非蓄意侵害少数群体的决策，这就落实了美国宪法第 14 条修正案中的平等保护条款。美国联邦最高法院的任务，就是通过司法介入保障“实质代表”的实现而不干涉代表们的具体决策结果。如此一来，“实体价值的选择与协调，事实上几乎全部留给了政治过程去处理”。① 伊利通过将实质代表理论整合进程序性司法审查方法中，使原本难以调和的矛盾（既要保障平等又要拒斥价值）似乎在瞬间被化解

① 〔美〕约翰·哈特·伊利：《民主与不信任：司法审查的一个理论》，张卓明译，法律出版社，2011，第 85 页。

了。事实上，伊利的司法审查理论之所以未被视为对民主的背反，相当程度上正是实质代表被接受的结果。在这个过程中，最高法院不关注决策结果，而只保障实质代表的实现，即代表们会同时考虑少数人的利益。因此，伊利程序性司法审查所要求的，就是法院保障实质代表的方式是程序性的。然而，司法介入的时机特点，又决定了对实质代表的保障同样必然无法拒斥实体判断，或许这才是伊利的司法审查理论最终失败的根源。

实际上，实质代表理论并不是伊利的原创理论，这种理论主张要对代表们课以更高的普遍义务，因此伊利将之引入他的司法审查理论，首先便面临着合法性证明的问题，对此他诉诸美国宪法的制宪精神。伊利很早就指出了“大众统治”与“平等主义”这一对“美国的古老理想”所面临的难以调和的矛盾，“一个平等参与政治统治的体制，绝不必然跟一个预设人人平等参与分享程序所产生的利弊结果的体制相关联”。[①] 为了找到这种关联存在的依据，伊利拓展了现有的代表制理论，引入了古老的“实质代表”（virtual representation）概念。从对英国政府以“殖民地居民虽在实际上（actually）没有选派任何代表，但他们在议会中‘实质上得到了代表’（virtually represented）”为由回应“无代表不纳税”的批判中，[②] 伊利指出，为保障实质代表，唯有“将无政治权力者的利益与有政治权力者的利益捆绑在一起”[③]。伊利进而考察了那些对美国宪法影响深远的制宪资料，得出同时保证“大众政府”之存在与“保护少数人获得平等的关切和尊重”乃代表们的普遍义务的结论。[④] 通过诉诸制宪资料，伊利认为他已完成了在司法审查中引入实质代表理论的正当性证明，但事实并非如此。伊利试图通过诉诸制宪史以及对如美国宪法第 4 条的特权和豁免权条款进行解释，使实质代表理念的引入正当化，这本质上是对宪法的一种

---

① 〔美〕约翰·哈特·伊利：《民主与不信任：司法审查的一个理论》，张卓明译，法律出版社，2011，第 75 页。

② 〔美〕约翰·哈特·伊利：《民主与不信任：司法审查的一个理论》，张卓明译，法律出版社，2011，第 80 页。

③ 〔美〕约翰·哈特·伊利：《民主与不信任：司法审查的一个理论》，张卓明译，法律出版社，2011，第 81 页。

④ 〔美〕约翰·哈特·伊利：《民主与不信任：司法审查的一个理论》，张卓明译，法律出版社，2011，第 85 页。

解释，而所有对宪法的解释都被特里布看作“星座”，它们反映的是各个时代不同理论家多样甚至相互冲突的理论，[①] 对宪法文本的单一解释“必然压迫其他的可能的解读方式”[②]。伊利通过论证“实质代表或许确在美国宪法有立足之地”就将实质代表视作代表们的普遍义务，让人觉得有些牵强——毕竟实质代表的要求并未被美国宪法明文言说。实质代表理论在引入时便伴生着未被解决的逻辑难题，或许这就是却伯教授认为伊利“越过了解读宪法和起草一份他自己想要的宪法之间的界限”[③] 的原因。然而这不是实质代表理论无法与司法审查理论结合的最终原因，即便承认引入实质代表理论的合法性，司法介入的时机特点同样会使伊利的这种尝试遭遇溃败。

按照伊利的理论，联邦最高法院保障实质代表，即保护那些并非真正不享有选举权的少数群体时，所依赖的途径主要有两条：一是“将少数群体的利益跟事实上占据政治权力的群体的利益捆绑在一起”；[④] 二是当少数群体的利益未能切实得到实质代表的保障时，伊利表示，此时“最高法院也打算介入，为其提供保护”。[⑤] 其实，无论是哪条路径，最高法院对实质代表的保障，都表现为司法权力的介入，而司法介入具有其自身的特性，其中，司法介入的时机特点将对实质代表理论产生重大影响。学者关于“司法何时介入”的回答多从比喻的角度切入，如“在代议制失效时开始干预”“在政府失灵时介入”[⑥] 等。前文对司法审查所引述的定义已将司法介入的时机予以明确，即在立法活动已经结束或行政行为既已做出之后。将少数群体与事实上占据政治权力的群体之利益捆绑，实际上是一

---

① 汪庆华：《对谁的不信任？》，《中外法学》2004 年第 5 期。

② Laurence Tribe, Michal Dorf, *On Reading the Constitutional Law*, Harvard University Press, 1991, pp. 24 – 30.

③ 〔美〕劳伦斯·却伯、迈克尔·多尔夫：《解读宪法》，陈林林、储智勇译，上海三联书店，2007，第 33 ~ 37 页。

④ 〔美〕约翰·哈特·伊利：《民主与不信任：司法审查的一个理论》，张卓明译，法律出版社，2011，第 83 页。

⑤ 〔美〕约翰·哈特·伊利：《民主与不信任：司法审查的一个理论》，张卓明译，法律出版社，2011，第 83 页。

⑥ 汪庆华：《对谁的不信任？》，《中外法学》2004 年第 5 期。

种“前立法”的设想，即在立法或决策活动之前做出努力；当实质代表的“前立法”设想并未得到切实落实时，法院为少数群体提供的保护就只能是“立法后”的，即判断立法或决策的结果本身是否体现了对少数群体利益的剥夺，这种情况所催生的具体操作方式其实就是在本文第三部分所梳理出的程序性司法审查方式，其中难以完全排除法官的个人价值选择。虽然伊利将法院所依赖的介入方式划分为上述两类，但考虑到司法介入的事后性与单一性，这两种介入方式实质上并没有明确的界限。也就是说，“利益捆绑”式的介入方法，最终也和第二种司法介入方法面临同样的难题。

事实上，“利益捆绑”的理想情形，如前所述，是“前立法”的，即通过某种方法，使代表们的利益能够与少数群体的利益捆绑在一起进而制约代表们未来的立法。要实现这种理想情形，只能依靠立法机关“自觉”通过立法绑定二者的利益，但司法审查制度存在的理由，便是对包括立法机关在内的其他权力机关之不信任，因此想要进行“利益捆绑”，只能寄希望于司法介入的最终保障。然而，司法介入的性质决定了它一定是后于待审查机关之立法或决策的，这种事后性与程序导向的“利益捆绑”方式必然是矛盾的。

以伊利列举的“利益捆绑”判决为例，在19世纪初，美国最高法院通过对宪法第1条第8款州际贸易条款的解释，赋予了这一条款“自我运作”（self-operating）的维度，并借一个案件指出：一州不得对产于他州的货物征收未课予本地产的货物的税款。通过这种审查，最高法院在宪法上将他州制造者的利益与州议会里面有代表的本地制造者的利益绑在了一起，这就确保了州代表不会在今后以立法的方式对他州制造者征以难以承受甚或不合理水平的税。[①] 从结果上看，最高法院确实通过司法审查完成了对他州制造者和本州制造者的利益捆绑，但若考察这一过程就会发现，它是通过解释宪法从而推翻既成的州立法之分类作出的。对产于他州的货

① 参见〔美〕约翰·哈特·伊利《民主与不信任：司法审查的一个理论》，张卓明译，法律出版社，2011，第82页。

物征收未课予本地产的货物的税款，乃州代表们作出的有目的的区分，这种立法属于前述“对少数人的某些歧视”种类，因而对之是否合宪的判断又会绕回本文第三部分“无法拒斥价值”的结论。这就说明了，司法介入的手段，由于其必然具有的事后性，注定不会是“前立法”的，它对两类群体利益的捆绑只能诉诸法院的实体选择和判断，因而通过司法介入保障实质代表的方式必然不可能在程序导向的道路上取得成功。

因此，“利益捆绑”虽然一度作为一种审查方式被伊利所强调，但其程序性在司法运作逻辑上是难以证成的，这种以“利益捆绑”方式追求程序性的努力甚至在书中后半部分被伊利自己所抛弃。伊利在《民主与不信任》第四章的末尾主张，宪法所要做的，是“通过构造方方面面的决策程序努力确保：首先，在作出实体性的决定时，每个人的利益都会在实际上或实质上得到代表（通常二者兼有）”,[①] 即相信“决策者会负起责任，将其决策所影响的所有人的利益都考虑在内”[②]。而联邦最高法院的职责，在于通过司法审查确保代表们所做出的实体性决定确实将其所能影响到的所有人的利益都考虑在内。可以发现，伊利在此类论述中已逐渐将保障实质代表的方式从利益捆绑式转为实体判断式了，即将关注的焦点从“确保代表们与少数群体的利益被捆绑”这一层面转至“确保少数人的利益真正被代表考虑在内”这一层面。

其实，即使不从司法介入的角度看利益捆绑方式，这种保障实质代表的手段本身是否可行也有待考察。这里的问题不在于法院能否以个案审查的方式捆绑某些利益，而是并非所有的少数群体利益都能有和代表们的利益捆绑的可能性，同时并非任意利益的捆绑都能够使代表们真正关切少数群体的利益。例如，对异性恋的代表们进行何种利益的捆绑才能让他们因在立法上歧视同性恋者而遭受利益损失，便是目前无法解决的问题。

伊利试图将其程序性司法审查的理论基础建立在实质代表理论之上，

---

① 〔美〕约翰·哈特·伊利：《民主与不信任：司法审查的一个理论》，张卓明译，法律出版社，2011，第98页。

② 〔美〕约翰·哈特·伊利：《民主与不信任：司法审查的一个理论》，张卓明译，法律出版社，2011，第98页。

具体则依赖两种保障实质代表的路径。他所依赖的第二条路径，即少数群体并未得到实质代表的保障时，最高法院进行介入为其提供保护，毫无疑问会回溯到本文第三部分所述的那种无法完全拒斥价值的审查方式；而他所依赖的第一条路径，即“最高法院通过利益捆绑的方式将少数群体和代表们的利益捆绑在一起”，虽然在表面上看确实只是由法院单纯“捆绑利益”而将价值选择留给了决策机关自身，但因司法介入的事后性，其只能对一个既定的决策结果进行审查，因而又回到了可能存在价值衡量的判断过程。实质代表理论是伊利描绘的一个美好蓝图，依此图纸，程序性司法审查似乎只是一幢“待建的大厦”，但司法介入的事后性歪曲了“利益捆绑”的应有之义，使这个设计的合理性与精确性大打折扣，至此，大厦尚未起便已倾颓。

五　结语：深刻的片面与善意的谎言

伊利的程序性司法审查理论虽未建起万丈高楼，但这并不意味着它所构筑的屋宇就毫无价值。正如前文所言，伊利的批评者们多局限于“伊利的程序性审查绝非价值无涉”或“程序的选择尤为一种实体价值”等论而未深入伊利的理论框架中，因而得出的结论亦仅流于“伊利的程序性审查是一个骗局”云云。事实上，尽管伊利拒斥选择和推行价值的审查目的最终未能获得成功，但其在美国司法审查理论中仍有所建树，这也是莫甘那教授对其施以嘉誉的原因所在。批评者多不承认伊利设计了一个“程序性路径”或为维持自身论证成立而多有意对此进行忽视。然而，通过诉诸制宪史与判决经验，伊利的确构建了一个以程序为导向的司法审查方法并且以之分析了若干在美国历史上占有重要地位的判例。问题在于，在那些关注立法过程的审查方法中，总会存在法官的个人判断，正是对疑难案件中是否合乎审查标准的那些判断使程序性光芒黯淡。究其程序性尝试失败之原因，表面上看是伊利狭隘地将程序限定在“强制性程序”的范畴而对他自己提出的审查程序的任意性没有认识，这也导致了他不自觉地将程序审查标准从合法性转向了合理性，为法官留下了大量的裁断空间。实际上，纯粹程序性尝试的最终失败，在于伊利错误地认为，最高法院对实质代表的保障可以是无涉价值的，因此以实质代表理论为基础的司法审查理论就可以仅仅是程序性的了。

至此可以对伊利程序性审查做一个结论性的评价，它能够以“程序性”之名发挥司法审查的作用，当且仅当“判断”确能凭借“（真）常识”作出之时。也正因如此，伊利程序性司法审查路径之提出是有重大意义的，通过设计立法程序，伊利巧妙地跳过了许多在原本的审查模式中必须面对的（简单）价值抉择——程序设计的功能恰在于此——而诉诸既定的程序路径，只不过这条路径的尽头（在某些情况下）仍有价值把关而已。其实，伊利之所以要构建一个程序性的司法审查理论，就是因为他想要打破司法审查“反民主”的质疑，进而为美国司法审查制度作正当性辩护。然而，要为美国司法审查制度的合理性与合法性正名，并不必然要否定审查活动中法官存在的价值考量或道德判断。正如任东来所言，“如果冲破对民主神话的迷思，我们就会发现，法律至上的宪政主义价值，既可以也应该超越多数统治的民主价值”，[①] 我们可以将司法审查的正当性诉诸民主，但对“民主”的追寻亦不必过分执着。更何况，承认最高法院大法官们在司法审查过程中会存在价值上的实体选择，也不必然意味着与民主相冲突。在美国的社会生活中，几乎所有的政治性宪法疑难案件都会归结于对宪法的不同理解。[②] 与其想方设法对法官的实质判断进行否定，不如在认知上承认法官的理解必然是一种带有前见的视域融合，“所有礼节性的阅读始终是一种再创造和解释”，[③] 并在经验上认可法官的道德解读，“只有借助全新的道德判断，才能在具体案件中把宪法的抽象道德要求付诸实现”[④]。抛却对民主的偏执，将关注的对象转向如何对法官的价值解读进行合理且有效的限制，于美国司法审查理论与制度的发展而言，或许

① 任东来：《试论美国最高法院与司法审查》，《美国研究》2007 年第 2 期。

② 陈金钊等：《法律解释学——立场、原则与方法》，湖南人民出版社，2009，第 400 ~ 401 页。

③ 〔德〕伽达默尔：《真理与方法》（上卷），洪汉鼎译，商务印书馆，2007，第 210 页。

④ 〔美〕罗纳德·德沃金：《自由的法：对美国宪法的道德解读》，刘丽君译，上海人民出版社，2001，第 4 页。

更为重要。这也是当代中国推进合宪性审查之举措需要重点考虑的问题。

当面对一个不完美的理论时，究竟该采一种什么样的态度与立场是十分重要的问题。我们既不可在对理论的盛誉之下失去质疑的力量，也不可因批评者渐多而盲目加入队列，在相关争议繁多时，唯有了解该理论的全貌才能对其有所评价。译者张卓明称伊利的司法审查理论乃“深刻的片面”[①]，片面在其“价值有涉”，深刻在其通过这种彻底的方法论，“建构了一个比较融贯的司法审查理论”。[②] 同时，译者将程序性司法审查比作一个“良善的谎言”：谎言源于其在疑难案件中最终诉诸价值，良善源于其意欲为司法审查之合民主性辩护。片面再深刻依旧片面，谎言再良善尤为谎言，就如同前文分析的“常识的威胁”一样，片面不足以令人畏惧，而以深刻之名显示的片面才降低了防线，谎言还能被识破，但以良善之名掩护的谎言才让人有嗜毒而若食蜜之感。因此，我们对以“程序性司法审查”之名存在的理论应该采扬弃的态度加以对待，不能将之作为评价司法审查优劣的圭臬。

The Logical Fallacy of Ely's Procedural Judicial Review Theory and Its Reason Analysis

Li Shuai & Liu Yiai

Abstract: Ely put forward the theory of procedural judicial review in a pioneering way, but if it is analyzed along its review line and then abstracts the meaning of its procedure, it will be found that it is impossible to reject the pure procedural review of defining value and implementing value in difficult cases. Although procedural methods exist, but in the applicable difficulties eventually need to resort to the value of logic, which is due to Ely in surface of pro-

① 陈兴良：《缅怀片面》（代跋），载陈兴良《刑法的启蒙》，法律出版社，1998，第259～260页。

② 张卓明：《一个“强化民主”的司法审查理论——对〈民主与不信任〉的再解读》，载张仁善主编《南京大学法律评论》（总第35卷），法律出版社，2011，第28页。

gram type and examination standards of argument is not comprehensive and coherent, but its root cause lies in what he has to rely on the essence of the representative theory fails to provide him with a really effective foundation of procedural review. The weak argumentation can not bring about the creation and improvement of intellectual knowledge. Only by going deep into the theoretical framework of judicial review and having a dialogue with it, can we know where its procedural nature is embodied and where it fails.

Keywords: Ely; Procedural Judicial Review; Virtual Representation; Judicial Intervention

从利益到认同[*]

——当代中国权利话语的政治辩证逻辑

邹益民[**]

摘　要：改革开放以来，我国的权利话语从方法和实质两个层面否定阶级斗争政治，同时追求以法律为技术手段的利益政治。这种权利话语的去政治化的政治化在产生巨大成就的同时，也诱发整个社会的矛盾。要对权利话语的去政治化的政治化进行再政治化，即引入以价值为基础的认同政治，在对权利进行重新论争的过程中产生新价值并以此为基础形成新的政治认同，对整个社会进行政治整合，以解决我们社会的矛盾，从而整体上促进包括法治在内的各项社会主义事业进一步发展。

关键词：权利话语；阶级斗争政治；利益政治；认同政治；价值

一　问题的提出

在我们这个时代中，权利话语盛行。人们在各种场合以财产权、隐私权、名誉权乃至笼统的人权等权利口号表达自己的需求、主张、意见等，权利备受重视与推崇。但这其中也充满了各种悖论与矛盾：我们虽然生产了巨大的物质财富，但贫富差距不是缩小而是似乎扩大了；虽然实现了政

* 本文系国家社会科学基金项目“我国法治建设中多元价值冲突解决机制研究”（项目编号：14CFX003）、河南省哲学社会科学规划项目“法治思维中的公民权利质量保障研究”（项目编号：2017BFX006）的研究成果。

** 邹益民，河南大学法学院、河南大学知识产权学院副教授，法学博士。感谢张文显教授、姚建宗教授、张延祥、任瑞兴、王勇、孙国东、刘鹏、周国兴、郭绍敏、汤沛丰、陈庆、吴义龙、吴峰、侯学宾和审稿人对本文的讨论和意见，文责自负。

治稳定和社会领域的大体和平，但我们的安全感似乎没有增强而是“乱”的感觉加重了；虽然建立了大规模的法律体系，但不公正感似乎并没有减少；虽然发展了高精尖的科学技术，但科学让我们产生的风险感呈几何级增加了；虽然创造了盛大的文化繁荣景象，但人们对文化意义的虚无感似乎增强了；虽然大力倡导、宣传各种道德，但社会风气并没有多少好转而是似乎更恶劣了。

这些矛盾与悖论的发生原因当然是多方面的，但与我们当前的权利话语有什么关系呢？本文在福柯所论的意义上界定话语，既把话语看作一种知识体系，又把话语看作在相关知识影响下的操作实践。[①] 因此本文考察权利话语，一方面进行知识意义上的理论分析，另一方面进行实践意义上的社会历史分析，并把二者相互对照。但本文并不意在考察所有的权利话语，而是聚焦于我国改革开放以来所形成的权利话语。鉴于以张文显教授等为代表的“权利本位论”学说的巨大影响，本文主要围绕这一学说进行探讨，其他论者的言说在相关时提到。

学界对我国的权利话语已进行了诸多反思，但是几乎没有人从政治角度进行考察。本文拟引入政治这一维度，从权利话语的政治辩证逻辑，亦即去政治化的政治化与再政治化的辩证过程这一角度进行反思，对我国社会中的矛盾与悖论提出解释与解决方案。

具体而言，首先借助于汪晖“去政治化的政治”这一命题，分析以张文显等为代表的“权利本位论”在否弃阶级斗争政治的同时，形成了依据技术的利益政治，即权利话语在去政治化的同时进行着政治化；其次，本文对依据技术的利益政治进行分析，对我国社会的悖论与矛盾进行解释，进而指出对于权利话语在当代的局限性，要引入基于价值的认同（identity）政治对权利话语进行再政治化；最后，从生成新价值与社会主义政治这一角度再来探讨权利，从而形成新权利话语、新政治认同，以促进我国权利论说和社会的发展。

---

① 参见〔法〕米歇尔·福柯《知识考古学》，谢强等译，生活·读书·新知三联书店，2003，第53页。

二 权利话语去政治化的政治化

汪晖在反思我国自20世纪60年代以来的政治状况时，以“去政治化的政治”① 进行了概括。在他看来，政治是能动的政治主体之间进行博弈，谋求支配权和领导权，从而追求某种价值的行动，以及由此形成的关系、结构和生活领域。因此，所谓“‘去政治化’就是指如下现象：对构成政治活动的前提和基础的主体之自由和能动性的否定，对特定历史条件下政治主体的价值、组织结构和领导权的解构，对构成特定政治的博弈关系的全面取消或将这种博弈关系置于一种非政治的虚假关系之中。从根本上说，‘去政治化’是政治的一种特定形式，它没有也不可能取消政治关系，而是用一种非政治化的方式表述和建构特定支配的方式。因此，我把这一政治形式描述为‘去政治化的政治’”。②

本文基本上赞同汪晖的“去政治化的政治”这一时代诊断，并把权利话语去政治化的政治化置于这一诊断之下。但是，本文与汪晖的论述稍有不同，或者说稍有修正或进一步展开。这样做的必要性有两点。首先，汪晖把我们时代的去政治化追溯到60年代的“文革”过程中，但本文所论及的权利话语及其去政治化发生于20世纪80年代末，这种去政治化虽然是汪晖所揭示的我们这个时代去政治化的一部分，但又有自己的逻辑与特点，而汪晖对此并没揭示出来。其次，汪晖的“去政治化的政治”虽然能够贴切地描述我国社会的悖论状况，但也存在模糊之处。此即，对于“去政治化之后”的政治，他说“是政治的一种特定形式”，又说“是用一种非政治化的方式表述和建构特定支配的方式”，但到底是什么政治，我们并不清楚。这种含混性表明有必要对政治作进一步界定。

本文结合汪晖的论述和以权利本位为核心的法学话语，把我国政治的

① 参见汪晖《去政治化的政治：短20世纪的终结与90年代》，生活·读书·新知三联书店，2008，第1～57页。

② 汪晖：《去政治化的政治：短20世纪的终结与90年代》，生活·读书·新知三联书店，2008，第39～40页。

“去政治化”界定为对阶级斗争政治的否弃，把“去政治化的政治化”界定为对依据技术的利益政治的肯定，这两种政治是同时形成的，也是权利话语去政治化的政治化所形成政治的两方面。

（一）权利话语对阶级斗争政治的否弃

权利话语的产生背景是我国改革开放以来，阶级斗争意识形态给法学以及法制/法治实践带来的矛盾和困境，即我国在改革开放的初期，一方面否定“以阶级斗争为纲”，向加强包括社会主义法制在内的现代化建设的政治路线转变，另一方面却在法学领域里坚持阶级斗争论。突破这一困境的方式即是否弃阶级斗争，肯定权利及其本体地位。这表明权利话语没有直接针对阶级斗争进行讨论，而是通过清理这种政治对法学的影响对其进行否弃的。这样做的重要原因是权利话语意图突破阶级斗争所造成的泛政治化，确立起法学学科的自主性形象。这种策略在当时整个社会去政治化的氛围中，取得了很大成功。权利话语对阶级斗争政治的否弃，从逻辑上大致可归纳为两步，即首先从方法论层面，然后从实质内容层面进行否弃。

1. 从方法论层面对阶级斗争话语的限制

权利话语从方法论层面对阶级斗争话语的否弃是由郑成良进行的。这里的方法论指的是分析哲学中的日常语言分析方法。他运用这一方法分析了类似“右侧通行这一规则具有阶级性”命题的荒谬性，从而否定了“一切法律规则都具有阶级性”这一命题。法律可分为规则、原则和制度即体系三个层次，而“法律的阶级性主要就存在于法律制度的总体倾向之中，其次才表现于具体的原则和规则之上”，[①] 在原则和规则层面不具有普遍性。所以，那种超越范围而把法律阶级性用到法本体论等领域的做法，属于对阶级性这一语词的暴政和滥用，给法学带来了巨大危害，应予以摒弃。这种分析大大限制了阶级斗争话语的适用范围，大大削弱了阶级

① 郑成良：《法律的阶级性：理论的建构与词的暴政——对法学思维的语言学治疗》，《天津社会科学》1995 年第 4 期。

斗争话语在法学中的说服力、影响力和支配力，为权利话语从实质内容层面取代阶级斗争话语扫清了障碍，奠定了基础。

2. 从实质内容层面对阶级斗争话语的否弃

权利话语对阶级斗争话语的否弃和取代主要是由权利本位论的最重要代表张文显进行的。为了便于讨论，可把张文显提出权利本位论的过程分为初期阶段和成熟阶段。

在初期阶段，他即指出了用权利本位取代阶级斗争话语的必要性。这时，他概括出当时主流法学理论的三个特征①：“阶级斗争论”、“规则模式论”和“义务本位论”。为了克服主流法学理论的弊端，张文显提出应以权利和义务为中心范畴重构法学理论，而在权利和义务的关系中，应以权利为本位。

值得注意的是，这里并没有完全抛弃阶级话语，而是对其进行了部分保留，可称之为阶级话语的残留或剩余。这突出体现在对法的本质、法的作用以及对作为法的基石范畴的权利的界定上。张文显虽然批判既往法学理论的“阶级斗争论”，但依然承认阶级性是法的本质特性之一，只不过他对这种阶级性作了延伸，即延伸到决定阶级性的社会生产方式制约性：“法的阶级性和社会物质生活条件制约性都属于法的本质范畴，而且是内在地、有机地联系着的”，② 从而打破了学界争论中一直存在的法的阶级性和社会性这二者的对立。这种打破在保留法阶级性的同时，强调法阶级性受社会物质生产方式制约。同样，法的作用虽然体现了统治阶级的意志对社会生活的作用，但这种作用还是由社会物质生产方式决定的。因而法的本质和作用虽然有阶级性，但阶级性是被决定的，从而阶级话语在法学中由以前的支配和决定地位，转变成更新后的被支配和被决定地位，实现了阶级话语在法学中作用的倒转，从根本上限制了传统阶级话语在法学中的效力范围，使阶级话语“无害化”，大大解放了人们的思想。这时张文显虽然提出了权利本位论的核心和基本主张，但对阶级话语作了重大妥

① 参见张文显《改革和发展呼唤着法学更新》，《现代法学》1988 年第 5 期。

② 张文显、马新福：《马克思主义法律观的几个问题》，《吉林大学社会科学学报》1992 年第 4 期。

协，这主要体现在他对权利的界定上："权利是国家通过法加以规定并体现在法关系中的、人们在统治阶级的根本利益或社会普遍利益范围内作出选择，获得利益的一种能动手段。"[①]

在权利本位论的成熟阶段，张文显对阶级斗争学说可以说进行了总清算。之所以说总清算，是因为张文显不仅意识到了阶级斗争学说的"霸权"与支配地位，而且作了一个概括，即"阶级斗争范式"，并主张用另一个具有"霸权"与支配地位的论说，即"权利本位范式"取而代之。这时，他明确指出法学阶级斗争范式具有泛政治化这一特征。[②] 这表明了成熟时期权利本位论所具有的高度理论自觉和自信，即要打破阶级斗争范式的泛政治化，及这种泛政治化使法学和法律所处的从属地位，使法学和法律具有自己的根基，并具有自主性、自治性和独立性。通过实现这种范式转换，中国法理学及法学终于摆脱了阶级斗争话语的支配性影响，确立了独立的学科地位，并使法律也逐步独立起来，成为自主的系统。

以"权利本位论"为核心的权利话语使包括法理学在内的中国法学在我国社会的知识领域中获得独立的话语权。这使得占有、传播与运用法学知识的群体，即以法官、检察官、律师、法学知识分子等为成员的法律人阶层逐步得以形成，表现即是中国法学界自觉地通过对"法律共同体宣言"的宣告，[③] 建构法律职业共同体。这种法律人对自我身份的自觉建构，是中国转型中社会阶层分化与形成整个过程的一部分。法律人阶层形成后，又进一步主张并逐步确立他们及法律在我国社会生活领域中的自足性和自主性。这种发展的突出体现即是我国法治理论的提出及在实践中的运用。法治理论要求确立起法律在我国社会生活中的至上地位，将所有社会生活领域和社会秩序纳入法律轨道。

从规范意义上讲，我国社会的这一进程即是实现权利的过程，即从应然权利到法定权利到实然权利的运动过程。在此过程中，权利泛化，变成

---

① 张文显：《关于权利和义务的思考》，《当代法学》1988 年第 3 期。

② 参见张文显《张文显法学文选（卷一）：法学的理论与方法》，法律出版社，2011，第 263 页。

③ 参见强世功《法律共同体宣言》，《中外法学》2001 年第 3 期。

无所不在的话语，乃至可以说确立起了权利的神话，“处于权利神话核心的是这一法律样式，即一种主要根据规则以及内在于规则之中的权利义务理解和认知人的互动的社会视角”①。从功能意义上讲，我国社会的这种过程是以法律为手段的社会分工越来越细化、专业化和复杂化的过程，社会效率也日益提高的一个过程。在此过程中，法律越来越重要，整个社会生活与社会秩序逐步法律化。

从法律与政治的关系角度看，法律从对政治的附属中独立出来，建立了自己的体系，并进而约束政治，即“要加强对权力运行的制约和监督，把权力关进制度的笼子”②。这是一个法律去政治化的过程，法律摆脱过去的阶级斗争话语，以服务于我国以市场经济建设为中心的改革开放；而法律以权利义务为核心，以权利为本位，因而也是权利去政治化并以此引领社会变迁的过程。但这是否就意味着，权利话语、权利以及法律和政治再也没有关系？摆脱了政治的影响乃至支配？本文对此的回答是否定的，并认为这种去政治化本身就是一种政治，是“去政治化的政治”。权利话语在否弃阶级斗争政治的同时形成了另一种政治，即依据技术的利益政治。

（二）权利话语对依据技术的利益政治的肯定

权利本位论在形成之初，就有鲜明的政治意识、政治主张，与政治处于紧密联系之中。论者们认为，与商品和市场经济以及民主政治相适应的法律应以权利为起点和根本；相应的，法学应是权利之学。权利本位论在定型过程中，阐明了自己的政治态度。张文显指出：

> 政治问题特别是政治与法治、政党与法治、政策与法律的关系问题，是法学的基本问题。世界上任何一个国家的法学都关涉政治。但是，在阶级斗争范式之下，法学不把政治作为一个法理问题来研究，

---

① Stuart A. Scheingold, *The Politics of Rights*: *Lawyers*, *Public Policy*, *and Political Change*, 2nd, Ann Arbor: The University of Michigan Press, 2004, p. 13.

② 《习近平谈治国理政》，外文出版社，2014，第388页。

> 而是把法理问题作为政治问题来研究；不是用审视、反思、批判的态度研究政治（对正确的政治做出法学论证，对不甚正确的政治做出实事求是的评析，对错误的政治大胆提出异议和否定），而是把法学的任务简单等同于政治路线、政策、政令的解说、宣传与辩护，致使法学成为政治的“婢女”。[①]

从反面可以看出，权利话语在反对阶级斗争话语的泛政治化的同时有自己的政治关怀，而非与政治无关。权利本位论要以法学自己的方式对待政治，其实是要求以独立的态度，即审视、反思、批判的态度研究政治，把政治作为法理问题来研究。

在权利本位论提出并基本上被学界接受后，明确从实现和保护权利出发来对政治提出要求。这种要求体现为论者们基本上用法治取代了法制，并进一步要求我国的治国方略实现从人治到法治的转变，运用法律对政治进行调整、限制、引导，即把政治纳入法律的轨道。那么，权利本位论的政治关怀是什么呢？它追求何种政治呢？答案即权利政治，也就是本文所论的依据技术的利益政治。在此，人类丰富繁多的政治活动化约成利益政治，而利益政治的最重要、最主要手段是作为技术的法律。

权利政治概念在我国的出现大致有两个背景：我国学界一方面接受本土权利本位论后，以权利为核心引申出一种政治形态；另一方面在接受西方学界关于权利的言说后，把在西方受到批判的“权利政治”在中国语境下进行肯定。[②] 我国权利政治论的主要提出者范进学把权利政治归为“近现代政治的本质”。[③] 这一本质体现为，作为近现代政治形态的民主政治与法治政治，以权利为核心、宗旨与目的。关于民主政治与权力、权利的关系，他认为：“权力的最后目的是围绕多数人的权利来运转的，权力也不再是某个人的私有物，权力是多数人的权力，是人民的权力，国家政府权力来源于人民之权，政治权力的目的由此发生了倒置：权利为目的，权

① 张文显：《张文显法学文选（卷一）：法学的理论与方法》，法律出版社，2011，第263页。
② 参见黄文艺《权利政治的语义分析》，《云南大学学报》（社会科学版）2011年第3期。
③ 范进学：《权利政治论》，山东人民出版社，2003，第26页。

力为手段；权利决定权力，权力则服从权利。从中所折射出来的政治理念是权利的本位观。”① 关于法治与权力、权利的关系，他认为：“法治是借助于对权力的限定而对权利实施制度上的保障，换句话说，只有把权力束缚住了，权利的实现才有可能。”② 所以，中国学界所论及的权利政治是以权利本位论为基础的，是权利本位论在政治领域的进一步发展，是权利本位论本身所具有的政治性的体现。

对于权利政治的具体理解，我们还是要回到其关键即权利本身。张文显后来把权利界定为：“权利是规定或隐含在法律规范中，实现于法律关系中的，主体以相对自由的作为或不作为的方式获得利益的一种手段。”③ 这种界定和他上述初期的定义相比，更精细，但保留了把权利归结为利益这一核心意涵。当然，权利并不等同于利益，二者间既有联系又有区别：“国家在制定法律或适用法律，宣布各种权利时，已经按照人民的共同意志或公认的价值判准对个人、集体、社会的利益作了权衡。个人权利与集体权利和社会权利，都内在地体现了个人利益、集体利益、国家利益乃至人类根本利益的统一，都是对正当利益的确认。利益有正当与不正当、合法与不合法之分，权利则没有这种区分。”④ 所以，权利与利益尽管不一样，但权利体现了主体间的一种统一的利益关系，是各主体正当利益的实现手段。这种看法更多的是受中国传统义利观影响，与西方的权利理论既有同也有异，⑤ 限于本文论旨，在此不多论。权利是经由法律保障的正当利益，通过权利来实现人们的利益，是权利话语出场的重要原因和核心主旨。在此意义上，可以把权利政治归为利益政治。

上述对权利的界定显示出，权利本位论者所主张的权利尽管包括法定的和非法定的，但主要是内在于法律规范而实现于法律关系中的，或者说

---

① 范进学：《权利政治论》，山东人民出版社，2003，第 34 页。

② 范进学：《权利政治论》，山东人民出版社，2003，第 35 页。

③ 张文显：《张文显法学文选（卷三）：权利与人权》，法律出版社，2011，第 29 页。

④ 张文显：《张文显法学文选（卷三）：权利与人权》，法律出版社，2011，第 161 ~ 162 页。

⑤ 参见 Randall P. Peerenboom, “Rights, Interests, and the Interest in Rights in China”, 31 *Stanford Jouranl of International Law*, pp. 365 – 376 (1995); Stephen C. Angle, *Human Rights and Chinese Thought*, Cambridge: Cambridge University Press, pp. 208 – 239。

认为法律是实现权利最重要、最主要的手段；那些非法定的权利如果要获得实质意义，一般说来，也要经过法律化成为法定的。所以权利政治所追求的利益政治，同样和法律密切相关。这种相关性在于法律是人们在国家层面上对利益及对应的负担进行权威性、公正性分配、保护的手段，也是人们在社会层面追求和满足自己利益的手段。由于法律具有普遍性等特征，法律也成为"各政治利益主体实现各自利益的最重要的路径"。[①] 因此，就利益而言，法律和权利都是手段，法律的作用在于把普遍认可的正当的利益上升为权利，用法律的手段来使它实现。在此，如果采用韦伯的技术概念，即"在行动被一个行动者排他性地当作实现某或多或少明确界定的目的的手段的任何时候，该行动都被理解成一项技术"。[②] 那么，法律也可以被看作实现权利进而实现利益的技术。因而，最终可把权利话语对政治的追求归结为依据法律这一技术手段实现利益的政治，简言之，依据技术的利益政治。

权利本位论在否弃阶级斗争政治的过程中追求依据技术的利益政治，这使得"'权利本位论'等观点只是一场有限的'解放运动'，因为它只试图从中国传统法律'义务本位观'的束缚和'阶级斗争范式'的宰制中谋求解放，而不意图（当然也不可能）对设定这场'解放'运动之政治性的或意识形态性的'边界'做任何前提性的追问或质疑"。[③] 所以，有必要从政治角度，对权利话语追求的依据技术的利益政治进行进一步反思。那么，如何进行这种反思呢？

三 权利话语的再政治化

（一）权利话语再政治化的原因：权利话语的局限

依据技术的利益政治的特点在于从利益角度去观察人们之间的关系：

---

① 范进学：《权利政治论》，山东人民出版社，2003，第 38 页。

② Max Weber, *Economy and Society*: *Vol.I*, Guenther Roth and Claus Wittch (ed.), Berkeley: University of California Press, 1978, p. 65.

③ 邓正来：《中国法学向何处去》（第 2 版），商务印书馆，2011，第 73 页。

"人类社会是一个利益互动的社会…… '人们奋斗所争取的一切，都同他们的利益有关。' 利益使人类社会既保持着一致，又处处充满着冲突。"① 这样，利益在权利话语那里具有根本的重要性，或者套用权利本位论的话说，具有本体的地位。权利话语对权利的颂扬、推崇，乃至将其奉为神话，实际上是对利益的颂扬、推崇乃至神化。

权利话语认识到了利益的多样性、复杂性。利益从类别上看，有经济、政治、文化等利益；从主体上看，有多数人和少数人的利益，有个体、集体、国家甚至人类世界等主体的利益；从内容上来看，有物质利益也有精神利益；从时效上看，有长远利益也有短期利益等。权利话语认为权利体现了这些复杂多样利益间的统一关系。这种对权利进行利益化的理解，意味着权利自身从规范性意义即正当或应当意义向功能性意义转化。这种转化意味着否弃关于人际关系中何为正当的这种价值判准的争论："对改革开放，一开始就有不同意见，这是正常的……不搞争论。"② 这种做法集中关注于人们的各种利益要求和需要，是我国改革开放实践在法学领域的反映，也反过来影响这种实践。这种转化意味着把个体、集体、国家等主体，从僵化的旧意识形态教条中解放出来，把人们的欲望、利益要求的满足当作目的，当作正当的东西本身加以追求。

这调动了人们的积极性和主动性，释放出巨大的潜能，和我国各领域的改革措施一起推动我国整个社会发生巨大变化。在政治领域，国家以经济建设为中心，服务于经济建设，保持了大体上的政治秩序与稳定；在经济领域，生产力得到极大发展，人们的物质财富迅速增长；在社会领域，各种团体、协会、俱乐部等组织产生，社会活动丰富多彩，社会焕发出空前的活力；在文化领域，以满足人们的愉悦要求为核心，各种以娱乐为追求的文化发展工业化、产业化。这些现象从规范角度看，是人们的权利在各个领域的实现；从功能角度看，是人们的各种利益得到了满足。这是权利话语在我国社会转型中发挥的重大积极作用与效应，也是权利话语在我

① 张文显：《张文显法学文选（卷六）：法治与法治国家》，法律出版社，2011，第25页。

② 《邓小平文选》（第3卷），人民出版社，1993，第374页。

国盛行的社会原因和体现。这是我国权利话语实践的积极方面。

在个体、集体、国家等这些不同主体间的权利和利益关系中，何者具有优先性是个关键问题。张文显主张：

> 商品经济和民主政治是以承认和充分尊重个体的身份独立、人格独立、意志独立和利益独立为前提的，并且承认个体权利是其他权利存在的目的和基础。商品经济和民主政治发展的终极目的是使一个个具体的个体（人）而不是抽象的集体、社会和国家获得更多的自由和幸福。这是权利的根本价值所在。所以我们的法学不仅应当是以权利为本位的权利之学，而且应当是以个体权利为权利体系基础的权利之学。①

这种主张针对的是当时主流极端的“集体主义”、“社会主义”和“国家主义”。从这里可以得出结论，权利话语是以个体及其权利、利益为优先的，似乎会导向个人主义。

但是，张文显又否定了这一点：“重视和强调个体权利会导致个人主义的担心，则是多余的。法律赋予公民权利不只是为了满足个人的利益，也是为了保障和促进公共利益。事实证明，允许并鼓励个体充分行使权利法律权利，正是保障和促进公共利益，实现立法目标的必要途径之一。”②这里又似乎主张个体之外的社会主体及其权利、利益的优先性，因为后者是前者的目的。可见张文显的主张是有矛盾的，至少是有紧张的，其根源在于没有阐明个体与集体、国家等之间的关系。张文显也是承认这一点的：“由于自己出身法学，跨入哲学领域是半路出家。所以，有些论题与哲学原理和哲学史的键联不是非常严谨。例如，权利本位与哲学上关于个人与社会、社会与国家关系的理论怎样衔接，使之浑然一体？还没有来得及探讨。”③ 张文显说这番话时已经是 21 世纪了，而且直到现在他也没有

① 张文显：《改革和发展呼唤着法学更新》，《现代法学》1988 年第 5 期。

② 张文显：《张文显法学文选（卷三）：权利与人权》，法律出版社，2011，第 162 页。

③ 张文显：《张文显法学文选（卷三）：权利与人权》，法律出版社，2011，第 131 ~132 页。

进一步论述个人与社会、国家间的关系。这意味着从根本上讲，个体与个体之外的家庭、集体、国家等社会主体间的关系，及他们之间的权利和利益关系没有得到阐明，至少是充满矛盾与紧张的。即使否认这一点，认为权利体现了主体之间统一的利益关系，也不意味着没有问题。

问题即在于从利益角度看待人际关系时，会有著名学者赫希曼（Albert Hirschman）所说的利益推动的行动所具有的自我中心性和合理的计算[①]这两个本质特征。自我中心性“即在于行动者支配性地关注任何人们意图的行动对他自己的后果”，[②] 换言之，行动者主要把自我当作中心的主体，把外在世界当作满足自己利益的客体，从外在世界满足自己利益效果的角度处理同外在的关系。这也是哈贝马斯所论及的社会行动主体的独白视角，即“将自身和周围世界都客观化，以便将一切都置于控制之下的主体”。[③] 这意味着一种内在的主张唯我独尊的自私自利的倾向，把主体自己的利益视作最高的，把主体之外的一切当作满足自己利益的手段与客体，从而失去了对主体间公共性的关注，对主体间普遍与共同利益的关注，从而引发主体间的分裂与对抗。当然，这里的自我中心并非仅指个体中心，也指家庭、集体、国家等个体之外主体的自我中心，从逻辑上讲它们都有可能成为唯私的以自我利益为中心的主体。合理的计算即在于系统性地对行动的成本和收益进行评估和测算，意图用最小的成本获得最大的收益，最大限度地满足欲望，避免痛苦，达到利益最大化、功利最大化。利益不管有多少种类，不管有多复杂，都是可以计算的，进而是可以交换的、可以衡量的。这意味着把人们之间的情感、传统、风俗、价值、伦理等各种复杂的关系当作可量化的交换关系。

尽管权利论者强调不会导致个人主义，认为不同主体间的利益处于统一的关系中，但在实践中还是发生了与此相反的情形。在我国改革开放

---

① 参见 Jeremy Adelman（eds.），*The Essential Hirschman*，Princeton and Oxford：Princeton University Press，2013，p. 197。

② Jeremy Adelman（eds.），*The Essential Hirschman*，Princeton and Oxford：Princeton University Press，2013，p. 197.

③ Jürgen Habermas，“Was bedeutet der Denkmalsturz?” *Frankfurter Allgemeinen Zeitung* vom 17，April 2003.

中，国家从以前笼罩一切的全能状态中退出，把以前所占据的经济、文化等社会生活领域让渡给承包户、个体工商户、私营企业家等主体，并积极引导市场与社会秩序的形成。在此过程中，个体从家庭、集体等的束缚中走出来，传统伦理与道德对个体不再有约束力，他们在盛行消费主义的市场上满足自己的各种欲望，从而社会进入了个体化的进程，个体兴起。而国家留下的公共领域也商业化，不能够提供整合个体的公共精神与生活的公共空间，所以所形成的个体是没有公共道德的。在我国当前的社会中，"走出祖荫的个人似乎没有获得真正独立、自立、自主的个性。恰恰相反，摆脱了传统伦理束缚的个人往往表现出一种极端功利化的自我中心取向，在一味伸张个人权利的同时拒绝履行自己的义务，在依靠他人支持的情况下满足自己的物质欲望"，[①] "过度功利的个人主义在中国得以发展"[②]。这种自我中心的个人主义表现为自私、不合群、功利主义、毫不考虑别人的权利和利益，以前受到批判，现在被人们奉为圭臬。因此，利益在理论上内含的逻辑在实践中得到了实现，权利话语想避免但还是没有避免了，也就是说当代中国现实的发展突破了权利话语的理论限制。但反过来看，也不能完全否定权利话语的导引作用，权利的利益转化逻辑上内含了这种可能，尤其是在没阐明个体与集体等社会主体间关系的情况下。

当代中国过度功利的个人主义，体现了博兹曼（Barry Bozeman）所说的"经济个人主义"三原则：（1）人而非社会是核心；（2）社会和政府制度至多是满足个体需要的工具，否则是有害的；（3）个体而非社会或国家具有最高的价值，且所有个体具有平等的道德价值。[③] 所以本文也把我国生活中发生的个人主义称作"经济个人主义"。个体的理想人格是"工于计算的好人"[④]，人们之间形成一种唯私的以自我为中心的可算计的利益关系，社会变成人们之间争夺各种利益的战场。经济个人主义并非只有经济利益，或者把各种复杂的利益化约为经济利益，尽管这在当代中国社

---

① 阎云翔：《私人生活的变革》，龚小夏译，上海人民出版社，2016，第 3 页。

② 阎云翔：《中国社会的个体化》，陆洋等译，上海译文出版社，2016，第 205 页。

③ 参见 Barry Bozeman, *Public Values and Public Interest: Counterbalancing Economic Individualism*, Washington, D. C.: Georgetown University Press, 2007, p. 4。

④ 阎云翔：《中国社会的个体化》，陆洋等译，上海译文出版社，2016，第 212 页。

会也经常发生，但更强调的是在市场经济领域里盛行的利益关系思维方式或逻辑，即自我中心和合理的可计算性对其余社会生活领域的支配性影响。

经济个人主义反映在政治领域即体现为利益政治。市场经济在发展过程中分化出农民工、私营企业主等诸多阶层，这些阶层具有不同的利益主张和要求，从而产生利益的分化与多样化，进而产生各种利益的矛盾乃至冲突。而且我国市场经济过程中由于权力的干预和影响，以及其固有的竞争逻辑等因素，产生巨大的贫富差距，这表明并没有由“看不见的手”达到理想的利益均衡，而是产生了严重的市场失灵。市场经济领域产生的问题要求政治做出反应，即运用国家权力对利益矛盾乃至冲突进行解决。同时我国的市场经济是经由国家对自身权力进行改革，逐步退出一些经济领域，对市场主体进行培育，对经济秩序进行引导逐步形成的。这些要求我国的政治放弃以前阶级斗争所体现的意识形态之争，即价值之争，以利益为核心解决各种问题，政治变成利益政治，这也是上文所论我国政治的去政治化过程。

我国步入“利益分化的政治时代”①，对利益矛盾与冲突问题进行解决过程中遇到的重要现象是利益集团的影响问题。利益集团，是指“因兴趣或利益而联系在一起，并意识到这些共同利益的人的组合”，② 是组织化的利益主体。我国的利益集团既产生于市场经济发展的利益分化过程中，也产生于国家运用权力对社会进行改革的过程中，是市场和权力双重机制作用于社会生活的产物。利益集团复杂多样，既有合法的，也有没有取得合法身份甚至非法的；既有全国性的，也有区域性的；既有强势的，也有弱势的。不同利益集团表达自身利益要求和主张的方式、渠道不一样，对政治的影响也不一样，有的在表达自身利益的同时也照顾整体的公共利益并自觉地与后者保持一致，或有的本身就以社会整体利益与公共利益为目标；有的则把自己小集团的私利凌驾于社会公共利益之上，从而取

① 参见桑玉成《利益分化的政治时代》，学林出版社，2002，序言，第1页。

② 〔美〕阿尔蒙德等：《比较政治学》，曹沛霖等译，上海译文出版社，1987，第200页。

代、冒充后者或者要求后者为自己服务。特别值得注意的是当代中国的某些既得利益集团，它们具有群体的狭隘性、目光的短期性、政治态度的反动性等特点。[①] 它们从唯私的自我中心的视角出发追求自己的短期利益，置国家的普遍与长远利益于不顾。它们削弱国家的公共性、自主性和统一性，削弱国家的公信力与政治权威，削弱人们对国家的信任与认同，产生一系列问题。

政治领域产生的问题也反映在经济、法律、文化等其余领域中。某些既得利益集团在政治领域中利用自己的强势地位扭曲国家政策与法律，为自己在经济领域获得更大的利益，阻挠改革进行，加剧不平等，造成更严重的贫富分化。法律可以被某些既得利益集团利用，成为它们用来为自己谋利益的工具，同时使支撑法律运作的国家权力的中立性和公共性受到破坏，所以法律尽管具有合法律性（legality）但可能不具有合法性（legitimacy），亦即法律表面上、形式上虽然是立法机关通过法定程序按照法定权限制定的，但法律的权威性不强。因而虽然我国通过大规模立法运动，初步建成了社会主义法律体系，但法律在现实中并不是很受人们重视，法治依然需要进一步落实。国家自主性削弱导致的对国家认同的破坏，也是对基于好生活观念的国家伦理的破坏，从而发生“国家伦理资源的亏空”，[②] 无法在文化领域发挥对整个社会的价值引领作用，文化的公共性消失，社会存在无意义感和虚无感。这种虚无在个体层面轻则造成对公共生活与道德的麻木、冷漠，个体退入唯私的领域，重则造成忧郁、抑郁等精神疾病，乃至引发个体自杀；对社会轻则造成犬儒主义，对崇高与美好的东西怀疑、不相信、嘲讽、解构，随波逐流，逃避崇高，用文化消费中欲望的即时满足即娱乐来代替意义，带来更多的虚无和无意义，重则造成社会愤怒等负面心态，形成社会戾气，甚至更负面的心理和看法。

这些问题构成我国的各种矛盾与悖论：经济虽然快速发展，物质财富极大增加，但贫富悬殊；政治上虽然保持大体稳定的局面，但也有需要加

① 参见刘彦昌《聚焦中国既得利益集团》，中共中央党校出版社，2007，第61～66页。

② 刘小枫：《这一代人的爱和怕》，华夏出版社，2007，第289页。

强人们对国家的认同与信任等问题；法律上虽然法条繁多，机构健全，但法律发挥不出法治所要求的对社会生活进行调整、引导的功能，反而在此过程中可能逐步丧失自己的有效性；文化领域虽然异彩纷呈，但没有能力对包括市场经济中的不平等、政治领域的权威与认同降低、法律领域的有效性减损等在内的整个社会生活进行反思。这些问题交织在一起，相互影响，构成我国整个社会目前总体上的矛盾。这表明从功能角度看，虽然人们的利益获得了满足，但满足的状态是失衡的、不充分的。人们之间进行激烈地利益博弈，运用包括合法的与非法的、合道德的与非道德的等各种手段谋求自己的各种利益。人们以自我为中心进行相互算计，力求实现自己利益的最大满足，甚至不惜损害他人与国家利益。从而我国社会团结弱化了，产生各种矛盾与问题。这可看作权利话语实践的消极方面，也是当代权利话语局限性的体现。

当然，这些矛盾与问题并非权利话语论者们的本意，因为他们的一个基本主张是每个人享有平等的权利，而权利体现了各主体间的统一利益关系。这种情况可以被看作他们所“未意图到的结果”，他们未料到权利论产生这种效果，或者说即使预料到了并且试图从理论上加以否定，但是实践上还是发生了。需要特别指出的是，本文把我国的经济、政治、法律、文化等问题放在一起讨论，并非要建立权利话语与我国社会矛盾的简单因果关系，认为权利话语直接导致了各种问题的产生，把各种问题都归结为权利话语。这种看法可称为文化决定论或观念决定论，在学理上太唯心，站不住脚，而且与矛盾发生的复杂原因现实情况不符。

本文倡导一种观察中国问题的相互关联的系统性、总体性视角，针对的是近现代乃至当代论者们从技术、制度、伦理、文化等观察我国问题的单一径路以及狭隘的分裂性的专业化学科化视角。从总体性视角出发，我国社会的矛盾是系统性的、总体性的，是各种因素相互作用的结果，各种因素互为因果导致问题产生。权利话语在其中发挥的作用是观念性的，也是间接的，体现为一种逻辑可能性，是诸多因素中的一种，需要和其余因素一起才能诱发总体性矛盾。矛盾表明了权利的利益转化及其政治追求的局限性。那么如何反思并克服这种局限性呢？

（二）权利话语再政治化的途径：基于价值的认同政治

对利益政治的反思已经开始，针对我国社会的利益分化与冲突，论者们大多提出采取社会福利等措施进行利益协调，以解决利益失衡和冲突等问题，从而实现政治稳定。这些研究仍旧固守利益计算的逻辑，使反思的有效性大为减弱。如果我们能够认为，人无论如何都不同于动物仅仅追求对欲望的满足，而有反思力与想象力形成价值并由此抵抗以自我为中心进行合理计算的逻辑；并且如果能够认为，在全球化条件下，国家主权依然最重要并能够对整个社会生活进行调整，那么要解决我国社会的矛盾，依然要从政治入手，即对权利话语进行再政治化。这种再政治化意指，把价值重新引入政治领域，激活对权利的政治争论，恢复包括权利话语在内的文化生活对整个社会的想象力与批判力，形成基于价值的政治认同，加强政治和法律的公共性与权威性，在政治统一与自主的基础上厉行法治，限制市场经济的负面效应，使市场经济再嵌入社会，从而对社会进行政治整合，解决我国社会的总体性矛盾。

需要指出的是，张文显注意到了价值的重要性，这突出体现在三方面：（1）他提出涵盖诸种价值的综合法治论："'法治'是一个内含民主、自由、平等、人权、理性、文明、秩序、正义、效益与合法性等诸社会价值的综合观念"；[①]（2）他论述了法律在处理价值问题时的重要作用，即"法律力求社会价值的衡平与互动"，[②] 并把这当作法治的重要机制之一；（3）把价值分析当作一种法学研究方法，包括价值认知和价值评价两方面。但是这些主张没考虑到各种价值内在的不协调与冲突，侧重概念和逻辑分析，无法解释其所设想的充满价值的法治及其协调机制为何很大程度上停留在纸上，也没有对我国当前社会中的价值展开具体的社会历史分析，具有局限性。这需要我们从另外的角度进行考察。

价值具有复杂的含义，本文把价值理解为"各种关于有吸引力的、具

---

① 张文显：《张文显法学文选（卷六）：法治与法治国家》，法律出版社，2011，第5页。

② 张文显：《张文显法学文选（卷六）：法治与法治国家》，法律出版社，2011，第27页。

有形成动机作用的且被看作对社会来说值得向往的善（guten）的观念”[①]。价值是对美好生活概念的澄清，也是社会生活各个领域里美好状态的判准。引入价值意在克服依据技术的利益政治的局限。

首先，引入价值意味着对利益及其追求的可欲判准进行反思。权利的利益转化所包含的以自我为中心进行合理计算的市场逻辑在各领域的支配表明，人们在追求各种利益和欲望时失去了应有的或可欲的判准。我国当前的社会整体上处于一种无判准导致的无方向从而迷茫、混乱的状态和感觉中，从而迫切需要就利益和欲望的判准进行反思，这即是价值的引入。因为利益和欲望无法对自己提出反思。正如约阿斯（Hans Joas）所询问的：“一种强调个体（或集体）功利计算最大化的理论如何既能说明与既定规则相一致的人的行为，也能说明那些规则及超越纯然规则的价值的起源？”[②] 价值“源于自我形塑和自我超越的经验”。[③] 价值是人们对善的追求，对美好生活的追求，也意味着人们在追求欲望和利益满足时有一种反思能力。这种能力是对欲望的反思，是欲望的欲望。人们不仅追求欲望的满足，而且还会考虑欲望的性质：“我们的欲望划分成高级的和低级的，品德高尚的和不道德的，更令人满意的和不那么令人满意的，更高尚的和不那么高尚的，深刻的和肤浅的，高贵的和卑鄙的这些范畴。”[④] 人们考虑欲望的性质，对所欲求的东西设定价值判准，判定并区分哪些值得追求、是可欲的，哪些不值得追求、是不可欲的，同时选择前者，并且往往在即使有些欲求的东西在根据条件能够实现的情况下却因不值得追求，而拒绝使这些欲求实现。利益的合理计算从量上考虑到了欲求的实现，但没有能力对欲望的质进行判定；并且这种功利计算还超越自己的范围，成为

① Christian Krell &Tobias Mörschel, “Werte und Politik: eine Verhältnisbestimmung”, in Christian Krell &Tobias Mörschel (Hrsg.), *Werte und Politik*, Springer: Springer Verlag für Sozialwissenschaften, 2015, S. 12.

② Hans Joas, *The Genesis of Values*, trans. by Gregory Moore, Chicago: University of Chicago Press, 2000, p. 14.

③ Hans Joas, *The Genesis of Values*, trans. by Gregory Moore, Chicago: University of Chicago Press, 2000, p. 164.

④ Charles Taylor, *Human Agency and Language: Philosophical Papers Vol. 1*, Cambridge: Cambridge University Press, 1985, p. 16.

其余领域的行为判准，从而使得人们没有能力进行反思。所以，对于权利话语利益化转化的片面性，我们必须引入价值进行反思。

其次，引入价值意味着对权利话语进行再政治化，追求基于价值的认同政治。价值的引入使我们认识到，人们在追求利益和欲望时，是由作为利益和欲望的判准的价值观引导的。我国社会产生的利益分化、矛盾、纠纷和冲突等，背后实际是由价值观的变化所引发的，在一定程度上，可归结为价值的分化、矛盾、纠纷和冲突。利益与价值间的关系，大体上同韦伯关于利益与理念关系的著名论断一致："直接支配人类行为的是物质上与精神上的利益，而不是理念。但是由'理念'所创造出来的'世界图像'，常如铁道上的转辙器，决定了轨道的方向，在这轨道上，利益的动力推动着人类的行为。"[①] 亦即价值作为理念规定人们行为的方向，利益则提供此方向上的动力。从利益角度看待政治，会把政治看作围绕利益的活动，即看作纯粹围绕权力及其影响力、权力欲的活动，把复杂的政治现象化约为利益问题，没能也不能看到利益背后的价值之争问题；或者即使看到价值之争，但采取回避态度，认为可把价值之争转化为能够用技术手段解决的利益之争，从而不能为利益的分配、协调、衡量等政治活动，为权力及其影响力的获取、行使、分配等政治活动设定可欲的目的与判准。为了克服利益政治的局限，我们要引入基于价值的认同政治。

在进行具体的讨论前，这里先对认同（identity）、认同政治、政治认同，及其与利益、价值等的关系进行一些基本澄清。认同这个词的中心主题"是一个人或一个群体的自我认识，它是自我意识的产物：我或我们有什么特别的素质而使得我不同于你，或我们不同于他们"[②]。因此，认同从个体角度看是要回答"我是谁"，从群体的角度看是要回答"我们是谁"的问题，[③] 其关键是提供某种特别的东西，这种东西使得作为个体或

---

① 〔德〕韦伯：《中国的宗教 宗教与世界》，康乐等译，广西师范大学出版社，2004，第477页。

② 〔美〕塞缪尔·亨廷顿：《我们是谁？美国国家特性面临的挑战》，程克雄译，新华出版社，2005，第20页。

③ 参见〔加拿大〕查尔斯·泰勒《自我的根源：现代认同的形成》，韩震等译，译林出版社，2001，第37~40页。

群体的人与他者区分开，从而确认到底是谁。

认同发生在政治领域即形成认同政治和政治认同。著名历史学家霍布斯鲍姆指出："认同政治的出现是人类社会在这个世纪（即20世纪——本文作者注）的第三个25年内出现的极其迅速、深刻的变动和转型的结果。"[①] 这种认同政治以同性恋运动，包括黑人、拉美裔等少数族群的边缘群体所发动的各种社会运动等为体现形式，反对当时西方社会处于主流的自由主义话语，抗议自己受到不公正对待。所以，肯尼（Michael Kenny）认为："认同政治既非偶然事件也非历史上的反常现象，而是对自由主义文化霸权的回应。"[②] 不同群体主张自己基于多样性和差异的要求得到承认，所以认同政治与差异、特殊性、多样性有关，难以界定，也不存在对认同政治的共识。但认同政治的主旨还是可以把握的，即在于主要批判自由主义建立在过分的或抽象的个人主义之上，不够包容，从而造成社会不义。

政治认同的要义在于在政治领域回答"我/我们是谁"的问题。这一问题及其回答是政治的重要关怀。就利益、价值与政治认同的关系而言，主要涉及铸就政治认同的材料、结构、对象、层次等。学界一般认为，利益是政治认同的物质基础、绩效基础，是起点，在此之上，对特定政治组织（包括政党、国家等）的制度进行认同，最后达到最高层次的价值层面的政治认同。这三方面互相联系，有一致性：利益作为基础，支撑着制度和价值；制度表达人们的利益满足方式和价值认识；价值型构人们对利益的认识，为制度提供合法性解释。当然，它们之间也有矛盾性：利益分化、冲突等消解制度和价值，制度阻碍利益的表达、偏离价值所规定的方向，价值批判不合判准的利益和制度。它们在构造政治认同中的分量和作用不一样。利益是认同形成的必要但非充分条件，利益一致不等于形成了认同；以利益为基础形成政治认同，难度较小，但不够稳固，且容易变化。而价值是政治认同形成的必要也是充分条件，最重要，有时在存在价

---

① 〔英〕艾瑞克·霍布斯鲍姆：《认同政治与左翼》，周红云译，《马克思主义与现实》1999年第2期。

② Michael Kenny, *The Politics of Identity*, Cambridge: Polity Press, 2004, p. 142.

值共识但利益不一致甚至冲突条件下也能形成认同，因为价值观会改变对利益的认识；以价值为基础形成政治认同，难度最大，有时甚至不可能，但一旦形成也最稳定。至于以制度形成政治认同，因其受利益和价值的双重影响，大致可以看作处于难度居中的层面。

以利益为基础，把政治认同建立在利益的绩效上，容易产生“政绩困局”：

> 一是经济的增长只能意味着总量的增加，不代表民主、平等、自由、幸福的增长；二是经济的增长并不必然带来公平的分配；三是经济的增长不能解决公共政策的实施、公共福利的增加、社会安全系数的提高；四是经济不可能无限增长下去，当经济增长受限时，政绩的维持支撑力度何在；五是经济的增长在一味谋求量的提升时，其他因子的忽视必然会削弱经济增长本来可以带来的成效等。[①]

我国改革开放以来，以经济建设为中心，在取得巨大经济效益的同时，也给我国的政治认同带来了巨大的积极效应，尤其体现在大体稳定的政治局面上；但“政绩困局”也体现在目前的政治认同上，造成包括政治认同丧失在内的总体性社会矛盾。这就要求我们转换思路，其中最重要的，在笔者看来，即采取价值思路。

从价值角度看，政治意味着以公共的、集体的方式去追求善，人们在此过程中形成政治价值。政治价值对政治有重要作用，这种作用可分为五个方面[②]：（1）构成特质、进行界分从而创造认同；（2）作为对社会现实进行判断的标准；（3）确定政治安排的方向；（4）创造政治行动的合法性；（5）作为政治沟通的核心组成部分。这五个方面相互关联，创造政治认同论及的是价值在形成政治行动主体上的作用。人们在政治领域追求价

① 曾楠：《政治认同论》，江西人民出版社，2017，第36页。

② Siehe Christian Krell &Tobias Mörschel, “Werte und Politik: eine Verhältnisbestimmung”, in Christian Krell &Tobias Mörschel（Hrsg.）, *Werte und Politik*, Springer: Springer Verlag für Sozialwissenschaften, 2015, S. 16.

值，这是一个辨别价值差异的过程，同时也是肯定价值共同点的过程，依据相异的价值进行区分，依据相同的价值进行聚合。在此过程中，人们形成自己的政治归属感，使自己归属于和自己具有相同价值的人群，不仅个体形成自己的认同，而且个体所在的群体也形成集体性的认同，从而形成政治主体。所以，从价值角度出发，政治是依据价值形成政治主体，然后政治主体依据价值判断进行政治行动，从而价值为其行动提供合法性判准和内容，确定行动过程及作为行动过程结果的政治安排的方向。在此过程中，价值是政治主体形成及其自主性、统一性的基础。

本文所论基于价值的认同政治，首先是要依据价值形成政治认同从而形成政治主体，然后是政治主体形成后依据价值做出具体的决断、沟通、安排等的各项活动。这里的认同政治虽然和西方社会中的认同政治有类似之处，如都批判利益政治的高度抽象的自我等，但这里毋宁是借用西方的概念，来重新铸造我国的社会主义政治认同，其要义是把认同问题特别是政治认同问题当作政治的中心。引入以价值为基础的认同政治，并非完全否弃利益政治，而是在既有的成就基础上，对其进行扬弃。这形成了本文所论我国当代政治发展的辩证逻辑，即从改革开放之初的反对阶级斗争政治，到追求以技术为手段的利益政治，到现在乃至未来的以价值为基础的认同政治。

追求以价值为基础的认同政治，重构我国的政治认同，非常重要的一点是重构公民的国家认同，因为国家是解决我国社会问题非常重要的力量。重构我国公民的国家认同，其中尤为核心的是，把国家重构为具有自主性和统一性、具有决断力和意志力的政治主体。所要解决的重要问题之一即是既得利益集团问题。某些既得利益集团不仅有自己的既得利益，而且尤为严重的是阻挠改革和问题的解决，成为改革的敌人，“在强大的既得利益面前，中央权威流失了，改革的动力消失了”。[①] 某些既得利益集团的产生及其对社会的危害，是市场和国家权力关系发生错位的体现：市场和国家没能够厘清相互的关系，从而相互逾越界限，导致市场和政府双

① 郑永年：《改革及其敌人》，浙江人民出版社，2011，第240页。

重失灵，引发混乱与危机。解决既得利益集团问题，尤其是政治领域的利益集团问题是全面深入进行改革开放，提高党和国家现代化治理能力从而推进我国社会主义事业前进的重要内容。就此，习近平同志指出："党除了工人阶级和最广大人民群众的利益，没有自己特殊的利益。如果有了自己的私利，那就什么事情都能干出来。党内不能存在形形色色的政治利益集团，也不能存在党内同党外相互勾结、权钱交易的政治利益集团。党中央坚定不移反对腐败，就是要防范和清除这种非法利益关系对党内政治生活的影响，恢复党的良好政治生态，而这项工作做得越早、越坚决、越彻底就越好。"① 目前，以习近平同志为领导的党中央所部署、开展的"扫黑除恶"及反腐败工作，正在解决这方面的问题。

引入以价值为基础的认同政治，加强党的建设并对国家重构后，国家要依据自身具有普遍性、公共性的价值判准作出政治决断，并进行政治行动，克服权力异化，遏制某些既得利益集团从自我中心出发的计算对政治的侵蚀，从而加强或重新获得合法性、公信力与权威。而一旦政治领域的问题得以解决，那么就能够运用国家的价值判准及作为判准工具的权力对社会生活领域进行整合，克服或限制各个领域中社会行动者从自我中心出发的相互计算逻辑，从而解决整个社会的问题与矛盾。就经济领域而言，依据价值判准对市场经济领域的利益失衡进行调节，而非让国家成为市场的附庸、成为利益的竞技场，杜绝权力商品化，使权力回归调节基于国家公共价值的公共利益的轨道，使权力的公共性逻辑和市场经济的合理计算逻辑在各自领域内发挥作用，使市场经济再次嵌入社会。就法律领域而言，国家依据公共价值作出决策并执行、实施决策，从而为法律及其运作的具体结果提供合法性、公信力与权威性，同时也提供强制力作保障，从而使得法治真正落到实处。"认同是人们意义与经验的来源。"② 因此，就文化领域而言，重构国家认同后，国家用自身价值对文化生活进行引导，

① 《习近平关于严明党的纪律和规矩论述摘编》，中央文献出版社、中国方正出版社，2016，第31页。

② 〔美〕曼纽尔·卡斯特：《认同的力量》，曹荣湘译，社会科学文献出版社，2006，第5页。

克服文化领域公共性缺失的问题。从而一方面，个体克服自身的唯私性，获得意义；另一方面，社会克服自身的犬儒性，获得方向感和反思力。

由此，以公共价值为基础，重建以国家认同为核心的认同，并运用国家权力对整个社会进行政治整合，解决社会整体利益失衡、冲突等引发的矛盾，从而达成整个社会的团结。关键问题是，作为我国认同政治之基础的价值到底是什么？这种或这些价值如何形成？

四 中国人的新权利话语与社会主义政治

如上所述，价值产生于人们对自身进行形塑和超越的经验。我们中国人要对我们的经验即我们过去和当下的生活实践进行诠释与说明，创造出面向未来的可欲的新价值。在此过程中，我们要坚持权利话语。权利话语是当代中国法学最为重要的成就，这一话语尽管在当代中国面临问题与矛盾，但包含了非常重要的成果，如其所蕴含的平等主体的权利等。我们应当坚持这些积极成果，不能抛弃，那样会使我们的社会与历史发生倒退。平等的权利是我们在当代中国创造新价值、进行新政治的前提。但权利话语面临的问题又使得我们要对其进行反思和发展，而非僵化固守。我们要发挥其未耗尽的潜力，发展出新权利话语。我们要重新开启关于权利的争论，尤其是关于权利究竟应如何理解的争论，关于权利所蕴含的利益的可欲价值判准，即究竟何种利益才是正当的争论。

引入价值即意味着我们要转变利益视角所包含的从自我中心出发进行合理计算这一逻辑，要意识到我们时代多元利益及其分化、冲突等背后的价值，要积极自觉面对我们时代的价值分化、分裂、斗争乃至冲突等问题，不能进行回避。具体而言，我国当代社会面临着包括主流的社会主义价值、新左派、新自由主义、暴力恐怖主义等在内的多元价值及其冲突。在这些价值中，有的很根本从而在法律上必须保护乃至加强，比如主流的社会主义价值；有的很危险、很敌对，从而在法律上有必要进行限制乃至加以消灭，比如暴力恐怖主义。

我国改革开放释放出这些价值，是社会发展的体现；但并没有进行很好的整合，也是社会混乱的体现。它们都是影响我们当下中国人生活的重要观念，都是各自担纲者认为非常重要利益的观念表达、所持有的关于未来的想象。我们中国人未来的新价值原则上是在这些多元价值之间进行讨论产生的，是对这些价值进行重构的结果，也不需要另外建构。新价值事关全体中国人的命运，全体中国人对自己、社会、国家和世界的认同与担当。所以，必须且只能由我们全体中国人自己讨论产生。我们一方面要在宪法规定的平等主体的权利这一基本前提下，对现有的各种价值进行讨论和反思；另一方面也要对这些权利进行讨论和反思，探讨它们在特定历史条件下的意义。这个讨论过程的结果，即我们所有中国人对善的新共识，就是新价值。[①] 新价值由于是所有中国人讨论的结果，所以不能事先规定它的具体内容是什么。但对它的性质作一些否定性的预先规定还是可行的，也是必要的，即新价值不能完全否弃我国的历史传统，不能偏离社会主义，不能背离中国人的尊严。这个新价值是关系性的、可变的、非决定论的、非本质主义的以及开放的。

这种新价值运用到权利领域，形成新的正当的东西，即我们中国人的新权利话语。新价值运用到政治领域，即作为权利话语再政治化的基础，开启基于新价值的认同政治，形成新的政治认同。新价值以及新的政治认同的形成，从规范角度看，是人们行使权利的结果，即把法律尤其是宪法上规定的基本权利，运用于社会领域尤其是文化和政治领域的结果，这种运用使得法律规定的抽象权利获得在新的历史条件下的意义。并且人们在新的价值和政治认同引导下，对既有法律及法律体系和制度从重新解释、修改、废止等角度进行变革和完善，从而推动我国法治继续前进。所以，这整个过程也可以说是法律权利尤其是宪法规定的基本权利反思性自我运用的结果。新价值、新的政治认同、新的权利话语等都是在我国既有法律体系总体不变的前提下形成的，所以本文对我国法律体系也不主张采取建构的方式，即对整个法律体系推翻重来，另建一套法律体系，而主张采取

① 限于论题和篇幅，笔者在此对当代中国新价值的前提、过程、内容等的探讨只是大略的，详细的探讨将另撰文。

重构的方式，即对既有的法律体系通过解释等技术进行渐进式的完善，以此回应现实的要求。

改革开放是社会主义的自我更新和完善，新价值自然也是社会主义的自我更新和完善，是社会主义在统合其余价值后形成的新社会主义价值。基于新价值的政治认同也是新的社会主义认同，以此展开的新认同政治是新的社会主义政治，新政治解决我国社会的总体性矛盾，也从总体上推进我国社会主义事业进一步发展。

From Interest to Identity: On the Dialectical Political Logic of the Discourse of Rights in Contemporary China

Zou Yimin

Abstract: Since the reform and openness in our country, the discourse of rights negates the politics of struggle between classes from two levels, namely the levels of method and substance, and at the same time pursues the politics of interests by way of the technical instrument of law. While the depoliticization of politicization of the discourse of rights has achieved a great deal, it brings about the contradictions of our whole society. To overcome these contradictions and prompt the further development of all kinds of socialist enterprises including the rule of law as a whole, it is necessary to repoliticize the politicization of the discourse of rights, that is, to introduce the politics of identity on the basis of values. Then we make a new kind of political identity grounded in the new kind of value which takes shape in the course of recontesting rights, and finally integrate our whole society politically.

Keywords: the Discourse of Rights; the Politics of Struggle between Classes; the Politics of Interest; the Politics of Identity; Value

新兴权利研究

论环境权作为人权的基础理论[*]

刘志强　王慧慧[**]

摘　要：环境权是个体享有的在适宜环境中生存并利用环境资源的权利，旨在追求人人能够享有自由、平等和充足的生活条件并实现富有尊严的体面生活。国际人权公约和域内外宪法等法律规范中的有关规定，是环境权作为人权的规范依据。社群主义、人权基本原理对环境权作为人权的学理定位，用以诠释环境权派生权利来弥合环境权的权能与个体生存需求，是环境权作为人权的理论意蕴。国家权力与公民权利之间合作的模式理论，可以解释环境权作为人权，不仅具备基本的规范面相，而且在内在机理上更加具有契合性。

关键词：环境权；人权；理论；派生权利

2018年中共中央关于深化党和国家机构改革的决定中提出，实行最严格的生态环境保护制度，构建政府为主导、企业为主体、社会组织和公众共同参与的环境治理体系，为生态文明建设提供制度保障。借由环境权的学理阐释，我们可以展开环境法的全方位制定与完善，引导国家应对气候变化，展开国际合作，成为全球生态文明建设的重要参与者、贡献者、引领者，为解决人类问题贡献中国智慧和中国方案。

实践的发展固然离不开坚实的基础理论，环境法作为国家赋予公民参与环境管理的权利以遏制环境污染、实现生态环境保护的法律，必须有自

* 本文系刘志强主持的教育部社会科学重大基地重大项目“中国人权话语体系构建与表达”（项目编号：16JJD820025）的阶段性成果。感谢广州大学海外博士生招生与博士生联合培养项目资助。

** 刘志强，广州学者、特聘教授，广州大学人权研究院法学教授；王慧慧，意大利帕多瓦大学人权研究中心博士研究生。

己的理论基础，环境权就是整个环境法产生和发展的基础性权利。同时，对环境权进行定性又是其理论研究的根基。因此，我们需要明晰“环境权”这一具有提纲挈领性亦体现人人得而利用环境要素的、兼具个体性与集体性的权利之属性，从而为生态环境保护、个体体面生存保驾护航。

一 问题提出与分析框架

环境权是不是人权？其作为人权的基础理论为何？国外学术界对环境权的研究一致认为，环境权是人权的一种，具有作为人权属性的理论支撑，这也得到了国际认可。但我国学术界对于环境权的定性存在争论，[①]虽有学者认为环境权具有人权属性，但也是从部门法角度进行理论阐释，鲜少从环境权作为人权的基础理论深入探讨环境权的定性问题。基于此，本文拟从人权角度，纵深梳理与分析环境权作为人权的基础理论，明确其人权属性，为环境权的独立性增强理论说服力，进而推动环境权理论体系的构建，为环境法学研究提供权利支撑，更好地保护公民环境权益。

本文的分析思路是，从人权的视角展开纵深的讨论，试图打破把环境权建构为部门法的诸多类型的环境权利定式，借助人权理论基本原理和人权实现模式，将环境权与人权勾连在一起展开论述。具体分析框架为：首先，从现有规范层面探讨对环境权的人权属性的认知，结合国际人权条约中的有关规定论述环境权的应然人权属性，从各国法律规范尤其是宪法规范着手看环境权的基本权利性质；其次，结合学界对环境权人权属性的认识，以环境权系统的内部和谐机理击破对其存在的种种质疑，从环境权的品格、特征、内容和功能多方面阐述环境权作为人权的理论定位，并借鉴环境权理论的最新发展，将环境权纳入人权范畴的理论证成，实现学术上的回本溯源；最后，借助国家权力主体与人权权利主体之间的博弈模型，

① 国内学术界关于环境权的理论研究业已形成具有代表性的观点争锋，以徐祥民为代表的学者否定环境权的独立性，认为可以将环境权益纳入财产权、人格权进行保护，以吕忠梅为代表的学者肯定环境权的独立价值，认为环境权应作为一项基本人权得到认可。参见徐祥民《对“公民环境权论”的几点疑问》，《中国法学》2004 年第 2 期；吕忠梅《论公民环境权》，《法学研究》1995 年第 6 期。

阐述人权实现过程中对抗制与合作制的基本原理，证立环境权作为人权的合作制实现模式。通过对环境权进行基本权利的定性，[①] 我们力求在实践中为公民提供环境权这一人权，作为一柄解决环境纠纷的理论利刃。

二　环境权作为人权的规范依据

国际公约中关于环境权利的一系列规定，表明环境权是公民的基本权利之一，也为论证环境权的人权属性提供了切实的参考线索；随着对国际公约的响应，国家亦开始将环境权纳入人权原则，展开对环境权规范保护的探索，国家与公民之间从利用环境与保护环境的对抗中走向增进可持续发展的合作状态。

（一）从国际公约看环境权

1948 年《世界人权宣言》、1966 年《公民权利和政治权利国际公约》和《经济、社会和文化权利国际公约》，此三部国际公约被誉为“国际人权宪章”，象征着由各成员所承诺的对基本人权的一种共同谅解和遵守来给予人生存于这个星球的最好保护。《世界人权宣言》第 22 条、《公民权利和政治权利国际公约》第 1 条[②]表明公民为了自身社会、文化发展的实现，在符合互利原则的情况下可以自由处置自然资源，不仅可以决定生存

① 本文对基本权利和人权不作区分，将在行文中灵活使用这两个概念。林来梵指出，对于“宪法上的人权”概念，各国宪法学者用语不同。一般而言，英美学者倾向于称为“人权”（human rights），德国学者则以“基本权利”或“基本权”（basic rights）表示，日本学者采用“基本人权”（fundamental human rights）的说法。参见张千帆《宪法学》，法律出版社，2004，第 149 页。

② 参见《世界人权宣言》第 22 条：“每个人，作为社会的一员，有权享受社会保障，并有权享受他的个人尊严和人格的自由发展所必需的经济、社会和文化方面各种权利的实现，这种实现是通过国家努力和国际合作并依照各国的组织和资源情况。”《公民权利和政治权利国际公约》第 1 条：“一、所有人民都有自决权。他们凭这种权利自由决定他们的政治地位，并自由谋求他们的经济、社会和文化的发展。二、所有人民得为他们自己的目的自由处置他们的天然财富和资源，而不损害根据基于互利原则的国际经济合作和国际法而产生的任何义务。在任何情况下不得剥夺一个人民自己的生存手段。”

的条件，更为重要的是能够以符合人性需求的方式追求生存的方式，这恰是环境权给予我们的人权福利。该条文同时表明国家不应当仅强调经济文化的发展水平与其他原因，而应尽最大努力致力于那些理应做出，也完全可以做出的改善公民政治、社会、文化等各方面权利状况的努力。国际社会和国家应该精诚合作，最大限度保障公民自由之权利、个性之发展、尊严之维护，实现人人可以自由呼吸清洁新鲜空气，不为雾霾、浮尘所扰，人人可以优雅漫步于砂石可见的流水边，不为恶臭掩鼻，人人可以悠然于室内品茗赏文，不为噪声所困。环境权之内涵囊括了公民对幸福生活的美好愿景，彰显了个人享有体面生存的权利，完美诠释了当今社会人们所追求的有质感的生活。

在延续《世界人权宣言》和《公民权利和政治权利国际公约》的基本精神的前提下，《经济、社会和文化权利国际公约》第 11、12 条规定"人人有权为他自己和家庭获得相当的生活水平……并不断改进生活条件"，"各缔约国应承认人人有权享有能达到的最高的体质和心理健康的标准"和"各缔约国应积极致力于改善环境卫生"，[①] 其中关于体质和心理健康以及环境卫生的规定是环境权的当然目标，这些条文其实已经涵盖了环境权的具体内容，是环境权的派生权利所服务的具体目标。环境权这一注重个体主观感受的权利，对于生理与心理健康的双重关注传达出环境权所推崇的人的生活体验与动物的生存需求具有的根本区别，侧重于提供个体生活的良好生态条件，追求的是关乎个人尊严体验的美好空间。2002 年联合国推出《联合国全球协约》，对跨国公司开展境外业务提出了要求，明确规定公司要尊重员工的人权、恪守劳工标准以及积极承担环境责任，这可以看作对公司承担保护环境的社会责任的高度要求，也暗含了将环境权与人权置于同一位阶的强大保护标准。西班牙学者认为，1998 年联合国欧洲经济委员会制定并于 2001 年生效的《奥胡斯公约》，第一次在全球

---

① 参见《经济、社会和文化权利国际公约》第 11 条："一、本公约缔约各国承认人人有权为他自己和家庭获得相当的生活水平……并能不断改进生活条件。"第 12 条："一、本公约缔约各国承认人人有权享有能达到的最高的体质和心理健康的标准。二、本公约缔约各国为充分实现这一权利而采取的步骤应包括为达到下列目标所需的步骤：……（乙）改善环境卫生和工业卫生的各个方面……"

范围内将环境权认可为人权。[①] 该公约明确规定旨在保护现在和将来每一代人能够居住在使人健康和幸福的环境中的权利，并对公民获取环境信息、参与环境决策及寻求法律救济的权利做了规定。[②]

《联合国宪章》明确阐释了联合国作为全球性政府间国际组织，致力于解决国家间属于经济、社会、文化及人类福利性质之国际问题，推动国际合作，增进并激励对全体人类之人权及基本自由之尊重，并指明国家务必把实现公民相当的生活水准作为目标，不能因现实复杂而放弃梦想，不能因理想遥远而放弃追求。由此可见，环境权与国际人权公约以及国际公约中涉及人权部分的精神主旨不谋而合，将环境权界定为人权具有多重规范基础和严密的论证逻辑。作为政治动物、社会动物的人若想在共同体中实现幸福生活，必须给予他人基本的关怀，这不是博爱精神的提倡，而是个体从他处、从社会应得的基本福利，环境权理论追求的可持续发展，正是提倡当代人对后代人的基本环境关怀。

（二）从域内外规范看环境权

耶林有言：作为权利的具体权利从法律规范中获得生命，其获得物又返还给法规以推动规范的发展与完善。[③] 人权源于人的本性，包括人的社会属性和自然属性，[④] 环境权的理念产生于人的自然属性、发展于其社会

---

① Alexandre Penalver I Cabre，"Human Right to Environment and Its Effective Protection in Catalonia，Spain and Europe"，*International Journal of Legal Information*，2014，42：122.

② 《奥胡斯公约》又称《在环境问题上获得信息、公众参与决策和诉诸法律的公约》，2001年10月30日正式生效，截至2014年4月，缔约国已有47个，包括德国、意大利、西班牙等欧盟国家和塔吉克斯坦等中亚国家。公约第1条要求缔约方保障在环境问题上获得信息、公众参与决策和诉诸法律的权利，以促进保护"今世后代"人人得以在适合其健康和福祉的环境中生活的权利（Article1，OBJECTIVE. In order to contribute to the protection of the right of every person of present and future generations to live in an environment adequate to his or her health and well-being，each Party shall guarantee the rights of access to information，public participation in decision-making，and access to justice in environmental matters in accordance with the provisions of this Convention）。具体可查询欧盟委员会官方网站 http://ec.europa.eu/environment/aarhus/index.htm，最后访问时间：2018年4月3日。

③ 〔德〕鲁道夫·冯·耶林：《为权利而斗争》，胡宝海译，中国法制出版社，2005，第52页。

④ 李步云：《论人权的本原》，《政法论坛》2004年第2期。

属性。社会是一个复杂且成分多样的结构，有明显重叠的领域，身处其中的行为人之间难以避免地存在着互动。在行为人的交往互动产生的实践纠纷中，环境权日渐形成较为具体的规范内容和可诉诸实施的制度保障，而不仅仅是一种价值理念和道德伦理；盖因人权基本权利不能直接适用于司法进程而得到保障,[①] 故而环境权需借由国际公约、一国宪法文本及其他法律文件作为实现的途径。

1. 域外法律规范关于环境权的规定

目前世界上已有不少国家对环境权予以明文规定，大卫·博伊德（David R. Boyd）一直致力于推动将健康环境权作为一项人权写入一国宪法进行有效保护。他从国际条约、一国宪法、普通法律以及法院裁决多个层面调查了世界范围内各国认可环境权的状况，发现截至 2012 年 193 个联合国成员国中有 177 个国家的人民得以享有健康环境权。[②] 1981 年作为发展中国家通过的第一个具有法律约束力的区域性国际人权文书，《非洲人权和民族权宪章》在民族权章节第 24 条中明确规定所有民族享有有利于其发展的普遍良好环境权。亦有发达国家克服修宪之重重艰难，在原有宪法的基础上将环境权纳入其中。[③] 西班牙 1978 年宪法第三节社会和经济政策的指导原则中第 45 条第 1 款对公民环境权作出了规定："所有人有权利享受适合个人发展的环境并负有保护环境的义务"；第 2 款指明政府实施环境公共政策"应本着保护和改善生活质量、维护和恢复环境的宗旨，

---

① 有学者提出"社会基本权不能作为一种直接的、能获得司法保障的公民请求权而被证立"。参见〔德〕康拉德·黑塞《联邦德国宪法纲要》，李辉译，商务印书馆，2007，第 162 页。

② David R. Boyd, "*The Constitutional Right to a Healthy Environment*, *Lawnow Feature*: *Environmental Causes and the Law*", 2013, 37: 9 - 13.

③ 现行《葡萄牙共和国宪法》第 66 条关于环境及生活质量的条目规定了任何人均有权利享有一个适合人类健康及生态平衡的生活环境，同时负有义务维护之［Article 66-Environment and quality of life (1) Everyone shall possess the right to a healthy and ecologically balanced human living environment and the duty to defend it］。详见 European Union Agency for Fundamental Rights，官方网站 https://fra.europa.eu/en/law-reference/constitution-portuguese-republic-26，最后访问时间：2019 年 6 月 22 日。2002 年《俄罗斯联邦环境保护法》开宗明义以宪法为依托明确每个人都有享受良好环境的权利。参见全球环保研究网《〈俄罗斯环境保护法〉关键条款解读》，http://www.gepresearch.com/87/view-2068-1.html，最后访问时间：2019 年 6 月 22 日。

借助必不可少的集体合作，监管并合理使用一切自然资源”。[①] 2004 年的法国《环境宪章》是现行有效的法国宪法文件之一，规定“所有人都有权生活在一个平衡的和不妨害健康的环境”，同时明确每个人均需承担维护和改善环境的义务，此条款类似于我国宪法中规定受教育既是公民的权利又是公民的义务的模式，在肯定公民环境权的同时明确了其保护环境的义务。

经过对比，我们认为 1996 年《南非宪法》“每个人都有权利享有无害于其健康或幸福的环境”[②] 的措辞极具代表性，此条文看似简单实则与人权内涵紧密相连。首先条款中“无害于”的表述在程度上远低于“有利于”，体现了法律是最低限度的道德这一基本理念，设定了保障社会正常运转的标准，表明环境权的基本人权属性。“健康”和“幸福”因个体关于目的、价值观、需求、欲望和态度的背景知识而异，毋庸置疑，前者相对于后者而言更为客观，至少具有可检测的标准。总体来说，“健康”“幸福”的表述与“尊严”具有极强的契合性，随着人类自身的进步和发展，人们已不满足于简单的生存而是致力于追求“有尊严的生活”，良好的环境是健康、体面生活的前提，是个体对幸福感体验度的衡量尺度之一。同时，宪法规定公民可以要求国家采取合理的措施促进生态环境保护，通过公民权利与国家权力之间的良性防御，督促国家恪守保障人权实现的义务。该条款最后提出要以可持续发展为基础促进经济、社会的发展，将环境权和经济、社会权利并列，共同视为公民基本权利的范畴，表

① Section 45 of Spanish Constitution of 1978：（1）Everyone has the right to enjoy an environment suitable for the development of the person，as well as the duty to preserve it.（2）The public authorities shall watch over a rational use of all natural resources with a view to protecting and improving the quality of life and preserving and restoring the environment，by relying on an indispensable collective solidarity.（3）For those who break the provisions contained in the foregoing paragraph，criminal or，where applicable，administrative sanctions shall be imposed，under the terms established by the law，and they shall be obliged to repair the damage caused. http://www.wipo.int/wipolex/en/text.jsp?file_id=185360，最后访问时间：2018 年 4 月 3 日。

② 1996 年《南非宪法》第 24 节规定：“每个人都有权利——（a）享有无害于其健康或幸福的环境；和（b）使环境受到保护，为了今世后代的利益，通过合理立法和其他措施—（i）预防污染和生态退化；（ii）促进保育；和（iii）在促进正当经济和社会发展的同时，确保生态上可持续的开发和自然资源利用。”

明环境权的实现需要社会的通力合作。根据社会发展推进生态文化环境的适当共享，能够有效地限制将社会系统所产生的成本、风险转移给单个人承担的范围。在全球环境恶化的情境下，环境权作为人权走入大众视野并得到重视是自然权利概念更新的必然结果，在可持续发展观的理论基础上，人权与环境权是可以协调的。

如果一项权利只是在理论上进行探讨，实践中并未出现与其相关的司法案例，那么此权利就没有进行理论商谈的必要，而只是停留在观念之中。在环境法学科中进行环境权理论探讨是为了使对话者走向共同的理解并达成共识，此共识的最终成果展现将是法律规范，从而使环境权成为可以被司法机关强制执行的具象权利。欧洲在区域性的人权保护制度方面始终处于世界前沿，并对人权进行了最为有效的区域保护，然而《欧洲人权公约》及议定书并未明确规定环境权，以《欧洲人权公约》为蓝本起草的《美洲人权公约》虽然不曾规定环境权，却也认识到可能因环境损害而受到威胁的广泛的人权范围，故而1988年11月通过的《美洲人权公约补充议定书》，又称《圣萨尔瓦多议定书》，第11条明确认可了公民享有健康的环境权。[①] 2013年12月联合国人权高级专员办事处在独立专家约翰·诺克斯的带领下进行了联合国关于享有安全、清洁、健康和可持续环境的人权义务问题的调查，报告对公民环境权以及国家义务进行了整体阐释。[②] 司法实践却顺应社会发展，从两区域人权公约的精神出发，在具体案件中开创了环境权作为人权的保护路径。相异于我国有些学者主张环境权可以纳入人格权或是财产权范畴进行保护，欧洲人权法院已逐渐认可严重的环境污染是对个人福利的损害，将环境权提高到了人权法律程序上的权利位阶和保护水平。亚洲的菲律宾和印度在环境权的司法保护方面令世

---

① Article 11 of the San Salvador Protocol stating that：1. Everyone shall have the right to live in a healthy environment and to have access to basic public services. 2. The States Parties shall promote the protection, preservation, and improvement of the environment. 参见 https：//www. oas. org/juridico/english/treaties/a－52. html。

② Special Procedures of the United Nations Human Rights Council, "Mapping Human Rights Obligations Relating to the Enjoyment of a Safe, Clean, Healthy and Sustainable Environment". 参见联合国人权高级专员办事处网站，http：//www. ohchr. org/EN/pages/home. aspx，最后访问时间：2018年5月12日。

界瞩目，例如菲律宾最高法院在 1993 年“奥伯萨（Obersa）诉环境与自然资源部长案”中曾承认，“环境权是公民与生俱来的自然权利，即便公民基本权利专章没有相关规定，司法也应给予其合理的保护”,[①] 从而以司法直接认定的方式肯定了环境权属于基本权利的范畴，这与菲律宾宪法规定的国家应致力于保障人民享有健康生态的权利的立法原意高度契合。这种司法认定方式不仅体现了菲律宾实务工作者对于环境权属性的精准把握，更彰显了其深厚的法学修养。环境权缺失学理上的定义，这是法律意义空缺的现象，对之进行漏洞补充恰是法官审慎发挥自由裁量权、彰显法律规范的魅力所在。借由亚欧某些国家和地区在司法实践中对环境权作为基本人权的认可，我们可以从中窥探环境权作为人权规范的现实保护。

2. 我国法律规范关于环境权的规定

在我国，随着环境保护的战略性地位日益受到重视，环境权也愈加得到官方认可，有关文件也对其人权属性给予了回应。2017 年施行的《民法总则》规定了民事主体应当以节约资源、保护生态环境为原则从事民事活动。民法领域关于保护环境的规定促使我们跳出私法体系，着力探究其背后涉及的法理与宪法的基本原则和精神。国务院发布的《国家人权行动计划（2016—2020 年）》将环境权利与受教育权和健康权利并列置于经济、社会和文化权利项下，相关条款明确了对大气、水、土壤、危险废物等环境污染的具体治理目标。[②] 此处表明我国其实已将环境权利列入人权范畴，只是并未明晰环境权的人权属性，政府通过保障以环境要素为内容的具体环境权利来实现生态环境质量的改善，实则是践行环境权的总体目标。我国宪法以基本国策的形式[③]肯定了国家保护环境的义务，学界关于法治国家的理论普遍认为国家义务源于公民的基本权利,[④] 没有缺少公民基本权利支撑的国家义务，国家义务是应公民基本权利的要求而产生，并

---

① 谷德近：《再论环境权的性质》，《社会科学》2009 年第 11 期。

② 参见中华人民共和国国务院新闻办公室发布的《国家人权行动计划（2016—2020 年）》，新华社，2016 年 9 月 29 日。

③ 参见《宪法》第 26 条：“国家保护和改善生活环境和生态环境，防治污染和其他公害。国家组织和鼓励植树造林，保护林木。”

④ 蔡守秋：《从环境权到国家环境保护义务和环境公益诉讼》，《现代法学》2013 年第 6 期。

以保障公民基本权利为宗旨的。因此，公民享有环境权这一基本权利，是宪法条文背后的法理所蕴含的。

三 环境权作为人权的理论意蕴

关于环境权的理论商谈旨在更新或修复未达成的共识，并重构学科秩序的理性基础。通过把程序性权利看作实现环境权的工具而非程序性环境权，净化了环境权的内容，能够更加确切地对环境权进行定性研究。本文拟通过环境权的派生权利来明确环境权的功能与人权宗旨具有同一性，实现从环境权的品格、范畴与权能等多方面证成其人权属性。

（一）环境权作为人权的定位

环境权在生态环境保护中处于逻辑结构的上位层次，在该领域内发挥全局性、根本性的作用。政治、经济和文化权利随着社会发展和对个人权利的呼吁不断发展与分化，经过抽象、提升形成了环境权这一具有独特价值的人权，并派生出一系列具体环境权利，如清洁空气权、清洁水权等。人权概念的高度精练使之难以形成国际统一标准，从而环境权作为基本人权的衡量标准更难以界定。故而论证环境权的人权属性，除却探讨它的法律渊源之外，至关重要的是解析环境权的内在属性，亦即其隐于法律规范背后的法律理念和人权价值之所在。陈独秀曾论述，在任何时代国家和社会以及道德、法律最终祈求的是实现个人的自由权利与幸福。任何人在法律面前拥有平等的思想、言论自由权，并可充分实现个性之发展，此人权应载于法律条文并排除国家法律的剥夺与限制。[①] 此语指出人权的要义是人保有精神的活动力、意志的实现力和权利的实行力的自由，此即环境权的内在追求；还强调需将给予任何人同等尊重的道德与法律规范联结起

① “举一切伦理、道德、政治、法律、社会之所向往，国家之所祈求，拥护个人自由权利与幸福而已。思想言论之自由，谋个性之发展也，法律之前，人人平等。个人之自由权利，载诸宪章，国法不得而剥夺之，所谓人权是也。”参见陈独秀《东西民族根本思想之差异》，《青年杂志》第1卷第4号，1915年12月15日。

来，追求一种建立在人权基础上的社会秩序。环境权概念具有浓烈的辩证主义色彩，其深刻的批判精神能够超越特定的政治争执、经济抉择和文化冲突，直接以人之为人所具有的全面发展和完善作为绝对依据，并将人对社会现实的批判和人的主体性需求，落实为每个人应该而且必须通过某种制度化程序来主张的权利，从而指示了一种新的社会秩序。由此，以对现实社会的批判为契机，为追求人的发展和完善、实现人与自然的和谐相处，环境权原理和人权便产生了有机的理论对榫，致力于每个人体面而有尊严地生存的环境权即以人权的形式应运产生。

在快速发展的社会中未得到法律正式承认的权利不可胜数，所谓“春江水暖鸭先知”，社会公众对社会变化的感知大多数情形下是先于久居庙堂之上、伏首文案之中的立法者的，他们的权利需求正是出于人性最本真的需要。认可环境权的人权属性，将更符合社会公众的利益，从而更进一步走向真正公平、正义以及幸福的社会。社群主义的权利观认为，社会的政治、经济、文化条件是实现个人权利的前提，通过与政府的合作我们能够实现更加具有深度的权利，实现人人都能得到全社会的关爱、人人都能安居乐业的大同社会。社群主义认为人权来源具有历史性，强调思想的历史性和社会性，这点与马克思主义的人权观极为类似。法律的发展和特定时间、空间的文明具有紧密的联系，法律是过去文明的产物，是现在文明的维护手段，是推进将来文明发展的方式。[①] 环境权是在全球生态环境恶化的情形下才被人提及的，环境要素的特殊性导致权利与义务不可分割，个人在享有环境权的同时负有保护环境的义务。社群主义以共同善为基础，共同体的善不是个人善的总和，而是通过集体活动和共享的理解而得到的，并由集体活动和共享的理解所构成，最终达到最高的善，意即人类的兴盛和幸福，这种创造并且维持一种共同的生活形式是社群存在的正当理由，也正是这个目的使之形成一个统一的整体。环境权目标的社会性决定了其内容具有极强的公益性，在致力于充分彻底实现个体的日照权、采光权和清洁空气权等权利的同时，惠及了人类的生存环境，这亦体现了环

① 沈宗灵：《现代西方法理学》，北京大学出版社，1992，第255页。

境权个人性质和集体性质兼而有之的特点。社群主义主张积极权利优先于消极权利，而人权实现模式中的合作模式恰是环境权实现的基本途径，需要国家采取积极措施促成环境权。环境权与社群主义人权观在内容和特征上的弥合，为环境权的人权基础证成增强了理论说服力。

我们可以人权的四个相关方面来定位环境权。首先，由前述人权的基本原理可知，公权力始终是人权实现的义务主体。在环境权范畴内，由于个体可以轻易对环境施加影响，亦如常见标语所言“保护环境，人人有责”，故而应由公权力和个人共同充当环境权的义务主体，公民的环境义务处于国家环境义务的次位，这是由环境权的特殊性决定的。其次，人权是弱者的权利，这是公民相对于国家而言的。国家和公民都负有保护整个生态环境的义务，然而环境权却是公民享有的，这不仅可从国家的契约性产生来解释，而且一般仅在国际法中谈及国家权利，这里更是佐证了国家的义务主体地位。处于弱势地位的个体以一己微薄之力难以实现环境权的保护，比如政府在进口跨国垃圾时应对合格废旧塑料原料作出细致区分，尊重并保护公民的环境权。再次，人权是普适性的权利，然而还需要与可证实性相结合一起佐证其有效性与可信度，生态环境利益属于全社会和子孙后代，这是环境权蕴含的宪法层面的价值观，对环境的保护是处于共同体成员中的个体在交互行为中所达成的一种社会共识，彰显了环境权坚决的普遍主义主张。最后，人权是一种道德权利，应使每个人在个性、精神、思想和其他方面的独立获得最充分与自由的发展，环境权所关乎的“个体体面生存”正是人权的题中之义。

（二）环境权作为人权的范畴

环境权的关联性权域即 environmental rights，是与环境相关的所有权利的统称，包括环境权和环境信息知情权、环境诉讼权等程序性权利。环境权即 right to environment，仅指环境实体权利，是个体享有的在适宜环境中生存并利用环境资源的权利。由于环境权的关联性权域极强的不确定性使之辐射面过于广泛，易于产生环境权利泛化的现象，为了规范环境权的行使，给公民以更好的指引，我们需要明晰环境权之所指。《民法总则》第

9条新增了“生态环境保护原则”，然而环境保护的内涵并不统一，单纯地要求“应当保护环境”无法为义务主体提供明确的规范性指引，造成环境保护的权利义务内容模糊不清。虽然以具体环境要素为保护内容的派生权利，极大地丰富和扩展了环境权的内涵与基本功能，使环境权的保障目标可以更充分地实现。但由于派生权利实则以环境权为基础，其以诸多具体规则对繁多的具体内容进行保护，极易造成环境法学科内部的冗乱无章，最终导致对环境权保护的失衡。因此，我们需要审慎思考环境权的具体内容，净化环境权的内涵。

我国保障环境权利多采取以程序性环境权来促进实体性环境权有效落实的模式，盖因学界环境权兼具实体性和程序性的双重属性的观点比比皆是。[①] 进行环境权人权属性的论证需要我们厘清环境权的内容，本文认为环境信息知情权、检举权和公众参与、公益诉讼等程序性权利以及政府生态环境损害赔偿请求权，[②] 在追求各项实体权利的过程中皆可适用，仅仅是作为实现环境权的工具而存在的，不可纳入环境权范畴。获取信息的权利是自由平等的社会中最基本的权利，[③] 保障公民获取与其自身发展息息相关的各种信息的知情权应是基本权利，在实现公民各种民事、行政诸权利中都不可或缺，无须另行设立环境信息获取权。宪法确立的民主原则、正当程序原则以及权利受到侵害后寻求救济的权利（诉权）是第一代人权——公民权利和政治权利的主要内容，目前法律所规定的程序性环境权是前述权利在部门法中的派生权利，并不能自成一体作为环境权的构成内

① 周珂、罗晨煜：《论环境权“入法”：从人权中来，到人权中去》，《人权》2017年第4期。“宪法环境权的概念可归结为：所有人或公民（国民）享有适于人发展的良好的、健康的、可持续的、和谐的环境的权利，以及及时、全面获得关于环境方面的可靠信息的权利、参与制定与环境相关的公共决定的权利与权利受到侵害或造成身体或财产损失而要求法律救济并给予赔偿的诉讼权利。”范进学：《宪法上的环境权：基于各国宪法文本的考察与分析》，《人权》2017年第5期。

② 《生态环境损害赔偿制度改革方案》已于2018年1月1日起在全国范围内试行，明确规定省级、市地级政府作为生态环境损害赔偿权利人可采取磋商、诉讼的方式要求赔偿义务人承担生态环境损害赔偿责任以保障环境资源生态功能价值的实现。参见《中共中央办公厅、国务院办公厅印发〈生态环境损害赔偿制度改革方案〉》，新华社北京2017年12月17日电。

③ 谢鹏程：《公民的基本权利》，中国社会科学出版社，1999，第18页。

容，这也表明第一代人权为环境权的实现提供了先决条件。

我国现行《环境保护法》的制定虽充分接轨国际规范，与人权形成了全面、紧密的联系，但对公民实质环境权的规定仍捉襟见肘。由于我国环境权在立法上的缺位，实践中采取定义环境要素的权利的方式实现对环境权的保护，然而此种方式相当于只列举并未归纳，难以实现对于环境权的全方位保护。我国《环境保护法》与《林业法》、《水法》等专项法律属于同一效力层级，缺少更高权威性规定，虽对多层次的环境要素施以保护却多发挥一般法的指导、补充功能，《环境保护法》在法律体系中的位置与环境权尚无法律使之“名正言顺”导致其统筹功能得不到发挥的境遇极其相似。本文通过对比国内环境保护法律（见表1），发现以上海为代表的多数地区均只规定了公民获取环境信息、参与环境保护等相关权利，当然也有某些经济发达的地区和环境保护极为迫切的地区充分认识到了环境权的重要性。由表1可知，2018年修订的《广东省环境保护条例》第5条在延续之前对公民的程序性环境权作出规定的基础上，开创性地承认了公民有“享受良好环境”的权利，此后深圳、珠海均在近几年修改的环境保护条例中对环境权做出了相应规定。宁夏在2019年修订的自治区环境保护条例中也对公民享有良好环境权进行了法律认可。虽然不得不说某些地区的立法实例为开创之举，给学术界提供了探讨环境权人权属性的立法依据，但就我国环境保护立法现状而言，尚未明确认可环境权作为人权的法律地位，多通过参与权、监督权、环境信息获取权等来保障公民的环境权益。

表1　我国部分环境保护法律关于环境权利规定的对比

法律	年份（最新修订）	相关规定
中华人民共和国环境保护法	2014	第6条保护环境的义务；第53条获取环境信息权，参与、监督权；第58条进行环境公益诉讼
上海市环境保护条例	2018	第5条获取环境信息权；参与、监督权；举报权；进行环境侵权诉讼的权利
广东省环境保护条例	2018	第5条享受良好环境权；知悉环境信息权；参与、监督权；举报权；保护环境的义务

续表

法律	年份（最新修订）	相关规定
深圳经济特区环境保护条例	2018	第59条享受良好环境权；获取环境信息权；参与、监督权；获得损害赔偿权；保护环境义务
珠海市环境保护条例	2017	第9条享受良好环境权；知悉环境信息权；参与、监督权；检举、控告权
宁夏回族自治区环境保护条例	2019	第7条享受良好环境权；检举、控告权；建议权；保护环境的义务

注：我国部分环境保护法律关于环境权利规定的对比，系笔者查阅相关法律条文绘制而成，其表明我国现行法律对环境权的态度，具有重要意义。参见《中华人民共和国环境保护法》第6、53、58条，《上海市环境保护条例》第5条，《广东省环境保护条例》第5条，《深圳经济特区环境保护条例》第59条，《珠海市环境保护条例》第9条，《宁夏回族自治区环境保护条例》第7条。

正如某学者的深刻见解，环境权本质上是一种与其他权利相冲突的权利，它实际上起着控制其他权利的途径之作用，并在某种程度上确定了对所有其他人权功能上的限制，[①] 此言论高度概括了环境权与其他权利的关系。环境权与其他权利的冲突，实际上可以归为环境生产使用权与环境生活使用权之间的矛盾，[②] 是环境经济性价值和生态性价值之间的对立。然而，环境生产使用权（如排污权）只有在一定限度内行使才能被称为权利，一旦越过界限即是对环境生活使用权的侵犯，从相反的视角来看，环境生活使用权恰是对环境生产使用权的范围进行了限缩，表明环境权所包含的个体在良好环境中生存并利用环境资源的权能，形成了生产使用权和生活使用权之间的对立统一关系。针对声称环境权内部存在冲突而主张其理论系统不自洽的观点，本文认为环境生产使用权和环境生活使用权的冲突问题在其他权利领域中俯拾皆是，例如物权中的用益物权和所有权在土地使用上的冲突，就因地役权得到了完美解决，我们可以借鉴法律经济学处理权利优先性的主张来阐述这一冲突：环境生产使用权利用环境追求经济利益以实现物质生活的富足和精神生活的享受，而环境生活使用权注重

---

① 〔斯里兰卡〕C. G. 威拉曼特里：《人权与科学技术发展》，张新宝等译，知识出版社，1997，第233页。

② 王社坤：《对环境权与相关权利冲突之追问》，《法学论坛》2011年第6期。

环境的生态性利益以实现个体的物质和精神享受，二者的最终目的是能够比较和转换的；在具体情形下，本着避免较严重的损害、增加社会总财富的原则，在利益衡量的基础上，我们可以实现对类似权利冲突的解决。

（三）环境权作为人权的权能

1. 环境权的派生权利所体现的人权权能

整个生态环境带来的利益明显大于具体环境要素的利益之和，环境要素的权利之和不等于环境权利。环境权是一项具有“连接机制”性质的权利，将空气、水、土壤、垃圾等众多垂直分散的环境元素联结到一起，形成一个系统的、统一的调控、管理、保护体系，环境权具体内容的多样性是对传统法律概念确定性的挑战。环境权在内容上主要是生态性权利，包括日照权，如日本 1972 年制定了《日照条例》以确保日照不受干扰；通风权，如美国威斯康星州就通过立法规定了要确保风不受干扰地流动；安宁权，如多数国家制定了噪音管制方面的法律规范来保障公民生活环境的安稳和宁静；还有清洁水权、观赏权等诸多以具体环境要素为保护内容的权利。由此表明，环境权是一项体现生活方方面面的综合性权利，既具有集体性又体现个体性，更确切地说，环境权是一个权利束，但是人格权、发展权又何尝不可以称为权利束呢？若是一项被主张以人权原则的形式出现的权利不具有囊括多项子权利的统筹功能，那么它就不值得被称为基本人权。在某种程度上，环境权确为某些人格权、财产权的基础性权利，但这不仅不能否认环境权的独立性，反而说明它犹古木之根基般地不可或缺。环境权是为克服和弥补现有法律理论和法律制度在环境保护中的缺陷而产生的一项新型权利，对保护环境而言，防患于未然的意义远甚于更侧重“亡羊补牢”的财产权、人格权、侵权理论所类属的传统民法理论。我们需要从环境权的集合中，抽离出各项子权利背后蕴含的共同特征，在特殊性之下寻求普遍性，在具象之中进行抽象化，在种类之下探索类型化，以此来构建环境权的基本概念。

日照权、通风权等以具体环境要素为内容的单项权利，是为保护环境权而产生的权利，分别保护特定的环境利益，涵射公民生活的各个层面，其本质是人追求自我实现在社会生活多层次面向上的展开，恰是以派生权利的形式对环境权这一元规则的功能的肯定，也可以说是对环境权要义的保护与延展，将诸项子权利整合纳入环境权这一有序理论体系中能够实现系统的效率价值。国家有关部门出台具体法律法规对采光权等派生权利进行保障，是国家采取积极行为防止他人对公民环境权的侵犯的表现。环境权理论为派生权利提供了一般性原理，对于派生权利的确认具有引导作用，并约束其在司法过程中的解释。派生权利体现的环境权功能，满足了人的不同层次需求，[①] 清洁空气和水源的权利是维持个体生存、保持种族延续的基本需要；日照权和嫌烟权是出于保护个人权益免遭外部威胁从而获得自身生理和心理健康的一种安全需求；景观权和眺望权则是追求对美好事物的欣赏并希冀周围环境处于合理秩序、因循自然的状态下，从而满足个体审美需求以及对事物变化的深刻理解的认知需求。多种具体权利的实现能够让人感受到来自他人的关爱、社会的接纳以及国家的支持与关注，从而在社会中找到归属感，这一切是个人自我实现的前提，有助于追求每个人的自由发展。从这一角度而言，环境权是生存权的自然延伸，它以更好地促进个人生存与发展为出发点，旨在保障个体身心健康和富有尊严的生活条件。[②] 环境人权的确立与马斯洛的需求层次具有密切关系，是人的自然属性和社会属性的共同诉求。

2. 环境权作为人权的宏观权能

如前文所述，环境权中的清洁空气权、清洁水源权和针对噪声污染的安宁权是为满足人的自然属性使人能够健康生存的权利。从这一层面考虑，此类权利所体现的环境权的权能和健康权异曲同工，而健康权在国际上早已被明确确认为人权之一种，这说明环境权满足个体生理健康的功能具有人权的特征。同时，由于环境权在关注人的自然属性需求之外尤为注重其社会属

① 亚伯拉罕·哈罗德·马斯洛（Abraham Harold Maslow）提出需求层次理论，包括生理需求、安全需求、隶属于爱的需求、自尊需求、认知的需求、审美的需求和自我实现需求7个层次。

② Antono Augusto Cancado Trindade, "Environment and Development: Formulation and Implementation of the Right to Development as a Human Right", *Asian Yearbook of International Law*, 1993, 3: 17.

性，回应个人衣食足之后的尊严诉求，这就使得环境权不能被健康权涵射在内，正如其不能被简单拆分为人格权、财产权一样。从宏观来看，环境权主要要求公权力的尊重，需要公权力积极作为以推动其实现，类似于给付型的权利，这样可以较为明确具体地对国家课以相应义务，已实现国家对公民环境权益的保护。其次，环境问题因果关系错综复杂，自身的跨学科综合特性显著，宪法和部门法中固有的权利义务体系和权利救济模式对新兴的环境权利纠纷鞭长莫及，容易产生权利保护的疏漏，环境权的基本人权定位可以促进生态环境保护的全面协调。再者，环境权作为人权的确立是解决环境法学科的本源性问题，能够为环境法学科研究中的理念观点增添上位法的支持，填补续造环境法学科体系，为其提供合理正当性和宪法依据。

环境权依据人权本原定位，环境权以保障公民环境权的内核——个体体面生存为目的，而以保护具体环境要素为内容的派生权利，则以保护自然资源、维护生态环境为目标。前者更为根本，因为它是由人权原则限定的，体现的是环境权的内在价值，后者是一种策略性行为，维护的是环境权的外在价值。环境权与人权价值理念、权利义务主体各方面的深度契合表征了环境权的人权属性，派生权利则是从外在范畴进行诠释，以具体条文规范解说与环境权相关的具体事项，进而实现对环境权的全方位保护，更是从外延层面佐证了环境权作为人权的基础。

四　环境权作为人权实现的理论模式

各学科的学术理论领域在维护纯粹性的同时也要保持完整性，重视对学科系统的修复与更新，丰富与完善系统理论。由于人权概念尚无统一标准，学界对人权的解释极易拘囿于某一层次，显露出狭隘的人权观，此现象不仅会削弱权利保障力，还会降低其理论解释力、弱化人权的权威性。结合环境权作为人权的规范基础即国际公约中的有关条款以及环境权的内容、权能等基础理论，对环境权的理论体系有了大体把握，进而探讨环境权作为人权的实现模式。环境权与人权的实现模式具有内在机理的高度契合性，以可持续发展为目的，环境法设置了许多节约资源的行为规则，一方面保障了公民的环境权，另一方面也限制了公民的自由，这正体现了环境权的保护在需要公民权利防御国家权力的同时，更是离不开公民权利与国家权力之间的通力合作。

（一）人权实现的基本原理

人权实现的基本途径是，国家顺应发展以法律文本的形式确认应有权利为法定权利，再将法定权利进一步落实为实有权利。人权的实现需要制度保障，在制定法律规范的过程中充斥着利益的冲突与调适。法国博弈论专家克里斯汀·蒙特（Christian Montet）和丹尼尔·塞拉（Daniel Serre）在合著中将“博弈”解释为明智、理性的个人或群体间冲突与合作的情形。[①] 博弈论的基本思想是立足最坏的情况、争取最好的结果，这恰恰符合人权实现过程中人权主体与国家之间的防御与合作关系。人权保障旨在以制度化的手段维护人的尊严性权利，避免国家机关滥用权力加以侵害，同时促进适宜生活条件的建立和人性多维度的发展。本文以“国家义务主体与人权权利主体之间的博弈模型”来阐释人权实现过程中的防御与合作（见图 1）。

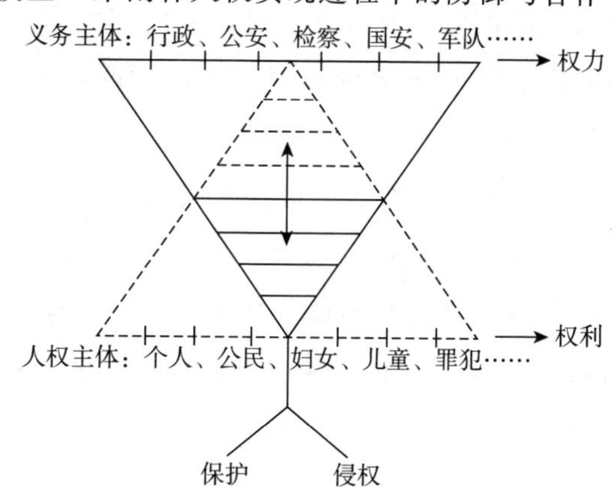

图 1　国家义务主体与人权权利主体之间的博弈模型

资料来源：此模型源于笔者构建的“国家义务和权力与权利关系模型”，此处略做改动。参见刘志强《论人权法中的国家义务》，《广州大学学报》（社会科学版）2010 年第 11 期。

① 〔法〕克里斯汀·蒙特、丹尼尔·塞拉：《博弈论与经济学》，张琦译，经济管理出版社，2005，第 15 页。

如模型所示，实线倒三角顶端横线表示国家义务主体，如公安、行政、检察、监察，它们掌握着国家权力；虚线正三角底线表示人权主体，如个人、公民、儿童、残疾人，他们是人权主体，是国家权力的授予者、监督者。实线倒三角顶点是权力的会集，虚线正三角顶点是权利的聚合，两顶点之间的关系表明权利与权力之间的博弈，图 1 纵向粗黑线即涵摄了权力对权利的保护与侵犯以及权利对权力的支持和制约的双重影响。实线倒三角权力顶点需要虚线正三角人权主体进行监督，当人权主体由点到面对权力主体进行监督，权利和权力均实现由点到面，两者交集达到最大（图 1 中部横向粗黑线），此时权力的服务与权利的支持二者之间的合作状态臻于最佳。

对模型图进行深度思考可以得知，随着社会结构的日益完善，权利主体的类型日渐多于义务主体，人权的实现所需要的合作模式愈加多样。当合作规则中没有直接体现具体人权的内容时，应按照立法精神，结合具体案件，从逻辑上进行解释，即从现阶段社会发展的需要出发，以合理的目的对规范内容进行扩展和解释，以增强规范的适应性。在防御规则对国家机关发挥拘束功能的同时，合作规则对国家的积极作为做出了包含着人权价值追求的指示，满足了人们根据自身在文明社会中的生存经验，以共同体的道德为根源而产生的合理的期望。对于公民权利与国家权力在权利实现过程中的防御与合作，需要国家在履行尊重和宽容的消极不作为义务的同时，积极实施促进、保障、满足公民权利和经济、社会、文化权利的行为。由于国家的契约性，公民权利对国家权力的防御是根本性的，其彼此间的合作是为了实现和谐共处，由双方各自作出妥协实现共同的追求。

（二）环境权作为人权实现的模式

1. 环境权作为人权实现的防御模式

当今宪法和行政法学界普遍认为，宪法规范赋予公民基本权利的本质在于维护“国家—公民”关系的可控性发展，避免国家的过多干涉以促进自我决定与发展空间的形成，促进每个人能在最大限度上自我实现。所谓

“自我实现”，关键在于享有决策和行为的自由。[①] 自由是理性人在生活和交往之中基于个人意愿进行自主选择的行为，其真谛是行为人自我决定的愉悦感而非必然带来良善的结果。在多数情况下，国家为了减少对公共资源的侵害和过度消耗、维护更高层次的公共利益，不得不对个人自由加以限制，使处于社会互动系统之中的个体间的自由得以并存。故而作为权利内核的自由意志自然与限制无限自由的权力处于天然的对抗地位。卢梭（J. J. Rousseau）在《社会契约论》中言及，国家是集体为解决私利纷争，约定由个体让渡部分权利而组成的机构。[②] 这说明国家是作为个人权利实现的手段而存在的，满足公民权利的需要是国家存在的理由，是国家行使权力的正当依据。可见，在人权的实现过程中，国家的义务主体地位不言而喻。在公民权利和政治权利范畴，主要体现的是公民权利对国家权力的防御，如国家不得随意侵犯公民的生命权、自由权。防御权是人权更为原始的状态，是人权主体对国家权力的限制，要求国家公权力在相应人权领域的谦抑行为，更多的是国家义务中的消极不作为。由于环境权的权利主体是个人，公权力为了实现国家政治、经济利益的充分发展有时不得不以环境为代价，在此过程中公民的环境权会不可避免地受到侵害，这就需要公民积极防御公权力对其自身享有的环境权的侵犯，要求国家不得作出侵害行为。积极行使环境权这一有力武器，捍卫个人的应然权利从而维护个体的体面生存，是环境权实现的最初模式。

元规则是设立所有规则都应遵循的根本规则，可以“暴力竞争的胜利者拥有最高决定权”简要概括，它涉及了生命、生存资源和生存资源分配规则三者之间的关系。在环境权的实现过程中，相对于通过日照权、采光权等多种派生权利保护具体环境要素，直接以“环境权”进行环境权利保护是元规则模式。环境权是从公民环境权益的内在层面进行的演绎，规制原则范畴的根本问题，包含着对环境权主体的尊重，对环境权客体的维护以及如何实现主客体之间的配置，并与具体部门法衔接，为部门法提供基

① 陈海嵩：《〈民法总则〉“生态环境保护原则”的理解及适用——基于宪法的解释》，《法学》2017 年第 10 期。

② 〔法〕卢梭：《社会契约论》，李平沤译，商务印书馆，2011，第 20 页。

础理论。“现实中若是两项或多项权利之间发生冲突，为恢复与重建法律的和平状态，要么一种权利向另一种权利（或有关的利益）让步，要么两者在某一程度上各自让步。”[①] 在国家行政职能普遍扩张的现代社会，政府与公民之间的沟通呈现前所未有的密切状态，社会利益与个人利益的趋同实现了法律利益的社会化。以保护环境这一公共利益为目标的环境法，在实施过程中充分体现了国家与公民之间的沟通与协调，当涉及环境权与人格权、物权诸权利之间的冲突时，相关权利在公民环境权这一理论支点上达成妥协以实现对公民权益的最大化保护，这就是环境权在权利内部得以实现的途径。环境权囊括的观赏权更大程度上服务于人格尊严，采光权则是权利人为使自身所有或者使用之物的价值得到全方位实现而提出的诉求。以观赏权为表现形式的环境权内容和人格权，以采光权为典型的环境权派生权利和物权之间不是一种物理的、机械的或赤裸裸的重复，它们因产生原因、内在机理和运作方式以及救济途径的差别而在更为深邃的结构中找到了自身存在的理由。环境权透过派生权利与现存权利之间的纯粹差异和复杂重复识别共同性，借鉴他权利的种种要素求得自身更好地实现。环境权作为人权属性的认可不需要在审时度势、时机成熟的考量下周密部署，它是一种自然而然的权利。相反，其实现因涉及社会多方利益主体的识别与衡量，不得不进行多重绵密的论证。

2. 环境权作为人权实现的合作模式

哈贝马斯（J. Habermas）提出的商谈行为规则，设计了一种通过交往互动和充分沟通寻求价值共识的机制，这是一种以双轨制、规范性互动为特征的商谈机制。[②] 在此机制下，国家开放性地通过自下而上的适度输入以使其决策充分体现理性、提高可接受度，由此协调众多独立的行为人的行为，并为其能够不起冲突地展开有秩序的交往提供可遵循的途径，这是传统的命令管制型政府在向现代民主治理模式的转型过程中出现的公众参与型治理机制。商谈行为理论在人权领域的运用体现在：人权实质上是一

---

① 〔德〕卡尔·拉伦茨：《法学方法论》，陈爱娥译，商务印书馆，2003，第279页。

② 〔英〕芬利森：《哈贝马斯》，邵志军译，译林出版社，2010，第103页。

种自然权利和道德权利，是先于国家而存在的，国家通过给道德披上法律的外衣，稳定和支持了社会道德。公民之间的道德义务是从一个交往互动、相互依赖程度日益提高的社会系统中产生的，国家和公民在有效的法律规范的基础上协同解决利益冲突、协调行为、建立社会秩序。在经济、社会、文化权利范畴主要体现的是国家权力与公民权利之间的合作，如对于个人的私生活、住宅以及名誉、荣誉，国家不仅不得任意干涉，更为重要的是要提供有力的保护措施以防止他人的肆意攻击。这是因为虽然有纯粹的道德根据来佐证人权，但是为了使人权得以落实，作为人权主体的个人必须同意将人权放置在一种政治共同体的框架内进行民主阐释，加以建设性地转化，依照具体情况实现细化归类。此即权力与权利之间的合作制，它是防御权的发展状态，是人权主体对国家公权力的肯定，要求国家公权力在对应人权领域提供便利，更多的是国家义务中的积极作为。

环境权作为新兴人权之一种，是当今国际社会环境催生的，其实现模式与既有的社会运行程式息息相关。国际上对环境权持有尊重、保护、促进的基本态度，决定了环境权的实现模式主要以人权实现过程中的合作权为主。从整体而言，环境权作为人权，使其从应然权利演变为实然权利并真正得以实现，进而保障个体健康生存与体面生活是最终目标。环境权从应然走向实然，至为重要的就是上升为法定权利，将环境权变为真实可感的法律条文是其迈下空中楼阁走入公民日常生活的必经之路，而环境权的法定之路必须依赖国家立法机关的认可。这就是环境权实现过程中公权力与个人的首次合作。当环境权进入实际操作之时，依据权利种类的不同，需要多方社会群体的共同付出才能实现。以采光权为例，建筑的采光取决于门窗的大小和建筑的结构。这需要建筑设计师从技术、经济、功能和造型上对建筑物进行营造，然后由结构工程师从力学角度进行计算以选取合适的工程材料将建筑图纸实现为真实的建筑，还需要建筑投资者和专业施工者的配合以最终实现住户对建筑物的采光需求，这仅是其中部分行业的相互合作而已，却已经涉及了设计师、结构师、投资方和施工方四类群体，淋漓尽致地展现了采光权实现过程中的合作因子。社会各行各业能够这样有条不紊运作是有国家公权力做后盾的，公权力的立法与执法督促、引导公众依照各自分工在既定轨道有序行进，此处公权力对于公民采光权的积极作为，正是环境权作为人权实现的合作模式。环境污染问题具有极强的专业性，环境权益的保护一般比较迫切，此领域囊括了社会多种行业的关联性付出，行政机关相比于普通民众能够更加灵活快速地予以回应，公众因公权力不可比拟的优势便产生了政府依赖，政府自然在环境保护的问题上承担了更多的责任。

五 结语

综上，就环境权作为人权的规范依据来看，国际公约中关于环境权利的一系列规定，表明环境权是公民的基本权利之一，也为论证环境权的人权属性提供了切实的参考线索。亚欧某些国家和地区在司法实践中对环境权作为基本人权予以认可，我们可以从中窥探环境权作为人权的规范现实。我国宪法以基本国策的形式肯定了国家保护环境的义务，国家义务源于公民基本权利，国家义务是应公民基本权利的要求而产生，并以保障公民基本权利为宗旨的。因此，公民享有环境权这一基本权利，是宪法条文背后的法理所蕴含的。

就环境权作为人权的理论意蕴来看，环境权的理论商谈旨在更新或修复未达成的共识，并重构学科秩序的理性基础。把程序性权利看作实现环境权的工具而非程序性环境权，净化了环境权的内容，能够更加确切地对环境权进行定性判断。环境权的派生权利可以证成环境权的功能与人权宗旨具有同一性，实现环境权的品格、范畴与权能多方面的人权属性。具体而言，环境权依据人权本原定位，环境权以保障公民环境权的内核——个体体面生存为目的。而以保护具体环境要素为内容的派生权利，则以保护自然资源、维护生态环境为目标。前者更为根本，因为它是由人权原则限定的，体现的是环境权的内在价值，后者是一种策略性行为，维护的是环境权的外在价值。环境权与人权价值理念、权利义务主体各方面的深度契合表征了环境权的人权属性，派生权利则是从外在范畴进行诠释，以具体条文规范解说与环境权相关的具体事项，进而实现对环境权的全方位保护，更是从外延层面佐证了环境权作为人权的基础。

就环境权作为人权实现的理论模式来看，人权实现存在对抗与合作理论模式。环境权与人权的实现模式在理论上具有内在机理的高度契合性。以可持续发展为目的，环境法设置了许多节约资源的行为规则，一方面保障了公民的环境权，另一方面也限制了公民的自由，这正体现了环境权的保护在需要公民权利防御国家权力的同时，更是离不开公民权利与国家权力之间的通力合作。环境权作为新兴人权之一种，其实现模式与既有的社会运行程式息息相关，决定了环境权的实现模式主要以人权实现过程中的合作权为主。

On the Environmental Right as the Basic Theory of Human Rights

Liu Zhiqiang & Wang Huihui

Abstract: The right to an environment is the right of individuals to live and use environmental resources in an appropriate environment, aiming at the pursuit of free, equal and adequate living conditions for all and the achievement of a dignified and decent life. The relevant provisions in international human rights conventions and domestic and foreign constitutions are the normative basis for environmental rights as human rights. Communitarianism and human rights are the theoretical orientation of environmental rights as human rights, and they are used to interpret the derived rights of environmental rights to bridge the power and individual needs of environmental rights. They are the theoretical implications of environmental rights as human rights. The theoretical model of cooperation between state power and citizen's rights can explain that environmental rights, as human rights, not only have basic normative aspects, but also have a more compatible internal mechanism.

Keywords: Environmental Rights; Human Rights; Theory; Derivative Rights

法人的数据保护：缘由、实践与建构

连雪晴[*]

摘　要：伴随着大数据的浪潮涌动，法人在数据经济运行中的核心地位日渐凸显。法人不仅是数据的搜集方，也可能成为数据的被搜集方。法人的数据能否以及如何获得保护，成为法律系统必须回应的技术问题。理论层面的探讨与实践层面的分析表明，法人的数据保护具有充分的正当性基础，而美国与欧盟的数据保护路径虽不尽相同，但均为法人的数据保护预设了制度空间。作为数据搜集方的法人，享有数据处理权；作为数据被搜集方的法人，享有数据知情、控制、更正、可携带等权利，但不享有被遗忘权。双重法律赋权不仅保护了法人的数据，同时矫正了数据市场中的保护失衡。

关键词：法人；财产权；人格权；数据保护理论；数据权利

一　问题的提出

自欧盟《通用数据保护条例》（以下简称“GDPR”）生效以来，数据隐私、数据权利与数据保护日渐成为学界讨论的焦点。虽然对于个人数据的定义、数据与信息的差异、数据权利的属性、权利保护的框架等问题仍存在争论，[①] 但无论是基于人格利益、隐私利益还是财产利益的需要，自

---

* 连雪晴，山东大学法学院博士研究生。

① 数据虽是信息的具体表现形式之一，但在大数据、互联网技术的发展之下，绝大部分的信息以电子数据的形式被搜集、存储、处理、转移，因此，本文不对数据、信息等概念作详细区分。

然人毫无疑问地成为数据保护的权利主体。然而，数据权利主体能否扩展至法人，国内研究则鲜少涉及。仅有的研究主要聚焦于作为数据搜集方的法人对数据的处理权利，而作为数据被搜集方的法人权利，并未引起足够的关注。①

作为社会运行中的重要角色，多数情况下，涉及法人的数据被要求公开，以保护处于弱势地位的自然人或者交易相对人。以企业法人为例，任何个人都可以通过统一的企业数据公开系统（例如国家企业信用信息公示系统）查询到企业的注册名称、注册时间、营业地址、信用信息等原始数据。这些数据的公开并不会对企业造成实质损伤，即使存在恶意使用法人原始数据的情形（比如商标的模仿、混淆行为），现有的知识产权法律规范与反不正当竞争法体系也能较为妥善地解决这些问题。更进一步地，企业可能凭借数据系统的公信力与司法纠纷的影响力，提升自身的可信度与知名度。因此，法人的原始数据并不涉及本文所探讨的数据权利保护问题。

然而，在法人的原始数据之外，法人还拥有基于内部管理与外部互动而产生的运营数据，以及通过合法搜集行为获得的抓取数据。法人的运营数据与抓取数据可能涉及个人数据，目前学界讨论的信息隐私或个人数据保护立法均是以此为出发点，有鉴于此，本文不再探讨法人运营数据与抓取数据中涉及的个人数据部分，而是将范围限定于法人运营数据与抓取数

① 以法人数据权利为研究主题的国内文献较为少见，现有的文献或者是在分析个人数据保护的过程中，部分论及数据企业所享有的数据处理权利（情况一），或者是从促进数据使用与经济发展的角度出发，单独论证数据企业对于抓取数据的财产权或所有权（情况二）。情况一的代表文献包括：齐爱民、盘佳《数据权、数据主权的确立和大数据保护的基本原则》，《苏州大学学报》（哲学社会科学版）2015 年第 1 期；张新宝《从隐私到个人信息：利益再衡量的理论与制度安排》，《中国法学》2015 年第 3 期；胡凌《商业模式视角下的"信息/数据"产权》，《上海大学学报》（社会科学版）2017 年第 6 期；程啸《论大数据时代的个人数据权利》，《中国法学》2018 年第 3 期；张新宝《我国个人信息保护法立法主要矛盾研讨》，《吉林大学社会科学学报》2018 年第 5 期。情况二的代表文献包括：王融《关于大数据交易核心法律问题——数据所有权的探讨》，《大数据》2015 年第 2 期；龙卫球《数据新型财产权构建及其体系研究》，《政法论坛》2017 年第 4 期；龙卫球《再论企业数据保护的财产权化路径》，《东方法学》2018 年第 3 期；徐实《企业数据保护的知识产权路径及其突破》，《东方法学》2018 年第 5 期；王肃之《大数据环境下法人信息权的法律保护——以脱敏数据权利为切入点》，《当代经济管理》2018 年第 8 期。

据中无涉个人数据的部分（包括已经脱敏的数据）。[①] 不同于法人的原始数据，运营数据与抓取数据是企业合法地原始取得的数据，具有较高的经济价值与私密价值，甚至与法人自身的核心价值密切相关，是不能随意公开于众的法人数据。当国家公权力或者其他大型数据公司基于正当目的，试图搜集、使用、限制企业法人的运营数据和抓取数据时，必须满足严格的预设条件。而这一预设条件的背后可能是对法人的财产权、隐私权甚至一般人格权的保护。

虽然法人数据权利的属性未明，但肯定法人的数据利益已经成为中国、欧盟以及美国实践的共识。近年来我国发生了一系列的企业法人数据被恶意抓取、使用的案件，例如大众点评诉爱帮网案、新浪微博诉脉脉案、酷米客诉车来了案等。在法人数据权利属性模糊的限制条件下，《反不正当竞争法》的一般条款[②]成为处理此类案件的主要依据。多数法院的裁判意见认为，企业法人对于合法搜集的数据享有类似于财产权的数据利益，竞争对手未经法人许可而抓取法人数据的行为，属于主观恶意明显的不正当竞争行为，侵犯了企业法人合法的数据利益。放眼境外，诸多法人实体同样已经意识到保护自身运营数据与抓取数据的重要性。苹果、谷歌、微软等公司联合成立了"改革政府监控组织"[③]（Reform Government Surveillance），以反对政府对公司运营的监控和对公司数据的搜集。脸书（Facebook）公司通过司法诉讼，成功禁止了其他科技公司访问、获取自身的数据。[④] 在欧洲，受斯诺登事件的影响，三家非政府组织（Big Brother Watch，English PEN and Open Rights Group）联合一位德国的学者（Constanze Kurz）向欧洲人权法院提起诉讼，以抗议英国政府大规模非法

---

① 为保持行文简洁，在无特殊说明时，下文中"法人数据""法人自身数据"全部指向法人运营数据与抓取数据中无涉个人数据的部分。

② 我国《反不正当竞争法》第 2 条规定，经营者在生产经营活动中，应当遵循自愿、平等、公平、诚信的原则，遵守法律和商业道德。

③ 该组织最新的一项动议是反对澳大利亚 2018 年通过的《电信和其他立法修正案》，也称《援助和访问法案》，该法案规定，任何泄露政府机构搜集信息的个体，例如棱镜门事件中的斯诺登，可以被判处五年有期徒刑。网址：www. reformgovernmentsurveillance. com，最后访问时间：2019 年 1 月 20 日。

④ 参见 Facebook，Inc. v. Power Ventures，Inc.，844 F. 3d 1058（9th Cir. 2016）。

搜集数据的行为，最终，英国政府被认定违反《欧洲人权公约》第 8 条（私人生活受到尊重）与第 10 条（言论与出版自由）。[①] 可以说，伴随着外部技术压力的不断增加，法人援引数据隐私或数据权利，以保护数据不被非法搜集与处理，正在成为数据保护市场中不可抗拒的趋势。

面对日渐凸显的法人数据保护问题，法律必然需要作出适当的回应。正是因为隐私权与数据保护仅仅适用于个人而非法人，所以当前的法律规范难以应对搜集技术的变革所衍生的风险和问题。[②] 即使法人不具备自然人的生理条件，但作为法律拟制的人格，法人可以享有不以自然人生理特征为前提的数据权利。从结果主义出发，承认法人的数据权利，不仅有利于扭转数据保护的主体失衡问题，甚至有利于反向促进个人权利的行使与科技的发展。因此，肯定法人的数据保护，赋予法人相应的数据权利，方是法律回应技术发问的可能途径。

正是基于以上讨论，本文将首先探讨保护法人数据的理论可能性，并对相关反对理由进行回应，进而分析域外实践中的肯定判例以及留白空间，并阐明法人数据权利的具体建构，以期补强学界对此一问题的研究。

二　保护法人数据的三重理论视角

作为数据保护的基础性问题，数据保护理论需要不断地被解读与完善。以个人数据保护的基础理论为参照，法人的数据保护在理论层面可以得到支持。个人数据的保护主要依赖于人格权与财产权理论，[③] 其中人格权理论又可以细分为信息性隐私权与一般人格权。毋庸置疑，法人可以享有财产权，同时，法人也可以享有不以生理或身体因素为存在基础的人

① 参见 Case of Big Brother Watch and others v. the United Kingdom，available at http://hudoc.echr.coe.int/eng? i = 001 - 186048。

② Alessandro Mantelero，"Personal Data for Decisional Purposes in the Age of Analytics：From an Individual to a Collective Dimension of Data Protection"，32 *Computer Law and Security Review* 238 (2016).

③ 除此之外，知识产权理论也是数据保护中的重要理论，但该理论一经提出便饱受质疑。数据缺乏新颖性与独创性，与智力成果不同，难以满足知识产权保护的基本要求，因而下文也不再赘述。

格权。

（一）信息性隐私权视角中的法人数据

在个人数据保护的第一类观点中，保护个人数据等同于保护个人的信息隐私。美国将数据保护纳入隐私权的外延之中，命名为信息性隐私权。在欧洲大陆，虽然隐私权的内涵以及开放性与美国不尽相同，但欧洲人权法院在讨论数据保护案件时，依然无法避开《欧洲人权公约》的第 8 条，"每个人的私人和家庭生活、住所以及通讯必须受到尊重"。自 1890 年沃伦和布兰代斯在《哈佛法律评论》发表著名的《论隐私权》[①] 一文以来，一百多年的历史洪流依然没有将隐私权的定义冲洗完整，只能大致地勾画出隐私权的核心轮廓。隐私权内涵由最初的"独处权"，发展至包括"私人秘密信息"和"私生活安宁"，再扩张至对私人信息和私人空间的自决，且呈现从消极防御的权利向积极利用的权利转化的趋势，甚至可能包括"被遗忘权"。[②] 面对数据搜集、储存和利用技术的提高，个人数据面临着无形的、不可预测的侵害风险，隐私权的传统内涵被赋予新的解释，信息隐私权概念应运而生。个人可以凭借信息隐私权控制自己的数据，具体包括控制数据的搜集、存储、使用与转移。隐私权也从最初的消极被动属性，发展为适应数据时代的积极控制属性。

然而，不少学者反对将法人纳入信息性隐私权主体范围，[③] 主要反对理由在于：第一，隐私权的目的在于保护自然人的精神利益，而法人不具有情感，也缺乏精神利益；第二，赋予法人隐私权将减损个人隐私权的保护；第三，法人的隐私受到侵害时，商业秘密保护制度足以保护法人秘密；第四，法人内部成员可以信息性隐私权受到侵害为由，寻求救济与

---

① 参见〔美〕塞缪尔·D. 沃伦、路易斯·D. 布兰代斯《论隐私权》，李丹译，载徐爱国编译《哈佛法学评论·侵权法学精粹》，法律出版社，2005，第 7～25 页。

② 王毅纯：《论隐私权保护范围的界定》，《苏州大学学报》（法学版）2016 年第 2 期。

③ 反对意见具体可参见王娟《隐私权基本问题初探》，《法学家》1995 年第 5 期；张新宝《隐私权的法律保护》，群众出版社，2004；王黎黎《隐私权民法保护的局限性及其克服——兼论宪法介入的妥当性》，吉林大学 2014 年博士学位论文；Eoin Carolan, "The Problems of Corporate Privacy", 32 *Dublin University Law Journal* 51 (2010)。

补偿。

在回应反对观点之前，需要明确的是，法人能力明显低于自然人能力，[①] 肯定法人的信息性隐私权，并不意味着模糊法人权利能力与自然人的权利能力的差异性，法人的信息性隐私权，必然无法完全囊括自然人的权利映射，在二者权利的构建中，必然需要作出不同的区分。因此，前两项反对理由其实意在提醒我们，法人不能享有全部的以自然人特征为前提的信息性隐私权。对于第三项反对理由，下文第三部分将详细论证，目前的商业秘密保护途径无法保护法人全部的私密数据。就第四项反对意见而言，法人成员的信息性隐私权救济途径同样无法完整地保护法人数据，只能成为次优选择。因为当法人数据被侵犯时，并不意味着内部成员的信息隐私被侵犯，例如社交企业法人搜集的、不可识别的用户数据偏好，与法人成员的信息性隐私权便不具相关性。因此，鉴于商业秘密途径与成员救济途径的不全面性，承认法人与自然人信息性隐私权的差异性，从信息性隐私权的核心（信息控制）与促进社会多元发展的角度出发，法人可以享有信息性隐私权，也正因如此，法人的数据应当成为数据保护的客体。

从信息控制的角度出发，法人有能力也有正当理由控制自身数据的流转与公开。信息性隐私权的本质是，“个人、团体或机构决定关于自身的信息，何时、如何、何种程度地与他人交流的权利”。[②] 不同于空间隐私权与自治性隐私权，[③] 信息性隐私权的行使不以自然人特征为前提条件。作为组织化、体系化的团体，法人有能力决定自身数据是否以及通过何种方式被搜集、处理与利用，此项能力甚至远高于自然人能力。在法人的控制能力之外，法人对于自身数据的控制享有正当性基础。一旦法人数据被恶意公开，法人的“精神利益”可能受到影响，比如法人负债情况的公

---

① 关于法人与自然人之间具体的能力差异，参见 Susanna L. Blumenthal，“The Default Legal Person”，54 *UCLA Law Review* 1135（2007）。

② Alan F. Westin，*Privacy and Freedom*，Atheneum，1967，p. 7.

③ 宪法隐私权主要包含空间隐私权、自治性隐私权和信息性隐私权三种。空间隐私权创造安全的私人空间；自治性隐私权使公民私生活得以实现；信息性隐私权拯救公民于无处不在的国家信息监控之中。参见李延舜《论宪法隐私权的类型及功能》，《烟台大学学报》（哲学社会科学版）2017 年第 6 期。

开，可能导致法人成员产生消极怠工情绪，从而影响法人组织的正常运营。因此，法人有能力控制自身的数据，有正当理由享有信息性隐私权。

从促进社会多元发展的角度出发，“信息隐私不仅具有个人价值，更具有公共价值”。[①] 作为基本权利的内容之一，隐私权的“价值不是一元的而是多重的，不仅内含主观法益，同时还内含公共法益”。[②] 虽然隐私权的基本功能在于保护个人的情感和独处的权利，但是，“现实中隐私权并非仅有支配性特征，还具有社会性和公共性特征”。[③] 隐私权不仅仅是实现个体独立与尊严的保障，也是通过鼓励创新与差异来改造和推动社会发展的重要方式。[④] 而法人作为自然人与群体的黏合剂，“将个人与追求社会、政治、宗教活动紧密地结合在一起”，[⑤] 保护法人的数据有利于维护社会个体的差异，促进社会的多样化发展。贸然拒绝法人的信息性隐私权或者放弃法人数据的保护，可能压制技术创新的空间，阻碍经济贸易的运行，甚至瓦解民主社会的基础。因此，当法人的数据被侵犯时，其应当具有请求救济的权利。

（二）一般人格权视角中的法人数据

与隐私权根脉相连的一般人格权理论认为，保护个人数据的目的在于保护个人的一般人格权。一般人格权的内涵与宪法中人的尊严密不可分。拉伦茨认为，人格权是一种受尊重权，也就是说，承认并且不侵害人所固有的“尊严”，以及人的身体和精神、人的存在和应然的存在。[⑥] 通过宪法，人的尊严从客观价值秩序转变为法律上的请求权。在杜里希看来，制

---

① Paul M. Schwartz, “Property, Privacy, and Personal Data”, 117 *Harvard Law Review* 2128 (2004).

② 齐延平、曹瑞：《论基本权利的价值多重性》，《法学论坛》2018 年第 2 期。

③ 王学辉、赵昕：《隐私权之公私法整合保护探索——以“大数据时代”个人信息隐私为分析视点》，《河北法学》2015 年第 5 期。

④ Edwin C. Carpenter etc., “Right to Privacy: Social Interest and Legal Right”, 51 *Minnesota Law Review* 533 (1966 - 1967).

⑤ Elizabeth Pollman, “A Corporate Right to Privacy”, 99 *Minnesota Law Review* 88 (2014).

⑥ 〔德〕卡尔·拉伦茨：《德国民法通论》（上），王晓晔等译，法律出版社，2003，第 282 页。

宪者通过德国《基本法》第 1 条第 1 款，将人的尊严这一“伦理上的价值”确立为“最高的宪法原则”，使其成为实证法上的命令。[①] 此时，人的尊严被实证化为一般人格权。

对于法人享有具体的某项人格权，在理论和司法实践上几乎没有什么大的争议。但是，对于法人是否享有一般人格权，在学界则存在截然不同的观点。[②] 否定法人人格权的主要理由在于，法人只是法律拟制的人，与自然人有着本质的区别，所谓的法人“人格权”本质上为财产权。[③]

本文认为，面对智能时代的数据侵害问题，一般人格权理论需要在具体的社会环境中作出适当的调整，一般人格权的权利主体不应局限于自然人，而应在数据语境中扩大至法人。首先，存在着一种对人格概念的误解，即人格必须具有“人性”（human nature）或者“人的本质”（human essence），从而将道德实体或者法律实体，排除在人格的主体范围之外，或者将其视为“非人类”（non-human），从而迫使不同形式的个人身份、有争议的选择和善的概念走向越界和边缘化。[④] 但是，以萨维尼为代表的法人拟制说认为，“法人为人工的单纯拟制的主体，即仅因法律上目的而被承认的人格”。[⑤] 富勒有言，法律世界中遍布着拟制，[⑥] 就某种程度而言，自然人的人格也是法律所拟制的。人的意义是法律赋予的意义，法人的意义也是法律赋予的意义。正如凯尔森所说，所谓“自然人”其实就是一种“法”人。[⑦] 因此，自然人的伦理性基础并非人格的必要前提，法人也可以享有人格。

---

① 张翔：《基本权利的体系思维》，《清华法学》2012 年第 4 期 。

② 马骏驹：《法人制度的基本理论和立法问题之探讨》（下），《法学评论》2004 年第 6 期。

③ 关于法人人格权的否定观点，可参考尹田《论人格权的本质——兼评我国民法草案关于人格权的规定》，《法学研究》2003 年第 4 期；黄文熙《浅论自然人人格权及法人人格权的本质》，《中国政法大学学报》2012 年第 5 期；房绍坤、曹相见《法人人格权的立法论分析》，《山东社会科学》2016 年第 12 期 。

④ Denis Franco Silva, “From Human to Person: Detaching Personhood from Human Nature”, in V. A. J. Kurki, T. Pietrzykowski (eds.), *Legal Personhood: Animals, Artificial Intelligence and the Unborn*, Law and Philosophy Library, 2017, pp. 113, 124.

⑤ 王利明：《民法》，中国人民大学出版社，2000，第 76 页。

⑥ Lon L. Fuller, *Legal Fiction*, Stanford University Press, 1967, p. 1.

⑦ 凯尔森：《法与国家的一般理论》，沈宗灵译，中国大百科全书出版社，1996，第 109 页。

其次，法人的一般人格利益与法人的财产利益并不完全一致。当前学界谈论法人时主要围绕着企业法人这单一主体，然而，企业法人之外还存在大量的非营利法人与特别法人。法人并不仅仅在经济系统中发挥作用，而且承载着多维度的政治、经济、文化功能。仅凭企业法人的人格权具有财产利益便否定法人一般人格权过于狭隘。

最后，法人一般人格权的创设，可以保护自然人以团体形式存在的人格利益。法人创设的重要目的在于，在公民与国家的关系之间添加一层屏障，公民可以通过团体的形式面对国家权力。肯定法人的一般人格权，不仅为法人的健康发展创造空间，也为保护个人的人格利益提供可能。

因此，法人理论发展至今，以绝对的、生物学意义上的人为出发点的理论已经难以为继。在面对新型数据侵害问题时，有必要通过扩大一般人格权的主体范围，消解科技进步造成的新的威胁。而这也与一般人格权的作用与目的相一致。[①] 承认法人可以享有不以生理和身体因素为基础的一般人格权，给予法人数据肯定性的保护，才是符合技术发展期待的理论走向。

（三）财产权视角中的法人数据

在人格权之外，财产权也是个人数据保护中备受关注的权利。财产权理论认为，保护个人数据等同于保护个人的无形资产。有学者认为，个人信息属于个人的商品，个人信息的处理依赖于利益相关者的合同约定。[②] 也即，个人对个人信息的权利是一项所有权，个人可以控制自身信息的使用。莱斯格是这一路径中重要的代表学者，他认为，“通过财产权保护个人数据，可以刺激期望使用个人数据财产的人主动寻求同意”,[③] 希望使用个人数据的主体必须在协商成功后（通常是在支付一定对价后）才能对

① 宪法上一般人格权通常是未列举或概括性规范，其主要目的在于填补具体人格权的漏洞，适应社会发展，以及消解经济、科技进步造成的新的威胁。关于宪法上一般人格权的作用与影响，参见王锴《论宪法上的一般人格权及其对民法的影响》，《中国法学》2017年第3期。

② Jerry Kang, “Information Privacy in Cyberspace Transactions”, 50 *Stanford Law Review* 1193 (1998).

③ Lawrence Lessig, *Code*: *Version 2.0*, Basic Book, 2006, p. 228.

数据进行后续处理。“透过市场机制，而毋庸政府过度介入或特别额外立法，即可决定具有财产价值之个资之最有效率分配”，[①] 并达成对个人数据的保护。

法人享有财产权似乎是不证自明的，享有数据权利也是无须多言的。假若肯定保护个人数据的原因在于保护一项财产，那么讨论法人能否成为数据权利主体，其实就是在讨论法人是否可以享有财产权。而这一问题已经在《欧洲人权公约》第一议定书中得到明确的回答：“每一个自然人与法人平等地享有财产权。”[②] 因此，从财产权理论出发，无论是法人的运营数据还是抓取数据，只要是通过合法的行为获取或者产生的，都是法人原始取得的财产权客体，法人对于这些数据享有完整的权利能力，包括占有、使用、收益以及处分。

通过对上述三项数据理论的重述与反思，可以发现，法人的数据保护在理论层面上可以得到充分的支持，而目前数据权利的主体局限于自然人，更多是利益偏好的阶段性结果。伴随着法人数据的日渐巨量，数据保护的制度决策在进行利益衡量时，必然无法完全忽视法人的数据保护。即使存在着反对与质疑的声音，依旧无法抹灭法人数据保护的正当性基础。

三　反对意见的辨析

任何新兴理论在最初都必然受到质疑。关于法人数据的保护问题，学

① 翁清坤：《赋予当事人个人资料财产权地位之优势与局限：以美国法为中心》，《台大法学论丛》2018 年第 47 卷第 3 期。

② 鉴于特殊的改革历史，公司法人财产权曾在学界引起广泛地讨论，主要讨论集中在财产权的性质解读、国有公司的财产权归属、法人财产权与股东股权的关系等问题。纵然学术观点不尽相同，但公司法人财产权已得到学界广泛的承认。具体文章参见杨紫煊《论公司财产权和股东财产权的性质》，《中国法学》1996 年第 2 期；王新《公司法人财产权研究》，《浙江社会科学》2000 年第 6 期；麻昌华、南庆明《论公司财产权性质》，《法商研究》2001 年第 3 期。近年来，肯定法人财产权已经成为学界讨论的共识与前提，主要问题集中于高等学校、宗教团体等特殊法人的财产权归属。具体文章参见刘强《国际视域下非营利性高校法人财产权模式探析》，《外国教育研究》2018 年第 7 期；刘太刚、吴峥嵘《宗教活动场所法人的财产偿债责任与宗教用益何以安处?》，《西北师大学报》（社会科学版）2018 年第 4 期；李德健《公共利益与法人自治的平衡》，《法学论坛》2016 年第 1 期；邢致远《非国有博物馆法人财产权研究》，《中国博物馆》2016 年第 1 期。

界也存在着不同的反对声音。主要观点包括：第一，数据保护以自然人属性为必要条件，而法人缺乏自然人属性；第二，现有的法规范足以保护法人数据；第三，保护法人数据可能造成法人在数据行业的垄断地位；第四，个人权利可能遭受限制。下文将逐一对上述观点进行分析。

（一）法人缺乏自然人属性？

反对声音的主要论点在于法人缺乏自然人的属性。隐私权的核心在于个人自治与人格尊严，法人缺乏这种强制性的人格特征。[①] 实践中可能出现个人数据与法人数据的重叠现象，即使部分地保护法人的数据权利，本质上仍然是在保护自然人个体利益。[②] 前文的人格权部分其实已经回应了此种反对意见，如前所言，绝对的、生物意义上的人在法律世界中已经步履维艰，自然人与法人都是拟制的产物，过分强调自然人的属性将会走向法律的终结。

进一步而言，即使肯定数据保护的初衷在于保护自然人利益，也并不否认数据保护的社会功能面向，也即，禁止数据权利滥用的功能面向。无论是人格权路径还是财产权路径，保护数据信息的重要目的在于防止“数据利维坦”的出现，避免蓬勃发展的技术成为权力操纵的助力工具。无论是自然人还是法人的数据信息，都可以也应当获得尊重与保护。将法人孤立于数据保护之外，无异于纵容数据权利的膨胀，使法人数据被置于权利规制的空白地带，成为技术异化的牺牲品。保护法人数据反向限制了数据权力的扩张，进而维护了技术发展带来的社会红利。因此，缺乏自然人属性的观点忽视了数据权利的社会功能面向，不具有充分的正当性支撑。

（二）现有的法规范足以解决法人数据问题？

反对声音的另一重要观点在于，现有的商业秘密保护制度与反不正当竞争法的一般条款足以保护法人的数据，无须另行开拓疆域以单独保护法

---

① Tanya Aplin，“A Right of Privacy for Corporation?” *Intellectual Property and Human Rights*，July 2008，available at SSRN：https://ssrn.com/abstract = 2437008.

② Elizabeth Pollman，“A Corporate Right to Privacy”，99 *Minnesota Law Review* 33（2014）.

人数据资料。

首先，该观点与“法人缺乏自然人属性”的观点类似，忽视了法人数据保护的社会公共利益。保护商业秘密的理由在于保护经济利益，与数据保护的理由并不完全相同。[①] 法人数据保护的目的不仅在于经济利益，还在于潜在的社会利益，因此，商业秘密的保护方式无法满足法人数据保护的全部目的。

其次，法人需要保护的数据并不完全符合商业秘密的“三性”（秘密性、保密性、价值性）特征，[②] 商业秘密途径无法包括全部的情形，甚至限制了数据的流通。大数据背景下，并非所有数据、数据集合都属于经营者的商业秘密。[③] 商业秘密的路径主要偏重于法人独占的商业数据，比如某项技术的运行方式，或者某种食品的配料信息，类似数据的独占数量与其价值成反比例关系。而在大数据时代，法人需要保护的数据远不止于独占数据。有些法人数据需要二次分析才能获得更高的收益，比如搜索引擎公司掌握的在线用户峰谷流量曲线，对于搜索引擎公司与广告公司来说所隐藏的经济利益可能是完全不同的，搜索引擎公司甚至希望广告公司支付对价予以购买，此时，数据的独占数量与其价值成正比例关系。某些不是商业秘密的数据可能因为二次传播或者多次分析而产生巨大的利益，而商业秘密的保护途径可能限制此类数据的流转与增值。

最后，反不正当竞争法的一般条款具有不稳定性，不宜成为优位选择。一般条款在不同的情况下可能出现不同的意思解读，“削弱了司法的正当性和安定性”，[④] 只能是无法可循时的最后选择，不宜成为法人数据保护的首要选择。正如有学者所言，数据企业的数据权利“不能仅仅通过反不当竞争法给予保护，而应同时作为绝对权给予更系统的保护”。[⑤]

---

① Bart van der Sloot, “Do Privacy and Data Protection Rules Apply to Legal Persons and should they? a Proposal for a Two-tiered System”, 31 *Computer Law and Security Review* 42 (2015).

② 我国《反不正当竞争法》第 9 条规定，本法所称的商业秘密，是指不为公众所知悉、具有商业价值并经权利人采取相应保密措施的技术信息、经营信息等商业信息。

③ 李爱君：《数据权利属性与法律特征》，《东方法学》2018 年第 3 期。

④ 许可：《数据保护的三重进路——评新浪微博诉脉脉不正当竞争案》，《上海大学学报》（社会科学版）2017 年第 6 期。

⑤ 程啸：《论大数据时代的个人数据权利》，《中国社会科学》2018 年第 3 期。

综上，法人亟须保护的数据无法全部满足商业秘密的三项条件，反不正当竞争法一般条款的内在模糊性不利于数据市场的良性发展，资本逐利的天性又迫使市场流转法人的数据，因此，如何保护法人的数据成为无法逃避的现实挑战。

（三）法人垄断数据市场？

法人垄断数据市场，主要是指如果将法人的数据纳入保护范围，可能会导致法人成为数据市场中的超级霸主，进而“可能阻碍数据的自由流通，影响社会的公开与健康”。[①] 有学者担忧法人可能受到经济利益的裹挟，利用优势地位从而“轻易逃脱调查和监管”。[②] 甚至有学者认为，无所不在的数据保护制度甚至将“完全泯灭社会利益与社会进步”。[③] 然而，此类观点忽视了法人权利能力远低于自然人权利能力的前提，片面关注于企业法人的逐利天性，甚至跳脱出现代风险社会的运行逻辑，不足以完全否定法人数据保护的正当性。

首先，肯定法人的数据保护，并不等同于赋予法人对抗一切的绝对的数据权利，法人数据权利的范围必定受到限制。与自然人的自然属性不同，法人的权利能力低于自然人，其所享有的数据权利不可能与自然人完全一致。保护法人的数据，并不意味着法人获得远高于自然人的优势地位。

其次，法人并不仅仅包括企业法人，还包括其他以文化、公益为目的的法人。有些法人设立的初衷在于躲避经济力量的干预（比如公益组织），保护它们的数据反而有利于它们摆脱经济力量的侵扰。因此，单凭企业法人可能的风险便否定全部法人的数据权利，未免显得过于片面与草率。

最后，风险的存在是现代社会的自我悖论。风险界定在本质上体现为

① Janice Wright, “The Protection of Corporate Privacy”, 11 *International Business Lawyer* 122 (1983).

② Elizabeth Pollman, “A Corporate Right to Privacy”, 99 *Minnesota Law Review* 31 (2014).

③ Philip Leith, “The Socio-Legal Context of Privacy”, 2 *International Journal of Law in Context* 133 (2006).

利益博弈。[①] 为解决数据滥用风险，法律设置保护制度以缓解风险，然而法律制度自身也将带来风险，风险的“制度化”和“制度化”的风险是现代社会理性自身创造的窘困之境。创设法人制度可以减弱自然人行为失败的风险，反过来也带来企业法人滥用权利的风险。因此，该质疑的答案隐藏于现代风险社会的运行轨迹之中，制度的确立并不是风险的终结，而是风险的开端。如果真的要对该质疑做出回应，就需要将焦点放置于更广阔的社会实践之中，而不是猜测保护法人数据可能带来何种风险。如果担忧制度可能引发风险便停止对制度的修正与丰富，那么人类文明也许无法浮现于浩瀚宇宙之中，我们也不会“生活在文明的火山上”[②]。

数据保护（无论数据保护主体为谁）与技术进步其实是一体两面的关系，处理二者关系的要点在于通过比例原则平衡技术革命带来的理性不足，以及数据保护引发的负面限制。因此，合理地赋予法人数据权利，而不是“全有或全无”地讨论法人的数据保护，才是数据权利体系建构与完善的方向。未来可能的图景是，通过部分地赋予法人数据权利，扭转法人单向的数据义务主体地位，从而弱化数据保护对技术与经济的掣肘，达成数据保护与技术发展双向促进的景象。

（四）排斥其他个人权利的行使？

最后一类反对意见则认为，保护法人数据可能排斥个人其他权利的行使。有学者认为，法人将某些信息设定为隐私而拒绝公开，可能对公众的知情权、言论自由造成损伤。[③] 然而，该意见模糊了法人数据保护的目的，保护法人数据并不是要塑造一个无所不能的法人主体，而是通过部分地保护法人的数据，改变一直以来压制法人数据权利的畸形现象。

保护法人的数据，并不必然意味着减损公民的知情权、言论自由，因为任何权利的行使都存在边界，法人的数据权利在制度设定上必然不会逾

① 王贵松：《风险社会与作为学习过程的法——读贝克的〈风险社会〉》，《交大法学》2014 年第 4 期。

② 〔德〕乌尔里希·贝克：《风险社会》，何博闻译，译林出版社，2004，第 12 页。

③ Eoin Carolan, “The Problems of Corporate Privacy”, 32 *Dublin University Law Journal* 59 (2010).

越个人权利的边界。假若悲观地设想，赋予法人数据权利必然引发侵犯个人其他权利的风险，那么更为极端的图景是法律丧失学习的能力，无法适应社会发展的需求，在不安地猜度中回应社会环境的新提问。相反，在另一幅愿景中，个体成为法律场景变迁的见证人，在法律体系丰富的进程中享受技术发展所带来的更多红利。通过肯定法人的数据权利，调节权利义务的分配，平衡智能时代中不对等的力量，从而为个人数据权利的实现提供基础性条件，便于个人实现更为广阔的自由。

由此可见，上述反对观点非但没有弱化保护法人数据的理由，反而从侧面证成了保护法人数据的正当性与紧迫性。而在可触的实践中，法人数据早已浮现于数据保护的场景之中。

四 域外法人数据保护的实践

早在 1990 年，联合国《个人数据的电子化文件管理指南》（Guidelines for the Regulation of Computerized Personal Data Files）第 10 条便规定，“本指南的具体要求可以根据实际情况扩大至法人的文件，特别是当其涉及个人数据时”。具体而言，尽管欧盟与美国的数据保护路径不尽相同，但均为法人的数据保护留下了可能的空间。在欧洲，虽然 GDPR 将数据权利的主体限定于自然人，但并不禁止成员国通过扩大解释将数据保护应用于法人，奥地利就是其中最为典型的代表。放眼美国，尽管缺乏统一的数据保护立法，但是基于宪法的言论自由条款，法人的数据可以得到保护。

（一）欧盟设定的基准与欧盟成员国（奥地利）的实践

虽然 GDPR 并没有将法人纳入数据权利主体范围，但“GDPR 为各成员国的数据保护立法提供了最低基准与解释空间”，[①] 各成员国在满足基础要求后，可以作出不同的扩张解释，从而为法人的数据保护留下充足的

① Julian Wagner and Alexander Benecke, “National Legislation within the Framework of the GDPR: Limits and Opportunities of Member State Data Protection Law”, 2 *European Data Protection Law Review* 353 (2016).

空间。以 GDPR 第 80 条为例，该条款明确允许数据主体委托非营利的公共组织、机构代为提起诉讼并接受补偿，也即，肯定了公益法人代为提起数据侵害诉讼的权利。根据 GDPR 说明第 8 条（recital 8），各成员国应尽可能地将 GDPR 的具体要求纳入国内法。此时，GDPR 第 80 条的文本便是法人参与数据保护的最低基准（minimum level of protection），各成员国在此基准之上可以作出不同的规定。

除此之外，与 GDPR 同年公布的《欧盟 2016/943 号指令》（Directive EU 2016/943）则从商业秘密的角度出发，保护法人的秘密技术和商业信息。面对商业秘密被非法获取、使用和披露的问题，指令要求各国通过国家法律对法人的秘密数据予以保护。与 GDPR 相同，该指令只是设定法人秘密数据保护的最低基准，欧盟各国可以依据不同国情作出扩大解释，以消解 GDPR 未将法人纳入保护主体范围而造成的紧张关系。

在欧盟成员国中，奥地利一贯支持将法人纳入数据保护的主体范围。奥地利 1978 年颁布、1980 年生效的《数据保护法案》是欧洲第一批生效的数据保护法案。法案明确保护每一个人（包括自然人与法人）的数据，并将数据权利归为宪法权利，进而承认数据权利的宪法第三人效力，以充分保护个人数据免于国家及其他个人的侵害。[①] 此后，该法案作出几次修改，现行的法案是在 2018 年 GDPR 生效后，奥地利国会为履行 GDPR 要求而通过的法案（Data Protection Act 2018，Datenschutzgesetz 2018，简称 DSG）。但是，DSG 并没有援用 GDPR 中数据主体的定义，而是使用了“所有人”（everyone）一词。目前奥地利的法律解释将自然人、法人以及其他组织均纳入了“所有人”的范围之中，法人因此可以享有 DSG 规定的数据隐私与数据权利。[②]

此外，通过国内法律提高《欧盟 2016/943 号指令》所设的保护基准，奥地利增大了对法人秘密数据的保护力度。例如，2016 年奥地利《联邦

---

① 参见 Dr. Gunther Leissler etc.，“Working Paper on the National Adaptations of the GDPR in Austria”，accessible at https://blogdroiteuropeen.files.wordpress.com/2018/06/austria1.pdf，last visit 2018/12/17。

② DLA PIPER，Data Protection of the World（Austria），accessible at https://www.dlapiperdataprotection.com/index.html? t = law&c = AT，last visit 2018/12/17.

反不当竞争法》（Federal Act against Unfair Competition）的修正案与政府375号法案（Government Bill 375），均明确了法人和自然人可以是商业秘密的持有人。持有人受到侵害后可以要求经济赔偿，诉讼期限为知道损害发生之后的3年，最长不超过损害发生之后的6年。因此，即使GDPR并未将法人视为数据权利的主体，也并不阻碍各成员国将法人数据纳入保护范围，奥地利便是其中典型的代表。

（二）基于言论自由的法人数据权利

在美国的数据保护实践中，尽管缺乏统一的数据保护立法，但最高宪法法院仍在判决中肯定了法人正当搜集的数据受到宪法保护。最高法院并没有选择艰难地论证法人享有信息性隐私权，而是从美国司法最为推崇的言论自由入手，判定法人对合法抓取的脱敏数据享有正当权利。

在2011年Sorrell诉IMS Health Inc. 案（简称“Sorrell案”）中，法院认定公司使用合法购买的可识别处方医生的数据（prescriber-identifiable data）进行商业销售的行为，受到宪法第一修正案的保护。可识别处方医生的数据是美国医疗行业运行中重要的数据资源。在美国，医疗过程中的处方开具与药品购买被分割为两个环节，通常病人在医院或者诊所得到医生开具的处方单，随后到专业的药房购买相应的处方药。当病人前往药房填写处方信息时，药房被联邦政府强制要求搜集相关的处方数据，包括处方药的名称、计量，处方医生与病人的姓名，以便政府管控处方药品。然而，多数药房在删除病人的姓名后（脱敏），将搜集到的可识别处方医生的数据售卖给医药公司。医药公司通过对海量的数据进行分析，可以掌握具体医生的用药偏好，从而进行精准的营销。

2007年，美国佛蒙特州通过了一项法律，在未经处方医生同意的情况下，禁止基于营销或者推广处方药的目的，销售、传输或使用可识别处方医生的数据。佛蒙特州立法机构明确表示，该法的目的是保护医生的隐私，并改变医药公司“精准营销”的方式，使药品营销工作更关注客观医疗问题，而不是针对特定医生，从而降低医疗成本，改善医疗效果。法案一出，三家（IMS Health、Verispan和Source Healthcare Analytics）主要依赖此类数据进行营销的医药公司便质疑佛蒙特州此项法律的合宪性，并将其诉至法院（Sorrell 是佛蒙特州的司法部长）。该案的核心争议在于，佛蒙特州的禁止法规是否违反了宪法第一修正案，限制了制药公司、制造商和其他人使用该数据的言论自由。

该案在地区法院和第二巡回法院中得到了不同的判决，地区法院认为州法只限制了处方数据的商业用途，并没有限制其他用途，并不侵犯医药公司的言论自由。但第二巡回法院则推翻了地区法院的判决，认为州法没有通过限制言论自由的司法审查。案件最终来到宪法法院，由肯尼迪大法官起草的多数意见认为，州法向宪法保护的言论施加了基于内容和发言者的压力（content-and speaker-based），未能通过高度的司法审查（heightened judicial scrutiny）。首先，佛蒙特州法律禁止在很大程度上基于可识别处方医生的数据[①]的销售。然后，它禁止药店向使用这些处方数据进行营销的接收方发言者（recipient speakers）披露数据。最终，它禁止医药公司利用这些数据进行营销。然而，佛蒙特州法律却不禁止其他人基于其他目的的购买、获取和使用行为，属于针对特定人、特定言论的禁止，需要接受高度的司法审查。通过综合分析，法庭认为，佛蒙特州立法目的所提到的“保护医生隐私”“改善公共医疗”“减少医疗开支”难以实现。可识别处方医生的数据依旧可以通过其他方式公开。反向而言，如果禁止医药公司向医生针对性地介绍药品成效，可能数以万计的新型良药无法及时流入市场。因此，禁止医药公司的推销言论并没有促成实质的公共利益，只是限制了特定对象的特定言论，构成了对言论自由的限制。

佛蒙特州立法的主要目的在于保护医生的隐私，然而法院似乎绕过了医生隐私，尤其避开了医生隐私可能构成对数据公开的重要限制。由此，该案的最终判决招致了大量的批评。有学者认为，最高法院的多数意见其实隐藏着一种信息构成低价值言论倾向，例如法人的商业言论属于低价值

① 信息（information）的创造和传播是美国宪法第一修正案意义中的言论。啤酒商标上的信息是言论，个人信用报告也是言论，可识别处方医生的数据同样是一种事实性言论。参见 Sorrell v. IMS Health Inc.，564 U.S. 15（2011）。

言论，可以比一般的言论获得更多的限制。①

法庭最终避开医生隐私的主要理由在于，多数派法官质疑法案维护医生隐私的能力。如果处方数据仅仅被禁止用于“精准营销”的商业目的而仍可以继续在其他目的中被使用，那么所谓的隐私保护将成为“空中楼阁”。斯卡利亚大法官甚至认为，医生只要对医药代表“关上门”（shut the door），就可以获得类似于佛蒙特州禁止法律的隐私保护。正如医药公司的代理律师（Tom Goldstein）所言，佛蒙特州的禁止法律与个人隐私保护的法律完全不同，保护个人隐私的法律应当适用于隐私可能被使用的一系列目的，而非单一的药品推销目的。而且，在医疗实践的过程中，医生开具的处方药品数据，并不是宪法隐私权意义上的“个人隐私”，在医生水平参差不齐的市场环境中，病人在就诊之前，有权利知晓医生的处方偏好，即所谓的医生用药偏好隐私，并具备合理的期待可能性。

通过对 Sorrell 案历程的回顾与分析，可以发现，州法试图限制法人合法的抓取数据的行为，必须促成实质性的公共利益，而且需要通过高度的司法审查方能合宪。即使存在权利冲突，其他权利必须具有压倒性的利益优势，才可能对法人的数据权利构成限制。

虽然欧盟与美国面对数据保护时的选择不同，但均为法人的数据保护预设了可能的空间。在留白的空间中，法人不仅扮演着数据搜集方的角色，也可能扮演着数据被搜集方的角色，法人的数据权利如何建构，成为法人数据保护探讨的核心要点。

五　法人数据权利的建构

精确保护法人的数据，需要在法人的双重角色中建构法人的数据权利。作为数据搜集方，以财产权理论为支撑，法人有权处理合法抓取的数据。作为数据被搜集方，以财产权、人格权理论为支撑，法人有权了解、

① Ashutosh Bhagwat, “Sorrell v. IMS Health: Details, Detailing, and the Death of Privacy”, 36 *Vermont Law Review* 860 (2012).

更改以及限制数据被处理的方式与目的，转移存储在第三方中的数据，但并不享有被遗忘权。

（一）作为数据搜集方的法人

法人对于合法抓取的数据享有数据处理权。[①] 在数据驱动经济发展的环境中，法人时常扮演数据搜集方的角色。不断升级的网络商业对于信息处理产生日益强劲的需求，不仅存在分析、搜集 、利用用户信息的必要，有时甚至是应该负有义务和职责，这种情况下如果一味强调个人信息人格权单边保护，很不利于网络平台、网络服务的提供和经营，网络服务恐怕难以为继，用户自身最终也会失去网络便利。[②] 因此，从平衡法人的权利义务的角度出发，法人在抓取数据时通常支付一定的对价，法人可以将抓取数据视为自己的财产，有权进行分析处理等二次加工，进而消解数据保护与数据处理的龃龉之处，抵御单向度扩张的数据保护对市场的妨碍作用。

具体而言，法人数据处理权的内容至少包括：在明确获得自然人或法人同意的前提下，存储相关数据；依照约定目的，对数据进行分析和处理；将合法搜集的数据转移至第三方主体。当然，该项权利的行使并非没有边界，而是以其他数据主体的权利为内在限度。尊重数据主体对于自身数据的控制权，同时也肯定数据企业法人对数据的处理权，方是大数据时代促进经济、技术持续发展的不二选择。

（二）作为数据被搜集方的法人

第一，知情权。了解数据的处理方式与处理目的是法人行使数据权利

---

① 有学者认为，应当赋予数据从业者数据经营权和数据资产权两种数据新型财产化权利。参见龙卫球《数据新型财产权构建及其体系研究》，《政法论坛》2017 年第 4 期 。也有学者认为，企业对匿名化数据集享有有限制的所有权。参见王融《关于大数据交易核心法律问题——数据所有权的探讨》，《大数据》2015 年第 2 期 。另有学者提出创设数据财产权，参见齐爱民、盘佳《数据权、数据主权的确立与大数据保护的基本原则》，《苏州大学学报》（哲学社会科学版）2015 年第 1 期。虽然权利名称不尽相同，但共同的出发点是保护法人作为数据搜集方（控制者或处理者）时合法处理数据的权利。由于学界讨论已经较为充分，本文便不再深入展开。

② 龙卫球：《数据新型财产权构建及其体系研究》，《政法论坛》2017 年第 4 期。

的基础，知情权的缺位意味着参与权的瓦解。作为数据权利体系中的基础性权利，知情权给予法人知晓并参与数据收集和处理全过程的可能，虽然在技术围墙的阻隔下，法人与个人都鲜少能参与数据被获取的后续处理流程，但无可争辩的事实是，个人数据的非法售卖成为黑色产业勃发的原油与动力，而法人数据的非法售卖不仅会怂恿黑色产业的进一步发展，甚至可能撕碎良好的市场运行模式，引发“劣币驱逐良币”的不良趋势。为打破技术壁垒的隔断，保证数据市场的良好运行，数据控制方在处理法人数据之前，需要告知法人主体，数据控制方的身份与详细的联系方式、数据的处理方式与处理目的等相关信息，并且获得法人的明示同意。

第二，访问权与更正权。法人有理由参与到数据处理的过程中，有权访问涉及自身的数据，包括向控制者确认数据是否正在被处理，以及获知数据处理的目的、数据的类别、向第三方传播的情况、预计的存储期限等。当法人发现控制者所持有的涉及自身的数据不准确或者错误时，有权以补充声明等方式予以更正。在此过程中，法人的数据更正权依附于访问权，只有当法人可以接触正在被处理的数据时，才可能发现其中的不当样态。而数据的不当样态可能使后续的数据处理结果出现偏差，造成数据资源的浪费，分析成本的上升，甚至反向影响法人自身的行为与声誉，通过赋予法人数据访问权与更正权，数据处理的经济成本可能降低，法人自身的权益也可以得到尊重。

第三，限制处理权、反对权与拒绝权。以知情权和访问权为前提，当法人发现数据控制者违法或者违背约定的手段和目的处理法人数据时，法人有权随时提出限制处理、反对处理或者直接拒绝处理的要求，从而对抗数据控制者的数据优势。没有直接赋予法人撤回权的缘由在于，一旦法人拥有无条件的撤回权，数据市场可能出现大幅波动，数据控制者极有可能落入数据泥潭之中无法抽身，沦为数据保护制度的牺牲品。因此，赋予法人主体限制处理权、反对权与拒绝权，是在权衡数据权利、义务主体地位不均与数据市场良性运行等因素后，所作出的具有修正作用的权利设计，从而有效地划定法人数据处理的弹性底线，避免法人数据脱离主体后的失控与滥用。

第四，数据可携带权。数据可携带权包括数据接收权与数据转移权，法人可以向数据控制者要求获取涉及自身的数据，并将相关数据完全转移至另一数据控制者。对于法人而言，一方面，数据可携带权保障了法人对于自身数据的控制，丰富了数据权利的内容；另一方面，数据可携带权促进了法人数据的流通，进而激发出海量的价值。因此，赋予法人数据可携带权不仅完善了法人的数据自决权，而且保障了数据作为现代经济中“货币”的价值。

第五，法人不享有被遗忘权（删除权）。自被遗忘权的概念在欧洲大陆诞生以来，关于被遗忘权的争论便蜂拥而至，任何关于数据保护的策论似乎都无法避开被遗忘权。GDPR 第 17 条名为删除权，又名被遗忘权，[①] 即使质疑之声喧嚣不停，GDPR 仍然承认了数据主体享有被遗忘权，主要理由在于：其一，社会应当允许个人淡忘或者摆脱自己的过去，控制自己曾经公开的信息；其二，被遗忘权有助于平衡数据义务主体与权利主体的巨大差异地位；其三，被遗忘权有效地保护了个人的隐私与人格尊严。

然而，法人无法完全满足被遗忘权设立的目的，进而无法享有被遗忘权。针对第一项理由，被遗忘权的客体是数据主体主动公开的数据，对于公众而言，此类数据的撤回价值远低于数据留存的社会价值。法人主动公开的数据反向隶属于公众的知情权，多数情况下与公共利益相勾连，如果承认法人的被遗忘权，将不可估计地损害公众以及社会的权益。其次，鉴于法人的背后是自然人智力的集结，虽然法人主体与数据控制者仍处于不对等的地位，但是其不对等地位的落差必然低于自然人主体与数据控制者的落差。通过赋予法人知情权、访问权、限制处理权等权利，法人在数据处理中的不利地位可以得到扭转，并不需要再次叠加一项被遗忘权。再次，否定法人的被遗忘权并不意味着否定法人享有隐私权或者人格尊严，只是在被遗忘权的语境中，肯定法人的被遗忘权将造成公众利益的骤减。

① 虽然 GDPR 将被遗忘权囊括于删除权的范畴，但二者在权利的功能、适用范围、克减程度等方面存在区分。参见满洪杰《被遗忘权的解析与构建：作为网络时代信息价值纠偏机制的研究》，《法制与社会发展》2018 年第 2 期。然而二者的区别并非本文讨论的关键，故而下文分析中将以被遗忘权进行论证。

价值衡量的天平此时只能倒向公共利益。最后，被遗忘权的终局性与谦抑性也要求权利赋予时的审慎与紧缩。在缺乏充分合理的法律基础时，否认法人的被遗忘权才是当下理性的抉择。

六 结语

法人数据的保护问题是大数据浪潮引发的时代命题，法律系统需要及时且清晰地回应该命题。通过理论层面的探讨与实践层面的分析，本文认为，法人的数据保护具有充分的正当性基础以及可实现的空间。数据权利并非自然人的专属权利，现行的法律保护途径将法人的数据利益狭隘地限缩为经济利益，不足以全面地保护法人利益。赋予法人数据权利是数据保护体系适应性的扩张趋势，非但不会造成法人垄断数据市场，反而有助于促进数据的流通，便利个人权利的行使。在权利内容的建构方面，除被遗忘权外，法人可以享有类似于自然人数据权利体系中的知情权、访问权与更正权、限制处理权、反对权、拒绝权、可携带权等权利。鉴于法人担当的数据搜集方角色，法人还享有自然人未能涉及的数据处理权。当然，法人的数据保护不止于简单的法律赋权，仍然需要不断地细化与深究，以实现数据保护与技术发展的动态依存。

Data Protection of Legal Person: Basis, Practice and Construction

Lian Xueqing

Abstract: With the popularity of big data, the central role of legal person in the operation of the data economy is becoming prominent. Legal person is not only the data collector, but also the object of data collector. The legal system must respond to technical questions about whether and how legal person's data can be protected. Through theoretical discussion and practical analysis, it can be found that the data protection of legal person has sufficient legitimacy basis. Although the data protection paths of the United States and the European Union are different, they all leave possible space for the data protection of legal person. The legal person, as the data collector, enjoys the right of data processing; as the object of data collector, enjoys the right to know, control, correct and carry the data, but does not have the right to be forgotten. Dual legal empowerment not only protects legal person's data but also corrects the protection imbalance in the data market.

Keywords: Legal Person; Property Right; Personality Right; Data Protection Theory; Data Rights

论“遗忘权”概念建构的双视角之维*

李佳飞**

摘　要：对于权利概念的理解，离不开其形式和目的两个路径的详细阐释，“遗忘权”也同样如此。“遗忘权”价值意义的核心是“遗忘”，其形式路径在于对主体信息的基本规制，其目的路径在于对与主体非相关性和非评价性价值的基本选择。但“遗忘权”能否成为一个单独权利类型却是其概念建构的根本前提，而是否能成为一个单独权利却在当下有两个争论：否定性权利观和肯定性权利观。否定性权利观和肯定性权利观在权利建构的逻辑上虽有差别，但所坚持的都是一种外在视角的建构路径。而这种外在视角进行的理论和规范论述，主要是将“遗忘权”限定为以删除、消除、分离和脱离等形式路径为主的权利概念，而忽视了“遗忘权”内在视角下的本质意义，即它与主体的非相关性、非评价性和非决定性意义相关的内在目的路径的权利概念。这种方法论上建构路径和手段选择的视角偏狭，导致“遗忘权”概念上出现了两个明显的不足：规范上权利的外在化和学理上权利的形式化。因此，在“遗忘权”概念建构中，特别是其逻辑内涵应包括两个维度的基本内容：其一是与人本性相关的一种有机、内在、非评价和非决定等目的化的价值权；其二是与物相关的社会本性上的一种删除、消除、分离和脱离等形式化的描述权。

关键词：遗忘权；描述权；价值权

* 本文系教育部哲学社会科学研究重大课题攻关项目“大数据时代个人信息保护边界与策略研究”（项目编号：17JZD031）的阶段性研究成果。

** 李佳飞，西北政法大学刑事法学院讲师、法学博士。

一　问题缘由

2009 年，自维克托·迈尔 - 舍恩伯格（Viktor Mayer-Schönberge）提出“数字遗忘权”的概念，“遗忘权”就成为众多国内外学者研究的对象，各种观点和论述纷纷扰扰，特别是对于其称谓，可谓五花八门，如“数字遗忘权”“遗忘权”“删除权”和“被遗忘权”等。还从来没有一个权利类型会有这么多的名称。虽然权利的提出至今已有 10 年，但不论是规范上还是学理上依然难以在称谓上、概念上甚至内核上形成统一共识。大多数学者在对遗忘权进行论述时，虽然从各个方面对其作了限定和阐释，即使偶有交叉或一定程度的理论重合，体现出来的却是自说自话，无法获得一致性和普遍化的解释力。一个无法普遍化或者统一化内涵和外延的新权利类型，不论是在应然层面还是实然层面都会产生诸多争议，不仅不利于权利的理论规范建构，更无法实现权利的现实保障，这也就失去了权利存在的本质意义。于是，统一权利的名称，厘清权利的内涵和外延，是所有新型权利能够正当化和合法化的前提要件。

权利的名称是权利存在的形式要件，权利的内涵和外延是权利存在的本质要件。对于权利名称的确定，本文依然坚持“遗忘权”的称谓。“遗忘权”可以更好地涵盖其他三种称谓，其原因在于：“遗忘权”的核心在于“遗忘”①，汉语“遗忘”在内涵上有被动和主动两个维度，即被遗忘和主动遗忘的两条路径选择，这可以很好地涵盖“被遗忘权”和“数字遗忘权”的内在含义。虽然有的学者认为“遗忘”的文学色彩过浓，建议将其称为删除权，② 其在人格权谱系中依然是删除的意味大于实质上的遗忘意义，③ 但笔者认为“删除”只是实现其权利的方式，或者是外在的形式路径，而不是权利本身，无法体现出实质意义和本质目的。同时，遗

① 参见廖磊《搜索引擎服务商的个人信息保护义务研究——以被遗忘权为中心》，《河南财经政法大学学报》2017 年第 1 期。

② 参见郑志峰《网络社会的被遗忘权研究》，《法商研究》2015 年第 6 期。

③ 参见段卫利《论被遗忘权的法律保护——兼谈被遗忘权在人格权谱系中的地位》，《学习与探索》2016 年第 4 期。

忘本身就可以涵盖删除的形式意义。因此，本文依然坚持“遗忘权”的名词称谓，这不仅可以体现出“遗忘”更多的实质内涵，也可以从称谓上体现出其意义性。

其实遗忘权名称的多样和概念上的不统一，主要原因在于规范和学者都未对权利类型有一个最为明确、最能解释其现实双面向的定义。虽然当下理论或者实践中对“遗忘权”所作的定义具有内涵相似性和外延盖然性，却存在内涵错位和外延不足的两个重要缺陷。大多学者认为，“遗忘权”是指人们有遗忘过往信息，享有清白历史的权利。但这种定义只是遗忘权概念本体上的一种外在视角的论述和表现形式，其并不能为真正理解遗忘权内在本质提供哲学意义上的内在视角的路径和范式。对一种权利的概念定义不清，本质上就意味着对其内在核心并未论述得很透彻和研究得很全面。这就需要一个可以全面、清晰回答“遗忘权”概念的路径和方式，而这正是回答权利内涵的关键。因此，本文试图以当下规范和学理的现实双面向为前提，从外在和内在双视角的路径和范式对“遗忘权”作出较为清晰的概念建构。

二 “遗忘权”的双面之争

“遗忘权”能否成为一个单独权利类型是建构其概念的前提，而是否能成为一个单独权利在当下有两个争论，即否定性权利观和肯定性权利观。否定性权利观认为，遗忘权不可以作为单独的权利类型，对主体相应信息的保护可以纳入隐私权或者个人信息保护权的范畴来实现；肯定性权利观认为，遗忘权与隐私权和个人信息保护权是完全不同的权利类型，并且认为作为一个单独的权利，其保护的利益、目的、范畴是与隐私权和个人信息保护权有根本区别的。

（一）否定性权利观

作为非单独权利类型的“遗忘权”，在建构中逐渐产生了倾向于否认权利的存在基础和保护范畴的基本面向。从严格和相对性上看，否定性权利观出现了两个逻辑面向：严格和温和。如果将“遗忘权”完全不是一种权利的认识论归属于“严格否定性权利观”，那么将“遗忘权”视作隐私权或个人信息权之下的权利的认识论则归属于“温和否定性权利观”。

1. 严格否定性权利观

严格否定性权利观认为，遗忘权并不是基础人权，它不是单独的权利类型。它不仅不能归入应然层面，更不能成为实然层面的规范权利。这就从根本上否定了遗忘权存在的基本可能。这种观点认为可以将个人信息纳入隐私权保护范畴，或者将其纳入个人信息保护权的范畴来进行理论论述和规范建构，并认为个人信息并不是遗忘权的具体对象和客体。是不是一项权利这种本体论上的质疑，是“遗忘权”现实存在和规范构建必须要面临的首要责难，其直接决定了权利存在的理论论述和制度建构。这种责难主要可以从以下三个方面来进行阐释。

从属性上看，“遗忘权”所保护的信息属性可归入个人信息权的范畴，它并不是一项独立的权利形态。在欧洲早期，它主要源于对犯罪记录信息的保护以及个人信息删除等权利。在当下，一般认为对其能够在舆论上成为网络社会中的所谓具有争议性的正式权利，主要源于2014年欧盟法院对“谷歌公司与冈萨雷斯案”（下称“冈萨雷斯案”）的司法裁判。这个判决是欧盟司法方面对遗忘权认知的一个重要转变，但在实践中，遗忘权的实现路径也依然是以对个人信息权进行法律保护的方式来进行的。这种与隐私权和个人信息保护权难分难舍的“感情纠葛”，正是法律规范上和理论上对“遗忘权”属性认识不清晰，在具体建构中不断出现消极和否定态度的根本原因所在。

从范畴上看，如果将“遗忘权”的具体对象限定为“不当的、不相关的、过时的”信息内容，[①] 那么这种权利的主要功能就只体现在删除使主体社会评价降低（信用度降低）的过往信息（当下主要为网络信息）上。从其实质意义上看，这种权利就归属为了个人信息保护权或者隐私权

---

① 参见张建文、高完成《被遗忘权的本体论及本土化研究》，《吉首大学学报》（社会科学版）2016年第3期。

的范畴，所以，才会有学者认为，在防止网络暴力对隐私权践踏的要求之下，无论是欧盟建构“遗忘权”，还是美国出台“橡皮擦法案”，其目的都是要保护公民能够消除其个人在网络空间数字痕迹的相关权利。[①] 毕竟欧盟在规范上明确“遗忘权”，目的也是赋予用户从“数据控制者”手中删除信息的权利。[②] 既然“遗忘权”不能作为单独的权利，该如何对“遗忘权”进行实践设定，却是司法和规范必须面临的前提性问题。司法实践强调，追求隐私权和知情权之间平衡的具体理论，无法满足现实中个体信息被滥用和个体知情权被侵犯的两难困境，尤其是网络暴力所带来的个体生存困境，如人肉搜索，导致了很多个体信息隐私的泄露和较大的利益损害。

从权利冲突的视角上看，还有的学者坚持反对“遗忘权”的主张，认为承认该权利会在一定程度上压制言论自由。[③] 遗忘权的构建会对主体言论自由和信息获取产生损害。[④] 言论自由被认为是人权的重要组成部分，主要体现为人格利益。这种人格利益下的权利状态，依然是个人在信息保护视角方面的论述，并未有也不需要其他可能的新权利产生和进行保护。但如果个人信息并未被其他主体以存储器的形式进行收集、处理，前述所提出的人格权益保护路径和方式其实也就失去了意义和作用。毕竟大部分的信息会被其他主体以人格记忆的形式进行收集和处理，处于具有主观性的境地。鉴于此，有学者就认为遗忘权在实践层面并不能产生它本该有的实质化效果，如果从另一方面看，它还会给互联网领域的产业创新和发展带来严重的法律负担。[⑤] 因此，在规范上单独对其进行权利构建的基础不

① 参见林爱珺《网络暴力的伦理追问与秩序重建》，《暨南学报》（哲学社会科学版）2017年第4期。

② 参见 Fazlioglu, M.,“Forget Me Not: the Clash of the Right to Be Forgotten and Freedom of Expression on the Internet”, *International Data Privacy Law*, Vol. 3, 2013, pp. 149 - 157。

③ 参见齐爱民、李仪《论利益平衡视野下的个人信息权制度——在人格利益与信息自由之间》，《法学评论》2011年第3期。

④ 参见 Frosio, Giancarlo F.,“The Right to Be Forgotten: Much Ado about Nothing”, *Colorado Technology Law Journal*, Vol. 15, 2017, pp. 307 - 336。

⑤ 参见杨乐、曹建峰《从欧盟“被遗忘权”看网络治理规则的选择》，《北京邮电大学学报》（社会科学版）2016年第4期。

仅不稳固，还需要借助于实践中的规范来对其相关权益进行保护，这也间接导致了其权利独立性不足的问题。

2. 温和否定性权利观

温和否定性权利观认为，遗忘权即使不是一项单独存在的权利类型，也可以存在于隐私权或者个人信息保护权之中，作为二者的下位权利，法律通过对二者的保护实现对遗忘权的间接保护。这种理解模式主要可以从以下三个方面进行阐释。

从本体上看，遗忘权是可以被看作隐私权或个人信息保护权的下位权的，但并不具有独立性。它在我国的人格权谱系中与隐私权、个人信息权之间存在紧密关系，它们具有家族相似性，却无法独立，正因如此才有学者认为，应当结合我国具体发展情况，在我国未来个人信息立法中，遗忘权应当被作为个人信息权的下位权来加以保护。① 与此同时，遗忘权是具有人格属性的权利，在当下民事权利体系中隐私权也完全可以涵盖这项权利，可以通过隐私权的形式对其进行保护。② 从规范视角来看，欧盟有关法律又将其称为“删除的权利”，当然它是隐私权在互联网时代延伸出来的一种权利类型。③ 所以，可以总结认为隐私权依然或者仍是理解遗忘权的核心和基础概念之一。④ 因此，从权利属性上看，遗忘权被认为是虽然具有人格属性，却不具有人格独立性，它应被纳入个人信息权或者隐私权的保护逻辑中，不宜被定性为单独的人格权。⑤

从范畴上看，遗忘权是服务于个人信息权的工具性权利，缺失了权利单独存在的目的性，涵盖的依然是信息的消除形式和删除方法。虽然遗忘

① 参见段卫利《论被遗忘权的法律保护——兼谈被遗忘权在人格权谱系中的地位》，《学习与探索》2016 年第 4 期。

② 参见陶乾《论数字时代的被遗忘权——请求享有“清白历史”的权利》，《现代传播》（中国传媒大学学报）2015 年第 6 期。

③ 参见吴飞《名词定义试拟：被遗忘权（Right to Be Forgotten）》，《新闻与传播研究》2014 年第 7 期。

④ 参见 Kristie Byrum, “The European Right to Be Forgotten: A Challenge to the United States Constitution's First Amendment and to Professional Public Relations Wthics”, *Public Relations Review*, Vol. 43, 2017, pp. 102 - 111。

⑤ 参见郑志峰《网络社会的被遗忘权研究》，《法商研究》2015 年第 6 期。

权在欧盟法院裁决中具有广泛性，其目的是保护相关主体的自由，呈现为一种可以共享的隐私性权益，但理论上依然未能将其当作单独权利对待，它依旧居于隐私权或者信息权之下。[①] 有学者所认为的，大数据技术重塑了隐私的界限，而“遗忘权”所要建构的目的其实超越了传统的“隐私权”范畴，因为“隐私权”保护的客体是“私密性”信息，而“遗忘权”保护的内容大部分是半公开或已公开信息，一种新型保护逻辑。[②] 毕竟数字化时代的记忆模式拥有“可访问性、持久性、全面性”等特质，这种持久记忆的“凝视”给人类隐私信息带来了时间和空间的严峻挑战，虽然“遗忘权”的提出为数据信息的保护提供了一个有价值的方向，但在保护私人权益和公共利益的过程中仍然存在漏洞。[③]

当然从源头上看，“遗忘权”也被认为并不是一种新型的单独权利。它的来源甚至可以和最早的“独自权”相比较，独自权就是独自不受打扰的权利，但它在当下并不是独自、删除、拒绝等权利的随意拼凑，它是具有综合性的，并在欧洲具有深厚的制度和司法渊源定位。[④] 这种综合性的权利观，促使我国在人格权法、个人信息保护法等规范的制定中尊重信息时代的特殊性，赋予主体个人信息权来保护遗忘权。[⑤] 但当下学者建议在推进两部法规制定的时候，要注意“遗忘权”与“公众知情权”等权利间的潜在冲突，在是否决定删除过时个人信息时，以比例原则对利益进行平衡和协调。[⑥] 这一些观点说明遗忘权从源头上就不具有单独的权能性质。

---

① 参见 Kerr, Julia, “What Is a Search Engine: The Simple Question the Court of Justice of the European Union Forgot to Ask and What It Means for the Future of the Right to Be Forgotten”, *Chicago Journal of International Law*, Vol. 17, 2016, pp. 217 - 243。

② 参见袁梦倩《“被遗忘权”之争：大数据时代的数字化记忆与隐私边界》，《学海》2015年第4期。

③ 参见吴飞、傅正科《大数据与“被遗忘权”》，《浙江大学学报》（人文社会科学版）2015年第2期。

④ 参见 Griswold, Erwin N., “The Right to be Let Alone”, *Northwestern University Law Review*, Vol. 55, 1960, pp. 216 - 226。

⑤ 参见张里安、韩旭至《“被遗忘权”：大数据时代下的新问题》，《河北法学》2017年第3期。

⑥ 参见赵锐《被遗忘权：理性评判与法律构造》，《北京理工大学学报》（社会科学版）2016年第5期。

（二）肯定性权利观

肯定性权利观认为遗忘权是一种单独权利类型，是一种应然意义上的单独权利，不是隐私权和个人信息保护权可以涵盖的，从建构路径上看，肯定性权利观也有两个面向：积极和审慎。如果将积极学习国外规范和建构“遗忘权”的路径归于“积极肯定性权利观”，那么可以将审慎对待“遗忘权”在借鉴国外规范和建构方面的路径归于“审慎肯定性权利观”。

1. 积极肯定性权利观

此观点认为遗忘权作为一种单独的权利，不论是在概念方面还是在规范方面，都可以对其进行本土化的积极构建。这种观点明确要求应当在具体的法律规范中构建其完整的权能，毕竟世界上已经有越来越多的国家在相关信息保护立法中构建了遗忘权。在具体论述上，支持遗忘权作为单独权利的学者认为，它通过“遗忘”展现了人类“重新开始”的基本精神，这是大数据时代的人以及社会进行发展和创造所需要的基本保障，所以建议在我国对个人信息进行保护的立法中以前述基本精神作为指导原则，对遗忘权的概念、主客体、适用程序、具体条件、特殊情况以及法律责任等重要内容作出较为详细的规定。[①] 但在该如何建构上，不同的观点所提供的路径有一定差别。有的认为可以在借鉴域外有益经验的基础上，积极地进行制度引进，通过制度引进并结合我国国情实现本土化，有的认为可以走土生土长的道路，路径虽有不同但大多殊途同归。

其中在具体的借鉴路径上，相关学者着墨较多。如有学者认为可以参考俄罗斯的保护模式对“遗忘权”所涉及的相关利益进行保护，即先在民法典中进行一般化规定，然后再通过信息和民事诉讼等法典确立搜索引擎中遗忘权保护的相关案例，案例主要确立对遗忘权进行诉讼的管辖权规则和域外效力。[②] 当然也有学者建议，遗忘权的构建可以参考欧盟。《通用数据保护条例》（GDPR）所规定的删除权，虽然其具有形式性，但亦可

---

① 参见连志英《大数据时代的被遗忘权》，《图书馆建设》2015 年第 2 期。

② 参见张建文《俄罗斯被遗忘权立法的意图、架构与特点》，《求是学刊》2016 年第 5 期。

以引入我国信息保护的具体立法制度构建中。[①] 有的建议将该独立性权利定位在个人信息立法中予以直接规定。[②] 这种具有积极借鉴意义的遗忘权建构阐释，为我国的具体建构提供了可资借鉴的方向。

当然在积极建构上，还要对具体概念进行相应借鉴。有学者就认为作为世界上网络人数最多的国家，我国在遗忘权的法律适用和概念规范方面可以借鉴欧美的一般做法，以人格权重要组成部分为基本定位，将过往信息和社会评价两个方面作为对其概念建构的重点维度。[③] 这种借鉴是直接将遗忘权的概念和性质认定为人格性范畴，是一种一般意义上的人格权。既然要将其作为一般人格权，就需要在法律规范上予以明确来作为保护的方式。其实借鉴欧盟和美国的经验和做法，主要是通过立法明确权利的主客体、行使范畴、行使方式来平衡个人信息利用和保护之间的关系。[④]

另一种概念的借鉴方向是在法律适用方面，如果依照实用主义的做法进行区分，主要包括两种借鉴进路：理论和实践。理论上主要认为可以将遗忘权的具体理论定位为个人信息权构建的基本范畴，并为未来的人格权立法或者个人信息保护立法提供支撑；而实践上的观点却认为，当下宜将遗忘权的具体行使归入隐私权的基本范畴，可以依据现有法律规范对其进行保护。[⑤] 也有学者认为通过信息理论来对遗忘权进行建构已经无法适应司法实践了，毕竟大数据环境之下信息已经逐渐超越了主体自身的控制能力，传统的个人信息保护制度不能提供有效应对，信息、私生活与人格尊严会出现严重的侵害结果。[⑥] 但由于信息技术和社会结构之间一直存在鸿沟，就需要通过积极建构遗忘权的逻辑来对主体相关利益进行保护。

---

① 参见郑文明《个人信息保护与数字遗忘权》，《新闻与传播研究》2014 年第 5 期。

② 参见王茜茹、马海群《开放数据视域下的国外被遗忘权法律规制发展动向研究》，《图书情报知识》2015 年第 5 期。

③ 参见杨立新、韩煦《被遗忘权的中国本土化及法律适用》，《法律适用》2015 年第 2 期。

④ 参见何培育、林颖《论数字时代个人信息的“被遗忘权”》，《现代情报》2016 年第 12 期。

⑤ 参见杨立新、韩煦《被遗忘权的中国本土化及法律适用》，《法律适用》2015 年第 2 期。

⑥ 参见王茜茹、马海群《开放数据视域下的国外被遗忘权法律规制发展动向研究》，《图书情报知识》2015 年第 5 期。

2. 审慎肯定性权利观

此观点认为，虽然遗忘权可以作为单独的权利类型存在，但参照其他国家的实践经验，我国在对其进行本土化的过程中宜采取审慎的立法立场。毕竟对遗忘权能否真正借鉴成功，主要取决于中国当前的发展状况、制度环境和社会导向，在遗忘权相应共识因素和构建基础不足时，应当坚持审慎建构的本土化立场。[①]

但我国基本国情与经济发展状况决定了现阶段主要是规范个人信息的收集、采集、存储与使用的基本过程，通过严格和合理的限制来对个人信息进行保护，毕竟不能好高骛远设立不切实际的标准，由于也无法指望行业自律来实现对信息的保护，所以建议有限度地引入“遗忘权”的制度规范。[②] 这种审慎建构态度，可以有效应对遗忘权客体内容过于宽泛导致的司法不确定性和言论自由受限的相关问题。[③] 审慎建构的原因还在于其与其他权利会存在位阶上的不平等和冲突。有的学者就从权利位阶的视角来阐释遗忘权，如将遗忘权视作隐私权的下位权，这样的话其就无法与言论自由和平等等权利相提并论，它就需要重新依赖于隐私权与言论自由权、平等权等进行两个层级的博弈和对垒，[④] 这也就间接促使其权利建构应当采用审慎而非积极的态度。

在借鉴国外规范方面也应当审慎。有学者认为通过分析 2016 年欧盟出台的《通用数据保护条例》，遗忘权其实在欧盟的规范建构中有明显被淡化的趋势和倾向，同时，通过分析美国的司法案例，其实遗忘权也很少被司法实践所采纳，这有着与欧盟相似的实践趋势。[⑤] 虽然二者路径具有相似性，但权利建构逻辑和基础内容存在着重要差异，如权利概念、主体范畴、客体内容、例外规定等都有不同，这种差异主要在于欧盟与美国遵

---

① 参见张恩典《大数据时代的被遗忘权之争》，《学习与探索》2016 年第 4 期。

② 参见万方《终将被遗忘的权利——我国引入被遗忘权的思考》，《法学评论》2016 年第 6 期。

③ 参见杨立新、韩煦《被遗忘权的中国本土化及法律适用》，《法律适用》2015 年第 2 期。

④ 参见董媛媛《论互联网传播权利的冲突和选择——以美国的被遗忘权对网络中立博弈为分析视角》，《现代传播》（中国传媒大学学报）2017 年第 3 期。

⑤ 参见万方《终将被遗忘的权利——我国引入被遗忘权的思考》，《法学评论》2016 年第 6 期。

循不同的隐私立法理念和隐私文化。欧盟更为关注“尊严”，美国过于强调“自由”，比如，欧盟强调了可以完全删除信息的基本权利，而美国的言论自由却认为数字信息保存具有必要性。

借鉴他域经验之外，也有本土自生的审慎建构路径，主要是通过对其他权利进行先行保护来实现对遗忘权的有效保护。这种路径其实就是将遗忘权的形式内容归为遗忘权的本质内容，即将遗忘权与信息控制权和删除权等同，因此，这种通过侵权法来对权利进行保护的逻辑，是可以不重新立法而实现的。

我国在人的尊严方面一直强调以人为本的价值理念，因此，强调人的重要性远大于所谓的“言论自由”的重要性，并且逐渐从价值取舍上的争论，走向了技术上的全面发展和形式变革的争论。正如有的学者所认为的，遗忘权为保护个人信息相关利益提供了有益的法律方式和进路，但从长远来看，比起限制信息的采集，更为积极的规制策略和有实际意义的做法是对信息采集和使用进行环节上的区分，因为遗忘权法律规范所应当关注的重点是信息使用环节所产生的相关问题。[①] 其实伴随着技术的革新和进步，不可忽视遗忘权的普遍化也会带来“互联网黑暗时代”，毕竟信息会由于主体通过鼠标的随便点击就可以被删除并神秘消失。[②]

审慎态度还体现在具体的法律构造方面。如有的学者认为，法律构造中，特别是在对中国个人数据保护制度的革新与完善方面，遗忘权权利主体和义务主体的范畴都应该具有明确的限定，比如前者是否要涵盖公众人物，后者是否要将网络搜索引擎服务者和网络提供者全部纳入，当然对权利限制机制要进行明确。[③] 如从刑事角度，对遗忘权的主体就有必要做范畴上的限制，以实现相关法益的协调与平衡。[④] 在对遗忘权限制机制的构

① 参见万方《大数据背景下个人信息保护的新路径——被遗忘权的更新兼论信息技术革新》，《图书情报知识》2016 年第 6 期。

② 参见 Siry，Lawrence，“Forget Me，Forget Me Not：Reconciling Two Different Paradigms of the Right to Be Forgotten”，*Kentucky Law Journal*，Vol. 103，2015，pp. 311 - 344。

③ 参见赵锐《被遗忘权：理性评判与法律构造》，《北京理工大学学报》（社会科学版）2016 年第 5 期。

④ 参见郑曦《“被遗忘”的权利：刑事司法视野下被遗忘权的适用》，《学习与探索》2016 年第 4 期。

建方面，主要是在其实施方面要严格其条件和程序，否则就会对言论自由产生不利影响。①

从遗忘权建构与否的争论中可以看出，遗忘权的规范之路并不是平坦的。其实它在规范建构上的具体争论，与其来源极具密切性。"遗忘权"之争主要源于欧盟和美国在个人数据保护方面的两种理论认识的不同，欧盟和美国建构理论的差异其实也反映着立法背后博弈主体不同的利益出发点和相关政治立场。这也是许多学者所认为的，"遗忘权"最终呈现的"法律面孔"实为现代网络社会中科技、经济和政治等多重因素合力所致的结果。② 因此，如果要保护与遗忘权相关的信息，或者将所谓的"遗忘权"在我国实现一定的本土化，对于我国来说就是以保护和共享为核心逻辑构建"个人信息保护法"。③

不论是否定性权利观还是肯定性权利观，其论述的逻辑都在于遗忘权与隐私权、个人信息保护权是不是重合的权利类型或者有权属关系的概念类型。很明显，三者不是相同的权利类型，更不是前者归属于后者的权利定位。因为遗忘权在于非评价性和删除性，隐私权在于主体的独处性和隐秘性，个人信息保护权在于信息主体的自主性和自决性。三者所交叉的或者重合的不是权利范畴和权利目的，而只是权利所行使的方式和所涉及的对象，如三者都拥有删除权，毕竟三者所直接涉及的对象都是"信息"。

三 "遗忘权"外在视角的不足

上述否定性权利观和肯定性权利观在权利建构的逻辑上虽有差别，但所坚持的都是一种外在视角的路径，即对权利的保护只是一种删除、消除信息的路径范式，这种范式的不足和缺点是显而易见的。这种方法论上路

① 参见高荣林《数字被遗忘权的限制——以网络言论的自由表达为视角》，《现代传播》（中国传媒大学学报）2015 年第 7 期。

② 参见夏燕《"被遗忘权"之争——基于欧盟个人数据保护立法改革的考察》，《北京理工大学学报》（社会科学版）2015 年第 2 期。

③ 参见张建文、高完成《被遗忘权的本体论及本土化研究》，《吉首大学学报》（社会科学版）2016 年第 3 期。

径和手段选择的偏狭，导致“遗忘权”概念上出现了两个明显的不足：规范上权利的外在化和学理上权利的形式化。

（一）规范上权利的外在化

遗忘权在国内还没有一部法律法规对其作出明确的规定，即使有对权利外在化形态信息的保护规定也散见于相关法律法规中，不仅缺乏系统性，也难以在保护主体信息权益方面形成合力。关于信息保护，国外司法上比规范上的认定早一点。“冈萨雷斯案”判决中明确“遗忘权”主要是指“数据主体有权限制或终止传播他认为有害或违反其利益的个人资料”。[①] 此定义是司法上的被动决定，其概念是从主体的权利行使方式上对主体权限做了一个直接规定，主要表现为主体限制和内容限制两个方面。权利的行使主体是数据主体，权利内容（或对象）是个人资料，其行使方式是有权限制或者终止传播，其前提条件是主体认为有害或违反其利益。当然欧盟法院也在谷歌西班牙诉 AEPD 案中明确要求，遗忘的权利是要求搜索引擎（而不是创建内容的网站）删除“不充分、无关联或者过了很长时间不再相关的链接”。[②] 但这种从外在数据视角对个人权利的保护范式，是无法应对实践中所存在的现实困境的。

欧盟以司法路径对权利进行的界定，并没有真正涵盖遗忘权的本质内涵。这种司法裁决上的定义只是一种权利行使的形式表征，并不是权利本身，因为它没有真正回答权利本身是什么，其只是说明了什么样的方式可以保护“遗忘权”。虽然学者杨立新等所认为的谷歌公司在冈萨雷斯案中的败诉，使具有争议的“遗忘权”开始成为相对正式的法律概念，[③] 但是从欧盟司法案件的具体裁定中可以看出，权利的体现未能触及遗忘权的实

① 参见 K. ranenborg，Herke，“Google and the Right to Be Forgotten”，*European Data Protection Law Review*，Vol. 1，2015，pp. 70 – 79。

② 参见 Dowdell，John W.，“An American Right to Be Forgotten”，*Tulsa Law Review*，Vol. 52，2017，pp. 311 – 342；参见 Kropf，John W. Google Spain SL. v.，“Agencia Espanola de Proteccion de Datos（AEPD）”，*American Journal of International Law*，Vol. 108，2014，pp. 502 – 509。

③ 参见杨立新、韩煦《被遗忘权的中国本土化及法律适用》，《法律适用》2015 年第 2 期。

质内核，而只是以侵权的形式保护了个人信息权益而已，这种外在化的权利保护形式其实取代了“遗忘权”所要保护的真正目的。外在化的权利保护模式多了一些技术和外在化的权利表述路径，但缺乏权利本身所具有的核心内容和价值意义。

需要指出的是，司法裁决虽然在权利的实质内涵上依然存在明显不足，但其意义在于首次明确给予了当事人可以保护个人资料的限制权和终止权，这可以认为是外在形式的“遗忘权”。这次司法裁决的规范影响也体现在了 2016 年欧盟重新修订的 GDPR 之中。欧盟以规范的形式直接明确了遗忘权的形式化规定，[①] 比如第 17 条，其对遗忘权之规定大致有三个方面的内容：其一，数据的权利拥有者是数据主体，即产生数据的主体；其二，数据主体有三个条件之一就可以行使保护个人数据的权利，比如与已处理目的已经无关、数据主体不同意或者不希望其数据被处理、数据控制者失去了正当保存数据条件等；其三，数据主体行使数据权利的方式是以“删除”的形式。此规定也被看作欧盟在“遗忘权”规定上所迈出的重要一步，不仅具有重要的规范性，更对其他国家的权利建构起到了示范效应。但其规定明显也有六点不足：其一，如何评判收集的目的，其标准如何设定将会引发争议；其二，数据主体只要不希望数据被处理就可以行使“删除权”，但又该如何实现言论自由、公共利益和个人利益之间的平衡；其三，数据保护主体的范围只是限定于“个人”，那么“个人”之外的其他主体的数据信息权益是否要保护并未周全；其四，权利的行使方式是“删除”，对删除之后的负面性评价该如何协调和应对缺乏明确规定，毕竟删除或者限制只是权利的表现形式而不是权利的内涵和本质所在；其五，对权利的本源没有真正的探究清楚，遗忘权的本源不在于对信息的控制，而在于对不义经验对抗下的一种反应；其六，遗忘权的定义只是一种形式化和表象化的简单规定，其本体论、认识论和方法论都未能涵盖

① 欧盟《通用数据保护条例》第 17 条规定：“当个人数据已和收集处理的目的无关、数据主体不希望其数据被处理或数据控制者已没有正当理由保存该数据时，数据主体可以随时要求收集其数据的企业或个人删除其个人数据。如果该数据被传递给了任何第三方（或第三方网站），数据控制者应通知该第三方删除该数据。”

在内。

上述六个方面的不足原因在于规范在制定时，并未厘清“遗忘权”的本体是什么，甚至对遗忘权的理解都是不清晰的，比如大多学者认为，“遗忘权”是指人们有遗忘过往信息，享有清白历史的权利，[①] 这种概念上的随意性也间接导致了具体立法和司法中的不足和缺失。

其实，司法上的不足，不仅体现在欧盟的“冈萨雷斯案”之中，在欧盟裁定“冈萨雷斯案”的前一年，美国加利福尼亚州也签署了“加州568号法案”，明确提出了“橡皮擦规定”，此规定的遗忘权主体是未成年人。这个法案有重要意义，但也存在明显的不足。如其保护的主体只限于未成年人，未将其扩大为数据主体或者至少是自然人，导致主体保护范围过于狭小，这依然是遗忘权保护中规范上的外在化路径。当然美国在奥巴马政府时代，也在加紧对消费者隐私法案和权利法案的修改，以为相应的信息主体提供可以遗忘的权利手段，包括赋予主体访问、收集、存储和删除信息的全部权能。[②] 其实这样的路径选择是和一个国家所坚持的保护理念相关的，对遗忘权的构建理念不同，规范的建构也就不同，是否支持其是一种单独权利的态度也就不同。欧盟将其建立在国家权力管控网络边界的基础上，因此支持遗忘权，而美国将言论自由放在首位，以宪法修正案的形式予以确立，这就在支持遗忘权的路径上趋于弱势，甚至止步不前。

（二）学理上权利的形式化

英国学者舍恩伯格在其著作《删除：大数据取舍之道》中较早提出了学理上的“数字遗忘权”，却并没有给数字遗忘权以明确的定义。他认为数字遗忘权概念的目的是解决数字化记忆给人类带来的问题，数字化记忆所具有的可访问、持久和全面等特性，会严重削弱个人对自身信息的控制能力，完整的数字化记忆在损害人们判断力的同时也会摧毁历史危及人们

① 参见陶乾《论数字时代的被遗忘权——请求享有“清白历史”的权利》，《现代传播》（中国传媒大学学报）2015年第6期。

② 参见 Brougher，Jordan D.，“The Right to Be Forgotten：Applying European Privacy Law to American Electronic Health Records”，*Indiana Health Law Review*，2016，Vol. 13，pp. 510－545。

的及时行事能力。[①] 因此，这也是舍恩伯格认为在保护数字遗忘权时要求对数字记忆的信息采取一种限定删除期限的规定，使过一定时期之后的数字记忆信息可以自动删除或者清除的原因所在。这种对信息的时效性限制，正在成为大数据时代保护个人信息的重要形式和路径选择，但这种删除或者消除的路径选择不是权利的本质内容，而只是一种形式化的表现。正是由于遗忘权具有这种外在形式，它也被认为是“立法者对世界的看法与现有技术如何运作之间巨大差距的一个很好例子”。[②] 这种技术带动的立法权力变迁，也间接使权利越来越形式化。

如果要对学理上的遗忘权进行相应阐释，它所要实现的目的可以被描述为应对数字化记忆可访问、持久和全面等特质的信息权能。这种依然不太明确的泛化概念，也没有真正明确遗忘权的本质内核。[③] 舍恩伯格在书中对数字时代的遗忘其实只是进行了一种事实化、描述性的策略性回应，比如其认为可以通过对信息设置有效期，将信息互联网记忆从默认永久调回固定期限删除的路径上，建构一种形式上的遗忘。[④] 但舍恩伯格所隐含的基本目的是要通过规范赋予每个人“遗忘权”，来应对计算机和信息技术发展对个人信息和隐私等方面的损害问题，这种思路当然也就引起了西方理论界和实践部门的广泛关注和认真讨论。[⑤] 但通过有效期来限制、删除或者消除信息的方式只是一种形式化的权利保护路径，并没有真正回应遗忘权所要保护的目的，而只是在一定层面实现了保护遗忘权的目的。这种只是以保护权利为目的而做的研究正在消解权利本身所要保护的目的，权利的行使越来越偏离原有的轨道，体现出了一种权利上的形式化和工具化，弱化了权利存在的目的与价值，也逐渐缺失了权利内在本质上的核心意义，失去了权利本身存在的根本基础。

---

① 参见〔英〕维克托·迈尔－舍恩伯格《删除：大数据取舍之道》，袁杰译，浙江人民出版社，2013，第159页。

② 参见 Dowdell, John W., “An American Right to Be Forgotten”, *Tulsa Law Review*, Vol. 52, 2017, pp. 311－342。

③ 参见郑文明《个人信息保护与数字遗忘权》，《新闻与传播研究》2014年第5期。

④ 参见〔英〕维克托·迈尔－舍恩伯格《删除：大数据取舍之道》，袁杰译，浙江人民出版社，2013，第233页。

⑤ 参见郑文明《个人信息保护与数字遗忘权》，《新闻与传播研究》2014年第5期。

之所以说学理上形式化的权利保护路径只是保护了权利本身，而未回应或者体现权利保护的目的，不仅逐渐弱化了权利内在本质的核心意义，而且失去了权利本身存在的基础，是因为当下的认知存在以下几个不足。第一，遗忘权的目的在于遗忘，而学理上的互联网删除路径，却具有历时性不足，只关注互联网层面，而忽视了人类的整个历史。这种不足认为遗忘权是为了解决完美数字记忆带来的问题，其实是片面的，数字时代只是提高了遗忘权的受关注度，而遗忘的问题却不单单是大数据时代的隐忧。遗忘权应当是人类存在以来就有的问题，只是过往历史并未让这种问题体现得这么迫切，毕竟过往的人们依然对记忆充满敬意，而忽视了内在的遗忘本能。第二，遗忘权的目的之一是保护信息，但当下遗忘权保护的信息范畴统合不足，互联网信息的可持久性、可访问性和全面性只是技术带来的一种客观反映，未有互联网之前，传言、谚语、风言风语、八卦轶事、野史等各种口头和书面中记载的信息都可能是遗忘权的外在载体和表现形式，互联网只是形式之一，并不是全部，现在的权利构建单单保护互联网的信息是不足的。第三，保护遗忘权的方式和路径不足，遗忘权保护至少有两个维度，其一是保护权利本身，即一种形式上的删除、限制、取消、分离信息等；其二是保护权利所保护和存在的目的，即本质上的非相关信息的非评价选择，但学理上所引入的遗忘权保护方式和路径只涵盖了前者而少有涉及后者，更为严重的可以说后者是缺失的。第四，义务主体不足，遗忘权的提出是以互联网的兴起为直接诱因的，互联的数字信息是其主要保护的范畴，而这种数据的存储主体主要体现为互联网运营商，但实践中还有大量的书本和其他录音录像材料是无法纳入互联网体系的，其相应的存储主体需要单独予以明确，以增强其遗忘的义务性。

遗忘权在学理上所存在的形式化表征，也可以从以下几个方面看出。第一，机制协调形式化，理论上一直探究要在人格尊严、言论自由、公共利益三方冲突中找到协调与平衡点，但这种价值和事实平衡点的分析，却一直止步不前，未能有个明确的界限。三者的冲突最直接的体现是数据保护和数据利用的内在冲突，遗忘权的建构也应当在主体信息保护和主体信息利用方面，在增强社会公益和社会最优之间找到恰当的平衡点。第二，保护内容存在的事实和意义的形式二分，学理上的遗忘权重在对主体信息的形式保护，如删除、遗忘、设置条件的默认或者取消，而在涉及主体存在的意义上的保护却是缺失和不足的，这在遗忘权建构方面明显是主和次不分、本体和方法不分、认知论和本体论不分。第三，主体分类和研究的形式化，学理上对保护主体的探究存在虚拟世界和现实世界的分离，但现实世界和虚拟世界是无法分开的，这种对分离上的形式化和混同上的模糊性的探究不够清晰性，理论上缺乏明细性导致规范建构的模糊性，会使立法可选择性大量丧失，也会导致规范上的规定和司法中的裁判无的放矢。第四，概念统合上的形式化，对于新型权利，其名称统合的是形式，并未理解其中的内在意义，导致各种名词不断涌现，比如有的用“遗忘权”“删除权”“数字遗忘权”等，有的还认为其属于“个人信息保护权”或者“隐私权”范畴，这种名词称谓中的不一致，更为这项权利的现实建构和理论分析平添了几分灰色，导致局内和局外的理解千差万别和无法统一，这都影响了权利的理论存在和规范发展的根基。

四 “遗忘权”理解的双视角

“遗忘权”概念定义的不清和混乱，重要原因在于大多数学者对此项权利的分析视角单一。这种单一视角一般都是从外在视角进行的理论和规范论述，即以删除、分离、控制和消除等为路径进行的外在形式论述，而忽视了“遗忘权”内在视角下的本质意义，即与主体的非相关性、非评价性和非决定性意义相关的内在论述。分析实证主义法学家哈特在《法律的概念》中以内在观点和外在观点为视角对“法”的概念作了重要区分，内在观点认为“我应当遵守法律，这是我的义务”，外在观点认为“我被迫遵守法律，这是一种强制”。[①] 这种内外区分视角也同样适用于对“遗忘权”的探究，我们可以将其分为外在视角和内在视角。外在视角是一种形式化、机械化的被迫行为，而内在视角是一种实质化、有机化的主动

① 参见 H. L. A. Hart, *The Concept of Law*, Oxford: Oxford University Press, 1961, p. 88。

行为。

(一) 外在视角

从外在视角来建构遗忘权，就是仅仅对权利的保护进行一种外在化的审视，这种审视逐渐变成了保护权利的形式。遗忘权的外在视角就是对主体有权对其过往信息进行控制、删除、消除和分离等权能的逻辑论述。我们可以从三个方面理解这种视角的权利论述：表现形式、义务主体和逻辑含义。这三个方面都可以从三个维度来分析，即信息分类、信息使用和载体类型（存储特性）。三者紧密相关，三者的关系对信息的遗忘方式和路径选择产生了直接影响。

1. 外在视角下，遗忘权表现为一种事实化的形式权利

遗忘权的事实化表现形式即是对信息的控制权和删除权。信息分类直接决定了什么样的信息可以纳入记忆的范畴，什么样的信息可以采集和归集，这种记忆逻辑也就决定了什么类型的信息需要遗忘以及又该如何遗忘。如果采集和归集的信息种类的分类标准是相关或非相关、直接或非直接、重要或非重要等标准，那么遗忘权的建构方式当然可以以相关或非相关、直接或间接的、重要或不重要为路径。

信息使用与信息呈现的性质直接有关。在当下，信息最大的性质之一可以认为是一种价值和利益，它已经成为一种重要的社会资本，当然也就具有重要的社会意义。信息的价值和意义体现在对它的使用方面，只可储存不可使用的信息是没有价值的，也就会失去意义。信息的社会资本属性极大地增大了其使用的可能性，因此追求完善的存储就成了使用的前提和基础。而信息遗忘的外在选择正与信息存储方式紧密相关，比如，在过往文字和书籍时代，可以出现“焚书坑儒”或者“文字狱”的信息“遗忘”形式，而在互联网时代，对于主体信息的遗忘方式，就是删除、消除和控制信息传播的链接，这也正是互联之下信息遗忘权的外在表现形式包括控制、限制或删除等的原因所在。

载体类型决定了信息保护的义务主体，主体不同其反映的遗忘方式也会有差异。如以网络服务器、云端、硬盘等为基础的网络服务提供者，可

以通过要求提供者、云端控制者、硬盘所有者或者其他相关主体，删除、消除或者清空（格式化）的方式来对信息进行保护。或者以合同方式，签订信息使用协定，包括使用方式、使用期限、范围、收益分配等。但现实中大多是形式化的签订方式，也并没有真正履行，比如互联网上的各种App或者网站的使用协议都是霸王性的。还有一个重要的原因在于，信息传递中使用者难以对其进行有效的控制，原因主要在于：其一是主体的随机性；其二是信息随意性。这也是前述有关学者所认为的遗忘权即是删除权的原因所在，这种观点把具有内在机制的遗忘与外在机械化的删除或控制进行了等同，这明显导致了权利内涵的片面和其外延的狭窄与不足。

2. 外在视角下，遗忘权的义务主体应当是信息的所有使用者

不论是初级信息拥有者，还是次级信息拥有者，或者信息传播者，以及信息搜索者、储存者等都是遗忘权外在视角下的义务主体，如互联网的服务商、数据存储部门、移动平台等的管理主体。

信息分类也决定了义务主体所出现的各个环节。从主客观方面信息可以分为被采集者信息、采集者信息、采集的环境信息，而涉及这三个环节的信息所面临的遗忘权主体是不一样的。被采集者当然涵盖采集者和使用者，采集者遗忘主体却是主体自身和信息使用者，采集的环境信息的遗忘义务主体，既是采集者，也是被采集者、使用者和二者所存在的环境监管者。

信息所带有的利益属性使信息的使用无处不在，无处不在的信息使用也就产生了无处不在的信息使用者。信息作为利益的重要体现，外在视角下，信息使用者作为信息生产者的外在主体，可以以“棋在局外”旁观者的姿态出现，他们既不是信息生产链条中的一环，也不是信息本身。这些使用者会在社会资本的驱使下，成为一批以利益为导向的信息富民，他们会毫无顾忌地搜集、兜售各个相关主体的信息，以尽可能全面、充分、便利的方式将各种信息统合在一起。信息富民在信息时代所体现出的控制地位，使立法不得不对此作出必要回应，以严格信息富民在信息使用上的霸主地位。在信息富民中，有一类富民需要特别注意，那就是拥有强大政治权力的政府，他们会在高获利的目的下搜集、利用各种信息，问题在于追

寻信息利益的目的碰到权力的强大动力会激发更大的控制力，这种控制力就是“专制和独裁”。专制和独裁所需要的监控会对信息贫民造成巨大的侵害，使人们“噤若寒蝉”。因此，遗忘权义务主体的广泛性是为了防止信息使用者的肆无忌惮和专制独裁，在保障人民言论自由的道路上建立坚实的屏障。

存储特性不同，涉及的主体类型也就不相同。如果是以数字存储为路径，则其义务主体可能涉及对数字数据进行充分归集、利用、整合、监管等各环节的主体；如果以文字、图画、照片等形式存储，就涉及拥有这些物品的主体或所有者。载体类型的不同涉及的主体范围也会不同，以手机、网络、云端等为不同类型储存的服务器，大多会涉及移动公司、云端提供者、网络运营者等信息控制主体。但上述范畴也会出现狭窄和不足，忽视对信息或者过往事件利用的具有关键作用和重要意义的评价者，遗忘的目的正是要限制这些主体的乱用和误用，甚至是错用，而不只是对服务商的信息链接进行机械化删除。

3. 外在视角下，遗忘权的逻辑是一种技术上和工具上的形式和方法

这种技术和方法是通过分离过往连接、删除过往信息、消除过往痕迹的路径来实现对遗忘权的一种形式上的保障。这种保障的逻辑含义同样可以从信息分类、信息使用、载体类型（存储特性）三个方面来分析。

在信息分类方面，其逻辑体现为一种外在性。这种外在性主要是对信息的精细化、全面化、准确化的分类和整理，是以客观化事实为依据的一种描述性逻辑特点。这种描述性的信息分类，对于遗忘的含义当然也只能是描述式的，即通过一种事实化的方式来遗忘，这种遗忘同样也只能是形式意义上的，比如是以一种删除、消除、清除等方式来应对过往痕迹或者信息。

其实信息使用的逻辑体现为大数据应用中的一种相关关系。这种信息使用的相关关系是外在客观化的事实信息在大数据中所表现出的一种类型化、比例化、非直接化的使用形式，这种形式关系之间并没有必然的因果性，当然也就不是传统意义上哲学化的因果观。

载体类型（存储特性）的不同会呈现不一样的遗忘逻辑。信息的载体具有强烈的历时性和历史性，从古代的肢体表达到语言交流，从文字记载

到图画体现，从数字数据到互联之网，从记忆为例外到记忆为常态，都是当下载体类型体现出的各种不同的逻辑含义，这为遗忘的外在视角选择提供了不一样的逻辑方式。如肢体语言时代，遗忘的含义可能就是“魂飞魄散”；文字时代，遗忘的含义可能就是“焚书坑儒”；而互联网时代，遗忘的方式可能就是“删除和脱离”……前两种遗忘是对物质世界的直接处置，消灭或焚毁，后一种遗忘是针对网络数字的一种技术化的处置，已经不再是消灭物质本身，而是数字上的一种修改或删除。这种逻辑上的差异和不同，正是载体类型不同的结果。但是这种逻辑上的不同并不是根本上的不同，只是方法和选择上的不同，因为从物质化角度看，前者消除的是信息载体本身，而后者删除的是数字，是一种链接，但上述的逻辑依然是一种外在化的逻辑范式。

（二）内在视角

从内在视角来建构遗忘权，就是要对权利进行一种本体化和价值化的审视，这种审视才是权利存在的目的。遗忘权的内在视角就是主体有权对其过往信息进行非相关性、非评价性和非决定性的逻辑阐释，本体上是信息的无相关化和无评价性的意义性逻辑。它的本质应当是一种价值上的真正遗忘（不用过往信息进行不相关的评价），而不只是事实上的遗忘（形式上的信息删除）。当然也可以从三个方面理解这种视角的权利论述：表现形式、义务主体和逻辑含义。这三个方面同样可以从三个维度来分析，即信息分类、信息使用和载体类型（存储特性）。

1. 内在视角下，遗忘权表现为一种价值化的人格权

遗忘权价值的表现形式是无相关信息的无评价性。我们也可从三个方面对内在视角表现形式进行分析，主要是信息（采集和归集）分类、信息使用和载体类型（存储特性）。

在信息分类方面，内在视角是以主体为核心，对其所有信息进行人格化和非人格化的分类，前者是与人本身自在性相关，不同学者对人格有不同的区分，一般来说，人格化信息即是民法意义上人格权保护的范畴。如有的学者就认为人格权具有支配性和绝对性的权能，只能对身体、姓名、

肖像、声音和个人信息资料等内容中的人格要素加以支配利用（或者可许可他人使用）。[①] 人格权可以分为一般人格权、人格商业利用权以及自我决定权等相关类型，[②] 而人格权类型的多样也促使人格化信息的多样。人格化信息主要是决定人作为人的人格化信息，非人格化的信息大多与人在社会系统中的角色相关，比如医生、律师、法官、官员、工人等，这种角色性的信息基本上是非人格化的。但人格化和非人格化的信息之间的标准和界限是动态的，不同的时代会有不同的分类。这就是信息在内在视角分类中的模糊性和动态性。比如姓名、性别、出生年月等最开始可能是非人格化的信息，只是一般的事实性信息，但是如果角色不同或者时代不同，其就可能变为人格化的信息，如变性人的性别信息。

信息使用方式和限度与信息所呈现的人格化或非人格化直接相关，这种使用方式会体现价值化的特质。如果是对人格化的信息进行处理和使用，将会直接面对主体人格尊严、人格权甚至是人权的具体保护问题，此种保护会更为严格，因为这些权利是人之为人最为根本性的构成要件，缺一不可。如果对非人格化的信息进行使用，将会涉及主体的一些其他非基础性的权利，如环境权、教育权等，应当慎重。这种信息分类下的信息使用方式，是未来信息使用的内在趋势，而不是外在形式。在上述分类之下，信息使用后的这种遗忘化的表现形式，就会直接与应然意义上的自然权利和实然意义上的规范权利产生紧密的联系，甚至是全面的等同。

载体类型（存储特性）方面，遗忘权的内在视角表现形式就成为与技术的对抗，与大数据时代人工智能的对抗。这种对抗最直接的后果是塑造了一种“信息茧房”，用信息包围了整个主体和世界。乐观一点，我们也可以称这种结果为“信息之网”，可以互通有无。不论是茧房还是网，遗忘的表现形式是要破除这种信息茧房，逃离这个信息之网，与技术化的指导和控制相抗争，以防止信息茧房构筑一个非主体的主体，以促使人回归自由意志下的本性。与此相应，即使表现形式与人外在信息与人价值评价

① 参见韩强《人格权确认与构造的法律依据》，《中国法学》2015 年第 3 期。

② 参见杨立新、刘召成《抽象人格权与人格权体系之构建》，《法学研究》2011 年第 1 期。

的间接相关性或者耦合性之间，有一定的直接相关范畴，也无法明确人本性的遗忘和记忆权利。这就涉及了从内在视角看待遗忘权的目的是什么的问题，毕竟目的决定手段，手段影响目的，其目的主要是其所涵盖的非相关、非评价和非决定信息可以带来强烈的社会影响和实践作用。

2. 内在视角下，遗忘权的义务主体是对主体进行相关性评价的信息使用者

内在视角所看到的义务主体是具有形式间接性下的本质直接性，其意义就是对于所有间接可以查到信息的信息使用者，排除其对信息主体的非相关性评价。

在信息分类（采集和归集）方面，可以分为可使用类（如健康类信息、学籍信息）和不可使用类（如保密类[①]）。在内在视角下，能够使用信息的义务主体也可以分为间接和直接两类。间接义务主体正是信息的直接采集者或归集者，直接的义务主体是以信息对主体进行相关性评价的信息使用者。对于不可使用类，当其转化为可使用类时其义务主体可以与前者等同。这就是信息分类的不同会决定内在视角下义务主体的差异。如果是政府作为采集者和归集者，则间接义务主体是政府，直接义务主体是通过政府平台使用信息的主体，所以建构权利既要防止公权力对私权利的任意侵犯，又要防止直接义务主体对信息主体的随意性评价。如果是第三方非营利机构进行归集，其规范性应要求坚持保护信息主体利益和信息安全的原则；如果是第三方营利机构进行归集，市场中的企业则要坚持用户主体权益、信息安全和无过错原则的权利建构路径。

在信息的具体使用方面，义务主体也会随着使用者类型的不同，在内在视角中产生不同后果和保护方式。对信息进行商业利用的主体，将要防止资本异化后对信息主体的侵害和自我利益的膨胀，同时防止出现信息使用者的肆意妄为，甚至与监管主体对抗。在内在视角中信息使用者本身也是信息生产者，其并不能置身事外，脱离其他主体对其信息的使用。也就

① 参见周毅《试析现行文件开放中例外信息与保密信息的区别》，《档案学研究》2005 年第 2 期。

是说在内在视角中，每一个信息使用者都会将自己看作信息生产者，遵守相应的义务，保护他人的权利就是保护自己的权利，因此，其义务主体是整个信息使用过程中的所有主体，甚至也包括人工智能。

在载体类型（存储特性）方面，由于载体的不同，内在视角下的义务主体会有层级化和多样化的可能。层级化体现为信息直接拥有者从一级、二级、三级到很多级，其拥有力会逐渐减弱。在多样化方面，如以口头语言为载体的信息，其义务主体就是传播这些语言的人，以文字为载体的信息表现形式，其义务主体是记载这些文字的主体，以图画为载体的信息形式，其义务主体是绘画者，以互联网为信息载体的形式，其义务主体是互联网相关服务的提供者。从更为广义的立场看，在人人皆终端的社会中，每一个人都是信息使用循环中遗忘权的义务主体，甚至是直接义务主体。直接义务主体查找特定对象过往信息，即使这些信息与该对象当下所作所为无相关性或者评价性，决定上述信息可否使用的义务主体却是进行评价或作出判断的直接信息利用者。以招聘为例，招聘部门会首先筛选应聘者的学历信息、性别信息、外貌信息、婚姻状况等，但如果进行信息查询发现应聘者有婚外情，那么他就有可能失去这份工作，然而他要应聘的却仅仅是个维修工的工作，婚外情和维修工的角色又有什么关系呢？正是这种应聘的信息使用结果与主体无相关性信息的一种因果性评价，才产生了一种不该有的负面后果。

3. 内在视角下，遗忘权的逻辑是一种机制上和人格上的结构和价值

内在视角的逻辑通过不相关和非评价性的基本原则来排除与主体相关的无价值和无意义的信息。与外在视角逻辑相比，虽然两者的目的都是使主体能够合理地不受过往非相关信息的评价影响，有一个轻松的过去，至少敢于活在当下，并且面向未来，但外在视角在于事实形式，内在视角在于价值本质。内在视角的遗忘权就是要对大数据时代信息对人的尊严和人格产生的具体影响及作用进行价值上的深入分析。①

大数据时代的信息，由于信息分类的不同会对主体有不同的价值结

---

① 参见 Biasiotti，Maria Angela，S. Faro，"The Italian Perspective of the Right to Oblivion"，*International Review of Law*，*Computers & Technology*，Vol. 30，2016，pp. 5－16。

果，如何划分信息主体的相关信息和非相关信息，就决定了什么样的信息可以纳入或不可以纳入对主体的评价范畴，这也就是内在视角下遗忘权逻辑机制最初结构化的起点。它是一个从事实描述到价值评价的运行结构和过程，其主要由与信息相关性分类的结果来直接决定。因此，内在视角的逻辑就体现在了要合理区分什么是相关的信息，什么是非相关的信息，区分的标准和条件决定了信息使用的结构类型，是自由型或者专制型、保护型或者侵害型等。

在信息使用方面，资本化、管理化的外在方式信息使用与相关性、评价性的内在方式信息使用具有鲜明对比。内在视角的信息使用，是一种参考、依托，而不是因果关系的评价性，更不是直接决定对个体的整个价值评价和人格判断。因此，这种内在视角的遗忘逻辑含义在信息使用方面具有间接使用性，而不是直接使用性。毕竟内在视角是一种筛选路径，外在视角是一种直接使用路径。

在载体类型（存储特性）方面，内在视角的逻辑含义表现为不同载体所体现出的重构逻辑是不同的。人本身的记忆体现为大脑细胞对记忆信息的不断重构，是一种超越时间和空间的不断组合。比如，语言形式的记忆信息，其载体逻辑在于传播中的理解，一传十十传百的路径，这种理解会在语言传播中不断地被添加各种信息，形成一种理解上的重构，如“众口铄金”。文字形式的记忆信息，其载体逻辑体现在理解和解释方面，比如在西方，对圣经的理解不同，产生了基督教的分裂，这种文字上的理解就是信息载体所呈现的逻辑差异，形成一种理解和解释中的重构，恰恰印证了一句谚语“千人千面”。对于互联网时代的数字存储，其主要的逻辑含义体现为对数字的不断修正和控制，技术的发展最为强大之处是其可以在互联网上再创造一个虚拟主体，不论它在现实中是否存在，这种重构化的简便性，使当下的社会信息从“眼见为实，耳听为虚”转变成了“眼见也未必就实，耳听也未必就虚”的虚实难以认清的境况。其实当下流行的美图秀秀等各种软件，网络中各种修图、“P”图、剪辑视频音乐、录音等方式，就是契合了人在互联网中的重构目的，而这所形成的不仅仅是一种理解和解释的重构，更是技术时空甚至是事实本身的重构。因此，这种载体不同所导致的遗忘的逻辑含义差异，我们可以总结为，承认事实是真实的，但技术让一切变得无法真实，一切都在重构。正因如此，遗忘的逻辑内核主要在于恢复人类的本性，排除外在信息对主体的内在评价，使因果关系与重构重新回到相关关系的正常轨道之上。

五 “遗忘权”双视角之因

遗忘权的双视角源于“遗忘”是作为主体的人在其之内和在其之外所具有的双维度。因此，对于以人为目的的遗忘权，其概念的本体论维度也应当包含两个方面的内容。其一，人之内对信息的本能和本性维度，即人自身所拥有的记忆与遗忘本能。人的生物体结构拥有记忆与遗忘的双重本性，这种本性其实就是弗洛伊德（Sigmund Freud）意义上的“本我”，也可以称为“潜意识”的阶段。其二，人之外对信息的环境和社会性维度，即人与人关系之中所形成的社会化记忆和遗忘。人的社会性与政府之恶和信息富民之恶的异化抗争，体现为弗洛伊德意义上的“自我”，是“显意识”的阶段。

因此，对于遗忘权概念的本体论探究，可以从两个方面分析：其一是作为人的本性，人自我的互动阶段；其二是作为人之外的社会性，即自我的人与外在环境的互动阶段。

（一）人的本性之因

遗忘在于人的本性使然。作为“本我”的人具有生物本性，这种本性对信息意义包含两个方面的反应：记忆和遗忘。从生物学上看，人类大脑所拥有的遗忘能力和记忆能力其实具有同等重要的地位。因为不论是记忆还是遗忘本都是人本我的重要组成方面，不可或缺。没有记忆的人是不可能进行知识积累和抽象思维的，并且也会失去生产和创造的能力，而没有遗忘的人只能活在过去，过载的记忆会成为人脑的一种负担，这种负担会使个体失去活在当下的勇气，因为如果人们失去了遗忘的能力，人就会有失去重构和原谅的可能。所以，遗忘是有用的，它会使人类调整和重建记忆，并推广和构建人的抽象想法。①

但人类是如何记忆的会影响人类如何遗忘。记忆在类型上一般有长时和短时两种。针对一般的信息，大脑大多会选择短时记忆，因为大多数的信息都是无用的和累赘的，遗忘是大脑有意识减轻负累的重要功能性进步，但也会在特殊场景、特殊时间、特殊情况下选择有意识的长时记忆。一般理论认为，大脑会先形成短时记忆，然后通过大脑的海马体存储短期记忆；而大脑皮层却一般是长时记忆的所在地，当记忆在海马体内形成后，会通过一定途径移到大脑皮层中，经过持续性的“堆积”就会转变为长时记忆，但最新科技又发现长时记忆和短时记忆是同时形成的，长时记忆在形成初期并不成熟，可以被认为是一种沉默的过程，如果在这过程中海马体和大脑皮层之间的持续性联系受到阻隔，那么长时记忆就有可能永远无法形成，只是当下这两个部分的关系还不甚明确。② 或者我们可以大胆猜测一番，大脑在形成两种记忆后，如果短时记忆不断地促进长时记忆成熟，就会形成稳定的长时记忆，如果长时记忆无法对短时记忆作出回应，则短时记忆将会在一定时间内模糊，并最终被遗忘掉。这种双向互动的沟通刺激方式，一方面短时记忆刺激长时记忆促使其逐渐成熟，另一方面促使长时记忆对短时记忆作出回应或者刺激，让短时记忆形成一种不能快速遗忘的记忆流或者习惯机制。但如果在双向互动中，只有一方刺激另一方，被刺激的一方会逐渐成熟，而不被刺激的一方会快速弱化、凋零，并在记忆的时间长河中遗忘。

因此，不论是短时记忆还是长时记忆，如果无法获得有效刺激，就都将是无意义的，如果二者沟通和传递交流不够通畅，则同样会失去存在的价值和作用。因为如果无法获得有效的沟通和交流，则一个不成熟，一个会被遗忘。因此对于人来说，其对外在信息的处理过程可以从两个方面获得结果，一种是短时记忆不断刺激下的长时记忆获得了成熟，对记忆信息

---

① 参见 Rustad, Michael L., Kulevska, Sanna, “Reconceptualizing the Right to Be Forgotten to Enable Transatlantic Data Flow”, *Harvard Journal of Law & Technology*, Vol. 28, 2015, pp. 349 – 418。

② 参见刘霞《大脑记忆规则被“改写”》,《科技日报》2017 年 4 月 12 日，第 2 版。

会在本性中形成一种潜在的长时记忆，如游泳和骑自行车等；如果长时间持续性、不间断对短时记忆进行回忆，这个过程也会使短时记忆变得更难被遗忘，进而向长时记忆转变。作为人本性的记忆和遗忘，是人的基本权利所在，不论是长时记忆还是短时记忆都是人之本性中权利的两个方面，如果由于外在的原因，一方走向极端，都是对人权利的一种侵犯。因此，记忆很重要，遗忘同样也很重要，一个都不能少。虽然长时记忆使人脑可以拥有很多信息，但这种记忆的提取是一个不断重构和遗忘的过程。记忆中不断加入遗忘，记忆的这个长河中不断有遗忘的支流分走了它的水源，它也就不断地获得重构。这种人本性中的记忆方式直接决定了遗忘的方式，重构中的记忆本质上就是一种遗忘，这种遗忘是内在于人的，与外在的社会没有关系。更为重要的是，人本性的遗忘机制是遗忘权建构的关键内核。

（二）人的社会性之因

人本质上是一种社会性的动物。对于社会性的人，人的信息同样会有社会记忆和社会遗忘。社会记忆也会在社会中不断地获得重构，这种重构对人的社会性存在具有重要影响，是生存还是毁灭会成为这种重构的一个关键问题。

对人的环境和社会性记忆与遗忘情况进行分析，需要结合社会本身所具有的关系特质。其一，人与人互动的社会关系，必须是可重复、互利和互惠的关系，这是社会稳定和可持续存在的基本前提，毕竟征服或者强制都只是社会真正稳定的一种假象。一个社会的存在，正是人不断互动交往所形成的，交往和互动最重要的方式就是获知对方的信息，这是一种信息的社会记忆和传递，也是对信息的一种不断生产和汇集的过程。而作为社会的记忆，对于人与人互动的信息来说，即是一种广义的信息使用过程，如果要用事实性的语言解释的话，即是一种人与人外在互动关系的直接表现和描述；但需要明确的是，社会对人的记忆是人们之间互动信息的整合汇总，其内容也应当涵盖人与物互动的相关信息。人物一体化已经成为当下以及未来人类社会的重要事实性特质，不论是人工智能，还是物联网的快速发展，人与物的关系都将越来越密切。物当然也包括技术、平台、实物与虚拟物、硬件与软件等。人与语言的关系、人与文字的关系、人与图画的关系、人与数字数据的关系、人与互联网的关系等都是人与物关系的具体体现。物的特性会直接影响人在社会中的位置和具象，而信息载体形式的不同，也会对人们的过往进行不一样的重构和解读。

其二，人的社会记忆也是一种对人与物（技术）关系的重构，并且随着载体的不同，这种重构的复杂性也不同。以语言为载体的社会记忆重构能力最为简单，只能通过口述来传播，在传播中重构，在重构中遗忘，如“三人成虎”。以文字为载体的重构能力相对复杂些，通过不断地组合，在书写中传播，在书写中重构，在重构中遗忘，如“文有多意”。这种传播与载体演变和技术发展有巨大关系，最开始的载体是竹签，后来是羊皮，然后出现纸张，伴随着活字印刷术的出现，复杂性更进一步（复杂性不是困难性）。再次是互联网时代，以数字为记忆载体的重构能力更为复杂，也更先进。人们颠覆了认识世界真相单纯依靠眼睛的基本逻辑。人们眼睛中所看到以互联网为依托呈现的美丽漂亮的朋友圈，与朋友圈真实事物“见光死”所带来的巨大冲击感就是最好的明证！

社会本性中不论是人与人互动还是人与物互动，都对人的记忆和遗忘产生重要的影响。一种情况是，作为人自我本身已经遗忘了，但与之互动的人却记忆清晰或与人互动的物让其记忆清晰，使主体无法回归人自身的遗忘机制。在社会本体中，人逐渐生活在一个受到监控的“圆形监狱”之中，不断经历“噤若寒蝉”的社会，不仅遗忘变得更难，记忆这种对人类社会具有重要进步意义的功能也开始使人变得痛苦了。社会记忆（包括载体演变和技术变革）会对人的信息进行不断的重构、更改，甚至虚拟新的主体，衍生新的问题。这就要求在社会记忆中，人们遗忘信息应当从删除、消除的形式路径开始，进入价值评价的遗忘范畴之中才是最终的目的。

因此，对以上论述可以做个总结。不论是记忆还是遗忘，从心理学科视角来看都是认知心理学，其面临着心理学学科一直都有的一个二重性矛盾，即心理学是实验室与社会情景等的对立体，或者是基础研究与实际应用的对立体；而人是自然与文化，或曰本能与理性的对立体。① 遗忘权的建构也面临这种外在和内在结构性逻辑，即遗忘权本体具有人本性和社会本性的二元本体视阈。

遗忘权本体是具有二元性的，它却体现为一种“动态性”表征。原因在于权利的本体不是单一的，在每个时代都会表现出不一样的形态，但这都不影响权利的本体，因为它的本体是唯一的，但表现的面向与时代紧密相关。人权的内涵和动态发展恰好说明了权利的动态性，最初的人权就是生命权，后来演变为健康权，再到现在的发展权等。同样遗忘权也是动态的，这种动态性与双重视角紧密相关。内在视角的权利观是遗忘权建构的核心和目的，外在视角的权利观是遗忘权建构的外延和手段。遗忘权的内在视角是一种非相关、非评价、非决定等的，在哲学关系上建基于相关性、间接性的权利样态，具有人本主义的遗忘权能；外在视角是一种消除、控制、限定等的，在哲学关系上建基于因果性、直接性的权利样态，具有形式主义的删除权能。

因此，遗忘权不是简单的信息性权利，它还直接涉及了对个体的评价问题，它是具有价值取向和伦理结构的权利类型。“遗忘权”概念的建构应当坚持外在和内在双视角的逻辑结构。外在视角主要是指信息主体在数据信息保护过程中所拥有的，可以控制、消除或删除其数据信息的权利形态，内在视角是指数据主体在相关主体使用数据时拥有的一种非相关性、非评价性和非决定性的权利样态。

显然在规范性密度不断增高的今天，任何人都会违法，所以不可将所有违法行为全部纳入记忆（信用）管理中进行惩戒，应当进行区分，并且对失信的人惩戒后赋予其“遗忘权”。在信息完美记忆时代，遗忘权作为信用体系的重要救济机制须严肃认真对待。还需要指出的是遗忘并不是信息完美记忆时代信用救济机制的最终目的，最终目的应当是建立一个诚实的社会，一个大家不怕犯错，敢于以真实面目应对世人的社会，一个实实

① 参见王沛《社会认知心理学》，中国社会科学出版社，2006，第1页。

在在的社会，一个不说或尽量少说空话的信用社会。[①]

六　结语

显然，遗忘权不是单单的事实性信息权利，它还直接涉及了对个体的评价问题，它具有价值取向和伦理权利属性。这种事实和价值两个面向正是遗忘权本体所具有的二元性，这种二元性的时代表征同样也具有动态性。遗忘权所具有的动态性恰好又与其建构的双重视角紧密相关，因为内在视角是遗忘权建构的核心和目的，外在视角是遗忘权建构的外延和手段。

所以，“遗忘权”概念的建构应当坚持外在和内在双视角的逻辑结构。外在是指数据主体拥有的，在数据保护过程中可以控制或删除其数据的权利样态；内在是指数据主体在相关主体使用数据时拥有的一种非相关性、非评价性和非决定性的权利样态，最为直接的定义应当是指排除不相关信息在评判一个人功能中所具有的一种权利。因此，在遗忘权的建构中，特别是在权利的概念建构中应包括两个维度的内容：其一是与人本性相关的一种有机、内在、非评价和非决定等的价值权；其二是与物相关的社会本性上的一种删除、消除、分离和脱离等的描述权。

On the Construction of the Concept of “Right of Forgetting” from Two Perspectives

Li Jiafei

Abstract: The understanding of the concept of right can not be separated from the detailed explanation of its form and purpose. The same is true of the right of forgetting. The core of the value meaning of the right of forgetting is “forgetting”. Its formal path lies in the basic regulation of the subject's information,

① 参见於兴中《法治东西》，法律出版社，2014，第75页。

and its purpose lies in the basic choice of the non-relevance and non-evaluation value of the subject. However, whether the right of forgetting can be a single right type is the basic premise of its concept construction, but whether it can be a single right has two debates at present: negative right view and affirmative right view. Negative and affirmative views of rights differ logically in the construction of rights, but they all adhere to an external perspective of the construction path. The theoretical and normative exposition from this external perspective mainly confines the right of forgetting to the concept of right in the form of deletion, elimination, separation and separation, while ignoring the essential significance of the right of forgetting from its internal perspective, that is, its internal relevance to the non-relevance, non-evaluation and non-decisive significance of the subject. The concept of right in the destination path. The narrow perspective of the construction path and the choice of means in this methodology leads to two obvious shortcomings in the concept of "right of forgetting": the externalization of normative rights and the formalization of academic rights. Therefore, in the construction of the concept of "right of forgetting", especially its logical connotation, it should include two basic contents: one is an organic, intrinsic, non-evaluation and non-determination value right related to human nature; the other is a formal description right related to social nature, such as deletion, elimination, separation and separation.

Keywords: Right of Forgetting; Right of Description; Right of Value

权利发展研究

国际人权司法保障的新发展*

吕建高**

摘　要：国际人权司法保障已成为二战后国际人权保护的普遍关注点。不同国家国内法院通过各具特色和利弊共存的宪法审查机制促进人权司法保障。欧洲人权法院、美洲人权法院、非洲人权和民族权法院及其管辖范围内的代表性国家分别通过地区法院和国内法院之间有效的司法对话、人权司法保障的模式转型和创新发展推动地区层面的人权司法保障。司法全球化与国际人权发展具有密切联系，不同的司法全球化形式都可以作为不同层面的人权保障机制实现人权司法保障。

关键词：人权；司法保障；法院；司法全球化

第二次世界大战后，国际社会制定了人权标准与规范，包括各种国内、地区和国际层面的执行机制。但是，直到冷战结束，这些机制的有效性才成为国际社会关注的话题。[①] 换句话说，人权采取了国际社会接受的标准形式，并逐渐发展到可强制执行的程度。[②] 通过地区法院、国际特设法庭、国际法院或国内法院作出的司法判决，强制执行在很多案例中具有了可行性。

---

* 本文系国家社科基金重点项目“完善我国人权司法保障制度研究”（项目编号：14FXA003）的阶段性成果。

** 吕建高，河海大学法学院教授，哲学博士，法学博士后。

① Neil J. Kritz, “Coming to Terms with Atrocities: A Review of Accountability Mechanisms for Mass Violations of Human Rights”, 59 - 4 (autumn) *Law and Contemporary Problems*, 127, 152 (1996); Emilie M. Hafner-Burton, “International Regimes for Human Rights”, 15 *Annual Review of Political Science* 265, 286 (2012).

② Gideon Sjoberg, et al., “A Sociology of Human Rights”, 48 - 1 *Social Problems* 11 - 47 (2001).

随着人权保障范围越来越广泛，在国内、地区和国际层面出现了有关主权民族国家人权保护范围的争论。毫无疑问，很多观察人士将司法保障视为人权保护的关键所在。人权的司法保障不仅涉及国际法庭（如卢旺达和前南斯拉夫国际刑事法庭）和地区法院（如欧洲人权法院、美洲人权法院或非洲人权和民族权法院），而且涉及国内司法机构。实际上，人权责任与执行考虑了不同的管辖权和法定机构，它们采用不同机制实现各自目标。每个管辖权都与相应的司法机构相关联。注意到这一点尤为必要：当不同的国内与非国内司法机构对同一个案件提供人权保护时，这种关系取决于国内、地区或国际法院之间的并行性、互补性或辅助性原则。[①] 当然，每个管辖权都有不同的渊源，人权侵犯的受害人也以多种方式参与相应程序。而且，国际法定机构和国内司法机构之间存在多种联系。在每个案例中，国内法院都发挥着根本性作用。尽管人权保障始于地方法院，但它们并不必然止于地方法院，因为外国或多边司法机构或者其他机构也可能积极介入。

基于此，本文将首先从国内人权司法保障出发，考察并评价不同国家国内法院通过宪法审查机制促进人权保障的特有模式；其次讨论地区层面的人权司法保障，分别阐述欧洲人权法院、美洲人权法院、非洲人权和民族权法院及其他代表性国家国内法院促进人权司法保障的新发展，尤其从英国法院与欧洲人权法院之间的司法对话、墨西哥法院从“法律主权主义”向“法律世界主义”人权保障的成功转型，以及南非法院过去20多年在保护和促进人权方面的创新发展等方面展开详细分析；最后以司法全球化与人权保障为落脚点，简要考察不同的司法全球化形式，并解释它们如何形成一种不同层面的人权保障机制。

---

① 在国际法中制定这些原则的目的在于确立国内和国际机构之间的关系。这些原则可以理解如下：（1）并行性原则是指，在起诉反人类罪或侵犯人权罪时，国际法庭比国内法院具有优先地位，该原则的主要例证是卢旺达和前南斯拉夫特别法庭；（2）互补性原则是指，国内法院比只能受理侵犯人权犯罪行为的国际法院具有优先地位，如果相关国家不愿意或无能力对这类犯罪提起诉讼，国际刑事法院将会遵循这一原则；（3）辅助性原则是指，只有在穷尽所有国内程序之后，国际法庭才能享有管辖权，美洲人权系统受该原则指导。

一　宪法审查与人权司法保障

美国马伯里诉麦迪逊（Marbury v. Madison）案（简称“马伯里案”）使得人们对司法部门有权废止民选多数的立法命令感到不安，最终促使国家立法机构对平衡立法至上与人权司法保障这一错综复杂的难题作出独特的宪法回应。本文接下来将考察、总结并评价不同管辖权下的宪法制度如何寻求立法至上与基本权利司法保障之间的平衡。

（一）美国与绝对多数立法终极论

在马伯里案中，首席大法官马歇尔（Marshall）代表美国联邦最高法院宣称，司法机关有权宣布与宪法规定不一致的法律无效。[①] 然而，因此假定联邦最高法院是美国最高的法律解释者实乃夸大其词。美国宪法确立了一项机制，由国会和各州通过宪法修正案来回应那些不受欢迎的宪法判决。[②] 在宪法判决可能被推翻之前，美国宪法强加了一项绝对多数立法共识的程序限制。

诚然，这种程序门槛并不容易迈越，这也是国会为什么只在四种情形下成功利用宪法修正案推翻联邦最高法院的先例。[③] 其他试图推翻联邦最高法院判决的努力都被搁置一旁。国会提议推翻学校祷告案的判决[④]、堕胎案的

---

① Marbury v. Madison, 5 U. S. (1 Cranch) 137 (1803).

② 例如，美国宪法第5条规定：国会应在两院各2/3议员认为必要时，提出本宪法的修正案，或根据全国2/3州议会的请求召开公议提出修正案。以上任何一种情况下提出的修正案，经全国的州议会或3/4州的制宪会议批准，即成为本宪法的一部分而发生实际效力；采用哪种批准方式可由国会提出。

③ 第十一修正案是对 Chisholm v. Georgia (1793) 案判决的立法回应，在该案中，联邦最高法院判定，来自某个州的原告可以在联邦法院起诉另一个州。第十三修正案于1865年通过，旨在推翻声名狼藉的 Dred Scott v. Sandford (1857) 案的判决，即非洲裔美国人不属于美国公民，因此他们不受美国宪法保护。第十六修正案推翻了 Pollock v. Farmers' Loan (1895) 案的判决，从而确保国会有权征收联邦收入税，而且无须在各州之间进行分配，也不需要考虑任何人口普查结果。最后，第二十六修正案推翻了 Oregon v. Mitchell (1970) 案的判决，该案判定，18周岁及以上的公民不能因为年龄问题而被剥夺投票权。

④ Sch. Dist. of Abington Twp., Pa. v. Schempp, 374 U. S. 203 (1963); Engel v. Vitale, 370 U. S. 421 (1962).

判决[①]和侮辱国旗案的争议[②]从来没有在国会两院获得足够投票，从而为各州批准铺平道路。有时，即使拟定的立法获得国会必要的批准，各州也不太愿意支持这些变化。例如，国会于 1924 年在联邦最高法院 Hammer v. Dagenhar 案判决后提议禁止使用童工。[③] 被提议的宪法修正案从未获得通过，因为愿意批准该修正案的州的总数始终达不到要求。

在美国，对授予联邦司法机构权力的关注并非来自其法律至上地位。国会与州立法机构可以联合采取行动并推翻不受欢迎的先例。人们也不应该对如下事实感到焦虑，即联邦最高法院对法律的解释往往具有终局性。毕竟，如果国会不能吸引简单多数来颁布一项法令推翻某个非宪法性判决的话，由联邦最高法院宣布的普通法判决可能同样是最终的，而且不可撤销。相反，对宪法审查的担忧是，如果立法者对如下情形（即有必要制定宪法修正案来推翻联邦最高法院错误的判决）存在绝对多数共识的话，立法机构仅享有最后一锤定音的权力。绝对多数立法共识这种宪法要求使得司法判决具有事实上的终局性，即使一半以上的国会议员和民选州代表对结果表示不同意。因此，正是这种立法绝对多数共识的程序要求引发了宪法关切，因为它允许联邦最高法院的先例成为默认的法律规则，即使在立法上存在压倒性的反对意见。

美国宪法审查的捍卫者和反对者似乎都热衷于一场零和游戏。一方面，诸如切默林斯基（Erwin Chemerinsky）这样的捍卫者支持授权司法机构执行人权规范，因为法官的终身任职使得他们免受特殊利益集团的游说，而且免受对弱势少数群体困境漠不关心的选民所施加的压力。[④] 从这种角度看，存在一个独立且非民选的司法机构维护被政治过程边缘化的少数群体的权利十分必要。另一方面，诸如沃尔德伦（Jeremy Waldron）这样的司法怀疑论者将美国法院视为一个非民主机构，它们的行为不对公众

---

① Roe v. Wade, 410 U. S. 113 (1973).

② United States v. Eichman, 496 U. S. 310 (1990).

③ Hammer v. Dagenhar, 247 U. S. 251 (1918).

④ Erwin Chemerinsky, "In Defense of Judicial Review: A Reply to Professor Kramer", 92 *Cal. L. Rev.* 1013 (2004).

负责，而且不断妨碍民选代表机构的意志。[1]

然而，这种反多数主义难题无须通过将整个胜利授予任何一个阵营的方式来解决。缓解司法审查非民主性的灵丹妙药不是将之完全废除。在立法机构与司法机构之间构建权力的动态关系可以选择不同方式。在平衡立法终局性与政治部门的一致性，以及提供一种有意义的途径让独立的法官捍卫人权规范具有的必要性时，各国宪法制度都发展了自己独特的宪法审查模式。

（二）英国与不一致声明

英国《人权法案》于1998年通过，并于2000年10月2日生效。它将《欧洲人权公约》的规定融入英国国内法，而且，修改这项法案只需国会简单多数通过。[2]《人权法案》将英国的人权实现模式区别于其他宪法制度的关键之处在于其第3条和第4条之间错综复杂的法定关系。根据第3条的规定，法院必须以一种与《欧洲人权公约》保护的权利相一致的方式来解释和执行立法，“只要有可能这么做的话”。如果无法实现这种一致性解读，根据第4条的规定，英国法院可以发布一项正式的不一致声明。尽管存在这种声明，但受到质疑的立法规定并未被废止，它们继续具有充分的作用和效力。而且，尽管发布了这样的声明，国会并没有修改立法的法定义务。传统的议会主权观念得以保留，因为决定修改受到质疑的立法仍然是国会的特权。

当然，法院会以某种方式积极解读立法，而且这种方式使这些立法与《欧洲人权公约》的规定保持一致。例如，在R. v. A（No. 2）一案中，上议院多数派在违背国会意图的情况下利用第3条授予的解释性权力将一项刑事条款（该条款限制有关原告性史证据的可采性）归于一种额外的“默示条款”，即确保公平审判必需的证据仍然可以接受。[3]尽管如此，上

---

① Jeremy Waldron, “A Right-Based Critique of Constitutional Rights”, 13 *Oxford J. Legal Stud.* 18, 28 (1993).

② Joanna Harrington, “The British Approach to Interpretation and Deference in Rights Adjudication”, 23 *Sup. Ct. L. Rev.* 269, 269 – 70 (2004).

③ R. v. A (No. 2), [2002] 1 A. C. 45.

议院并没有花太长时间从这种偏袒的解释模式中撤出。在安德森案（Anderson）中，上议院拒绝利用第 3 条将一项新的规则（内政大臣不得强加一种超过司法建议的监狱税）曲解成一种量刑条款，理由是这与国会的意图直接冲突。相反，上议院法官宣称，内政大臣在决定刑期长短时的作用与《欧洲人权公约》的规定不一致。[①]

对司法使用不一致声明的最初犹豫可能归因于如下事实，即第 4 条被视为一种更积极的解释性工具。该条要求法院对国会行为的适当性进行裁判。与之相比，第 3 条则是一种更为谨慎的法律工具，它允许法院对某项立法规定作出与《欧洲人权公约》相一致的解释。因此，由于国会通过的《人权法案》，上议院大法官鼓励法院“尽力寻求一种与《欧洲人权公约》规定的权利相一致的法律解释，只要立法语言允许这么做；而且，只有在最后时刻才能得出如下结论，即立法与《欧洲人权公约》规定的权利不相一致”。[②] 法官非常自信的是，“在 99% 的案例中，没有必要发布司法的不一致声明”。[③] 事实证明，第 3 条已经成为更强有力的规定，根据这项规定，法官可以自己修改立法，而不是被动等待立法机构根据第 4 条的声明进行修改。在遵守议会至上的宪法信条时，英国法官现在更愿意采用第 4 条来表达他们对立法侵犯人权的不满，而不是适用第 3 条进行重新解释。[④]

尽管《人权法案》有着诸多优点，但第 3 条和第 4 条之间的相互作用存在令人不太满意的紧张关系。[⑤] 积极采用第 3 条的规定将使第 4 条失去存在价值，习惯性使用司法声明（该声明没有实际的法律效力）将使《权利法案》沦为“纸老虎”。目前的妥协似乎是，英国法院不会利用第 3 条来反驳立法的明确措辞或者必要含义，[⑥] 它们也不会热衷于法律改革，

---

① R. （Anderson）v. Sec'y of State［2002］UKHL 46，［2003］1 A. C. 837.

② 583 PARE. DEB.，H. L. （5th ser.）（1997）535.

③ 585 PARL. DEB.，H. L. （5th ser.）（1998）840.

④ Danny Nicol，“Statutory Interpretation and Human Rights after Anderson”，2（Summer）*Pub. L.* 281（2004）.

⑤ Conor A. Gearty，“Reconciling Parliamentary Democracy and Human Rights”，118 *L. Q. Rev.* 248（2002）；Gavin Phillipson，“（Mis）Reading Section 3 of the Human Rights Act”，119 *L. Q. Rev.* 183（2003）.

⑥ R. （Anderson）v. Sec'y of State［2002］UKHL 46，［2003］1 A. C. 837，894.

这种改革将会对需要立法协调和政策连贯的其他领域产生外溢效果。[①] 尽管这种解释是对第 3 条和第 4 条的一种合理调和，但它并不是唯一的可能解读。一个保守的法院可能让英国回到一种纯粹的立法至上模式。

（三）加拿大与立法否决

经过长期的立法辩论，《加拿大权利和自由宪章》（简称《宪章》）于 1982 年颁布并为《宪法法案》所保障，它在加拿大最高法律的范围内庄严载入人权的司法保护。司法机构有权宣布那些与《宪章》不一致的立法无效，因为《宪法法案》第 52 条明确规定，这样的立法“不具有约束力或效力”。[②] 对《宪章》规定的明确修正需要立法者达成非同寻常的共识。《宪章》只有在获得联邦议会和三分之二的省立法机构同意的情况下才能修改，而且省立法机构至少代表 50% 的加拿大人口。

尽管修改程序十分烦琐，《宪章》第 1 条和第 33 条规定的目的是防止加拿大最高法院的运作转变成美国模式，在这种模式下，司法机构是宪法规范默认的最终裁判者。例如，在 R. v. Oakes（简称“Oakes 案”）一案中，加拿大最高法院判定，根据《宪章》第 1 条的规定，政府有责任证明，对基本自由的这种立法损害促进了一项迫切且实质性的目标，其他侵略性较低的手段无法实现这一目标。[③] 如果被质疑的法律未能满足 Oakes 案确立的严格标准，加拿大司法机构有权宣告该法律无效。

尽管存在司法宣告立法无效的情形，《宪章》第 33 条规定，联邦国会或者省立法机构有权推翻法院的判决。[④] 立法机构可以明确宣称某项法案继续发挥作用，“尽管”存在违反《宪章》的情形，而且，在面对司法反对的情况下，立法机构可以再次颁布原有法律，这种“尽管”条款到期（五年时间）后失效，但该条款可以被每五年重新颁布，以使其继续

① Bellinger v. Bellinger [2003] UKHL 21, [2003] 2 A. C. 467, 480.

② Constitution Act, 1982, § 52 (1)（该条款规定：加拿大宪法是加拿大最高法律，任何法律如果不符合宪法规定，其不符合部分不发生法律效力或者无效）。

③ R. v. Oakes, [1986] S. C. R. 103.

④ The Canadian Charter of Rights and Freedoms § 33 (1).

生效。[①]

《加拿大权利和自由宪章》的美妙之处在于它的结构安排，它允许立法机构针对加拿大的人权保障与司法机构展开对话。[②] 对此，罗奇（Kent Roach）教授解释道，在宪法审判过程中，法院提醒立法机构关注那些可能会被忽视的价值，立法机构基于第 1 条和第 33 条的回应是，通过明确这些权利为什么会在特定情境下受到限制来扩大或完善辩论条款。因此，司法宣告立法法案无效使得立法机构有机会“重新冷静思考”如下问题：以现有手段追求既定目标是否具有绝对的必要性。[③]

（四）新西兰与解释性权力

《新西兰权利法案》于 1990 年通过，预示着新西兰人权保护新时代的来临。[④] 该法案第 6 条包含了一项解释性权力：“不管在什么情况下，只要某项法令被赋予一种与《权利法案》相一致的含义，该含义将优先于任何其他含义。”[⑤] 同时，《权利法案》第 5 条规定了一项普遍限制条款，允许在自由民主社会中得到合理证明的立法限制那些神圣的权利。[⑥]

上诉法院在 Moonen 一案中判定，《权利法案》第 5 条“必然包括法院有权甚至有义务表明，虽然立法规定必须根据其适当含义予以执行，但它与《权利法案》不相一致”，尽管到目前为止还没有发布过这样的正式声明。[⑦] 尽管《权利法案》对司法机构是否能够发布这样一份不一致的司

---

① The Canadian Charter of Rights and Freedoms § 33 (3).

② Peter W. Hogg & Allison A. Bushell, “The Charter Dialogue Between Courts and Legislatures (Or Perhaps the Charter of Rights Isn't Such a Bad Thing After All)”, 35 *Osgoode Hall L. J.* 75 (1997).

③ Kent Roach, *The Supreme Court on Trial: Judicial Activism or Democratic Dialogue*, Toronto: Irwin Law (2001), p. 250.

④ N. Z. Bill of Rights Act,《新西兰权利法案》在序言部分规定，“本法案：（1）确认、保护和促进新西兰的人权和基本自由；（2）确认新西兰对《公民权利和政治权利国际公约》的承诺”。

⑤ N. Z. Bill of Rights Act, § 6.

⑥ N. Z. Bill of Rights Act, § 5.

⑦ Moonen v. Film and Literature Bd. of Review, [2000] 2 N. Z. L. R. 9, 23, 1999 N. Z. L. R. LEXIS 98 (C. A.).

法指示保持沉默，但法院还是采取大胆措施来解读这样的权力。[①] 正如Moonen案审理法院宣称的那样，“如果涉及的问题逐渐得到联合国人权委员会的审查，这样的司法指示就会颇有价值，它对国会也可能是一种帮助”。[②] 尽管上诉法院是在缺乏明确立法授权的情况下解读发布不一致声明的权力，但它仍然受到《权利法案》第4条的限制，该条规定，法院无权认定立法规定默示无效，或者拒绝适用立法规定。[③] 因此，同英国法院一样，新西兰司法机构无权宣告立法无效，也不允许假定《权利法案》的通过意味着旧的法律失效。

新西兰司法机构在利用第6条规定的解释性权力时具有创新性。在Baigent案中，新西兰上诉法院创立了一项公法，该法根据《新西兰权利法案》对受到不法侵害的申请人进行赔偿，并将王室成员的法定豁免局限为私法中的损害赔偿。[④] 尽管如此，新西兰法院在利用自己的解释性权力时始终不敢采取冒险措施。在R. v. Phillips案中，司法机构面临一项刑事规定，即被发现持有有限毒品的被告应该被认为基于非法目的持有毒品，除非能够证明存在相反的情形。在一项简易判决中，上诉法院拒绝“宣读”强加给被告的法律负担，从而使其承担相应的举证责任，理由是这种解释“牵强附会且不自然”。[⑤]

与英国人权保护模式相同的是，议会至上在新西兰被保留下来，因为司法机构既没有权力宣告立法无效，又没有权力拒绝适用它认为违宪的法案。即使上诉法院决定定期发布不一致声明，但这些声明丝毫不影响立法机构有权决定是否遵守法院的建议。[⑥] 考虑到《新西兰权利法案》第4条

---

① 在Moonen案之后，新西兰议会通过的《人权修正案法案》（2001）明确授权法院发布正式的不一致声明，如果某项立法侵犯《新西兰权利法案》第19条规定的禁止歧视权，具体参见Human Rights Act 1993, amended by Human Rights Amendment Act 2001, § 92J。

② Moonen v. Film and Literature Bd. of Review, [2000] 2 N. Z. L. R. at 23 – 24.

③ N. Z. Bill of Rights Act, § 4.

④ Simpson v. Attorney-General [Baigent's Case], [1994] 3 N. Z. L. R. 667, 1994 N. Z. L. R. LEXIS 654 (C. A.).

⑤ R. v. Phillips, [1991] 3 N. Z. L. R. 175, 175, 1991 N. Z. L. R. LEXIS 719 (C. A.).

⑥ Andrew S. Butler, "Judicial Indications of Inconsistency: A New Weapon in the Bill of Rights Armoury?" 2000 *N. Z. L. Rev.* 43.

只是禁止法院拒绝适用立法规定或者判定立法法案已被默示废除、撤销或者被视为无效或失效，司法机构可以公开解读任何未被明确排除的权力。这种司法意见不仅不应该被视为无端指责，法院还应该受到赞赏，因为它通过向独立的政府部门提供不具有约束力的独立见解而强化立法机构审慎的决策过程。

不幸的是，《新西兰权利法案》同英国《人权法案》一样具有结构性缺陷。考虑到新西兰法院受到的限制，议会最终享有立法惰性带来的利益，它可以选择不用回应司法告诫。在诉讼结束之际，成功的诉讼当事人没有得到切实救济，他的申诉再次被留给变幻莫测的政治过程。

（五）印度与基本特征基准

在印度，法院也被明确授权，可以废止不符合宪法的立法行为。如果立法机构不同意最高法院对宪法的解释，一项宪法修正案可以在获得议会各个议院绝对多数投票批准的情况下生效。印度宪法的特有之处在于，最高法院在 1973 年宣称，存在一种隐含的“基本特征基准”（basic features doctrine）支配整个宪法框架。[①] 从此以后，如果宪法修正案违反这项不成文的基本特征基准的话，法官有权也有义务宣告它无效。

1971 年，由甘地（Indira Gandhi）领导的国大党以压倒性胜利上台执政，并在追求土地改革的热情中通过了第二十五宪法修正案，拒绝法院对与政府收购和征用财产有关的任何争议享有管辖权，而且规定为了实施这项政策所通过的任何立法不受法院审查。[②] 后来，在 Kesavananda Bharati v. Kerala（简称“Kesavananda 案”）一案中，喀拉拉邦（Kerala）一位宗教领袖挑战这项土地改革立法，将其适用于宗教团体的财产。第二十五宪法修正案已经规定喀拉拉邦的土地改革免受司法审查，因此，最高法院不得不判定议会是否有权修改宪法来减损公民宗教自由和财产的权利。[③] 尽

① Kesavananda Bharati v. Kerala, ［1973］ Supp. S. C. R. 1.

② Raju Ramachandran, “The Supreme Court and the Basic Structure Doctrine”, in *Supreme Bue Not Infallible: Essays in Honour of the Supreme Court of India* 107（B. N. Kirpal et al. eds., 2000）.

③ Kesavananda Bharati v. Kerala, ［1973］ Supp. S. C. R. at 199 – 200.

管审理本案的法院一致认为，议会有权修改宪法来限制宪法规定的基本自由之范围，但最高法院以7:6的票决判定，议会不得通过一项宪法修正案来使所有旨在执行宪法指导原则的立法免受司法审查。多数意见争辩道，这将因为消除最高法院公民基本自由捍卫者的角色而违反宪法的基本结构。①

根据Kesavananda案确立的原则，正如法官们理解的那样，印度最高法院有权废止那些与印度宪法不成文的基本特征相背离的宪法修正案。②根据最高法院的意见，如此重大的宪法修正只能由制宪会议提出，而不能由议会通过零碎的个别宪法改革来完成。

不管对立法过度之恐惧的理由多么充分，也不管审理Kesavananda案的法官意图多么仁慈，基本特征基准的存在与发展有其危险性。废止由议会绝对多数批准通过的宪法修正案的权力标志着司法能动主义达到了顶峰。最终，它依赖最高法院的自我克制意识来防止司法机构对该基准的肆意妄为。鉴于基本特征基准并没有在宪法中明文规定，它有赖于法官的自由裁量权来决定其范围。正如Kesavananda案表明的那样，就连法官也很难就其参数达成共识。③尽管法官使用基本特征基准宣告宪法修正案无效受到限制，但没有人能够保证未来的法院会拥有这样的司法谦逊。考虑到这项基准由法官确定，没有任何东西可以阻止未来的法院拓展宪法基本结构的广度，从而涵盖整个宪法的范围，这样，这项治理人类未来事务的活文件就被一些法官的怀旧情绪所挟持。而且，这种根本性变革可能在新的制宪会议上生效所具有的理论可能性充其量是虚构的。只要议会决定对宪法作出修改（而且法官认为这是根本性的修改），印度就必须批准一部全新的宪法，这种情形是荒唐可笑的。因此，这种基本结构将阻碍未来的宪法改革。

二　欧洲人权法院与人权司法保障

如今，欧洲各国公民生活在国内法律、欧盟法律、《欧洲人权公约》

① Kesavananda Bharati v. Kerala, [1973] Supp. S. C. R. at 214, 216, 288－289, 292, 555.

② Kesavananda Bharati v. Kerala, [1973] Supp. S. C. R. 1, 216, 292, 555.

③ Kesavananda Bharati v. Kerala, [1973] Supp. S. C. R. 1.

等不同法律领域。欧洲人权或基本权利目录有助于促进欧洲理念的形成和发展，即它们巩固共同的欧洲人权标准。作为“欧洲共同的人权法”，这种标准是发展欧洲法律制度的一部分。由于多个法院都主张对上述规范享有最终管辖权，因此，更广泛的全欧洲制度具有多元性。[①] 正如德国联邦宪法法院院长福斯库勒（Andreas Voβkuhle）指出的那样，在欧洲，根本不存在一个基本权利的最高守卫者。相反，存在的是欧洲宪法法院，它们由国内宪法法院或者其他行使宪法管辖权的最高国内法院（后文统称“国内宪法法院”）、欧洲人权法院（位于法国的斯特拉斯堡）和欧盟法院（位于卢森堡）[②] 所组成。所有这些法院都在不同层面执行类似任务，它们在欧洲人权架构中发挥着支柱作用。欧洲宪法法院是多层次合作体系的一部分，它们构成欧洲宪法法院网络，避免使用诸如“平等基础”或“至上性”这样的严格概念来表示它们之间的关系。

欧洲人权法院是根据《欧洲人权公约》建立的司法机构。它是“欧洲宪法标准”的建立者，因为它监督《欧洲人权公约》在各个缔约国的执行情况，并最终确保它们履行自己的公约义务。自 1998 年 11 月以来，欧洲人权法院成为一个全职法院，法院的判决对所涉国家具有约束力。因此，“尽管如下情形是真实的，即欧洲委员会是一个国家联盟，它除了自己的章程之外没有一部正式的宪法文件，但是，它的核心成员资格条件包括：对民主与法治的承诺，通过《欧洲人权公约》规定的可审判宪法权利来限制公共权力的行使，由欧洲人权法院来解决有关被指控侵权行为的申诉，由另一个机构（部长委员会）来监督欧洲人权法院判决的执行”。[③]

接下来将以英国人权司法保障为切入点，通过考察英国法院与欧洲人权法院在人权保障过程中的相互作用，阐述欧洲人权司法保障的新发展。

---

① Stone Sweet, Alec, “On the Constitutionalisation of the Convention: The European Court of Human Rights as a Constitutional Court (2009)”, Faculty Scholarship Series, Paper 71, pp. 12 – 13, at http://digitalcommons.law.yale.edu/fss_papers/71 (Last accessed: 10 January 2016).

② 本文受篇幅所限，不再单独讨论欧盟法院对人权保障的意义和作用。

③ Greer Steven and Wildhaber Luzius, “Revisiting the Debate about Constitutionalising the European Court of Human Rights”, *Human Rights Law Review*, 12 (4): 684 – 685 (2012).

（一）英国法院对欧洲人权法院判例法采取的方法

根据国际法的规定，英国自《欧洲人权公约》生效以来一直受其约束。尽管承担《欧洲人权公约》的国际义务，英国法官没有义务将这些权利视为英国法律问题予以保障。如果有人宣称英国政府或公共当局侵犯自己的基本权利但又不能向国内法院起诉，他们只能向斯特拉斯堡[①]法院提出诉讼请求，这个过程不仅冗长，而且非常费用高昂。

在1980年代和1990年代，欧洲人权法院确实审查了一系列与英国相关的敏感案件，如电话窃听、婚内强奸、免于自证其罪的自由以及亵渎上帝等。当时，《欧洲人权公约》规定的权利和自由还不是国内法的一部分。如果有人宣称自己享有的公约权利受到侵犯，他必须到斯特拉斯堡法院提起诉讼。1998年，英国通过的《人权法案》旨在推动在英国法中进一步执行《欧洲人权公约》的规定，使公约规定的权利和自由在英国国内法中具有直接效力。自从2000年《人权法案》生效以来，如果英国人宣称自己的人权受到侵犯，他们可以在国内法院提起诉讼。

为了使《人权法案》成为英国执行《欧洲人权公约》的一种有效方式，英国法院总的来说应该受到欧洲人权法院相关判决的指导，这一点尤为必要。[②] 然而，根据《人权法案》第2条的规定，英国法院必须“考虑”（take into account）欧洲人权法院的决定，只要它们与《欧洲人权公约》所涉权利的任何案件具有相关性。这就意味着，国内法院被要求考虑欧洲人权法院的所有判例，而不仅仅是针对英国的那些案例，但是，国内法院并不受欧洲人权法院判例的约束。

在英国，要求法院考虑斯特拉斯堡的判决一直存在激烈争论。在2004年，宾汉姆议员（Bingham）在上议院的一个案例中对第2条的含义作出如下阐述：“根据1998年《人权法案》的规定，上议院被要求考虑任何相

---

① 因欧洲人权法院位于法国的斯特拉斯堡，故此处斯特拉斯堡法院指欧洲人权法院，下文的相应用语同理。

② Bingham of Cornhill, Lord, “The Human Rights Act: View from the Bench”, *European Human Rights Law Review*, 6: 573 (2010).

关的斯特拉斯堡判例法。尽管这些判例法不具有严格意义的约束力，但人们还是认为，如果不存在特殊情况，国内法院应该遵守斯特拉斯堡法院明确且持续的判例，因为《欧洲人权公约》是一份国际文件，正确的权威解释只能来自斯特拉斯堡法院。承担诸如《人权法案》第 2 条强加义务的国内法院在没有特别强大理由的情况下不应该削弱斯特拉斯堡判例法的效力。"①

最高法院院长兼议员菲利普斯（Phillips）对这场争论在某种程度上进行了澄清。他认为，议员宾汉姆明确讨论的内容是一系列已经确定的斯特拉斯堡判例。他不是在建议人们采纳斯特拉斯堡法院某个审判庭的个别决定，而是以某种方式视该决定为具有约束力的先例。如果"考虑"这一措辞提供某种信息的话，那就是，我们没有义务接受斯特拉斯堡法院的判决为具有约束力的先例。

2011 年 12 月，在一场直接回应有关《人权法案》第 2 条适当解释的演讲中，艾伟仪勋爵（Lord Irvine）阐述道："'考虑'与'遵守'、'执行'或者'受制于……'不同。只要议会愿意，它可以使用这些表达中的任何一种。但议会没有这么做。该条款规定的含义非常明确。法官们没有义务遵守斯特拉斯堡法院的判决，他们必须独立对案件作出判决。"②作为《人权法案》的缔造者之一，艾伟仪大法官的演讲至关重要。在向议会提交人权议案时，他阐述道，《人权法案》将首次允许英国法官对欧洲的人权保障作出自己的独特贡献。就像宾汉姆议员的声明所证明的那样，法官们已经理解了这一点："在英国，我们应该帮助制定该地区我们被治理的法律。英国法官对于人权法的发展可以作出重要贡献。但到目前为止，我们还没有被允许作出这样的贡献。"③

由此可见，艾伟仪大法官清楚地指出，"我们的法院应该总是最大限度地尊重欧洲人权法院大审判庭作出的极为类似的决定。这样一种判决被

① R (Ullah) v. Secretary of State for the Home Department [2004] UKHL 26, para. 20.

② Irvine of Lairg, Lord, "A British Interpretation of Convention Rights? Lecture at the University College London Judicial Institute", 14 December (2011), available at http://www.ucl.ac.uk/laws/judicialinstitute/docs/Lord_Irvine_Convention_Rights_dec_2012.pdf.

③ Hansard, HL Vol. 582, Col. 1245, 3 November 1997.

认为在解释《欧洲人权公约》规定的权利时与国内法问题一样具有高度的说服力。然而，这种决定的存在绝不可能免除国内法官根据《人权法案》第2条规定应承担的宪法责任：他必须独立对案件作出判决”。[①]

（二）欧洲人权法院尊重英国法院的判决

一方面，斯特拉斯堡法院赞同英国法院的结论。根据欧洲人权法院院长布拉茨（Nicolas Bratza）的意见，[②] 在绝大多数案件中，欧洲人权法院赞同英国各个管辖权下的上诉法院得出的结论，最近出现的大量案例都说明了这一点。例如，在哈姆扎（Abu Hamza）案中，[③] 欧洲人权法院驳回了激进牧师哈姆扎的诉讼请求，也就是，对他的审判是不公平的，因为他被判犯有谋杀、煽动种族仇恨和恐怖主义罪行。他认为，一场针对他的充满仇恨的媒体运动以及“9·11”事件使得陪审团不可能保持公正。斯特拉斯堡法院赞同上诉法院的结论，并以案件事由存在明显缺陷驳回了原告的诉讼请求。

另一方面，斯特拉斯堡法院尊重英国法院的判例。欧洲人权法院明确表示，针对以下两种案例，斯特拉斯堡法院尤为尊重国内权威机构的意见：一是引发有争议的道德或伦理问题的案例，对于这些问题尚不存在既定的欧洲共识；二是国内权威机构正在寻求平衡《欧洲人权公约》竞争性权利的案例。

1. 尚不存在欧洲共识的争议性问题

众所周知，“给予其管辖之下的每个人获得《欧洲人权公约》确定的权利和自由”主要是国家通过自己的政府、立法机构和法院来履行的义务。这就意味着，《欧洲人权公约》首先将支持其确定的权利和自由之任务留给各个缔约国。斯特拉斯堡法院通过国家“自由裁量边际”（margin of appreciation）概念承认国内权威机构原则上比欧洲人权法院更有资格评

① Irvine of Lairg, Lord, “A British Interpretation of Convention Rights? Lecture at the University College London Judicial Institute”, 14 December (2011), available at http://www.ucl.ac.uk/laws/judicialinstitute/docs/Lord_Irvine_Convention_Rights_dec_2012.pdf.

② Bratza, N., “The Relationship between the UK Courts and Strasbourg”, *European Human Rights Law Review*, 5: 507 (2011).

③ Mustafa (Abu Hamza) v. UK (No. 1), No. 31411/07, 18. 1. 2011.

估对《欧洲人权公约》确定的权利进行限制的必要性。更有甚者，国家自由裁量边际的幅度将随具体情境的变化而变化，但是，对那些尚不存在欧洲共识的争议性问题，缔约国享有广泛的自由裁量边际。

弗兰德和其他人诉英国（Friend and others v. UK）一案很好地说明了欧洲人权法院允许广泛的国家自由裁量边际。[①] 在本案中，欧洲人权法院同意国内法院的如下判决：禁止用猎犬打猎并不违反任何人的私人生活、结社或和平集会的权利，而且干预财产权的正当性证明只能基于公共道德。欧洲人权法院承认，这个问题应该由英国议会作出决定。

2. 平衡竞争性权利

在很多案例中，英国法院一直致力于在相互冲突的权利之间寻求平衡，例如，公约第10条规定的言论自由权是否超越个人根据第8条规定享有的尊重私人生活的权利。在这些案例中，可能很难发现“正确答案”。此时，必须在《欧洲人权公约》确定的竞争性权利之间寻求平衡。对此，欧洲人权法院明确主张，斯特拉斯堡法院应该特别谨慎地干预国内法院打破平衡的方式，在此，国内法院不仅寻求适用《欧洲人权公约》的相关原则，而且打破一种表面上看起来合理且非任意的平衡。在此，欧洲人权法院得出结论，考虑到国内法院在作出判决时享有的自由裁量边际，欧洲人权法院需要强有力的理由才能替代英国上议院作出终局判决时的观点。[②]

总之，英国《人权法案》对英国法院分析人权问题的方式具有深远影响。自《人权法案》生效以来，英国法官对人权问题会经过仔细分析后才做出判决，这些问题已经得到斯特拉斯堡法院的考虑。同时，这也提供了一次重要机会来影响欧洲人权法院的法官以及斯特拉斯堡判例法的发展。布拉茨支持这种观点，并在不同场合多次评论道，斯特拉斯堡法院一直尊重英国法院的判决，因为这些判决的质量很高，而且极大地促进了欧洲人权法院的审判工作。[③]

---

① Friend and others v. UK, Nos. 16072/06 and 27809/08, 24. 11. 2009.

② MGN Limited v. UK, No. 39401/04, 18. 1. 2011, para. 156.

③ Bratza, N., “The Relationship between the UK Courts and Strasbourg”, *European Human Rights Law Review*, 5: 507 (2011).

(三) 欧洲人权法院和英国法院存在分歧

过去几年，媒体越来越关注斯特拉斯堡法院与英国法院相互冲突的案例。这不仅表现为斯特拉斯堡法院不同意英国法院的判决，而且表现为英国法院不同意或者拒绝接受斯特拉斯堡法院的判例。

1. 特拉斯堡法院不同意英国法院的判决

正如前述，英国法院与斯特拉斯堡法院之间的冲突极为罕见。在引用 S and Marper v. UK 一案作为例证时,[①] 欧洲人权法院的奥博伊（Michael O'Boyle）法官评论道，“英国最高法院与欧洲人权法院之间的差异极为罕见。Marper 案展示了国内法院与地区法院在隐私权问题上采取截然不同的方法。但是，这些分歧不是很常见”。[②] 在本案中，斯特拉斯堡法院发现，英国有权保留所有被宣告无罪之人和所有被判有罪之人的指纹、细胞样本和 DNA 基因图，是“没有限制和一视同仁的”。英国上议院认为，无期限地保留犯罪嫌疑人的 DNA 样本甚至没有涉及第 8 条的规定（尊重私人生活的权利）。[③] 欧洲人权法院得出不同结论，特别提到包括苏格兰在内的其他国家的国内立法，这些国家往往采取一种更为均衡的方案。正如布拉茨评论的那样，该案判决在英国政坛和法律界受到广泛关注。[④] 在回应欧洲人权法院的判决时，英国政府正在引入一项更为适当的 DNA 保留制度。

2. 英国法院不同意或者拒绝接受斯特拉斯堡法院的判例

有关英国法院宣称不同意欧洲人权法院的判例法及其在英国的适用，最典型的例证来自英国最高法院对霍恩卡斯尔（Horncastle）一案的判决,[⑤] 在该案中，欧洲人权法院大审判庭对赫瓦贾和塔赫利诉英国（Al-

---

① S and Marper v. UK, No. 30562/04 [GC], 4. 12. 2008.

② Michael O'Boyle, Interview, 29 November 2011.

③ R (S and Marper) v. Chief Constable of South Yorkshire Police [2004] 1 WLR 2196.

④ Nicolas Bratza, "Britain Should be Defending European Justice, Not Attacking It", *The Independent*, 24 January 2012.

⑤ R v. Horncastle and others (Appellants) [2009] UKSC 14; Al-Khawaja and Tahery v. UK, Nos. 26766/05 and 22228/06, 20. 1. 2009; and Al-Khawaja and Tahery v. UK, Nos. 26766/05 and 22228/06 [Gc], 15. 12. 2011. 霍恩卡斯尔案提供了一个很好的例证说明国内法院根据《英国人权法案》第 2 条的规定“考虑”斯特拉斯堡法院的判决后得出自己的结论。

Khawaja and Tahery v. UK)（简称“赫瓦贾和塔赫利案”）一案的判决备受批评。[①] 该案涉及刑事诉讼中使用传闻证据，尤其是仅仅基于缺席证人的个人陈述来定罪是否会自动妨碍公正审判，并导致违反《欧洲人权公约》第6（1）条的规定。赫瓦贾宣称，认定他实施强暴猥亵罪的审判是不公平的，因为对他提出指控的两名妇女中有一位在审前已经死亡，她对警方作出的陈述已经向陪审团宣读。塔赫利先生也主张针对他的审判不公平，因为一位害怕出庭的证人之陈述已经向陪审团宣读。

上诉法院参考2003年的《刑事审判法案》并得出结论：只要法案的规定被遵守，即使某项定罪仅仅基于传闻证据或者传闻证据具有决定性意义，那也没有违反《欧洲人权公约》第6条的规定。因此，上诉法院没有接受赫瓦贾案所表达的疑虑。英国上议院支持上诉法院的判决并阐述道，斯特拉斯堡法院有关《欧洲人权公约》第6（3）（d）条的判例很大程度上是在民法而非普通法管辖权下的案例中得以发展，这在涉及“唯一的或具有决定意义的规则”时尤为如此。上议院还指出，斯特拉斯堡法院没有详细考虑有关证据可采性的英国法。[②]

欧洲人权法院大审判庭2009年对赫瓦贾和塔赫利案的判决不同意英国上议院的决定，并认为该决定违反了《欧洲人权公约》第6（1）条和第6（3）（d）条的规定。根据英国政府的要求，赫瓦贾和塔赫利案被提交给欧洲人权法院的大审判庭审理，并于2011年12月15日作出判决。[③] 法院判决仔细考察了英国对欧洲人权法院的判例法所持的反对意见，这些判例法确立了“唯一的或者具有决定意义的”规则，该规则规定，仅仅基于缺席证人的证据，或者在决定性意义上基于缺席证人的证据来定罪是不公平的。基于这种考察，大审判庭认为，如果某项传闻陈述是针对被告的唯一或者决定性的证据，对该证据的采信不会自动导致对《欧洲人权公约》第6（1）条的违反。

---

① Al-Khawaja and Tahery v. UK，Nos. 26766/05 and 22228/06，20. 1. 2009.

② R v. Horncastle and others (Appellants) [2009] UKSC 14，para. 107.

③ Al-Khawaja and Tahery v. UK，Nos. 26766/05 and 22228/06 [GC]，15. 12. 2011.

（四）英国法院有意识超越欧洲人权法院的判决

在一些国内案例中，英国法院已经有意识地在以下两种情况中超越斯特拉斯堡法院的判例：斯特拉斯堡判例法采用的方法不相一致或模棱两可，或者斯特拉斯堡法院还没有考虑一些国内法院已经遇到的特殊人权问题。正如艾伟仪大法官强调的那样，“生活与诉讼的现实意味着，我们的国内法院不可避免地被要求在斯特拉斯堡判例尚未提供任何明确答案或帮助的情形下考虑问题。此时，袖手旁观显然不是议会想要的”。[①]

1. 斯特拉斯堡法院的判例前后矛盾或模棱两可

这种类别的例证之一是 Re G（Adoption）案。[②] 在本案中，上议院判定，北爱尔兰议会全面禁止同性恋夫妇共同领养与原告享有的《欧洲人权公约》第 8 条和第 14 条规定的权利不相一致，即使他们被允许这样做符合孩子的最佳利益。当时，欧洲人权法院的判例法模棱两可。

在林布埃拉（Limbuela）和其他人诉内政部国务大臣一案中，[③] 上议院判定，《欧洲人权公约》第 3 条必须被解释为强加某项义务，从而禁止政府使寻求避难者陷入一种赤贫状态。当时，这项结论并不能被认为源自斯特拉斯堡判例法的明确支持。

在 Rabone and Another v. Pennine Care NHS Foundation Trust 一案中，[④] 英国最高法院拓展了《欧洲人权公约》第 2 条（生命权）赋予国家及其官员的义务。最高法院认为，就本案涉及的具体情形而言，英国医疗服务基金会（NHS Trust）已经违反了公约第 2 条设定的积极义务，即保护自愿病人不受自杀风险的影响。在本案中，法官们承认，他们的判决正在超越现有的斯特拉斯堡法院的判例，这些判例并未考虑到国家保护具体个人免受生命威胁（包括自杀在内）的操作性义务是否可以延伸到自愿被拘留

① Irvine of Lairg, Lord, "A British Interpretation of Convention Rights? Lecture at the University College London Judicial Institute", 14 December (2011), available at http://www.ucl.ac.uk/laws/judicialinstitute/docs/Lord_Irvine_Convention_Rights_dec_2012.pdf.

② Re G (A Child) (Adoption: Unmarried couples) [2008] UKHL 38.

③ R (Limbuela and others) v. Secretary of State for the Home Department, [2006] 1 AC 396.

④ Rabone and Another v. Pennine Care NHS Foundation Trust, [2012] UKSC 2.

的精神病患者。

2. 斯特拉斯堡法院尚未考虑的问题

按照最高法院大法官黑尔（Hale）的解释，在有些案例中，英国高等法院必须对欧洲人权法院如何采取一种与既定判例原则相一致的行动作出“最佳猜测”。她指出，这种情形的最佳例证是盖丹诉戈丁·门多萨（Ghaidan v. Godin-Mendoza）一案。[①] 本案涉及 1977 年《租赁法案》授予的继承权。立法对以下两者的地位进行区分：生活在同一屋檐下的异性夫妇和生活在同一屋檐下的同性夫妇。丧偶的异性夫妇通过继承而成为法定承租人，但同性夫妇中的幸存者不能。门多萨先生宣称，这种区别对待违反了《欧洲人权公约》第 14 条（禁止歧视）和第 8 条（尊重私人和家庭生活的权利）的规定。除非能够获得正当证明，这种以性别或性取向为基础的区分违反了《欧洲人权公约》规定的权利。

1983 年 4 月，詹姆斯先生（Wallwyn James）获得了伦敦一套地下室公寓的住宅租赁权。直到去世为止，他一直与门多萨保持稳定且单一的同性伴侣关系共同生活在那儿。在詹姆斯去世后，房东盖丹先生声称拥有这套公寓。法官起初判定，根据 1977 年《租赁法案》的规定，门多萨不能作为幸存配偶来继承这套公寓的租赁权。门多萨被允许提起上诉。[②] 上诉法院判定，门多萨有权作为法定租赁人来继承这套公寓的租赁权。在本案中，上诉法院正确地预见到斯特拉斯堡法院后来在肯纳诉奥地利（Karner v. Austria）一案中的判决，[③] 因此，当上议院对本案进行审理时，正如黑尔阐述的那样，“我们并没有走到斯特拉斯堡法院的前面，只是判决起到了同样效果”。[④]

由此可见，作为一项基本原则，英国法院不管是否能从斯特拉斯堡法院获得权威性指导，都有义务在某些问题出现时予以解决。在这种情况

① Ghaidan v. Godin-Mendoza [2004] UKHL 30.

② Mendoza v. Ghaidan [2002] EWCA Civ. 1533.

③ Karner v. Austria, No. 40016/98, 24. 7. 2003.

④ Alice Donald, Jane Gordon and Philip Leach, "The UK and the European Court of Human Rights", in Equality and Human Rights Commission Research Report Series, 2012, p. 136, available at http://www.equalityhumanrights.com/.

下，国内法院不仅可以根据事情的是非曲直公开处理和解决这些问题，而且有义务这么做。[①] 正如欧洲人权法院院长布拉茨评论的那样，国内法院有时应该有意识地超越斯特拉斯堡法院的判例，这对人权保护是正确且积极的。

（五）斯特拉斯堡法院和英国之间的司法对话

尽管存在相反意见，但“斯特拉斯堡法院已经说过，本案已审结”并不是斯特拉斯堡法院法官们看待两个法院各自角色的方式。[②] 然而，这并不意味着，只要欧洲人权法院确立一项明确的原则，就可以期待英国法院遵守并适用这项原则。实际上，英国法院与斯特拉斯堡法院之间是一种相互交融与渗透的关系。英国法院参考斯特拉斯堡法院具有相关性的判决，欧洲人权法院也受到上议院/最高法院判决的启发。两者之间进行对话的起点是1998年《人权法案》的实现方式在实践中产生的极大鼓舞。[③]

正如大法官黑尔评论的那样，自《人权法案》生效以来，赫瓦贾和塔赫利案是英国国内法院与斯特拉斯堡法院产生冲突最为典型的案例。她指出，大审判庭进行重新评估“很可能避免产生对抗”，并证明“双方的对话是有效的，这是对话发挥作用的最佳例证”。[④] 菲利普斯（Philips）议员在2011年11月向人权联合委员会（JCHR）提供证据时解释了司法对话的重要性：“作为一个法律问题，由于我们没有义务在国内遵守斯特拉斯堡法院的判例，因此，作为最高法院，我们具有至高无上的地位。但是，如果你在一天结束的时候继续追问，什么才是真正重要的事情，我会说，斯特拉斯堡法院对《欧洲人权公约》的含义所作的解释是最重要的。我之所以说‘在一天结束的时候’，那是因为在一天结束到来之前，我们的法

---

① Ambrose v. Harris (Procurator Fiscal, Oban) (Scotland); Her Majesty's Advocate v. G (Scotland); Her Majesty's Advocate v. M (Scotland) [2011] UKSC 43: References from the Appeal Court of the High Court of Justiciary, at the request of the Lord Advocate [2011] UKSC 43, para. 130.

② Bratza, N., "The Relationship between the UK Courts and Strasbourg", *European Human Rights Law Review*, 5: 505-12 (2011).

③ Michael O'Boyle, Interview, 29 November 2011.

④ Baroness Hale, Interview, 11 January 2012.

院或者任何其他国内法院与斯特拉斯堡法院之间存在对话空间。”①

三 美洲人权法院与人权司法保障

《美洲人权公约》于1969年通过，随后在1979年建立美洲人权法院。该法院主要承担三项职能：对有争议的案例作出具有约束力的判决；在极为严重和紧急状态下作出具有约束力的临时决定，从而避免不可弥补的损害；发布有关人权问题的咨询意见。为了实现这些目标，美洲人权法院对那些不仅批准《美洲人权公约》，而且明确表示同意法院管辖的美洲国家享有管辖权。

美洲人权委员会是向美洲人权法院提交案例的机构，条件是本案的国内救济途径已经穷尽，而且美洲人权委员会的内部程序已经完结。当美洲人权委员会的内部程序完结时，它会发布一份报告，该报告通常会包含一些建议。如果相关政府不接受这些建议，美洲人权委员会就会将该案提交美洲人权法院。美洲人权法院和美洲人权委员会所代表的美洲人权系统（IAHRS）认为，在合理期限内审结案件是一项人权要求。② 如果美洲人权委员会不坚持这一点，它就会成为美洲人权系统的一项致命缺陷。尽管案件量不断增加，而且资源非常稀缺，美洲人权委员会还是成功缩减了审结案件所必要的时间，从1970年代的38个月缩减到2011年的16个月。③

美洲人权法院在建立之初看上去更像是一个乌托邦，因为几乎没有人相信，一个缺乏警察权力作保障的法院作出的判决能够在一个主权国家被

---

① Joint Committee on Human Rights Uncorrected Transcript of Oral Evidence, Human Rights Judgments, Lord Judge and Lord Phillips of Worth Matravers, 15 November (2011a: 2), available at http://www.parliament.uk/documents/joint-committees/humanrights/JCHR% 2015% 20November% 20transcript. pdf.

② 参见 generally Inter-American Commission Human Rights Strategic Plan 2011 - 2015, ORG. OF AM. STATES (2011), http://www.oas.org/en/iachr/docs/pdf/IACHRStrategicPlan20112015. pdf。

③ 有关美洲人权法院、美洲人权委员会和美洲人权系统的详尽讨论，可以参见 Lea Shaver, "The Inter-American Human Rights System: An Effective Institution for Regional Rights Protection", 9 *Wash. U. Glob. Stud. L. Rev.* 639 (2010)。

执行，尤其考虑到拉丁美洲的政变史以及非法治的事实统治。美洲人权法院在成立之初的几年没有受理任何案件，甚至没有被要求提供任何咨询意见。法官们经常通过间接手段“游说”人们向法院提出提供咨询意见的请求。1982 年，美洲人权法院发布了第一份咨询意见。尽管如此，美洲人权法院仍然没有受理任何有争议的案件。直到 1987 年，法院首次对有争议的罗德里格斯诉洪都拉斯（Velasquez-Rodriguez v. Honduras）案进行了判决，该案涉及的问题是强迫失踪。[①]

如今，对美洲人权法院的怀疑不复存在，它已经成为一个积极的机构，并代表如下重要趋势：美洲人权法院的判决在数量上大幅度增加，相关政府已经在很大程度上成功执行这些判决；国内法院不断采用美洲人权法院判例中包含的标准来指导自己，这在十年前几乎是不可能的；美洲人权法院的判例在一些重大问题上（如土著居民或者获取公共信息）不断充实国内公共政策。[②]

（一）美洲人权法院的判例及其影响

美洲人权法院是世界上最贫穷的地区法院，这不是因为它的理念，也不是因为它对人权的承诺，而是因为它的预算规模。因此，美洲人权法院很难实现它的所有功能。尽管如此，法院的案件总量在不断增加，从而显著提高了美洲的法治标准。如今，美洲人权法院对各种各样的问题作出判决。由于威权主义政权和军事独裁统治，美洲人权法院一开始审理的案例大多数涉及强迫失踪、酷刑或者法外处决。这种情形的例证之一是 1987 年的罗德里格斯诉洪都拉斯一案。[③] 从此以后，美洲人权法院作出判决的案例还涉及对实施严重侵犯人权行为的大赦和自我赦免。2001 年，美洲人权法院对阿尔托斯诉秘鲁（Barrios Altos v. Peru）（简称“阿尔托斯案”）

① Thomas Buergenthal, “Remembering the Early Years of the Inter-American Court of Human Rights”, 37 *N. Y. U. J. Int'l L. & Pol.* 259 (2005).

② Thomas Buergenthal, “Remembering the Early Years of the Inter-American Court of Human Rights”, 37 *N. Y. U. J. Int'l L. & Pol.* 276 – 280 (2005).

③ Velasquez-Rodriguez v. Honduras, Inter-Am. Ct. H. R. (ser. C) No. 4 (July 29, 1988), available at http://www. corteidh. or. cr/docs/casos/articulos/seriec – 07_ ing. pdf.

一案做出判决，[①] 法院判定，为阻止对严重侵犯人权行为进行调查而通过的自我赦免法律与《美洲人权公约》的规定不相一致，授权这种赦免的法律应该被废止。

在阿尔托斯案判决之后，恢复了对那些对严重侵犯人权负有责任之人进行的调查和起诉。结果，当时的秘鲁总统藤森（Alberto Fujimori）被指控，并因其在1995年给予自己大赦（美洲人权法院称之为“自我赦免”）而被判25年有期徒刑。[②] 所有涉及自我赦免的拉丁美洲国家（阿根廷、哥伦比亚、乌拉圭和智利）都在该问题上遵守美洲人权法院的判例。[③] 强迫失踪已经被视为一项持续或永久性犯罪，不管失踪在哪一天出现，各个国家都有义务展开调查并提出指控。有时，失踪出现的日期可能先于某个国家批准《美洲人权公约》的日期。基于这种方法，阿根廷、秘鲁和哥伦比亚的很多人都已被宣判有罪。[④]

自20世纪80年代以来，军事法庭开始调查和指控一些严重的人权侵犯行为。然而，这种情况已经发生了巨大变化。如今的规则是，那些据称由军人实施的严重人权侵犯行为都由民事法院而不是军事法院进行调查和起诉。在美洲人权法院的判决之后，墨西哥最高法院在2011年命令民事法院裁判所有的人权问题，尽管墨西哥法律仍然规定军事管辖权。[⑤]

在很多其他案例中，美洲人权法院的普遍性判例已经导致哥斯达黎加、危地马拉和秘鲁等国家有关行政和司法过程中正当程序法律规定的改变。[⑥]

---

① Barrios Altos v. Peru, Inter-Am. Ct. H. R. (ser. C) No. 87 (Mar. 14, 2001), available at http://www. corteidh. or. cr/docs/casos/articulos/seriec_75_ing. pdf.

② Jo-Marie Burt, “Guilty as Charged: The Trial of Former Peruvian President Alberto Fujimori for Human Rights Violations”, 3 *Int'l J. Of Transitional Just.* 384 (2009).

③ Cecilia C. Naddeo, “The Inter-American System of Human Rights: A Research Guide”, Globalex (Sept. 2010), http://www. nyulawglobal. org/globalex/Inter American human rights. htm.

④ Comm. on Enforced Disappearance as a Continuous Crime, Working Group on Enforced or Involuntary Disappearances (2010), available at www. ohchr. org/Documents/Issues/Disappearances/GC-EDCC. pdf.

⑤ Mexico: Ruling Affirms Obligation for Military Justice Reform, Hum. Rts. Watch, http://www. hrw. org/news/2011/07/06/mexico-ruling-affirms-obligationmilitary-justice-reform (July 6, 2011).

⑥ Diego García-Sayán, “The Inter-American Court and Constitutionalism in Latin America”, 89 *Tex. L. Rev.* 1835 (2011).

有权获知公共信息是过去 10 年另一个引起普遍关注的问题。获知公共信息不仅是一项个人权利，而且是一项国家义务，也就是，国家有义务设计严格的行政程序，确保迅速获知公共信息以及信息被拒绝的正当程序。①

最近，美洲人权法院开始涉及性取向问题。美洲人权法院对如下案例作出重大决定：一位智利法官阿塔拉（Karen Atala）被智利最高法院剥夺其对三岁女儿的监护权，理由是她的性取向不正常，而且她有一位女性伴侣。美洲人权法院判定，性取向是受到《美洲人权公约》保护的类别，而且非歧视概念应该适用于性取向。②

很多案例的判决都要求进行经济赔偿或补偿。对此，政府强烈抵制，因为它涉及经费，而且影响国家预算。尽管如此，相关政府还是按期支付美洲人权法院判定的 80% 以上的经济补偿金。③

美洲人权法院的判例对国内法院很多判决具有指导意义，也是这些判决的理论来源，其中包括阿根廷、墨西哥和秘鲁的最高法院以及秘鲁和哥伦比亚的宪法法庭。2011 年，墨西哥最高法院命令国内法官不仅要遵守本国宪法，而且要遵循美洲人权法院判决的指导。秘鲁的宪法法庭也要求，如果国家的某个代理人没有根据美洲人权法院的判决来指导自己的决定，就是在犯罪。④

美洲人权法院的判例影响全国或地方政府的公共政策。在雷耶斯等人诉智利案这样一起有关获知公共信息的案例中，⑤ 有一群人声称要获知将

---

① Eduardo Andrés-Bertoni, "The Inter-American Court of Human Rights and the European Court of Human Rights: A Dialogue on Freedom of Expression Standards", 2009 *Eur. Hum. Rts. L. Rev.*, 332 (2009).

② LGBT Rights Upheld in Historic Inter-American Court Ruling, Int'l. Gay & Lesbian Hum. Rts. Comm'n., http://www.iglhrc.org/cgi-bin/iowa/article/pressroom/pressrelease/1502.html (Mar. 22, 2012).

③ The Inter-American Court Awards Astounding Victory to GW Law Clinic Clients, GEO. Wash. U. L. School, http://www.law.gwu.edu/News/newsstories/Pages/2012_IHRCIACtHRVictory.aspx.

④ Fernando Felipe Basch, "The Doctrine of Human Rights Regarding States' Duty to Punish Human Rights Violations and its Dangers", 23 *Am. U. Int'l L. Rev.* 196 (2007).

⑤ Marcel Claude Reyes et al. v. Chile, Inter-Am. Ct. H. R. (ser. C) No. 151 (Sept. 19, 2006), available at www.corteidh.or.cr/docs/casos/articulos/seriec_151_ing.pdf.

公共土地转让给私人企业来开发森林的相关信息。然而，那样的信息被拒绝提供，于是，这群人将案件诉至美洲人权法院。法院判定，智利政府应该提供他们所要求的信息，而且要颁布适当的立法和制定有效的程序保证人们获取公共信息。尽管本案的最终判决耗费了很多年时间，但它对整个拉丁美洲都产生了影响。如今，在拉丁美洲很难找到一个国家，它的法律没有规定获知公共信息的权利。实际上，个人可以要求政府提供10年前被认为秘密或私人的信息。对地方或国家当局的日常活动进行跟踪的权利是践行民主的一条新路径。

美洲人权法院的判例还影响有关土著居民的政策。目前，这在美洲是一个非常重要的问题，因为社会不稳定的因素之一就是政府（地方政府或中央政府）和土著居民（他们对外国资本投资使用自然资源表示严重怀疑）之间的冲突。有关土著居民权利的头一批案例在2001年被裁判。首先，美洲人权法院承认，对土著居民而言，私有财产具有集体属性，因为他们的祖先留下来的土地具有的价值不仅仅是物质的。土地的集体所有权意味着它不仅是一项权利，而且是种族身份的一部分。在尼加拉瓜，所有权的集体权利属性得以确立，同样的情况正在巴拉圭和苏里南出现。①

最后，根据国际劳工组织第169号公约有关土著居民和部落人口的规定，公共协商问题应运而生，这意味着，当在这些人口的土地上使用自然资源时，他们有权得到协商。美洲人权法院阐述道，如果土著居民的土地将被大规模投资项目使用或受其影响，他们必须能够事先进行自由且知情的协商。尽管如此，这一点并不太容易实现。然而，当下的美洲民主意味着，土著居民有权询问为什么要做这样的事情，有权共享政府项目产生的收益。在50年前，唯一的问题是，政府是否已经向有关企业做出让步。如果人们表示抱怨，警察或军队就会来处理。这不是美洲人权法院的作用产生的“后果”，但是，美洲人权法院确实是一个非常重要的因素，它以一种完全不同的速度，以一种甚至不同于10年前的理念在推动民主与公

---

① Travis Thompson, “Getting Over the Hump: Establishing a Right to Environmental Protection for Indigenous Peoples in the Inter-American Human Rights System”, 19 *Fla. St. J. Transnat'l L. & Pol'y* 179 (2009).

众权利。

除了诉讼管辖权之外（该管辖权允许法院作出具有约束力的判决），美洲人权法院还可以发布临时措施。这是一种美洲的人身保护法，美洲人权法院命令地方政府保护那些生命处于危险中的人们。最近几年，由于公众意识不断觉醒（尤其是在巴西和哥伦比亚），临时措施的总量不断增加。美洲人权法院开始在这些案例中举行公共听证，这对确立受益人和政府之间的对话发挥了积极作用。临时措施与美洲人权法院的判决具有密切联系，旨在改善一些方式，从而使地方机构避免对人权或部落领袖进行攻击。

最后，美洲人权法院可以发布咨询意见，第一份咨询意见于 1982 年发布。2011 年，美洲人权法院收到一份发布咨询意见的请求，它涉及来自南方共同市场国家（阿根廷、巴西、巴拉圭、乌拉圭和委内瑞拉）的移民和移民子女的权利。在美洲人权法院公布咨询意见之前，它会参与一个特别协商程序。美洲人权法院会要求一些大学以美洲国家组织的任何官方语言提供有关移民权利的意见和建议。随后，还将组织一场公共听证会。

（二）墨西哥人权司法保障：从法律主权主义到法律世界主义

墨西哥司法机构与国际人权法的关系经历了从“法律主权主义”向有争议的“法律世界主义”的转型。当墨西哥最高法院 2009 年批准美洲人权法院在拉迪拉（Rosendo Radilla）一案中针对墨西哥作出的裁判时，转折点出现了。[①] 如果将本案置于墨西哥一般的人权政策情境之中，它的重要性可以得到更为充分的体现。

绝大多数学者认为，1994 年，当恰帕斯州（Chiapas）的萨帕塔（Zapatista）民族解放军公开崛起之后，墨西哥的人权政策在外交和国内事务中迅速实现转变。墨西哥首次将本国人权问题向国际审查开放，与此同时，侵犯人权开始被视为一个国内问题。这种变化的例证包括 1990 年建立全国人权委员会，以及 1999 年该委员会被宪法承认为一个自治机构。

---

① Rosendo Radilla Pacheco et al. v. México, Case 2009 Inter-Am. Ct. H. R. , (Nov. 23, 2009).

另一个重要的变化出现在2000年，当时，革命制度党在掌权70多年后失去总统选举资格。新当选的总统克萨达（Vicente Fox Quesada）决定，既要开放本国人权政策的外部审查，又要积极参与国际人权论坛。与此同时，人权问题在国内政策中具有更为重要的地位，这不仅包括在内政部成立了人权办公室，而且在2004年批准了一项全国人权计划，推动在国内政策中融入人权方法。①

然而，尽管付出这些努力，人权倡议仍然遭受重大失败，包括在2006年取消全国人权计划。一项有关人权的宪法改革直到2011年才获得批准，这已经是政治变革10多年之后。2006年，当卡尔德龙（Felipe Calderon）上任时，联邦政府的优先考虑事项从人权转向国家安全。在这期间，侵犯人权行为大幅度增加。

考虑到墨西哥政府承认人权是国内和国际事务的重要组成部分，联邦司法机构开始通过逐步改变自己对国际法的解释来调整国内人权的执行状况。在过去20多年时间里，其对国际人权法的接受程度在逐步向前推进。尽管目前支持"法律主权主义"和"法律世界主义"的法官之间存在争论，但这并不影响对国际人权法的接受。正如前述，转折点发生在墨西哥最高法院确认美洲人权法院对拉迪拉一案的裁判。

拉迪拉是来自墨西哥格雷罗（Guerrero）州的一位农民，他在1974年被"强迫失踪"。从那以后，他一直未被发现。由于他的失踪，受害人家属向墨西哥法院多次提起诉讼。第一次诉讼是在1992年，但由于缺乏证据被驳回。在2001年，受害人的女儿蒂塔（Tita Radilla）加入失踪者亲属协会和墨西哥保护和促进人权委员会，并向美洲人权委员会提出申诉。美洲人权委员会于2005年发布一份报告，墨西哥政府对该报告未予回应，这份报告导致本案进一步升级并被诉至美洲人权法院，法院于2009年11月23日作出不利于墨西哥的判决。

在拉迪拉案判决中，美洲人权法院认为，墨西哥政府对侵犯受害人的

① Alejandro Anaya Muñoz, "Transnational and Domestic Processes in the Definition of Human Rights Policies in México", 31-1, *Human Rights Quarterly* 35, 58 (2009).

如下权利负责：自由权、人格完整权和法律地位；身心完整；对家人的司法保障和保护。法院还认为，先前审理本案的军事法院未能尊重国际法（尤其是《美洲人权公约》）确立的正当程序标准。[①] 判决还授权美洲人权法院监督墨西哥政府执行判决的内容，包括在一年内提交政府遵守判决情况的进展报告。墨西哥最高法院院长还提出一项要求，旨在讨论美洲人权法院对拉迪拉一案判决的意义，从而标志着墨西哥最高法院处理美洲人权决定系统的方式发生了巨大变化。尽管拉迪拉一案的判决指向墨西哥政府，但领导联邦司法机构的最高法院开始审议并界定有关美洲人权法院判决在国内层面应承担的义务和责任所具有的范围与限制。

基于这种考虑，最高法院以绝对多数票判定，尽管没有收到行政部门履行法院判决义务的明确通知，但它们在履行各自义务时无须与墨西哥政府其他部门进行协商。实际上，最高法院的判决支持法律世界主义，至少涉及美洲人权法院的裁判时如此。从本案开始，考虑到墨西哥政府对美洲人权法院管辖权的限制，对《美洲人权公约》和《美洲国家关于人员强迫失踪公约》的保留及其相关解释性声明，以及根据本案判决所承担的其他义务，墨西哥最高法院开始分析如何阐明它们与美洲人权系统的关系，主要涉及国内立法与国际人权法之间的关系，以及国内下级法院与国际法院之间的关系。

就国内立法与国际人权法的关系而言，墨西哥司法机构面临“法律主权主义”和“法律世界主义”方法的困境，在这种困境中，人们似乎选择后者，从而为司法机构扮演传播国际人权标准的重要角色铺平道路。然而，无论是在过去，还是现在，这种解释在同一个最高法院都备受争议，注意到这一点尤为必要。[②] 另一方面，在涉及国内下级法院与国际法院之间的关系时，这些变化标志着最高法院采取一种新的方法，旨在调整并界定一种在国内层面接受国际人权法的合法路径。这种趋势的例证是允许下

① Rosendo Radilla Pacheco et al. v. México, Case 2009 Inter-Am. Ct. H. R. , (Nov. 23, 2009).

② 在 2013 年 9 月 3 日，墨西哥最高法院作出一项决定，在墨西哥宪法与国际条约存在冲突的案例中，宪法具有优先地位。从该决定中，我们可以清楚地看出，从主权主义法律文化转向国际主义法律文化是一个备受争议的过程，这场争论才刚刚开始。

级法院进行“扩散性常规审查”（diffuse conventionality review），从而改变司法机构在宪法判决中的层级组织关系。

如今，墨西哥司法机构面临的法律挑战涉及新的“世界主义”人权方法。[①] 显然，这是一个过渡阶段，但最高法院对转型过程享有最终发言权。在拉迪拉案判决之前，尽管存在墨西哥已经批准大量多边条约这一事实，盛行的主权主义法律方法仍然优先考虑国内法。例如，在2000年初，为了回应1970年代左派反对党发起的“肮脏战争”中出现的人权侵犯行为，最高法院参考的是作为《联邦刑法典》一部分的《强迫失踪法案》，而没有提及墨西哥政府已经批准的《美洲国家关于人员强迫失踪公约》。在拉迪拉案之后，墨西哥联邦法院的判决被归类为执行国内立法和最高法院先例与遵守国际法之间的一种微妙平衡。注意到以下这一点非常必要：即使在2011年6月有关人权问题的宪法改革被颁布之前，人们已经观察到这种趋势的存在。

在国内，最高法院判定，拉迪拉一案的判决产生了不同类型的行政和司法挑战，其中涉及下级法院采用国际人权法作为先例的能力和军事管辖权的范围。就前者而言，法院认为，所有联邦和地方司法机构都可以采用《美洲人权公约》作为基准对国内法进行常规审查，这就意味着，那些与《美洲人权公约》不一致的法律不具有可适用性。就后者而言，最高法院拒绝在人权案例中适用军事法。

在重塑与美洲人权法院之间的关系时，墨西哥最高法院承认美洲人权法院针对墨西哥作出的所有裁判具有强制性，而且接受美洲人权法院的判例对墨西哥司法机构具有选择性指导意义。由于人权法律保障模式的改变，墨西哥最高法院在涉及规范保护过程中的国际责任时面临两大困境：国内执行（如主权）与超国家解释之间的紧张关系，以及支持多边规范胜过国家主权的权力分立原则已在国内遭到大量抵制。

---

① Roger Cotterrell, “Why Must Legal Ideas be Interpreted Sociologically?” 25 - 2 *Journal of Law and Society*, 171, 192 (1998).

四 非洲人权和民族权法院与人权司法保障

建立非洲人权和民族权法院（简称“非洲法院”）对于非洲大陆建立一个连贯且有效的人权保护系统至关重要。它不仅对《非洲人权和民族权宪章》（简称《非洲宪章》）所确立的现有结构有重要作用，而且对尊重非洲人权和民族权委员会（简称“非洲委员会”）所保障权利的原有控制机构起到巩固和补充作用。

在非洲大陆建立人权保护系统（具体时间表见图1）是对发展地区人权保护系统这场更广泛的国际运动的一种呼应。非洲人权保护系统的迟延建立主要是1970～1980年代的政治社会环境所致，在这一阶段，很多国家领导人更关心如何行使国家主权原则来掩盖本国发生的人权侵犯行为，而不是建立超国家人权保护系统。尽管如此，这种迟延因非洲人权保护文件的通过以及这些新标准所保障的人权机构的确立而被弥补。

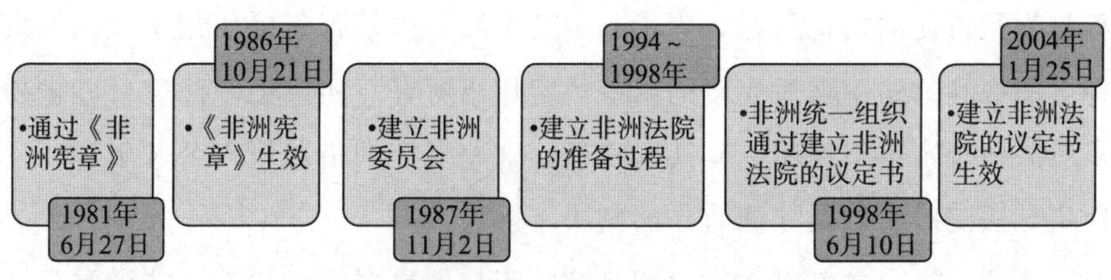

图1 建立非洲人权保护系统的时间

（一）非洲人权和民族权法院的功能

有关非洲法院功能的相关规定可见于《非洲人权和民族权宪章关于建立非洲人权和民族权法院的议定书》，主要包括以下内容。

1. 建议

涉及非洲宪章或者其他相关人权文件的任何法律问题，非洲法院都可以提出意见，它可以在非盟成员国、非盟任何机构或者非盟承认的某个组织的要求下提供意见。为了明确权限，人们可以参考非洲委员会的做法，它的功能也是就促进和保护人权文件的相关问题提供自己的意见。非洲委员会已经反复行使这项权利。

非洲法院和非洲委员会之间就法律意见的提供不存在管辖权冲突。根据议定书的规定，法院可以受理出具咨询意见的请求，条件是该意见的对象与委员会有待解决的某项请求无关。在法院受理出具咨询意见的请求之后，它会将请求副本立即寄送非洲委员会。法院还会通知缔约国以及任何可能对该请求要点提供书面评论的其他利害关系人或组织。如果法院这样决定的话，它也可以根据相关规则举行听证会，这种情况下提出的意见是公开且被证实的。

2. 裁判或仲裁

当有关指控缔约国侵犯宪章权利或者任何其他人权保护文件的诉状被提交法院后，法院会对本案作出判决或者尝试协商解决。

（1）法院的诉讼管辖权

法院具有两种诉讼管辖权：对解释或适用非洲宪章之规定，或者缔约国批准的其他人权文件所涉及的任何问题作出判决。通常，这种双重管辖权是累积行使的，也就是，为了判定某个缔约国是否正确使用了非洲宪章捍卫的权利，法院将对宪章的某些规定作出解释。实际上，法院可能被要求对某些规定进行说明、阐述和论证，这些规定的措辞可以公开解释，进而指导法院对案件是非曲直作出判决。

非洲委员会的判例再次表明法院解释权的重要性和价值。非洲委员会（和法院一样）可以受理来自非政府组织和个人的来文，如果它们已经穷尽国内救济途径的话。非洲委员会基于如下事实证明这项规定具有正当性，即政府必须首先被告知人权侵犯行为，以便在国际法院开始审理该案之前解决这些问题。但是，在实践中，相关问题可能被迅速提交至非洲委员会，原告在此表明国内法院的诉讼程序是不可能的，因为它缺乏司法独立，反对特赦法律，过度延长诉讼过程，申请人流亡等。因此，非洲委员会已经解释这项规定并阐述道，穷尽国内救济途径的条件是有效的，只要这些救济途径存在，具有司法性质，具有有效性，而且不依赖公共权威部门的自由裁量权。

（2）法院的“外交”管辖权

当法院被要求对缔约国侵犯人权的行为进行审理时，可以尝试对案件进行友好协商解决，并在争议当事人之间达成一致，结果不仅使双方当事人满意，而且符合非洲宪章的规定。这就意味着，双方达成的一致并没有侵犯非洲宪章捍卫的权利。

非洲委员会的做法再次有助于理解这种权限的关键路径。当非政府组织或者个人因缔约国侵犯非洲宪章规定的权利而提交来文之后，非洲委员会有时会按照宪章的授权尽力找到一种友好办法协商解决争端。例如，在Association for the Defense of Human Rights v. Djibouti（来文号 133/94）一案中，一位当事人提到，吉布提政府军在战区内同恢复统一民主战线（FRUD）对峙时严重侵犯阿法尔（Afar）族群成员的权利。一旦非洲委员会宣称可以受理来文，各方都会警告说，吉布提政府正在签署一份议定书，进而维护平民、难民和因冲突而流离失所者的诉求，而且，政府强烈鼓励这一进程。最后，一旦议定书被签署，原告会要求非洲委员会留意各方达成的一致意见。非洲委员会将基于当事人达成的和解而终止程序，并就案情本身作出决定。

3. 解释或修改判决

非洲法院可以解释判决的执行情况。在发布案件判决之日起 12 个月内，任何案件的当事人都可以请求法院进行解释。如果法院被请求作出解释，它会邀请案件其他当事人提交他们的评论意见。而且，由审理本案的原有法官对当事人的申请进行评估。除非法院另有决定，提出解释申请不得中止判决执行。

如果发现案件判决时有未能获知的证据，任何当事人都可以申请法院对判决重新审查。这种申请必须在当事人知道被发现的证据之日起 6 个月内提出。案件任何当事人都可以进行评论。除非法院另有决定，申请修改判决不得中止判决执行。

（二）南非的人权司法保障

接下来将阐述南非过去 20 多年在保护和促进人权方面付出的巨大努

力，这意味着要充分理解南非法院（尤其是宪法法院）的作用，这些背景有助于促进对南非人权保障进行有效评价。

南非法院在人权保障过程中发挥着至关重要的作用。它们采取的方式主要有以下三种。

第一，解释权利法案。南非宪法第 39 条规定："在解释权利法案时，法院或法庭：必须促进基于人的尊严、平等和自由的开放民主社会所依赖的那些价值；必须考虑国际法；可以考虑外国法。"①

第二，行使立法权来解释立法并制定普通法规则。宪法规定，在解释任何立法以及发展普通法或习惯法时，每个法院或者法庭必须促进权利法案的精神、宗旨和目标。这清楚地表明，法院的解释作用并不局限于宪法第二章的规定，而是延伸到任何立法。它还确认了法院在以促进权利法案的精神、宗旨和目标之方式来解释立法以及制定普通法或习惯法规则时应承担的宪法义务。换句话说，法院被要求在立法和普通法中注入构成宪法基础的价值体系。根据布兰迪（Danie Brand）的意见，法院在宪法层面与现有法律相结合的这种权力是促进人权的一种重要方式，尤其涉及普通法时更是如此。②

第三，行使审判权解决旨在促进人权的国家措施所面临的问题。通过行使审判权解决旨在促进人权的国家措施所面临的挑战对社会和经济权利而言尤为明显。实际上，通过利用普通法和立法，南非宪法法院已经在大量开拓性的判决中积极并富有创造性地表明，社会和经济权利具有可执行性与可诉性。

南非宪法法院在保护人权中的作用和重要性无论怎么强调都不为过。作为最高法院，宪法法院排他性地处理所有宪法问题，它是决定某个问题是否具有宪法性质的唯一法院。法院的重要作用体现在它对权利法案的解释、适用和执行上。在发挥这种作用时，宪法法院是一个有助于促进人权

---

① The Constitution of the Republic of South Africa (1996), Section 39 (1).

② D. Brand, "Introduction to Socio-economic Rights in the South African Constitution", in D. Brand and C. Heyns (eds.), *Socio-economic Rights in South Africa*, Pretoria University Law Press, 2005, p. 39.

的法律监督机构。自成立以来，宪法法院已经作出了大量具有创新性和里程碑意义的判决，它们与人权保障具有直接关联性。例如，在 S v. Makwanyane 一案中,[①] 宪法法院阐述道，宪法在过去和未来之间架构了一座历史桥梁，过去是一个严重分裂的社会，以斗争、冲突、不为人知的苦难与不公正为特征，而未来则建立在承认人权、民主与和平共处的基础之上。在本案中，宪法法院强调宪法优先于公众舆论的重要性，并明确表示公众舆论不能替代法院解释宪法，以及在没有恐惧或偏袒的情况下维护宪法条款的义务。[②] 在此，宪法法院指出，人权保障不能由国会来完成，相反，应该由法院通过宪法裁判来实现。

在默罕默德诉南非共和国总统一案中,[③] 宪法法院概括总结了南非宪法规定的“权利法案的精神、宗旨和目标”之重要性，以及与它强加给国家“保护、促进和实现权利法案中的权利”之积极义务相一致的很多案例。[④] 法院进一步指出，权利法案对所有国家机关都具有约束力，确保宪法权利受到侵害的那些人获得适当救济是法院应当承担的宪法义务。[⑤] 本案原告默罕默德是一位坦桑尼亚人，也是 1998 年美国驻达累斯萨拉姆大使馆爆炸案中已经逃亡南非的基地组织嫌疑人。宪法法院判定，他不能被引渡到一个可能对其强加死刑的国家（美国）。

在其他里程碑式的案例中,[⑥] 宪法法院也作出了一些有关人权保障的重大声明。总而言之，自从成立以来，南非宪法法院已经作出了成百上千起与人权保障具有特别关联性的判决。[⑦] 而且，很多里程碑式的判决都涉

---

① S v. Makwanyane, 1995 (3) SA 391 (CC).

② S v. Makwanyane, 1995 (3) SA 391 (CC), para. 88.

③ Mohamed v. President of the Republic of South Africa, 2001 (3) SA 893 (CC).

④ Mohamed v. President of the Republic of South Africa, 2001 (3) SA 893 (CC). para. 59.

⑤ Mohamed v. President of the Republic of South Africa, 2001 (3) SA 893 (CC). para. 72.

⑥ 这些案例包括：南非共和国总统诉雨果（President of the Republic of South Africa v. Hugo）案，南非共和国政府诉格鲁特姆和其他人（Government of the Republic of South Africa v. Grootboom and Others）案，卫生部长等人诉治疗行动运动和其他人（Minister of Health and Others v. Treatment Action Campaign and Others）案，卡米歇尔诉安全保障部长（Carmichele v. Minister of Safety and Security）案等。

⑦ 从 1995 年至今包含南非宪法法院有关判决的数据库，可以参见 http://www.saflii.org.za/zalcases/ZACC/ (last accessed 18 June 2017)。

及平等和社会经济权利。

在南非人权的国内保护中，国际人权法的作用至关重要，这一点得到宪法相关条款的明确承认。例如，根据第39条的规定，“在解释权利法案时，法院或者法庭必须考虑国际法”。[①] 第232条规定，“国际习惯法在南非具有约束力，除非它与宪法或国会立法不相一致”。[②] 而且，宪法第233条还规定，“在解释立法时，每个法院必须采取与国际法相一致的方式合理解释立法，而不是采取与国际法不一致的方式任意解释”。[③] 显然，南非宪法已经将国际法纳入国内法律体系。法院（尤其是宪法法院）将负责应对这一挑战。例如，在 S v. Makwanyane & Another 一案中，[④] 宪法法院在废除死刑的同时多次参考国际人权文件和外国判例法。[⑤] 南非共和国政府诉格鲁特姆和其他人案是另一起宪法法院适用国际法的经典案例。在得出本案结论时，宪法法院详细阐述了《经济、社会和文化权利国际公约》的相关规定，[⑥] 它还考察了联合国经济、社会和文化权利委员会对住房权和“最低限度核心义务”之概念展开的评论。[⑦]

法院适用国际人权法的案例还包括 S v. M 案，[⑧] 在该案中，宪法法院基于《儿童权利国际公约》的原则判定，每个司法官员在决定对儿童的主要监护人强加某种惩罚时需要考虑儿童的最佳利益。在霍夫曼诉南非航空公司一案中，[⑨] 宪法法院基于国际人权文件判定，拒绝录用携带艾滋病病毒的空乘人员违宪。而且，在 Mthembu v. The State 一案中，[⑩] 宪法法院适

---

① The Constitution of the Republic of South Africa (1996), Section 39 (1) (b).

② The Constitution of the Republic of South Africa (1996), Section 232.

③ The Constitution of the Republic of South Africa (1996), Section 233.

④ S v. Makwanyane & Another 1995 (3) SA 391 (CC); 1995 (2) SACRI.

⑤ 例如，法院参考了《公民权利和政治权利国际公约》(para. 62) 以及美国联邦最高法院的判决 Fuorman v. Georgia 408 U. S. 238 (1972), para. 40。

⑥ Government of the Republic of South Africa v. Grootboom and Others, 2001 (1) SA 46 (CC), paras 27 – 29.

⑦ Government of the Republic of South Africa v. Grootboom and Others, 2001 (1) SA 46 (CC), paras 29 – 33.

⑧ S v. M, 2008 (3) SA 232 (CC).

⑨ Hoffmann v. South African Airways, 2001 (1) SA 1; 2000 (11) BCLR 1235.

⑩ Mthembu v. The State, 2012 (1) SACR 517 (SCA).

当考虑了《禁止酷刑公约》第 15 条的规定来解释南非宪法第 12 条具体规定的权利，并判定南非法律和国际法都明确禁止使用酷刑。

上述案例只是南非法院（尤其是宪法法院）适用国际人权法的一部分。因此，国际人权法在南非人权国内保护中的作用至关重要。这种重要性必须放在南非令人不安的种族主义历史情境中予以考察，这段历史的特征就是严重侵犯人权。前述讨论已经表明，法院可以利用并且已经利用国际法和外国判例来作出重要的司法声明和里程碑式的法律判决。这种情形之所以具有可能性，是因为南非宪法提供了充分措施将国际法纳入南非国内法律体系。

毫无疑问，南非宪法法院在利用自己的宪法权力时已经提出了很多引起世界关注的创新性判例，尤其是与社会经济权利相关的判例。宪法法院作出的许多重大决定对人们的生活产生了深远影响。当然，考虑所有这些因素之后，我们必须承认，为了充分实现人权，南非仍然存在和面临很多重大挑战。应对这些挑战需要所有南非公民、领袖和政治家、市民社会共同努力。从某种程度上说，它还需要人们关注如下问题：更为公平的社会和经济资源分配，减少犯罪和杜绝腐败，妥善利用文化权利与人权之间的相互作用，以及广泛的人权教育和公众意识。或许，在南非和其他非洲国家，最为关键的问题在于，促进人权（尤其是社会经济权利）所面临的挑战特别具有相关性。诸如健康护理、食物、水、社会保障和教育等权利对于那些每天在贫困、无知和疾病中挣扎的人们来说意味着一切。所有这些权利在南非权利法案中都有规定，最值得称赞的成就就是充分实现这些权利。

五 司法全球化与人权保障

人权保障与很多主体、因素和机制相关并受其影响。最重要的主体之一是法院。不管是国际/超国家宪法法院还是国内宪法法院都会涉及人权，并对人权解释、有关人权的争议解决方案和人权限制享有最终发言权。有过两次美国最高法院大法官经历的休斯（Charles Evans Hughes）很精彩地说道："我们在宪法之下，但宪法是什么由法官说了算。"[①]

在新的全球化时代，尤其是在1990年代早期冷战结束之后，法院不再是影响和发展人权的单一主体。它们也是全球法院网络的一部分，并总体上在国内、超国家、跨国和国际层面影响人权。我们将这一过程称为司法全球化，它是全球范围内人权保障最重要的机制之一。国内、跨国和国际层面的人权法发展与司法全球化进程之间存在密切联系。而且，这不是一种单向联系，人权对司法全球化进程也具有重要影响，它不仅是司法全球化进程的主要原则之一，而且是司法全球化的精神和动力来源。

按照联合国大会对全球化的界定，即一种"复杂的结构转型过程，它涉及大量的跨学科领域，并影响公民权利、政治权利、经济权利、社会权利和文化权利（包括发展权）的享有",[②] 司法全球化作为全球化的组成部分有自己影响人权的机制。这种机制至少体现为两个方面：一是宪法对人权的交叉影响；二是国际法院与国内法院之间的相互作用。

（一）宪法对人权的交叉影响

由于缺乏权威界定，我们将"宪法对人权的交叉影响"机制界定为国内宪法法院（有时甚至包括国际/超国家法院）为了达到说服目的而自愿适用其他国内法院或者国际/超国家法院的判例法。换句话说，就是人权判例法在全球范围内从一个法院流向另一个法院。一般来说，判例法在不同国家宪法法院之间横向流动，它们彼此相互援引，这不是因为它们被迫这样做，而是因为它们自愿选择利用这些判例作为有说服力的权威。即使当宪法法院选择利用来自国际/超国家法院的外国判例法，它仍然是一种横向机制。宪法法院之所以这样做，不是因为它们对被选择的判例具有管辖权，而是因为它们为了更具有说服力而自愿作出选择。

---

① Speech before the Chamber of Commerce, Elmira, New York (3 May 1907); published in *Addresses and Papers of Charles Evans Hughes*, *Governor of New York*, *1906 – 1908* (1908), at 139.

② Res No. 63/176, 20 March 2009, of The General Assembly of the UN about "Globalization and Its Impact on Full Enjoyment of All Human Rights", Online: 〈http://www.worldlii.org/int/other/UNGARsn/2008/199.pdf〉.

这种形式的司法全球化是推动全球范围内人权从一个国家转向另一个国家最为重要的机制之一。确切地说，这一过程被加拿大最高法院大法官杜比（Claire L'Heureux-Dubé）称为一场全球有关人权的“司法对话”。她指出，“由于全球范围内的法院都寻求权威资源，因此，国际影响的进程已经从接受转向对话。法官不再是仅仅接受其他管辖权的案例，然后予以直接适用或者进行修改后在自己的管辖范围内适用。相反，不同管辖权之间的交叉影响和对话正在日益增多”。①

尽管不是所有人都同意她的观点，人权判例不断从一个法院流向另一个法院却是事实。虽然在全球范围内在经验层面有关适用外国判例法的定量或定性研究仍是空白，但对该问题的个别或比较研究确实体现了这样一种趋势。即使这种日益增加的人权转移趋势不存在，但从人权的观点来看，这仍然可以被认为是一种新的现象。② 在人权和全球化时代，转移更多的是人权理念和判例法。正如挪威最高法院首席大法官所言：“国内法院（尤其是小国的最高法院）有义务从外面世界引入新的法律理念用于国内法律判决。”③

（二）国际法院与国内法院之间的相互作用

国际/超国家法院与国内法院之间的关系是司法全球化的另一项非常强大的机制，它有助于促进和加强基本人权和自由的适用。它由国内法院通过强制或者有时自愿适用国际/超国家人权判例法来实施。迄今为止，还没有一个在全球范围内对所有国内法院享有权威的世界人权法院，尽管几乎每个大陆在地区层面存在这样的法院。④

---

① The Honourable Claire L'Heureux-Dubé, see Kenneth I. Kersch, “The New Legal Transnationalism, the Globalized Judiciary, and the Rule of Law”, *Wash. U. Glob. Stud. L. Rev.* 345, 2005, p. 17.

② Anne-Marie Slaughter, *A Brave New Judicial World in Michael Ignatieff*, *American Exceptionalism and Human Rights*, Princeton: Princeton University Press, 2005, p. 280.

③ Carsten Smith, “The Supreme Court in Present-Day Society”, in *The Supreme Court of Norway*, ed. Stephan Tschudi-Madsen (Oslo: H. Aschenhoug & Co., 1988), pp. 134 - 35.

④ Laurence Burgorgue-Larsen & Amaya Ubeda de Torres, *The Inter-American Court of Human Rights: Case Law and Commentary*, 1st edn, Oxford: Oxford University Press, 2011; Ludovic Hennebel, “The Inter-American Court of Human Rights: The Ambassador of Universalism”, *Quebec J. Int'l. L.* 57 (2011).

这种观点的最佳例证出现在欧洲。欧洲人权法院与各国法院之间的相互作用主要建立在人权传播的基础之上，尤其是在《里斯本条约》之后。[①] 每一个欧洲人都有权在尝试国内救济之后，并在有效时间范围内以某个欧洲国家为被告向欧洲人权法院提起诉讼，理由是该国没有尊重基本人权和自由。而且，各国法院在处理国内人权案例时有义务考虑欧洲人权法院的判例法。这是最好的用来说明人权理念和原则正在变得泛欧洲化的例证，而且正在通过国际/超国家法院和国内法院的共同理解与解释在欧洲委员会和欧洲联盟内的各个国家之间进行传播。在各国法院的努力下，欧洲人权法院成功建立了所谓的人权“欧洲法律秩序”，有时它们甚至超越欧洲范围，有些学者还将之称为一种“世界人权法院”。[②]

诚然，通过国际/超国家法院与国内法院之间的关系来推动人权保障并不仅仅出现在欧洲。尽管不具有像在欧洲那样的影响力，但同样的现象也发生在美洲和非洲。根据美洲国家组织的规定，美洲人权法院和美洲人权委员会构成了美洲人权保障系统。[③] 在美洲国家组织中，案例不能由公民个人提交法院，而是必须由美洲人权委员会或者作为当事人的国家提交至法院。在非洲，国际层面的人权保护由非洲人权和民族权法院负责实施，它是由非洲联盟成员国建立的一个洲际法院，旨在保护人权和民族权利。尽管如此，作为一项规则，公民个人不能直接申请反对成员国。[④] 亚洲和大洋洲目前还没有这样的地区人权法院。

除此之外，其他的司法全球化形式可能还包括以下几种。(1) 建立全球化或地区性的法官组织。这是一种强大的机制并对全球范围内推动人权事业发展发挥着至关重要的作用。换句话说，就是建立各种国内、地区和

---

① Anne-Marie Slaughter, “Judicial Globalization (1999 - 2000)”, 40 *Va. J. Int'l. L.* 1103, p. 1105.

② Anne-Marie Slaughter, “Judicial Globalization (1999 - 2000)”, 40 *Va J Int'l L* 1103, p. 1110.

③ 参见 Online: Organization of American States 〈http://www.oas.org/en/default.asp〉; “The Honourable Sandra Day O'Connor”, Keynote Address, 96 *Am. Soc. of Int'l. L.* 348 (2002)。

④ Philip Alston & Ryan Goodman, *International Human Rights*, 1st edn, Oxford: Oxford University Press, 2013; Mutua Makau, “The Banjul Charter and the African Cultural Fingerprint: An Evaluation of the Language of Duties”, 35 *Va. J. Int'l. L.* at 339 (1995); Nsongurua J. Udombana, “An African Human Rights Court and an African Union Court: A Needful Duality or a Needless Duplication?” 28: 3 *Brook J. Int'l. L.* 811 (2003).

全球的法官协会。当然，这种机制的复杂性以及它在人权和司法全球化进程中发挥的作用需要更为彻底的分析。（2）建立电子网络和系统。我们生活在因特网和科技时代，同任何其他人一样，法官也不例外。他们出于个人原因和司法全球化相关目的而使用电子网络和系统。建立和使用电子网络和系统是法官促进人权保障和在世界范围内的更好理解而采用的方法。（3）全球司法教育和培训。无论从一般意义上说，还是就更为具体的人权问题而言，全球司法教育和培训都是另一种不同形式的司法全球化过程。建立具有全球管辖权的司法教育组织（例如，国际司法培训组织和国际司法学会）是全球各地法官亲密接触的另一项重要指标。当涉及法治、司法独立和人权时，法官似乎通过全球司法培训和教育来相互帮助并推动彼此实现对这些概念的普遍与和谐理解。①

The New Development of the Judicial Protection of International Human Rights

Lyu Jiangao

Abstract: After the Second World War, the judicial protection of international human rights has become the universal concern in the international human rights community. The domestic constitutional courts in different countries adopt different constitutional review mechanisms with special characteristics and their own advantages and disadvantages to promote the judicial protection of human rights. European Court of Human Rights, Inter-American Court of Human Rights, African Court on Human and peoples' Rights and those representative countries under their jurisdiction make great efforts to promote the judicial protection of human rights in the regional level on the basis of the efficient judicial dialogue between regional court and domestic court, the model transformation

① Richard Price, "Transnational Civil Society and Advocacy in World Politics", 55 *World Pol.* 579 at 579 (2003); Tamir Moustafa, "Law versus the State: The Judicialization of Politics in Egypt", 28 *Law & Soc Inquiry* 883, 2003, p. 883.

and innovative development of the judicial protection of human rights. Judicial globalization and international human rights are closely related, and different forms of judicial globalization can be considered as a mechanism of human rights protection in a certain level to realize the judicial protection of human rights.

Keywords: Human Rights; Judicial Protection; Court; Judicial Globalization

跨国公司母国的宪法义务

于　亮[*]

摘　要：由母国对跨国公司进行监管不仅是国际人权条约的要求，更可在宪法释义学中找到依据。基本权利功能体系为证成母国义务提供了分析框架：请求权关系通过构建母国政府和跨国公司侵权受害人之间的联系而建立；基本权利的客观价值秩序功能也能为母国义务提供依据。本文通过构建"母国—跨国公司侵权受害人"之间基于投资产生的管辖关系，发展出国家保护义务上升为主观权利的新型模式。根据中国宪法，中国作为跨国公司的母国有义务采取措施对总部在其领土的跨国公司进行监管，防止它们在海外侵犯人权。中国政府已采取一定措施落实母国义务，但仍存在不足，需进一步提高与完善。

关键词：跨国公司；母国；人权；保护义务

一　问题的提出

十九大报告强调继续推进"一带一路"建设，并旗帜鲜明地提出了构建人类命运共同体的构想。[①] 为"一带一路"提供包括法律机制在内的公共产品是中国构建新型国际关系必不可少的手段。本文在"一带一路"和构建人类命运共同体的背景下，结合宪法文本，探究中国作为海外投资母国应该承担的监管义务。

---

* 于亮，天津大学法学院副教授，法学博士。

① 参见习近平《决胜全面建成小康社会 夺取新时代中国特色社会主义伟大胜利——在中国共产党第十九次全国代表大会上的报告》2017 年 10 月 18 日。

在“一带一路”倡议推动下，中国海外投资不断繁荣。中国宪法对负责任的海外投资有何要求？本文旨在揭示基本权利宪法释义如何补充与增强国际人权法实践发展出的对跨国公司母国保障人权的要求。在经济全球化时代，跨国公司在全球经营过程中直接或间接影响人权的享有。跨国公司可能影响的人权范围相当广泛，包括但不限于生命权、健康权、工作权、免于强迫劳动的权利、组织或参与工会权、环境权以及妇女、儿童、少数族群等特殊群体的权利。① 在法律框架内，防止跨国公司侵犯人权有两大思路：确立公司自身的人权义务；强调国家对跨国公司进行规制的义务。笔者不反对非国家行为者可能具有人权义务的观点，但考虑到公司人权义务——如果有的话——最终有赖于国家的落实，本文仅研究国家的义务。② 在国家义务方面，目前理论和实务界的共识是东道国有义务规范在其领土内投资的跨国公司，防止其侵犯人权。③

尚存一定争议的问题是母国是否有义务防止总部在其领土的跨国公司在海外侵犯人权。《联合国工商企业与人权指导原则》认为，国际人权法一般并不要求母国对跨国公司进行规制，但也不禁止其这样做。④ 《关于国家在经济、社会和文化权利领域的域外义务的马斯特里赫特原则》（由国际法和人权法学者起草的法律重述，以下简称《马斯特里赫特原则》）则认为，母国有义务监管跨国公司，防止其侵犯他国人民的经济、社会和文化权利。⑤ 笔者此前研究认为，母国基于国际人权条约有义务采取措施规范总部在其领土的跨国公司，防止其在海外侵犯人权。⑥ 笔者不禁进一

---

① 参见李红勃《公司的人权责任》，《河北法学》2004 年第 9 期。

② 参见郑贤君《非国家行为体与社会权——兼议社会基本权的国家保护义务》，《浙江学刊》2009 年第 1 期。

③ 参见联合国《工商企业与人权：实施联合国“保护、尊重和补救”框架指导原则》，文件编号：HR/PUB/11/4，2011，第 3 页。

④ 参见联合国《工商企业与人权：实施联合国“保护、尊重和补救”框架指导原则》，文件编号：HR/PUB/11/4，2011，第 3 页。

⑤ 参见 Maastricht Principles on Extraterritorial Obligations of States in the Area of Economic, Social and Cultural Rights, available at http://www.etoconsortium.org/en/library/maastricht-principles/ (23－07－2014), para. 24 and 25。

⑥ 参见于亮《〈经济、社会和文化权利国际公约〉中母国规制跨国公司的义务——兼评经济、社会和文化权利委员会的最新实践》，《环球法律评论》2014 年第 6 期。

步追问：母国宪法是否同样要求母国监管跨国公司的海外投资？

人权问题是宪法学和国际人权法学共同的研究对象，但目前宪法学界对海外投资引起的人权问题关注相对较少。从人权研究的角度来看，宪法和国际人权法相互借鉴、相互参考的趋势正在显现。[①] 在司法领域，国际人权司法机构和国内宪法司法机构之间的互动也越来越多，相互援引也显露端倪。[②] 正如下文所示，宪法学优秀理论成果完全可以用来论证母国义务问题，甚至可以补齐国际人权法理论的短板。[③] 尽管在世界范围内国内公法与国际人权法的互动趋势明显，但由于长期受国际法与国内法关系二元论的影响，国际人权条约义务在我国并不必然转化为宪法义务。[④] 因此，专门研究母国宪法义务具有重要的理论价值，同时也意味着可以通过对国际人权法理论的借鉴和批判进行宪法释义。在上述背景下，本文将具体回答以下问题：中国《宪法》是否要求国家承担母国义务？在“走出去”和“一带一路”倡议背景下，中国政府对母国义务的态度如何？中国政府如何监管中国企业的海外投资行为？母国义务宪法释义可能为中国带来何种制度创新？

在探讨母国义务的法理基础之前，有必要回答一个疑问：既然东道国有义务管制在其领土内投资的跨国公司，为什么还要研究母国义务呢？首先，很多东道国为了吸引外资、发展经济，不愿意对跨国公司进行管制或放松对其管制。其次，也有东道国虽然愿意管制跨国公司，但没有能力进行有效监管，比如缺乏有效率的政府机构，或受制于与母国签订的双边投资协定的投资保护措施。国际法领域的研究成果表明，母国与东道国签订的投资协定及其创设的“投资者—东道国”投资仲裁机制对东道国的监管

① Stephen Gardbaum, “Human Rights as International Constitutional Rights”, *European Journal of International Law*, Vol. 19, 2008, p. 768; Ulf Linderfalk, “Cross-fertilisation in International Law”, *Nordic Journal of International Law*, Vol. 84, 2015, p. 455.

② Antoine Buyse, “Echoes of Strasbourg in Geneva”, *Japanese Yearbook of International Law*, Vol. 59, 2016, p. 81.

③ 跨国公司母国义务的宪法释义学可以成为宪法学与国际人权法学交流合作的平台。参见周刚志《部门宪法释义学刍议》，《法学评论》2010 年第 3 期。

④ 参见陈弘毅《公法与国际人权法的互动：香港特别行政区的个案》，《中外法学》2011 年第 1 期。

权力产生“寒战效应”（regulatory chill）：由于担心仲裁机制将东道国的监管措施评价为对投资者的征收并被裁决承担巨额赔偿，东道国立法和执法机关不敢对跨国公司进行监管。[①] 再次，跨国公司在东道国投资大量采用设立子公司的形式，由于法人人格独立原则以及传统国际法对管辖权的分配，东道国的监管措施通常只能及于子公司，而跨国公司的经营决策往往是由母公司作出的。如果能够证成母国义务，则可达到东道国对子公司、母国对母公司进行双管齐下的监管效果。最后，母国监管能提升跨国公司行为的规范性与合法性，减少东道国的疑虑或担忧，有利于跨国公司更好地走出去。

母国义务问题与中国息息相关，具有重要的理论价值和现实意义。随着综合国力的不断提高，我国海外投资日益增多。商务部统计数据显示，截至2014年底，我国非金融类对外直接投资额累计达3.97万亿元人民币（折合6463亿美元）。[②] 从近年来的《世界投资报告》来看，中国已经连续数年跻身于世界前20大对外投资经济体。[③] 国家发改委在2017年发布的《中国对外投资报告》显示，中国对外投资存量跃居世界第6位。在投资领域，中国正在经历角色转变：从过去的投资东道国转变为兼具东道国和母国双重角色的发展中大国。2013年，国家领导人审时度势地提出了“一带一路”伟大倡议，为中国的和平崛起和对外交流合作指明了方向。促进对外投资是“一带一路”倡议的目标之一。[④] “一带一路”倡议涉及大量基础设施建设和能源开采项目，且沿岸国当中有很多是经济落后的发

① Rosalien Diepeveen, et al., “Bridging the Gap between International Investment Law and the Environment, 4th and 5th November, The Hague, The Netherlands”, *Utrecht Journal of International and European Law*, Vol. 30, 2014, p. 159.

② 商务部合作司：《2014年我国非金融类对外直接投资简明统计》，发布日期：2015年1月27日，数据来源于商务部官方网站，http://www.mofcom.gov.cn/article/tongjiziliao/dgzz/201501/20150100878152.shtml，最后访问时间：2019年7月2日。

③ United Nations Conference on Trade and Development, World Investment Report 2013: Global Value Chains: Investment and Trade for Development, Geneva, 2013, p. xv; United Nations Conference on Trade and Development, World Investment Report 2014: Investing in the SDGs: An Action Plan, Geneva, 2014, p. xv.

④ 参见国家发展改革委、外交部、商务部《推动共建丝绸之路经济带和21世纪海上丝绸之路的愿景与行动》，2015年3月发布。

展中国家，保护当地人权对于维护我国良好国际声誉具有重要意义。在此背景下法学界在思考维护我国企业合法权益的同时，还应研究对中国企业的约束和规范问题。在国际人权条约监督实践中，我国已在母国义务方面面临巨大压力。例如，2014 年，经济、社会和文化权利委员会在针对中国的结论性意见中建议我国采取措施履行母国监管跨国公司的义务。[①] 2018 年 11 月，中国接受联合国人权理事会的第三次普遍定期审议，在审议过程中，海地、巴勒斯坦、肯尼亚建议中国采取措施规制海外投资企业，其中肯尼亚甚至建议中国将中国的法律法规、标准适用到中国海外投资企业。[②] 因此，基于中国对外交往现实需要的考虑，我国宪法基本权利理论也应该对母国义务问题进行澄清和释义。[③]

从现有研究成果来看，母国义务问题与基本权利保护义务的关系十分密切，但现有文献并未表明保护义务的适用范围是否足以涵盖母国义务，因为学者在探讨保护义务的时候通常不涉及跨国问题，而母国义务问题恰恰具有跨国因素。[④] 此外，我国宪法学界已有关于“人权条款”（《宪法》第 33 条第 3 款）是否支持基本权利主体扩张到外国公民的争论，但现有争论针对的是在我国领土内的外国人，而未涉及受我国跨国公司影响的在东道国领土内的人。[⑤] 人人享有人权的论断并不必然推导出某个特定国家对一切人负有一切种类的人权义务。例如，适足生活水准权并不意味着中国政府有向全世界人民提供适足生活水准的义务。本文以中国宪法文本为基础，运用“基本权利功能体系”的理论框架，参照美国最高法院、欧洲人权法院和美洲人权法院相关案例阐明的法理分析母国义务是否具有宪法

① 经济、社会和文化权利委员会：《关于中国（包括中国香港和中国澳门）第二次定期报告的结论性意见》，文件编号：E/C. 12/CHN/CO/2，归档日期：2014 年 6 月 13 日，第 13 段。

② UN Human Rights Council, Draft Report of the Working Group on the Universal Periodic Review, 5 - 16 November 2018, A/HRC/WG. 6/31/L. 3, pp. 9 - 10.

③ 一项研究表明，国际人权法对各国宪法基本权利制度的发展变迁具有重要影响。参见戴瑞君《论基本权利制度变迁之国际人权法动因》，《广东社会科学》2015 年第 3 期。

④ 参见陈征《基本权利的国家保护义务功能》，《法学研究》2008 年第 1 期；龚向和、刘耀辉《论国家对基本权利的保护义务》，《政治与法律》2009 年第 5 期。

⑤ 参见施立栋、陈歆孜、郑磊《“〈宪法〉释义暨转型期宪法解释”学术研讨会综述》，《浙江社会科学》2011 年第 8 期。

依据。在此基础上，本文将对中国践行母国义务的具体措施进行评析，并提出母国义务可能带来的制度创新。

二 母国义务问题所涉三方主体

母国义务问题发生在跨国直接投资领域，主要涉及三大法律主体：受害人或潜在受害人、跨国公司、母国。

（一）受害人或潜在受害人

在跨国投资领域，基本权利受到跨国公司有害影响的受害人或潜在受害人是居住在东道国的居民。这些受害人主要是东道国公民，也有少量是母国公民（比如母国公民被母公司外派至海外工作）。上述权利受到影响的人又可分为两类：企业员工和当地社区居民。前者的健康权、免于强迫劳动权、适足工作条件权、宗教信仰自由极易在工作中受到公司侵犯。后者的财产权、环境权、用水权经常受跨国公司非法侵占土地、损害生态环境等行为影响。

我国《宪法》第二章的标题为“公民的基本权利和义务”，这是否意味着我国政府仅仅保障我国公民的人权，而无须考虑外国人（居住在我国或外国）的人权？目前，我国宪法学界的最新研究成果表明：基本权利的享有者不以公民为限，也应该包括在我国领土内的外国人；不过，尚不清楚领土外的外国人是否对中国政府有基本权利请求权。[①] 此外，还有学者指出，把人权主体从“人”转化为“公民”会导致对他国人权的损害，应以“世界公民”作为人权的权利主体；但该学者并未论及国家对在其领土外的人的义务问题。[②] 2004 年，人权条款入宪，宪法修正案在《宪法》第 33 条中增加了“国家尊重和保障人权”的规定。有学者认为，人权条款意

① 参见杨小敏《论基本权利主体在新中国宪法文本中的变迁》，《法学论坛》2011 年第 2 期。

② 参见曲相霏《人、公民、世界公民：人权主体的流变与人权的制度保障 》，《政法论坛》2008 年第 4 期。

味着中国宪法基本权利请求权主体已经从“公民”扩展到在中国领土内的“每个人”。[①] 当然，也有学者意识到对公民进行扩张解释的现实困境：上述主体扩展的推论仍面临宪法篇章结构的障碍，毕竟人权条款规定在“公民的基本权利和义务”一章之中。[②] 上述论述是关于基本权利条款适用范围的重要研究，对于扩张基本权利条款字面适用范围发挥了重要作用。

然而，上述研究并未关注国家公权力的域外影响，也未探讨宪法基本权利条款的域外适用问题。从学术史的角度来看，国内外学者对部门法的域外适用问题已有较多关注，但只是晚近几年才有少数美国和欧洲学者对宪法或《欧洲人权公约》的域外适用问题有所研究。[③] 我国学者对刑法、经济法、劳动法等部门法的域外适用问题已有较为系统的研究，但对宪法这一国家根本法的域外适用问题鲜有研究。[④] 事实上，随着全球化的程度不断加深，各国法律的绝对属地适用原则已经不能适应时代的需要。例如，杜涛和肖永平对我国民法的绝对属地原则进行了反思和批判，认为那是基于对近代西方列强在华治外法权的深恶痛绝而主动拒绝民法的域外适用，然而，在经济全球化时代，国内民商法的适用不应囿于一国领土范围之内。[⑤] 反观宪法，同样存在狭隘的属地主义的保守观念，尽管宪法中有

---

① 参见莫纪宏《人权法的新发展》，中国社会科学出版社，2008，第 179 页。

② 参见戴瑞君《外国人权利的法律保护——从国际法到中国法的考察》，《人权》2014 年第 5 期。

③ Gerald L. Neuman, "Extraterritorial Rights and Constitutional Methodology after Rasul v. Bush", *University of Pennsylvania Law Review*, Vol. 153, 2005; Michał Gondek, "Extraterritorial Application of the European Convention on Human Rights: Territorial Focus in the Age of Globalization?" *Netherlands International Law Review*, Vol. 52, 2005; Jean-Marc Piret, "Boumediene v. Bush and the Extraterritorial Reach of the U. S. Constitution: A Step Towards Judicial Cosmopolitanism?" *Utrecht Law Review*, Vol. 4, 2008; Galia Rivlin, "Constitutions Beyond Borders: The Overlooked Practical Aspects of the Extraterritorial Question", *Boston University International Law Journal*, Vol. 30, 2012.

④ 参见石静遐《破产域外效力的比较分析》，《法学研究》1995 年第 3 期；吕岩峰《刑法的域外效力辨析——来自国际私法学的观照》，《法制与社会发展》1998 年第 4 期；王晓晔《我国反垄断法的域外适用》，《上海财经大学学报》2008 年第 1 期；孙国平《论劳动法的域外效力》，《清华法学》2014 年第 4 期；石佳友《我国证券法的域外效力研究》，《法律科学》2014 年第 5 期；杨峰《我国证券法域外适用制度的构建》，《法商研究》2016 年第 1 期。

⑤ 杜涛、肖永平：《全球化时代的中国民法典：属地主义之超越》，《法制与社会发展》2017 年第 3 期。

关国家机关及其运行的规范确实较少涉及域外适用的问题，但基本权利条款的域外适用问题在经济全球化时代具有重要的理论和现实意义。

此外，值得注意的是“权利主体—义务主体”这组概念是典型的请求权思维，即权利主体得请求国家作为或不作为。[①] 然而，基本权利除具有请求权功能之外，还具有客观价值秩序功能。[②] 客观价值秩序功能是指国家有义务保障基本权利不被第三人侵犯，但此项义务并不产生任何请求权。在人权具有普遍性的语境下，即便在中国领土之外的外国人对中国没有积极权利的请求权，也并不意味中国政府没有义务规制本土跨国公司的海外投资行为。对此，笔者将在下文详细论述。

（二）跨国公司

跨国公司是一个经济学概念，并非严格的法律术语。联合国《跨国公司行为守则》将其定义为“由分设在两个或两个以上国家的实体组成的企业，而不论这些实体的法律形式和活动范围如何。各个实体通过一个或数个决策中心，在一个决策系统的统辖之下开展经营活动，彼此有着共同的战略并执行一致的政策。由于所有权关系或其他因素，各个实体相互联系，其中一个或数个实体，对其他实体的活动能施加相当大影响，甚至还能分享其他实体的知识、资源，并为它们分担责任”。[③] 可见，跨国公司并非特指单个法律实体，而是由诸多关联企业组成的集合体，只不过这些关联企业分布在不同国家，并通过直接投资的形式联系起来。

从企业所有权结构形式来看，跨国公司在海外进行直接投资通常采取以下两种组织形式：第一，在东道国设立分支机构、代表处或分公司；第二，在东道国设立子公司或拥有当地公司的多数股权并能实际控制该公司。在第一种情形下，设在东道国的企业没有法人资格，不能独立承担民事责任。在第二种情形中，设在东道国的企业是独立的法人，除在法人人

① 张翔：《宪法释义学》，法律出版社，2013，第126~130页。

② 张翔：《宪法释义学》，法律出版社，2013，第137页。

③ United Nations Commission on Transnational Corporations, “Draft U. N. Code of Conduct on Transnational Corporations”, *International Legal Materials*, Vol. 22, 1983, p. 192.

格否定的情况下通常独立承担民事责任。需要指出的是，民法中的法人制度安排并不妨碍公法中国家对母公司的监管之责，因为民法和公法的功能不同，前者调整横向法律关系，后者调整纵向法律关系。也就是说，即便侵犯人权的行为是由东道国的子公司作出的，也不妨碍母国对母公司的监管，比如要求母公司确保其实际控制的子公司尊重人权。

中国海外投资企业广泛采取上述两种组织形式。就前者而言，例如，中国葛洲坝集团股份有限公司在苏丹设立中国葛洲坝集团股份有限公司苏丹分公司；再比如，中国路桥工程有限责任公司在乌兹别克斯坦设立中国路桥驻乌兹别克斯坦办事处。就后者而言，例如，中铁七局集团有限公司在南非设立中铁七局集团南非有限责任公司；再比如，中国检验认证（集团）有限公司在泰国设立中国检验认证集团泰国有限公司。[①] 以上是较为常见的投资形式。我国商务部和国家发改委对上述形式的投资都有核准或备案要求，总体上能够掌握投资态势和数据，为今后的监管提供了条件。

除股权或所有权控制之外，很多跨国公司通过协议控制的形式构筑起企业帝国。[②] 然而，协议控制往往较为隐蔽，难以被监管部门发现。如果能够通过非政府组织监督、公司账簿审计等手段证明协议控制的存在，本文结论同样适用于此种情形。举例来说，A 国的 a 公司通过协议控制的形式控制了 B 国的 b 公司，此时，a 公司相当于母公司，b 公司相当于子公司，A 国则相当于母国。如果母国义务能够证成，A 国有义务阻止 a 公司通过 b 公司在 B 国损害人权。

（三）母国

母国是相对于东道国而言的概念，是指投资的来源国。如前所述，跨国公司进行跨境投资主要采取两种所有权结构形式：在东道国设立分公司或子公司。在第一种情形下，母国是指总公司的注册地或主要营业地所在

---

① 以上信息来源于商务部境外投资企业查询系统，参见网址：http://wszw.hzs.mofcom.gov.cn/fecp/fem/corp/fem_cert_stat_view_list.jsp，最后访问时间：2015 年 7 月 2 日。

② 刘燕：《企业境外间接上市的监管困境及其突破路径——以协议控制模式为分析对象》，《法商研究》2012 年第 5 期。

的国家。在第二种情形下，母国是指（控股）母公司的注册地或主要营业地所在的国家。在协议控制的情形下，母国是指施加控制的公司注册地或主要营业地所在的国家。根据国际法的基本原理，国家不得侵犯他国主权。因此，本文主要研究母国是否有义务采取措施防止总部在其领土的跨国公司在海外侵犯人权或母国是否有义务为本国跨国公司侵权受害者提供司法救济。母国义务如果有的话也只是在母国领土内采取监管措施，而非到东道国境内执法。例如，英国政府于2015年通过的《现代奴隶制法案》（Modern Slavery Act 2015）要求营业地在英国的公司在每个财政年度发布其是否采取以及采取何种措施以避免在其自身经营（包括其在海外的分公司、子公司）中和其供应链（supply chains）中的包括强迫劳动在内的现代形式的奴役现象的报告。[①] 英国立法虽然具有域外效果但并未损害东道国的主权，因为英国并未在东道国强制执行该法律。下文将重点论述母国义务的宪法基础。

三　主观权利、客观价值秩序与母国义务

宪法学基本权利理论认为，基本权利具有主观权利和客观价值秩序双重功能。[②] 该理论虽然起源于德国，但其阐明的道理具有共通性。[③] 从各国宪法文本来看，基本权利双重属性的特征确实存在于很多国家。有学者将其形象地称作“基本权利的功能体系”。[④] 基本权利的功能体系为分析母国义务问题提供了理论框架。

---

① 参见UK，Modern Slavery Act 2015，Part 6。

② 郑贤君：《基本权利原理》，法律出版社，2010，第303～305页；张翔：《宪法释义学》，法律出版社，2013，第137～139页。

③ 例如，有学者透过法社会学的视角得出“客观价值秩序”源于社会变迁的内在需求和当代社会法律系统的功能需求的结论。基本权利从主观权利向客观价值秩序过渡具有重要的社会意义。中国围绕基本权利的双重属性建构基本权利教义学体系不仅是因为德国这样做，而且是出于维护“功能分化的社会秩序”的需要。这样一个体系的建构是中国社会自身的问题，而非简单的移植。参见李忠夏《基本权利的社会功能》，《法学家》2014年第5期。

④ 张翔：《基本权利的体系思维》，《清华法学》2012年第4期。

（一）两种语境下的国家保护义务

在跨国投资领域，对人权产生直接威胁的并非国家，而是作为私人的跨国公司。母国义务如果有的话属于国家保护义务的范畴。国家保护义务是指保护基本权利免受私人侵犯的义务。[①] 保护义务最初起源于基本权利的客观价值秩序功能，是基本权利作为客观法内容的具体体现。目前，理论和实务部门对以客观价值秩序为基础的保护义务几无争议，并逐渐承认保护义务在一定情况下可以产生主观权利。换言之，保护义务并非当然产生主观权利。判断客观规范是否具备请求权品格的标准主要在于客观规范的内容是否足够明确。[②] 由于客观价值秩序语境下的保护义务本身不涉及请求权问题，因此在这一语境下谈论母国义务问题相对容易证成。在主观权利语境下谈论母国义务问题实际上是在探讨跨国公司侵权受害人能否向母国主张保护基本权利的请求，核心问题在于基本权利规范是否明确规定或至少暗含位于东道国领土的人的请求权资格。下文分别在两种语境下分析母国义务的法理依据。

（二）客观价值秩序语境下的母国义务问题

从基本权利功能体系的分析框架来看，基本权利除具有主观权利的功能之外，还有客观价值秩序的功能。基本权利作为客观价值秩序对国家施加义务，要求国家促进基本权利的实现，保障基本权利不被第三人侵害，但客观价值秩序并未赋予个人请求权。[③] 阿列克西（Robert Alexy）认为，客观价值秩序对国家施加了一种“非关系型义务”（a non-relational obligation），例如，“y 有义务帮助 x”并不意味着“x 有权利要求 y 帮助他”。[④] 德国学者提出的客观价值秩序的概念是对基本权利请求权体系的有益补充。通常认为，客观价值秩序可在《德国基本法》第 1 条第 3 款中找到依

---

① 参见陈征《基本权利的国家保护义务功能》，《法学研究》2008 年第 1 期。

② 郑贤君：《基本权利原理》，法律出版社，2010，第 294 页。

③ 张翔：《宪法释义学》，法律出版社，2013，第 137 页。

④ Robert Alexy, *A Theory of Constitutional Rights*, 1986, translated by Julian Rivers, Oxford University Press, 2002, p. 131.

据，该条文表述为：“下列基本权利是约束立法、行政、司法机关的直接有效的法律。”有学者指出，基本权利对公权力的这种约束不是违宪审查层次上的，也不是个人请求排除公权力侵害层次上的，所以基本权利在这里体现的并不是主观权利的性质，而是一种客观规范或者客观法。①

德国宪法理论所描述的“客观价值秩序”不仅存在于德国基本法中，很多国家的宪法文本当中均有客观价值秩序的踪迹。荷兰宪法第一章为“基本权利”，共计 23 条。其中，前 18 条的表述为“人人有权……”或“人人有……的权利”。其他五条的表述为“……应当是政府部门关切的事项”。后五条分别规定了“促进就业”“促进人民富足”“保护环境”“促进人民健康”“促进教育”，这些条款并未赋予个人请求权，只是约束政府的客观价值秩序。印度宪法第三部分的标题为“基本权利”（fundamental rights），第四部分的标题为“国家政策的指导原则”（directive principles of state policy）。第三部分是对主观请求权的规定，第四部分体现了基本权利作为客观价值秩序的功能。南非宪法第二章为“权利法案”，包含第 7 条至第 39 条。其中第 8 条类似于德国基本法第 1 条第 3 款。南非宪法第 8 条规定：“权利法案适用于所有法律，并约束立法、行政、司法和所有国家机关。”需要指出的是，主观权利条款必然蕴含客观价值秩序的要求，而诸如荷兰宪法第 19 ~ 23 条、印度宪法第四部分等单纯规定客观价值秩序的条款并不必然包含主观权利。德国基本法中的客观价值秩序是从主观权利条款导出的，而荷兰宪法和印度宪法则有独立于主观权利条款的客观价值秩序条款。

在中国宪法文本中也能找到客观价值秩序的条文依据。中国《宪法》第 5 条第 4 款规定：“一切国家机关和武装力量、各政党和各社会团体、各企业事业组织都必须遵守宪法和法律。”既然关于基本权利的规定（第 33 条至第 50 条）是中国宪法的一部分，那么一切国家机关均受这些条款的约束，无论有无权利主体向国家主张这些权利。因此，国家应将基本权利作为国家政策的指导原则。换言之，政府部门在制定政策时应充分考虑

① 张翔：《基本权利的双重性质》，《法学研究》2005 年第 3 期。

基本权利保障问题，使其政策有利于基本权利的实现，并防止第三人侵害基本权利。

中国共产党提出的“人类命运共同体”的理念构成了解释中国宪法的政治背景。人类命运共同体要求摒弃狭隘的利己主义，在制定国家政策时考虑他国利益，这可以为客观价值秩序语境下的母国义务提供法理依据。客观价值秩序要求国家提供制度性和程序性保障并承担狭义的保护义务。[①]就前者而言，国家应当建立警察规则、劳动保护、市场执法、环境保护、安全生产等制度，就后者而言，国家应当保护基本权利免受第三方侵害，包括事前预防和事后救济。就本文议题而言，即便不承认跨国公司侵权受害者或潜在受害者中的外国公民对中国政府享有保护基本权利的请求权，国家基于基本权利作为客观价值秩序的原则，仍有义务采取措施（立法、行政、司法）规制总部在中国领土的跨国公司，防止其在海外侵犯人权。

至于母国所要采取的具体措施，国家有一定的自由裁量空间。从各国实践以及《联合国工商企业与人权指导原则》的建议来看，母国措施可能包括但不限于以下几点：第一，国家在为对外投资企业提供海外政治风险担保的投资保险之前，应当要求企业进行海外人权影响评价，对于可能严重影响海外人权的项目拒绝授予海外投资保险；第二，建立黑名单制度，禁止或限制国内企业向列入黑名单的严重侵犯人权的海外企业进行直接投资；第三，消除诉讼障碍，便于跨国公司海外侵权受害者通过司法程序维权。[②] 总之，基于基本权利作为客观价值秩序的原理，母国有义务采取措施对总部在其领土的跨国公司进行监管，防止其在海外侵犯人权。这是一种行动义务，而非结果义务，在具体的监管措施选择上，母国有自由裁量权。当然，母国的自由裁量空间并不是无限的，可以考虑运用比例原则判断母国是否违反了义务：母国所采取的监管措施必须与其海外投资对人权的负面影响成比例。

---

① 参见 Robert Alexy, *A Theory of Constitutional Rights*, 1986, translated by Julian Rivers, Oxford University Press, 2002, pp. 301, 317；另参见张翔《基本权利的双重性质》，《法学研究》2005 年第 3 期。

② 参见联合国人权理事会《联合国工商企业与人权指导原则》，2011，原则 4、原则 26。

在探讨基本权利的时候，我们不仅要认真对待权利，还要认真对待义务。2015 年 6 月 24 日，荷兰海牙地方法院作出“乌根达诉荷兰政府”案的判决，明确荷兰政府具有量化的温室气体减排义务。荷兰宪法并未规定个人的环境权，而仅仅规定保护环境应当是政府的关切事项。在该案中，非政府组织代表若干人士（包括本国和外国公民）起诉荷兰政府，要求后者履行温室气体减排义务，荷兰法院将国家的减排义务具体化，并认为国家在环保方面有适当注意义务。[①] 从宪法基本权利理论视角来看，该案的积极意义在于：法院结合民法的注意义务以及国际法的不损害他国的规则将宪法中国家保护环境的原则解释为具体明确的国家义务。类比到母国义务问题上，中国宪法关于基本权利的规定，结合中国共产党和中国政府提出的人类命运共同体理念，至少暗含作为客观价值秩序的母国义务。

（三）主观权利语境下的母国义务问题

主观权利是基本权利的最完整形态，体现了将基本权利视为请求权的传统观念。杜里希（Günter Dürig）在 1956 年发表的《人的尊严的基本权利条款》一文中认为，基本权利构成了一个封闭的“价值与请求权体系”；作为主观权利，基本权利意味着个人可以向国家机关提出请求，并且这种请求可以在司法上获得救济。[②] 阿列克西认为，主观权利是指一种“三要素关系”（a three-point relation），包括权利主体、义务主体、主题事项。[③] 主观权利具有典型的关系性特征，即权利主体的权利对应义务主体的义务。[④] 在主观权利语境下，下列两种表述可以相互转换（阿列克西在书中举的例子）：（1） x 对 y 有一项权利，要求 y 帮助他；（2） y 有义务帮

---

① The Hague District Court, the Urgenda v. the State of the Netherlands, Judgment of 24 – 6 – 2015. The English translation version is available at http://uitspraken. rechtspraak. nl/inziendocument? id = ECLI: NL: RBDHA: 2015: 7196 (7 – 10 – 2016 visited).

② Günter Dürig, Der Grundrechtssatz von der Menschenwürde, in AöR 81 (1956), 转引自张翔《宪法释义学》，法律出版社，2013，第 126 ~ 127 页。

③ 参见 Robert Alexy, *A Theory of Constitutional Rights*, 1986, translated by Julian Rivers, Oxford University Press, 2002, p. 120。

④ 参见 Robert Alexy, *A Theory of Constitutional Rights*, 1986, translated by Julian Rivers, Oxford University Press, 2002, p. 131。

助 x。[1] 主观权利语境下的国家义务是一种关系型义务。如前所述，跨国公司母国的保护义务能否产生主观权利主要取决于基本权利条款是否明示或至少暗示了母国与跨国公司侵权受害者之间的请求权关系。

中国《宪法》第二章的标题为“公民的基本权利和义务”。第 33 条（第二章的第一个条文）第 1 款描述了中国公民的含义，即具有中国国籍的人；第 2 款规定了平等原则；第 3 款是著名的人权条款，即“国家尊重和保障人权”；第 4 款规定：“任何公民享有宪法和法律规定的权利，同时必须履行宪法和法律规定的义务。”显然，全体中国公民都是中国宪法基本权利的请求权主体，无论其居住在何处。《宪法》第 50 条规定：“中华人民共和国保护华侨的正当的权利和利益，保护归侨和侨眷的合法的权利和利益。”这里需要澄清的是，中国公民并不因定居或居住在海外而丧失中国宪法赋予的基本权利请求权。例如，定居海外的中国公民仍有选举权。[2] 再以受教育权为例，居住在海外的中国公民仍可向中国政府主张受教育权，只不过中国政府只要在领土内履行受教育权的给付义务即可。详言之，只要是中国公民都有依法参加中国高考的权利，无论其居住在国内还是国外；居住在国外的中国籍适龄儿童仍可向中国政府主张免费义务教育，只不过中国政府只要在本国领土内提供这种教育即可。总之，全体中国公民都是中国宪法基本权利的请求权主体。

事实上，本国公民是本国宪法基本权利请求权主体的论断已经成为宪法一般原理。早在 20 世纪 50 年代，美国最高法院就阐明了本国公民在海外同样受本国宪法保护的一般宪法原理。1957 年，美国最高法院判决的瑞德诉科弗特（Reid v. Covert）案明确了在美国领土外的本国公民受到美国宪法的保护。法院认为，当美国在国外对其本国公民采取行动时，官员的行为必须符合宪法保障措施对公权力施加的限制。[3] 由于“国家—本国公民”是宪法文本明文确认的请求权关系，因此，在中国海外投资企业工

① 参见 Robert Alexy, *A Theory of Constitutional Rights*, 1986, translated by Julian Rivers, Oxford University Press, 2002, p. 131。

② 参见高轩《论华侨选举权与被选举权的法律保护》，《暨南学报》（哲学社会科学版）2014 年第 11 期。

③ Reid v. Covert, 354 U. S. 1 (1957).

作的中国公民有权请求中国政府在能力允许的范围内保护其基本权利不被企业侵犯。

外国公民是否为中国宪法基本权利的请求权主体是个颇为复杂的问题。从中国《宪法》第二章的标题以及第 33 条第 4 款的用语来看，外国公民似乎对中国政府无请求权。尽管如此，基于人权普遍性的理念，我国学者通常主张外国公民同样是我国基本权利的权利主体。[①] 还有学者认为，2004 年宪法修正案将“国家尊重和保障人权”条款写入宪法，在法解释学上提供了广阔的解释空间，其功能之一就是使基本权利的请求权主体多元化。[②] 在人权条款入宪后，外国人、无国籍人应该借由这一概括性条款而成为基本权利的请求权主体。[③] 然而，上述论断有一个前提——学者们讨论的外国人是处于我国领土的外国人，并未设想在外国领土的外国人。因此，上述学术观点并不能解决本文的问题，因为相对于母国而言，跨国公司受害者主要是位于外国领土的外国人。

由于美国法院、欧洲人权法院和美洲人权法院已有关于国家和领土外他国公民之间关系的探讨，下文在借鉴和反思比较法的经验和教训基础上，提出构建“母国—跨国公司侵权受害人”请求权关系的理论模型。欧洲人权法院和美国最高法院的判例法表明，在国家领土外但在该国管辖下的人对该国享有基本权利请求权。事实上，《欧洲人权公约》第 1 条规定：“缔约国应当确保在它们管辖之下的每个人获得本公约第一章所确定的权利和自由。”欧洲人权法院在实践中认定，域外管辖包括对他国领土的有效控制（塞浦路斯诉土耳其案，Cyprus v. Turkey）和对人的控制（斯凯尼诉英国案，Al-Skeini and Others v. the United Kingdom）。[④] 在对人的控制标准下，争议较大的问题是“是否需要对人进行身体上的现实控制”，换句

① 参见杨小敏《论基本权利主体在新中国宪法文本中的变迁》，《法学论坛》2011 年第 2 期；莫纪宏《人权法的新发展》，中国社会科学出版社，2008，第 179 页；戴瑞君《外国人权利的法律保护——从国际法到中国法的考察》，《人权》2014 年第 5 期。

② 张翔：《宪法释义学》，法律出版社，2013，第 156 页。

③ 张翔：《宪法释义学》，法律出版社，2013，第 156 页。

④ The European Court of Human Rights, Cyprus v. Turkey, Judgment, 10 May 2001; The European Court of Human Rights, Al-Skeini and Others v. the United Kingdom, Grand Chamber, Judgment, 7 July 2011.

话说，管辖的成立是否以国家实际羁押某人（in the custody of the state）为前提。由于科技的发展，国家有能力对在他国领土上的人实施远程精确打击，国家在实施远程打击之前并没有事先羁押某人，于是产生了远程精确打击本身是否构成管辖的问题。多数学者认为，管辖的成立不以实际羁押为前提，并提出“起因和结果”（cause and effect）标准来判断对人的控制，即只要国家行为直接影响域外人权并且行为与受损人权之间存在因果关系就对这些人产生管辖。[①] 在晚近的贾鲁德诉荷兰（Jaloud v. The Netherlands）案中，欧洲人权法院表明对人的控制不以实际羁押某人为前提，国家行为对个人产生直接不利影响的事实本身即属于对人的控制。[②] 总之，判断是否构成对人的控制需要结合具体案情和所援引的国家义务类型具体分析。

美国最高法院曾就“在美国领土之外的外国公民是否受美国宪法保护”的问题讨论了长达半个世纪之久。美国最高法院最初持否定态度。在1950年约翰逊诉艾森哈格（Johnson v. Eisentrager）案中，美国最高法院认为，那些被美国军队在国外抓获的、被军事法庭以违反战争法规则判处刑罚并被关押在国外的非居民无权获得宪法性人身保护法的保护。[③] 在1990年美国诉维尔杜戈（United States v. Verdugo-Urquidez）案中，最高法院认为，宪法第四修正案（关于人身、住宅、文件免受非法搜查）并不适用于美国官员对非居民的外国公民拥有的位于国外的财产的搜查。[④] 21世纪初，美国最高法院的态度有所转变。在布迈丁诉布什（Boumediene v. Bush）案中，最高法院认为，被美军在阿富汗及美国本土之外其他国家俘获的，并被认定为敌方参战员的关押在关塔那摩监狱（位于古巴）的外国

---

① Hugh King, “The Extraterritorial Human Rights Obligation of States”, *Human Rights Law Review*, Vol. 9, 2009, pp. 552 – 553; Beth Van Schaack, “The United States' Position on the Extraterritorial Application of Human Rights Obligations: Now is the Time for Change”, *International Law Studies*, Vol. 90, 2014, pp. 41 – 49.

② The European Court of Human Rights, Jaloud v. The Netherlands, Judgment, 20 November 2014, para. 139.

③ Johnson v. Eisentrager, 339 U. S. 763 (1950).

④ United States v. Verdugo-Urquidez, 494 U. S. 259 (1990).

人有权获得宪法性的人身保护法的保护。[①] 法院的主要理由为：与约翰逊诉艾森哈格案不同，关押在关塔那摩监狱的人并未被军事法庭以违反战争法规则的原因审判；关塔那摩监狱虽然在他国领土，但处在美国的绝对的和无期限的控制（absolute and indefinite control）之下。[②]

美国最高法院的晚近案例和欧洲人权法院的判例法表明，在国家管辖下的人，哪怕位于他国领土，都对该国享有基本权利请求权。美国最高法院和欧洲人权法院的判例有其独特的法制土壤和文化背景，分别是对美国宪法和《欧洲人权公约》的解释，未必具有可复制性。不过，其阐明的法理逐渐被国际司法机构和人权条约机构所接受。国际法院在“在被占领的巴勒斯坦领土修筑隔离墙的法律后果的咨询意见”以及人权事务委员会在《第 31 号一般性意见》中突破《公民权利和政治权利国际公约》第 2 条第 1 款的字面含义，将请求权主体的范围解释为包括在国家领土外但在其管辖下的人。[③] 而上述第 2 条第 1 款的字面规定为：“本公约每一缔约国承担尊重和保证在其领土内和受其管辖的一切个人享有本公约所承认的权利。”欧美人权法实践表明，在国家管辖下的人是该国基本权利的请求权主体。

中国宪法文本字面规定的基本权利请求权主体为中国公民，能否将其扩张解释为在国家管辖下的所有人还有待进一步论证。从世界各国的制宪历史来看，基本权利最初被视为对政府公权力的限制，而彼时的全球化程度还很低，制宪者并未充分考虑公权力的域外影响。“公民—国家”这对范畴不应被理解为对请求权主体范围的限定性规定，而更多的是政治上的宣誓意义。从中国制宪历史来看更是如此，中国共产党带领中国人民推翻旧政府的专制统治，建立了人民民主政权。[④] 宪法文本在基本权利之前使

---

① Boumediene v. Bush, 553 U. S. 723 (2008).

② Boumediene v. Bush, 553 U. S. 723 (2008).

③ ICJ, Legal Consequences of the Construction of a Wall in the Occupied Palestinian Territory, Advisory Opinion of 9 July 2004, para. 108 and 111；人权事务委员会：《第 31 号一般性意见：〈公约〉缔约国的一般法律义务的性质》，文件编号：CCPR/C/21/Rev. 1/Add. 13，归档日期：2004 年 5 月 26 日，第 10 段。

④ 参见韩大元《“五四宪法”的历史地位与时代精神》，《中国法学》2014 年第 4 期。

用公民一词并非对基本权利请求权主体范围的限制，而更多的是宣示中国人民当家作主的政治地位。因此，合乎逻辑的理解是基本权利请求权主体的范围大于“公民”。笔者认为，《欧洲人权公约》所采用的管辖一词更为合理，因为它体现了国家与个人因统治关系而建立起来的联系，这符合人权概念的核心理念——防御政府公权力（作为或不作为）的侵害。

欧洲人权法院将管辖解释为对领土的有效控制或对人的控制，美国最高法院也有类似判例。这种解释可以解决国家海外军事行动中的人权保护问题，然而无法为母国规制海外投资的义务提供强有力的支持，因为跨国公司侵权受害人不在母国的控制之下，投资行为也并非母国政府直接作出的，而是由企业实施的。基本权利不仅涉及国家的消极义务，而且要求国家在一定情况下承担积极义务。① 欧洲人权法院和美国最高法院的判例可以解决域外消极义务问题（政府直接影响人权），但对积极义务问题缺乏充分的说服力。美洲人权法院在 2017 年 11 月 15 日发布的《环境与人权》咨询意见中扩张了管辖的含义。美洲人权法院认为，如果国家能够控制域内活动，而这些域内活动直接导致域外人权损害，那么国家就对域外受害人形成了基于国家审慎义务（due diligence）的管辖。② 美洲人权法院的解释为解决母国义务问题提供了新思路，在探讨保护义务的管辖关系时可以借助国家与加害人的关系间接论证国家与受害人的关系。

如果想在请求权意义上论证母国义务，需要进一步探索管辖的含义，或者说探索母国政府和跨国公司侵权受害人之间的联系是否足以引发受害人对母国政府的请求权。较为合理的方案是对管辖进行功能主义视角的理解，即在经济全球化时代，一个人在某种特定目的下可能处在一个国家的管辖之下，而在其他目的下不在该国的管辖下。某人在一国领土的事实可能同时触发多种目的的管辖，但某人不在一国领土的事实并不意味着该国对该人不存在任何目的或功能的管辖。具体到海外投资方面，如果母国积

① 参见周刚志《论“消极权利”与“积极权利”——中国宪法权利性质之实证分析》，《法学评论》2015 年第 3 期。

② Inter-American Court of Human Rights, The Environment and Human Rights, Advisory Opinion OC－23/17 of November 15, 2017.

极推动海外投资，并通过与东道国政府签订双边投资协定的方式限制东道国对源自母国的投资采取基于环境或人权的规制措施，那么在东道国规制权受限的程度上，跨国公司侵权受害人在寻求私权救济的目的上处于母国的管辖之下，也因此在寻求救济这一特定目的上对母国有基本权利请求权。此时，母国有义务为受害者提供有效的民事司法救济。如果母国并未积极推动海外投资也未在国际层面对源自本国的投资给予特别保护，母国与跨国公司侵权受害者之间仍可能存在某种功能的管辖关系，原因在于母国可从海外投资企业获得税收，使本国经济得以繁荣。不过，此种管辖仅仅是母国在审慎义务范围内的较弱的管辖，此时母国义务也仅仅是较弱的诸如要求企业发布人权影响报告的程序性义务。

四 中国落实母国义务的现实情况和完善建议

上文证成了跨国公司母国的宪法义务，即母国有义务防止海外投资企业侵犯人权，这不仅具有理论意义，还有重要的实践价值。由于在理论积淀和实践经验方面与西方发达国家相比仍存在一定差距，我国争取国际人权话语权的道路必将充满艰辛和挑战。[①] 母国义务问题是中国争取国际人权话语权不可回避的问题，从另一角度来说又为中国争取国际人权话语权提供了阵地。首先，中国的崛起和海外投资的快速增长势必引起国际社会的关注。其次，各国对母国义务并未达成共识，很多跨国公司母国迟迟不愿采取规制措施。相比之下，中国海外投资虽然也时常面临指责，但正如下文所揭示的，中国政府已经积极地采取行动，制定了监管措施。可以说，在监管海外投资问题上，中国与西方国家处于同一起跑线，中国甚至进行了更多有益尝试。因此，通过向世界展示中国的态度和采取的积极措施对于争取国际人权话语权大有裨益。此外，下文还将指出中国监管措施的不足之处，并提出完善建议和可能的制度创新。

① 毛俊响：《国际人权话语权的生成路径、实质与中国的应对》，《法商研究》2017 年第 1 期。

（一）中国对母国义务的态度

在国际层面，中国政府并未就母国义务问题作出正式声明。不过，中国代表团积极配合人权条约机构对中国定期报告的审议，并在经济、社会和文化权利委员会问及中国对海外投资企业的监管措施时，积极提供了相关信息。[①] 中国政府对母国义务的态度更多地体现在《国家人权行动计划》当中。《国家人权行动计划（2012 - 2015 年）》（第二个国家人权行动计划）指出："鼓励并推动企事业单位普及人权知识，形成尊重和保障人权的企业文化。"《国家人权行动计划（2016 - 2020 年）》（第三个国家人权行动计划）指出："推动中国海外企业在对外经贸合作、援助、投资中遵守驻在国法律，履行社会责任。"国家人权行动计划已经注意到监管中国海外企业的问题，并提出推动中国海外企业遵守驻在国法律和社会责任的方针。国家人权行动计划采用的表述比较宽泛，也未明确使用"人权""义务"等清晰的法律术语，但人权行动计划彰显了国家采取行动规范海外投资行为的意愿，体现了中国作为负责任大国的姿态。

十九大报告明确提出了人类命运共同体的概念，这为母国义务的宪法释义进一步提供了政治依据。[②] 十九大报告强调，必须"始终不渝走和平发展道路、奉行互利共赢的开放战略，坚持正确义利观，树立共同、综合、合作、可持续的新安全观"。[③] 人类命运共同体这一概念蕴含了合作共赢、正确义利观、可持续发展等积极要素，不仅为我国参与国际关系指明了方向，也表明母国宪法义务在中国政治土壤下具备生存、发展的空间。正如下文所述，中国监管部门已经采取了一系列积极措施监管中国企业的海外投资行为。

① Committee on Economic, Social and Cultural Rights, Replies of China to the List of Issues, 27 January 2014, E/C. 12/CHN/Q/2/Add. 1, paras. 3 - 6.

② 参见李林《论党与法的高度统一》，《法制与社会发展》2015 年第 3 期。

③ 参见习近平《决胜全面建成小康社会 夺取新时代中国特色社会主义伟大胜利——在中国共产党第十九次全国代表大会上的报告》2017 年 10 月 18 日。

（二）中国采取的积极措施

中国政府已经采取一定的措施落实母国义务。从笔者目前掌握的信息来看，立法机关尚无调整对外投资的立法计划，而行政机关和司法机关已经出台相关措施，直接或间接涉及规范我国企业海外投资行为的问题。[①] 2008 年，国资委印发《关于中央企业履行社会责任的指导意见》，要求央企全面履行社会责任，并逐步建立社会责任报告制度。从央企的官方网站和大众媒体的报道来看，多数央企已发布企业社会责任报告，有的甚至分别用中文和英文发布报告。那些有海外投资业务的央企也基本都在社会责任报告中提供了关于其在海外履行社会责任的信息。2013 年，商务部等 9 部门印发《对外投资合作和对外贸易领域不良信用记录试行办法》，要求将对外投资企业存在的“不尊重当地风俗习惯、宗教信仰和生活习惯，导致与当地民众发生冲突”“破坏当地生态环境，威胁当地公共安全”等行为，以及对外承包工程中存在的“因企业原因造成所承揽或者实施的境外工程项目出现重大质量安全事故”等行为列入企业不良信用记录并供公众查询。2014 年，商务部发布《境外投资管理办法》，对境外投资实施核准或备案管理，并明确要求境外投资企业不得违反中华人民共和国缔结或者参加的国际条约、协定，还要求企业履行社会责任。

早在 2007 年，中国银监会就在《关于加强银行业金融机构社会责任的意见》中要求银行业金融机构履行社会责任，促进商业道德。该意见指出，银行业金融机构的企业社会责任至少应包括：维护股东合法权益，公平对待所有股东；以人为本，重视和保护员工的合法权益；诚信经营，维护金融消费者合法权益；反不正当竞争，反商业贿赂，反洗钱，营造良好市场竞争秩序；节约资源，保护和改善自然生态环境；改善社区金融服务，促进社区发展；关心社会发展，支持社会公益事业。在实践中，大多数商业银行已经按照银监会的要求披露了社会责任报告，并在报告中包含

① 从《十二届全国人大常委会立法规划》来看，对外投资问题不在全国人大常委会的立法计划之列。

了境外业务的社会责任实施情况。[①] 2012 年，银监会发布《关于印发绿色信贷指引的通知》，要求银行业金融机构应当从战略高度推进绿色信贷。银监会《绿色信贷指引》第 21 条规定：“银行业金融机构应当加强对拟授信的境外项目的环境和社会风险管理，确保项目发起人遵守项目所在国家或地区有关环保、土地、健康、安全等相关法律法规。对拟授信的境外项目公开承诺采用相关国际惯例或国际准则，确保对拟授信项目的操作与国际良好做法在实质上保持一致。”银监会的文件虽未使用人权或基本权利的措辞，但其监管措施已经注意到境外人权保障问题，总体上值得肯定。

此外，国家有关部委对中国企业的境外安全生产工作也非常重视，这直接或间接涉及了对生命权、健康权、环境权等基本权利的保障。商务部、住建部和国家安全监管总局曾联合发文督促落实境外安全生产工作。[②] 国家安全监管总局领导也曾率队出国考察，指导境外中资企业的安全生产工作。[③] 上述部委的监管措施也未提及人权字眼，但其具体措施客观上促进了投资东道国的人权保护。

2015 年，最高人民法院发布《关于人民法院为“一带一路”建设提供司法服务和保障的若干意见》，提出诸多具体建议，为“一带一路”建设营造良好的司法环境。其中，与母国义务相关的意见主要有以下三点。第一，为中外当事人提供及时、有效的司法救济，排除诉讼障碍（第 5 段）。第二，加强与“一带一路”沿线各国的国际司法协助，切实保障中外当事人合法权益（第 6 段）。第三，提高适用国际条约和惯例的司法能力，并严格依照《维也纳条约法公约》的规定解释公约（第 7 段）。上述三点内容虽未提到母国义务问题，但至少为落实母国义务创造了条件，尤

① 例如，《中国工商银行股份有限公司 2015 年社会责任报告》《中国建设银行 2015 年社会责任报告》《中国银行股份有限公司 2015 年度社会责任报告》《中国农业银行 2015 年度企业社会责任报告》。

② 商务部、住房和城乡建设部、国家安全监管总局：《关于进一步加强境外投资合作项目安全生产工作的紧急通知》，2009 年发布。

③ 参见环球网报道《孙华山率队在赞比亚调研考察中资企业安全生产工作中强调：坚持安全发展，促进互利共赢》，http://china. huanqiu. com/hot/2012 - 06/2863874. html? agt = 15438，最后访问时间：2019 年 7 月 2 日。

其值得一提的是第三点。中国宪法并未规定国际法与国内法的关系，而只有《民法通则》《民事诉讼法》等法律提到了国际条约优先原则，长期以来，国际条约特别是人权公约能否在司法实践中适用是个备受争议的问题。此次最高法院在一般层面强调加强国际公约的适用并依《维也纳条约法公约》解释公约，总体上值得肯定。① 不过，最高法院并未指明所要加强适用的公约的范围，尤其是是否包含《经济、社会和文化权利国际公约》等人权条约。有学者坦言，中国法院直接适用人权条约在短期内尚不现实。②

（三）现有措施的不足之处及面临的挑战

当然，中国现有措施尚有不足之处。例如，商务部虽然要求海外投资企业履行社会责任，但未见具体制裁措施。再比如，央企的社会责任报告制度很难真正揭露海外投资当中可能存在的影响人权或环境的问题，大多数企业“报喜不报忧”，片面强调企业对当地社区的捐赠、帮助以及对员工的培训等“好消息”，而回避可能影响人权的“坏消息”。③ 另外，有关部委的监管措施仍以指导性意见为主，缺乏强有力的实施机制。比如商务部、外交部、国资委、全国工商联联合发布的《境外中资企业（机构）员工管理指引》，虽然它敦促境外中资企业保护中外员工的权利，但是该指引的法律位阶较低，缺乏强有力的制裁和落实机制。

商务部等出台《对外投资合作和对外贸易领域不良信用记录试行办法》已经多年，从运行效果来看信用记录发布平台缺乏透明度和实效性。从商务部和地方商务厅（委员会）的官方网站中几乎找不到信用记录发布平台。笔者用“信用记录”“对外投资”“海外”等关键词在百度网站

---

① 此次最高法院的若干意见针对的是平等主体之间的民事诉讼，并不涉及自然人与国家之间的公法诉讼。因此，此处所说的“条约适用”问题是指在平等主体之间的民事诉讼中能否适用国际条约特别是人权条约的问题。

② Sanzhuan Guo，“Implementation of Human Rights Treaties by Chinese Courts：Problems and Prospects”，*Chinese Journal of International Law*，Vol. 8，2009，p. 178.

③ China Railway Construction Corporation Limited，Social Responsibility Report 2014；China National Petroleum Corporation，Corporate Social Responsibility Report 2014.

（www. baidu. com）搜索，也未能找到不良信用记录的发布。不过，商务部确实建立了发布机制。笔者发送电子邮件向商务部询问之后，对方告知了发布不良信用记录的网页。[①] 从网页内容来看，目前只有10例不良信用记录，基本都是涉及非法雇佣中国劳工的问题，而尚无对当地人权产生消极影响的不良信用记录。当然，记录较少本身并不必然说明问题，但是结合不良信用记录发布平台不易被公众获取的事实可以发现，该机制的运行效果不佳。问题很有可能出在部门间的协调方面，商务部要想及时发布不良信用记录必须能够获取数据，这就需要得到国务院其他部门以及地方政府的配合，这在具体操作上可能难度较大，最好由国务院出面协调。

在对海外投资进行监管方面，中国正在面临并将持续面临国际社会的监督和压力。除本文开篇提到的人权条约机构的监督和建议之外，联合国人权理事会的普遍定期审议机制也对中国防止海外投资企业侵犯人权表现出浓厚的兴趣。在2019年结束的第三轮审议中，数国对中国履行母国义务表示关注，并提出建议。例如，巴勒斯坦的建议为："根据其国际义务，在工商业与人权方面采取进一步措施，并确保在高风险或冲突地区经营的公司根据《工商企业与人权指导原则》开展人权尽职调查。"[②] 肯尼亚的建议为："继续将中国的法律、法规和标准（如《工商企业与人权指导原则》）拓展到在中国境外经营的中国公司。"[③] 上述建议虽然源于国际人权监督实践，但国际人权法与宪法基本权利条款有相似的功能，因而也从侧面表明中国在履行和实施监管海外投资的宪法义务方面有不足，我国在政策制定和落实方面仍存在可提升的空间。

（四）可能的制度创新

宪法项下母国义务的证成带来国内法律制度变革和创新的动力。2014

① 参见网址 http://zsmtjhzs. mofcom. gov. cn//gsapp/pages/zsmwp/gov/BadRecordListShow. html，最后访问时间：2017年4月1日。

② 联合国人权理事会：《普遍定期审议工作组报告：中国》，A/HRC/40/6，2018年12月26日，第28.133段。

③ 联合国人权理事会：《普遍定期审议工作组报告：中国》，A/HRC/40/6，2018年12月26日，第28.135段。

年 5 月 23 日，经济、社会和文化权利委员会在针对中国的结论性意见中指出："委员会感到关切的是，缔约国未采取适足和有效的措施，以确保中国公司，不论是国营公司还是私营公司，包括在境外开展业务活动时，均尊重经济、社会和文化权利。委员会建议缔约国采取适当的立法和行政措施，确保在缔约国境内营业或由缔约国境内管理的公司及其分支机构对在其境外项目中侵犯经济、社会和文化权利的行为承担法律责任。"① 应当说，上述建议具有一定的合理性，中国政府应当明确进行回应，并分别承诺可以立即实施的改进措施和需要启动立法程序逐步完善的制度。从人权条约机构的监督实践来看，世界上绝大多数国家在落实母国义务方面很难做到尽善尽美。② 西方国家同样在母国义务问题上面临人权条约机构的巨大压力，比如加拿大、比利时、奥地利、德国、挪威等。③ 在母国监管海外投资这一问题上，中国与发达国家处于同一起跑线上。完善国内立法不仅是宪法对中国政府履行母国监管义务的要求，也能为其他国家提供范例和经验。

在落实母国义务方面，有的措施可以立即实施，但有的措施需要逐步实施，不可一蹴而就，比如对刑法、民事诉讼法等法律的修改。对中国而言，应当且可以立即加强和提高的措施有以下几点。其一，商务部应该加强与国务院各部门以及地方人民政府之间的沟通和协调，完善不良信用记录发布机制。最好能由国务院直接发文，协调各部门之间的合作

---

① 经济、社会和文化权利委员会：《关于中国（包括中国香港和中国澳门）第二次定期报告的结论性意见》，2014 年 6 月 13 日，文件编号：E/C. 12/CHN/CO/2，第 13 段。

② 参见于亮《〈经济、社会和文化权利国际公约〉中母国规制跨国公司的义务——兼评经济、社会和文化权利委员会的最新实践》，《环球法律评论》2014 年第 6 期。

③ Human Rights Committee, Concluding Observations on the Sixth Periodic Report of Canada, 13 August 2015, CCPR/C/CAN/CO/6, para. 6; Committee on Economic, Social and Cultural Rights, Concluding Observations Concerning the Fourth Periodic Report of Belgium, 23 December 2013, E/C. 12/BEL/CO/4, para. 22; Committee on Economic, Social and Cultural Rights, Concluding Observations on the Fourth Periodic Report of Austria, 13 December 2013, E/C. 12/AUT/CO/4, para. 12; Human Rights Committee, Concluding Observations on the Sixth Periodic Report of Germany, 12 November 2012, CCPR/C/DEU/CO/6, para. 16; Committee on Economic, Social and Cultural Rights, Concluding Observations on the Fifth Periodic Report of Norway, 29 November 2013, E/C. 12/NOR/CO/5, para. 6.

关系。其二，中国出口信用保险公司在批准海外投资保险之前应当要求企业进行海外人权影响评价，对于可能严重影响海外人权的项目拒绝授予海外投资保险。[①] 其三，强化国有企业的人权保障意识，将海外人权影响纳入对国有企业管理人员的常规考核。

此外，母国义务不仅要求国家采取行政措施，还要求国家检视现有法律是否对母国义务的履行构成障碍，并通过国内立法程序对法律进行完善。以刑法为例，我国刑法虽然规定了单位犯罪制度，但目前尚不处罚单位在海外的犯罪行为。我国《刑法》第30条规定："公司、企业、事业单位、机关、团体实施的危害社会的行为，法律规定为单位犯罪的，应当负刑事责任。"而我国《刑法》第7条规定的属人管辖仅以公民为限，不包括法人，该条规定："中华人民共和国公民在中华人民共和国领域外犯本法规定之罪的，适用本法，但是按本法规定的最高刑为三年以下有期徒刑的，可以不予追究。"可见，我国刑法尚不追究单位域外行为的刑事责任。虽然存在追究单位负责人刑事责任的可能性，但单位刑事责任有其独立存在的价值和意义，单位责任和单位成员责任相互独立，互不牵涉。[②] 数年前就有学者建议，我国刑法属人管辖原则应该扩大适用于域外单位，当然，彼时的建议并非基于母国义务的考虑。[③] 事实上，很多跨国公司在海外的侵权行为已经严重到需要刑法规制的程度，因此我国立法机关应当考虑将刑法属人管辖原则扩大到法人，并在刑法中将中国法人控制的海外企业作为规制对象。

母国义务还涉及母国为跨国公司侵权受害人提供司法救济的问题。当跨国公司设在东道国的子公司侵犯人权或普通民事权益时，东道国法院基于"原告就被告"或"侵权行为地"原则显然具有管辖权，但问题是很多东道国法治不健全、法律标准较低，无法为受害者提供有效救济；甚至

---

① 中国出口信用保险公司（中国信保）本身是国有企业，但也行使一定的政府职能，比如提供海外投资保险（国际社会通常认为这是政府职能）。

② 参见叶良芳《论单位犯罪的形态结构——兼论单位与单位成员责任分离论》，《中国法学》2008年第6期。

③ 参见王文华《谈我国单位域外犯罪的管辖》，《人民检察》2008年第19期。

还有的东道国法院不能或不愿意行使原本具有的管辖权。[①] 根据传统的国际民商事诉讼管辖原则，母国对以子公司为被告的案件并无管辖权：直接加害人子公司既非母国法人，在母国也没有住所，侵权行为地也不在母国。母国法院基于住所地原则对以母公司为被告的案件具有管辖权，然而，侵权行为又不是母公司直接作出的。母国义务宪法释义可能带来如下制度创新：当子公司在东道国发生侵权行为之后，受害人完全可以到母国起诉母公司，让母公司承担未制止子公司侵权的责任。[②] 如果母国法院通过适用冲突规范和有关准据法能够支持受害人对母公司的诉求，那么母国就已经履行了宪法义务。相反，如果受害人在母国起诉母公司注定会败诉，那么母国就应该允许受害人在母国法院起诉子公司。

五 结语

本文在经济全球化的背景下对传统的宪法基本权利保护理念进行了反思，并认为宪法理应对经济全球化时代的基本权利保障问题作出积极回应。跨国公司母国义务不仅是国际人权法义务，也是宪法义务。作为新兴大国，中国宪法理应具有大国情怀。具体到海外投资领域，中国作为跨国公司的母国有义务采取措施对总部在其领土的跨国公司进行监管，防止其在海外侵犯人权。母国义务是一种行动义务，而非结果义务。在具体的监管措施方面，母国有一定的自由裁量空间。母国所采取的监管措施应当与其海外投资对人权的负面影响成比例。此外，本文通过构建“母国—跨国公司侵权受害人”之间的请求权关系探索了母国义务产生主观权利的路径。宪法义务的证成为国内法制度创新和变革提供了动力。中国政府已经采取一定的措施落实母国义务，尚有部分措施有待提高和完善。在短期内可以立即实现的措施有：在审核海外投资保险时引入海外人权影响评价程

---

① Olivier De Schutter, “Towards a New Treaty on Business and Human Rights”, *Business and Human Rights Journal*, Vol. 1, 2016.

② 晚近英国司法实践表明，至少在与人权或劳工权相关的领域，在无须揭开公司面纱的情况下，母公司也可对子公司的侵权行为承担责任，原因在于母公司有适当注意义务。UK Court of Appeal (Civil Division), David Brian Chandler v Cape Plc, [2012] EWCA Civ 525.

序，加强国有企业海外人权保障意识。从长期来看，立法机关应该检视现有法律是否对母国义务的履行构成阻碍，并通过国内立法程序进行修改完善。从更深层次来看，在“一带一路”倡议背景下，加强对我国跨国公司海外投资行为的监管防止其侵犯人权，对于维护我国良好国际声誉，实现和平崛起以及构建人类命运共同体具有重大意义。

The Constitutional Doctrine on the Home State Obligations to Regulate Multinational Corporations

Yu Liang

Abstract: Not only human rights treaties but also constitutional law requires a home State to regulate overseas investments. Home State obligations could be derived from the functional approach of fundamental rights: an entitlement relationship is established on the basis of the link between an individual victim and a home State; home State obligations could also be based on the fundamental rights as the objective order of values. This article develops a way to turning home State obligations based on the objective order of values into subjective rights by designing a jurisdictional relationship between a home State and a corporate victim. According to the Chinese constitution, the Chinese government should prevent Chinese companies from abusing human rights abroad. The Chinese government has already taken some measures to fulfill home state obligations, whereas some measures could be improved.

Keywords: Multinational Corporations; Home State; Human Rights; the Obligation to Protect

论残疾人侵权责任特殊化的正当性及其限度*

董春华**

摘　要：残疾人侵权责任特殊化指让残疾人承担与其残疾状况相适应的侵权责任。让残疾人承担一般侵权责任是对其适用严格责任，自由平等主义要求平衡人的安全利益与行为自由，行动能力是理性人判定标准的重要部分，这些都使残疾人侵权责任特殊化具有正当性。残疾人侵权责任特殊化应有一定限度，不能适用于残疾人故意侵权之情形，残疾人应尽所能昭示残疾之状况。在立法规定残疾人应承担与其残疾状况相适应的侵权责任后，法院判定残疾人及对方当事人的过失时，应以"昭示残疾"为基础，将非残疾一方区分为公共场所经营者和普通人，分别适用"所有人原则"和"一般人原则"。

关键词：残疾人；侵权责任；正当性；限度

一　问题的提出

我国《残疾人保障法》《残疾预防和残疾人康复条例》等残疾人相关特别立法，都鼓励残疾人融入社会，让这个群体过上无限接近正常人的生活。我国《刑法》第19条规定："又聋又哑的人或者盲人犯罪，可以从轻、减轻或者免除处罚。"我国《治安管理处罚法》第14条规定："盲人

---

* 本文系中国法学会课题"我国残疾人侵权责任制度之构建"［项目编号：CLS（2017）D79］的阶段性成果。

** 董春华，华东政法大学科学研究院副研究员，法学博士。

或者又聋又哑的人违反治安管理的，可以从轻、减轻或者不予处罚。”我国《民法通则》《侵权责任法》《民法总则》均未对残疾人侵权责任作出特殊规定。依据行为能力体系对人进行类型划分，主观上能够识别自己行为并知晓行为后果的身体残疾人，属于完全行为人，独立承担侵权责任。《民法通则》第133条、《侵权责任法》第32条规定了限制行为能力人和无行为能力人的侵权责任，《侵权责任法》第四章其他条款对其他责任主体的侵权责任作出了特殊规定。

民事立法未对残疾人侵权责任予以特殊化，涉及残疾人的侵权责任案件凸显的两大问题却超出预料。第一大问题：残疾人故意侵权时仍考虑残疾人的残疾状况，作为减轻或免除其责任的依据。如郭满堂与黄文发案[①]中，郭满堂因琐事与黄文发发生争执，引起互殴，双方均有不同程度损伤。法院在郭满堂为被告的案件中判决，郭满堂作为侵权人应赔偿黄文发各项费用11085.67元，考虑到郭满堂是盲人，且双方存在互殴情形，应减轻郭满堂的责任，赔偿黄文发9000元。该案中，法院在依据侵权责任要件判决赔偿后，将“郭满堂为残疾人”和“二者互殴”两个情形，作为减轻郭满堂20%赔偿额即2000余元的重要事由。第二大问题：判断当事人过失不考虑残疾人是否昭示残疾状况。吴某骑摩托车，见前方一人独自过街，没有拄拐杖，以为是正常人，未主动避让而引发事故，把对方撞成二级伤残。事发后，吴某才知道对方是盲人。受害人郑某将吴某告至法院。吴某认为，郑某不拄拐杖有过错，他无法知道郑某是盲人是导致事故的重要原因。泉州市德化县法院判决吴某承担全部责任，并未认定不带拐杖构成郑某与有过失，吴某赔偿郑某37万余元。[②] 作为盲人，郑某不能在一般路况下作出正常人的反应，是否构成过错，该种过错的比例到底为多少合适，法院并未考虑。

我国残疾人侵权责任的特殊化，在立法上存在缺失，导致了司法实践的困惑。本文提出的问题是，在残疾人相关侵权责任案件中，判断其是否

① 河南省新乡市中级人民法院民事判决书，（2014）新中民一终字第414号。

② 黄墩良：《撞了过街盲人 摩托司机全责赔37万》，《海峡都市报》（闽南版）2012年11月14日。

有与有过失和一般过失时，考虑其残疾状况是否有正当性？这种残疾人过错侵权责任的特殊化是否应有限度？这是侵权法理论研究和司法实践面临的难题，我国侵权法相关研究几乎没有涉及这些问题。

二 残疾人承担特殊侵权责任的正当性

残疾人承担特殊侵权责任是指让残疾人承担与其残疾状况相适应的侵权责任，区别于正常人承担的一般侵权责任。残疾人承担特殊侵权责任具有正当性。

（一）让残疾人承担一般侵权责任实属严格责任

残疾人承担与正常人相同的侵权责任的本质是对其适用严格责任。依据行为能力的类型，成年残疾人属于完全行为能力人，在行为时能够辨认行为及后果，以一般理性人标准来判断其过失，承担与常人相同的侵权责任。承担一般侵权责任意味着适用一般理性人标准判断行为人之过失。

一般理性人标准是基于身体和主观状态均为正常的标准，也被称为客观理性人标准。“客观标准的本质是只要行为缺乏合理注意，被告就要负责任，不管被告是否能够实施合理注意。”[①] 虽然身体残疾人能够清楚地认识到自己的行为及后果，但基于身体状况，身体残疾人永远无法达到一般理性人达到的行为标准。残疾人或者意识到风险的存在，无法及时躲避，或者意识到其行为带来的风险，无法及时采取补救措施。以是否尽到一般理性人义务作为考察残疾人是否有过失的标准，让其承担相应的侵权责任，对残疾人过于苛刻，是实质上的严格责任。对残疾人适用严格责任，在情感上不易让人接受。这个群体已经遭遇了命运带给他们的不幸，若法律要求其与正常人一样以同一标准行为，只会带来不公。

但对残疾人相关侵权适用严格责任并非完全没有依据。侵权法中的对

---

① Eli K. Best, “Atypical Actors and Tort Law's Expressive Function”, 96*Marq. L. Rev.* 461, 513 (2012).

等性理论某种程度上为残疾人侵权适用严格责任提供了正当性依据。现代侵权法中，最早提出对等性理论的是美国侵权法学家乔治·弗莱彻，他在1972年发表的《侵权法中的正义和效用》[①] 一文中阐述了该理论。2016年，美国侵权法学家马克·盖斯特菲尔德撰文对对等性原则进行了重新阐释。[②] 虽然两位学者对对等性理论的界定和解释有所不同，但只是程度和范畴不同，对等性理论的精髓是一致的。依据侵权法中的对等性理论，残疾人与他人交往时相互带来的风险是不对等的，残疾人给对方带来的风险大于对方给残疾人带来的风险。同一种境遇的危险，正常人可避免，残疾人可能因无法避免而给他人造成伤害。当双方将对方置于风险的程度不对等时，带来较大风险的一方就应该为导致的损害承担严格责任。如驾车行驶的司机给行人带来的风险大于行人给司机带来的风险，此时原则上适用严格责任；不同的司机之间相互带来的风险对等，相互承担过失责任，而非严格责任。这与多数国家道路交通安全侵权责任的归责原则一致。

依据对等性理论，让残疾人承担与常人无异的侵权责任，对其适用实质意义的严格责任，具有合理性。但对等性理论之依据是否使残疾人承担严格责任具有正当性？答案是否定的。对等性理论固然在解释一些情形的过错责任、严格责任时有合理性，但风险并非设置法律制度唯一要考虑的因素。在这个复杂的价值体系判断中，人文关怀和政策考虑最让人捉摸不透，但通常能够体现实质公平正义。从法政策的角度考量，让身体残疾人承担严格责任，意味着不鼓励他们参与并融入社会，这与社会所倡导的对残疾人的鼓励和照顾的理念相违背，会导致社会走向不公，自由和救济也无法达到平衡。故对身体残疾人适用严格责任并无正当性可言，不能忽视他们的具体情况统一适用一般理性人标准。

（二）自由平等主义要求适用理性残疾人标准

对等性理论依据互动双方带来风险的大小决定是否对致害方苛以责

---

① George P. Fletcher, "Fairness and Utility in Tort Theory", 85 *Harv. L. Rev.* 537 (1972).

② Mark A. Geistfeld, "Hidden in Plain Sight: The Normative Source of Modern Tort Law", 91 *N. Y. U. L. Rev.* 1517 (2016).

任，违背了自由平等主义之要求，忽视了残疾人本身的特点，也忽视了身体残疾人作为“人”应该有的生活并参与社会的权利。他们身体残疾了，可他们的权利并不能因此打折扣。

以罗尔斯为代表的自由平等主义的分配正义观，以“个人实践有意义的人生必须享有某些形式的积极权利、每个人都有权利从所有人天赋的发挥中获益”[①] 为其重要主张。自由平等主义将个人自主作为自由与平等的实质和前提——创造一种环境，使生活在其中的个人能够支配自己的生活、满足个人的需求并获得自尊。[②] 这是现代社会设置法律制度的底线，即保证个人在这个社会中有自尊地生活下去。

在纷繁复杂的社会关系中，存在两种价值冲突——人的安全利益与他人行为自由的冲突，这两个冲突也是侵权法永恒的主题。对等性原则的根本出发点是人的安全利益，若一方给他人安全带来的风险大于他人给自己带来的风险就要承担严格责任。但依据自由平等主义，个人安全的优先性不具有绝对性，也就不必然使残疾人承担严格责任具有正当性。一方面，在人文主义关怀的背景下，人的生命是无价的，但在现实中，人的安全利益却可以用金钱来衡量。法律通常都会给死亡赔偿金设定范围；购买便宜汽车的消费者不能期望所购汽车达到高价格汽车所拥有的安全性能。安全利益经常被以各种形式与其他利益进行比较和协调，它不总是具有优先性，当事人也可以出售或者购买自己的安全利益。另一方面，“在自由平等主义之下，侵权法对个人人身安全的利益与他人自由中相冲突的利益给以不同的价值评价。这些不同的衡量取决于个人行使他们自治或自我决定的权利时，这些特殊的安全和自由利益的相对重要性”。[③] 侵权法不只关注人的安全和损害的救济，对行为自由的保护也是其重要价值目标。通常，权利人的安全具有绝对优先性，但行使自由为正常生活所必需，平等

① 胡业成：《基于自由平等主义的立场反驳自由至上主义》，《上海交通大学学报》（哲学社会科学版）2016 年第 5 期。

② 袁久红：《平等、正义与社会主义——略论尼尔森激进平等主义政治哲学》，《南京社会科学》2002 年第 3 期。

③ Mark A. Geistfeld, “Hidden in Plain Sight: The Normative Source of Modern Tort Law”, 91 *N. Y. U. L. Rev.* 1517, 1588 (2016).

主义即阻却了权利人安全利益绝对的优先权。绝对优先权否定了他人的自由利益，安全利益的相对优先权则考虑了自由的自治价值。因此，侵权法不能为了保护个人的安全利益而忽视残疾人的行为自由。

自由平等主义致力于修正“产生于人的自然天赋及其他无法控制之状况”的不平等，“人们的命运应该取决于他们的奋斗，而不取决于他们的自然天赋和社会天赋”。[①] 残疾限制了一个人寻求美好生活的能力，这一不平等应该被矫正。通过在一般理性人标准中考虑残疾状况，侵权法实现了上述目标。对残疾义务人自治利益的平等关注，超过了默认的优先性，这适用于权利人的安全利益，也就豁免了那些不对等的风险行为人的严格责任。因此，大自然将残疾人限制在轮椅上、床上，法律却不应该限制他们。因为“盲人、聋人或者一条腿的人或者其他身体残疾人，不能被要求符合任何身体标准而去做不可能之事”，[②] “残疾是人类经历的自然部分，它不会因此减少残疾人独立生存的权利及充分参与并为社区做贡献的机会”。[③]

（三）行动能力是理性人标准的内涵之一

人的行动能力在人的整体构造中扮演重要角色，它把人与其他动物本质性地区别开来，人的行动能力与人的理智能力一样重要。通过对包括行动能力和理智能力之人的能力的正确认识，人们承认，恰当地行动比正确地思考或聪明地推理更有价值，行动能力对一个完整的“人”更加重要。法律对“人”的行为及其后果进行考察，不应该不考虑人的行动能力，不应该单纯关注人的主观认识能力并据此来对人进行性质上的划分。

在侵权法过错的判断上，英美法系和大陆法系主要国家都诉诸一种“客观”标准，大陆法系可以追溯至罗马法时代的“善良家父标准”，英美法系称为“理性人标准”。在罗马法中，善良家父指精明、勤谨的人，

---

① Will Kymlicka, *Contemporary Political Philosophy: An Introduction*, Oxford University Press, 2002, p. 74.

② William L. Prosser, *Handbook of the Law of Torts*, West Publishing Co., 1941, p. 227.

③ Developmental Disabilities Assistance and Bill of Rights Act of 2000, Pub. L. No. 106-402, § 101 (a) (1), 114 Stat. 1677, 1678 (codified at 42 U. S. C. § 15001 (a) (1) (2006).

是过失判断的重要标准。大陆法系主要国家的现代民法大都继受了该标准，并把“善良家父的勤谨注意”作为确定当事人有无过失的客观判断标准。如善良家父的勤谨注意在《德国民法典》中被称为“交易上的必要注意”。“依据法国法学家的观点，‘善良家父’的行为是社会对个人提出的行为要求，是人们能够或应当达到的行为标准，故应采用‘善良家父’的行为标准来认定过错，在《法国民法典》中，它被称作‘善良管理人’。《日本民法典》中称为‘善良管理人的注意’。《意大利民法典》对罗马法上‘善良家父的勤谨注意’标准吸收最为彻底。”①“在评价某人是否履行了一般人的勤谨注意义务时，罗马法学家通常把‘善良家父’作为‘一般人’的榜样，从而使其成为一种抽象的尺度。”② 遗憾的是，自始至终，没有国家明确指出并清楚地说明善良家父标准是否包含人的智识以及其他要素。

相较于善良家父标准，英美法系的理性人标准已经演化至包含了具体的要素。美国侵权法学家普鲁塞在其 1941 年的著作中，提出了理性人包含的四个具体方面：“a. 行为人自身的身体特征；b. 正常的心智和精神能力；c. 正常的理解力和记忆力，最低要求的经历和信息，社区的人们对此都是熟知的；d. 行为人拥有的高超技艺和知识，或当他行为时昭示了这些。”③ 因为理性人要素中不仅包含人的主观认识，也包含人的控制行动的能力，它们是理性人标准不可或缺的组成部分，美国法院更愿意考虑影响当事人行动能力的身体状况。

我国也有学者注意到理性人应该包含行动能力的部分。“理性人标准的内部结构中还可能包括行动能力的部分，其不同于认知图式的‘知’，所涉及的是‘行’的能力。但行动能力并不存在于所有的理性人标准的内部结构之中，许多理性人标准不涉及行动能力。”④ 笔者认为，行动能力既然是理性人标准内部结构的重要组成部分，它就是衡量一种理性人标准

---

① 陈志红：《罗马法“善良家父的勤谨注意”研究》，《西南民族大学学报》（人文社科版）2005 年第 8 期。

② 黄风：《罗马法词典》，法律出版社，2002，第 43 页。

③ William L. Prosser, *Law of Torts*, West Publishing Co. , 1941, p. 224.

④ 叶金强：《私法中理性人标准之构建》，《法学研究》2015 年第 1 期。

是否构成一般理性人标准例外的重要依据。“身体残疾人理性人标准是考虑人的行动能力；妇女理性人标准也是考虑人的行动能力；未成年人不仅在智识上存在欠缺，其行动能力上的欠缺也是对其进行特殊考虑的重要依据，法院通常都愿意考虑身体之不能，在界定理性人标准时，人们不被要求去做他无法达到的身体标准所要求的事情。”[①]

因此，当事人的身体特征是理性人所处情境的一部分，将身体残疾作为一项重要的身体特征加以考虑是正当的。采纳理性人标准，却只考虑主观意识对行为后果的影响，只能导致理性人标准的局限性。况且，理性人标准在发展过程中越来越倾向于考虑更多因素，如对当事人紧急情况判断能力的确定，当确定当事人的行为是否有过错时，对紧急情况加以考虑是合理的。这是法律所拟制出来的标准化的人在具体情境下具体化的体现。

（四）残疾人的特征使其承担特殊侵权责任具有合理性

（1）与精神病人的精神残疾不同，身体残疾人的残疾容易被确认性质和程度。“当事人的失聪、失明、四肢瘫痪比精神疾病更容易确认。”[②] 精神残疾人的残疾与人的认知和意识有关，去判断人的意识和心智，无论是对于专业人士还是法官来说，都并非易事。“即便最优秀的司法精神鉴定师，从大量证据中寻找线索，遇到伪装精神病的犯罪嫌疑人，也不总是能够成功。目前医学上，没有任何仪器能够直接检测和判断一个人的精神状态。”[③] 身体残疾人的残疾却很难作假。身体残疾是由疾病或外伤所导致的现代医学所无法使之复原的机体或组织的终局状态，是损伤给身体器官的功能和个人活动所造成的后果，会导致生理功能的降低或丧失。可看得见的残疾最容易辨认，即便有些残疾不易用肉眼辨认，如耳聋，也可通过并不复杂的医学技术加以辨别，这对确认当事人的过失及侵权责任更为

---

① Mayo Moran, “The Reasonable Person: A Conceptual Biography in Comparative Perspective”, 14 *Lewis & Clark L. Rev.* 1233, 1242 (2010).

② James W. Ellis, “Tort Responsibility of Mentally Disabled Persons”, 6 *Am. B. Found. Res. J.* 1079, 1100 (1981).

③ 卫诗婕：《东北男子在上海杀人抢劫，落网后装精神病，遭拆穿后枪决》，《每日人物》2017年12月8日。

便利。

（2）残疾人能够为自己辩护。“残疾人能够为自己辩护，某种程度上解释了美国法律允许一种更主观标准的缘由。”[①] 与未成年人和精神残疾人有本质区别，身体残疾人可与正常人一样，对自己的行为进行辩护和解释，这使对其适用与其主观过错及其身体情况相适应的过失标准具有合理性，因为他们能够认识到自己的行为及其意义。身体残疾人无认知能力的缺陷，身体残疾不是其承担与常人相同侵权责任的依据，而是对其过错判断和责任承担特殊化的根据。

（3）“公众对身体残疾人比对精神病人更具有同情心。”[②] 身体残疾人与精神残疾人存在较大差别，依照我国《民法总则》的行为能力体系，身体残疾人是完全行为能力人，能够认识到自己的行为及其法律后果，正因如此，他们更能意识到残疾给其带来的不便和痛苦。他们主观上的完全性给了他们“痛苦”的能力，这也是设置法律制度时应该考虑的重要因素。某种程度上，人们通常给身体残疾人以更大的同情，身体残疾人也是在国家和国际层面上较早获得广泛支持和保护的群体。

（4）身体残疾是行为人无法控制的客观状况。身体有残疾并非过错，这是行为人不能控制的状况。无论是推行法典化的大陆法系国家还是采纳判例法的英美法系国家，在侵权过失的判定上，都区分行为人致害的不可控情形和可控情形。行为人不可控之情形，并非侵权法予以责难之情形，法律通常不追究行为人的责任；行为人可控之情形，其故意或者轻信导致损害，侵权法若不对该种情形进行考虑就是怂恿行为人故意至少因轻信致他人损害。各国侵权法都规定，醉酒之人应该为醉酒之后导致的侵权行为负赔偿责任，我国《侵权责任法》第33条第2款也规定：“完全民事行为能力人因醉酒、滥用麻醉药品或者精神药品对自己的行为暂时没有意识或者失去控制造成他人损害的，应当承担侵权责任。”同样，熟知自己疾病

① Jacob E. McKnite, “When Reasonable Care Is Unreasonable: Rethinking the Negligence Liability of Adults with Mental Retardation”, 38 *Wm. Mitchell L. Rev.* 1375, 1382 (2012).

② James W. Ellis, “Tort Responsibility of Mentally Disabled Persons”, 6 *Am. B. Found. Res. J.* 1079, 1100 (1981).

却要从事某些有风险的活动而导致的损害，行为人也要负责任。身体未知疾病的突然发作，则属于不可控之情形，行为人不负侵权责任。如 A 平时身体很好，近期体检状况也很好，但在开车时突发心脏病致他人损害，A 不为导致的损害负责任；如 A 曾患脑出血，且随时都有再发的危险，医生不建议开车，他在开车时脑出血发作导致损害，A 要为导致的损害负责任。

与自身无法控制的疾病一样，身体残疾也是行为人无法控制的客观状况。有些残疾是与生俱来的，有些残疾是疾病或伤害的后遗症，无论哪种情况，都导致行为人器官功能的降低或丧失。有学者称："侵权法默认的理念是，个人自由优先于个人安全。"① 针对身体残疾人，考虑其残疾状况，是鼓励残疾人融入社会，对其行为自由进行一定程度的限制；依据残疾状况确定过错，也会避免有残疾就减轻或免除责任的情况，从而兼顾相对人的利益。当然，在社会所容忍的范围内，残疾人虽然无法控制自己的残疾状况，却不能做超出其能力范围之事，如残疾人的肢体缺陷使其不能开车，其开车导致伤害就不能考虑其残疾状况，因为他明知是不能做之事却依然去做。

三　残疾人侵权责任特殊化的限度

残疾人承担特殊侵权责任具有正当性，但不能由此得出结论：残疾状况可减轻或免除残疾人的侵权责任。残疾人承担特殊侵权责任应有一定限度。

（一）故意是否应是残疾人特殊侵权责任考量的因素

侵权法是否应区分故意与过失，存在不同观点。普通法系各国侵权法，明确区分故意侵权与过失侵权，各自进行类型化，且故意侵权与过失

---

① Mark A. Geistfeld, "Hidden in Plain Sight: The Normative Source of Modern Tort Law", 91 *N. Y. U. L. Rev.* 1517, 1588 (2016).

侵权的构成要件存在区别。是否在民法典中将过错细分为故意和过失，大陆法系主要国家的做法有区别。

我国《侵权责任法》第 6 条[①]第 1 款是我国民法学界公认的侵权法一般条款，该条款将“过错”作为一般侵权责任的构成要件，不区分故意和过失。“侵权法的功能定位，即补偿受害人的全部实际损害，使得通说主张一般情况下要忽略过错的程度。”[②] 这意味着过错的程度不影响责任的构成和损害的填补。我国侵权法这一规定的主要依据在于侵权法是补偿性法律，其功能不在于惩罚，侵权人是故意还是过失，其赔偿都只是对造成之损害的填补。当然，侵权法中的一些特殊制度也考虑了侵权人的主观恶意，如惩罚性赔偿便是考虑了侵权人的主观恶意。

《德国民法典》第 249 条第 1 款规定：“损害赔偿义务人须将（受害人）恢复至若没有发生引发损害赔偿义务之情况时会存在的状态。”这也意味着无须根据过错的类型和程度来确定损害赔偿的范围，损害赔偿就是补偿实际的损害。“日本法也认为，不必区分故意与过失，因为无论是故意还是过失，侵权行为都是未能‘以充分的注意依充分精密的方法’实施的行为，只要行为者的意思有应责备之点，同样都要赔偿因此而造成的损害。”[③]《法国民法典》第 1382 条和第 1383 条分别规定了故意和过失侵权，“但法国学者和法官认为，这两个法律条款所规定的侵权责任均属于一般过错侵权责任”[④]。

与英美法系侵权法严格区分故意与过失不同，大陆法系各国原则上都赞同：故意和过失区分的价值并不大，不影响责任的构成和赔偿范围的确定。笔者认为，侵权法中故意与过失的区分是必要的，就如叶金强所指：“在价值判断上，侵权法对行为的负面评价程度与过错程度呈正相关关系。过错程度应当对侵权的构成及效果发生实质性的影响，传统的‘要件 - 效果’模式影响法正义价值的实现。”[⑤] 故意与过失应当进行区分的主要依

① 《侵权责任法》第 6 条规定：行为人因过错侵害他人民事权益，应当承担侵权责任。

② 叶金强：《论过错程度对侵权构成及效果之影响》，《法商研究》2009 年第 3 期。

③ 于敏：《日本侵权行为法》，法律出版社，1998，第 95 ~ 96 页。

④ 张民安：《法国民法》，清华大学出版社，2015，第 371 页。

⑤ 叶金强：《论过错程度对侵权构成及效果之影响》，《法商研究》2009 年第 3 期。

据如下。

第一，除了英美法系各国就故意侵权单独类型化，大陆法系国家对一些故意侵权也有专门规定。《德国民法典》第826条规定："以违反善良风俗的方式故意对他人施加损害的人，对他人负有损害赔偿义务。"即违反善良风俗的侵权类型以"故意"为要件。"日本的前田达明教授认定故意侵权和过失侵权，不仅在损害赔偿额的算定方面有所不同，而且还存在着只有故意行为才能得到认定的侵权行为类型。"[①] 日本侵权法中的妨害营业活动、第三人妨害债权即属于故意侵权。

第二，侵权法对一些特殊损失，如纯粹经济损失，都有严格的条件限制，最普遍的限制方法是"故意"之要件。如故意侵害合同关系、故意侵犯营业权，其成立均须以故意为要件。在英国法上，一些以故意为要件的侵权行为，也多以纯粹经济损失为保护客体，如欺诈、胁迫、干预契约关系。

第三，故意作为主观恶意更为严重的主观状态，对于确定精神损害赔偿、惩罚性赔偿等这些侵权法中的特殊赔偿有重要意义。依照我国现行法，"在确定精神损害赔偿金数额的考量因素中，侵权人的过错程度是首要的考量依据。换言之，同等的损害，故意要比过失导致的精神损害赔偿金数额高"[②]。我国《侵权责任法》第47条[③]规定的惩罚性赔偿的核心要件是"明知"，明知即为当然之故意。美国侵权法认定惩罚性赔偿的主观要件为故意的或恶意的或鲁莽冲动的，[④] 一些美国法院把恶意定义为憎恨、憎恶、报复等与主观故意相关的心态。

可见，故意侵权和过失侵权在填补损害效果上并无区别，但在道德和主观层面上，故意侵权都不可原谅。那么，"故意"对残疾人侵权责任是否有影响？更直接的问题是，当残疾人故意侵害他人权益时，是否应考虑

---

① 于敏：《日本侵权行为法》，法律出版社，2006，第106页。

② 叶名怡：《侵权法上故意与过失的区分及其意义》，《法律科学》（西北政法大学学报）2010年第4期。

③ 《侵权责任法》第47条规定：明知产品存在缺陷仍然生产、销售，造成他人死亡或者健康严重损害的，被侵权人有权请求相应的惩罚性赔偿。

④ David G. Owen, "Civil Punishment and the Public Good", 56 *S. Cal. L. Rev.* 103, 106 (1982).

残疾人的残疾状况？他此时恶性的主观故意是否还能使侵权责任特殊化具有正当性？根据残疾人为受害人或侵权人，以及双方是否存在相互侵权，可区分为以下几种情况。

（1）残疾人为故意侵权，对方无侵权。一方为故意侵权，另一方无侵权，这是典型的单方故意侵权。残疾人作为侵权人，其过错程度是100%。故意侵权在满足一般侵权责任的构成要件后，若满足某些特殊侵权的构成要件，可以适用一些特殊制度，比如连带责任、惩罚性赔偿。相较于过失侵权，故意侵权的主观恶性程度显而易见，不可原谅。身体残疾人的残疾状况，与故意侵权的主观恶性程度，这两个价值判断相竞争时，后者显然超过了前者。在行为人作出故意侵权的那一刻，其残疾的身体状况就不再使对其适用特殊标准具有正当性。残疾人单纯为故意侵权时，其残疾状况不应被考虑，正义的天平不应过分偏向身体残疾人。

（2）残疾人为故意侵权，对方也为故意侵权。当残疾人为故意侵权，对方也为故意侵权时，笔者认为，两个故意侵权的责任比例不可比较，他们侵犯的并非同一客体。[①] 有一种典型的相互故意侵权即互殴行为，互殴行为实际形成的是针对对方的两个独立侵权，他们既为各自的受害人，也是对方的侵权人。在这两个故意侵权责任的判定中，即便对方也对自己实施了故意侵权行为，故意侵权的一方也不能被减轻责任。在残疾人故意伤害对方的侵权责任中，残疾人的故意使残疾状况所占的道德优势大打折扣。但我国法院总在互殴案件的赔付判定中，考虑残疾人的残疾状况，且残疾人还获得两次“优惠”：在身为侵权人的赔偿案件中，他的赔偿比例因残疾而被减少；在身为受害人的索赔案件中，他的获赔比例往往会因残疾的现状稍大一些。在互殴案件中，因残疾状况而减轻故意侵权人责任，违背了故意与残疾两种价值判断的先后顺序。

同样的道理，在残疾人为故意侵权，对方为过失侵权时，基于故意，残疾人的残疾状况也不能被优先考虑。总之，无论对方当事人是故意侵权、过失侵权还是没有侵权，只要残疾人为故意侵权，均不应该在残疾人

① 董春华：《论比较过错制度在故意侵权中的适用》，《现代法学》2017年第6期。

过错判定或责任判定中考虑残疾人的残疾状况。

(二) 残疾人是否应明示残疾状况

无论残疾人是受害人还是侵权人，我国法院均未在司法实践中考虑残疾人是否应当向他人昭示残疾。笔者认为，残疾人尽所能向他人昭示残疾是其履行义务之要求，要求残疾人向他人昭示残疾状况具有正当性。

1. 道路交通法规要求特殊残疾人昭示残疾状况

我国《道路交通安全法》第64条规定："盲人在道路上通行，应当使用盲杖或者采取其他导盲手段，车辆应当避让盲人。"《道路交通安全法》对盲人在道路上行走提出特别要求，即应该使用盲杖或者其他导盲手段。这是否意味着盲人未使用盲杖或其他导盲手段受到伤害就具有过失?

美国早期法院确立的规则是残疾人得让他人轻易地知晓其残疾状况，否则被告遵从了一般注意义务，即不存在过失。鉴于此，盲人及其他残疾人寻求促成立法规定，未使用拐杖或导盲犬不构成与有过失。20世纪30年代，美国就开始有州通过《白拐杖法》，取消普通法中的当然与有过失规则。20世纪60年代，美国有19个州颁布《白拐杖法》，截至2011年，已有31个州通过该法。该种法律直接影响了各州的判决。在最为著名的Roberts v. State of Louisiana[①]案中，法院在判定盲人马克是否有过失时认为，马克对地形熟悉，不用引路杖可安全行走，处于该种情境的其他盲人也会这样做，马克的行为不构成过失，不采纳原告"盲人在任何时候都应使用拐杖"的主张。美国法院对此问题未达成一致。

尽管如此，我国《道路交通安全法》作为法律，给盲人提出了向他人昭示残疾的特别要求，这种特别要求是特别的法定义务，是残疾人对他人应承担的法定义务。依此类推，对其他有较普遍残疾的残疾人提出昭示之义务也不过分。

2. 昭示残疾状况有利于他人依据所视对象调整行为

依据相互期待理论，任何人都根据一般规则对他人作出一定行为，基

---

① Roberts v. State of Louisiana, 396 So. 2d 566 (1981).

础是他对行为对象有一个期待。若他们知道所视对象为残疾人，他们通常会在行为上作出一定调整。如A行走在路上，B迎面走来，他们互相看到了，在走近时彼此都会在行为上作出调整以使双方顺利通过。假设A与B仍然相遇，唯一的不同是B是盲人，A对此一无所知，从表面上看，B与常人无异。问题是，当A用同样的注意使两人通过时，却不奏效了，因为B无法像常人那样在靠近他人时调整距离，结果他们撞到了，A或B受伤或者二者都受伤。

当行为人从事的行为要求一定的身体机能才会安全时，与他们的行为相协调的他人期待他像拥有这些身体机能的人那样行为。我们在高速上开车或在人行道上行走，都期待司机有好的视力。当作为被告的行为人有残疾，而原告并不能获知这些残疾时，法院适用特殊标准考虑那些残疾状况并不适当，而应假设他们遵守一般的安全标准。

可见，对他人而言，昭示残疾状况与不昭示残疾状况，会明显影响其行为及后果。当不昭示而导致损害时，往往会产生法律上的问题：是认定导致损害的人有过失还是认定被损害的人有过失？残疾人的不昭示是不是就是当然过失，或者当然与有过失？笔者认为，昭示残疾状况有利于他人调整行为，从而相应减少损害。

3. 风险效益理论要求残疾人昭示残疾状况

“法律经济学是用经济学的方法和理论，而且主要是运用价格理论（或称微观经济学）以及福利经济学、公共选择理论及其他有关实证和规范方法，考察、研究法律和法律制度的形成、结构、过程、效果、效率及未来发展的科学。”[①] 20世纪60年代，法律的经济分析兴起于美国，罗纳德·哈里·科斯《社会成本问题》[②] 一文的发表标志着法律经济分析的问世。侵权法是适用法律经济分析方法最为典型和活跃的私法领域。

成本效益分析是法律经济分析中最为基本的方法，是通过比较被比较对象的全部成本和效益来评估其价值的一种方法。在侵权法中，判断一种

---

① 〔美〕理查德·A. 波斯纳：《法律的经济分析》，蒋兆康译，中国大百科全书出版社，1997，第3页。

② R. H. Coase, “The Problem of Social Cost”, 3 *J. L. & Econ.* 1 (1960).

行为是否为社会所容忍，是否被认定为“过失”，可比较该行为带来的风险及价值，若风险大于价值，被认定为有过失，风险小于价值，被认定为无过失。在侵权法中，著名的“汉德公式”[①] 即是判断行为是否有过失的风险效益评估的重要工具。

法律在对某一群体施加义务之时，要衡量义务之成本和效益。世界上的残疾人终归是少数，残疾人通过自己的行为昭示，即以最小的成本，避免残疾人被他人致损或导致他人损害。让每一位普通人对着外观正常的人猜测他是不是残疾人，以相应调整行为，是过高的要求，涉及范围过于广泛，产生的社会成本过高。

让他人知晓残疾人残疾的存在成为判断残疾人及他人是否有过失的关键。残疾人与非残疾一方一般注意的内容，都得与残疾人的状况相适应。“很明显，我们不能要求盲人像常人一样行为，他们只能被期待像盲人那样行为，这样对有视力的人来说是过失的，可能对盲人而言就不是过失的。”[②] “若他的畸形足够明显被辨认出，就应该考虑。”[③] 因此，残疾的可视性是判断残疾人是否有过失的重要标准。

四　残疾人侵权责任特殊化的立法构想及司法建议

（一）如何在立法中对残疾人侵权责任特殊化

英美法系对身体残疾人侵权责任的制度设计非常周密，无论多么激进的法律制度变革都可通过判例的存废予以纠正。我国民法体系秉承大陆法系法典化体系，法律制度变革难得多。我国立法是否有必要让身体残疾人

---

① 在 United States v. Carroll Towing Co. 案中，美国法官勒内·汉德（Learned Hand）提出了著名的汉德公式：B < P X L。B 是预防事故的成本，L 是事故发生所造成的实际损失，P 是事故发生率。该公式意味着：只有当潜在致害者预防未来事故的成本小于预期事故发生的可能性乘以预期事故的损失时，致害者才负过失侵权责任。

② Warren A. Seavey，“Negligence—subjective or Objective?” 41 *Harv. L. Rev.* 1，14，note14 (1927).

③ Warren A. Seavey，“Negligence—subjective or Objective?” 41 *Harv. L. Rev.* 1，15 (1927).

侵权责任特殊化？是否具有可行性？

1. 残疾人侵权责任特殊化立法的必要性和可行性。

（1）残疾人侵权责任特殊化是否会破坏我国民事法律体系

我国当下的民事法律体系是在借鉴《德国民法典》基本结构体系的基础上形成的，这个法律体系有一些根基性的法律制度不能动摇，如民事行为能力体系。将特殊化的身体残疾人侵权责任置于《侵权责任法》中，是否会对民事行为能力体系和侵权责任体系造成冲击？

有句谚语说："任何规则都有例外。"而规则例外的确定是权衡的结果。一般规则存在例外在大陆法系民法体系中不是稀奇事。以《侵权责任法》第四章"关于责任主体的特殊规定"为例，这些特殊规定主要涉及特殊主体导致损害时责任该如何承担和分配的问题。这些特殊规定都是正常人侵权责任一般规则之下的特殊化。就法律体系而言，身体残疾人侵权责任特殊化，不会导致侵权责任体系不协调，也不会破坏已有民事法律体系的逻辑和完整性。

（2）司法实践是否已有效解决此事项

我国司法实践确实有很多案例涉及此事项，但这些案例都存在问题，比如在涉及残疾人的侵权责任判断中，不加区别地将残疾状况作为减轻或免除残疾人侵权责任的当然事由；对残疾人是否构成"与有过失"的判断，也从不考虑残疾人是否昭示残疾状况；在残疾人为故意侵权时，仍然将残疾状况作为减轻或免除责任的事由。不管这些问题是何种层次、何种性质，都说明我国司法实践对于身体残疾人侵权责任的把握相当不到位。司法实践因欠缺指导而产生的误判，使残疾人为当事人的侵权案件之正义愈发无法得到彰显。

我国刑法领域历来对特殊残疾有优待，对残疾人犯罪实行减免，唐朝体系最为完善。[①] 现代刑法也是如此。受我国照顾残疾人的司法传统和《刑法》等规定的影响，法院在侵权领域优待残疾人也顺理成章。但这恰

① 相自成：《中国残疾人保护法律问题历史研究》，中国政法大学2004年博士学位论文，第103～105页。

恰造成了法院不能很好把握残疾人侵权责任限度的尴尬局面。我国立法将身体残疾人侵权责任特殊化并无理论和体系障碍，法院判定身体残疾人侵权责任更需要指导。

2. 立法如何对身体残疾人侵权责任以特殊对待

如何在侵权责任相关法律中将残疾人侵权责任特殊化嵌入体系？在设计这一立法条文时应遵循何种原则？

设置身体残疾人相关责任标准应遵循的基本原则是：对残疾人适用特殊规则，但须有一定限制。对残疾人侵权进行特殊考虑并非没有限度，通过豁免残疾人为其带来的不对等风险承担责任，实际上是依据残疾人的状况来限制他人人身安全之权利，故必须设置范围和程度，才能使他人的安全权利与残疾人之残疾的利益达成平衡。作为一般规则，残疾人的残疾状况具有可视性，是适用残疾理性人标准的必要条件。人们在互动中依据的是双方都信赖的共同规则，残疾人的残疾为他人所知晓，他人才能依据其残疾状况来调整行为。残疾人无论是原告还是被告，当其残疾状况不为他人所知晓，他是原告时可因存在“与有过失”使所获赔偿减少，他是被告时也会被判定为有过失而对他人承担侵权责任。不加区别地考虑其残疾状况，忽视残疾人应尽之义务，是对他人过高之要求，他人安全利益虽不具有绝对优先性，但与行为自由相协调时，不能完全失去原则性。作为特殊规则，当残疾人为原告时，特殊情形下不需要向他人昭示自己的残疾状况来排除自己的行为具有“与有过失”。社会在向所有人提出保护残疾人权益，不得以任何形式歧视残疾人的同时，实际上给人们提出了特殊的注意义务，特别是一些特殊的机构或主体，如对公共道路、公共场所设施的设置提出的无障碍化，就是考虑到残疾人也可能行走于道路之上。若被告未满足这些注意义务就具有过失，而残疾人只要尽到与其相适应的合理注意，即便并未向他人昭示残疾状况，也不应该因此被判定具有与有过失。

“我国立法上虽没有明确使用理性人标准的规定，但司法解释中已出现了实质意义上的理性人标准。”[①] 规定残疾人侵权过失之判断适用残疾

---

① 叶金强：《私法中理性人标准之构建》，《法学研究》2015 年第 1 期。

理性人标准并无立法空间，《侵权责任法》应考虑在第四章“关于责任主体的特殊规定”中规定身体残疾人侵权责任的特殊化内容：“残疾人承担与其残疾状况相适应的过失之责任。”

笔者的观点总结为：“当一个人拥有所有人都能看出的明显缺陷，该缺陷让他不可能作出特定预防，他不因未采取预防措施而负责任。我们不能要求盲人看见他的危险处境，在规范自己的行为时，即便他必须考虑自己的体衰，若他能在某情形中合适而为，未采取视力所要求的预防，不会阻止他获得伤害之赔偿，也不对伤害他人负责任。”[①] 残疾人有权生活在这个世界上，但为了更和谐地与他人相处，向他人昭示残疾状况，并非让其尴尬，而是对残疾人及他人的体恤，人与人之间的互动行为取决于简单或复杂的可视状况，即告诉他人自己的状况，以让他人作出相应的反应。

（二）法院如何适用残疾人侵权责任特殊化的立法规定

在我国《侵权责任法》第四章“关于责任主体的特殊规定”中规定：“残疾人承担与其残疾状况相适应的过失之责任。”这包含三层意思：第一，应该在司法实践中对身体残疾人适用与其身体状况相适应的标准去衡量其过失；第二，将特殊标准所适用之范畴限定在“过失责任”之内，残疾人故意侵权的情形不应属于特殊标准适用之范畴；第三，无论残疾人是受害人还是侵权人，都可以适用特殊标准，残疾人为受害人时因与有过失产生的责任，是侵权人之侵权责任的抗辩，是受害人之过失责任与侵权人侵权责任之相抵。“昭示原则”很重要，应贯穿始终，但不宜在立法中明确规定，应由法院在基本原则之下自由裁量。在该规定之下，法院如何操作？

1. 如何判定残疾人尽到合理注意

“盲人或其他残疾人在使用公共道路时，也须尽到合理注意——与已知或合理可预见的危险相一致的注意”，[②] 以避免伤害他人或致自己受伤

---

① Oliver Wendell Holmes, *The Common Law*, Boston: John Wilson and Son, University Press, 1881, p. 109.

② Cook v. Winston-Salem, 85 S. E. 2d 696, 700 (1955).

害。判断残疾人是否尽到合理注意的首要原则是残疾人是否向他人昭示残疾。

（1）残疾人能够昭示残疾的情况

上文已阐述，残疾人应尽所能向他人展示自己的残疾，让他人知晓其状况，以使他人视其情况调整行为。客观情况是，并非所有残疾状况都能够被昭示，在残疾状况不能被昭示时，法院不能再继续适用昭示规则，否则会导致无法昭示残疾的残疾人遭受不公平待遇，法律对其要求过于严苛。

在昭示原则之下，残疾人能够昭示残疾时，他也这样做了，对方仍做出错误判断导致损害，或者以常人的规则行事被伤害，对方的行为满足侵权责任要件时，要负全部赔偿责任，残疾人作为受害人不存在过错。或者，虽然残疾人导致了损害，但对方存在过失，残疾人应被减轻或者免除责任。

残疾人虽然能够昭示残疾却未昭示，使对方因信其为正常人而行为，导致了损害或被残疾人伤害，对方当事人对损害负部分责任或者不负责任。如盲人 A 在公共道路上行走，未带拐杖或导盲犬，其外表与常人无异，B 迎面走来。通常，公共道路上两人相遇，都会调整行为以使双方顺利通过，B 依据这一普通规则调整行为，但 A 并未作出相应调整，二人相撞受损。让 B 在此情形下承担赔偿责任不合适。

（2）残疾人不能昭示残疾的情况

残疾人客观上不能昭示残疾时，产生的侵权责任关系分为两种情况。

在残疾状况无法昭示时，对方作出错误判断，以为其为正常人，从而导致损害。若残疾人是正常人，对方不可能遭受损害。该种情况下，残疾人并不会被认定为有过失，其无法昭示残疾为客观不能，对方也并无过错。残疾人不能昭示残疾状况是客观不能，法律不能勉为其难，让其承担全部损失并不公平，但让信其外表为正常人的对方承担全部损失也不合适，故此时，适用《侵权责任法》第 24 条①的公平责任，让双方分担损

① 《侵权责任法》第 24 条规定：受害人和行为人对损害的发生都没有过错的，可以根据实际情况，由双方分担损失。

失比较合适。

残疾人残疾状况虽不能昭示，但导致的损害与残疾状况并无关联，无论残疾人还是对方当事人为侵权人，都应当承担全部赔偿责任。如 A 与 B 发生肢体冲突，造成 B 的身体伤害。A 听力有严重问题这一事项，并未影响 A 给 B 造成身体伤害。故 A 应对 B 的伤害承担全部赔偿责任，A 的听力残疾不应作为其减轻责任的抗辩事由。

2. 如何判定非残疾一方是否尽到合理注意

在涉及残疾人的侵权责任关系中，对非残疾一方过失的判断与一般情形也有区别。应区分两种情况，适用不同规则。

（1）非残疾人一方为公共场所经营者

公共场所经营者的范畴，可依据我国《侵权责任法》第 37 条负有安全保障义务的公共场所确定，或者公共设施的其他经营者，如政府机构。这些责任主体的义务范畴与普通人应有区别，应适用“所有人规则”。义务语境下的所有人规则是指义务人的义务所指向的对象是所有人，不管这些人是正常的普通人还是有各种残疾的残疾人。这意味着这些主体的义务范畴不仅适用于正常人，也要考虑那些拥有相对普遍残疾状况的残疾人，如盲人、聋哑人，他们提供的服务和设施针对的对象应是包括残疾人在内的所有人，法律对其施加的义务高于普通人。

以地面地下施工为例，该种侵权责任最重要的免责条件是施工人已经设置明显标志并采取安全措施。施工人确有证据证明已尽上述义务时，应免除其赔偿责任。设置明显的安全标志并采取相应的安全措施，足以使一般人尽通常注意即可避免损害的发生。施工后只放置了指示牌警示危险是不够的，因为除了正常人，还会有盲人、其他残疾人经过此施工地点。再如经营公共设施的市政府。“市政府应该知道不同的人，包括健康的、有病的、残疾人等，不断地在人行道和大街上行走。”① 他们设置公共设施时，要考虑的使用人不只是正常人，还应包括较普遍残疾情形的残疾人，在判定其是否尽到合理注意时，必须考虑是否已对残疾人尽到

① Short v. City of Spokane，83 P. 183，185（Wash. 1905）.

考虑之职责。

（2）非残疾人一方为普通人

该语境下的普通人是指排除上述公共场所经营者的主体。普通人注意义务范畴的确定适用“正常人标准”，即他们在作出行为时，把对方认定为正常人即可，他的注意义务也止于此，当然残疾人已经昭示的除外。对普通人适用“所有人标准”过于苛刻，让社会上的普通人都以对方为残疾人而承担注意义务，也不符合成本效益理论，该种情况下将提示残疾的义务施加给残疾人，更符合效率规则并节约社会成本。

总之，在涉及残疾人的侵权责任关系中，当能够确定残疾人残疾状况的存在确实影响了残疾人本人或他方的行为时，在能够清楚判定残疾状况是否能够被昭示时，应该考虑残疾状况。司法审判中也应进行相应的目的性限制，即受害人与有过失或侵权人的过失，都必须是人身损害发生的原因，并且被违反的不真正义务或者义务必须指向受害人的个体保护。在民事审判中，除非法律有明文规定，法院不能无故减轻或免除残疾人的民事责任。

On the Justification and Sphere of Specialization of Tort Liability of the Disabled in China

Dong Chunhua

Abstract: The specialization of tort liability of the disabled means the disabled assume tort liability corresponding with his disability. The disabled people's assuming general liability means strict liability, liberal and equal value requires the balance between safety interests and act liberty, action ability is an essential part of reasonable person standard, as well as the traits of the disabled, all justify the specialization of tort liability of the disabled. There should be limitations for the specialization, which cannot be applied to intentional tort, and the disabled shall try their best to show their disability. After the disabled people's assuming liability corresponding with his disability is prescribed, grounding "showing disability", the court should differentiate the other party as public place operator and common people to confirm the negligence, applying "all people" and "common people" principles respectively.

Keywords: the Disabled; Tort Liability; Justification; Sphere

网络环境下未成年人发展权及其保护

李梦阳*

摘　要： 未成年人发展权是未成年人人权的重要组成部分，主要体现为政治、经济、文化与社会四个方面的发展，进入网络信息时代后，未成年人发展权在这几方面又被赋予了新的内涵。受未成年人身体心理情况的限制，未成年人发展需要国家和社会的特殊保护。尤其是网络环境下，未成年人经济、文化、政治、社会各方面的发展面临网络暴力、网络隐私泄露、网络识别能力不足、法律保护规定不足等新的网络信息安全问题。针对这些未成年人发展遭遇的网络安全问题，有必要在《未成年人保护法》修订过程中借鉴外国经验，通过扩展《未成年人保护法》的保护范围、完善未成年人隐私保护规范等方式，保障未成年人的全面发展。

关键词： 未成年人发展权；未成年人保护法；网络发展权

随着网络技术、数字信息技术与人工智能技术的快速发展，人类已经进入了信息化和网络化的时代。网络环境下，既有未成年人新兴权利的出现，如被遗忘权、数字财产权等，也有之前已有的未成年人权利被赋予新的内涵，如未成年人发展权、未成年人隐私权等。其中未成年人发展权在网络环境中的落实与否，直接关系到网络环境下未成年人能否健康发展。

一　未成年人发展权与人权

1991 年中国第一部《人权白皮书》强调发展权与生存权是第一人权。

* 李梦阳，北京师范大学法学院，博士研究生。

就发展权的定义而言，已有许多国际法律文件和有关论著对此加以阐释。

（一）发展权与人权

现代人权理论中，发展权作为第三代人权，既是一项独立的人权，也是以既有权利为依托的发展机会均等权和充分发展自由权。它以人为中心，包含权利主体广泛参与、非歧视与环境友好的要求。[①] 在面对个人发展在教育、健康、住房、就业、迁徙、人身安全以及财产安全方面遇到的问题时，发展权通过将人权融入发展过程以及克服资源匮乏的局限来解决上述问题。[②]

发展权最初是一个以国家为主体的概念，诞生于二战后构建“国际经济新秩序”的过程中。发展中国家和最不发达国家在脱离西方控制过程中，希望在二战后确立的国际经济秩序中争取发展空间，追求发展机会均等化，提高国民的生活水平。[③] 而随着国际经济秩序的稳定以及国际格局的确定，个人在经济、政治、文化以及社会等方面的持续性增益也成为发展权的重要内容。[④] 因此，发展权逐渐由以国家为中心转变为以个人为中心，最终成为一项人权，是为了充分实现所有人权和基本自由而产生的一项权利。

在几个重要的人权宣言或国际公约中，也可以看出人在经济、社会、文化以及政治上的发展是发展权的主要内容，如《发展权利宣言》规定：“发展权是一项不可剥夺的人权，由于这种权利，每个人和所有各国人民均有权参与、促进并享受经济、社会、文化和政治发展，在这种发展中，所有人权和基本自由都能获得充分实现，”《经济、社会和文化权利国际公约》规定：“所有人民都有自决权。他们凭这种权利自由决定他们的政治地位，并自由谋求他们的经济、社会和文化的发展。”《世界人权宣言》

---

① Philip Alston, Mary Robinson: *Human Rights and Development: Towards Mutual Reinforcement*, Oxford University Press, 2005, p. 78.

② 参见汪习根《发展权全球法治机制研究》，中国社会科学出版社，2008，第1页。

③ 参见汪习根《“二战”后发展权的兴起与实现》，《人权》2015年第4期。

④ Serges Djoyou Kamga, “Realizing the Right to Development: Some Reflections”, *History Compass*, 2018, 16.

也强调："每个人、作为社会的一员，有权享受社会保障，并有权享受他的个人尊严和人格的自由发展所必需的经济、社会和文化方面各种权利的实现，这种实现是通过国家努力和国际合作并依照各国的组织和资源情况。"

我们从发展权的源流以及从二战至今的历史中发现，发展权具有集体人权性特征，并且与国家主权紧密联系。[①] 作为一种集体人权，发展权仍然是一种政治、文化、经济的集合体，能够通过集体的方式来实现。[②] 保障集体人权的实现与国家主权息息相关，唯有主权独立，公民才能自由地选择本国政治制度，参与经济、政治以及社会的发展，才能使个人人身安全与财产安全获得保障。因此，个人的发展权即无论何时何地每个人都有在政治、经济、社会、文化中要求发展的权利，在政治上表现为公民在合法范围内享受、实现、展开自己的政治权利，在经济上表现为对可供利用或配置资源的合理使用，而在文化与社会方面表现为公民有权通过社会的发展、文化的传承、移植、创造等方式，享受来自社会和文化发展所带来的物质利益与精神利益，[③] 这些发展的权利是每个人在社会生活中必不可少的。如果将发展权视为一种结果，由于个人发展的差异性，并不能如人身安全或财产自由等人权一样具体地实现，但如果将发展权视为一种状态，让人能够在发展的状态下获得利益则是可以实现的。从这个角度看，利益是法律权利的实体内容，而法律权利是利益的外在形式，发展权的具体内容就是个人与集体在经济、政治、文化、社会等方面利益的实现和发展。

第一，经济发展权。经济发展权一般指个人参与市场经济活动，在社会整体通过市场获得发展的同时，个人凭借努力获得能力的提高、公正的分配以及合适的经济利益。由于发展权的集体人权属性，各国也能够根据国际现状与国内情况选择适合本国经济发展的道路，故经济发展权也是国家主权的象征。[④] 因此，"经济发展权既是世界各国在经济全球化过程中

---

① 参见汪习根《发展权全球法治机制研究》，中国社会科学出版社，2008，第118页。

② Paul Chevigny，Louis Sohn，Georges Abi-Saab，Theodor Meron，"Ideal to Law to Practice：The Universal Declaration Today and Tomorrow"，*Pace International Law Review* 11，1999，1.

③ 参见汪习根《"二战"后发展权的兴起与实现》，《人权》2015年第4期。

④ 参见张守文《经济发展权的经济法思考》，《现代法学》2012年第2期。

的权力，同时也是每个人在经济发展过程中，提高自身素质、技能、知识和资本拥有量的权利”。[①]

第二，政治发展权。从国家角度看，国家的政治发展权是国家根据本国实际情况选择适合本国的政治发展道路，包括选择政治体制、政治制度以及决定本国的社会政治发展模式与进程，而不受其他国家或组织的干扰。从个人角度看，个人的政治发展权是平等参与政治生活，享有政治发展机会和因政治发展而带来的经济文化社会发展利益最终促进个人全面发展的权利，国家保障个人政治权利的发展，这也是宪法和几个重要公约的精神。

第三，文化与社会发展权。文化发展权同样具有集体权与个人权的两个面向。文化发展权的核心在于保障文化发展机会均等、共享文化发展成果，因此文化发展指个人及其国家或组织能够自由地向国内和国际社会主张参与、促进和享受文化发展所获利益的一项基本人权。[②] 而社会发展权根据《经济、社会和文化权利国际公约》的精神，主要体现在个人方面，指所有人能够有效地参加自由社会，享受社会保障的权利。

（二）未成年人发展权

未成年时期是个人身心发展的关键时期，未成年人发展权的表达也与未成年身体和心理还未发育完全的特殊情况紧密联系。我国学者主要从儿童、青年、未成年人等不同群体的角度对未成年人发展权给予关注，有学者认为儿童的发展权是儿童权利的核心内容，[③] 有学者认为青年发展权是青年在自身发展过程中具有的自由、全面、充分发展的权利[④]。其中，比较有代表性的观点是认为未成年人发展权是未成年人的身体和心理在社会化过程中得以健康发展的一项基本权利。[⑤] 未成年人发展权所涵盖的是0

① 参见刘竞舟《经济发展权的经济法思考》，《改革与战略》2015 年第 8 期。

② 参见汪习根等《论文化发展权》，《太平洋学报》2007 年第 12 期。

③ 参见赵霞《我国儿童发展权保护的进步与思考》，《少年儿童研究》2019 年第 2 期。

④ 参见张良驯《青年发展权的含义、特性及其有效实现》，《中国青年社会科学》2019 年第 3 期。

⑤ 参见余雅风《未成年人发展权与农村青少年发展的立法保护》，《“十一五”与青少年发展研究报告——第二届中国青少年发展论坛暨中国青少年研究会优秀论文集（2006）》，2006。

周岁至18周岁之间的发展权，年龄跨度较大，同时，相较于儿童、青年群体，该年龄范围是法定的、具体的。因此，有必要以此为切入点对未成年人发展权进行有针对性的讨论。发展权是政治、经济、文化和社会发展的各方面内容的有机统一体。而针对未成年人的特殊身份，在政治、经济、文化、社会等方面的发展中，应对发展权的外延有所限制或强调，以契合未成年人的发展需要。

第一，政治发展。未成年人的政治发展权与成年人不同，如果说一般的政治发展权是公民平等依法参与政治活动，未成年人的政治发展权就是受法律保护的与不合适的政治理念相隔离，让未成年人更好地融入社会共同体中，而不是与社会共同体或国家产生对立。当今世界，全球化进程在各个领域渗透浸没，"流动的现代性"逐渐粉碎了人的归属感，部分未成年人对自身身份认同存在疑惑，这使得国家认同与爱国主义教育的功能性力量更为凸显。[①]《儿童权利公约》第38条第2款规定："缔约国应采取一切可行措施确保未满15周岁的人不直接参加敌对行动。"该条文是教育公共性的一般要求，即未成年人的发展不应遭遇不当政治干扰，国家有义务保证未成年人免受不当政治干扰。我国作为缔约国有责任落实该条文，《教育法》第6条就是对该条文的重要落实。[②] 因此，在对未成年人"政治发展"的要求上，不要求其与成年人保持一致，而是应着重促进未成年人全部体能和智能的发展，[③] 这也是《儿童权利公约》的基本精神。

第二，经济发展。未成年人的经济发展权不仅有在社会发展过程中获得利益的要求，也有对未成年人在经济上的支持与保护，以及对未成年人经济要求的限制。首先，未成年人经济发展的内容是随着年龄增长发生变化的。《未成年人保护法》第38条规定："任何组织或者个人不得招用未

---

① 参见闫闯等《社群主义的国家认同与爱国主义教育》，《教育学报》2015年第6期。

② 参见《教育法》第6条：教育应当坚持立德树人，对受教育者加强社会主义核心价值观教育，增强受教育者的社会责任感、创新精神和实践能力。国家在受教育者中进行爱国主义、集体主义、中国特色社会主义的教育，进行理想、道德、纪律、法治、国防和民族团结的教育。

③ 参见余雅风《改革开放30年青少年发展政策的回顾与展望》，《中国青年政治学院学报》2009年第1期。

满十六周岁的未成年人，国家另有规定的除外。”此外还规定了已满 16 周岁未满 18 周岁未成年人在工种、工作时间、劳动强度以及保护措施方面的具体安排。这是对特定未成年人劳动能力的承认，也是对特定未成年人通过劳动获得经济发展权利的承认和保护。其次，《儿童权利公约》第 27 条规定：“1. 缔约国确认每个儿童均有权享有足以促进其生理、心理、精神、道德和社会发展的生活水平；2. 父母或其他负责照顾儿童的人负有在其能力和经济条件许可范围内确保儿童发展所需生活条件的首要责任。”人权事务委员会认为，保证儿童受到必要保护是家庭、社会和国家的重要责任。虽然公约没有提出具体办法对这种责任加以分配，但家庭，特别是家庭对创造条件，促进儿童个性的和谐发展，使他们享受公约确认的各项权利负有主要责任。[①] 这也是儿童最大利益原则的表现。最后，除了对于未成年人在经济上给予的必要物质要求和父母责任外，对于未成年人的经济要求也应有所限制，未成年人所享有的经济发展应与其身心发展情况相一致，不应超过其家庭的承受范围。未成年人在经济方面的发展权相较于成年人也有所差异。从发展权的历史上看，追求经济平等是发展权一直以来的诉求，但是从未成年人的民事行为能力看，未成年人多属于无民事行为能力人或限制民事行为能力人，因此未成年人在经济方面的发展受到限制，未成年人可配置经济资源也要受到监护人的监管。因此，未成年人“经济发展”的要求较低，但同时，现实中正因为未成年人经济发展的表现较弱，其经济发展权的诉求与保护往往被忽视。

第三，文化与社会发展。未成年人在文化与社会参与方面的发展则一直被世界各国所强调，各国法律针对教育、医疗、文化事业普遍对未成年人加以特殊优惠和保护，尤其是保障未成年人的教育平等，也与未成年人的文化与社会发展联系更加紧密。教育平等是保障未成年人发展权的基础，一方面未成年人的发展需要在人格平等、物质条件相对一致的条件下进行；另一方面发展过程中未成年人也不应受到由特定情况导致的歧视，如残疾、心理疾病、家庭条件、生活环境等。针对不同年龄段的未成年

① 人权事务委员会 1989 年第 35 届会议，第 17 号一般性意见，第 24 条。

人，提供从学前教育到高等教育等不同阶段的公共服务或社会服务，以义务教育为基础，充分保障未成年人在文化方面的发展需求。这是未成年人发展权保护的特殊待遇。除了教育平等外，社会文化环境也对未成年人在文化和社会上的双重发展十分重要。文化环境即影响未成年人所处环境的文化发展水平与状况，考察的对象包含国家的主导思想、民族的文化传统、社会的道德面貌、舆论导向、社会风气以及教育科技文化事业等多个部分。社会文化环境对未成年人发展的影响表现在：一是社会文化环境影响未成年人的社会参与方式和日常生活习惯；二是良好的社会文化环境有助于建立未成年人好的发展观念；三是社会文化环境有利于未成年人德、智、体、美、劳的全面发展。[①]

（三）网络环境中的未成年人发展权

未成年人发展权是通过对社会的认识、判断和选择来逐步实现的，[②]未成年人发展权在网络环境中表现为未成年人参与网络空间发展并公平享有由此而来的利益的权利。此外，网络环境下未成年人发展权也涵盖未成年人网络安全权、一定的网络信息获得权利以及有限的网络参与权等。

网络环境下信息产业的高速发展为促进人的充分发展、实现人的全面发展提供了有利条件，也为未成年人获取信息以及社会公共服务带来了极大便利。“随着数字时代的到来，人在生物属性之外获得了数据信息属性，在物理（现实）空间之外拓展出了电子（虚拟）空间，使得前三代人权的理论逻辑和内涵价值已经无法涵盖这些信息革命的后果”，[③]未成年人各种现实权益随之扩展到网络环境中，在社会、经济、文化等方面的表现也各不相同。

第一，在社会参与和接受公共服务方面。未成年人发展权一方面表现

---

① 参见朱勋春《社会环境与未成年人思想道德建设的互动研究》，《当代青年研究》2008年第4期。

② 参见彭伶《立法应有利于未成年人发展权的充分实现》，《民主与法制时报》2018年10月25日，第6版。

③ 参见马长山《智慧社会背景下的“第四代人权”及其保障》，《中国法学》2019年第5期。

为参与社会活动时获得利益，这种利益可以是实际的经济利益或能力上的提高，也可以是某种好的评价，如奖状、证书或者参与某种社会活动的证明；另一方面则表现为在通过网络获得社会利益时，免受网络暴力、网络歧视的权利，这是对网络环境的要求。随着网络技术的发展，未成年人在社交、公共服务、娱乐、学习等方面的诉求多数能够通过网络表达，政府也通过网络形式向未成年人提供公共服务，如行政给付、政府信息公开等，网络已经成为未成年人实现社会发展的重要途径和交流媒介。据相关调查，我国 19 岁以下网民数量超过 1.4 亿，其中 85.7% 的未成年人表示，他们在网上交流的好友大多数是现实生活中认识的人，① 可见我国未成年人网络使用的普及程度。如果遭遇网络暴力或歧视，由于未成年人所处网络环境多位于熟人社会中，可能会使未成年人的日常生活遭遇困扰。

第二，在经济方面。网络环境下未成年人发展权表现为未成年人能够通过网络获得的合法经济利益以及获得利益能力的提高。相关调查认为，社会经济地位对未成年接入网络有必然影响，信息技能对利用内容有必然影响，② 网络使用情况能够反映出未成年人的经济状况。未成年人在使用网络的过程中已经出现许多包括订立合同在内的民事活动，其中包括获取纯利益的合同，也包括消费性的合同，其中部分需要未成年人监护人的追认才能有效。同时，未成年人可能还拥有包括游戏账号、QQ 号码在内的虚拟网络财产。

第三，在文化方面。未成年人享有获得促进其知识、精神及身心健康的信息和资料的权利。非网络环境下，未成年人发展权主要体现为社会对教育平等的保障，但在信息化时代中，人际交流、国际交流、行业交流的壁垒已被网络技术极大地克服，知识获取难度相对一致，网络环境下未成年人发展权在文化方面的不同主要表现在未成年人网络使用的路径平等。③ 因此，实现未成年人文化发展权，在网络环境中需要有两个方面的支撑，

① 参见董艳春《未成年人互联网自我表达和社会参与状况调查研究》，《中国青年研究》2017 年第 1 期。

② 参见王平《国外未成年人互联网利用行为差异研究进展》，《图书情报工作》2016 年第 15 期。

③ 参见吴瑛《中小学生网络接触与使用：上海例证》，《重庆社会科学》2012 年第 8 期。

其一是保证未成年人掌握网络信息获取方法，促进未成年人有效地使用网络；其二是保障未成年人网络信息安全，包括保护未成年人的网络隐私，保护未成年人免受色情、暴力等不良网络信息内容的干扰。

二 网络环境下未成年人发展权面临的困境

网络环境中，信息共享和信息公开使得个人变得更加透明，随之失去了保持独处和宁静的权利，安全感受到损害，其结果就会导致个人活动和人格的萎缩。[①] 与成年人的发展相比，未成年人不仅要面对发展过程中的隐私保护困难，还将面临其他发展权难以实现的问题，如其他未成年人权利在网络空间的扩展方式问题[②]、未成年人网络犯罪[③]、个人信息泄露救济难[④]、未成年人遭遇网络欺诈以及校园网络欺凌等问题，其中部分问题是由外界原因导致，部分问题是由未成年人自身能力不足造成。总之，未成年人在享受网络技术带来的便利的同时，也面临在网络环境中实现政治、经济、文化及社会发展的困境。

（一）网络暴力对未成年人社会发展的阻碍

未成年人面临的外部网络环境十分复杂，这也是国内外讨论未成年人通过网络参与社会的主要议题。2013 年 12 月，联合国人权高级专员皮莱在主持互联网安全的主题辩论时，呼吁各方避免使现代信息技术成为侵犯人权的新工具，认为对于未成年人及其他弱势者，网络也可以变为一个危险的环境，网络欺凌、恋童癖、煽动仇恨以及在线贩卖人口等新问题层出不穷。[⑤] 在复杂的网络环境中，网络暴力对未成年人社会发展的影响较为明显，阻

① 参见周佳念《信息技术的发展与隐私权的保护》，《法商研究》2003 年第 1 期。

② 参见居梦《论网络空间国际人权法规则的发展》，《电子政务》2017 年第 12 期。

③ 参见靳高风等《中国犯罪形势分析与预测（2018—2019）》，《中国人民公安大学学报》（社会科学版）2019 年第 3 期。

④ 参见傅宏宇《我国未成年人个人信息保护制度构建问题与解决对策》，《苏州大学学报》（哲学社会科学版）2018 年第 3 期。

⑤ 参见李志强等《联合国推动网络空间治理的最新动向》，《中国信息安全》2014 年第 5 期。

碍未成年人的社会参与。由于网络的匿名性和虚拟性降低了网民参与网络讨论的风险，屏幕背后的网民拥有了“法不责众”的心理保护，现实中不敢或不能表达的思想，都会显现出来，网络暴力行为也随之出现。[①] 网络暴力是网络环境中独有的暴力形式，有学者认为网络暴力是网络舆论暴力，表现为以网络营造舆论，对他人进行道德裁判和口头威胁、辱骂，甚至暴露对方隐私，并对当事人的实际生活造成影响的活动；[②] 也有学者认为网络暴力是一种侵权行为，即利用网络媒介对当事人的名誉权、隐私权以及财产权进行威胁或侵犯的集体性侵权。根据网络暴力发生地的不同，可以将网络暴力分为校园与非校园情景下的网络暴力。

（1）校园网络欺凌是未成年人遭遇的主要网络暴力形式

随着互联网的发展，即时信息、博客和其他网络交流方式的普及，现实生活中针对未成年人的校园暴力行为，正大量地向虚拟网络世界转移，这一行为被界定为网络欺凌行为，未成年人通过手机、互联网等电子通信方式，持续针对另一未成年人实施折磨、威胁、伤害、骚扰、羞辱等攻击性的和有意的行为。[③] 美国反校园欺凌政府官方网站将“校园欺凌”定义为：“发生在学龄儿童身上的，具有真实的或可感知的权力失衡状态下的有害且具有威胁性的行为。”挪威学者欧维斯最早开始对校园欺凌行为进行系统研究。他认为，欺凌行为是一群或单个学生，用某种负面行动，重复且长期地对待某特定学生或一群学生。[④] 包括三个方面的内容：意图伤害、重复且长期、不平等的权力关系。这里的欺凌不仅包括身体攻击，也可能是情感或心理攻击，亦可区分为直接（如身体伤害）与间接（如社会孤立）的欺凌行为。按照该定义，校园欺凌就是校园环境下未成年人遭遇的直接与间接的欺凌行为。而狭义上的校园欺凌就是指校园暴力，特指发生在学校及其合理辐射地域，由校内或校外人员针对学生身体或心理实

---

① 参见徐才淇《论网络暴力行为的刑法规制》，《法律适用》2016 年第 3 期。

② 参见陈代波《关于网络暴力概念的辨析》，《湖北社会科学》2013 年第 6 期。

③ 参见李静《青少年网络欺凌问题与防范对策》，《中国青年研究》2009 年第 8 期。

④ 参见胡春光《校园欺凌行为：意涵、成因及其防治策略》，《教育研究与实验》2017 年第 1 期。

施的达到一定伤害程度的侵害行为。[①] 校园网络欺凌主要涉及实施网络欺凌的施害者、遭受网络欺凌的受害者、学校和网络服务提供商等多方当事人。[②] 校园欺凌背后所折射的是校园里未成年人间地位的不平等与歧视。[③] 这种导致校园欺凌的地位不平等与歧视受到未成年人家庭环境、经济水平、社会地位、校园人际关系乃至身体发育情况等多个方面的影响，能够直接反映未成年人在经济、政治、社会、文化四个方面的发展水平。但我国政府、社会和民众目前对于校园欺凌的认识还存在不正确、不全面之处，应对举措还仅仅停留在道德说教、学校教育、家庭教育等层面，不仅低效甚至无效，而且使得实施欺凌的行为人有恃无恐、恶性升级。[④]

值得庆幸的是，当前中小学生已能够较好地判断身体欺凌与网络欺凌的区别，[⑤] 但与传统未成年人遭遇的身体欺凌不同，校园网络欺凌在时间和空间上的辐射更广，形式也更加隐蔽，未成年人放学离开学校回到家中也无法避免来自网络的校园欺凌，对未成年人发展的生活环境造成严重影响。但同时由于校园网络欺凌方式隐蔽、恶性程度难以评估、网络欺凌者的学生身份以及参与人众多，学校、老师、教育行政机关不易发现和处理。而校园网络欺凌的核心原因在于未成年人在身体和能力上的不平等，包括对网络技术掌握程度的不平等、学习网络技术机会的不平等以及受教育水平的不平等。

（2）未成年人在非学校环境遭遇网络暴力

校园网络欺凌是未成年人遭遇的主要网络暴力形式，但来自非校园环境的网络暴力形态更加多样，包括网上发表有攻击性、煽动性和侮辱性言论，发布暴力、色情内容（图片或视频）以及网络游戏中的暴力、色情场面，公开他人在现实生活中的个人隐私，通过网络散布谣言、恶搞，甚至

① 参见张翼《破解校园暴力之殇》，《中国青年报》2015 年 7 月 27 日，第 2 版。

② 参见李静《未成年人网络欺凌的法律规制——以美国为研究视角》，《暨南学报》（哲学社会科学版）2010 年第 3 期。

③ 参见杨岭等《中小学校园欺凌的社会防治策略》，《中国教育学刊》2016 年第 11 期。

④ 参见任海涛等《日本中小学校园欺凌治理经验镜鉴》，《复旦教育论坛》2016 年第 6 期。

⑤ 参见王祈然等《中小学校园欺凌行为师生认知状况及提升路径研究》，《教育科学研究》2019 年第 6 期。

包括网络小说中的暴力、色情内容等。此外，受网络范围极大扩展的影响，非校园网络暴力的救济更加困难，追究网络暴力实施者责任的难度更大。

（二）网络隐私安全缺乏伤害未成年人经济发展

未成年人网络隐私安全缺乏保障。网络环境中游戏消费、直播打赏、网络购物已经成为未成年人消费的重要方式。[①] 与传统消费相比，新的未成年人消费表现出数额大、家长发现难的特征。同时未成年人也是网络诈骗的主要对象，网购假货、假的游戏账号，以及超过民事行为能力的消费难以追回等问题屡见不鲜。保障未成年人网络经济利益是未成年人经济发展权的重要内容，而保障未成年人网络经济利益的关键在于保障未成年人的网络隐私安全。

未成年人网络隐私保护是未成年人网络信息安全的重要内容。网络信息安全具有完整性、一定范围的保密性、有效性以及可审查性的特征。[②] 对于未成年人网络环境中的发展而言，网络信息安全的完整性是指未成年人获得或发出的信息在信息交流的过程中保持原状，能够在网络社会参与中全部表达并获取完全利益；一定范围的保密性首先是指对未成年人隐私的完全保护，避免未成年人隐私泄露，其次是未成年人与应当知悉信息的人对信息的知悉，不应当知悉的人不能知悉，再次是当未成年人包括隐私在内的信息发生泄露或传播虚假信息时，有相应的处置机制制止该情况的发生并追究相关责任人的责任；有效性是指未成年人能够按照网络协议有效使用网络信息，或者获得其他利益，所使用的信息也符合未成年人发展的要求，而不是色情、暴力等不良信息；可审查性则是指在侵害未成年人发展利益时，能够通过电子签名等技术手段追踪信息的发出者，并追究其责任。目前，未成年人网络安全主要面对的问题是网络隐私保障难。

---

① 参见阮晨欣等《网络3.0时代未成年人权益的软性保护》，《青少年犯罪问题》2019年第4期。

② 参见范冠峰《我国网络信息安全法治的困境与对策》，《山东社会科学》2019年第5期。

由于未成年人隐私的泄露，将个人信息提供给软件服务者，容易使不法分子获得可乘之机，甚至不仅泄露个人信息，还将家庭成员的信息泄露出去，造成更大损害。其中山东临沂的徐玉玉案最为典型，准大学生徐玉玉遭遇电信诈骗被骗走近万元后心脏骤停死亡。一方面未成年人自身的网络隐私保护意识不强，另一方面随着网络技术的发展，大量违法网络贷款、传播网络病毒与黑客入侵等违法活动也专门针对未成年人展开，也造成了未成年人网络隐私的泄露。此外，据中国消费者协会统计，58 款手机 App 涉嫌违反隐私政策，过度收集未成年人的隐私信息。[①]

（三）未成年人犯罪网络诱因影响未成年人政治发展

网络空间同样存在灰色地带，游离于政治、法律、伦理与道德之外，且形态各异，有时甚至突破法律底线，[②] 这导致网络环境下未成年人的政治发展面临新的问题。相较于对未成年人身体和心智发展的促进，出于未成年人政治发展的要求，未成年人应同社会其他群体的政治发展保持一定距离。但网络技术使得未成年人政治发展的隔离性与受保护性面临困扰。

《儿童权利公约》第 38 条第 2 款规定："缔约国应采取一切可行措施确保未满 15 岁的人不直接参加敌对行动。"未成年人的发展不应遭遇不当政治干扰，国家有义务保证未成年人免受不当政治干扰。这种防止未成年人遭遇不良政治干扰的要求，在网络环境下亦然，因此，未成年人政治发展的隔离要求也是未成年人网络信息安全的重要内容。未成年人政治发展的受保护性与未成年人犯罪相关联，是对未成年人在实施应被剥夺政治权利犯罪后的保护，与未成年人的刑事责任年龄也有直接联系。我国大体上采取的是对未成年人限制适用附加刑的立场。[③]《最高人民法院关于审理

① 《100 款 App 个人信息收集与隐私政策测评报告》，HYPERLINK http://www.cca.org.cn/jmxf/detail/28310.html，最后访问时间：2019 年 7 月 20 日。

② 参见赵惜群等《网络灰色地带的生成流变机理与治理方略》，《华南师范大学学报》（社会科学版）2019 年第 5 期。

③ 参见王娜等《比较法视野下的未成年人刑事责任问题》，《青少年犯罪问题》2016 年第 1 期。

未成年人刑事案件具体应用法律若干问题的解释》第 14 条规定，除刑法规定“应当”附加剥夺政治权利外，对未成年罪犯一般不判处附加剥夺政治权利。在判处是否附加剥夺政治权利时，如果针对的是未成年罪犯，则应当依法从轻判处。对实施被指控犯罪时未成年、审判时已成年的罪犯判处附加剥夺政治权利，适用前款的规定（见表 1）。

表 1　未成年人刑事责任年龄与剥夺政治权利

刑事责任年龄	刑事犯罪	是否剥夺政治权利
0～14 周岁	无	不剥夺
14～18 周岁	八项法定罪名	可以

2017 年 6 月，北京市第一中级人民法院对未成年人案件特点、成因等进行了调研分析，据法官介绍，“探究未成年人犯罪的成因，大多与网络具有直接或者间接的联系”。有学者也从数据分析的角度对国内多个省市的未成年人犯罪案例分析后发现，50% 以上的未成年犯受到网络不良内容影响和教唆而犯罪。①

（四）网络认知能力不足限制未成年人文化发展

未成年人处于心智发育期和性格形成期，对新事物具有强烈的好奇心和模仿欲，周围环境中的一切现象都可能成为他们的模仿对象，社会心理学所揭示的从众心理、说服力量和群体影响在未成年人身上均有突出表现。但未成年人又缺乏分辨是非的完全行为能力，为防止他们受到负面环境的影响，有必要对未成年人的生活环境和模仿对象加以识别，这离不开父母、家庭、社会的引导教育。② 同时，未成年人认知能力的不足，也是网络环境下未成年人文化发展遭遇困境的重要原因。未成年人作为网络

① 参见路琦等《2013 年我国未成年犯抽样调查分析报告》（下），《青少年犯罪问题》2014 年第 4 期。

② 参见宋亚辉《文化产品致害的归责基础与制度构造》，《法律科学》（西北政法大学学报）2015 年第 6 期。

信息接收者，因认知能力的限制以及构成十分复杂的网络信息内容，未成年人并不能对网络信息进行准确判断或识别，对不良信息和网络暴力的容忍程度较低，接受不良信息的概率较大，容易受到误导。[①]

虽然未成年人能够通过网络接收各种信息，但有效识别信息的能力制约着未成年人的健康发展。网络在为未成年人提供便利和公共服务的同时，大量内容相似、冗余低劣、虚假错误的信息与正确有效、良性健康、来源可靠的信息一起混作一团，不论是未成年人还是成年人都感到真伪难辨。

信息识别能力不足是网络环境下未成年人的重要特征。调查数据显示，2.2%的未成年人和12.4%的未成年犯认为网络上的信息都是真实的、好的；12.5%的未成年人和23.4%的未成年犯不知道如何辨别网络信息的真假、好坏；43.7%的未成年人和52.5%的未成年犯凭直觉判断网络信息的真假、好坏。[②]

（五）未成年人发展权法律保护不足

我国主要通过《未成年人保护法》保护未成年人的发展权利，其中包括关于网络使用的规定。早在2006年对《未成年人保护法》的修订就已反映出国家对网络环境下未成年人保护的重视，但受当时信息技术发展情况和立法思路影响，法律中保障网络环境下未成年人权益的条款并不多。现行《未成年人保护法》中涉及网络的条款包括第11条[③]、第32条[④]、

① 参见牛凯等《论我国未成年人网络保护的加强与改进》，《青少年犯罪问题》2016年第2期。

② 参见郭开元《网络不良信息与未成年人权益保护的研究报告》，《预防青少年犯罪研究》2017年第4期。

③ 《未成年人保护法》第11条：父母或者其他监护人应当关注未成年人的生理、心理状况和行为习惯，以健康的思想、良好的品行和适当的方法教育和影响未成年人，引导未成年人进行有益身心健康的活动，预防和制止未成年人吸烟、酗酒、流浪、沉迷网络以及赌博、吸毒、卖淫等行为。

④ 《未成年人保护法》第32条：国家鼓励新闻、出版、信息产业、广播、电影、电视、文艺等单位和作家、艺术家、科学家以及其他公民，创作或者提供有利于未成年人健康成长的作品。出版、制作和传播专门以未成年人为对象的内容健康的图书、报刊、音像制品、电子出版物以及网络信息等，国家给予扶持。国家鼓励科研机构和科技团体对未成年人开展科学知识普及活动。

第 33 条[①]、第 34 条[②]、第 36 条[③]、第 58 条[④]以及第 64 条[⑤]，主要内容涵盖以下几个方面：第一是从家庭和国家两个层面预防未成年人网络沉迷，第二是对含有良性或不良信息的网络出版物的规定，第三是对未成年犯罪人隐私的网络保护。

宏观地看，现行《未成年人保护法》关于未成年人网络保护的内容尚不完善，缺乏对于未成年人发展权的保护。从未成年人发展权的四个方面来看，首先，《未成年人保护法》侧重于在文化发展与社会发展上对未成年人的发展加以保护，网络环境下这种有所侧重的保护并不能起到较好作用；其次，在未成年人的经济发展方面，受立法时的网络环境限制，《未成年人保护法》缺乏对未成年人网络经济利益的保护；再次，在政治发展方面，未成年人的经济发展、社会发展、文化发展与政治发展可能在保护方式和促进方式上存在类似的形式，但还是应根据各自不同的发展要求在法律上加以区别，不能一概而论；最后，现行法律对未成年人发展权的保护较为分散，缺乏体系性。党的十八届四中全会作出关于全面推进依法治国重大战略部署以来，法治中国、法治社会建设已经是实现全面依法治国的关键一环。但是与我国法律体系由宪法、法律、行政法规与地方性法规支撑的局面迥异，网络立法体现的是明显的部门立法特征，缺乏体系性。[⑥]因此，我们在处理包括针对未成年人的网络暴力、网络诈骗、不良政治信

---

① 《未成年人保护法》第 33 条：国家采取措施，预防未成年人沉迷网络。国家鼓励研究开发有利于未成年人健康成长的网络产品，推广用于阻止未成年人沉迷网络的新技术。

② 《未成年人保护法》第 34 条：禁止任何组织、个人制作或者向未成年人出售、出租或者以其他方式传播淫秽、暴力、凶杀、恐怖、赌博等毒害未成年人的图书、报刊、音像制品、电子出版物以及网络信息等。

③ 《未成年人保护法》第 36 条：中小学校园周边不得设置营业性歌舞娱乐场所、互联网上网服务营业场所等不适宜未成年人活动的场所。营业性歌舞娱乐场所、互联网上网服务营业场所等不适宜未成年人活动的场所，不得允许未成年人进入，经营者应当在显著位置设置未成年人禁入标志；对难以判明是否已成年的，应当要求其出示身份证件。

④ 《未成年人保护法》第 58 条：对未成年人犯罪案件，新闻报道、影视节目、公开出版物、网络等不得披露该未成年人的姓名、住所、照片、图像以及可能推断出该未成年人的资料。

⑤ 《未成年人保护法》第 64 条：制作或者向未成年人出售、出租或者以其他方式传播淫秽、暴力、凶杀、恐怖、赌博等图书、报刊、音像制品、电子出版物以及网络信息等的，由主管部门责令改正，依法给予行政处罚。

⑥ 参见周汉华《论互联网法》，《中国法学》2015 年第 3 期。

息的干扰以及网络犯罪等诸多问题时，应依靠法治思维和法治精神正确面对。[①] 具体而言，我们必须加强和完善维护未成年人网络发展的法律法规体系，并应当考虑制定反校园欺凌法、网络暴力防治法等一批急需且符合现实的专门法律法规，同时应该对《刑法》《刑事诉讼法》《预防未成年人犯罪法》《未成年人保护法》《教育法》《义务教育法》等相关法律法规进行修订，以期形成维护未成年人发展权的综合性专门立法体系，从而有效保护网络环境下未成年人在经济、文化、社会、政治等方面的合法发展利益。

网络环境下保护未成年人发展权法律保护难，国家网络管辖难是重要原因。"国家在外空、网络的主权法律关系都包括对人、物、行为和数据信息等客体的管辖权和'自我限制'理念。"[②] 其背后是国际网络地位的不平等，即网络接近权的不平等和网络话语权的不平等现象，网络世界的主流话语权仍然掌握在少数国家手中。因此网络安全不仅事关国家安全，[③] 影响着国家的科技发展，更影响着一国政治、经济、文化、军事等传统领域的稳定，[④] 同时，也间接影响未成年人的网络发展。网络安全是一个系统的概念，根据国际标准组织（ISO）的界定，网络安全是指："保护计算机网络系统中的硬件、软件和数据资源不因偶然或恶意的原因遭到破坏、更改、泄密，使网络系统连续可靠地正常运行，网络服务正常有序。"[⑤] 因为未成年人发展权的集体性特征，以及国家网络安全同未成年人发展的紧密关系，有必要从保护国家网络安全的角度出发，通过立法保障未成年人的网络发展权。但是从现行《未成年人保护法》中我们可以看出，还没有将未成年人的网络保护置于如此的高度。

具体看，现行《未成年人保护法》难以对未成年人发展权在网络环境下进行保护，存在以下问题。第一，缺乏对所有未成年人网络隐私权的专

① 参见任海涛等《日本中小学校园欺凌治理经验镜鉴》，《复旦教育论坛》2016 年第 6 期。

② 参见王国语《外空、网络法律属性与主权法律关系的比较分析》，《法学评论》2019 年第 5 期。

③ 《没有网络安全就没有国家安全》，《求是》2015 年第 20 期。

④ 高望来：《金砖国家网络安全合作：进展与深化路径》，《国际问题研究》2017 年第 5 期。

⑤ 转自何跃鹰《互联网规制研究》，北京邮电大学 2012 年博士学位论文，第 208 页。

门保护，而只保护未成年犯的网络隐私。《未成年人保护法》第 39 条，规定任何组织或者个人不得披露未成年人的个人隐私，并且列举了未成年人隐私的容体。[①] 第 58 条规定了对未成年人犯隐私的专门保护，其中也包括网络环境中的隐私。[②] 由于法律规定中对未成年人网络隐私的范围得规定较为狭小，仅限于日记、信件与电子邮件，而又缺乏类似第 58 条保护未成年人犯隐私的专门条款，未成年人网络隐私缺乏法律的整体保护。对此，2019 年 8 月 23 日，国家互联网信息办公室发布《儿童个人信息网络保护规定》，该规定具有里程碑式的意义，是我国第一部专门保护未成年人信息安全的规范，但这部法律也存在一些问题。首先，该规范的法律效力低，是部门规章而不是法律；其次，关于网络实名制和个人信息保护的制度规定不具体，难以落实；[③] 最后，该规范涵摄的年龄范围只有 0 ~ 14 周岁儿童，并不包括所有 18 周岁以下的未成年人。

第二，没有对未成年人的虚拟财产权、数据信息权等其他网络权利加以确认和保护。先就网络虚拟财产而言，有“广义”和“狭义”之分。“狭义说”倾向于认为网络虚拟财产即是网络游戏，直接将二者等同。具体将网络虚拟财产的类型确定为以下几种：网络游戏中的账号 ID、虚拟货币及游戏玩家通过劳动或对价获得的其他游戏权利；收费或免费电子邮箱；OICQ、MSN、UC 等在线即时交流软件；论坛 ID 账号及积分等。[④] 这也与未成年人的网络消费模式相契合。对于虚拟财产权的权利属性有多种看法，包括物权说、债权说、知识产权说以及新型财产说。主流学说认为

---

① 《未成年人保护法》第 39 条：任何组织或者个人不得披露未成年人的个人隐私。对未成年人的信件、日记、电子邮件，任何组织或者个人不得隐匿、毁弃；除因追查犯罪的需要，由公安机关或者人民检察院依法进行检查，或者对无行为能力的未成年人的信件、日记、电子邮件由其父母或者其他监护人代为开拆、查阅外，任何组织或者个人不得开拆、查阅。

② 《未成年人保护法》第 58 条：对未成年人犯罪案件，新闻报道、影视节目、公开出版物、网络等不得披露该未成年人的姓名、住所、照片、图像以及可能推断出该未成年人的资料。

③ 参见佟丽华《未成年人网络保护中的身份确认与隐私保护》，《中国青年社会科学》2019 第 6 期。

④ 参见曾建萍《网络虚拟财产权的法律属性及消费者权益保护》，《商业经济研究》2016 年第 22 期。

虚拟财产权是物权，例如韩国就立法规定虚拟账号独立于网络提供商而具有财产价值。但是我国法律规范中缺乏对虚拟财产权的规定，只是散见于《民法通则》《民法总则》《消费者权益保护法》等法律，而《未成年人保护法》没有对未成年人虚拟财产权的规定。

第三，对未成年人网络信息安全重视不够，对被侵害的未成年人缺乏救济安排，缺少对未成年人被遗忘权的法律规定。被遗忘权是个人信息数据被不当获取或使用时的救济制度。[①] 首次以法律形式确定下来，是欧盟2012年出台的《通用数据保护条例》，该条例规定“信息主体有权要求信息控制者删除与其个人相关的资料信息”，[②] 最新的2018版《通用数据保护条例》在此基础上加入了对个人敏感数据的分类，包括种族、政治观点、宗教、个人健康、基因数据、可识别特定人的生物数据，[③] 要求网络服务提供者不能泄露信息主体的这些信息，否则将受到处罚。在美国，2013年加利福尼亚州通过了“橡皮擦法案”。该法案要求包括Facebook、Twitter在内的社交网站巨头允许未成年人擦除自己的上网痕迹，以避免未成年人因缺乏网络安全意识不得不在未来面对由于信息泄露带来的困扰。[④] 针对未成年人的被遗忘权，多数国家对“认为未成年人在同意个人数据收集时，并没有充分认识到数据收集的危险性，对他们要求删除数据的申请，应重点给予保护”[⑤] 的观点已经形成了共识，可见各国也是出于对未成年人认识能力与未来能够良好发展的考虑，要求对未成年人被遗忘权进行特别保护。我国《未成年人保护法》虽然规定了学校、家长、网络服务提供者及其他责任主体，对未成年人隐私的保护责任，但缺乏从未成年人自身出发，赋予未成年人能够删除个人不利信息或不应该为他人所知隐私信息，以保证未成年人政治、社会、经济、文化发展的权利。

---

① 参见万方《终将被遗忘的权利——我国引入被遗忘权的思考》，《法学评论》2016年第6期。

② 参见Viviane Reding，“Making Europe the Standard Setter for Modern Data Protection Rules in the Digital Age”，http://europa.eu/rapid/press-release_SPEECH-12-26_en.htm。

③ 参见2018 General Data Protection Regulation 3。

④ 参见杨立新等《被遗忘权的中国本土化及法律适用》，《法律适用》2015年第2期。

⑤ 参见郑志峰《网络社会的被遗忘权研究》，《法商研究》2015年第6期。

第四，强调未成年人网络沉迷的严重性，但忽视了对未成年人权利的整体保护。《未成年人保护法》中强调国家对未成年人沉迷网络的重视，网络沉迷是未成年人发展的主要阻碍，但近年来借治疗网络沉迷之名，行伤害未成年人之实的行为屡见不鲜，其中不乏导致未成年人自戕的恶性事件，如“江西豫章书院事件”[①] “临沂网戒中心事件”[②] 等。由于对网络沉迷的过分重视，而忽视未成年人在网络发展中获取有效信息，提高经济、文化、经济、政治等方面的发展质量的正面作用是不可取的。未成年人相较于成年人处于弱势地位，并不能完全和整体地保护自身权利，如果为保护未成年人某一方面的利益，过于限制或损害其他利益，这与《未成年人保护法》的立法目的不合，也不利于未成年人的德智体美劳全面发展。

三 未成年人发展权与《未成年人保护法》修订

2019 年 10 月 26 日审议的《未成年人保护法（修订草案）》中专门增设“网络保护”章节，其中对网络保护的理念、网络环境管理、网络企业责任、网络信息管理、个人网络信息保护、网络沉迷防治、网络欺凌及侵害的预防和应对等作出了一系列规范，但是草案，仍存在法律操作性不强，缺乏对未成年人发展权的具体保护以及没有对网络环境下未成年人的政治、经济、社会、文化权利加以具体确认的问题。对此，对《未成年人保护法》的修订可以借鉴国外的经验，对未成年人的发展权进一步保护。

（一）外国未成年人网络保护经验

未成年人不仅在我国是一个庞大的网络用户群体，在世界范围内也是一个非常庞大的网络用户群体，国外研究显示，世界上约有三分之一的网

---

① 参见蒲晓磊《通过立法明确政府部门监管职责》，《法制日报》2018 年 5 月 8 日，第 10 版。

② 参见杨鑫宇《不称职的家长比电击治网瘾的杨永信更可怕》，《中国青年报》2016 年 8 月 17 日，第 2 版。

络用户是未成年人。[①] 因此，保证未成年人网络发展是一个世界性的问题。同时，未成年人发展是否良好直接关系到国家未来的发展好坏，而网络环境不仅是各个国家争夺网络话语权的场域，也是各国对未成年人塑造国家观念的重要场所。目前，在网络环境如此复杂的情形下，未成年人的网络发展需要国家和政府及时地进行调整和管控，而且仅仅凭借某一国家的力量可能并不能彻底地改变问题，需要通过国际合作加以解决未成年人在经济、文化、政治、社会四个方面的网络发展问题。这也与当前合作共赢逐渐成为网络治理的主要模式相一致，它强调的是在全球网络空间治理理念和架构下充分考虑不同国家的切身需要。[②]

对于未成年人网络发展的规定，国际上存在两种策略，一种是多部门立法与全过程干预的日韩模式，指多个政府部门合作管理网络在全国范围内的使用，职责包括制定网络使用条例、与网络有关的健康和预防措施以及针对未成年人的特别预防措施。其中，韩国在未成年人网络立法上采取现有法律和专门立法相结合的方式，保护未成年人免受不法网络信息的危害。首先，韩国通过重新修订《青少年保护法》《国家安全法》《反色情法》等传统法律，针对网络信息的内容加以规制。其次，韩国政府在《互联网内容过滤法令》中规定，网络服务提供者应阻止访问那些被政府列入黑名单的网站，公共图书馆和学校应安装过滤软件，推广网络信息内容分级系统。[③]

另一种是社会组织参与和项目推动的欧美模式，政府不直接参与未成年人网络管理，而是选择支持和资助社会组织以避免未成年人网络沉迷。欧盟对保护网络隐私的立法较为全面，主要包括《欧盟数据保护指令》《欧盟电子通讯中的数据保护》《Internet 上个人隐私权保护的一般原则》《关于 Internet 上软件、硬件进行的不可见的和自动化的个人数据处理的建议》《信息公路上个人数据收集、处理过程中个人权利保护指南》等相关

① 参见 Livingstone, S. Carr, J. & Byrne, J.,"One in Three: Internet Governance and Children's Rights", *Global Commission on Internet Governance Paper Series*, 2016, pp. 15 - 17。

② 参见 Scott J. Shackelford,"Toward Cyberpeace: Managing Cyberattacks through Polycentric Governance", *American University Law Review*, Vol. 62, No. 5, 2013, pp. 1273 - 1364。

③ 参见谢永江等《我国未成年人网络信息分级制度建构》，《江西社会科学》2016 年第 10 期。

法规，为欧盟成员国有效建立统一的网络隐私权保护提供了法律法规体系。美国没有系统全面的隐私权保护专门性立法，但侧重行业自律方式，强调行业自律和政策引导对隐私保护的作用，试图通过灵活的行业规范与政策兼顾对未成年人进行隐私保护和推动网络技术发展，尽量避免因为过于严格或不合适的立法给未成年人的网络发展造成不利影响。①

根据我国国情，我国在网络环境管理问题上可参考“日韩模式”，即多个政府部门合作对网络进行管理，在网络使用条例、网络健康和预防措施等问题上合理分工、有效衔接，并在《未成年人保护法》“网络保护”章节中对职责进行明确划分。《未成年人保护法（修订草案）》第 64 条规定了“家庭、学校以及有关社会组织应当相互配合，预防和干预未成年人沉迷网络”，要求社会整体对网络沉迷共同应对，但是对于如何建立多方配合机制缺乏具体性的安排，如果没有明确的程序性安排，可能出现多方推诿的情况。此外，该草案第 66 条规定父母可以要求网络服务提供者删除不良信息，但缺乏相关具体规定。父母或监护人或未成年人受自身知识的局限可能难以实现救济，例如网络取证困难等，是否可以由教育行政部门组织或者允许第三方机构参与对未成年人的救济？在第 66 条中可再加一款“如果家长或监护人无法得到应有救济，可由教育行政部门或委托律师代为申请”。

其中，针对网络信息安全性的问题，为了避免未成年人接受不良信息，许多国家选择通过立法的方式加以管制，如美国通过了《儿童在线隐私保护法》《儿童互联网保护法》等法案，专门处理儿童网络色情问题，规定未经儿童父母或监护人的许可，网站营运商依其保护儿童网络隐私和安全的义务，不得收集 13 岁周以下儿童的个人信息，包括照片、视频和地理位置信息。②

（二）未成年人发展权对《未成年人保护法》修订的诉求

除了国外的经验，从保护未成年人发展权出发，为保证未成年人在文

① 参见黄旭东等《未成年人网络隐私权的法律保护》，《当代青年研究》2009 年第 4 期。

② 参见张新宝《从隐私到个人信息：利益再衡量的理论与制度安排》，《中国法学》2015 年第 3 期。

化、社会、经济、政治等方面能够获得有效保护和确认，提出以下建议。为实现未成年人文化、社会、经济、政治各项发展权益在网络环境下得到平等和完整的保护，应拓展《未成年人保护法》所保护的发展权利的法律外延。

一是要明确未成年人作为网络信息使用者而依法享有的信息获得权，让未成年人在当今数字化社会及时、有效地获取信息。如草案第 58 条规定家庭与学校在提高未成年人网络素养方面的责任，但没有充分考虑我国东西部地区多媒体教育发展并不平衡的现实，因此需要对学校所提供最低限度的网络培训或其他公共服务加以规定。

二是完善未成年人作为网络使用主体而享有的网络隐私权，在对未成年人犯罪过程中的隐私权保护的同时，也应当增添针对普通未成年人隐私权保护的条款，将这种网络隐私权保护拓展为对所有未成年人网络隐私权的保护。

三是要增加对未成年人作为网络信息的生产者而应享有的其他合法利益的保护条款，保护未成年人通过网络发布作品、进行劳动而获得的经济利益、知识产权等权益，对未成年人进行更全面、充分的保障，引导未成年人积极利用网络进行个人发展。

此外，《未成年人保护法》在对未成年人各种网络环境下的发展权利提供保护的同时，也应发挥对权利的确认作用，如网络隐私权、数字财产权、网络健康权、网络人格权等，在确定未成年人各项网络权利的基础上，更好保障未成年人的全面发展。

Development Rights of Minors and Its Protection in the Network Environment

Li Mengyang

Abstract: The right to minor development is an important part of the human rights of minors. It mainly reflects the development of politics, economy, culture and society. After entering the era of network information, the right to minor development has been given new Connotation. Limited by the physical and psychological conditions of minors, the development of minors requires special protection from the state and society. Especially in the network environment, minors' economic, cultural, political, and social development are facing new cyber information security issues such as cyber violence, cyber privacy leaks, insufficient network identification capabilities, and insufficient legal protection regulations. In response to the network security problems encountered by the development of these minors, it is necessary to learn from foreign experiences in the revision of the "Minor Protection Law", by expanding the scope of protection of the "Minor Protection Law" and improving the privacy protection regulations of minors Methods to ensure the comprehensive development of minors.

Keywords: Development Rights of Minor; Law on the Protection of Minors; Right to Network Development

美国宪法第四修正案下隐私权保护规则的新发展*

——美国卡朋特诉合众国案评析

刘　冷**

摘　要：在卡朋特诉合众国案的判决中，美国联邦最高法院对宪法第四修正案下隐私权保护的规则有了进一步的发展，此案言明了隐私权保护的“合法的隐私期待”标准。为进一步说明卡朋特案判决的依据，回溯两起罗伯茨法院回应科技挑战宪法第四修正案调整范围的案例——琼斯案和莱利伍瑞案，尝试归纳以罗伯茨为首席大法官的美国联邦最高法院在科技时代背景下隐私保护的新观点及其判决的方法论依据。

关键词：第四修正案；合法的隐私期待；侵入理论；司法最低限度主义

引　言

数字信息技术的发展使得警察侦查能力突飞猛进，很长时间里因为受制于时间和人力成本，警察很难对嫌疑人进行长达数年的监控。随着数字信息技术的进步，警察可以调取嫌疑人手机的移动通信蜂窝基站位置信息，以此分析嫌疑人数年的行动轨迹，[①] 而且几乎不用耗费任何成本。此种侦查监控

* 本文系中国法学会项目“人民警察法立法完善研究”（项目编号：CLS12016707）的阶段性成果。

** 刘冷，中国人民公安大学法学院博士研究生。

① 警方运用移动通信基础台对嫌疑人实施定位的技术已经十分成熟。Matthew Tart, Iain Brodie, Nicholas Gleed, “Historic Cell Site Analysis-Overview of Principles and Survey Methodologies”, *Digital Investigation*, Vol. 8, 2012, pp. 185 - 193.

手段也带来一系列法律问题。2018 年 6 月 22 日，美国联邦最高法院在卡朋特诉合众国案（简称“卡朋特案”）中，对警方基于这类监控涉及的法律问题进行了回答。卡朋特诉合众国案提出了两个重要法律问题：一是政府获取嫌疑人移动通信蜂窝基站位置信息是否构成美国宪法第四修正案中的搜查；二是政府是否需要在合理根据支持下取得令状才能对嫌疑人的移动通信蜂窝基站位置信息进行提取。对这两个问题，联邦最高法院在卡朋特案中给予了肯定回答。卡朋特诉合众国案是继琼斯案和莱利伍瑞案之后，再次向美国联邦宪法第四修正案调整范围提出的挑战。该案判决后，可以说美国联邦最高法院在司法实践中扩大了美国联邦宪法第四修正案的保护范围，同时检测美国联邦最高法院权衡执法监视技术和“2703”[①] 之间的关系。

本文采用判例分析的方法，对卡朋特诉合众国案及其影响展开分析。为进一步说明卡朋特案判决的依据，将回溯两起罗伯茨法院回应科技挑战宪法第四修正案调整范围的案例——琼斯案和莱利伍瑞案，尝试归纳以罗伯茨为首席大法官的美国联邦最高法院在科技时代背景下的隐私保护新观点。

一 卡朋特诉合众国案简介

2011 年警察逮捕了 4 名有系列抢劫盗窃嫌疑的男性，盗窃地点分别为在底特律的名为“无线电室”的电子商品销售门店和名为“T－移动”的移动网络运营商门店。其中的一名嫌疑人供述称，过去 4 个月中，一行人抢劫了位于密歇根和俄亥俄州的九处不同商店。嫌疑人辨认出共同参加抢劫的 15 名同伙，并向联邦调查局警察提供了其中一些人的手机号码，警察查看了此名嫌疑人的电话记录，以确定在抢劫发生前后时间段内他呼出的电话号

① 指美国联邦通讯隐私立法《存储通信法》第 2703 条。本案主要涉及 2703（d）的规定：“2073（b）（c）获得的法庭命令，案件必须在法院管辖范围内，并且当政府执法人员提供具体、清楚的事实显示有合理理由相信有线或电子通信内容或记录与正在进行的犯罪调查有关，或具有实质性。在政府机关的情况下，如果该州法律禁止，法院命令不得发出。法院依据本条发出的命令，根据服务提供者提出的动议，可以撤销或修改该命令，如果所要求的信息是大量的或与此命令相吻合，否则将对提供者造成不适当的负担。”转引自卡朋特案判决书肯尼迪大法官判决书附录。

码，据此确定其他同伙的电话信息。鉴于以上信息，检察官根据《存储通信法》[①] 申请了命令获取了被告卡朋特和其他嫌疑人的手机数据记录。联邦地区法院法官签署两项命令，从卡朋特的手机无线载波的两家通信运营商 MetroPCS 和 Sprint 处获取卡朋特手机移动通信蜂窝基站的位置信息，时间段为卡朋特有涉案嫌疑的一系列抢劫案发生的 4 个月内。第一个命令寻求 152 天移动通信蜂窝基站数据，调查人员从移动通信服务商 MetroPCS 处获得了连续 127 天的数据。第二个命令调取 7 天的移动通信基站位置信息，涵盖了卡朋特手机在俄亥俄州西北部漫游的这段时间。政府总共获得了 12898 个位置点，用于分析卡朋特的行踪，平均每天 101 条数据。卡朋特被指控犯有六项抢劫罪和六次联邦暴力犯罪中的持有武器罪。在庭审之前，卡朋特试图申请法院排除警察获得的移动通信基站数据。卡朋特辩护称：政府扣押的移动通信蜂窝基站数据侵犯了其宪法第四修正案保护下的权利，因为证据是警察在没有合理根据情况下无搜查令状搜查取得的。地区法院驳回了卡朋特的该项动议，在庭审中，其他 7 名同案犯指证卡朋特为团伙领导者。同时，联邦警探提供了关于移动通信蜂窝基站的数据信息，联邦警探解释，每一次手机接入通信网络，载波都会留下实时蜂窝基站数据和信号发射具体所使用信号板的信息，根据这些信息他们绘制出了卡朋特在四起抢劫案发生时间段内出现的位置。根据起诉方观点，这些地点记录与案件确定无疑：政府可以确定在抢劫发生的具体时间内，卡朋特正好也出现在这一地点。除了其中一项持有武器罪外，所有指控罪名成立，卡朋特被判处超过 100 年监禁。卡朋特上诉，联邦第六巡回上诉法院维持初审判决，上诉法院根据先例——史密斯诉马里兰州案，认为本案中卡朋特缺乏合理的隐私期待，在联邦警察收集的位置信息中，卡朋特与无线载波相互分享信息，如果手机用户自愿将蜂窝基站数据用于他的载波上，作为建立对话沟通的方式，那么法院可以得出商业记录不受宪法第四修正案的保护的结论。

---

① 《存储通信法》是美国联邦通讯隐私立法《电子通讯隐私法》（Electronic Communication Privacy Act，简称 EPCA）的内容之一。《电子通讯隐私法》的内容可分为三个制定法：《有线窃听法》、《笔式记录器与定位跟踪法》和《存储通信法》。《存储通信法》的规制对象是已经发生的存储的通信信息，而前两者是对预期的、传输中的电子通信的监控。

二 美国联邦最高法院对卡朋特诉合众国案的判决及理由

美国联邦最高法院签发调卷令，于2017年11月29日展开法庭辩论，2018年6月22日作出判决。在判决中，联邦最高法院推翻了联邦第六巡回上诉法院判决，认为卡朋特对手机的移动通信基站位置信息享有合法的隐私期待，政府获取卡朋特移动通信蜂窝基站位置信息记录构成美国宪法第四修正案中的搜查。政府只有在合理根据支持下取得令状才能对嫌疑人的移动通信蜂窝基站位置信息进行提取。

（一）卡朋特对自己手机位置信息享有合法的隐私期待

法院判决：卡朋特对移动通信基站中的位置信息享有合理的隐私期待，执法人员的行为构成宪法第四修正案意义上的搜查。首席大法官罗伯茨主笔的多数意见重申了美国宪法第四修正案中的“公民的人身、住宅、文件和财产安全不受不合理的搜查和扣押”，美国宪法第四修正案旨在防止英国殖民者借助“一般令状”和“帮助令状”对公民权利进行恣意侵犯。判决回溯了美国宪法第四修正案从保护公民财产到隐私的历史，在早期的搜查和扣押的判例中，美国联邦最高法院以财产法的概念确立搜查的权利范围，即只有存在对公民财产权利的侵犯、对场所的物理侵入才构成宪法意义上的搜查。在1967年卡兹案之前，最高法院判断政府行为是否构成搜查以财产法上的非法侵入概念为标准。采用这一标准，限制了宪法第四修正案的保护范围，法院也意识到适用财产权并不是宪法第四修正案要保护权利的全部。在卡兹案后，联邦最高法院建立“第四修正案保护的是人民而不是地方”并扩大了宪法第四修正案的含义，保护某些隐私期待。当一个人“对某物表现出隐私的真实的主观期待”，并且他的这种隐私期待“社会愿意承认是合理的”，那么法院即可主张政府对私人领域的侵入构成搜查，并且需要在合理根据支持下取得令状才能实施。[①] 罗伯茨

① Katz v. United States.，389 U. S. 347，354（1967）.

大法官指出，虽然法院并没有说明隐私的合理期待具体有能力保护什么，但在理解什么是不合理的搜查和扣押时要采取宪法第四修正案制定时的理解，具体有两项指标：一是宪法第四修正案保护生活的私密性不受恣意权力的侵犯；二是宪法制定者希望给具有扩张性的警察监控设置一个障碍。[①] 对宪法第四修正案不能进行机械的解释，就像凯乐案中，科技已经提高了政府测探普通人住宅的能力，摆脱了依靠传统肉眼观察的局限，法院必须寻求宪法第四修正案通过时就已经存在的反对政府对公民私密生活的侵犯的主张。

多数意见认为，此案不能简单地适用诺茨案和琼斯案的判决意见，本案处在两个案件的交叉处。在诺茨案中最高法院总结到“宪法第四修正案并不禁止警察使用科技进步带来的能够提高其感官能力的设备，使用传呼机在公共道路上对嫌疑人进行跟踪基本上等同于直接用肉眼跟踪街道和高速公路上的汽车”。个人驾驶汽车在公共道路上行驶并不享有隐私期待。诺茨案未予解答：如果警察在未申请令状的情形下，对公民进行 24 小时不间断监控是否构成宪法第四修正案意义上的搜查。最高法院大法官们在诺茨案中并没有解答这一问题，他们认为，“如果这种全天候监控的执法措施最终出现，我们在此之前有足够的时间来决定，是否对此使用不同的宪法原则”。[②] 在 30 年后的琼斯案中最高法院对诺茨案未予以解答的问题给出了回答，警察在琼斯汽车上安装 GPS 定位装置，并且远程监控琼斯汽车达 28 天之久。法院判决长时间的使用 GPS 监控是对隐私期待的侵犯，而不考虑个人的行动轨迹是否暴露于公众之中。卡朋特案面临前两个案件都未能遇到的新现象：通过个人手机蜂窝基站位置记录就可以按照时间顺序获得此人过去的行动轨迹。这种跟踪方式，像是琼斯案中 GPS 监控的汽车，同时兼有细致、全面和毫不费力监控手机中数据的特点。

（二）卡朋特案并不适用第三人理论

最高法院从卡朋特案中无线载波的性质着手，与第三人理论的先例来

---

① 参见 Carpenter v. United States，https://www.supremecourt.gov/opinions/17pdf/16-402_new_o75q.pdf，最后访问时间：2018 年 8 月 30 日。

② United States v. Knotts，460 U.S. 276，283（1983）.

勒案和史密斯案做了区分。第三人理论是指宪法第四修正案并不禁止从一个人提交给第三人处或提交给政府处获取信息，即使这些信息被假定用作有限目的或在第三者处是保密的。米勒案中，当联邦税务执法人员调查米勒漏税行为时，政府官员持传票查看了米勒的银行账户，获得了米勒名下所有的银行记录，法院对银行记录的收集拒绝适用宪法第四修正案，原因有二：一是米勒对银行记录不享有所有权，银行记录只是银行的交易记录；二是这些记录的属性意味着米勒的隐私期待受限，用于交易的支票并不是保密的，支票是商业交易中的商谈工具，银行文件中包含的信息银行雇员在正常交易操作中可以见到。“客户在向他人披露私人事务时，就承载着他人可能向政府披露其信息的风险。”[①] 3 年后的史密斯案适用同样原则，法院判决政府运用笔式记录器，记录从被告人家中电话拨打出去的所有号码，该行为不构成搜查。因为“一个人对其自愿提供给第三人的信息不享有合法的隐私期待”，“申请人使用电话机时，就自愿向电话公司传送了号码信息”。[②] 法庭认为，申请人“承担了电话公司可能会向警方披露其所拨号码的风险”。[③] 卡朋特案中，警察所获得的证据不同于米勒案和史密斯案，尽管案件的事实与米勒案和史密斯案相似，案件事实是个人持续不断地通过无线载波向第三人显示他的位置。在史密斯案和米勒案发生的年代，没有人会预想到科技会如此进步，“电话可以随身携带，通过无线载波而不是电话线记录一个人详细而又全面的身体移动信息”。[④] 数字时代以前，执法人员监控嫌疑人受到时间和人力限制，同时还伴随监控设备被发现的危险，因为这些，社会期待的标准是执法人员不能长时间地监视或分析一个人或车辆的移动，但政府获得移动通信蜂窝基站的位置信息则与这种社会期待相反，尽管移动通信蜂窝基站的位置因为商业目的产生，这一产生原因并不能使卡朋特对自身位置信息所主张的意思无效。长达 127 天全方位实时监控手机机主的位置，这些位置提供了接近一个人私

① United States v. Miller, 425 U. S. 435, 440 (1976).

② Smith v. Maryland, 442 U. S. 735 (1979).

③ Smith v. Maryland, 442 U. S. 735 (1979).

④ Carpenter v. United States. 585 U. S. _ (2018).

密生活的可能，这些位置涉及一个人的家庭、政治、职业、宗教和性关系，是美国人民拥有的“生活隐私”。卡朋特案并不像诺茨案在容器中安装传呼机，也不像琼斯案在汽车上安装 GPS 定位装置，一部手机可以追溯手机主人的确切行动轨迹，跟踪手机位置信息，达到的监控程度像是在手机上装了监控器，甚至有大量的数据给警察去分析。仅需要截获无线载波信息，就可以获得长达 5 年的完整不间断的位置信息，随着科技发展，根据手机蜂窝基站位置测出的手机位置只有 50 米的误差范围，当政府调取蜂窝基站位置信息时，侵犯了卡朋特对自己整个身体运动合理的隐私期待。

罗伯茨法官申明：“我们绝不能扩展史密斯案和米勒案去覆盖这个不同寻常的环境，鉴于手机位置信息独特的自然属性，第三方拥有这些信息并不能盖过用户受宪法第四修正案保护的主张。”“不管政府是否如琼斯案中使用监控科技或是最大限度地使用无线载波技术，我们都认为，个人对从其移动通信的位置信息中捕获的自身运动轨迹拥有合法的隐私期待。通过无线载波获得的卡朋特的位置信息是搜查的产物。”①

（三）持有令状才能进行手机位置信息的搜查

法院判决政府必须在合理根据支持下取得令状后，才能对公民的手机蜂窝基站位置信息进行搜查。除了符合特别的例外情形，一般情形下只有取得令状下的搜查才符合宪法规定。根据《存储通信法》2703（d）的规定：“2703（b）（c）获得的法庭命令，此案必须发生在法院的管辖区内，并且仅当政府执法人员提供具体、清楚的事实显示有合理理由相信通过有线或电子传输内容或记录与正在进行的犯罪调查有关或具有实质性关联。在州政府管辖案件中，只有州法律规定禁止签发命令时，法院才不会签发命令。”② 2703（d）要求的签发命令的“合理理由”标准明显低于获得令状的“合理根据”标准。在搜查和扣押进行时，法院通常要求一定的个人嫌疑，然

① Carpenter v. United States. 585 U. S. _ (2018).

② Carpenter v. Unites States，585 U. S. _ (2018). 参见肯尼迪大法官判决意见后的附录，2703 (d)。

而根据《存储通信法》，在卡朋特案中执法者仅需要证明蜂窝基站位置的记录对正在调查的案件很关键即可。这是对合理根据规则的一个巨大的偏离。所以警方依照2703（d）签署的命令不是一个获得手机历史基站数据的准许机制。当让无线载波去打开定制者的基站位置信息时，政府的职责是令人熟悉的取得令状。① 最高法院坚持："本院从来没有认为政府可以凭传票或命令在嫌疑人对证据有隐私合理期待的情况下从第三方获取记录。"②

三 对卡朋特诉合众国案件判决的评析

卡朋特案是罗伯茨法院继琼斯案和莱利伍瑞案之后，另一起引起较大轰动的美国联邦最高法院对科技发展和公民权利界限作出回应的判例。卡朋特案中，包含了美国联邦最高法院对隐私权③保护的认定标准重新回归

① Carpenter v. United States. 585 U. S. _ (2018).

② Carpenter v. United States. 585 U. S. _ (2018).

③ 需要对"隐私权"这一术语做一下说明。"隐私权"是一个在早期的普通法中并不存在的概念。19世纪90年代之后，才被承认是一种法律权利，但这项权利的具体内容很模糊。当时隐私权通常指与一个人的名誉有关的内容。原宪法正文和《权利法案》都没有明确界定或提及隐私权条文。要在一个宪法中使没有列举的权利变成公民的一项宪法权利，是一件难度很大的工作。1965年，最高法院对格里斯沃德诉康涅狄格州案的判决就是克服这一困难的一次重要努力。在这项判决中，最高法院对隐私权的内容作了界定，并将其列为受宪法第十四修正案和宪法第九修正案保护的公民权利，解决了对隐私权进行保护的宪法程序问题。最高法院道格拉斯大法官宣读的多数意见认为，隐私权虽然未在宪法中明确列举，但并不等于不存在。结社权利没有被宪法提及，但并不等于人们没有结社的权利；道格拉斯说，隐私权也是如此，它包含在具体列出的宪法权利之相交之处；《权利法案》中明确列举的具体权利都"有一圈模糊的阴影地带，正是从这些明确指出的权利的阴影地带交错中，隐私权具备了它的内容和生命"。那么，隐私权到底包含在哪些权利的"阴影地带"中呢？道格拉斯大法官列举如下：宪法第一修正案保障了结社自由（保护婚姻的不可侵犯性），宪法第三修正案保护了民宅在未经主人的同意下不受军队的干扰的权利（暗示家庭隐私权）；宪法第四修正案保护公民的人身、房屋、文件不受无理的搜查的权利（再次说明隐私权的存在）；宪法第五修正案保护公民不被强迫以其罪反对自己的权利（说明内心那些不便言说的思想不受侵犯）。这些权利都包含了对隐私的保护。《权利法案》中的宪法第一、三、四、九修正案都具备对隐私权的保护的含义，而所有的《权利法案》又都在宪法第十四修正案的保护下。参见王希《原则与妥协》，北京大学出版社，2014，第517～518页。本文所指的隐私权是指宪法第四修正案保护下的隐私权。有美国学者认为宪法第四修正案保护下的隐私权包括"信息性隐私权"，而不是被贴上隐私权标签的基本的个人自主权利。Alan Westin给出了关于信息性隐私权的经典定义：他人决定在任何情况下将自己的信息传递给别人的权利主张。

到隐私合理期待标准，改变了罗伯茨法院在宪法第四修正案隐私保护规则上的摇摆状况，同时该案也包含司法最低限度主义的身影。

（一）数字信息时代科技发展推动最高法院重新审视隐私权保护规则

如果说传统的对宪法第四修正案下的隐私权保护，警察依赖于安装窃听器、传呼机、GPS 定位装置对嫌疑人进行监听监视，数字信息时代科技的发展，让警察的搜查行为可以摆脱物理介质的限制，更多地窥探到个人隐私，如卡朋特案中警察只需要从移动通信运营商处调取用户手机在特定时间内的移动通信基站位置信息就可以较为全面地掌握手机用户在一定时间的位置信息。实践中了解嫌疑车辆何时、何地通过高速公路收费站，调取高速公路自动收费车辆数据即可完成；对用户上网浏览记录的获取，只需了解用户的 IP 地址，就可从互联网运营商处获得特定用户浏览记录。在卡朋特案以前，最高法院面对科技发展对隐私权的挑战，所采用的法律规则也展现出一定的摇摆。琼斯案放弃采用卡兹案确立的“隐私合理期待标准”，采用普通法的侵入理论；在莱利诉加利福尼亚州案件中，确立了“数字信息的全面保护”规则。

1. 琼斯案与“侵入理论”的回归

琼斯案是联邦最高法院受理的警察 GPS 监控的案件。琼斯案发生于 2004 年，当时美国毒品管制所和华盛顿特区联合执法小组执法人员对夜总会所有人安东尼·琼斯展开监控，琼斯被怀疑进行可卡因的交易。执法人员在夜总会附近安装了固定摄像头，获得了琼斯手机拨号信息并对他进行视频监控。执法人员稍后申请并获得了对琼斯妻子的汽车安装 GPS 定位装置的令状。由于某种原因，直到令状过期，执法人员也没有能够安装定位设备。定位装置直到琼斯驾车离开哥伦比亚特区后，在马里兰才被安装在车上。法院需要考虑此案的定位装置是否为无证安装。琼斯的车被监控到在马里兰的一处房屋附近，执法人员怀疑琼斯在此处装运大量的可卡因。在获得搜查令状并对房屋搜查时，执法人员发现了价值 7 万美元的可卡因及大量的吸食大麻的不同用具。琼斯被逮捕并寻求排除警察通过 GPS

装置获取的数据，并主张执法人员通过安装 GPS 装置获取的证据是不合理、无令状搜查得到的证据。地区法院驳回了琼斯的动议。琼斯向特区巡回法院上诉，特区巡回法院认为，针对 GPS 的首次判决，认为运用 GPS 定位装置构成了搜查，与诺茨案相区别，琼斯在定位装置安装后一个月内对他行驶中的汽车享有合理的隐私期待，因为他并没有完全将汽车置于公众的监视之下。

琼斯案得到了广泛的社会关注，最高法院在 2012 年 1 月对琼斯案进行了判决，9 位大法官一致认为执法人员运用 GPS 定位装置需要取得令状。斯卡利亚大法官在判决中写道："在机动车上安装定位装置本身就是对琼斯财产的侵入，因此这是第四修正案意义下的不合理的搜查。"[①] 斯卡利亚大法官借助于财产法的侵入理论解释宪法第四修正案，放弃采用卡兹案所确立的"合理的隐私期待"[②] 标准。法院指出卡兹案确立的标准并没有取代更早的判例法，而是进行了补充。该案中执法人员在没有琼斯同意也未对其告知的情形下，在属于琼斯妻子但由其驾驶的车上安装了全球定位系统装置。法院认为琼斯是车辆的保管人，对车辆拥有物业权益，同时执法者对该车的侵扰是为了获得信息，构成了宪法第四修正案下的搜查，必须取得令状才能进行。

2. 莱利伍瑞案与"数据信息全面保护"

警察经常在执法过程中，特别是在打击毒品犯罪时，附随搜查被逮捕人的随身财物。莱利伍瑞案带来的问题即附随于逮捕的手机搜查是否违反宪法第四修正案。大卫·莱利因为轻微交通违法被警察截停，他因为驾照被吊销而驾车被警方逮捕。警方从莱利被扣押的汽车中发现了两支手枪。

---

① United States. v. Jones, 565 U. S. 400, 408 (2012).

② 在卡兹案的判决中，大法官 Halan 解释道，判断他人的隐私期待是否具有"合理性"，必须采取一个关于隐私期待的、两步分析的判断标准。第一步，法官需要判断原告对信息是否拥有一个现实或主观的隐私期待；如果原告对其信息拥有隐私期待，那么法官需要进行第二步分析，判断原告的这一隐私期待是不是"一个为社会公众所认可的'合理'的期待"。卡兹案后，这一标准又被称为双叉标准（two-pronged test）。在以后涉及宪法第四修正案搜查和扣押的案例中，法庭广泛采用这一标准。法官在决定是否对原告主张的隐私权进行司法保护时，必须判断原告是否合理期待涉案信息始终保持秘密状态。可以说，案件的争议点在于社会公众是否认可原告主张的对涉案信息的隐私期待是合理的。

警察在对莱利逮捕后的搜身中扣押了属于莱利的三星智能手机，从手机中警察发现了莱利参与黑帮活动的短信、照片和视频。布里马·伍瑞在参与一场毒品交易时被警察发现并逮捕。警察搜查了伍瑞的老式翻盖手机，翻看通话记录，发现一个名为“我家”的号码频繁地给伍瑞打电话，警察查到这一号码对应的某公寓大楼的住处，并获得了搜查该住处的令状，并在这一住处发现毒品。莱利排除证据的动议被驳回，在上诉审中他也被定罪。初审中伍瑞排除证据的动议同样被否决，但是他在上诉审中获得成功。

联邦最高法院合并审理了这两起案件，从某种程度上，最高法院在莱利伍瑞案的判决中试图回答在琼斯案中没有回答的问题。判决作出之前，最高法院的态度并不明朗。外界猜测可能的结果：第一种是最高法院可能延续斯卡利亚大法官的琼斯案的思路，运用侵入理论进行判决，认为手机是个人财产，政府对手机的搜查构成对其的物理侵入；第二种是可能采用“合理的隐私期待”标准，认为警察的搜查行为违反了莱利和伍瑞合理的隐私期待；第三种可能是法院可能借助于附随于逮捕的扣押案例——亚利桑那州诉甘特案（简称“甘特案”）[①]，对手机搜查延伸适用“犯罪被逮捕的进一步证据”标准。[②] 最后的判决结果是9位大法官一致认为无证搜查手机并没有被附随于逮捕的搜查允许。手机可以被扣押，但是不能够无证进行搜查。首席大法官罗伯茨撰写的判决意见并没有依赖侵入理论，也没有用“隐私的合理期待”标准或甘特案的标准。罗伯茨大法官的判决意见可以被形容为对“数据信息的全面保护”。

在多数判决中，首席大法官罗伯茨拒绝采纳政府搜查手机类似于搜查钱包的主张。多数判决意见关注以下三点。首先，关注智能手机巨大的存储能力，以及云科技出现后随之增强的存储能力。他指出“搜查手机暴露的个人信息不亚于搜查一处住所”，“手机这一名称是带有误导性的简约表述，这一装置实际上是微型电脑恰好具备了电话功能，它可以被表述为相

① Arizona v. Gant, 556 U. S. 332 (2009).

② Michael C. Gizzi. R. GraigCurtis, *The Fourth Amendment In Flux*, University Press of Kansas, p. 99.

机、视频播放器、日历、录音机、图书馆、日记、相册、电视、地图、报纸”。[①] 其次，罗伯茨首席大法官关注手机巨大存储能力带来的个人隐私问题。手机的巨大存储能力可以通过其存储的数以千计、时间长达几年的照片、位置、叙述信息等将个人的私生活还原出来。“一个人可以带着包，包内装有一张提醒自己给琼斯先生打电话的纸条，但包内不可能装有在过去几个月内他与琼斯先生通话的所有记录，但通常手机可以保存这些记录。”[②] 最后，关注手机改变人们生活的程度。“在前数码时代，人们普遍不会带着有关个人敏感信息或需要隐藏的物品出门，现在一个人如果不携带一部装有个人敏感信息的手机出门，那仅是例外情形。”[③]

在莱利伍瑞案的判决中，联邦最高法院的多数观点没有涉及合理的隐私期待标准，但也清晰地暗指在个人手机中合理的隐私期待，至于具体标准，法院没有言明。莱利伍瑞案的多数判决意见显示了对卡兹案的疏离，这是斯卡利亚大法官多年推动的结果，斯卡利亚大法官主张在个人隐私框架下界定宪法第四修正案保护的权利。

3. 卡朋特诉合众国案言明“合法的隐私期待”

卡朋特案可以说是在莱利伍瑞案基础上的进一步推进，最高法院在判决中进一步给出对“合法的隐私期待”的理解。理解“合法的隐私期待”，一方面，解决什么是隐私期待，要历史地理解，而不是机械地理解宪法第四修正案制定时立法者所定义的不合理的搜查和扣押。联邦最高法院在判决宪法第四修正案的案子时关注基本的指标：第一，宪法第四修正案旨在保护生活的私密性不受权力的恣意侵犯；第二，宪法制定者希望给扩张性警察监视行为设置一个障碍。“面对警察监视工具的日益进步，我们对建国时在适用第四修正案时的理解应给予足够的重视。”[④] 在基洛诉合众国案和莱利诉加利福尼亚判案中，美国联邦最高法院的判决意见都是

---

① Riley v. California, 134 S. Ct. 2473, 2483 (2014).

② Riley v. California, 134 S. Ct. 2473, 2483 (2014).

③ Riley v. California, 134 S. Ct. 2473, 2484 (2014).

④ Riley v. California, 134 S. Ct. 2473, 2488 (2014).

根据建国时期对宪法第四修正案适用的理解进行的判决，保持了对日益扩张的警察侦查侵犯个人权利的警觉。另一方面要结合卡兹案确立的“合理的隐私期待”标准，[①] 多数意见采纳了琼斯案中阿利托大法官的协同意见，在协同意见中运用卡兹案的合理隐私期待标准进行分析。[②] 前数字时代，执法者监控犯罪嫌疑受到时间和人力成本的限制，长时间的监控几乎不可能。正是因为这样，社会期待执法人员做不到在很长时间内监视和分析一个人驾驶汽车的行动轨迹。接着多数意见指出，让政府获得蜂窝基站记录与这种社会期待相反。尽管这些数据因商业目的产生，但不同并不能使卡朋特对他的身体位置信息所主张的隐私无效。[③]

---

① 判决原文：A person does not surrender all Fourth Amendment protection by venturing into the public sphere. To the contrary, “what [one] seeks to preserve as private, even in an area accessible to the public, may be constitutionally protected”. Katz, 389 U. S. , at 351 – 352. A majority of this Court has already recognized that individuals have a reasonable expectation of privacy in the whole of their physical movements. Jones, 565 U. S. , at 430 (ALITO, J. , concurring in judgment); id. , at 415 (SOTOMAYOR, J. , concurring). Prior to the digital age, law enforcement might have pursued a suspect for a brief stretch, but doing so “for any extended period of time was difficult and costly and therefore rarely undertaken”. Id. , at 429 (opinion of ALITO, J.). For that reason, “society's expectation has been that law enforcement agents and others would not— and indeed, in the main, simply could not—secretly monitor and catalogue every single movement of an individual's car for a very long period”. Id. , at 430. Allowing. 多数判决采纳琼斯案中阿利托大法官的协同意见：“个人对他的身体运动享有合理的隐私期待。”

② U. S. v. Jones 案中，大法官阿利托在协同意见分析时借助于琼斯的合理隐私期待是否被长时间地对其驾驶汽车的监控所侵犯，在协同意见中，阿利托法官指出多数意见中侵入理论适用于此案带来四点问题。第一是多数意见的判决理由忽略了长时间使用 GPS 监视带来的这一重要问题，关注的是并没有给汽车操作带来任何干扰的在汽车底部安装小而轻便的装置问题。第二，法院的分析方法导致了不一致的结果，如果法院在车上安装 GPS 定位装置或其他装置去短时间跟踪汽车，这种情形下适用宪法第四修正案，而如果长时间地跟踪一辆汽车并没有在车上安装跟踪装置或借助于天线的帮助，那么这种侦查行为不受宪法第四修正案的调整。第三，根据多数意见所采用的理论，宪法第四修正案保护的范围因各州而异。第四，多数意见依靠侵入理论将带来令人困惑的问题，包括如果警察采取电子监控，避免通过与车辆接触而跟踪车辆，是否构成搜查的问题。阿利托大法官指出，借助卡兹案的隐私期待标准可以避免上述问题，但是卡兹案的隐私期待标准也是有缺陷的，他举出隐私期待标准包含一定程度的循环，法官容易将自己的隐私期待与卡兹案中提出的假设的理性人的隐私期待标准相互混淆，另外，新科技的发展也影响人们对隐私的期待，增加的便捷有时候是以牺牲隐私为代价的。阿利托法官在协同意见中也提到了新的科技如新的手机定位跟踪技术所带来的问题。

③ Riley v. California, 134 S. Ct. 2473, 2483 (2014).

（二）“原意主义”宪法解释方法的运用是卡朋特案确立合法隐私期待规则的方法论依据

美国宪法判例向来是各种宪法解释方法博弈的主战场。在宪法领域各种宪法理论博弈如此激烈，原因当然是多方面的，其中，美国布朗大学历史学教授的观点可以给予解答，他说：“独立战争之后的10年间，法官职能发生了不平凡的转变：由令人畏惧的王权之附属物转变成为‘政府三种主要权力’之一，由受制于殖民地王室行政长官的下级治安法官的角色转变成为现代三权分立共和政府当中的独立机构。”① 这种转变反映出美国独立战争后到宪法制定十几年间法官所面临的智识上的挑战，而且，在宪法制定后实施的过程中如何有效实施宪法，对宪法进行解释，成为这些法官们面临的主要任务。摆脱行政权束缚的法官们，如何捍卫自身所处司法机关在三权分立中的地位，宪法的解释是他们最为常用的武器。②

联邦最高法院确立对隐私权保护采用“隐私合理期待”标准时，处于厄尔·沃伦担任首席大法官的时代，这一时期大法官们对宪法的解释探求的是历史上的原意主义，在这一时期判决中所运用的方法是将注意力转移到历史之中，经常在宪法判决中借助探求原初意图来实现。原意解释在解释宪法时认为，宪法解释试图发现那些使宪法成为法律的人在批准宪法时的公开含义，尽管解释开始于文本，但文本含义通过外部渊源材料才能够被进一步阐明。③ 原意主义解释方法与文本主义解释方法不同，原意主义并不禁止借助外部材料对宪法的解释，文本含义可以通过外部材料包括制宪会议上通过的文件，围绕宪法文本的公开辩论和评论等获得。在卡兹案中，多数意见对宪法第四修正案保护范围的理解为：“本案中政府辩称：执法人员通过在卡兹通话的电话亭外安装窃听装置的行为并没有违反宪法第四修正案。”判例奥姆斯特德案将搜查和捕获行为限制在有形财产上，

---

① Address of Mass. Convention (1780), in *The Popular Source of Political Authority*: *Documents on the Massachusetts Constitution of 1780*, Oscar and Mary Handlin, Cambridge, Mass, 1966, 437.

② 〔美〕安东宁·斯卡利亚：《联邦法院如何解释法律》，中国法制出版社，2017，第74页。

③ 范进学：《美国宪法解释方法论》，法律出版社，2010，第78页。

因此警察的电话亭外部窃听的行为被认为并不受宪法第四修正案约束。但是，将约束政府搜查和捕获的前提设置在财产权利益上是不足以令人信服的。法院在奥姆斯特德案中认为，对奥姆斯特德监听并没有实际侵入，没有对有形物的扣押，因此不在宪法第四修正案的保护范围内，“我们已经脱离了奥姆斯特德案判决理由所依据的狭隘的观点”。“我们坚持第四修正案不仅约束对有形物的扣押，同样扩展到对口头表达并没有对财产发生实际侵入的监听。第四修正案保护的是人民，而不是地方。”[①] 最初最高法院在约束警察的搜查和捕获行为时，采取的是财产法的侵入理论，搜查的标准为是否对宪法保护的地方物理性侵入。卡兹案中最高法院依靠对宪法原始意图的探寻，提出宪法第四修正案保护的是人民而不是地方，从而扩大了宪法第四修正案的保护范围。

在琼斯案的判决中最高法院放弃了“合理隐私期待”回归到财产法上的侵入理论。隐私合理期待标准对隐私的保护虽然灵活，但法官在决定是否对原告主张的隐私权进行司法保护时，必须判断原告是否合理期待涉案信息始终保持秘密状态。可以说，案件的判断标准变为“社会公众是否认可原告主张的对涉案信息的隐私期待是合理的”。社会是否承认某种具体的隐私期待为合理，常常以社会现存的惯例与做法为判断标准，这使得隐私保护比财产权方法更加灵活，但也带来了问题，“社会是否愿意承认个人的期待为合理”受制于社会对隐私的认识，隐私权处在一种不确定状态，他人对侵权行为的自觉内化也使隐私期待与隐私权受到侵蚀，更不用说在某些商业活动中，存在对合理隐私期待的故意剥夺。[②] 斯卡利亚大法官所主张的宪法解释方法在本案中的运用是隐私权保护规则发生变化的主因。在斯卡利亚大法官看来，法官判决案件，应当符合宪法文本的最初含义，也就是18世纪制宪先贤们赋予宪法的含义，不应对宪法进行“扩张性”或“扭曲性”解释。在美国宪法第四修正案问题上，斯卡利亚大法官认为卡兹案“合理的隐私期待”标准是对宪法第四修正案传统理解的基于财产

---

① Katz v. United States, 389 U. S. 347, 352 (1967).

② 〔美〕肖恩·斯宾塞：《隐私期待与隐私权的消退》，载张民安主编《美国当代隐私权研究》，孙言译，中山大学出版社，2013，第471页。

方法的背离，宪法第四修正案保护的权利并不应随卡兹案确立的标准而扩大或减损。斯卡利亚大法官主张，“宪法第四修正案保护公民的人身、住宅、文件以及财产不受不合理的搜查和扣押，政府为获取信息对财产进行物理侵入构成搜查，这种第四修正案下的搜查必须依照修正案批准时的含义”。[①]

莱利伍瑞案与卡朋特案都是罗伯茨法院作出的判决。在两个判决中，多数意见都寻求了对宪法第四修正案原意或者说是目的解释，在莱利伍瑞案中，首席大法官罗伯茨在多数意见中引用博伊德案对宪法第四修正案的诞生进行了回溯：“第四修正案的缔结，根植于北美民众对英国统治者一般令状和帮助令状的激烈斗争，依靠这两个令状，英国官员可以不受限制地进入居民家中搜查犯罪活动的证据。反对这种搜查实际上是革命的驱动力之一。”[②] 在卡朋特案件的多数意见中，首席大法官再次重申了宪法第四修正案诞生的背景，并主张对宪法第四修正案不能进行机械的解释，就像凯乐案中，科技已经提高了政府测探普通人住宅的能力，摆脱了依靠肉眼观察的局限，法院必须寻求宪法第四修正案通过时就已经存在的反对政府对公民私密生活侵犯的主张。[③] 从莱利伍瑞案及卡朋特案的判决意见中，可以看出对于宪法第四修正案含义的探寻，最高法院的多数意见并没有采用斯卡利亚大法官所主张的文本主义的解释，[④] 试图发现那些使宪法成为法律的人在批准宪法时的公开含义，对宪法文本的阐释并不囿于宪法文本中表示的立法者的含义，最高法院的解释更多地倾向于“原意主义”解释方法。

（三）卡朋特案受“司法最低限度主义”的影响

“司法最低限度主义”为首席大法官罗伯茨所力推。自上任之时起，

---

① United States. v. Jones, 565 U. S. 400, 401 (2012).

② Riley v. California, 134 S. Ct. 2473, 2490 (2014).

③ Carpenter v. Unites States. 585 U. S. _ (2018).

④ 斯卡利亚大法官主张，法律意指立法者实际上说出来的，而不是欲说而未写进每个人都阅读到的法律文本之中的意图。这正是斯卡利亚下发解释学的本质。这与原意主义所主张的宪法解释不同，原意主义主张宪法的解释是试图发现那些使宪法成为法律的人在批准宪法时的公开含义。尽管宪法解释开始于文本，但文本的含义通过外部的渊源材料能够得到进一步阐明，这包括来自那些在制宪会议上批准文本的材料，也包括来自围绕宪法文本批准时公开的辩论和评论材料。

罗伯茨一直主张发布尽量窄的判决意见，实现司法最低限度主义。[①] 被认为罗伯茨法院最有权势的肯尼迪大法官，多年来在最高法院最具有争议的问题上，如言论自由、同性恋权利以及2000年总统选举，都是他的关键一票决定判决结果。[②] 在疑难案件的判决意见中，经常通过较窄的判决解决有争议的议题。所谓“司法最低限度主义”就是判决的实际影响和法律影响越小越好，最好只限于眼前的案例，而不构成以后的先例。最低限度主义有两个显著特点：第一个特点是“窄”，即最低限度主义更愿意对案件做出判决而不是制定宽泛的规则；第二个特点是“浅”，即尽量避免提出一些基础性的原则。[③]

卡朋特案件的影响范围有限。罗伯茨首席大法官在多数意见中指出：“我们今天的判决是有局限的。对没有摆在我们面前的事情没有表达观点，比如实时的蜂窝基站的位置信息或在特别间隔上连接到基站上的所有通信设备下载的信息。我们也不干扰史密斯案和米勒案的适用或是在惯用的监控科技或设备监控中引入新的问题。同样我们也不涉及关于取得移动通信蜂窝数据的商业行为。更进一步，我们的观点也不涉及外国事务或国家安全方面获取信息的技术。”[④] 最高法院一方面面对打击恐怖犯罪以及刑事犯罪警察采取更高科技含量侦查手段的事实，另一方面需面对公民隐私权受到限缩的状况。在卡朋特案中选择尽量平衡的策略，指出案件的适用范围限制为对移动通信基站位置信息的获取持有令状才能进行，未对这种获取位置信息的商业行为及为国家安全而获取信息的行为予以限制。我们可以看出，法院仅仅就面前的案件发表意见。最高法院将“合法的隐私期待”规则的适用限缩为公民个人手机移动通信位置信息被无搜查令获取的情形。

卡朋特案对“合法的隐私期待”标准避免过深的探讨。“合法的隐私期待”并没有提出新的基础性原则，而是指出在理解这一原则时要结合历

---

① J. effrey Toobin, The Nine, Anchor Books, p. 384.

② 参见 *TIME*, July 9, 2018, p. 29。

③ 〔美〕凯斯·R. 桑斯坦：《就事论事——美国最高法院的司法最低限度主义》，泮伟江、周武译，北京法大出版社，2007，第22~23页。

④ Carpenter v. Unites States. 585 U. S. _ (2018).

史及卡兹案确立的“合理的隐私期待”标准，利用多年来卡兹案“合理的隐私期待”所形成的社会共识达成一种“不完全的理论化合意”。[①] 在这种“不完全理论化的合意”下，对宪法第四修正案下隐私权保护形成合意，然而构成这一特定事项的基础即“隐私期待”并不是能够很清楚言明的，或者说在很多“隐私期待”事项上人们的意见并不一致。这种策略在制定宪法时非常普遍，如人们能够认同“平等原则”，尽管这些原则的具体含义含混不清，或者说人们对这些赐予的具体含义意见并不相同。可见，卡朋特案中最高法院正是以“浅”而不是“深”的方式做出判决的，体现了司法最低限度主义。

结 语

伴随通信工具的更新，数据信息时代通信工具给大众带来便捷的同时，也大幅提升警察侦查能力，提高打击犯罪效率。随着技术进步而扩张的警察权力与公民权利之间必定会产生张力，宪法第四修正案下的搜查和扣押是警察权力和公民权利平衡的主要战场。美国联邦最高法院面对科技发展带来的一系列挑战，对此作出了回应。从 1967 年沃伦法院卡兹案确立隐私合理期待标准，到琼斯案侵入理论的短时回归，再到莱利案的数据信息全面保护规则，直到卡朋特案确立合法的隐私期待，美国联邦最高法院借由宪法解释这一方法论武器为公民隐私权提供保护。隐私权保护规则的变化并不是直线型的，而是不断变动的，时而因打击犯罪的需要对警察采取某些科技手段搜查进行一定程度的容忍，而后可能回归到保护隐私的趋向上来。但对于以首席大法官罗伯茨为首的美国联邦最高法院来说，在面对科技带来的对公民基本权利的侵犯时，卡朋特案“合法隐私期待”规则的适用，无疑有利于对公民的隐私权保护。

① Cass R. Sunstein, *Legal Reasoning and Political Conflict*, New York: Oxford University Press, 1996, pp. 35 – 36.

New Development of Privacy Protection under the Fourth Amendment of the U. S. Constitution: Comments on the Carpenter v. United States

Liu Leng

Abstract: In Carpenter v. United States, the Supreme Court of the United States further developed the rules of privacy protection under the Fourth Amendment of the Constitution, which stated the "legitimate expectation of privacy" standard. This paper was fully interpreted the Carpenter case. Firstly, analyzing two cases of Roberts Court which was responded to the challenge of science and technology development, the Jones case and the Riley case, and summarizing the new opinions of the Supreme Court of the United State. Secondly, explaining the methodology which the majority Justices applied in the private protection case. Finally, stating the judicial minimalism which was demonstrated in the Carpenter case.

Keywords: the Fourth Amendment; the Legitimate Expectation of Privacy; Theory of Intrusion; Judicial Minimalism

论优士丁尼法对女性人身权益的保护

——以监护、侵辱、离婚为例

周平奇[*]

摘　要： 优士丁尼法作为法典编纂的典型产物，对女性人身权益进行保护是其应有之义。从远古罗马法到优士丁尼法，女性人身权益保护不断发展与完善，具体体现为：女性监护经历一个由被动到主动的发展过程，即从终身监护到宗亲监护的废除再到女性免受终身监护且能够承担监护职责的演变；女性的贞操、身体权益通过私法的侵辱之诉和公法的侵辱罪得到双重保护，将对女性的侮辱作为侵辱之诉的独立类型并对"搭讪、尾随、诱拐"等具体侵辱行为进行详细的规定；女性最终获得离婚权且不再需要5年的离婚等待期，特别是赋予妇女基于丈夫的过错的单独离婚权，由此将"忠贞义务"确立为两性均应遵守之义务。优士丁尼法通过上述具体制度的建构保护女性人身权益，其理论源于斯多亚主义的哲学思想。

关键词： 优士丁尼法；监护；侵辱；离婚；斯多亚主义

一　问题的提出

女性权益保护是人类社会发展过程中的重要课题之一，世界各国法律大多规定了女性权益保护内容。就我国而言，或以专门法律（如《妇女权益保障法》）保护，或以部门法中的相关条文保护（如《宪法》第48～49

[*] 周平奇，厦门大学法学院博士研究生。

条、《民法总则》第128条、《婚姻法》第2条)。[①] 相对于道德等其他方式而言，在法律上对女性权益予以保护是人类历史的进步。然而，人们基于对奴隶社会中的法传统的认识，简单地认为处于奴隶制和家父权下的古罗马的女性根本无所谓权益保护。产生这种认识的原因有二：一是人们以今人意识形态去检讨古人使用的标准的思维惯性的前见所致，这对古人难免过分苛求；二是无知无畏的态度以及进化论的法律观的影响，认为古人茹毛饮血，如今有的制度古人不可能有。[②] 在进行某种制度文化分析时，我们应该对“以现今的眼光阅读过去的法”[③] 保持警惕，应该尊重历史概念的自主性，回到历史文献中去。职是之故，我们应摒弃以上两种错误的前见。值得庆幸的是，法学界已有个别学者初步认识到罗马法和现代法一样，也对女性权益进行了相应保护，诚如所言：“优士丁尼法在女性权益保护方面有许多重要举措，彰显古代人文主义，为后世妇女人权的发展和进步奠定基础。”[④] 这甚至道出了女性权益保护并非近代女权运动的产物。

诚然，摆脱认识上的谬误研究古罗马社会对女性权益的保护的实属不多，研究古罗马法如何保护女性权益以及保护女性权益的具体法律制度的变迁及其背后的理论基础等问题的，在学界更是罕见。古罗马法在不同的历史时期对女性权益的保护是有区别的，总体上呈现一个逐步推进的过程，到优士丁尼时期，女性权益保护得到升华，甚至可以称之为“大有法律原则之意蕴”，大量具体规定贯穿于优士丁尼法之中。众所周知，优士丁尼法即优士丁尼的法典编纂成果，严格来说，它们只包括《法典》、《学说汇纂》和《法学阶梯》，被合称为优士丁尼法典。后来，优士丁尼

---

① 当然，我们不能简单认为探讨“女性权益保护”以及诸如“妇女是弱势群体”的问题，本身就是将女性置于不利地位。基于自然性别的差异，女性生理结构上的不同带来了她们在某些领域的弱势地位，探讨此问题即以梳理制度史来正视之，以为实现真正的“男女平等”目标而奋斗。当代女性权益保护问题仍是一个亟待解决的问题，并非几个简单条文所能为之。

② 徐国栋教授语。参见赵毅《罗马体育法要论》，法律出版社，2017，第2页，序言。

③ 〔葡〕叶士朋：《欧洲法学史导论》，吕平义、苏健译，中国政法大学出版社，1998，第65页。

④ 谭建华、张兆凯：《论〈罗马民法大全〉对妇女权益的维护》，《政治与法律》2007年第2期。

又颁布了168条新律调整新问题或改变旧规则，这被后人汇编为《新律》，也是优士丁尼法的一部分。由于优士丁尼法这种罗马法的最近形态与现当代法状态存在着密切联系，本文试图从优士丁尼法的原始文本出发，爬梳有关女性人身权益保护的法言，发现其关于女性人身权益保护的规定，具体体现在监护、收养、保佐、婚姻、私犯等领域。本文以其中的监护、侵辱以及离婚为例，阐释优士丁尼法在女性人身权益保护方面的相关制度设计（关于女性财产权益保护的相关问题，笔者另行撰文），洞悉它保护女性人身权益的理论基础，改变我们对罗马法在女性权益保护问题上的片面认识。

二 女性在自由意志方面的地位改善：终身监护之废止

（一）前优士丁尼法时期的女性监护

优士丁尼法之前的很长一段时间里，监护的对象包括未适婚人以及妇女，故有“未适婚人监护”和“妇女监护”[①] 之说。监护不仅仅是为男女未适婚人设定的，除了维斯塔贞女以外，自权人妇女则要受到终身监护。至于未适婚人接受监护之理由，优士丁尼法认为“未适婚人处在监护下，是符合自然法的”，[②] 亦即基于自然法的要求，男女未适婚人均受到监护，不基于性别进行区别对待。因为不管是身体上还是心理上，未适婚人都是相对脆弱的，需要成熟的且有一定能力的人保护这些不在他权之下的未适婚人的人身与财产权益。但是，女未适婚人在适婚之后乃至“终身”仍受到监护，这使得她们的自由意志在民事领域受到限制，如此构成男女两性的不平等。

《十二表法》第五表中对妇女监护有如下规定：“妇女即使达到适婚

① 参见黄风编著《罗马法词典》，法律出版社，2002，第249页。

② I.1，20，6。徐国栋：《优士丁尼〈法学阶梯〉评注》，北京大学出版社，2011，第132页。

年龄，亦受监护，维斯塔贞女除外。”[①] 据此可知妇女适婚之后仍然无法摆脱监护的羁绊。远古时期，人们在观念上对妇女存在偏见，所以用监护来限制妇女的自由意志，期望妇女不会做出“轻浮”之事。盖尤斯有言：“古人认为，女性即便达到了成熟年龄，由于其心灵的轻浮，均应受到监护。”[②] 早期法上的监护是对女性自由的限制，女性无参与民事活动的权利能力，“自权人妇女未经监护人准可，不能提起法律诉讼或要求法定审判，不能举债，不能转让要式物；也不能履行民法上的适法行为，如对用益权的拟诉弃权、要式解放奴隶、立遗嘱”。[③] 此时监护制度的设立目的在于保护家族利益，而非保护女性，使女性终身依从于男性，这是父权制下的法律设定。后来，妇女开始从“永久监护”（perpetua tutela）中解放出来，即通过信托买卖婚形式从宗亲监护中解放出来。[④] 这反映了女性对宗亲监护的厌恶与逃离，是女性抗争的表现形式，也是女性权利意识的觉醒。然而，这也仅仅是更换监护人而已，并未“永久”脱离之，只是“脱靶”于某个监护人的“永久”监护罢了。随着时代的发展，这种强加于妇女的人身限制的监护制度得以改革，到了帝政时期，妇女监护制度逐渐走向衰落。奥古斯都首先对监护制度进行改革，授予一些妇女权利以使其免受监护，“当儿子和女儿达到适婚年龄时，儿子不再有监护人，而女儿仍然受到监护。但是，妇女只能依据《优流斯法》和《帕皮尤斯和波培乌斯法》，因生育子女而获得的权利摆脱监护”。[⑤] 据悉，该法的目的是出于鼓励生育的国家政治利益，而作为罗马男性市民获取更高政治地位的工具。[⑥] 但“无心插柳柳成荫”，如此为之，首次击碎女性监护的制度而

---

① 《〈十二表法〉新译本》，徐国栋、〔意〕阿尔多·贝特鲁奇、纪蔚民译，《河北法学》2005 年第 11 期。

② Gai. 1，144。〔古罗马〕盖尤斯：《盖尤斯法学阶梯》，黄风译，中国政法大学出版社，2008，第 40 页。

③ 〔意〕彭梵得：《罗马法教科书》，黄风译，中国政法大学出版社，2005，第 130 页。

④ Enrico Fornasotto，La Condizione Giuridica Della Donna Nella Storia del Diritto Romano，Nardi，1902，p. 66.

⑤ Gai. 1，145。〔古罗马〕盖尤斯：《盖尤斯法学阶梯》，黄风译，中国政法大学出版社，2008，第 41 页。译文有改动。

⑥ 〔日〕盐野七生：《罗马人的故事 6：罗马统治下的和平》，徐越译，中信出版社，2012，第 126 页。

出现女性抗争的嫩芽。公元前18年颁布的《优流斯法》后于公元9年修订而合称为《优流斯以及帕皮尤斯和波培乌斯法》(Lex Iulia et Papia Poppaea),授予多产母亲免受监护的特权,即“对于有三个子女的生来自由人母亲和有四个子女的被解放自由人母亲免受监护”。[①] 公元44年,克劳丢斯皇帝颁布了《关于妇女监护的克劳丢斯法》(Lex Claudia de tutela mulierum),该法废除了宗亲对生来自由妇女的法定监护,[②] 并打破了宗亲属继承妇女财产的传统,保全女性的血亲家庭财产,使其财产可以保留在自然家庭中,或以信托方式遗留给其丈夫和孩子,因为“凡为法定监护人的都是能够接受法定继承的人”[③]。

(二) 优士丁尼法时期的女性监护

到优士丁尼法时期,监护制度得到进一步改革,从优士丁尼《法典》中的如下规定可得知:

> C. 8, 58, 1。和诺留·狄奥多西皇帝:自本敕令发布之后,任何人都不必再申请子女特权(ius liberorum),本敕令将此种权利无差别地赋予(concedimus)所有妇女。[④]

这是狄奥多西二世于公元410年发布的一项敕令,至此,生有一个子

---

① Gai. 1, 194。〔古罗马〕盖尤斯:《盖尤斯法学阶梯》,黄风译,中国政法大学出版社,2008,第53页。

② 齐云、徐国栋:《罗马的法律和元老院决议大全》,载徐国栋主编《罗马法与现代民法》(第8卷),厦门大学出版社,2014,第187页。

③ D. 26, 4, 1pr.。予以说明的是,本文所引用的《市民法大全》原始文献法言,都是笔者参照拉丁语,根据英文版本对照翻译而成,其中若干法言有中译版,直接引用中译版。参见 *The Civil Law including the Twelve Tables, the Institutes of Gaius, the Rules of Ulpian, the Opinions of Paulus, the Enactments of Justinian, and the Constitutions of Leo*, Vol. VI, Trans. and edited by S. P. Scott, The General Trust Company, Cincinnati, 1932, p. 54; The Roman Law Library (Last Update: January 25, 2015), https://droitromain.univ-grenoble-alpes.fr/,最后访问时间:2018年5月10日。

④ *The Civil Law including the Twelve Tables, the Institutes of Gaius, the Rules of Ulpian, the Opinions of Paulus, the Enactments of Justinian, and the Constitutions of Leo*, Vol. XIV, Trans. and edited by S. P. Scott, The General Trust Company, Cincinnati, 1932, p. 351.

女的妇女（生来自由人抑或解放自由人）的免受监护不再需要满足生有两个或三个子女的条件才可申请。优士丁尼时期仍继续沿用之。此外，优士丁尼法还规定："具备结婚之自然能力的女性，满 25 岁之前，接受保佐人。"① 适婚到 25 岁之前，女性受到保佐，而保佐只是"点"的约束，其实质是基于"父爱主义"，名为约束实为保护的制度，以保护 25 岁以下适婚女性的权益，满 25 岁之后，女性获得了全面的自由。基于性别产生的监护差异的处遇完全消失，女性和男性平等适用监护和保佐制度。此外，监护目的也发生变化，"是为保护由于年龄不能保护自己的人"② 设立。

在罗马法上，监护是一种职责。③ 一方面，监护制度限制了女性的自由；另一方面，承担监护亦为一种有能力的象征。向而导之，女性就职责性而言，若有能力承担监护，在一定程度上也说明女性在家庭和社会中的地位得到提升。那么，女性能否成为监护人呢？在早期罗马法中，监护作为一种公职，女性是不能够承担的。正如乌尔比安在《萨宾评注》第 1 卷中所言："妇女还被免除担任一切民事职责和公共职责的义务。也即是，她不能担任审判员，不能行使司法职务；也不能为他人或以他人名义参与诉讼，更不能作代理人。"④ 但是后期罗马法对女性不能担任监护人进行了变通，我们可以从优士丁尼《法典》的如下段落中得知：

> C. 5. 35. 2pr. 。皇帝瓦伦丁尼安一世、狄奥多西一世与阿卡丢联合发布：丈夫死后，妻子可以请求担任其子女的监护人（tutelam administrandorum negotiorum in liberos），但她必须宣誓（sacramento）并以书面形式来表明她将不会再婚。⑤

① I. 1，23pr. 。徐国栋：《优士丁尼〈法学阶梯〉评注》，北京大学出版社，2011，第 139 页。

② I. 1，13，1。徐国栋：《优士丁尼〈法学阶梯〉评注》，北京大学出版社，2011，第 109 页。

③ 参见周平奇《"评"创新处、"注"疑惑点、"书"罗马法——读〈优士丁尼法学阶梯评注〉》，《现代法治研究》2018 年第 1 期。

④ D. 50，17，2pr. 。〔意〕桑德罗·斯奇巴尼选编《民法大全选译·人法》，黄风译，中国政法大学出版社，1995，第 21 页。

⑤ *The Civil Law including the Twelve Tables*, *the Institutes of Gaius*, *the Rules of Ulpian*, *the Opinions of Paulus*, *the Enactments of Justinian*, *and the Constitutions of Leo*, Vol. XIII, Trans. and edited by S. P. Scott, The General Trust Company, Cincinnati, 1932, p. 235.

这是瓦伦丁尼安等皇帝于390年发布的一项敕令。依此敕令规定，已经有条件地允许妇女担任自己子女的监护人，而条件是“宣誓不缔结第二次婚姻，且留下书面证据”。优士丁尼重述此规定，并进行了相应的改革。具体见于优士丁尼《新律》如下段落：

> Nov. 118，5。我们禁止除母亲和祖母以外的所有女性担任（subire）监护人。我们只允许母亲和祖母成为顺位继承（hereditatis ordinem）的子女的监护人，并且她们通过书面形式明确放弃再婚权利以及《韦勒雅努斯元老院决议》（Velleiani senatusconsulti）所赋予的特殊利益（auxilio）。[①]

此段法言告诉我们，优士丁尼进行了如下两方面的改革：一是通过正式宣誓不缔结第二次婚姻，并放弃《韦勒雅努斯元老院决议》所赋予的特殊利益，即免于被诉或无须承担债的履行，则可以对子女主张监护；二是《新律》的规定表明，将可以担任监护人的妇女扩及祖母，这样适用主体方面得以扩大，包括被监护人的祖母。自此，妇女对子女享有监护资格，可以成为子女的监护人。在监护问题上，古罗马妇女的法律地位得以提高。

（三）小结

总而言之，从《十二表法》到优士丁尼法，女性监护在罗马法上经历了一个逐步发展的过程。前优士丁尼法时期，由于对女性存在性格上的认识偏见，而以监护制度来约束女性，限制女性的自由，自然构成对女性人身权益的损害，特别是女性终身受到监护；虽然监护作为一种职责，女性不必承担，但这并非对女性的爱护，而是对女性的不信任。职是之故，前优士丁尼法时期，从监护的对象和监护的性质双重层面对女性人身进行压

---

① *The Civil Law including the Twelve Tables*, *the Institutes of Gaius*, *the Rules of Ulpian*, *the Opinions of Paulus*, *the Enactments of Justinian*, *and the Constitutions of Leo*, Vol. XVII, Trans. and edited by S. P. Scott, The General Trust Company, Cincinnati, 1932, p. 64.

制。后来，女性监护经历了一个由被动到主动的发展过程，即女性逐步摆脱被监护，能够担任监护人。梳理女性监护制度的流变，我们可知女性的监护发展历程：女性受终身监护—女性逐步摆脱宗亲监护—女性免受终身监护且能够承担监护的职责（即担任监护人）。优士丁尼《法学阶梯》对妇女（未适婚与适婚或已婚）作为被监护人方面的规定松弛有度，未适婚妇女能够得到与未适婚男子同等监护的保护，且适婚之后不再受到终身监护的束缚，而且能够担任监护人，妇女因此享有更多的自由权。

三　女性在贞操、身体方面的特别保护：侵辱之演化

（一）《十二表法》时期的侵辱：不单独保护女性

从《十二表法》起，罗马法就开始区分财产损害和人身损害，最后演变成私犯之债的两大类型：损害（damnum）和侵辱（iniuria）。人身或精神方面的损害由侵辱之诉加以调整。在《十二表法》中，包含 iniuria 语素的法言主要体现在第 8 表第 4 条中，其辞曰："对人施行其他侵辱（iniuriam）的，处 25 阿斯的罚金。"[①] 该条规定的"侵辱"指一种相对轻微的侵犯他人人身的行为。[②] 此外，根据盖尤斯《法学阶梯》的记载，[③] iniuria 还体现为"毁损肢体和折断骨头"的情形，这属于具体类型的 iniuria，在《十二表法》中它们被分别规定在第 8 表的第 2 条和第 3 条。另，第 8 表第 11 条规定的"不法（iniuria）砍伐他人树木的……"则是一种侵害他人财产的行为。由此可知，《十二表法》中与 iniuria 有关的私犯，

---

① 《〈十二表法〉新译本》，徐国栋、〔意〕阿尔多·贝特鲁奇、纪蔚民译，《河北法学》2005 年第 11 期。

② Giovanni Pugliese, Studi sull'iniuria, Giuffrè, Milano, 1941, p. 36.

③ Gai. 3, 233。"《十二表法》对侵辱（iniuriarum）规定惩罚，在毁肢的情况下，是同态复仇；在折断或者碰碎骨头的情况下，如果受害者是自由人，规定处以 300 阿斯罚金，如果是奴隶，则处以 150 阿斯罚金。在那些很贫穷的时代，这样的财产刑看起来相当合适。"参见〔古罗马〕盖尤斯《盖尤斯法学阶梯》，黄风译，中国政法大学出版社，2008，第 206 页。

除其中一种涉及财产侵害之外，其他三类均涉及对他人人身的侵害。然而，《十二表法》中关于侵辱的固定罚金的设置并未考虑侵辱的对象与具体情节，随着时代的发展，它的不公正暴露出来，并且对女性并未予以单独列出而作为侵辱的保护对象。

（二）优士丁尼法对裁判官法侵辱的承袭与革新：独立保护女性的贞操与身体

1. 女性贞操权益的独立保护

共和晚期，为改善社会风气以及对时代发展做出法律上的回应，裁判官颁布一系列旨在保护民众名誉和贞操的告示，采用一种侵辱估价诉的罚金诉权。此时的侵辱之诉的裁判官告示中就有“侵犯贞操”（de adtemptata pudicitia）一项，以此作为一种独立的侵辱行为类型，被德国法学家齐默尔曼归为侵辱的四类型之一。[①] 优士丁尼《学说汇纂》第 47 卷对此记录如下：

> D. 47，10，15，15。乌尔比安《告示评注》第 77 卷：假若某人意图搭讪穿着奴隶衣服的少女（virgines），他将构成轻度的侵辱；若她们打扮得像个妓女（meretricia）而不是受尊重的家母（matrum familiarum），侵辱的程度将更弱。因此，若某妇女打扮得不像受尊重的家母，任何尝试搭讪她或诱拐她的女随从的，无须因侵辱负责（iniuriarum tenetur）。[②]

由此段法言可知，侵犯贞操具体表现为“与女性搭讪”，若某男子与穿着奴隶服装的少女搭讪将构成轻度侵辱；若某男子与打扮得不得体的家

① Reinhard Zimmermann, *The Law of Obligations: Roman Foundations of the Civilian Tradition*, Johannesburg, 1992, p. 1054.

② *The Civil Law including the Twelve Tables, the Institutes of Gaius, the Rules of Ulpian, the Opinions of Paulus, the Enactments of Justinian, and the Constitutions of Leo*, Vol. X, Trans. and edited by S. P. Scott, The General Trust Company, Cincinnati, 1932, p. 316.

母进行搭讪或诱拐她的女性随从则不构成侵辱。此一处，通过女性的外在穿着来判定侵辱的轻重与有无，因为女性的服饰影响着贞洁的判定。所谓随从，拉贝奥将其定义为：基于陪伴的目的被指定在公共的或私人的场合进行跟随的人，不管是自由人或奴隶，男性或女性，且包括家庭老师（paedagogi）。[①] 对女性随从构成侵辱需要满足如下条件："着手实行诱拐行为，且从主人身边带走"，[②] 以及"不仅要理解诱拐之行为，而且还要说服女随从人员离开她的女主人"[③]。除了"诱拐"之外，还包括"搭讪"（appellavisset）或"尾随"（adsectatusve）情形：

> D. 47，10，15，19。乌尔比安《告示评注》第 77 卷：不仅某人事实上诱拐（abduxit）随从人员要承担该告示下的责任，而且搭讪（appellavisset）或者尾随（adsectatusve）之亦同。[④]

此处的"搭讪"被规制的原因在于说了谄媚蜜语而侵犯了贞操，违反了公序良俗（bonos mores），[⑤] 他使用粗言秽语冒犯贞操，应该承受侵辱之

① D. 47，10，15，16。*The Civil Law including the Twelve Tables*，*the Institutes of Gaius*，*the Rules of Ulpian*，*the Opinions of Paulus*，*the Enactments of Justinian*，*and the Constitutions of Leo*，Vol. X，Trans. and edited by S. P. Scott，The General Trust Company，Cincinnati，1932，p. 316.

② D. 47，10，15，17。*The Civil Law including the Twelve Tables*，*the Institutes of Gaius*，*the Rules of Ulpian*，*the Opinions of Paulus*，*the Enactments of Justinian*，*and the Constitutions of Leo*，Vol. X，Trans. and edited by S. P. Scott，The General Trust Company，Cincinnati，1932，p. 316.

③ D. 47，10，15，18。*The Civil Law including the Twelve Tables*，*the Institutes of Gaius*，*the Rules of Ulpian*，*the Opinions of Paulus*，*the Enactments of Justinian*，*and the Constitutions of Leo*，Vol. X，Trans. and edited by S. P. Scott，The General Trust Company，Cincinnati，1932，p. 316.

④ *The Civil Law including the Twelve Tables*，*the Institutes of Gaius*，*the Rules of Ulpian*，*the Opinions of Paulus*，*the Enactments of Justinian*，*and the Constitutions of Leo*，Vol. X，Trans. and edited by S. P. Scott，The General Trust Company，Cincinnati，1932，p. 316.

⑤ D. 47，10，15，20。*The Civil Law including the Twelve Tables*，*the Institutes of Gaius*，*the Rules of Ulpian*，*the Opinions of Paulus*，*the Enactments of Justinian*，*and the Constitutions of Leo*，Vol. X，Trans. and edited by S. P. Scott，The General Trust Company，Cincinnati，1932，p. 316.

诉。[1] 搭讪是用言语侵害贞操（pudicitiam adtemptat），尾随是秘密地（tacitus）、屡次地跟随（frequenter sequitur）。[2] 然而，并非所有的搭讪或尾随女性均能被提起侵辱之诉，也有一些例外的免责情形：

> D. 47，10，15，23。乌尔比安《告示评注》第 77 卷：但是，值得注意的是并非所有尾随或搭讪他人都能在该告示下被起诉（conveniri），例如，若某人出于玩笑或者由于诚实履职而如此做的（officii honeste faciendi gratia id facit），将不会照例地落入（statim incidit）该告示中，只有违反善良风俗的才是。[3]

此段法言告诉我们，履行公职情形下的尾随可以成为免责事由，即提供善意的服务的行为而尾随女性不构成侵辱。此外，对“出于玩笑”尾随亦不能认定为侵辱行为。此段法言实际上给出了两种免责事由，即行为人可以以“尾随或搭讪出于履行公职或玩笑”为合理依据免于承担侵权责任。令人不解的是，为何“出于玩笑”尾随女性不构成一种侵辱呢？这是因为侵辱行为的构成必须有“主观上的故意”，至于如何具体判断这种主观上的故意，根据该法言不可知，该法言只是给出结合当时社会的公序良俗加以判定的概括式定夺之法，“违反善良风俗”不应被理解（accipiendum）为实施侵辱的人的“善良风俗”，而是一般被理解（accipiendum）

---

① D. 47，10，15，21。*The Civil Law including the Twelve Tables*，*the Institutes of Gaius*，*the Rules of Ulpian*，*the Opinions of Paulus*，*the Enactments of Justinian*，*and the Constitutions of Leo*，Vol. X，Trans. and edited by S. P. Scott，The General Trust Company，Cincinnati，1932，p. 317.

② D. 47，10，15，22。*The Civil Law including the Twelve Tables*，*the Institutes of Gaius*，*the Rules of Ulpian*，*the Opinions of Paulus*，*the Enactments of Justinian*，*and the Constitutions of Leo*，Vol. X，Trans. and edited by S. P. Scott，The General Trust Company，Cincinnati，1932，p. 317. Frequenter 是程度副词，可译为“经常地、屡次地”或“大量地”；frequentia 是名词，可译为“经常、屡次”或“大量”。参见谢大任主编《拉丁语汉语词典》，商务印书馆，1988，第 234 页。

③ *The Civil Law including the Twelve Tables*，*the Institutes of Gaius*，*the Rules of Ulpian*，*the Opinions of Paulus*，*the Enactments of Justinian*，*and the Constitutions of Leo*，Vol. X，Trans. and edited by S. P. Scott，The General Trust Company，Cincinnati，1932，p. 317.

为违反这个城邦的（huius civitatis）善良风俗。[1] 现代法中的观念认为，男性和女性对同一行为会有不同的感受，男性的“意图”是讲个笑话，女性则往往会感受到身份被贬低并受到伤害。[2] 关于此点，如何认定构成性骚扰，根据各国的风俗文化等特点来判定。其实罗马法中的上述法言已经给出了答案，亦即根据主观上的意图加以认定。

此外，对解放自由人而言，特别是女解放自由人的贞操也有相关法言进行保护：

> D. 47，10，11，7。乌尔比安《告示评注》第 57 卷：虽然侵辱之诉（iniuriarum actio）未被授予（detur）解放自由人（liberto）用以对抗恩主（patronum），但是可以由女解放自由人的丈夫以她的名义对恩主提起；因为他的妻子遭受（passa）侵辱，丈夫被认为以她的名义提起侵辱之诉。马尔切勒持有此种观点。然而，我已经对他进行说明过，认为这不能适用于每一侵辱；为什么对恩主的轻度的惩罚被否决（denegetur），尽管她［女解放自由人］已婚，或者说的不是不纯洁（impudici）？但是若共同解放自由人（colliberto）结婚（nupta esset），应该说完全中止（cessare）丈夫对抗恩主的侵辱之诉，许多人也这样认为。因此，显然我们的自由人不能因为他们的侵辱（eas iniurias）而对我们主张（exequi）侵辱之诉，不仅他们自己，甚至与他们有重要关系的人（eorum interest）遭受侵辱也不被允许（pati）。[3]

该法言中，共同解放自由人结婚，是指该女性与同一恩主的男解放自

---

① D. 47，10，15，6。*The Civil Law including the Twelve Tables*，*the Institutes of Gaius*，*the Rules of Ulpian*，*the Opinions of Paulus*，*the Enactments of Justinian*，*and the Constitutions of Leo*，Vol. X，Trans. and edited by S. P. Scott，The General Trust Company，Cincinnati，1932，p. 315.

② 参见晓黎《美国职业妇女的又一种磨难》，《中国妇女》1981 年第 8 期。

③ D. 47，10，15，21。*The Civil Law including the Twelve Tables*，*the Institutes of Gaius*，*the Rules of Ulpian*，*the Opinions of Paulus*，*the Enactments of Justinian*，*and the Constitutions of Leo*，Vol. X，Trans. and edited by S. P. Scott，The General Trust Company，Cincinnati，1932，p. 313.

由人结合，此种情形不能对恩主提起侵辱之诉。关于侵辱之诉的裁判官告示对女性进行分别规制，可谓较为全面，也体现出古罗马法所具有的不同案例不同解决的案例法特征。

关于对女性侵辱而提起侵辱之诉的原告问题，法学家乌尔比安在其《告示评注》第 77 卷中认为："一个已婚的男子可以提起侵辱之诉，因为对他妻子实施的侵辱被认为如同对他的侵辱。"[①] 法学家保罗在其《告示评注》第 55 卷中进一步指出："处于夫权下的已婚妇女不可以单独提起侵辱之诉，应由其丈夫以她的名义提起。"[②] 以上是前古典时期法学家对侵辱之诉的相关记录，主要收录于优士丁尼《学说汇纂》第 47 卷第 10 题。到优士丁尼时期，对侵辱之诉进行了相应的改革。有关侵辱的规定主要体现在《法学阶梯》第 4 卷第 4 题中，其中对女性的侵辱问题做了如下规定："……或某人经常骚扰家母、少男或少女；或被主张侵害他人贞操的情况下，也实施了侵辱。" 此段法言对侵辱的类型进行了罗列，其中涉及妇女权益方面的有性骚扰和侵害贞操。[③] 优士丁尼在《法学阶梯》中扩大了被侵害的对象，将少男也包括于其中；类型得到进一步细化，即性骚扰和一般性的贞操侵害。然而，关于女性能否提起侵辱之诉的问题，英国罗马法学家尼古拉斯认为女性本人享有诉权，其言曰："妇女已经结婚，但仍处于父权之下，不仅该妇女本人，而且她的丈夫和父亲均可以提起侵辱之诉。"[④] 笔者认为，此说值得考证：其一，法言 D. 47，10，18，2 告诉我们，女性不可独立提起诉讼；其二，优士丁尼时期实体法有无赋予女性

---

① D. 47，10，15，22。*The Civil Law including the Twelve Tables*，*the Institutes of Gaius*，*the Rules of Ulpian*，*the Opinions of Paulus*，*the Enactments of Justinian*，*and the Constitutions of Leo*，Vol. X，Trans. and edited by S. P. Scott，The General Trust Company，Cincinnati，1932，p. 317.

② D. 47，10，18，2。*The Civil Law including the Twelve Tables*，*the Institutes of Gaius*，*the Rules of Ulpian*，*the Opinions of Paulus*，*the Enactments of Justinian*，*and the Constitutions of Leo*，Vol. X，Trans. and edited by S. P. Scott，The General Trust Company，Cincinnati，1932，p. 323.

③ I. 4，4，1。参见徐国栋《优士丁尼〈法学阶梯〉评注》，北京大学出版社，2011，第 488 页。

④ 〔英〕巴里·尼古拉斯：《罗马法概论》（第 2 版），黄风译，法律出版社，2004，第 226 页。

独立的侵辱之诉的诉权也是存疑的。而从《法学阶梯》（I. 4，4，2）可以看出，立法并没有赋予女性独立的原告资格，而是赋予“吸收人格者”的家父（父亲或丈夫）原告主体资格。当然“以该女性的名义”提起诉讼，这在一定程度上而言，也可以将女性称为权利受限制的“原告”，亦即“名义”上的原告，实无提起诉讼的权利。女性虽无权独立提起侵辱之诉，但是根据《法学阶梯》（I. 4，4，2）可知，当出嫁女受人侵害，丈夫以及父亲都可以主张侵辱之诉，这样出嫁的女儿在侵权法上得到更为妥当的保护，即获得娘家与夫家的双重保护。虽无独立诉权，无法最大限度地保护女性权益，但是相比于早期法已经在女性权益保护上有突破式的进步。

这里顺便提及女性奴隶被侵辱的保护问题。对女性奴隶的侵辱规制不同于侮辱贞操，即作为“鞭打他人的奴隶”（de servum alienum verberare）来进行保护，当然这实际上是保护主人的财产，与财产的客观感受无关。然而，奴隶作为生物人，不同于一般意义上的财产，实际上通过这种方式在一定程度上起到保护奴隶本身的作用。很显然，这里的奴隶包括女性奴隶，虽然未将女性予以突出，但也似乎说明古罗马社会中奴隶的两性在很多情况下是被同等对待的。

2. 女性身体权益的独立保护

除前述对女性贞操权益的独立保护之外，由于女性在生理结构上与男性不同，很容易受到身体伤害，罗马法尚有公法性的“侵辱罪”“暴力强奸罪”来保护女性的身体权益，当然这里的“独立”保护主要是公法上的侵辱罪名的独立，而前者贞操的“独立”保护是作为私法上侵辱的一种独立类型。

古罗马时期，公的诉讼程序直接由国王进行干预，适用于叛国或通敌等案件，凶杀犯、鸡奸犯、强奸（处女或妇人）犯等破坏公共安宁的人，要承受叛国犯那样的惩罚。[1] 此处将“强奸（处女或妇人）”列入公共安宁的保护范围，由国王直接进行干预，可见罗马国家高度重视对女性身体

---

① 参见〔德〕特奥多尔·蒙森《罗马史》（第1卷），李稼年译，商务印书馆，1994，第136页。

权益的保护，对此等行为予以严惩。公元前 81 年，苏拉颁布《关于侵辱罪的科尔内流斯法》，旨在巩固其独裁统治地位，动用刑法来抑制一些严重损害市民权利和生活安宁的侵辱行为。“侵辱罪”是对严重的侵辱行为的规制而产生的由刑事法庭和非常审判来惩处的一种罪行，其中严重的行为就包括“侵犯妇女贞操”，对此，除罚金外，还可判处身体刑，甚至死刑。[①] 此外，共和时期的罗马共设立了 9 个刑事法庭，其中之一便是“侵辱罪法庭”。[②] 虽然该法的目的在于政治上的独裁，间接的效果却达至对女性的权益进行某种程度上的保护，将之上升到刑事法领域，除了有专门的罪名予以保障之外，还设有相应的程序性保障的配套机构。优士丁尼《法学阶梯》在第 4 卷第 18 题“公诉”中也对女性进行了特殊保护，其辞曰：“如果以暴力强奸为目的而绑架处女、寡妇、修女或其他任何妇女，不论是罪犯还是对这种无耻罪行提供协助者，依据朕的敕令的规定，处他们死刑。”[③] 强暴妇女是一种严重摧残妇女身体和心灵的野蛮行为，特别是对女性造成的心灵上的创伤难以愈合，优士丁尼法对此进行严惩，使妇女的身体权益得以保护。这是优士丁尼法改革的两方面：一是扩大惩罚的范围，包括了提供帮助者，亦即要对胁从犯进行处罚；二是侵害的对象范围也扩大了，任何女性，很显然也包括非诚信的女性（妓女）。此外，优士丁尼《法学阶梯》中还规定了被放逐小岛发生人格中减等，而引诱妇女要被放逐小岛。[④] 此处以公法性的人格制度对女性权益的保护加以规制。另外，刑罚方面根据妇女的特殊情况作了例外的规定，根据优士丁尼的《学说汇纂》中收录的乌尔比安的观点，他在《萨宾评注》第 14 卷中言：“要对处于怀孕中的妇女执行刑罚的，必须推迟到其分娩之后进行。我也知道还遵守这样的做法，即只要妇女怀孕，也不得对其进行拷问。”[⑤] 对

---

① 黄风编著《罗马法词典》，法律出版社，2002，第 76 页。

② Pietro Cerami, Antonio Metro, Alessandro Corbino, Giafranco Purpura, Roma e il diritto, Jovene, Napoli, 2010, p. 205ss.

③ I. 4, 18, 8。徐国栋：《优士丁尼〈法学阶梯〉评注》，北京大学出版社，2011，第 583 页。

④ 徐国栋：《优士丁尼〈法学阶梯〉评注》，北京大学出版社，2011，第 119 页。

⑤ D. 48, 19, 3。〔意〕桑德罗·斯奇巴尼选编《学说汇纂·第 48 卷》，薛军译，〔意〕纪蔚名、阿尔多·贝特鲁奇校，中国政法大学出版社，2005，第 289 页。

怀孕的妇女进行相应的变通与优待，充分显示出了浓厚的人文主义色彩。

（三）小结

概而言之，《十二表法》时期的侵辱未将女性作为侵辱的对象予以独立保护。到优士丁尼法时期，在承袭裁判官法时期的规定基础之上，从私法和公法两方面进行全方位规制。私法方面，对女性贞操权益进行独立的保护，即将其作为侵辱之诉的一种独立类型予以承继下来，并且比较详细地规定了对女性的侵辱，在侵辱的具体方式（搭讪、尾随等）、女解放自由人、女性奴隶以及可以成为诉讼的主体等方面进行了全方位的规定；公法方面，通过“侵辱罪”“暴力强奸罪”对女性的名誉和身体方面的权益进行了特别保护，继续采用对怀孕妇女执行刑罚时的宽厚待遇，专门的罪名、程序性的刑事法庭保护、刑罚上的特殊宽宥，这体现出浓厚的人文主义色彩。

四　女性在婚姻方面的权利改观：离婚权之获得

（一）《十二表法》时期女性无离婚自由

离婚（divortium）即配偶双方或者一方失去结婚意愿而导致共同生活关系的解除。盖尤斯认为：“离婚是指由于配偶双方有不愿使婚姻继续存在的想法或一方有令婚姻无法持续的行为导致婚姻解除。”[①] 罗马法中的婚姻分为有夫权婚姻和无夫权婚姻，有夫权婚姻主要有共食婚、买卖婚和时效婚。共食婚和买卖婚中，妇女婚后应归顺夫权，服从丈夫；若未采用共食婚和买卖婚之形式，妇女不属于丈夫家庭，留在原来的家庭，服从父权，在夫家居住一年后，丈夫因时效而取得夫权，此即时效婚。对于有夫权婚姻，丈夫或其家长可以片面地休妻和休儿媳，离婚是男方特有的单方

① D. 24，2，2pr.。〔意〕桑德罗·斯奇巴尼选编《婚姻·家庭和遗产继承》，费安玲译，中国政法大学出版社，2001，第69页。

权利，这是男方的片面离婚。根据艾伦·沃森的研究，《十二表法》时期，妻子不得主张与丈夫离婚，丈夫只能因流产、毒杀孩子、偷配钥匙和通奸主张与妻子离婚。[①] 妻子是没有离婚自由的。当然，片面离婚也会发生无效的情形，以合理保护女性的权益，诚如盖尤斯所言："丈夫抛弃妻子不符合法律规定，为此妻子仍被认为是已婚者。"[②] 后来，有夫权婚姻逐步走向消亡，"共食婚后被提贝流斯皇帝废除，买卖婚到公元3世纪消亡，时效婚在公元18年被奥古斯都废止"。[③]

（二）优士丁尼法时期女性获得离婚权

无夫权婚姻最初是万民法上的，是共和晚期罗马市民通行的婚姻形式，它可以双方合意为基础采取协议离婚或片面离婚的方式解除。公元497年，阿纳斯塔修斯皇帝时期，妻子可以与丈夫合意离婚，配偶双方协商一致，妇女"可以合法地不等待5年，仅在1年之后便可缔结第二个婚姻"。[④] 由此将之前的5年等待期的规定予以废除，赋予妇女协议离婚权，这样妇女的离婚权益被进一步保护。除了协议离婚之外，法律同时赋予妇女基于丈夫的过错的单独离婚权。具体体现在优士丁尼《法典》的如下记载之中：

> C.5，17，8，2。因此，若某妇女能够确定她的丈夫通奸（adulterum）、杀人（homicidam）、投毒（veneficum）或是阴谋反对我们的国家（contra nostrum imperium），或被定为违背誓言或伪证罪，侵犯坟墓（sepulchrorum dissolutorem），从圣所中实施偷盗，或作为盗窃者或盗窃物的窝藏者，偷窃牲畜或绑架他人者，或在家里无视妻子存在

① Alan Watson, *Rome of the XII Tables, Persons and Property*, Princeton University Press, New Jersey, 1975, p. 32.

② D. 48，5，44。〔意〕桑德罗·斯奇巴尼选编《婚姻·家庭和遗产继承》，费安玲译，中国政法大学出版社，2001，第69页。

③ 徐国栋：《罗马私法要论：文本与分析》，科学出版社，2007，第70页。

④ C. 5，17，9。〔意〕桑德罗·斯奇巴尼选编《婚姻·家庭和遗产继承》，费安玲译，中国政法大学出版社，2001，第77页。

而与浪荡女相会（这种行为严重激怒纯洁的女性），或他试图以投毒或刀剑或其他类似方式剥夺她的生命，或她证明他殴打（verberibus）她（未在生来自由妇女的允许下），我们授予她有利于她自己的必要的否认权，并能以此作为提出离婚的法律理由（causas discidii legibus comprobare）（皇帝狄奥多西和瓦伦丁尼安致大区长官奥尔米思达，449 年 12 月 26 日，执政官布洛多杰内和阿斯特里奥执政）。[①]

由以上法言可知，妇女为了自身利益可以基于一些事由提出离婚，享有离婚权。妇女被丈夫陷害、丈夫通奸等情形，即造成离婚原因的男方应受处罚，受害妇女可以提出单方离婚诉讼请求。特别是“丈夫与他人通奸时的离婚权”的获得，相比于公元前 18 年奥古斯都颁布的《惩治通奸罪的优流斯法》，乃跨越式进步。《惩治通奸罪的优流斯法》将通奸公罪化，着重打击已婚妇女的通奸，暴露出该法的男权主义倾向，将女性作为为丈夫提供血统无假的继承人的生殖工具。[②] 通奸罪只适用于妻子，而不针对丈夫，丈夫即使存在通奸行为，也不会成为通奸罪的控诉对象或承受通奸罪的刑罚。如果丈夫与他人通奸，妻子则不能以此为由休夫或主张离婚，这充分表明在帝政时期的罗马，忠贞仅仅是女方的单方义务，而非夫妻双方义务；这说明女性地位低下，此乃无视女性利益之法律观体现。这种情形随着前述规定“妻子在丈夫与他人通奸时获得离婚权”而得以改善。

这一规定后被优士丁尼法沿用，具体体现在优士丁尼《新律》第 117 条之中：

Nov. 117，9，4。若丈夫控告妻子犯有通奸罪（de adulterio），在不能证明事实的情况下，妻子将被允许据此理由而提出片面离婚（repudium），并且能够主张嫁资返还，获得婚前赠与（antenuptialem

---

① *The Civil Law including the Twelve Tables*, *the Institutes of Gaius*, *the Rules of Ulpian*, *the Opinions of Paulus*, *the Enactments of Justinian*, *and the Constitutions of Leo*, Vol. XIII, Trans. and edited by S. P. Scott, The General Trust Company, Cincinnati, 1932, p. 203.

② 徐国栋：《罗马公法要论》，北京大学出版社，2014，第 269 页。

donationem)，另外，还要对丈夫的这种诬告（calumnia）进行惩罚。[①]

此法言赋予妻子在其丈夫诬告她通奸情形下的离婚权。至此，优士丁尼法也实现了在通奸方面，将忠贞的性质由以往的女方的单方义务扭转成为夫妻双方的义务，由此在妻子的名誉权益问题上，由以前的义务遵守到现在的权利享有，女性可以以离婚权的享有来维护自己的名誉，在某种程度上实现了女性人格利益的相对独立。这样就使得女性取得了与男子对等的法律地位。

值得一提的是，除了上述关于离婚权的获得，到优士丁尼时期，家女享有相当程度的结婚自由。优士丁尼皇帝致宫廷总管赫尔莫杰尼的敕令规定："任何一名男性经父母同意，或没有父母时完全按照自己的意愿，只要双方有结婚的意愿，则婚姻有效。"[②] "双方有结婚的意愿"，反映出女性在结婚上的更多自由，通过对女性独立意志的尊重来达成对女性权益的保护，这也是对家父权的限制。"如果没有当事人的同意，婚姻不能成立。"[③] 虽然尊亲的命令是婚姻成立的前提条件，但是为了子女的合法权益不受侵害，尊亲的命令受到一定限制，即如果家父非法禁止处于他权力之下的子女嫁娶，子女有权通过行省执政官强迫家父同意他们缔结婚姻和给予女儿嫁资。[④]

但是，离婚权也并非由全体女性享有，关于女精神病者是否能够要求弃夫的问题，尤里安认为："女精神病者可以被丈夫遗弃，因为她被认为是一个没有理智的人。相反，无论是女精神病者本人还是其保佐人都不能

---

① *The Civil Law including the Twelve Tables*, *the Institutes of Gaius*, *the Rules of Ulpian*, *the Opinions of Paulus*, *the Enactments of Justinian*, *and the Constitutions of Leo*, Vol. XVII, Trans. and edited by S. P. Scott, The General Trust Company, Cincinnati, 1932, p. 55.

② C. 5, 17, 11pr.。〔意〕桑德罗·斯奇巴尼选编《婚姻·家庭和遗产继承》，费安玲译，中国政法大学出版社，2001，第45页。

③ D. 23, 2, 2。〔意〕桑德罗·斯奇巴尼选编《婚姻·家庭和遗产继承》，费安玲译，中国政法大学出版社，2001，第45页。

④ 参见〔意〕桑德罗·斯奇巴尼选编《婚姻·家庭和遗产继承》，费安玲译，中国政法大学出版社，2001，第47页。

提出弃夫。”[①] 乌尔比安赞同这种观点。由此可知，男女精神病人在离婚上是不平等的，女精神病人是不享有离婚权的。

（三）小结

综上所述，《十二表法》时期女性在离婚自由上受到很大的限制，女性不得主张与丈夫离婚，而丈夫可以基于特定事由（诸如通奸、流产）主张离婚，女方不享有离婚权而男方却享有离婚权，这充分反映出两性之间的权益不对等。而且女性被离婚后，需要5年等待期，直到497年将之前的5年等待期的规定予以取缔，赋予妇女协议离婚权，妇女的离婚权益才被明确保护。除了协议离婚之外，法律同时赋予妇女基于丈夫的过错的单独离婚权，由此将“忠贞义务”确立为两性均应遵守之义务。与离婚自由相关的女性结婚自由也是一个逐步提升的过程，优士丁尼法赋予女性更多的结婚自由。但是遗憾的是，优士丁尼法未赋予女性精神病人离婚权。

五 代结语：优士丁尼法保护女性人身权益的理论基础

立法者制定的任何法律，要想获得长久的生命力，必有深厚且正确的理论加以支撑。若理论本身存在瑕疵，该法律必将走向失败与消亡。譬如，古罗马法中对通奸进行规制的《惩治通奸罪的优流斯法》，该法颁布的背景是第二次布匿战争后希腊化的影响导致罗马传统家父权的式微，由于女性的独立与自由（包括性自由）的发展威胁到奥古斯都的政权稳定，于是颁布此法。但是该法只苛求女性，注重打击已婚妇女，[②] 对男性则睁一只眼闭一只眼，暴露出其典型的男性主义色彩。正如有学者研究表明的，惩奸法失败的原因在于只对当事人一方课以义务，对人性缺乏基本认

---

① D. 24, 2, 4。参见〔意〕桑德罗·斯奇巴尼选编《婚姻·家庭和遗产继承》，费安玲译，中国政法大学出版社，2001，第75页。

② 徐国栋：《罗马公法要论》，北京大学出版社，2014，第267页。

识，对妻子和丈夫要求过高。[①] 这在一定程度上说明了法律配置男女两性权利义务时，应该尽可能地平衡两性关系，特别注重考量女性的权益。上述优士丁尼法关于女性人身权益方面的法律规定，特别是对女性终身监护的废止、独立规制对女性贞操和身体权益的侵辱以及授予女性离婚权，都是这种两性权利义务配置观念的结果。考察斯多亚主义和罗马法互动方面的史料，笔者认为这种两性权利义务配置的观念来源于斯多亚主义的平等观、社群主义以及不崇尚玄学的哲学思想。

希腊哲学对罗马法产生巨大的影响，其中的斯多亚主义对罗马法的发展有着不可磨灭的影响。[②] 马克斯·波伦茨（Max Pohlenz）认为斯多亚主义是一种精神运动，可以将之视为一种“思想的维度”。[③] 西塞罗在《论义务》中对斯多亚主义进行了重述，由此可知，斯多亚主义对罗马法学的深远影响主要得益于罗马法学家，他们中的多数与斯多亚主义联系在一起，他们以直接或间接的方式在罗德岛的学校里接触斯多亚主义。[④] 斯多亚主义的伦理学准则就是：按照理性而生活，合乎自然而生活。自然法是斯多亚伦理学的基础。[⑤] 它认为一切人天生是平等的，这种思想影响到了立法，特别是改善了妇女与奴隶的地位。[⑥] 斯多亚主义主张按照自然而理性生活，尊重自然规律以及对女性等弱势体的照顾，这些是最基本的常识。诚如《法学阶梯》中所言：“考虑到自然规律带给母亲的分娩之痛苦、危险以及经常的死亡，朕认为母亲必须得到帮助……放任偶然的情况给他们带来的损害是造孽的。”[⑦] 优士丁尼的这段法言作为女性权益保护原则的总把手，通过对女性的深切关爱，以此配置男女两性的权利义务，深刻体现出了斯多

① 马海峰：《重塑贞妇——〈尤里乌斯惩奸法〉述评》，《现代法治研究》2018 年第 1 期。

② Gioele Solari，Il Problema Della Giustizia E Dello Stato Nell'antichità Classica，a Cura di Angela Votrico，Torino 2013，p. 159 ss.

③ M. Pohlenz，La Stoa. Storia di un Movimento Spirituale，Milano，Giuffrè Francis Lefebvre，2005，p. 10.

④ Osvaldo Sacchi，Pitagorismo，Stoa E Diritto Romano Commerciale Nei Secoli IV-I A. C.，Ius antiquum，I（XXXI），Moscoviae 2015，p. 73.

⑤ 石敏敏、章雪富：《斯多亚主义》，中国社会科学出版社，2009，第 66 页。

⑥ 〔英〕罗素：《西方哲学史》（上卷），何兆武、李约瑟译，商务印书馆，1963，第 347 页。

⑦ I. 3，3，4。徐国栋：《优士丁尼〈法学阶梯〉评注》，北京大学出版社，2011，第 352 页。

亚主义的自然法思想。为此，在监护方面，尊重女性的自由意志，废止了终身监护，并且让女性有资格担任监护人，以此达到与男性同等的地位。

斯多亚主义以自然神论为特征，且注重社群主义。斯多亚学派的社群观念基于自然意义上的个体。而自然的个体是能够自爱的存在物。自然状态下的自爱是一种健康的自爱，即个体清楚地知道能够自爱的必须也能够爱其他人，不然的话，爱就受到伤害，自爱也不能够成立。[①] 为此，在男女两性的人身权益（贞操、身体、名誉等）遭受侵害时，应该从爱自己爱他人的角度来进行思考，进行同等的权利义务配置，并且考虑到女性的特殊身体构造，在侵辱方面予以特殊的独立保护。

斯多亚主义的一大特点就是不崇尚玄学，通俗易懂，以常识作为衡量理性的标准，相比于柏拉图和亚里士多德的理论更为务实的罗马人所青睐，符合罗马人的精神气质。罗马法律家和希腊哲学家最大的区别在于："他们不是穷知究虑的思想家，只信赖常识。"[②] 罗马人是折中主义者，善于从不同体系中吸收对他们最有吸引力的观点，并且按照喜好进行体系修正。常识告诉他们，女性在生育方面以及家族传承中非常重要，不能将之视为单纯的生殖工具，而应该以人文主义加以关怀。"……不认为男女两性在这方面的法律中有任何区别，因为这两种人在人类的生殖中执行着类似的自然功能……"[③] 为此，优士丁尼法在婚姻制度层面，完全授予女性离婚的自由，以两性生殖方面的类似功能来配置男女两性的婚姻自由，达至女性的解放。斯多亚主义的自然法和平等观念的人文主义思想，见之于罗马家庭法律制度的发展之中，它影响了罗马家庭妇女的法律地位。早期罗马法顽固僵化地维护父权、夫权的利益，无视女性的利益和情感，而到优士丁尼时期的罗马法，则体现出更多的人文主义关怀，重视女性的意志情感，女性的离婚权自然被官方所授予。社会制度（包括法律）的一切发展原点可以说是为了人，正如法学家赫尔摩格尼（Hermogenian）所说：

---

① 参见石敏敏、章雪富《斯多亚主义》，中国社会科学出版社，2009，第47页。

② 〔美〕梯利：《西方哲学史》，贾辰阳、解本远译，光明日报出版社，2013，第130页。

③ I. 2，13，5。徐国栋：《优士丁尼〈法学阶梯〉评注》，北京大学出版社，2011，第258页。

"所有法均为人而设，所以我们先谈人的身份……"① 这里的人是 hominum，为 homo 的属格、复数形式，是可以囊括单个人的复数的人，大的范围讲，包括奴隶在内的生物意义上的人，即"我们"，强调男女两性。

优士丁尼法在斯多亚主义的哲学因素影响下，采取上述一系列措施来实现男女两性的平等。女性在人身方面的权益通过终身监护的废止、侵辱之诉的独立规制以及离婚权的获得等得到较全面的保护。德国学者奥托·基弗谈到古罗马妇女解放时曾说："优士丁尼统治下的男女的权利基本相等，妇女最后在法律上和经济上都已发展成熟。获得两性关系自主、经济独立以及政治上的解放。"② 诚哉斯言。在人类的繁衍中，两性扮演的角色是相似的，甚至可以说，女性在生殖中扮演着更为重要的角色，这是优士丁尼法中所持有的常识。社会制度（包括法律）一切发展的原点是为了人，而人的来源就是两性的生殖。优士丁尼法已经贯彻此种理念。当然，两性平等问题始终是个困扰人类的难题，女性即使在当代社会亦有屈从之表现，两性的平等是需要人类通过不断斗争（包括法律制度的完善）而全面实现的。随着女权运动的展开以及现代女性法律的发展，这种最原初的理念常识必须予以贯彻。优士丁尼法虽为古法，然其贯彻的理念却是历久弥新的，可为我国民法典中的婚姻家庭编、侵权编等具体规定提供理念上的启发式思考。

On the Protection of Women's Personal Rights and Interests in Corpus Juris Civilis: Taking Guardianship, Iniuria, and Divorce as Examples

Zhou Pingqi

Abstract: Corpus Juris Civilis as a typical product of codification, which

① D. 1, 5, 2。*The Civil Law including the Twelve Tables, the Institutes of Gaius, the Rules of Ulpian, the Opinions of Paulus, the Enactments of Justinian, and the Constitutions of Leo*, Vol. II, Trans. and edited by S. P. Scott, The General Trust Company, Cincinnati, 1932, p. 227.

② 〔德〕奥托·基弗：《古罗马风化史》，姜瑞璋译，辽宁教育出版社，2000，第 53 ~ 54 页。

proper meaning is the protection of female personal rights. From ancient Roman law to Corpus Juris Civilis, the protection and protection of women's personal rights and interests are constantly developing and perfecting. The concrete manifestations are: the female guardianship experience is a passive to active development process, that is, from lifelong custody to the abolition of clan parental custody to female exemption, the evolution of the duty of lifelong custody and the ability to assume custody; the chastity and physical rights of women are double protected by the infringement of private law and the crime of infringement of public law, and the insult to women is used as an independent type of insult Specific insults such as "talking, trailing, and abduction" are detailed; women eventually obtain the right to divorce and no longer need a five-year divorce waiting period, especially to give women the right to separate divorce based on their husband's fault, thus "The duty of loyalty" is established as an obligation that both sexes should abide by. The reason why Corpus Juris Civilis protects women's personal rights through the construction of the above specific system is based on the philosophical thinking of Stoicism.

Keywords: Corpus Juris Civilis; Custody; Iniuria; Divorce; Stoicism

人权实证研究

地方政府税收优惠政策清理中的纳税人信赖利益保护*

郭昌盛**

摘　要： 地方政府税收优惠政策的清理，不可避免地会涉及纳税人信赖利益保护的问题。实践中，地方政府会通过发布规范性文件或者与纳税人签订招商引资合作合同的方式给予纳税人税收优惠，这两种方式在法律上应分别定性为行政允诺和行政契约。中央政府一直严厉禁止地方政府违法越权制定税收优惠政策，且《税收征收管理法》及其实施细则明确规定违法越权制定的税收优惠政策无效。纳税人对地方政府违法越权制定的税收优惠政策负有审查其合法性的注意义务，如果纳税人未尽合理注意义务而信赖该税收优惠政策，在该税收优惠政策被清理时，纳税人不得要求地方政府履行承诺或契约，而只能要求地方政府赔偿其因信赖地方政府制定的税收优惠政策而产生的既有利益的损失。

关键词： 税收优惠；行政允诺；行政契约；信赖利益保护；诚信原则

一　问题的提出

长期以来，我国地方政府为了推动区域经济发展，制定了大量的税收、非税等收入和财政支出优惠政策（以下统称“税收等优惠政策”），这些优惠政策一定程度上促进了投资增长和产业集聚，但也对公平的市场

---

*　本文系司法部2019年度国家法治与法学理论研究课题“优化税收营商环境法律问题研究”（项目编号：19SFB2051）的阶段性成果。

**　郭昌盛，北京大学法学院博士研究生。

竞争秩序、国家宏观调控政策的有效运行以及税收法定原则的落地生根带来了严重的阻碍。1977 年以来，中央政府就在调整和划分税收管理权限的过程中清查地方政府出台的税收优惠政策，要求除税收管理体制规定的权限外，“任何地方、部门和单位，都无权自行决定减税、免税，或者下达同税法相抵触的文件。各地区……要对过去的减税、免税情况，进行一次检查。凡是不符合上述规定的，应当加以纠正”。[①] 1981 年，国务院明确提出“坚决维护国家税收制度，不许随意改变税种、税率和减免税收。需要重申，国家税种的开征与停征，税目的增加与减少，税率的提高与降低，税收的加征与减免，必须统一管理……各部门自行下达有关税收的规定，一律无效……对各地区、各部门在税收方面自行作出的一些规定，进行一次清理，不合理的应当废止，超越规定权限的应当纠正”。[②] 随后，财政部发文明确，“凡属国务院和财政部的税收管理权限，不论其收入归属中央财政或地方财政，各地都无权作出任何减税、免税或更改税率的决定。今后不论任何地区或部门，凡超越权限擅自决定减税免税或改变税率的，均属违反法纪，不得执行，如已少交税款，应即追补入库，情节严重的，还要追究责任”。[③]

从 1993 年开始，中央政府更加严厉地清理地方政府违法越权制定的税收优惠政策，并强调“各地区、各部门违反税法规定和国家政策，超越权限自行制定的各类税收优惠政策（包括涉外税收政策），一律无效”。[④] 2014 年，国务院要求进行新一轮税收优惠政策清理，要求“全面清理已有的各类税收等优惠政策”“通过专项清理，违反国家法律法规的优惠政策一律停止执行，并发布文件予以废止”。[⑤] 该通知发布后，引起了巨大的反响，这种方式使得地方政府承受着巨大的压力，地方政府之前已经出

① 《国务院批转财政部关于税收管理体制的规定》（1977 年 11 月 13 日）。

② 《国务院关于平衡财政收支、严格财政管理的决定》（国发〔1981〕14 号，简称“14 号文”）。

③ 转引自刘隆亨《中国税法概论》，北京大学出版社，1986，第 110～111 页。

④ 《国务院关于加强税收管理和严格控制减免税收的通知》（国发〔1993〕51 号，简称“51 号文”）。

⑤ 《国务院关于清理规范税收等优惠政策的通知》（国发〔2014〕62 号，简称“62 号文”）。

台的优惠政策，或者与企业签署的合同中的优惠条款是否应该执行以及如何执行都有很大的不确定性。然而，这一轮税收优惠政策清理并未如期进行，仅仅不到半年，国务院又重新发文明确“62 号文规定的专项清理工作，待今后另行部署后再进行”，并对现行税收优惠政策实行了按规定期限执行、设立过渡期、继续有效、不溯及既往等分类处置规则以及出台了新优惠政策的审批制度。①

2016 年，国务院发布《关于加强政务诚信建设的指导意见》（国发〔2016〕76 号，简称“76 号文”），明确要求“规范地方人民政府招商引资行为，认真履行依法作出的政策承诺和签订的各类合同、协议，不得以政府换届、相关责任人更替等理由毁约。因国家利益、公共利益或其他法定事由需要改变政府承诺和合同约定的，要严格依照法定权限和程序进行，并对相关企业和投资人的财产损失依法予以补偿”。2017 年 9 月，国务院办公厅再次发布《关于进一步激发民间有效投资活力促进经济持续健康发展的指导意见》（国办发〔2017〕79 号，简称“79 号文”）强调，“地方各级政府向民营企业作出政策承诺要严格依法依规，并严格兑现合法合规的政策承诺，不得违法违规承诺优惠条件。要认真履行与民营企业签订的合法合规协议或合同，不得以政府换届、相关责任人更替等理由拒不执行，不得随意改变约定，不得出现‘新官不理旧账’等情况”。

25 号文中提出的按规定期限执行、设立过渡期、继续有效、不溯及既往的分类处置规则以及国务院 76 号文、79 号文强调的损失补偿、严格兑现承诺等要求在很大程度上体现了对纳税人的信赖利益保护。由此引发的问题在于：地方政府违法越权制定的税收优惠政策有什么样的法律效力？中央政府在清理税收优惠政策过程中是否应当保护纳税人的信赖利益？如果需要保护纳税人的信赖利益，应当如何保护？62 号文、25 号文之后，地方政府违法越权制定的税收优惠政策又该何去何从？本文拟对地方政府在促进经济发展过程中制定的税收优惠政策进行微观考察，并对信

① 《国务院关于税收等优惠政策相关事项的通知》（国发〔2015〕25 号，简称“25 号文”）。

赖利益保护原则在法学中的历史流变进行梳理，在此基础上分析地方政府税收优惠政策清理中的纳税人信赖利益保护有无必要、如何保护等问题，以期对信赖保护原则在税法中的适用进行初步的探索。

二 地方政府制定税收优惠政策的动力机制及实践样态

讨论地方政府税收优惠政策清理中的纳税人信赖利益保护，需要首先明确地方政府制定税收优惠的原因以及实践中地方政府制定税收优惠政策的类型。地方政府制定税收优惠政策的原因对于分析税收优惠政策的合法性与合理性有着重要影响。

（一）地方政府为何热衷于制定税收优惠政策？

我国《税收征收管理法》第3条明确规定："税收的开征、停征以及减税、免税、退税、补税，依照法律的规定执行；法律授权国务院规定的，依照国务院制定的行政法规的规定执行。任何机关、单位和个人不得违反法律、行政法规的规定，擅自作出税收开征、停征以及减税、免税、退税、补税和其他同税收法律、行政法规相抵触的决定。"《税收征收管理法实施细则》第3条规定："任何部门、单位和个人作出的与税收法律、行政法规相抵触的决定一律无效，税务机关不得执行，并应当向上级税务机关报告。纳税人应当依照税收法律、行政法规的规定履行纳税义务；其签订的合同、协议等与税收法律、行政法规相抵触的，一律无效。"由此可以得知，在我国现行税收法律制度下，税收的减免退补等优惠政策只能由法律、行政法规制定，地方政府无权制定税收优惠政策，地方政府作出的与税收法律、行政法规相抵触的决定无效。

尽管中央政府及其财税主管部门经常强调税收优惠政策制定权的分配必须遵循法律保留原则，却不时出现地方政府越权制定税收优惠政策的现象。①

① 叶姗：《税收优惠政策制定权的法律保留》，《税务研究》2014年第3期。

《税收征收管理法》及其实施细则严格限制了税收减免的管理权限，中央政府也三令五申禁止地方政府擅自对纳税人进行税收减免，地方政府不得不通过财政奖励的方式来吸引企业投资，这种变相的税收优惠渐渐成为地方政府招商引资的常用手法。[①] 地方政府为什么要积极招商引资，甚至不惜展开税收竞争呢？这与我国地方官员晋升的政治锦标赛体制[②]有着莫大的关系。20 世纪 80 年代以来，中国地方官员的选拔和晋升标准由过去的纯政治指标变成经济绩效指标，[③] 而经济绩效指标在实践中异化为"唯 GDP 论"或"GDP 中心主义"，不同地区的地方官员在"官场"上为晋升而竞争，在经济上则体现为为 GDP 和利税进行竞争。[④] 表面上，地方政府出台税收优惠使得当地政府获得的税收收入少于没有税收优惠情况下的收入，但实际上地方政府通过税收优惠吸引了大量原本可能不会在当地进行的投资，这些投资会带动当地经济的发展，最终促进地方政府的经济增长和税收收入的增长。实证研究也表明，我国地方税收竞争对经济增长的积极效应大于消极效应，促进了经济增长。[⑤]

（二）地方政府制定税收优惠政策的实践样态

理论上，地方政府制定的税收优惠政策根据不同的标准会有不同的分类。以合法性为标准，地方政府制定的税收优惠政策包括符合法律、法规规定的优惠政策和违法越权制定的优惠政策两种，本文主要讨论地方政府税收优惠政策清理中的纳税人信赖利益保护问题，因此，地方政府出台的符合法律、法规的税收优惠不在本文讨论范围之内。以税务机关是否参与税收优惠制定为标准，地方政府制定的税收优惠分为税务机关参与制定的

---

① 叶姗：《斜向府际税收竞争的法律规制——以股票转让所得课税规则的变迁为对象》，《法学家》2012 年第 3 期。

② 周黎安：《中国地方官员的晋升锦标赛模式研究》，《经济研究》2007 年第 7 期。

③ Li, Hongbin & Zhou, Li-An, "Political Turnover and Economic Performance: The Incentive Role of Personnel Control in China", *Journal of Public Economics*, 89, 2005, pp. 1743 - 1762.

④ 周黎安：《晋升博弈中政府官员的激励与合作——兼论我国地方保护主义和重复建设问题长期存在的原因》，《经济研究》2004 年第 6 期。

⑤ 谢欣、李建军：《地方税收竞争与经济增长关系实证研究》，《财政研究》2011 年第 1 期。

税收优惠和税务机关未参与制定的税收优惠。以税收优惠受益人为标准，分为地方政府对个人、法人以及其他组织制定的税收优惠三种，以受益人为标准进行分类的税收优惠政策对于认定税收优惠政策的法律性质及效力并无本质影响，故本文不予讨论。

实践中，地方政府为了招商引资而给予投资者（或管理者）以及引资居间人一定的税收优惠政策和奖励的情形十分普遍。地方政府出台的税收等优惠政策形式十分灵活，主要包括：对企业违规减免或缓征行政事业性收费和政府性基金；以优惠价格或零地价出让土地；低价转让国有资产、国有企业股权以及矿产等国有资源；违反法律法规和国务院规定减免或缓征企业应当承担的社会保险缴费；未经国务院批准允许企业低于统一规定费率缴费；违法违规制定与企业及其投资者（或管理者）缴纳税收或非税收入挂钩的财政支出优惠政策，包括先征后返、列收列支、财政奖励或补贴，以代缴或给予补贴等形式减免土地出让收入等；代企业承担社会保险缴费等经营成本；给予电价水价优惠；通过财政奖励或补贴等形式吸引其他地区企业落户本地或在本地缴纳税费；对部分区域实施的地方级财政收入全留或增量返还等；与企业签订合同、协议、备忘录、会议或会谈纪要以及“一事一议”形式的请示、报告和批复等。[①]

需要注意的是，地方政府给予纳税人的优惠不能全部被认定为税收优惠。实践中，地方政府给予纳税人优惠总体上可以分为三种情况：第一种是地方政府直接在规范性文件中承诺给予减税、免税、退税；第二种情况是地方政府承诺先征后返，并通过财政补贴或者各类明目的奖励形式向纳税人返还，且返还金额与纳税人缴纳的税款挂钩，在性质上属于变相的减、免、退税款；第三种情况是地方政府以纳税人的投资额、产值金额、就业数据等各项经营数据指标为基础，按照一定的计算方法计算财政奖励金向投资方或被投资企业支付，各项奖励金并不与被投资企业缴纳税款的金额挂钩。税收优惠是为增进公共利益，依立法授权裁量之范围，设例外

① 《国务院关于清理规范税收等优惠政策的通知》（国发〔2014〕62号，简称“62号文”）。

或特别规定，属于量能平等负担原则之例外，[①] 体现的是对纳税人行为的鼓励和促进。[②] 因此，在第一种情况和第二种情况下，地方政府作出的优惠承诺与纳税人所缴纳的税款密切相关或成一定比例，属于典型的税收优惠；而在第三种情况下，地方政府给予纳税人的优惠与纳税人自身的纳税额度不挂钩，不宜认定为税收优惠。

从税收优惠政策的形式来看，地方政府制定的税收优惠政策主要有两类：一类是地方政府单方面出台的规范性文件形式的税收优惠；一类是政府与特定企业单独签订的各种协议、合同等形式的税收优惠。前者可以简称为“规范式税收优惠”，后者可以简称为“合同式税收优惠”。无论是规范式税收优惠，还是合同式税收优惠，地方政府都可能是出于贯彻落实中央出台的税收优惠政策的目的，也可能是出于税收竞争[③]的目的。有学者认为，地方政府越权制定的规范性文件或签订的协议中的税收减免承诺的法律效力有瑕疵，但当税收减免承诺被撤销后，地方政府仍应谨守承诺，保护纳税人的信赖利益，承担补偿责任。[④] 遗憾的是，对于如何保护税收优惠政策清理中的纳税人信赖利益，学界并无深入的研究。因此，本文主要以规范式税收优惠和合同式税收优惠两种形式为视角展开研究。

三　信赖利益保护原则的制度定位

关于信赖利益保护原则，学界已有十分丰富的研究，主要集中于民法学界和行政法学界。与信赖利益保护原则密切相关的两个概念是诚实信用原则和合法预期保护原则，[⑤] 学界的研究主要集中在信赖保护原则与诚实信用原则的关系如何、信赖保护原则在民法以及行政法中的地位如何、信

---

① 葛克昌：《税捐行政法——纳税人基本权视野下之税捐稽征法》，厦门大学出版社，2016，第 172 ~ 173 页。

② 郭昌盛：《我国个人所得税税收优惠法律制度设计初探》，《税务与经济》2018 年第 2 期。

③ 葛夕良：《国内税收竞争研究》，中国财政经济出版社，2005，第 23 页。

④ 叶姗：《地方政府税收减免承诺的效力瑕疵》，《当代法学》2017 年第 6 期。

⑤ 关于该原则的表述有很多，主要有正当期望、正当期待、合法预期、合法期待、正当预期、合理期待等。参见张兴祥《行政法合法预期保护原则研究》，北京大学出版社，2006，第 2 页。

赖保护原则所保护的利益范围为何等方面。而财税法学界对信赖保护原则以及诚实信用原则的研究都不充分，对纳税人信赖利益保护的研究更是乏善可陈。纳税人信赖利益保护能否直接适用民法学界和行政法学界对信赖利益保护研究的成果，或者能否直接将民法、行政法对信赖利益保护原则的研究内容套用到纳税人信赖利益保护中呢？这就需要对信赖利益保护原则的历史流变以及纳税人信赖利益保护的内涵与外延进行梳理与明确。

（一）行政法学界与民法学界对信赖利益保护原则的研究

学界对信赖利益保护原则与诚实信用原则、合法预期保护原则之间的关系的研究实际上是从大陆法系和英美法系两大法系关于此三项原则的历史演绎着手的。总体上来看，学界对信赖利益保护原则和诚实信用原则之间关系的争论主要在于：信赖利益保护原则是不是诚实信用原则在行政法上的运用，二者是否等同。关于信赖保护原则与诚实信用原则的关系，目前的观点主要有四种。第一种观点认为，信赖保护原则是诚信原则在行政法中的运用，构成了行政法的一项基本原则，[①] 信赖诚实的原则乃至信赖保护的原则，是将在私人间适用的法原理适用于行政法关系的情况，[②] 诚信原则在德国等大陆法系国家行政法上一般表述为信赖保护原则，用语虽然不同，但德国法上的信赖保护原则在实质上与诚信原则基本相同，只不过信赖保护原则看起来更注重操作性和对相对人权利的救济。随着国家职能从干预行政向给付行政的转变，诚实信用原则已经君临法域，推至公法领域，成为行政法乃至宪法的一项基本原则。[③] 第二种观点认为，信赖保护原则属于诚实信用原则的一部分，是诚信原则的一个方面或者某一阶段的具体体现，[④] 诚信原则是行政法之最高形式原则，法律保留原则、法律优先原则、比例原则、信赖保护原则等皆源自诚信原则，[⑤] 诚信原则作为行政法的基本原则，可以有效统合信赖保护原则、比例原则、权利不得滥

---

① 周佑勇：《行政许可法中的信赖保护原则》，《江海学刊》2005 年第 2 期。

② 〔日〕盐野宏：《行政法》，杨建顺译，法律出版社，1999，第 59 页。

③ 刘丹：《论行政法上的诚实信用原则》，《中国法学》2004 年第 1 期。

④ 参见杨解君《行政法诚信理念的展开及其意义》，《法学研究》2004 年第 5 期。

⑤ 刘莘、邓毅：《行政法上之诚信原则刍议》，《行政法学研究》2002 年第 4 期。

用原则等子原则，从而在行政法中形成原则体系。[①] 第三种观点认为，信赖保护原则并非源于诚信原则，而是源自法安定性原则与基本权利规范，[②] 信赖保护原则乃是一般法律思想的必然表现，在所有法律秩序中具有规范法律交易的任务，[③] 法治国家原则以及从中推论而出的法安定性原则才是信赖利益保护原则的真正来源。[④] 第四种观点认为，诚实信用原则乃平行于其他行政法之基本原则，而非作为一个上位原则游荡于行政法的各原则与具体的规则之上，亦非仅是信赖保护原则的另一种表达。诚实信用原则应被当作与信赖保护原则、依法行政原则、比例原则、平等原则等行政法基本原则相平行的一项原则引入行政法体系，使其作为法解释之基准，具备补充既有法律规范的漏洞、修正法律体系中的错误之机能。[⑤]

第一种观点实际上是将诚实信用原则等同于信赖保护原则，将信赖保护原则视为民法上诚实信用原则在行政法上的适用；第二种观点将诚实信用原则视为信赖保护原则的渊源，实际上是认为诚实信用原则包含了信赖保护原则；第三种观点否认了信赖保护原则与诚实信用原则的包含关系，将一般法律思想作为信赖保护原则的渊源；第四种观点则将诚实信用原则与信赖保护原则并列为行政法的原则。笔者认为，诚实信用原则与信赖保护原则并无本质上的区别，无论将其称为诚实信用原则还是信赖保护原则，其指向的内容是一致的。法乃是由国民法意识所成立的价值判断，正当的事公法和私法均予承认，不正当的事公法和私法均不予承认，[⑥] 诚实信用原则构成法规范，并全面直接适用于所有法规范之中。[⑦] 虽然诚实信用原则起源于罗马法时代的诚信契约和诚信诉讼，与严正契约、严正诉讼

① 梁成意：《诚信作为行政法基本原则之证成》，《吉首大学学报》（社会科学版）2013 年第 4 期。

② 刘飞：《信赖保护原则的行政法意义——以授益行为的撤销与废止为基点的考察》，《法学研究》2010 年第 6 期。

③ 〔日〕田村德治：《宪法及行政法诸问题》，有斐阁，1987，第 10～15 页。

④ 蒋成旭：《存续力理论视野下的信赖利益保护原则》，《东方法学》2016 年第 4 期。

⑤ 陈鹏：《诚实信用原则对于规范行政权行使的意义——对当前学说及司法实践的检讨》，《行政法学研究》2012 年第 1 期。

⑥ 杨解君：《当代中国行政法的品质塑造——诚信理念之确立》，《中国法学》2004 年第 4 期。

⑦ 黄学贤：《行政法中的信赖保护原则》，《法学》2002 年第 5 期。

相对应,[①] 而信赖保护原则主要从20世纪30年代的德国发展起来,[②] 但这并不足以证明信赖保护原则和诚实信用原则分属行政法和民法，也不足以证明二者之间有本质的区别。两大法系的信赖法则虽然有不同的历史渊源和发展轨迹，但由于法的价值取向与法律逻辑的共性，信赖法则在20世纪突破法系的界限而相互融合成为法律全球化趋势下不可阻挡的时代潮流。[③]

关于信赖保护原则与合法预期保护原则的关系，学界争议的焦点最终集中在二者保护的范围或者赔偿损失范围的区别上。合法预期保护原则最早是在20世纪90年代由于安教授翻译的《德国和欧洲行政法的一般原则》一文传到我国的。从概念术语的起源看，合法预期是分别在英国和大陆法系国家生成的。英国的合法预期与德国的信赖保护、美国的禁止反言有着近似的功效，也有着实质差别。[④] 在欧洲大陆国家特别是德国、荷兰、瑞士行政法中也有合法预期的概念。随着合法预期制度被欧共体法院以及欧共体法所引用，它被确认为欧共体基本原则之一，成为“保护公民的欧共体法律秩序的诸多上位法之一”[⑤]。合法预期保护与信赖保护之间最大的差异就在于，两者所保护之利益的范围及其所保护的程度不同。信赖保护的利益是既有利益，即因基于信任行政行为而实施某种行为从而导致的利益付出，而合法预期保护的利益不仅仅是既有损失利益，还包括合法预期的利益。[⑥] 在行政法上，正当期待的“利益”包括了相当于私法上的“信赖利益”和“期待利益”的两部分内容。[⑦] 实际上，行政法学界关于信赖利益保护原则与合法预期原则保护范围的区分与民法学界关于合同上

① 参见徐国栋《诚实信用原则的概念及其历史沿革》,《法学研究》1989年第4期。

② 参见李春燕《行政信赖保护原则研究》,《行政法学研究》2001年第3期。

③ 马新彦:《两大法系信赖法则的融合——以美国〈路易斯安那民法典〉为对象》,《法学评论》2012年第6期。

④ 余凌云:《英国行政法上合法预期的起源与发展》,《环球法律评论》2011年第4期。

⑤ 余凌云:《行政法上合法预期之保护》,《中国社会科学》2003年第3期。

⑥ 合法预期保护作为行政法上的一项新兴原则，一般认为起源于德国法和英国普通法，之后为欧陆各国、日本以及美国等国家广泛接受。从起源上来看，合法预期保护并不是一个行政法概念，而是一个宪法概念，源自德国基本法的法治原则。

⑦ 王锡锌:《行政法上的正当期待保护原则述论》,《东方法学》2009年第1期。

信赖利益与履行利益的区分没有本质上的区别，行政法上的信赖利益与民法上的信赖利益应当做同一解释、界定，将信赖利益界定为既得利益；合法预期保护原则保护的预期利益则与民法上的履行利益一致，是期待对方当事人履约完毕后获取但因对方违约而未能获取的收益或好处。[①]

（二）税法学界对信赖利益保护原则的研究

财税法学界关于诚实信用原则的研究目前集中于该原则在税法上适用的正当性及其价值。例如，有人从公私法的相互渗透和融合、税收债务关系说以及我国税收领域诚信缺失的状况等方面为诚实信用原则在税法上的适用寻求理论基础、学说支持和现实需求。[②] 也有人对诚实信用原则与税收法定原则的关系作了探讨，认为诚实信用原则与税收法定原则并不是简单的冲突关系或相容关系，而是既相互补充，又需要协调冲突的关系，[③] 诚实信用原则的适用有利于保护当事人的信赖利益，是对税收法定原则的形式上的适用的补充。[④]

台湾学者对税法上信赖保护原则与诚信原则的关系作了探讨，认为信赖保护基于诚信原则，但诚信原则适用较广，信赖保护较狭。信赖保护对纳税人对公权力之信赖予以保护；诚信原则不仅纳税人得主张，亦保障稽征机关。[⑤] 有学者注意到税法行政规则变更时的纳税人信赖利益保护问题，认为倘税捐义务人因信赖稽征机关之特定行为，始据以进行无法回复之财产上处置，而依一般法律感情，税捐义务人之信赖较值得保护时，行政合法性原则必须让步牺牲，[⑥] 并提出了给予过渡期以及不溯及既往的信赖保

---

① 杨良宜：《预期利益损失与信赖利益损失》，《中国海商法年刊》2011 年第 1 期。

② 参见邵伟杰《诚实信用原则在税法上的适用探讨》，《税务研究》2010 年第 4 期；张晓君《关于税法中的诚实信用原则》，《理论探索》2008 年第 1 期；苏如飞《论诚实信用原则的税法适用》，《经济研究导刊》2007 年第 10 期；徐阳光、常青《论诚实信用原则在税法中的适用》，《交大法学》2014 年第 1 期；席颖、尹珊珊《诚实信用原则在我国税法中的适用研究》，《人民论坛》2013 年第 5 期；等。

③ 侯作前：《论诚实信用原则与税法》，《甘肃政法学院学报》2003 年第 4 期。

④ 张守文：《税法原理》（第 6 版），北京大学出版社，2012，第 37 页。

⑤ 葛克昌：《税捐行政法——纳税人基本权利视野下之税捐稽征法》，厦门大学出版社，2016，第 69 页。

⑥ 陈清秀：《现代财税法原理》，元照出版有限公司，2015，第 31 ~ 32 页。

护救济方式。[①] 税捐优惠规定可能会由于经济、社会或者国家财政情势的改变而废止或变更，[②] 在此情形下会涉及纳税人信赖利益保护的问题。

关于纳税人信赖利益保护的研究则局限于税务机关与纳税人之间的征纳关系方面，缺乏对纳税人信赖利益在具体情况下应该如何保护的研究。有人认为，纳税人的信赖利益是指纳税人对征税机关行为正当性的信任，并因此信任而为相关行为做准备，由此产生利益，即依法纳税和安排合法的经济行为，由此获得利益。[③] 纳税人的信赖利益保护是指纳税人在税务行政活动中产生的合理信赖应该受到保护，纳税人基于信赖国家现行的相关税务法律规定或税务机关税收征收行为的存续状态而作出相应的行为后，若非为了公共利益的需要，税务机关不得随意撤销、废止、变更先前的税务行政行为，由此给纳税人造成的损失应当承担赔偿责任。[④] 也有人认为，税法上纳税人的信赖利益保护是指在税收征纳过程中，纳税人基于对税务机关征税行为的信赖而履行纳税义务或安排其经营活动，税务行政行为所依据的法律、法规、规章修改或者废止，或者授益纳税人所依据的客观情况发生重大变化的，为了公共利益的需要，行政机关可以依法变更或撤回其先前已经生效的税务行政行为，由此给纳税人带来经济损失的，行政机关应当依法给予补偿。[⑤] 纳税人信赖利益保护原则强调的是税收立法、税收征管应营造稳定的法律秩序，不得随意变更法律法规或在先征管行为，而致使纳税人的信赖利益遭受贬损，若因重大公共利益等事由不得已为之，也必须及时做出相应有效的补救安排。[⑥]

总的来看，行政法学界和民法学界对诚实信用原则、信赖保护原则以及合法预期原则的研究已经颇为深入，形成了研究体系。然而，财税法学界对这三项原则的研究则存在明显的不足，且至今仍然没有关于合法预期

---

① 陈清秀：《现代税法原理与国际税法》，元照出版有限公司，2010，第 286 ~ 287 页。

② 黄茂荣：《法学方法与现代税法》，北京大学出版社，2011，第 154 页。

③ 赵慧敏、陈楠、孙静：《对纳税人信赖利益保护问题的分析》，《国际税收》2015 年第 11 期。

④ 陆芳：《论纳税人的信赖利益的保护》，《财会研究》2016 年第 9 期。

⑤ 徐楠芝：《论纳税人的信赖利益之保护》，《税收经济研究》2016 年第 6 期。

⑥ 张富强、许健聪：《税收宏观调控中纳税人信赖利益之保护》，《法学杂志》2016 年第 9 期。

保护原则的相关研究。财税法学界并没有陷入行政法学界对诚实信用原则与信赖保护原则关系研究的泥潭，而是直接以诚实信用原则或者信赖保护原则展开研究。但是，现有的关于信赖利益保护的研究局限于税务机关与纳税人之间，而缺乏对地方政府与纳税人之间信赖利益保护的研究；仅仅关注到税务机关存在过错情况下的纳税人信赖利益的保护问题，没有涉及纳税人和税务机关同时存在过错的情况下信赖利益如何保护的问题。

四　税收优惠政策清理中纳税人信赖利益如何保护

（一）纳税人信赖利益保护的构成要件

信赖利益能否得到法律的保护，取决于该种利益的法律评价，以及其所属部门法的特性。对纳税人而言，并非任何信赖都能得到法律的承认，信赖利益也必须符合特定的构成要件。[①] 要在税收优惠政策清理中保护纳税人的信赖利益，首先要明确信赖利益保护的构成要件。经过 2000 年至 2016 年的变迁，理论界对信赖利益保护原则的适用框架经历了“三要件”独占鳌头，到“四要件”逐渐兴起的过程，已经形成了较为固化的适用要件体系。[②] 三要件说的主要代表者是我国台湾地区学者吴坤城，他认为信赖保护原则的适用必须具备信赖基础、信赖表现、信赖值得保护三个要件。[③] 四要件与三要件的不同之处在于“利益衡量是否能作为信赖利益保护适用的条件”，实际上，四要件说与三要件说并没有本质上的区别，利益衡量完全可以归入三要件中的信赖值得保护要件中去。因此，笔者拟从信赖保护原则适用的三个要件出发探讨税收优惠政策清理中信赖利益如何保护的问题。

---

① 刘剑文、熊伟：《税法基础理论》，北京大学出版社，2004，第 169 页。

② 胡若溟：《行政诉讼中“信赖利益保护原则”适用——以最高人民法院公布的典型案件为例的讨论》，《行政法学研究》2017 年第 1 期。

③ 参见吴坤城《行政法学上之诚实信用原则》，载城仲模主编《行政法上之一般原则》（二），台湾三民书局，1994，第 238 ~242 页。

首先是具备信赖基础，主要解决纳税人信赖的对象问题。信赖基础通常是足以引起相对人合理期待的公权力行为，主要表现形式为公权力机关已经发布的法规、已经公开的决定、已经实施的行为（不作为）。[①] 如前文所述，地方政府的税收优惠有的是政府以文件的形式进行公示，有的是政府以与企业签订协议的形式为企业提供税收优惠。因此，纳税人信赖的基础是地方政府制定的包含了税收优惠的招商引资文件以及地方政府与纳税人签订的招商引资合作协议、合同等。其次是要有信赖表现，即纳税人出于对地方政府制定的招商引资文件或者地方政府与纳税人签订的合作协议、投资合同的信赖而对自己的生产生活作出安排，对财产进行了处理，从而表现出信赖行为。[②] 最后是信赖值得保护，即当事人对行政机关作出的行政行为的信赖是善意的。善意的信赖值得保护，恶意的信赖则不值得保护。如果当事人明知信赖基础不合法或者明显违法而故意不知或者信赖基础明显与上位法相抵触，则当事人的信赖利益不值得保护。

（二）纳税人信赖利益是否值得保护？

1. 行政允诺下的纳税人信赖利益保护

行政承诺是行政机关或法律、法规授权的其他组织通过公开的方式对社会作出许诺，相对人完成了其在承诺中指定的行为后给予一定奖励的行政行为。[③] 行政承诺理论上分为给付性承诺、悬赏奖励性承诺、时效性承诺三种。[④] 地方政府制定的规范式税收优惠政策属于典型的悬赏奖励性承诺。无论是司法实践还是学术研究，都已经将地方政府作出的奖励承诺定性为行政承诺，而最高人民法院也于 2004 年将行政允诺纳入了行政诉讼案由。[⑤] 需要注意的是，地方政府出台招商引资优惠政策既有可能是对符

---

① 耿宝建、王亚平：《法规变动与信赖利益保护》，《法学》2011 年第 3 期。

② 参见唐信福、刘兴旺《从一例行政许可诉讼案件析行政许可中的信赖利益保护》，《人民司法》2007 年第 2 期。

③ 李玉敏、陈志力、蔡靖：《行政承诺案件的性质及审理对象》，《法律适用》2003 年第 12 期。

④ 王伦、耿志武：《行政承诺及其可诉性》，《人民司法》2002 年第 8 期。

⑤ 《最高人民法院关于规范行政案件案由的通知》（法发〔2004〕2 号）。

合一定条件的企业给予税收减免，也有可能是对招商引资居间人或者介绍人进行一定数额的奖励。地方政府对引资居间人作出的给予奖励的行政承诺在司法实践中一般都会被认可，最高人民法院也通过发布公报案例[①]和编纂行政审判指导案例[②]的方式明确了这类案件的审判口径：行政机关为促进辖区经济社会发展而制定的奖励文件，如所含允诺性内容与法律法规不相违背，应视为合法有效。[③] 其理由在于，地方政府对招商引资居间人的奖励承诺是以给付引资居间人利益为目的，并不损害引资居间人既存的合法权益，也不会限制或者剥夺引资居间人的合法权益，[④] 因此，即使目前仍然缺乏关于行政承诺的法律法规，地方政府对招商引资居间人作出的承诺也不应被认定无效。正如山东省高院在判决书中所述“对缺少行为法依据，但具有组织法依据的行政允诺行为，不能以缺少行为法上的明确授权而否定其效力”，而地方政府对本行政区域内的经济、财政等事务的管理权限是宪法和地方各级人民代表大会和地方各级人民政府组织法明确授权的。

问题就在于，对地方政府在招商引资过程中出台规范性文件对符合一定条件的企业给予税收减免和对引资居间人给予行政奖励是否应当作出相同的效力认定？是否应当支持企业对地方政府提出的履行税收减免承诺的请求？答案实际上是存疑的。我国《税收征收管理法》及其实施细则明确规定，任何部门、单位和个人作出的与税收法律、行政法规相抵触的决定一律无效，而且自 1993 年以来，中央政府在历次税收优惠专项清理中始终严厉禁止地方政府违法越权制定各类税收优惠政策。因此，当地方政府违法越权出台税收优惠政策时，企业实际上是知道或者应当知道该税收优惠政策面临被撤销、被废止或者被认定为无效的风险的。一般情况下，普

① 《崔龙书诉丰县人民政府行政允诺案》，《中华人民共和国最高人民法院公报》2017 年第 11 期。

② 辽宁省本溪市民族贸易公司清算小组与荣成市人民政府经济行政允诺纠纷上诉案。

③ 最高人民法院行政庭：《中国行政审判指导案例》（第 1 卷），中国法制出版社，2012，第 108 页。

④ 章剑生：《行政允诺的认定及其裁判方式——黄银友等诉湖北省大冶市政府、大冶市保安镇政府行政允诺案评析》，《交大法学》2016 年第 2 期。

通老百姓是很难判断地方政府出台的税收优惠政策是否违反上位法的规定的，因此，当地方政府撤销其违法越权制定的税收优惠政策时，应当保护纳税人的信赖利益。但是，在实践中能够享受地方政府违法越权制定的税收优惠政策的纳税人大多数是资金实力雄厚、经营规模较大、生产运营绩效良好的大中型企业，这些企业的法务部门和税务部门对我国现行税收法律法规大多比较熟悉，也很容易知道地方政府制定的税收优惠政策是违法越权出台的，企业在投资过程中，面对政府出台的涉及税收方面的优惠政策，有能力且有义务了解我国现行税收法律法规中地方政府违法越权制定的税收优惠政策无效的法律后果，也很容易知悉中央多次开展地方政府税收优惠政策清理工作中的强硬态度："任何超越税法和税收管理权限规定的减免税必须立即纠正""凡未经批准擅自减免税收的，一经查出，除纳税人如数补缴税款外，还要追究当事人和主管领导的责任"[①] "地方人民政府不得擅自在税收法律、法规明确授予的管理权限之外，更改、调整、变通国家税收政策"[②] "任何地方和个人不得擅自批准缓税、免税或实施先征后返等变相减免税政策，对违规制定出台的先征后返等减免税政策要一律废止"[③]。地方政府出台的税收优惠政策与纳税人自身利益密切相关，纳税人应当负有一定的注意义务，纳税人享有何种权利义务至关重要，而且要想知道该权利义务亦是相对容易的。[④] 也就是说，纳税人对优惠政策的变动是有一定预期的，[⑤] 当地方政府违法越权出台的税收优惠政策被地方政府主动撤销或者被上级政府撤销后，纳税人不能如期享受税收优惠或者遭受损失时，纳税人自身是存在过错的，可能是明知，至少存在重大过失。

信赖保护原则适用的前提条件之一就是受益人非明知或因重大过失而

① 《国务院关于加强依法治税严格税收管理权限的通知》（国发〔1998〕4号）。

② 《国务院关于纠正地方自行制定税收先征后返政策的通知》（国发〔2000〕2号）。

③ 《国务院办公厅关于对部分地区违规制定先征后返等减免税政策问题的通报》（国办发〔2002〕5号）。

④ 参见李俊青《"法律不知有害"质疑》，《北方法学》2016年第3期。

⑤ 叶姗：《地方政府税收减免承诺的效力瑕疵》，《当代法学》2017年第6期。

不知行政行为违法,[①] 如果行政机关针对相对人的承诺是违背法律法规的，那么，行政机关不受承诺的拘束，应当不予履行违法承诺,[②] 相对人也不能提起履行之诉。行政承诺的事项必须符合承诺者的职权范围，行政承诺的内容必须相对规范，不能进行无原则、无界限的承诺。[③] 理论上一般以“重大明显违法”作为抽象性的判断标准，主要包括无权行政允诺和违反法律的强制性规定两方面。无论是何种无效的行政允诺，都不产生信赖保护利益，行政机关对此不须承担赔偿责任。[④] 如果相对人在确实知道该文件明显违反上位法的情况之下，仍获得信赖保护，就会影响上位法的权威，并且会影响整个法律体系的协调和统一。[⑤] 因此，纳税人基于对地方政府超越自身职权范围制定的、违反税收法律法规的税收优惠政策的信赖调整其生产经营，进而要求地方政府履行其承诺时，地方政府和纳税人同时存在过错，不应一味地或一边倒地保护纳税人的信赖利益，司法实践中已有案例支持了这一观点。[⑥] 无论是理论上还是司法实践中，对于纳税人有过错尤其是存在重大过失或者明知地方政府出台的税收优惠政策违反上位法的规定时，纳税人的信赖利益不值得保护，至少不能支持纳税人要求地方政府全面履行承诺的请求。

---

① 〔德〕哈特穆特·毛雷尔:《行政法学总论》，高家伟译，法律出版社，2000，第178页。

② 汪燕:《行政承诺不作为的司法救济研究》,《政治与法律》2009年第9期。

③ 高鸿:《行政承诺及其司法审查》,《人民司法》2002年第4期。

④ 张鲁萍:《行政允诺的性质及其司法审查——基于对司法判决书的实证分析》,《西南政法大学学报》2016年第6期。

⑤ 胡敏洁:《行政规定变迁中的信赖利益保护研究》,《江苏行政学院学报》2011年第5期。

⑥ 在四川新光硅业科技有限责任公司（简称“新光公司”）诉乐山高新技术产业开发区管理委员会（简称“乐山管委会”）税收行政允诺一案中，峨眉山法院一审判决认为，市政府制定的优惠政策没有相关法律依据，也没有得到有关机关的合法授权，因而不具备法律效力。新光公司与乐山管委会未签订过涉及税款返还金额、期限等内容的书面协议或合同，不符合25号文规定的税收优惠政策继续履行的条件，新光公司无权依据该文件要求被告履行返还税款的义务。乐山市中院二审判决认为，市政府制定的通知属于单方允诺，而非双方协议，行政允诺能够得到人民法院支持的前提是该行政允诺不违反法律的禁止性规定，市政府关于先征后返的行政允诺未报国务院审批，违反了法律的禁止性规定，维持了一审判决。参见四川新光硅业科技有限责任公司与乐山高新技术产业开发区管理委员会行政其他纠纷行政判决书案，（2015）峨眉行初字第119号，上诉人四川新光硅业科技有限责任公司诉被上诉人乐山高新技术产业开发区管理委员会税收行政允诺行政判决书案，（2016）川11行终56号。

2. 行政协议下的纳税人信赖利益保护

地方政府与特定投资人、企业等主体签订招商引资合同、合作协议等行政合同，并在该合同中承诺给予投资人、被投资企业等有关纳税主体具体的税收优惠政策，这种合同式税收优惠在法律上应当定性为行政合同。[①]江苏省高院明确规定“政府在招商引资合同中承诺为投资人提供政策上的优惠或税费上减免等，视为行政合同”。[②] 学界一般认为行政协议是行政主体为了实现行政目的（或为公共利益目的）而与另一方当事人就行政上的权利义务互为意思表示并达成合意的法律行为。[③] 行政合同缔结与履行的原则为：行政合同的缔结需要满足行政权限合法、意思表示一致、约定内容合法以及真实、自愿、平等四个要件；而行政合同的履行应当坚持诚实信用原则和信赖保护原则。[④] 行政权限合法是指行政合同的缔结须以行政职责的履行为前提，行政主体缔结行政合同应当符合法定权限，不得超越职权缔结行政合同；约定内容合法要求行政合同约定的内容不得违反强制性规范。

实践中，有资格与地方政府签订行政合同的纳税人大多为资金实力雄厚的企业，在签订合同时应当负有注意义务，辨别该行政合同内容的合法性，因此，企业在与地方政府签订协议时如果没有审查优惠条款的合法性或者明知该条款违法仍然签订合作协议，企业是存在过错的。在中央三令五申严厉禁止地方政府超越职权、违反税收法律法规的强制性规定出台税收优惠政策的情况下，地方政府仍然在与纳税人签订的招商引资合同中承诺给予纳税人税收减免、先征后返等优惠，同样存在过错。也就是说，地

① 根据《最高人民法院关于审理行政协议案件若干问题的规定》（法释〔2019〕17 号）第 1 条的规定，行政协议是指行政机关为了实现行政管理或者公共服务目标，与公民、法人或者其他组织协商订立的具有行政法上权利义务内容的协议。目前，行政法学界将行政机关与行政相对人签订的合同、协议一般称为行政合同、行政协议、行政契约，虽然有学者试图对行政合同、行政契约、行政协议等概念进行区分，但为了行文方便，笔者将使用“行政协议”展开讨论。

② 《江苏省高级人民法院关于为促进我省中小民营企业健康发展提供司法保障的意见》（苏高法发〔2010〕9 号）。

③ 杨解君、陈咏梅：《中国大陆行政合同的纠纷解决：现状、问题与路径选择》，《行政法学研究》2014 年第 1 期。

④ 参见叶必丰《行政合同的司法探索及其态度》，《法学评论》2014 年第 1 期。

方政府与纳税人签订的合作协议等行政协议属于双方均存在过错的混合过错行为。由此，就需要判断地方政府与纳税人签订的行政协议的法律效力，根据《最高人民法院关于审理行政协议案件若干问题的规定》（法释〔2019〕17号）第11条和第12条的规定，人民法院在审理行政协议案件中对行政协议进行合法性审查时，既可以依据《行政诉讼法》第75条规定的“重大且明显违法情形”认定行政协议无效，也可以适用民事法律规范确认行政协议无效。民事法律规范中关于契约效力的规定主要集中在《合同法》中，且《合同法》第52条明确规定，违反法律、行政法规的强制性规定的合同无效，《税收征收管理法》第3条属于强制性规定，且《税收征收管理法实施细则》第3条也明确违反税法禁止性规定的协议属于无效协议，而无效行政协议自始无效，纳税人不得要求地方政府履行行政协议中约定的税收优惠政策。信赖利益只是法律需要保护的众多利益中的一种，除了信赖利益，法律还要考虑公平、正义以及效率，信赖利益并不是在任何情况下都可以凌驾于其他利益之上，受到法律的优先保护。[①] 如果支持纳税人向地方政府提出的履行行政协议的请求，对于其他依法纳税的纳税人来讲是不公平的，违反了公平原则。

（三）纳税人信赖利益保护的限度

从前文可知，地方政府违法越权通过发布规范性文件或者与纳税人签订招商引资合作协议给予纳税人税收优惠存在明显的效力瑕疵，无论是行政允诺还是行政协议最终都有可能被认定为无效。行政允诺或行政协议无效是否就意味着纳税人的信赖利益绝对不需要保护呢？其实不然。当地方政府违约未能履行行政契约或者未能兑现行政允诺时，纳税人要求地方政府履行行政契约或兑现承诺的请求实际上是要求地方政府补偿或者赔偿其“预期利益”或者“履行利益”。在理论上，信赖利益与预期利益或者履行利益有着明显的区别，美国学者富勒和帕迪尤在《合同损害赔偿中的信赖利益》一文中指出，“基于对被告之允诺的信赖，原告改变了他的处境，

---

① 李俊青：《“法律不知有害”质疑》，《北方法学》2016年第3期。

例如，我们可以判给原告损害赔偿以消除他因信赖被告之允诺而遭受的损害。我们的目的是要使他恢复到与允诺作出前一样的处境。在这种场合受保护的利益可叫作信赖利益”。而“使原告处于假若被告履行了其允诺他所应处的处境。在这种场合所保护的利益我们可以叫做期待利益”。[①] 信赖利益与预期利益最大的区别在于二者保护或者赔偿的范围不同：信赖利益赔偿的是既得权益的损失，而预期利益保护的是合同正常履行情况下的预期利益的损失。信赖利益作为一种利益是许诺赋予了信赖的当事人在许诺前即已经拥有的利益。而期待利益则与之相反，它是将来利益，合同履行期到来之前或合同的履行条件成就之前，期待利益的实现仅是一种可能，只有在当事人履行了合同，这种可能得到的利益才转变为既存利益。[②] 因此，即使保护纳税人的信赖利益，也仅仅保护纳税人的既有权益，而不保护纳税人的期待利益。

另外，地方政府承诺的税收优惠在现行法律制度下也难以受到财产权的保护。首先，税收优惠并非纳税人为公共利益所做出的特别牺牲，因此无财产权补偿法理的适用。其次，稀缺性为财产权的特质，税收优惠固属政府创设的给付，鼓励个人或企业从事特定经济活动，这种多多益善的政策取向，导致税收优惠较难被认定为稀缺资源，无法被认定为财产权。再次，基于税收法定原则，税收优惠应以法律形式为之，地方政府与特定人私下成立税收优惠合同没有法律上的依据。最后，可移转性为财产权的特性，税收优惠资格不具可移转性，优惠主体须符合法定要件，具有强烈的属人性，且政府为了确保激励目的能够实现，未必同意将优惠利益任意移转给第三人。[③] 因此，无论是从信赖利益保护的利益范围还是从税收优惠不具备财产权属性的角度来看，纳税人向地方政府提出的履行行政契约或者兑现行政承诺的请求都不应当得到支持。

但是，出于建设诚信政府的需要，撤销地方政府违法越权制定的税收

---

① 〔美〕富勒、帕迪尤：《合同损害赔偿中的信赖利益》，韩世远译，载梁慧星主编《民商法论丛》（第7卷），法律出版社，2004，第5~6页。

② 马新彦：《信赖与信赖利益考》，《法律科学》2000年第3期。

③ 参见蔡坤展、姜孟亚《税收优惠废止与纳税人利益保护》，《黑龙江社会科学》2012年第4期。

优惠政策时，仍然需要对纳税人的信赖利益给予一定的保护。国务院76号文明确要求因法定事由需要改变政府承诺和合同约定的，要严格依照法定权限和程序进行，并对相关企业和投资人的财产损失依法予以补偿。江苏省高院在《关于为促进我省中小民营企业健康发展提供司法保障的意见》（苏高法发〔2010〕9号）中明确提出，“地方政府对于其承诺的事项没有权限或超越权限，事后又未能获得上级政府及有权部门追认或批准的，依法认定无效，投资方要求赔偿损失的，应当根据过错责任的大小确定赔偿责任”。无论是中央还是地方，都强调要对企业或者投资人的财产损失给予补偿或者赔偿，因此，有必要对投资者的损失进行清晰的界定。

地方政府发布规范性文件制定税收优惠政策，纳税人出于对地方政府的信赖而调整其生产经营或者在地方政府辖区范围内进行投资，虽然地方政府违法越权制定的税收优惠承诺不需要履行，但是，如果纳税人生产经营失败或者投资失败而导致其既有权益受到损失，地方政府仍然需要就该损失给予一定的赔偿，只要纳税人能够举证证明其损失的真实性、合理性就应当得到支持。当地方政府与纳税人签订行政契约约定税收优惠时，应当适用民事法律规范对契约的效力作出认定，进而明确损害赔偿的范围。由于地方政府与纳税人签订的行政契约中约定的税收优惠违反了税法的禁止性规定，且纳税人与地方政府在签订契约过程中都存在明显的过错，行政契约应当被认定为无效契约，此时，地方政府应当承担的是缔约过失责任，应当根据地方政府和纳税人双方的过错责任的大小确定赔偿责任。一般认为，缔约过失责任赔偿范围包括：缔约费用、准备履约和实际履约所支付的费用以及因支出缔约费用或准备履约和实际履行支出费用所失去的利息等。[①] 需要注意的是，如果纳税人调整生产经营、进行投资或者与地方政府签订行政契约后，生产经营业绩良好，处于盈利状态而不存在任何亏损，即使地方政府未能兑现承诺或履行契约中的税收优惠义务，也不需要承担任何的补偿或者赔偿责任。

---

① 施建辉：《行政契约缔约过失责任探析》，《行政法学研究》2007年第5期。

五 结语

在全面推进依法治国和落实税收法定原则的时代背景下，清理、规范地方政府制定的税收优惠政策势在必行，当地方政府未能兑现或履行其擅自制定的优惠政策或签订的招商引资合作协议中的优惠条款时，会引发纳税人信赖利益保护的问题。但是，纳税人的信赖利益并不是在任何情况下都应当得到保护的。纳税人的信赖利益是否应该保护、应该如何保护需要明确信赖利益保护的内涵、构成要件，并结合地方政府给予纳税人的税收优惠政策的合法性以及地方政府和纳税人双方过错责任的情况来确定。本文对我国地方政府在招商引资实践中制定的税收优惠政策进行了微观考察，梳理了行政法、民法以及财税法学界对信赖保护原则研究的现状，以信赖保护原则的构成要件为基础，分析了我国在地方政府税收优惠政策清理中纳税人信赖利益具体如何保护的现实问题。虽然国发〔2015〕25号文实行了按规定期限执行、设立过渡期、继续有效、不溯及既往等分类处置规则以及出台了新优惠政策的审批制度，体现了对纳税人信赖利益的保护，但该政策仍然不是解决地方政府违法越权制定税收优惠政策的根本之策。随着税收法定原则的进一步落实和税收法治观念的深入人心，纳税人更容易知悉地方政府制定的税收优惠政策的合法性，在此情形下，如果仍然出于对纳税人利益的保护而允许地方政府违法越权制定的税收优惠政策继续有效，会对地方政府形成逆向激励，更加不利于税收法定原则的落实。

Taxpayers' Reliance Protection in the Clearing of Tax Preferences of Local Governments

Guo Changsheng

Abstract: The clearing of tax preferences introduced by local governments will inevitably involve the reliance protection of taxpayers. In practice, local governments give taxpayers tax incentives by issuing normative documents or signing cooperation contracts with taxpayers, which should be legally classified as administrative promises and administrative contracts respectively. The Central Government has strictly forbidden the local government to set off tax preferences violating the law and exceeding its authority, the Tax Administration Law and its Implementing Rules clearly stipulate that the tax preferences formulated overruling the law by the local governments are invalid. Taxpayers have the duty to review the legitimacy of the tax preferences given by the local governments. If the taxpayers have not paid due attention to and trust the tax preferences, the taxpayers cannot request the local governments to fulfill their promises or contracts when tax preferences are cleared, and can only ask to compensate for the loss of their vested interests caused by relying on tax preferences given by local governments.

Keywords: Tax Preferences; Administrative Promise; Administrative Contract; Reliance Protection; Good Faith

基本权利第三人效力理论的实证检验及路径探索

石　晶*

摘　要：基本权利第三人效力理论问题一直备受关注。从民事司法裁判中进行多重维度的梳理后发现，我国基本权利条款存在三种效力模式，分别为“基本权利—公民义务”和影响合同效力型的直接裁判效力、运用民事概括条款的间接裁判效力、价值指引的非裁判效力。但总体上裁判逻辑混乱，原因在于，混淆公法与私法的界分前提、忽视基本权利条款的适用条件、缺乏合宪性解释方法。据此，应从法律条款的抽象程度和基本权利的类型方面限定规范条件，从纠纷的类型方面限定事实条件，并充分运用合宪性解释方法，由此建构基本权利第三人效力理论的中国模式。

关键词：基本权利；第三人效力；中国模式

引　言

在传统观念中，宪法作为调整国家与公民的规范只对国家机关的公权行为产生约束力，并不会对第三人产生效力。然而，随着实践和理论的发展，个人受到的威胁不仅来源于国家，在既有理论不足以回应现实难题时，德国首先展开了关于基本权利第三人效力的讨论。受德国的国家保护义务和客观价值秩序等理论和司法实践的影响，我国学者也对基本权利第

* 石晶，吉林大学法学院博士研究生。

三人效力展开热议，导致“基本权利—国家义务”的对应关系发生了松动。[①] 随着宪法教义学逐渐升温，以及美国国家行为理论和日本无效力说的影响，我国的基本权利第三人效力理论在充分讨论其他国家相关理论的基础上，在近期产生了新的理论争议，以基本权利对第三人无效力说[②]和基本权利对社会公权力主体的直接效力说[③]为典型代表。面对我国基本权利第三人效力的理论争议，笔者认为，一方面，理论的争辩需要实践的检验，即使我国司法实践并不能够对所有的理论争议予以证实或证伪，亦应从实践效果上对理论争议进行有针对性的反思；另一方面，符合我国司法实践的基本权利第三人效力理论应从本土的审判实践中总结，从理论到理论的回应并不全然符合我国的实然状况。而以往关于基本权利第三人效力的研究运用了比较法和规范分析的研究方法，鲜有运用司法案例的实证研究。虽然，我国目前已经有学者从司法裁判视角对援用宪法进行了研究，[④] 但研究裁判文书的范围包括民事、行政和刑事，没有对公法与私法裁判进行类型化区分，也未聚焦于基本权利第三人效力这一具体问题。据此，笔者采用司法案例的实证研究方法探讨我国基本权利第三人效力理论在研究方法上具有创新性。本文聚焦于民事裁判中的宪法基本权利条款，通过客观呈现我国民事司法裁判中对基本权利条款的运用情况，尝试对基本权利第三人效力理论予以检验，并对基本权利效力实现方式进行反思，判断第三人效力理论在我国司法实践中的必要性和适用条件，从而探索基本权利第三人效力理论的中国模式。

本文收集的司法裁判来源于无讼案例网，最后检索日期为 2018 年 11 月 18 日。本文旨在研究法院对基本权利条款的运用情况，因此检索的字段范围限定在“本院认为”以下。通过设定两个检索条件完成具体检索，

① 参见张翔《基本权利的规范建构》（增订版），法律出版社，2017，第 50 页。

② 参见黄宇骁《论宪法基本权利对第三人无效力》，《清华法学》2018 年第 3 期。

③ 参见李海平《论基本权利对社会公权力主体的直接效力》，《政治与法律》2018 年第 10 期。

④ 例如邢斌文《法院如何援用宪法——以齐案批复废止后的司法实践为中心》，《中国法律评论》2015 年第 1 期；林孝文《我国司法判决书引用宪法规范的实证研究》，《法律科学》2015 年第 4 期；冯健鹏《我国司法裁判中的宪法援引及其功能——基于已公开判决文书的实证研究》，《法学研究》2017 年第 3 期。

第一个检索条件为：在无讼案例检索栏的“法院观点”项下分别输入“《宪法》第33（三十三）”到“《宪法》第51（五十一）”，同时以民事案件限定裁判类型。第二个检索条件为：在无讼案例检索的“引用法规”项下分别检索宪法基本权利条款，并以民事案件限定裁判类型。将运用这两个检索条件收集到的案件汇总后，以案号为依据删除重复项后得到初步的筛查结果为177个案件。通过精读每个案件，笔者发现，有一些案件不符合本文的研究范围或影响重复计数，具体包括：（1）当事人在陈述诉求或抗辩理由时主张宪法基本权利条款，但法院并未予以回应，此类案件被检索到乃是技术切割错误所致（15个）；（2）当事人在陈述诉求或抗辩理由时主张宪法基本权利条款，法院虽然回应，但由于缺乏事实条件而无法判断是否符合宪法基本权利条款的规定，因此法院并未将宪法基本权利条款作为说理或裁判依据（2个）；（3）同一个案件经过一审和二审两级审判程序，最终保留二审判决而剔除一审判决（4个）；（4）多个案件由同一法官针对同一法律关系作出裁判结果相同而仅是当事人不同的案串（6个）。将上述27个案件删除后，剩余的150个案件即为本文的实证分析对象。

一 基本权利条款在我国民事裁判中的援用情况

本文以包含基本权利条款的民事裁判文书为观察对象，从以下五个维度观察法院援用基本权利的情形。

（一）基本权利条款应用的纠纷类型

由于案由能够表征法律关系，所以统计案件的案由能够发现基本权利条款应用的纠纷类型，利于进一步挖掘不同民事法律关系背后基本权利条款应用的不同逻辑。[①] 纠纷类型的统计情况如表1。

① 案由的统计以《最高人民法院关于修改〈民事案件案由规定〉的决定》（法〔2011〕41号）为标准，统计到二级案由既能直观展现民事法律关系，又能观察到案由的集中分布趋势。

表 1　基本权利条款应用的纠纷类型统计

单位：件，%

纠纷类型	案件数量	百分比	累计百分比
婚姻家庭纠纷	45	30.0	30.0
侵权责任纠纷	26	17.3	47.3
人格权纠纷	23	15.3	62.7
合同纠纷	14	9.3	72.0
劳动争议	12	8.0	80.0
所有权纠纷	12	8.0	88.0
物权保护纠纷	10	6.7	94.7
用益物权纠纷	4	2.7	97.3
不当得利纠纷	1	0.7	98.0
继承纠纷	1	0.7	98.7
监护权特别程序案件	1	0.7	99.3
执行异议之诉	1	0.7	100.0

由统计结果可知，基本权利条款应用于婚姻家庭纠纷这一案件类型的情形最普遍，包括赡养纠纷、抚养纠纷、法定继承纠纷等。法院在此类案件中运用《宪法》第 49 条第 3 款作为说理依据或裁判依据，全部支持了当事人（老年人）受到赡养扶助的诉求，其中法院将《宪法》第 49 条直接作为裁判依据的案件数量为 26 个，结合具体法律条款的案件数量为 10 个，这是将宪法运用于私人之间解决民事纠纷的典型。然而此种直接将宪法基本权利条款运用于私人矛盾之间的合理性与正当限度值得探讨。侵权责任纠纷多为机动车交通事故责任纠纷，还包括个别的医疗损害责任纠纷、提供劳务者受害责任纠纷等。法院对侵权责任纠纷运用基本权利条款的方式是将其作为承担侵权损害赔偿责任的说理依据。人格权纠纷的典型案件为名誉权纠纷，还包括生命权、健康权、身体权纠纷和一般人格权纠纷。法院在此类案件中运用基本权利条款的目的乃是通过说理论证承担侵权责任，或阻却侵权事由，包含几种基本权利冲突的情形，名誉权和言论自由权的冲突为典型。合同纠纷包括借款合同纠纷、租赁合同纠纷、农村土地承包合同纠纷、人身保险合同纠纷、追偿权纠纷等。其中有 6 个案件

法院将基本权利条款作为裁判依据，在其他案件中则将基本权利条款作为说理依据，论证说理的目的在于约束当事人承担履约责任，也存在着以人身自由突破合同的约定效力[①]或宗教信仰自由条款赋予一方当事人解除权[②]的情况。在劳动争议案件中，法院援用劳动权条款在说理过程中强调劳动者的各项权利，且结合了《劳动法》第2、3、4条。此类案件存在认定劳动者年龄方面的矛盾裁判。这也反映了基本权利的性质会对第三人效力产生不同影响，具有社会权属性的劳动权是否以及如何在私人间发挥作用有待进一步论证。所有权纠纷几乎全部为侵害集体经济组织成员权益纠纷，法院强调平等权、财产权（享受土地补偿款）、经济组织成员权（资格）等具有基本权利的属性。此类案件的一方当事人为村民委员会或村民小组[③]等具有公权色彩的组织。法院运用《宪法》第33条和第48条作为裁判和说理的依据，且法院对当事人资格和利益的诉求采取支持态度。物权保护纠纷包括财产损害赔偿纠纷、排除妨害纠纷、返还原物纠纷。法院利用基本权利条款厘定物权或要求承担损害赔偿责任。在此类案件中可发现，以物权方式保护的财产权更易于受到基本权利的证成，即具有绝对排他性的民事权利与宪法基本权利的属性更接近。

（二）基本权利条款的援用内容

基本权利条款援用的内容为基本权利第三人效力理论的类型化提供分析框架。基本权利条款的援用内容统计情况如表2。

表2　基本权利条款的援用内容统计

序号	基本权利条款	出现频数	序号	基本权利条款	出现频数
1	49：赡养扶助父母抚育未成年子女/婚姻自由/生育自由	53	9	45：国家和社会物质帮助	5

① 山东省威海市文登区人民法院（2016）鲁1003民初3620号民事判决书，《宪法》第37条在此案中不仅作为说理依据，也作为裁判依据。

② 云南省昭通市昭阳区人民法院（2018）云0602民初2845号民事判决书。

③ 参见《村民委员会组织法》第3条之规定。

续表

序号	基本权利条款	出现频数	序号	基本权利条款	出现频数
2	42：劳动权利/国家劳动就业训练/退休	24	10	51：不得侵犯他人权利	5
3	33：宪法权利/人权/平等	19	11	40：通信自由和通信秘密	3
4	41：检举/申诉控告/批评建议	11	12	43：劳动者休息休假	3
5	48：男女平等	9	13	44：退休的国家社会保障	2
6	39：住宅不受侵犯	7	14	35：言论自由	2
7	37：人身自由	6	15	36：宗教信仰自由	1
8	38：人格尊严不受侵犯	5	16	46：受教育权	1

由统计结果可知，《宪法》第49条被援用的频次最高，法条虽表述为“赡养扶助父母的义务”，实际上是父母接受子女赡养扶助的权利，且法院多支持当事人的赡养、扶助诉求。①《宪法》第42条劳动权利条款在劳动争议和侵权责任纠纷中被法院作为裁判和说理依据，其中指向最多的是第1款劳动权利的内容，第4款劳动就业训练，② 这是公民对国家传统防御性功能弱化的体现。《宪法》第33条这一最抽象的条款在具体的司法裁判中所占的比例并不高。其中对第2款的平等条款和第3款的人权条款的援用较多，有极个别的案件援用“享有宪法权利履行宪法义务”，此种援用方式的必要性须进一步探讨，在基本权利条款无明确价值指引又过于抽象的情况下，其发挥的效力极为有限，又不免导致滥用的乱象。《宪法》第41条属于公民对国家机关工作人员的监督权范畴，多涉及公民的检举权，且均为人格权纠纷，援用目的为将检举权作为阻却公民承担侵权责任的肯定事由或者证成侵权事实存在的否定事由，且法官在进行论证说理时通常

① 虽然统计的对象为基本权利条款，公民的基本义务条款本不在本文统计范围内，但《宪法》第49条涉及公民权利，故必然包含该条款。另外，由于权利与义务具有对应关系，公民作为基本权利的享有者，在本条款中权利的负担者（义务人）也是公民。从公民A作为其他公民B宪法义务的负担者能够推导出，公民B的宪法权利对公民A产生效力，故此类规定可以作为基本权利第三人效力发挥的模式，从义务的角度对权利效力进行检验不失为另一个独特的视角。关于权利与义务对应关系的具体论述参见〔德〕卡尔·拉伦茨《德国民法通论》，王晓晔等译，法律出版社，2003，第261页。

② 在个别案件中，法院将宪法中的“国家对就业前的公民进行必要的劳动就业训练”主体责任转移给了用人单位，参见《中华人民共和国最高人民法院公报》2001年第1期。

与《侵权责任法》第2条、第6条同时使用，这体现了法律对宪法基本权利运用的具体化。《宪法》第48条的男女平等条款多为集体经济组织成员权纠纷和土地承办经营权纠纷，法院援用此条款进行说理的目的是论证女性公民享有集体经济组织成员权，且法院均采取了支持当事人诉求的态度。此类案件即使在法院未援引宪法的情况下，也是法院以“基本权利”作为论证说理最普遍的案件。[①] 另外，法院在援用该条款说理的同时还结合了《民法通则》第5条以及《妇女权益保护法》和《婚姻法》等民事法律。《宪法》第39条住宅不受侵犯的条款具有自由权的属性，法院援引此条款的目的是强化要求公民承担侵权责任的说理。此类案件进一步引发了一般人格权的范围如何确定，宪法与一般民事法律的关系为何等问题。《宪法》第37条人身自由条款应用于人格权纠纷、侵权责任纠纷与合同纠纷，法院在裁判过程中援用该条款强化承担侵权责任的论证说理，而并未援引民事概括条款，在合同纠纷中也出现了以基本权利的不当限制影响了合同效力的情况，且在该裁判中以《宪法》第37条与《合同法》第52、58条共同作为裁判依据。《宪法》第38条人格尊严不受侵犯条款应用于人格权纠纷和婚姻家庭纠纷，其中存在适用的主体为公权机关的市政管理执法局的情况，法院对当事人主张的基本权利受到侵犯诉请未予支持。其他案件中，法院援用宪法的目的是证成当事人一方享有抚养子女资格或承担侵权责任。在此类案件的裁判中法院并未援用民事概括条款。《宪法》第43、44、45条关于社会权条款的援用主要在劳动争议中，此类案件的适用主体均非公民，而是房产管理局、银行、农村信用社、街道办事处、保险公司和其他公司。《宪法》第35、36、40条关于自由权条款的援用应用于合同纠纷和人格权纠纷中。《宪法》第51条关于基本权利限制条款的援用，法院在此类案中几乎都援用了民事概括条款（《民法通则》第5、7、11条）。援引宪法乃是为行使基本权利划定界限，具体表现在将其作为厘定物权或免除侵权责任的说理依据。第46条关于受教育权的援用仅

---

① 法院在此类案件中强调平等权、财产权（享受土地补偿款）、经济组织成员权（资格）等具有基本权利的属性，案由包括侵害集体经济组织成员权益纠纷和土地承包经营权纠纷。

为人格权纠纷的一个案件，自从齐玉苓案的批复被废止后，法院少用受教育权条款解决民事纠纷，此案裁判时间为2001年，该案以此条款作为说理与裁判的依据。

（三）基本权利条款的援用方式

法院援用基本权利条款的方式有两种，分别是将其作为裁判依据或者说理依据。虽然法院对基本权利条款的援用方式未直接受基本权利第三人效力理论的影响，且将基本权利条款作为裁判依据不必然与直接效力理论相对应，将其作为说理依据也不必然与间接效力说相对应，但对援用方式的梳理仍利于对基本权利第三人效力模式进行归纳、反思及建构。基本权利条款的援用方式统计情况如表3。

表3 基本权利条款的援用方式统计

单位：件，%

方式	数量和百分比	宪法基本权利条款	具体形式/目的
裁判依据	23；15.3	49（赡养扶助父母） 33（国家尊重和保障人权） 48（男女平等）	与民事法律共同作为裁判依据；单独作为裁判依据
说理依据+裁判依据	28；18.7	49；33；48 38（人格尊严不受侵犯） 37（人身自由）；39（住宅） 51（权利限度）；46（受教育权） 45（物质帮助） 41（批判建议）；42（劳动）	说理：享有资格、政府物质保障、还款义务、侵权责任、合同效力等 裁判：与民事法律共同作为裁判依据
说理依据	99；66.0	各个基本权利条款均有涉及	侵权责任、阻却侵权事由、证成侵权事由、还款义务、对抗不法目的、赔偿责任、享有资格、厘定物权、合同效力、计算依据

由统计结果可知，将基本权利条款仅作为裁判依据的案件所占比例最小，其具体形式表现为与民事法律（概括性条款或具体条款）共同作为裁判依据、单独作为裁判依据。将宪法基本权利条款与民事法律共同作为裁判依据的原因在于，通过援用宪法条款强化裁判的正当性和权威性，而从

实际效果看，即使未将基本权利作为裁判依据，也不会影响裁判结果。将宪法基本权利条款单独作为裁判依据的案件仅有 2 件，且均为一审法院作出的裁判。其中，一个案件由于裁判结果错误被二审法院裁判撤销，另一个案件的裁判结果正确被二审法院予以维持，但是二审法院明确说明“原审判决认定事实清楚，判决结果正确，但直接引用《中华人民共和国宪法》的规定进行判决，存在适用法律不当”。[①] 另外，根据最高人民法院关于民事裁判文书制作规范：“裁判文书不得引用宪法……，但其体现的原则和精神可以在说理部分予以阐述。”[②] 而在以基本权利条款作为裁判依据的 23 个案件中，有 10 个案件是 2016 年以后裁判的，将宪法作为裁判依据的必要性未充分论证，且全部为基层法院，可见法院并未完全遵循此规范，援用宪法作为裁判依据仍具有较大的随意性。

将基本权利条款既作为说理依据又作为裁判依据的案件所占比例为 18.7%。法院在说理部分援引宪法基本权利条款的目的在于论证当事人具备法律资格、享有法定权益、承担法律责任，具体包括：享有经济组织成员权资格、政府物质保障、还款义务、侵权责任、合同效力等。法院在裁判时援用宪法基本权利条款与上述情况相同，表现为与民事法律共同作为裁判依据。

将基本权利条款仅作为说理依据的案件数量最多，占全部案件的 66.0%。此种运用宪法说理裁判的形式被最高人民法院视为符合民事裁判规范。说理的具体目的为论证当事人承担物权、债权、侵权和亲权责任。虽然法院仅将宪法作为说理依据，但其中不乏一些实际上是基本权利条款在民事法律关系中发挥决定作用的案件。值得注意的是，法院虽然将宪法基本权利条款作为说理依据，但是绝大多数案件仅限于列举相关条款，并未对如何理解和适用基本权利条款作出任何解释，即使略有解释说明，也未关涉当事人实质的权利义务内容。

（四）基本权利条款与民事概括条款的关联

民事概括条款往往成为基本权利条款发挥第三人效力的切口，考察司

① 浙江省温州市中级人民法院（2009）浙温民终字第 808 号民事判决书。

② 《最高人民法院关于印发人民法院民事裁判文书制作规范》（法〔2016〕221 号）。

法实践中民事概括条款的运用情况有利于检验间接效力说。此处的民事概括条款指，民事法律中的法律原则或未对民事主体的权利和义务作出具体指引的法条，其一般位于整部法律的总则部分。法院援用民事概括条款的统计情况如表4。

表4　法院援用民事概括条款的统计

单位：件，%

民事概括条款	民事概括条款内容	对应宪法条款内容	数量和百分比
无			108；72.0
民法通则	2：调整范围 3：平等原则 4：自愿、公平、等价有偿诚信原则 5：民事权益法律保护 7：禁止权利滥用 9：公民民事行为能力范围 10：公民民事权利能力平等 11：完全民事行为能力人范围	33：人权条款 48：男女平等 51：不得侵犯他人权利 45：获得物质帮助 41：申诉控告检举 42：国家劳动就业训练	14；9.3
侵权责任法	2：保护范围 3：被侵权人的请求权 6：民事责任优先原则	41：检举 42：劳动权利	12；8.0
劳动法	2：适用范围 3：劳动者权利 4：用人单位义务	42：劳动权利 42：国家劳动就业训练	10；6.7
妇女权益保障法	2：男女平等、保障妇女权益 3：妇女发展纲要	48：男女平等	3；2.0
民法总则	8：公序良俗	49：赡养扶助父母	1；0.7
物权法	9：不动产登记生效	33：人权条款	1；0.7
婚姻法	9：男女互为家庭成员	48：男女平等	1；0.7

由统计结果可知，存在民事概括条款的案件占全部案件的28.0%，涉及的民事法律由多到少分别为《民法通则》、《侵权责任法》、《劳动法》、《妇女权益保障法》、《民法总则》、《物权法》和《婚姻法》。根据规则适用优于原则的法理，推断法院在缺乏民事具体条款的情况下才以民事概括

条款寻求更充分的法律依据以完成说理义务，而在其他多数情况下则适用民事具体条款。按照此推理的逻辑，法院援用基本权利条款乃是因为一般的民事法律缺乏规定，从而选择适用抽象程度更高的宪法原则。但从民事概括条款和基本权利条款的内容看，法院并未完全遵循适用民事法律的逻辑，而是将外延更广的宪法条款作为说理和裁判依据。这主要体现在以下几个方面：第一，民事概括条款和宪法基本权利条款都具有高度的抽象性，而不能够直接调整民事主体的权利义务关系，如民事概括条款中的劳动者的权利和《宪法》第 42 条的劳动权利、民事法律中的男女平等和宪法中的男女平等；第二，某些宪法基本权利条款的内涵反而相对于民事条款而言更加具体，如民法公序良俗条款与《宪法》第 49 条赡养扶助父母的要求、劳动者权利与《宪法》第 42 条的国家劳动就业训练；第三，两者的相关度并不高，即民事法律关系与宪法涵射的法律关系并不相符，如完全民事行为能力人的范围和《宪法》第 51 条的权利界限条款、公民民事行为能力范围与《宪法》第 45 条获得物质帮助条款。从以上情形中可以概括出基本权利条款在民事裁判中的功能，宪法基本权利条款不比民事概括条款更具体（基本权利条款比民事概括条款更抽象或与民事概括条款同样抽象）时，基本权利起到价值指引的作用；宪法基本权利条款比民事概括条款具体时，基本权利起到约束民事主体权利义务关系的作用（限于没有民事具体条款调整民事法律关系的情况）；宪法基本权利条款与民事概括条款的关联程度不高时，基本权利起到使裁判结果正当化的作用。

（五）基本权利条款的适用主体

本文统计的基本权利条款的适用主体指，与享有基本权利的自然人主体相对的另一方当事人。通过统计基本权利的相对主体能够了解民事案件中与公民基本权利产生冲突的对象情况，即在民事案件中最有可能侵犯公民基本权利的主体的情况，据此考察实力不对等的民事主体状况。基本权利条款的适用主体统计情况如表 5。

表 5　基本权利条款的适用主体

单位：件，%

适用主体	具体类型	数量	百分比
自然人	公民	84	54.2
企业	非国有企业	36	24.5
	国有企业	2	
基层群众自治组织	村民小组	6	8.4
	居民委员会	4	
	村民委员会	3	
国家机关/机构	城市管理执法局	3	6.5
	法院	2	
	街道办事处	2	
	房产管理局	1	
	交通局	1	
	政府	1	
事业单位	医院	1	2.6
	银行	1	
	学校	1	
	教育委员会	1	
其他组织	经济合作社	6	3.9

由统计结果可知，法院援用基本权利适用的主体有44.0%的非自然人主体。非自然人主体包括企业、基层群众自治组织、国家机关或机构、事业单位等。法院在非自然人主体中援引基本权利条款的目的可能是据此对抗非自然人主体对自然人的不利后果，从而维护公民的基本权利。但无法量化证明法院的裁判结果与主体是否为自然人存在显著的相关性，也就是说法院在非自然人主体的案件中援引基本权利条款并非有目的地保障自然人的合法权益，法院援用基本权利条款的行为具有一定程度的主观随意性，适用的宪法基本权利条款也可能是法院基于主体事实上不平等以外的因素。法官虽然在此类主体中适用宪法基本权利条款无明确目的，但是其中具备的合理性和理论价值却是一个不容忽视的问题，对这些案件的主体特征和纠纷类型进行整理，能够对基本权利条款适用的事实条件进行初步

总结。

二 基本权利条款的裁判逻辑分析

我国民事司法裁判体现的基本权利发挥效力的方式与既存的基本权利第三人效力理论不完全相同，这恰恰是理论改进的突破口，也是建构符合中国逻辑的基本权利第三人效力理论的实证根基。笔者未按照几种理论学说进行分类的原因在于，理论中的基本权利第三人效力理论与司法实践中民事裁判援用基本权利条款并不存在一一对应的关系，且理论上的分类标准过于抽象，仍容易陷入以理论解释理论的窠臼，因此，在以实践为导向的前提下，根据基本权利条款和民事条款在裁判中的援用模式进行类型化分析。本文对基本权利条款的裁判逻辑进行如下分类：基本权利条款对民事案件产生的效力包括裁判效力和非裁判效力，其中裁判效力又分为直接裁判效力和间接裁判效力。直接裁判效力指基本权利条款直接影响当事人的权利义务关系，体现为宪法的基本权利规范比民事规范更具有可适用性；间接裁判效力指宪法规范本身比民事规范更抽象，但由于民事具体立法尚无规范而不得不溯及民事概括条款，且概括条款与宪法基本权利条款具有对应关系。非裁判效力指，宪法基本权利条款仅在民事裁判中起到价值指引的作用。

（一）直接裁判效力的体现

样本中案件的基本权利条款直接裁判效力体现为两种方式，分别是“基本权利—公民义务”责任负担型和影响合同效力型。本文提及的直接裁判效力表现为，形式上将宪法基本权利条款作为裁判依据，内容上以宪法基本权利规范为调整权利义务关系的依据。

1. “基本权利—公民义务”责任负担型

在国家与公民的宪法关系中，“基本权利—公民义务”责任负担型的模式为常态，基本权利约束的义务主体为国家。而由实证分析发现，公民作为承担宪法义务的主体，基本权利作用于公民自身，在宪法文本中体现为“义务”，在司法裁判中体现为“责任”。在实证统计的婚姻家庭纠纷和少量的侵权责任纠纷中，《宪法》第 49 条的“成年子女有赡养扶助父母的义务”被 53 个案件援用，其中有 30 个案件将此条款作为裁判依据，鲜有案件提及《老年人权益保障法》的规定。由权利与义务的关系决定，成年子女赡养扶助父母的义务即为父母受成年子女赡养扶助的权利。但宪法中的家庭成员之间的法律关系与其在民事法律中的法律关系有何区别？为何子女与父母之间的家庭关系受到宪法调整？这与《宪法》第 49 条第 1 款“婚姻、家庭、母亲和儿童受国家的保护”相关。国家基于保护者的立场调整家庭中成年子女与父母的关系，国家基于“公共”或“公权”的立场调整私法关系。“公共”的目的在于对家庭秩序的维护，“公权”的效力体现为调整公民之间权利义务关系的裁判权的行使。在国家存在立法行为的情况下，实现了国家对家庭关系的预期保障，从而公民的基本权利对应着另一方公民的义务，且义务为民事义务。但实践中此种运用基本权利条款发挥直接效力的方式需要进一步讨论，详见下文论述。

2. 影响合同效力型

司法裁判者往往在确定合同效力时引入基本权利的视角，有学者认为这是司法裁判行为受到基本权利规范的“必然之理”。[①] 笔者将基本权利影响合同效力的模式归为直接效力，是因为实际上阻却合同效力的事由是宪法的基本权利。影响合同效力型的直接效力主要表现在合同纠纷、物权保护纠纷和集体经济组织成员权纠纷中。

第一，在合同纠纷中，收集到的合同纠纷都存在以公民的基本权利突破合同效力（认定合同无效或者赋予当事人解除权）的情况，法院援用《宪法》第 37 条人身自由条款突破合同效力[②]和《宪法》第 36 条的宗教信仰自由赋予一方当事人解除权。[③] 法院结合《合同法》第 94 条以约定解除权条款支持基本权利的诉请，直接以宪法的宗教信仰限制意思自治，

---

① 参见章程《从基本权理论看法律行为之阻却生效要件——一个跨法域释义学的尝试》，《法学研究》2019 年第 2 期。

② 山东省威海市文登区人民法院（2016）鲁 1003 民初 3620 号民事判决书。

③ 云南省昭通市昭阳区人民法院（2018）云 0602 民初 2845 号民事判决书。

此种发挥直接裁判效力的方式源于其他民事法律规范中不存在宗教信仰条款。第二，在物权保护纠纷中，法院认为公司与其职员约定的“有权强行收回房屋”违反了《宪法》第39条住宅不受侵犯的“强制性规定”而无效。[①] 住宅不受侵犯实质上具有自由权的属性，对其他主体产生不作为的义务。第三，在侵害集体经济组织成员权纠纷中，村民小组主张其作为集体经济组织成员的合法权益，最终法院以村规民约因不符合宪法而无效，支持村民小组支付土地补偿费和安置费的诉求。[②] 法院以《宪法》第33条或第48条的平等（或男女平等）作为裁判依据。在法律适用方面，有部分裁判以《合同法》第52条和《村民委员会组织法》第27条作为裁判依据。将此种情况归为直接裁判效力的类型，是因为民事法律中关于合同无效事项的规定过于抽象，如“损害社会公共利益”“违反法律、行政法规的强制性规定”“与宪法、法律、法规和国家的政策相抵触”“侵犯村民的人身权利、民主权利和合法财产权利的内容”，其指向的乃是宪法中的自由与平等。如将此种情况认为是基本权利发生间接效力的体现，则不免有掩耳盗铃之嫌。[③] 有学者曾对间接效力理论予以批判。[④] 如果认为发挥直接效力的是民事条款，那么，宪法基本权利条款中的自由和平等会成为对民事法律规范的一个解释，而实际上影响法官裁判、发挥主导功能的仍是宪法的基本权利条款。

（二）间接裁判效力的体现

虽然民事概括条款在收集的案件中占有近三分之一的比例，但并非全部引用民事概括条款的案件均是基本权利发挥间接裁判效力的体现。仅在民事具体条款缺位、存在民事概括条款且该民事概括条款与更抽象的基本权利条款相对应时，基本权利条款的间接效力才得以发生。这种情况既区

① 浙江省杭州市中级人民法院（2010）浙杭民终字第1792号民事判决书。

② 广东省佛山市中级人民法院（2016）粤06民终5336号民事判决书、山西省运城市绛县人民法院（2017）晋0826民初87号民事判决书。

③ 参见张翔《基本权利在私法上效力的展开——以当代中国为背景》，《中外法学》2003年第5期。

④ 参见李海平《基本权利间接效力理论批判》，《当代法学》2016年第4期。

别于基本权利条款具体到足以适用于民事案件发挥直接裁判效力的情形，也区别于基本权利条款仅在民事裁判中以更抽象的方式发挥非裁判效力的价值指引作用。此种情况在我国民事裁判中体现为以一般人格权的方式对尚未明确列举的侵权行为的救济。在我国民事司法裁判中发挥基本权利间接裁判效力比较典型的为受教育权纠纷。自齐玉苓案以来，学界曾主张采用一般人格权的保护方式对受教育权等权利予以保护，认为基本权利中的人格尊严、人身自由、选举权与被选举权、受教育权、劳动权等皆可通过侵权责任法中一般人格权的方式予以保护。[①] 例如，借助我国《侵权责任法》第2条的保护范围条款，通过一般人格权的方式对民事法律规定尚未明确列举的权利予以保护。“概括条款”最初被提出是为了发挥基本权利对私法的效力，通过民事私法达到保护基本权利的目的，因此提出了“概括条款”具有“价值满足能力及价值满足之必要性”，来满足基本权利指向的“价值体系”。[②] 学界的客观价值秩序理论的基本权利间接效力说认为，基本权利的法律内涵在民法中间接地通过私法规范产生作用。[③] 这种理论模式与我国民事概括条款发挥作用的原理相同，都是为了避免公法过度干预私法，以民事概括条款作为既阻碍公法对民事主体发挥直接效力，又能够对事实行为予以适度调控的工具。间接裁判效力的生命力体现在司法实践中，我国民事概括条款的内容决定了其适用方式需要与基本权利条款进行抽象程度的比较，如《民法总则》中的“民事主体从事民事活动，应当遵循诚信原则”“民事主体从事民事活动，不得违反法律，不得违背公序良俗”等规定，仍然具有高度的抽象性，属于不完全法条，无法对具体民事法律关系作出明确的指引。

（三）非裁判效力的体现

通过基本权利条款的援用方式（表3）可知，样本中的案件绝大多数

---

① 张红：《论一般人格权作为基本权利之保护手段——以对“齐玉苓案”的再检讨为中心》，《法商研究》2009年第4期。

② 参见陈新民《德国公法学基础理论》（增订新版·上卷），法律出版社，2010，第352页。

③ 参见〔德〕卡纳里斯《基本权利与私法》，曾韬、曹昱晨译，《比较法研究》2015年第1期。

以说理的形式呈现，基本权利条款在法律体系中作为立法依据的合法性证成，将宪法作为强化说理的依据。即使部分案件中将宪法作为裁判依据，也并未发挥宪法的直接或间接裁判效力。且由法院最终裁判支持当事人的裁判结果可知，[①] 法院援用基本权利条款的绝大多数案件支持当事人的诉求，宪法起到的最基础的作用就是增强裁判的说服力和正当性。将基本权利条款作为强化说理依据的目的在于，以宪法价值观指引司法裁判，将宪法精神注入民事裁判中。法院在裁判中援用《宪法》第 33 条的“享有宪法权利履行宪法义务”“国家尊重和保障人权”，以及《宪法》第 42 条“劳动权利和义务”等要求国家主体以积极作为方式保障权利。法院在实践中援用宪法时往往并不强调其裁判效力，而只是在宪法和法律的双重作用下完成更充分的说理义务。通过宪法和法律保障公民的人身权和财产权，以实现其所追求的价值目标，这可以理解为民事裁判保障基本权利的“外部证成”。[②] 但由此带来的隐患在于，“基本权利规范游弋于原则与规则之间”，[③] 在基本权利发生裁判效力的逻辑和条件并不确定的情况下，法官仅凭借主观判断，将裁判置于宪法价值之下，不免会面临道德不确定性的挑战。根据无效力说的学者主张，法律的价值渊源来自法外的道德价值，特定共同体的道德理论通过实证化作用于私法和其他法律。[④] 然而，道德规范虽然具有开放性，能够成为法律价值观念的外在补充，却不能够解决尚未法律实证化的道德价值通过民事法律对民事主体产生法律效力的问题。只有具备强制力的道德规范才能通过法律手段以符合形式法治的要求。

三　基本权利条款效力实现方式的反思

通过以上的观察和分析可知，基本权利条款在我国民事司法裁判中的

---

① 根据法院对由基本权利衍生出利益的诉求的裁判结果可知，法院支持的案件比例高达 83.3%。

② 外部证成的具体特征及论证模式详见许瑞超《民事裁判中的基本权利保障——以民事裁判的内部证成与外部证成为视角》，苏州大学 2017 年硕士学位论文，第 17～19 页。

③ 郑贤君：《基本权利原理》，法律出版社，2010，第 130 页。

④ 参见黄宇骁《论宪法基本权利对第三人无效力》，《清华法学》2018 年第 3 期。

适用具有高度任意性，并未遵循严密的理论逻辑或规范逻辑。究其原因，主要在于法院在适用基本权利条款时混淆了公法与私法的界分前提，忽视了基本权利条款的适用条件以及缺乏合宪性解释的方法。这导致基本权利条款在民事裁判中适用的必要性受到质疑，甚至在法院裁判不当导致当事人败诉的案件中减损宪法的权威，以至于影响了宪法基本权利条款的正确援用。

（一）混淆公法与私法的界分前提

基本权利第三人效力理论以公法和私法二元划分为存在的前提。公法和私法的二元论是现代法治国家不可回避的前提。“现代的国家，是以区别其全部为公法或私法为当然的前提的，对于国家的一切制定法规，若不究明该规定属于公法或私法，而即欲明了其所生的效果和内容，盖不可能。公法和私法的区别，实可称为现代国家的基本原则。”① 若对法律的调整对象不作效力上的区分，则“第三人效力”之说便无从谈起。19 世纪政治国家和市民社会的二元论对公私法界分和基本权利属性的认知产生了重要影响。② 在社会国理念的影响下，宪法基本权利开始具有主观权利和客观法的双重属性，一方面，具有自我主张和排除干预的基本权利，另一方面，对自然秩序和实定法秩序进行调整。③ 随着公私二元关系的变迁，宪法基本权利条款能够有条件地在民事裁判中发挥效力。

在我国的法律体系中，宪法属于公法体系，与作为私法的民法相比，两者存在调整对象、调整方法和调整理念等方面的差异。因此，宪法基本权利条款能否当然地对民事主体产生法律效力，应是一件在十分谨慎、存在充分必要性的情况下才能够发生的例外事件。但从我国法院运用基本权利条款的案件类型看（表 1），婚姻家庭纠纷中的赡养纠纷案件数量最多，法院以《宪法》第 49 条第 3 款作为说理依据或裁判依据全部支持了当事

① 〔日〕美浓部达吉：《公法与私法》，黄冯明译，中国政法大学出版社，2003，第 3 页。

② 参见李忠夏《宪法变迁与宪法教义学：迈向功能分化社会的宪法观》，法律出版社，2018，第 362 ~ 372 页。

③ 参见许瑞超《德国基本权利第三人效力的整全性解读》，《苏州大学学报》（法学版）2017 年第 1 期。

人（老年人）受到赡养扶助的诉求。婚姻家庭内部涉及的主体均为具有亲属关系的自然人，属于典型的民事平等主体。且对于婚姻家庭这一民事法律关系，法官以宪法调整其内部法律关系，忽略了宪法作为公法原本仅用于对抗公权力主体的特质。公法对私法关系进行干预难免会影响私主体之间的私法平衡状态，且法院在援用宪法基本权利条款时，并未阐明具体民事法律条款是否缺失，以及这种干预在维护家庭秩序、建立社会公德方面的公法意义。存在民事具体条款，且该条款足以调整民事主体之间的权利义务关系时，则当然不必宪法基本权利条款出场。否则极容易造成基本权利所承载的公法价值在民法领域的过当渗透，[①] 从而对私法自治产生危害。我国法院“基本权利—公民义务”责任承担型的裁判逻辑固然可以总结为直接效力模式，但在具体民事法律规范存在，且与宪法关于“婚姻、家庭、母亲和儿童受国家的保护”价值相符的情况下，援用宪法基本权利条款作为裁判依据并无必要。

在坚持界分公法与私法的大前提下，应首先对宪法条款在民事主体间的适用保持谨慎态度，避免公法对私法关系造成过度的侵害。当然，这并非完全排除基本权利第三人效力的存在。应当既承认宪法基本权利条款发挥效力的必要性，又不能够轻易突破宪法和民法的公私法界限，只有在坚持公私二分法的前提下寻找基本权利条款在民事裁判中发挥效力的条件，才能够恰当地发挥基本权利第三人效力。

（二）忽视基本权利条款的适用条件

在坚持公私法二元论的前提下，在民事司法裁判中援用基本权利条款应恪守必要限度，而从我国实践中看，似乎并无任何逻辑可言，只要法官认为与基本权利条款的表述类似、利于加强裁判文书说理和裁判的正当性，便援用宪法基本权利条款。而法官在法律适用方面的裁量权影响宪法权威和整个法秩序，因此，在发挥基本权利第三人效力的同时，有必要确定基本权利条款的适用条件。我国学者对基本权利第三人效力或基本权利

① 刘志刚：《基本权利对民事法律行为效力的影响及其限度》，《中国法学》2017 年第 2 期。

条款在民事裁判中得以援用的条件问题曾做过一些思考，主张私法自治在司法体系中不再是自足的原则，而关乎宪法基本权利在私法领域中的效力。[①] 以往的研究往往认同适用条件存在的必要性，但对条件内容讨论的研究却屈指可数，近有研究以私主体之间的社会公权力为适用条件，[②] 可见基本权利第三人效力的适用条件逐渐进入了精细化研究。而探讨我国基本权利条款的适用条件应当以我国民事司法实践为判断根据，司法裁判的过程都是围绕着事实认定和法律适用两方面展开，因此应从规范条件和事实条件两方面进行适用条件的反思。

1. 规范条件

首先，宪法基本权利条款和民事具体条款在司法中误用的情况普遍。司法实践中存在大量将宪法基本权利条款与民事具体条款并用的案件，且此种情况下民事具体条款中的权利义务规范足以对民事行为进行有效调整和充分救济。据此可以总结出排除适用的规范条件，即在不存在立法空白的情况下，具体民事法律规范足以涵盖个案事实，便无须宪法基本权利条款出场。

其次，宪法基本权利条款和民事概括条款之间的规范适用，需要进一步判断基本权利条款的内涵是否为民事概括条款涵盖。《宪法》第 35 条言论自由条款可以作为判断规范适用的典型。尤其是在解决言论自由与名誉权的冲突时，由于缺乏民事法律规范，法院表示此类案件应适用利益衡量的方法，但在法院的分析中并没有看到法官是如何进行利益衡量的。[③] 这是由于民事概括条款并未对言论自由的相关内容予以规定，言论自由保护与民事的诚实信用、意思自治、公序良俗等原则亦不发生直接关联。例如，合同对言论自由的事前限制便体现了民事立法的不足。合同是意思自治的产物，对约定内容不予干涉则是完全尊重意思自治原则的体现，但遵

① 参见徐振东《宪法基本权利的民法效力》，《法商研究》2002 年第 6 期。

② 参见李海平《论基本权利对社会公权力主体的直接效力》，《政治与法律》2018 年第 10 期。

③ 参见陈道英《我国民事判决中宪法言论自由条款的解释——以 2008 - 2016 年 103 份民事判决为样本》，《华东政法大学学报》2017 年第 1 期。

循意思自治显然会对被限制言论自由的一方当事人造成侵害，且在合同法的无效条款不能发挥作用的情况下，法院只能诉诸宪法的基本权利条款，认定对言论自由基本权利进行事前限制的行为无效。据此，当民事概括条款不能涵盖基本权利条款的内涵时，有必要援用基本权利条款，将其作为民事法律规范的补充。这也是承认在民事法律规范存在漏洞的情况下，宪法基本权利对私主体发生直接效力。

综上，援用基本权利条款时需要充分考虑其与民事具体条款和民事概括条款之间的关系，不可忽略法律规范之间的竞合或包含关系，不能任意架空民法具体条款径直适用抽象程度更高的基本权利条款。

2. 事实条件

基本权利第三人效力理论往往忽视对事实条件的探讨，而基本权利对社会公权力主体直接效力理论认为，基本权利的直接效力指向国家，社会公权力主体也受基本权利的直接约束，当私人关系存在社会公权力因素时，基本权利便可直接对第三人产生效力。① 这不失为限定援用基本权利条款事实条件的全新角度，因为在实践中，宪法面临的主要问题不仅是私法及个人权利保障问题，而且在工业化社会、多元社会中产生了更加复杂的问题，如劳资冲突、社会和运输保险、环境污染、消费者权益保护和跨国公司等问题。② 而由本文的实证梳理可知（见表5），案件当事人包含44.0%的非自然人主体，包括公司、基层群众自治组织、国家机关或机构、事业单位等。与社会公权力主体性质最为接近的是村委会和村民小组，它们是基层群众性自治组织，③ 且被认为是我国社会公权力组织的基本类型之一。④ 但此种事实条件的划定存在的疑问是，社会公权力主体并非一个规范概念，私人具有社会公权力因素何以成为“社会公权力主体”？

---

① 参见李海平《论基本权利对社会公权力主体的直接效力》，《政治与法律》2018年第10期。

② 参见〔意〕莫诺·卡佩莱蒂《当事人基本程序保障权与未来的民事诉讼》，徐昕译，法律出版社，2000，第40页。

③ 参见《宪法》第111条之规定。

④ 参见徐靖《论法律视域下社会公权力的内涵、构成及价值》，《中国法学》2014年第1期。

这需要根据不同主体的特征由法官进行主观衡量。一旦事实条件的识别标准不明晰，便可能出现针对不同主体适用不同法律的情形，进而造成更大的不平等。由于在事实层面主体间存在种种差别而总能发现不平等的因素，[①] 不能够将难以识别的非规范性概念作为识别民事主体间事实上的差异的标准。虽然自然人的基本权利受到事实上的侵犯客观存在，但侵害主体的类型和特征都是不特定的，故不宜将主体特征作为基本权利条款适用的限定条件。然而，事实条件在限定基本权利第三人效力理论适用方面又是必要的。

（三）缺乏合宪性解释的方法

我国民事裁判往往仅以陈述列举的方式援用宪法基本权利条款，这种毫无方法论指引的过于简单的援用方式是乱象产生的原因之一。即使在某些宪法基本权利条款真正发生裁判效力的案件中，也缺乏对宪法基本权利条款本身或民事条款具有宪法倾向性的解释。仅有极个别案件存在合宪性解释的意味。[②] 本文合宪性解释指法院裁判民事案件时对民法规范作出基于宪法的解释。而从裁判正当性的要求看，合宪性解释方法对于正确援用基本权利条款并发挥第三人效力是必要的。

总体而言，宪法解释的必要性是由语言的局限性、宪法的抽象性和法律与社会环境变化共同决定的。具体而言，民事裁判援用基本权利条款必然需要合宪性解释方法。首先，价值权衡的重要性和抽象性需要合宪性解释。基本权利对民事法律行为的效力产生影响时必然干预另外一个宪法价值维度。如在上述影响合同效力的案件中，一方面保障了一方当事人的言论、人身及宗教信仰自由，但同时对另一方当事人的契约自由形成了干预。因此，法院需要通过合宪性解释对另一方基本权利的干预正当与否进行考量。其次，利益衡量需要合宪性解释方法。由于涉及几方当事人的基

---

① 参见蔡立东《“平等主体关系说”的弃与留——未来〈民法典〉调整对象条款之抉择》，《法学论坛》2015 年第 2 期。

② 合宪性解释涉及基本权冲突和限度，参见江苏省南通市中级人民法院（2015）通中民终字第 02659 号民事判决书。

本权利，往往需要将法律制度及运行放在利益层次结构之中进行考察，实践公平原则的具体方法便为“利益衡量”。[①] 在利益衡量的过程中，不仅关涉当事人的民事权利，亦关涉当事人的基本权利，而由于民事规范存在救济不足，不对民事法律进行合宪性解释将导致对公民基本权利的保护不周延。再次，填补立法空白需要通过合宪性解释进行充分论证。正如有学者通过考察合同效力得出的结论，由于《合同法》并未对解除权的行使进行限制，只要解除条件成就时即可解除合同，而法院若坚持这种既有规范则势必造成对基本权利保护的不足，此即为法律漏洞。[②] 尤其是自由权、平等权等没有明确的更为具体的立法的基本权利，更需要法院详尽的说理阐述。可见，在人格权纠纷、侵权责任纠纷和平等权纠纷中，对身份平等、宗教信仰自由、住宅不受侵犯等宪法基本权利条款构成侵害时，没有民事具体条款与之对应，如果不从宪法角度进行利益衡量往往会出现裁判逻辑不周延、对当事人侵权损害救济不足的情况。因此，在缺乏明确民事立法的情况下，援用基本权利条款判断民事行为必然需要运用合宪性解释的方法。最后，宪法基本权利条款的规范性要求合宪性解释方法的运用。“合宪性解释作为一种法律解释方法，必然包含了对宪法的解释，我们不能掩耳盗铃地否认宪法解释曾经在解释法律的过程中出现过。”[③] 解释宪法是推动宪法实施的重要方式之一，对于我国而言更是如此。但由于宪法解释方法论的匮乏，本就缺乏司法审查制度保障的宪法就更难以发挥其规范效力。但是在普通法院裁判民事案件的过程中，具备规范效力的宪法在保障公民基本权利时应当同其他民事法律一样，尤其在基本权利受到私主体的侵犯且民事法律规范存在漏洞的情况下，宪法应当发挥漏洞填补的功能，这便有赖于一套体系完备的宪法解释方法论。因此，合宪性解释是基本权利条款在民事裁判中发挥效力时必然应用的方法。

---

① 参见梁上上《利益衡量论》，法律出版社，2013，第 102～105 页。

② 参见杜强强《论民法任意性规范的合宪性解释——以余丽诉新浪网公司案为切入点》，《华东政法大学学报》2014 年第 6 期。

③ 黄明涛：《两种“宪法解释概念”的分野与合宪性解释的可能性》，《中国法学》2014 年第 6 期。

四　基本权利第三人效力理论的中国模式探索

基本权利第三人效力理论原本是由学者引介到我国的理论，该理论在我国并没有经历一个自生自发的过程，由于该理论未与我国司法实践紧密结合，其生命力势必受到影响，导致其对我国法院援用基本权利条款的司法实践也缺乏指导意义。因此，从我国司法实践的角度对这一理论进行重构不失为一个本土化路径的探索。建基于上述的实证考察、裁判逻辑分析和效力方式反思，下文将从规范条件与事实条件限定和合宪性解释方式两方面探索基本权利第三人效力理论的中国模式。

（一）规范条件和事实条件的限定

1. 规范条件的限定

虽然民事立法仍在不断完善的过程中，但受法律规范语言的局限性和社会变迁的影响，民事法律规范不可能穷尽地调整全部民事行为，这导致对当事人权益的救济必然存在不周延之处。而宪法作为具有最高法律效力的根本法具备规范效力，尤其在法律漏洞存在的情况下能够作为民事法律规范体系外部的“供给源”。宪法与民法不仅是公法和私法的关系，而且不能忽视宪法的“根本法”和“母法”地位。我国部分民事法律中包含“根据宪法，制定本法”的表述，这往往构成宪法对民事主体发挥效力的阻碍，宪法作为主要规则意味着对作为次级规则的民事法律规范发挥效力。然而根据我国的宪法文本，也有学者提出，“根据宪法，制定本法”主要不是指民法需要依据宪法上的某个条文制定，也不是指“民法是宪法的具体化”，而在于宪法为民法介入私人自治设定框架或者界限。[①] 笔者认为，部分基本权利条款的直接调整对象并不仅仅为具有委托立法性质的其他法律规范，其他法律主体也是宪法的调整对象，当然地包括民事主体。在基本权利第三人效力中，宪法基本权利条款对民事主体发挥效力的

① 参见王锴《宪法与民法的关系论纲》，《中国法律评论》2019 年第 1 期。

方式取决于其与民事法律规范的关系。有学者指出，基本权利规范属于裁判规范，只不过是“不完全法条”，因此需要结合其他法条共同作为裁判依据。[①] 实际上并非全部基本权利规范均属于“不完全法条”，应在比较基本权利与民事条款的抽象程度后得出结论。因此，法院援用宪法基本权利条款的规范条件在于与民事概括条款和民事具体条款进行比对。两种规范之间的比对需要在具体民事裁判的“找法”过程中实现，具体判断规范条件的步骤如图 1 所示。

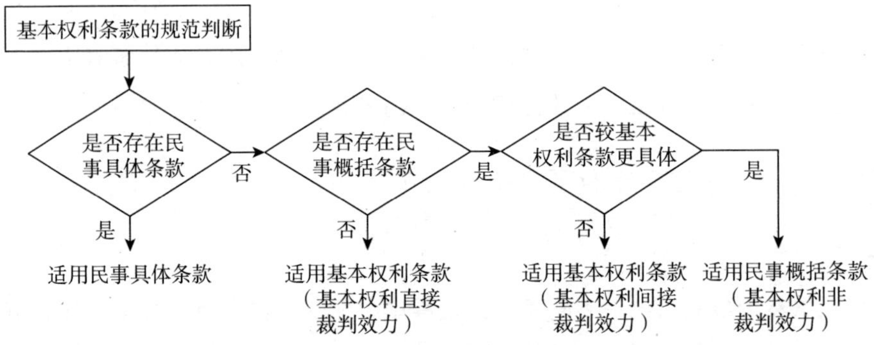

图 1 规范条件判断流程

首先，应判断是否存在与基本权利条款的内容相对应的民事具体条款。可以根据立法情况先定位到具体法律。如《宪法》第 49 条与《婚姻家庭法》《老年人权益保障法》相对应；《宪法》第 42 条与《劳动法》相对应；《宪法》第 48 条中的男女平等与《婚姻法》相对应等。但是即使存在整部民事法律与宪法某一基本权利条款相对应也只是初步的判断，需要进一步判断规范的抽象程度以及具体案件所包含的法律关系是否与民事具体条款的民事法律关系相对应，民事法律和基本权利条款分别指向的法律关系不完全是包含与被包含的关系。如果个案的案件事实能够涵射于民事具体条款的权利义务，则适用民事具体条款裁判案件。此时宪法基本权利条款并不发挥裁判效力，而是通过立法功能转化的非裁判效力，基本权利对民事主体的民事权利义务保持谦抑，在这种私法体系能够自足的情况

① 参见连雪晴《基本权利水平效力研究在中国》，载齐延平主编《人权研究》（第 19 卷），社会科学文献出版社，2018，第 150～153 页。

下，法院没有必要援用宪法基本权利条款进行说理或裁判。

其次，在没有民事具体条款与基本权利对应的情况下，进一步判断是否存在与案件中的权利义务法律关系对应的民事概括条款。如果仍不存在与之对应的民事概括条款，则应当适用宪法基本权利条款，且此时发挥了基本权利条款的直接效力。此处判断的关键为民事概括条款与具体案件事实的相关性问题。如宪法中的宗教信仰自由、人身自由和言论自由条款，没有具体民事法律规范与之对应，也无法找到与之具有高度关联性的民事概括条款（由表 4 可知），此时只能根据宪法中的人身自由、言论自由或宗教信仰自由条款进行裁判。此种情况属于基本权利条款发挥直接裁判效力，法院应将宪法基本权利条款作为直接约束民事主体权利义务关系的规范。①

最后，存在民事概括条款与基本权利条款相对应，但不存在民事具体条款与基本权利条款对应的情况下，需要进一步判断基本权利条款与民事概括条款何者更具体。如《民法总则》第 8 条和第 10 条中的公序良俗条款在裁判中需要以宪法基本权利条款进行内涵填充，在具体案件中判断影响合同效力因素时，“公民的住宅不受侵犯”等以否定排除方式表达的规范内涵比民事概括条款更加确切。至于民法总则部分中的调整范围部分，虽然将其作为民事概括条款予以统计，但其所指涉的权利和义务只能作为受案范围的判断依据，无法作为裁判规则，正如《民法通则》第 2 条、《侵权责任法》第 2 条、《劳动法》第 2 条等条款。当基本权利条款直接指向民事主体的权利义务内容，甚至比民事概括条款更为具体时，则发挥实际裁判效力的乃是基本权利条款，只是鉴于民事概括条款的存在，基本权利条款发挥的是间接裁判效力。法院援用基本权利条款发挥间接效力时，更宜采用说理的方式，当然其中不免要对基本权利和民事概括两种条款进行关联性和抽象性的比对，此时则需要运用适当的解释方法。

此外，由实证考察可知，基本权利的类型也是影响第三人效力的另外

① 限于前述最高人民法院关于民事裁判文书的制作规范，法官将宪法作为裁判依据已经在某种程度上被限制，虽然该规范性文件对运用宪法的方式的合理性存在疑问，但从降低法官职业风险方面考量，法官可以在审理报告中释明。

一个因素。以要求其他主体作为或不作为的方式为标准，基本权利可分为积极权利和消极权利。[①] 积极权利往往要求国家或社会以作为的方式对公民履行相应的义务，如《宪法》第 42 条“国家对就业前的公民进行必要的劳动就业训练”，第 44 条“退休人员的生活受到国家和社会的保障”，第 45 条“国家和社会物质帮助”等。此种积极性质的基本权利在司法实践中往往不具有可诉性，法院将以诉讼主体不适格的理由将其排除出受案范围。[②] 而对于消极权利而言，宪法文本中多以“国家机关、社会团体和个人不得……”的方式表述，如《宪法》第 36 条宗教信仰自由的规定，第 37 条关于人身自由的规定，第 38 条人格尊严不受侵犯的规定，第 39 条公民的住宅不受侵犯的规定，第 40 条关于通信自由和通信秘密的规定等。消极性基本权利以自由为核心，限定的义务主体为“任何组织或者个人”，将其他公民（除了国家和被侵权公民的第三人）也作为限制的主体。因此，从基本权利的类型看，包含自由性质的消极权利能够发挥基本权利第三人效力，而要求国家作为的积极权利不具有第三人效力。

2. 事实条件的限定

根据实证考察的案由分布（表 1）和基本权利第三人效力的具体情况发现，仅在特定纠纷类型中基本权利发挥第三人效力才有空间，基本权利条款在特定主体之间应更审慎地保持谦抑状态，不对私主体之间的行为进行过度干预。如在婚姻家庭领域存在特殊亲权关系的主体之间，基本权利条款发挥裁判效力的空间几乎不存在。故对于婚姻家庭纠纷、继承纠纷，基本权利条款不发挥裁判效力。且由于民事具体条款的存在，法院惯常援用公序良俗的民事概括条款，其更多的是在发挥道德指引作用，并不具有基本权利条款的裁判效力。而对于侵犯公民权利的纠纷而言，其属于基本权利条款发挥裁判效力的典型。侵权行为属于事实行为，该行为的发生往往会对自然人的权利或者权益造成人格尊严方面的侵害。此类纠纷包括侵

① 消极权利和积极权利与通常二分法下的自由权和社会权相对应，只是并非强调自由和平等的价值，而是从其他主体作为或不作为的角度观察，基本权利二分法的分类方式详见韩大元主编《比较宪法学》，高等教育出版社，2003，第 157 ~ 158 页。

② 北京市第二中级人民法院（2016）京 02 民终 1618 号民事判决书。

权责任纠纷、人格权纠纷、劳动争议中的侵权纠纷，以及与财产权、物权相关的绝对权纠纷。由基本权利条款的援用方式可知（见表3），基本权利条款作为裁判和说理的依据时被用以证明侵权责任、阻却侵权事由、证成侵权事由、赔偿责任、享有资格、厘定物权等，这在侵犯公民绝对权（包括但不限于《侵权责任法》的保护范围）时得以适用。至于公民之间的约定行为，由于合同的相对性，仅对进行协议法律行为的几方当事人产生效力，因此基本权利条款在契约自由的原则下不能对当事人的约定行为进行过度干预，而仅限于在判定合同效力的场域发挥裁判效力。

综上，对事实限定条件予以概括，则可根据案由简化为，基本权利条款对于涉及当事人对世权，如物权、人格权的侵权纠纷发挥裁判效力；在合同约束的当事人之间仅就合同效力发挥裁判效力；而对于人合性更强、公民之间关系更紧密的亲权领域，基本权利条款不发挥裁判效力。

（二）合宪性解释方法的运用

在符合规范条件和事实条件的情况下，法院援用基本权利条款时仍需要方法论的指导。合宪性解释在基本权利条款发挥第三人效力上的必要性已在上文论证，接下来需要解决的问题是如何在民事司法裁判中进行技术层面的适用。在符合上述规范条件和事实条件的情况下，将合宪性解释方法用于民事裁判能够发挥基本权利条款对民事主体的第三人效力，也利于实现宪法部门化，呈现宪法面向的解决民事司法裁判问题的面向。宪法解释方法论不断成熟也是我国当下宪法发展的显著特征，但是否所有的宪法解释方法均适用于法院这一司法机关？显然法院解释宪法的方法论必然不能与立法机关的释宪权一致，因此还需要对基本权利条款的解释方法予以更进一步的考量。我国司法机关并不具备解释宪法的权能，但是具有公正裁判的职责，且法院是基于个案的具体情况贯彻宪法精神，实现宪法保障公民基本权利的目的，而非以法制统合的目的对某一法律规范是否违宪做出解释或判断。不论是对基本权利保护存在需求的司法实践，还是具有论证必要的理论，都需要一套系统的宪法解释方法论。就我国基本权利条款发挥民事裁判效力而言，需要合宪性解释的运用。正如拉伦茨所言：“一般解释原则至少在原理上可适用于宪法解释。和其他法律一样，宪法作为成文法也是一种（大多以日常语言写成的）语言创作，也需要解释，宪法中的语句也具有规范的特质，宪法的拘束力也绝不小于其他法律，毋宁还更加强大。”①

学者们在规范宪法学意义上的宪法解释方法论上也做出过卓越的努力，但对于合宪性解释方法并未达成共识。有学者提出，进行宪法解释时，既要遵循文义解释、体系解释、历史解释、比较解释等一般方法，又要坚持合宪性解释等宪法解释的特殊性。② 有学者认为其也涵盖了功能分化社会的宪法变迁下，强调基本权利教义学、基本权利的社会功能和对基本权利的审查制度。③ 其他学者将合宪性解释方法视为不同于体系解释和目的解释的一种独立的解释方法，强调合宪性解释只能在其他解释方法不能发挥作用时才能适用。④ 还有学者强调合宪性解释因适用规则的特殊而具有特殊性，合宪性解释虽然可以作为体系解释、目的解释的法律解释方法，但需要遵循特殊的解释规则，包括法律规范至为明确、一定抽象、较高抽象、例外情况下运用的情况。⑤ 近来有学者在民法合宪性解释的事实条件判断方法论层面有独到见解，主张合宪性解释不仅是一种解释方法，而且是一种法官具有羁束义务的宪法实施方式，在民事法律关系中，在满足国家权利、社会公权力和公共利益的事实条件下可以进行合宪性解释，⑥ 这将促进民事合宪性解释在我国的推进。笔者认为，虽然学界对宪法解释以及合宪性解释的性质定位并不明确，但是法院在裁判民事案件时作出的合宪性解释仅是一种宪法基本权利方面的考量，其并不排除对其他法律解释方法的适用，相反的，合宪性解释对合宪性解释方法的运用不能超越其他法律解释方法的限度，进行目的限缩解释要以基本权利为目的导向，但

① 〔德〕卡尔·拉伦茨：《法学方法论》，陈爱娥译，商务印书馆，2016，第236页。

② 参见白斌《宪法教义学》，北京大学出版社，2014，第96～115页。

③ 参见李忠夏《宪法变迁与宪法教义学》，法律出版社，2018，第291～293页。

④ 参见王利明《法律解释学导论——以民法为视角》，法律出版社，2017，第46页。

⑤ 参见张翔《两种宪法案件：从合宪性解释看宪法对司法的可能影响》，《中国法学》2008年第3期。

⑥ 参见李海平《民法合宪性解释的事实条件》，《法学研究》2019年第3期。

是其形式方面不能够超出文义射程。只有这样，才能使宪法解释方法论趋于完善并能够适用到私法裁判中，使法官将基本权利条款作为裁判的基准之一，通过对基本权利条款与民事法律规范进行充分论证，进而实现司法权对基本权利更周延的保护。

本文以民事司法裁判援用基本权利条款的案件为研究起点，尝试运用司法裁判的实然状态检验基本权利第三人效力理论，发现司法裁判并不全然遵循理论的逻辑，且存在任意援用基本权利条款的乱象，进而尝试对该理论进行中国模式的建构。本文的研究表明，既有的基本权利第三人效力理论对司法裁判的解释力不足，且在缺乏基本权利条款司法适用条件的情况下，实践中的乱象无法避免，公民在民事审判活动中的基本权利也难获充分的司法救济。在对司法裁判和既有理论进行混淆公法与私法的界分前提、忽视基本权利条款的适用条件、缺乏合宪性解释方法的三方面反思后，笔者认为，对该理论进行中国模式建构的关键在于，根据基本权利条款和民事条款的抽象程度以及基本权利的种类为援用基本权利条款限定规范条件，根据民事案件的纠纷类型限定事实条件，且在裁判过程中运用合宪性解释方法进行方法论的指导。然而，限于本文研究主题和篇幅，如何结合基本权利条款的类型进行更精细化的合宪性解释只能另撰文完成。总之，基本权利第三人效力问题关乎宪法和民法的关系、合宪性解释的方法等重大理论问题，且这一理论影响了民事司法裁判援用基本权利条款的方式，也决定了对公民基本权利的民事司法救济情况。不论如何，基本权利第三人效力作为重要的理论突破和实践难题仍需更具延展性的学术探讨。

Empirical Test and Path Exploration of Third Party Effectiveness Theory of Fundamental Right

Shi Jing

Abstract: Effects of fundamental rights on third party has been a subject of concern of all time. Through the analysis of multiple dimensions in civil judicial judgment, it is found that there are three modes of action in China's basic rights clauses, which are as follows: (1) the direct judicial effect of which stated as "fundamental rights-civic obligations" and affect the validity of contract, (2) the indirect judicial effectiveness by applying civil principle clause, (3) non-judiciary effect of the value guide. But in general it shows a chaotic logic of judging, and the reason lies in civil judgments confused the distinction premise between public law and private law, ignored the conditions applicable to the fundamental rights clause, lacked the method of constitutionally faithful interpretation. According to this, the normative conditions of the legal provisions and the types of dispute should be defined, the factual conditions should be limited from the types of disputes, and the constitutionally faithful interpretation should be fully utilized to construct the Chinese model of the theory of third-party effectiveness of fundamental rights.

Keywords: Fundamental Rights; Effect on Third Party; Empirical Test

大学生受教育权自力救济研究

王永恒*

摘　要： 陈述权、申辩权构成了大学生受教育权的自力救济。自力救济具有丰富的理论意涵，它既能在一定程度上克服司法救济的局限性，又能体现出大学生对高校行政权力的制衡，彰显人的主体性。依据大学生受教育权的自力救济在行政诉讼案例中所体现的与高校的抗辩程度，可以把现实中大学生受教育权的自力救济划分为三种样态。自力救济抗辩过程的充分实现需要大学生、高校、法院共同助推。

关键词： 大学生；受教育权；自力救济；抗辩；行政诉讼案例

一　问题的缘起

大学生受教育权的救济路径不唯有公力救济一途。从纠纷解决机制的分类来看，存在着公力救济、私力救济、自力救济、社会型救济的四元划分。[①] 大学生受教育权的救济权有陈述权、申辩权（在高校对大学生作出处分或者其他不利决定之前行使）、校内申诉权（向高校的学生申诉处理委员会申诉）、校外申诉权（向高校所在地省级教育行政部门申诉）、司

* 王永恒，吉林大学法学院博士研究生。

① 需要特别说明的是，往往私力救济与自力救济容易混淆，但私力救济与自力救济的论域是显著不同的。私力救济往往依靠私人力量且伴随着强制、威吓、胁迫等反法治因素，亦即私力救济大多表征为当事人不通过法律程序自行解决争执。自力救济是一种双方在共同规则之下，以共同正义为目标的救济形式，自力救济最为显著的特点是两造性、法治性，且伴随着对话或商谈。参见徐昕《论私力救济》，广西师范大学出版社，2015，第二章；贺海仁《自我救济的权利》，《法学研究》2005 年第 4 期。

法救济权，这五种救济权。[①] 除了陈述权、申辩权以外，其他救济权都必须有中立性的第三者介入，即其他救济权都是一定意义上的公力救济。相比于其他救济权，大学生陈述权、申辩权最为显著的特征是没有中立性的第三者的介入，换句话说，大学生陈述权、申辩权的行使过程，完全没有借助“他力”。大学生面对高校可能不公的处分或者其他不利决定，充分行使陈述权、申辩权能够和高校进行理性商谈、积极辩论，使得在过程上展现出大学生对高校行政权力的抗辩，在最终结果上增强可接受性。[②] 可以说，大学生的陈述权、申辩权的充分行使，本质上就是其对自身受教育权的一种自力救济。

反观当下，学术界对大学生受教育权法律救济的研究大多以司法救济和国家的给付义务为侧重点，大体可以归结为以下三个方面：第一，受教育权可诉性的正当论证型的研究；[③] 第二，受教育权救济的对策提供型的研究；[④] 第三，受教育权实现中政府给付义务型的研究[⑤]。即是说，学术界对大学生受教育权救济的理论关注焦点大多停留在论证受教育权司法救

---

① 前四种大学生受教育权的救济权参见现行《普通高等学校学生管理规定》第 55 条、第 60 条、第 62 条。

② 季卫东教授在论及行政程序时，也曾指出：“在发展中国家，行政过程中目的的普遍化是一种不可遏制的趋势，从经验上来看，在程序上能有所作为的就是调整行政决定与补偿措施之间的关系，使决定的接受者能够采取同意和协作的立场。”季卫东：《法治秩序的建构》（增补版），商务印书馆，2015，第 34 页。

③ 例如，温辉：《受教育权可诉性研究》，《行政法学研究》2000 年第 3 期；温辉：《受教育权的司法保障——一则受教育权案例所引起的法律思考》，《行政法学研究》2003 年第 1 期；宋立会：《论受教育权的可诉性》，《河北法学》2004 年第 5 期；李海涛、尚锡东：《论受教育权及司法保障》，《甘肃政法学院学报》2004 年第 6 期；龚向和：《论受教育权的可诉性及其程度》，《河北法学》2005 年第 10 期；李昕：《论受教育权在行政诉讼中的确认与保障》，《法学杂志》2010 年第 6 期；湛中乐主编《教育行政诉讼理论与实务研究》，中国法制出版社，2013，第 183 ~ 192 页；申素平、黄硕、郝盼盼：《论高校开除学籍处分的法律性质》，《中国高教研究》2018 年第 3 期；等。

④ 例如，陈韶峰：《受教育权纠纷及其法律救济》，教育科学出版社，2010；吴鹏：《特别权力关系理论与我国受教育权行政诉讼》，《国家行政学院学报》2011 年第 3 期；袁文峰：《受教育权的宪法条款援引、内涵及救济路径——基于齐玉苓案与罗彩霞案的分析》，《政治与法律》2015 年第 3 期；等。

⑤ 例如，杨成铭：《受教育权的国家义务研究》，《政法论坛》2005 年第 2 期；苗连营：《公民受教育权实现中的国家责任》，《华东政法大学学报》2006 年第 2 期；尹文强、张卫国：《受教育权的国家义务分类浅析》，《比较教育研究》2007 年第 3 期；莫静：《论受教育权的国家给付义务》，《现代法学》2014 年第 3 期；等。

济的正当性或受教育权实现的对策上。毋庸置疑，司法救济是大学生受教育权最具终局性、权威性的救济路径，但司法救济所固有的弊端先天地决定了其难以对大学生受教育权提供最切实的救济方案。“社会上发生的所有纠纷并不都是通过审判来解决的，仅仅考虑审判过程内的纠纷解决，从社会整体的纠纷解决这一角度来看就意味着研究对象被局限于现象中极为有限的一个部分上。”① 就笔者所搜集的62个高校开除大学生学籍的行政诉讼案例来说，② 从时间成本上来观察，大多数案例从高校开除大学生学籍的决定作出到法院审结所经过的时间是相当漫长的，即这些案例中有52个案例所耗费的时间在6个月以上。且不说大学生最终能否胜诉，仅时间成本这一点，就可以看出，大学生至少要把半年以上的时间消耗在与高校的行政诉讼中，其受教育权已然受到了实质侵害。大学生受教育权的司法救济现状堪忧。

研究大学生受教育权的自力救济之所以以高校开除大学生学籍的行政诉讼案例作为样本，是因为：第一，开除学籍是高校对在校大学生最为严厉的处分，“举重以明轻”，在开除学籍的处分中考察大学生受教育权的自力救济状态，更能起到以点带面的效果；第二，一般来说，一个案件能够进入行政诉讼，这就说明，在一方看来，必须依靠司法手段才能化解双方矛盾，这也就表明了大学生与高校的矛盾较深，对开除学籍处分的争议较大，这样的研究更有典型性；第三，行政判决书的认定事实及裁判说理部分，会具体展示大学生在被高校开除学籍前后其对自身受教育权的救济过程，这既有助于具体分析大学生受教育权自力救济的真实状况，也有助于考察影响大学生受教育权自力救济的其他因素。

---

① 〔日〕棚濑孝雄：《纠纷的解决与审判制度》，王亚新译，中国政法大学出版社，1994，第2页。

② 笔者在“北大法宝”的“司法案例”板块、聚法案例、中国裁判文书网对“受教育权”进行全文检索，根据是不是高校开除大学生学籍的案例，筛选出62个符合条件的案例。最后检索时间：2018年10月23日。需要进一步说明的是，这些案例中，高校做出开除大学生学籍处分的时间都在2005年9月1日之后，这是因为2005年9月1日开始施行《普通高等学校学生管理规定》，彼时的《普通高等学校学生管理规定》第56条规定了大学生的陈述权、申辩权，2017年9月1日施行的《普通高等学校学生管理规定》在第55条中规定了大学生的陈述权、申辩权。

需要特别强调的是，司法救济是受教育权救济的主要渠道，但不是唯一的渠道。“国家投入司法的资源有限，难以满足社会需要，而需以多元化纠纷解决机制为补充。”① 实际上，法律规定了多种自力救济的路径，如听证权、和解权等，这些权利的行使与陈述权、申辩权的行使一样，都是当事人直面公权力机关的自力救济。任何自力救济都是以当事人行使权利的形式呈现出来的，任何权利都需要司法救济来予以最终地保障。文章通过行政诉讼案例来研究大学生受教育权的自力救济，既能具体展示大学生受教育权自力救济的实践状态，又能透视司法救济对自力救济的保障状态。这也是文章选取该研究样本的深层原因。

文章着重从以下几个方面来展开论述：基于学术界对大学生受教育权自力救济的关注度较低的情况，文章首先对大学生受教育权自力救济的理论意涵进行阐释；其次，笔者以大学生与高校的62个行政诉讼案例为分析对象，根据大学生受教育权的自力救济与高校的抗辩程度，把现实中的大学生受教育权自力救济样态划分为三类；再次，从法理上具体阐释大学生受教育权自力救济在现实中存在三种样态的原因；最后，综合全文，就如何保障大学生受教育权自力救济提出对策，亦即对大学生受教育权自力救济的重塑。

二 大学生受教育权自力救济的理论意涵

陈述权、申辩权构成了大学生受教育权的自力救济。引入自力救济概念的目的是因为它既能与公力救济（特别是司法救济）形成鲜明的对照，又能特别地彰显大学生对高校行政权力的制衡，即自力救济本身就有着丰富的理论意涵。

第一，自力救济的充分发挥在一定程度上能够克服司法救济的局限性，实现权利救济的直接性、实效性，进而达至对大学生受教育权救济的充分性。首先，充分的自力救济能够克服司法救济的严格的形式理性、程

① 徐昕：《论私力救济》，广西师范大学出版社，2015，第250页。

序中心主义等所带来的诉讼迟延的弊端。正如有的学者指出的那样，“即使司法程序的进行井井有条、实体判断千真万确，诉讼迟延也将耗尽裁决的效用”。① 如前述，从高校对大学生开除学籍处分决定的作出到案件审结有84%的案件要耗费6个月以上的时间，这也意味着大学生至少需要半年以上的时间与高校进行身心俱疲的诉讼，即便大学生赢得了诉讼，其受教育权也已经受到了实质的侵害，颇有意味的是，这种侵害在一定意义上还是由司法救济的固有弊端导致的。其次，充分的自力救济也是保持适当的程序成本的必要手段。“自力救济理论否定了公力救济特别是司法救济中的绝对形式主义，打破了公力救济的完美性，要求公力救济检讨、修正、改良、改革它的行为法则和工具性理念。”② 亦即，大学生受教育权的充分自力救济有可能使得纠纷不必进入法院，不必动用国家的司法资源，高校与大学生也不必花费时间成本、经济成本、人力与物力成本进行耗时耗力的诉讼。最后，充分的自力救济有助于吸纳不满，实现高校对大学生作出处分或者其他不利决定的正当性或大学生受教育权救济的正当性。司法救济过分迟延使得无论裁判结果如何，大学生受教育权的救济都不能充分实现，即便大学生胜诉，也只是拿着“一张正义的空文”。姗姗来迟的司法救济尽管以国家的名义使高校对大学生的处分或者其他不利决定撤销也不能真正地救济大学生的受教育权，司法救济的正当性面临着考验。

第二，自力救济的充分发挥有助于大学生与高校之间向对等的关系发展。“对等”不同于“平等”，“对等”在“平等”的含义基础上还有相互的、交涉的意涵，体现的是一种双方互动关系。③ 在行政法律关系中，往往行政主体占据着行政主导地位，这种主导地位大多数情况下不会体现

① 徐昕：《程序经济的实证与比较分析》，《比较法研究》2001年第4期。

② 贺海仁：《自我救济的权利》，《法学研究》2005年第4期。

③ 例如，有的学者借助尤尔根·哈贝马斯的“交往行为理论”指出，“根据交往行为理论，行政行为可以看作是一种典型的‘交往实践’（kommunikative Praxis）/‘交往行为’（kommunikaitives Handeln）。行政行为作出的过程，也就是行政主体和行政相对人双方的交往过程”。实际上，这也是对行政主体与行政相对人互动关系的进一步阐释。参见刘东亮《什么是正当法律程序》，《中国法学》2010年第4期。

双方的对等性。所以，有的学者认为，“行政法律关系主体地位平等，但权利义务不对等”。[①] 但需要警惕的是，不对等并不是说行政法律关系不能向对等方向发展，完全舍弃对等性的行政法律关系，往往容易导致行政主体的地位过于强势而行政相对人地位过于孱弱，这种状态发展到极端很可能会导致行政主体完全主导整个行政法律关系而忽略行政相对人的存在。季卫东教授在论述程序的本质特点时也指出，“程序的本质特点既不是形式性也不是实质性，而是过程性和交涉性”。[②] 在平等的交涉过程中，大学生既可以对高校作出的处分或者其他不利决定所认定的事实及其依据是否准确适当提出自己的看法与主张，也可以就高校的处分或者其他不利决定提出不同的意见，对高校的行政行为进行抗辩，甚至与高校形成激烈的意见对抗，还可以提出新的事实、出具不同的证据来为自己的受教育权辩护。

第三，大学生受教育权的自力救济对高校行政权力的运行具有制衡作用。所谓制衡，既有限制、制约又兼有平衡之意。[③] 在行政法学领域，行政相对人对行政主体的制衡作用，不仅仅体现在陈述权、申辩权之中，还广泛地体现在知情权、听证权等程序性权利之中。[④] “行政程序通过对权力的约束和控制来保障人权，通过权力制约促使行政主体从相对人的合法权利角度来考虑问题。”[⑤] 在自力救济的过程中，高校需要谨慎、细致地回应大学生的意见和建议，而不能仅以行政权力强制性地对大学生作出处

---

① 应松年主编《行政法与行政诉讼法》，中国政法大学出版社，2008，第20页。

② 季卫东：《法治秩序的建构》（增补版），商务印书馆，2014，第20页；谢晖教授也指出，“所谓交涉性特征，是指司法活动中的参与者只有在交涉过程中，才能辨明两造之间的是非曲直，因此，任何不经过必要的交涉而先入为主的判断，都不符合与司法程序相关的交涉理性。可以肯定，任何程序都有交涉性的特点，例如，即使一个行政命令，在发布之前也要通过相关行政会议的交涉”。谢晖：《论法律程序的实践价值》（下），《北京行政学院学报》2005年第2期。

③ 如罗豪才教授在20世纪90年代初，就提出了现代行政法实质上是“平衡法”的理念。这就是我国行政法研究中广为人知的“平衡论”。参见罗豪才、袁曙宏、李文栋《现代行政法的理论基础——论行政机关与相对一方的权利义务平衡》，《中国法学》1993年第1期。

④ 参见《行政处罚法》第31条、第42条。

⑤ 孙笑侠：《程序的法理》，商务印书馆，2005，第266～267页。

分或者其他不利决定。换言之，高校能否积极回应大学生的意见和建议是自力救济的关键。如有的学者在论述回应型行政模式时所指出的那样，“协商、妥协和讨论等非强制手段在行政行为中获得了充分的运用；秩序是通过协商确定的，而非通过服从赢得的”。[①] 从这个意义上来说，自力救济就是减弱了高校行政权力的刚性的一种受教育权的救济路径。“真理越辩越明”，大学生充分进行自力救济的过程，恰恰是逼迫着高校说明作出处分或者其他不利决定的理由及依据的过程。“不说明任何理由的行政裁决，就是‘行政独裁’而说明裁决理由的义务，则构成对行政机关滥用权力的重要制约。”[②] 大学生面对高校可能的处分或者其他不利决定，自力救济的过程就是不断地对高校行政权力制衡的过程。

第四，自力救济的充分发挥实质上也是公民实现权利自由与人的主体性的彰显。一方面，每一个理性的人都有自由去实现自己的权利，在实现自己权利的过程中有理由不受到他人的干涉。康德认为：“自由是独立于别人的强制意志，而且根据普遍的法则，它能够和所有人的自由并存，它是每个人由于他的人性而具有的独一无二的、原生的、与生俱来的权利……可见，这是每个人生来就有的品质，根据这种品质，通过权利的概念，他应该是他自己的主人。”[③] 从这里可以看出，康德把自由看成一种个人原生的权利，这种原生的权利基于人性而存在，人成其为人即是因为他有自由的权利，不被压迫与强制的权利。但作为权利的自由必须与他人的自由并行不悖。所以，康德又说，“现在根据普遍法则，凡是妨碍自由的事情都是错误的，任何方式的强制或强迫都是对自由的妨碍或抗拒”。[④] 权力不能压迫人基于普遍法则的自由，权力的行使必须能够经得起是否符合基于普遍法则的自由的检验。权利救济，特别是自力救济就是权利主体实现权利的自由。大学生受教育权的自力救济是权利自由的体现，实质上，也是大学生面对高校可能的不当的处分或者其他不利决定——基于自

① 崔卓兰、蔡立东：《从压制型行政模式到回应型行政模式》，《法学研究》2002 年第 4 期。
② 戴桂洪：《论正当的行政法律程序》，《江苏社会科学》2006 年第 2 期。
③ 〔德〕康德：《法的形而上学原理》，沈叔平译，商务印书馆，1991，第 50 页。
④ 〔德〕康德：《法的形而上学原理》，沈叔平译，商务印书馆，1991，第 42 页。

我认知——的一种反抗。另一方面，在大学生受教育权救济的所有路径中，只有通过陈述权、申辩权所表现出的自力救济实现了权利主体与救济主体的同一性、直接性，因为这是一种两造性的权利救济。[①] 进一步来说，主体性就是作为权利主体的大学生对于自己的权利有一种自我意识，在黑格尔看来，“意识中有两件事必须分别清楚：第一，我知道；第二，我知道什么。在自我意识里，这两者混合为一，因为‘精神’知道它自己。它是自己的本性的判断，同时它又是一种自己回到自己，自己实现自己，自己造成自己，在本身潜伏的东西的一种活动”。[②] 大学生受教育权的自力救济的主体性是指在自我意识中就知道自己的权利存在，在遭到侵犯时，又通过法律手段积极回归自己、实现自己的一种自我权利救济的主动状态。

三　大学生受教育权自力救济的样态分析

如前所述，大学生受教育权自力救济的充分发挥体现在陈述权、申辩权的充分行使之中。无论陈述权还是申辩权都带有明显的抗辩的性质，这是因为陈述权是指行政相对人在行政法关系中享有的向行政主体表达自己相关见解、认识、判断的权利，申辩权是指行政执法中行政相对人为了维护自己的权益或者其他利益，对行政主体的行政执法行为进行抗辩的一种程序权利。[③] 笔者把这 62 个行政诉讼案例按照其所体现的大学生对高校的抗辩程度进行分类，把自力救济划分为三种样态：较为正常的样态、替代样态和未进行样态（见表 1）。[④]

---

① 因为大学生通过充分行使陈述权、申辩权而进行的受教育权的自力救济同各种公力救济相比具有两造的性质，因为自力救济在本质上就要求大学生直面并尽力挽回高校对其即将作出的处分或者其他不利决定。其他公力救济都需要通过具有一定独立意义的第三方来进行。

② 〔德〕黑格尔：《历史哲学》，王造时译，上海书店出版社，1999，第 18 页

③ 参见关保英《行政相对人陈述权的适用范围研究》，《河南社会科学》2010 年第 2 期；关保英《行政相对人申辩权研究》，《东方法学》2015 年第 1 期。

④ 实际上，正常样态既包括体现了大学生与高校充分抗辩的样态也包括大学生自愿放弃自力救济的样态（因为放弃也是一种权利），但为分析的方便，把后者归为未进行样态。需要说明的是，较为正常的样态是因为在笔者看来与充分抗辩还有一定距离，故不能归类为正常样态。

表 1　大学生受教育权自力救济各样态的数量及百分比

单位：个，%

自力救济的样态	该样态的数量	该样态占比
较为正常的样态	23	37
替代样态	7	11
未进行样态	32	52

第一，较为正常的样态。大学生受教育权自力救济的较为正常的样态指的是在这些行政诉讼案例中，大学生陈述权、申辩权得到了较为全面的行使，实现了较为充分的自力救济但尚未体现充足的抗辩过程的样态。从笔者统计的 62 个高校开除大学生学籍的行政诉讼案例来看，较为正常的样态的自力救济案例有 23 个，占样本总数的 37%。之所以说较为正常的样态没有体现出大学生对高校的充足的抗辩过程，这是因为以下几点。

（1）在这些较为正常的样态的自力救济案例中，大学生陈述权、申辩权的行使大多是通过向高校递交书面陈述、申辩材料来行使的，这种情况下，拟被开除学籍的大学生本人往往不能当场行使陈述权、申辩权。大学生本人不在场就使得其缺乏了与高校面对面的意见陈述与交锋。这种面对面的意见陈述与交锋要求高校认真听取大学生的陈述与申辩的内容，对于大学生的正确的陈述和申辩内容高校必须接受。同时，如果高校否认大学生陈述和申辩的内容，大学生也可以提出反驳的意见。在这里需要指出的是，《普通高等学校学生管理规定》对高校的要求是“听取学生的陈述和申辩”而非“读取学生的陈述和申辩”，在笔者看来，“听取”就具有了面对面沟通、交流的价值取向。亦即，高校通过与大学生面对面的交流、沟通更容易发现大学生违纪事实的真相及细节，也更容易在对大学生是否以及如何作出处分或者其他不利决定时考虑得更周全。[①] 申言之，书面行

① “考虑得更周全”在这里还有一层含义，即，这不仅仅是因为高校开除大学生学籍具有行政法的性质，而且因为高等教育领域中对学生所犯的错误应当重视教育的作用。《普通高等学校学生管理规定》第 54 条也规定“学校给予学生处分，应当坚持教育与惩戒相结合”，只有通过面对面的交流、沟通、辩论才能让高校更全面地了解大学生违纪时的所思所想，才能更全面地了解大学生违纪的具体事实，这些经验价值都有助于高校对大学生作出处分或者其他不利决定之前考虑得更周全。

使的自力救济显然不能取代面对面进行意见交锋的经验价值。对法律程序的细微异同有着极强辨别能力的达玛什卡教授在论述“科层理想型的程序含义”时也指出过类似问题，“讯问简报比完整的讯问笔录更受欢迎。即使所有的询问都有完整的笔录，口语表达仍然会被代之以无法呈现出行为暗示和迹象的书面语句，因此，在这种‘冷冰冰’文档的基础上作出的决策仍然意味着对经验的严重压制……而且，当经验被如此简化并且被一个文本固定下来的时候，决策就更容易借助于逻辑分析而不是依凭厚重的、直接的经验”。[①] 所以，尽管大学生通过递交书面的陈述、申辩材料来行使陈述权、申辩权看似也是在对自己的受教育权进行自力救济，事实上可能并未达到自力救济的实际效果。

（2）在大学生受教育权自力救济的过程中，缺陈述权或者缺申辩权的现象大量存在，特别是缺陈述权的现象极为严重。在笔者统计的较为正常的样态的23个案例中，有10个案例是大学生仅仅以“申辩理由”或者“申辩材料”的形式进行自力救济。客观来说，完整的自力救济是陈述权、申辩权的充分行使，缺一行使则会造成自力救济的不充分。这是因为“陈述权重在陈述，指当事人对行政机关实施行政强制所认定的事实及适用法律是否准确、适当，陈述自己的看法和意见，同时也提出自己的主张和要求。申辩权重在意见交锋，指当事人针对行政机关提出的证据和处理决定，提出不同意见，申述理由、加以辩解”。[②]

第二，替代样态。大学生受教育权自力救济的替代样态指的是在这些行政诉讼案例中，大学生受教育权的自力救济被其他形式替代行使并得到法院认可的样态。典型的如违纪登记表、大学生入学时已经阅读学校的《违纪处分条例》、大学生违纪的情况说明、检讨书、申诉材料等形式。从笔者统计的62个高校开除大学生学籍的行政诉讼案例来看，替代样态的自力救济案例有7个，占总数的11%。各种典型

① 〔美〕达玛什卡：《司法和国家权力的多种面孔：比较视野中的法律程序》，郑戈译，中国政法大学出版社，2015，第66页。

② 中国法制出版社编《中华人民共和国行政强制法配套解读与案例注释》，法律出版社，2015，第12～13页。

情形分述如下。

（1）在“陈某某与哈尔滨工业大学开除学籍处分案”中，法院在裁判说理部分认为，从被告提交的《学生考试（查）违纪登记表》中可以看出，原告对其使用通信设备作弊的行为表示承认，并向被告提出希望给予改正机会的诉求，该份证据可以证明被告作出处分决定前听取了原告的陈述和申辩，履行了法律规定的程序义务。[①] 类似的情形还存在于“孟灵通诉吉林建筑大学教育行政决定案”[②]“吉林建筑大学与郑昌龙教育行政决定上诉案”[③] 中。

（2）在“林凯与浙江农林大学教育行政管理上诉案”中，法院在裁判说理部分认为，原告在入学时已经阅读《浙江农林大学学生违纪处分条例》，并在被告作出的《违纪告知书》的“学生意见”一栏明确表示“同意”，法院认为被告在实体上保障了原告林凯的陈述权和申辩权，程序合法。[④]

（3）法院认可大学生的检讨书、情况说明等作为自力救济的替代形式。如在“吕家浩和五邑大学行政管理纠纷上诉案”中，以《关于吕家浩同学的情况说明》、吕家浩所写的《检讨书》替代自力救济，[⑤] 类似的情形还存在于“刘辉诉华东理工大学教育上诉案”中，二审法院在裁判说理部分也认为，上诉人在考试当日自己所写的《情况说明》中已承认自己采取了作弊的行为，该《情况说明》即为上诉人的陈述、申辩意见。[⑥] 在“吴英杰与厦门海洋职业技术学院行政处罚上诉案”中，也是以吴英杰的

---

① 黑龙江省南岗区人民法院（2015）南行初字第249号“陈某某与哈尔滨工业大学开除学籍处分案”行政判决书。

② 参见吉林省净月高新技术产业开发区人民法院（2015）长净开行初字第22号“孟灵通诉吉林建筑大学教育行政决定案”行政判决书。

③ 参见吉林省长春市中级人民法院（2015）长行终字第50号“吉林建筑大学与郑昌龙教育行政决定上诉案”行政判决书。

④ 浙江省杭州市中级人民法院（2014）浙杭行终字第343号“林凯与浙江农林大学教育行政管理上诉案”行政判决书。

⑤ 参见广东省江海区人民法院（2015）江海法行初字第71号“吕家浩和五邑大学行政管理纠纷上诉案”行政判决书。

⑥ 上海市第一中级人民法院（2014）沪一中行终字第2号“刘辉诉华东理工大学教育上诉案”行政判决书。

书面检讨书的形式替代自力救济，[①] 在“张太海诉郑州航空工业管理学院案”中，张太海收到《郑州航空工业管理学院违规处理告知书》后，以申诉材料的形式替代自力救济。[②]

第三，未进行样态。大学生受教育权自力救济的未进行样态包括三种情形：其一，大学生受教育权的自力救济被法院认定为自愿放弃的情形；其二，法院认定高校剥夺大学生受教育权的自力救济的情形；其三，高校未提供保障大学生受教育权自力救济的证据但法院并未因此认定高校剥夺大学生受教育权自力救济的情形。从笔者统计的62个高校开除大学生学籍的行政诉讼案例来看，未进行样态的案例有32个，占总数的52%，可以说所占比例较大。三种情形的典型案例分述如下。

（1）在“关思君与大连理工大学城市学院撤销处分决定纠纷案”中，法院在裁判说理部分认为，被告的拟处分书面告知书载明了对原告给予开除学籍处分，此前原告已经离校，未在告知书上签字。[③]

（2）在“王炳森与新疆农业大学案”中，法院在裁判说理部分认为，被告新疆农业大学在对原告王炳森作出开除学籍处分决定前未听取原告王炳森的陈述和申辩，径行作出处分决定，不符合法定程序。[④]

（3）在“唐露与沈阳师范大学教育处分纠纷上诉案”中，作为被告的沈阳师范大学未提供相关证据来证明其保障了唐露的陈述权、申辩权，但法院并未撤销沈阳师范大学开除唐露学籍的处分决定。[⑤] 类似的自力救济样态还体现在“杨国申与首都医科大学学籍管理上诉案”中。[⑥]

---

① 参见福建省思明区人民法院（2016）闽0203行初123号“吕英杰与厦门海洋职业技术学院行政处罚上诉案”行政判决书。

② 参见河南省郑州市二七区人民法院（2012）二七行初字第49号“张太海诉郑州航空工业管理学院案”行政判决书。

③ 辽宁省大连市经济技术开发区人民法院（2014）开行初字第17号“关思君与大连理工大学城市学院撤销处分决定纠纷案”行政判决书。

④ 新疆维吾尔自治区水磨沟区人民法院（2016）0105行初1号“王炳森与新疆农业大学案”行政判决书。

⑤ 参见辽宁省沈阳市中级人民法院（2008）沈行终字第1号“唐露与沈阳师范大学教育处分纠纷上诉案”行政判决书。

⑥ 参见北京市第二中级人民法院（2016）京02行终1309号“杨国申与首都医科大学学籍管理上诉案”行政判决书。

四 大学生受教育权自力救济样态的法理分析

以陈述权、申辩权为表现形式的大学生受教育权的自力救济是大学生受教育权救济的重要路径。从法理上来说，权利主体对自身的权利必须具有积极捍卫的主体性姿态，这是权利救济的第一步。在实践中，大学生主体性的缺失是自力救济抗辩性质不彰的首要原因。另外，部分高校对自身所代行的行政权力没有清晰的认识在一定程度上也遏制了大学生受教育权的自力救济，加之法院漠视大学生受教育权的自力救济，这些原因共同形成了大学生受教育权自力救济的不充分样态。

第一，大学生受教育权自力救济中主体性的缺失。人是权利享有的主体，也是自身权利救济的主体，这种主体性是权利人面对可能的侵权行为进行自力救济的基础。陈述权、申辩权实际上为这种主体性搭建了一个良好的平台，通过这个平台大学生理应充分地发挥自身权利救济的主体性，使自己受教育权的救济能够真正发挥到极致。换句话说，大学生面对可能侵犯自身受教育权的行为，能否把自身的主体性发挥出来至关重要，大学生受教育权自力救济中主体性的缺失主要体现为以下两点。

其一，主体性最核心的内涵在于每一个理性主体都是自己利益的最佳判断者，亦即展示的是大学生对侵犯自己受教育权行为的一种积极捍卫的姿态。在笔者搜集的 62 个高校开除大学生的行政诉讼案例中，因为高校未保障大学生充分行使陈述权、申辩权而直接导致高校败诉的案例有 22 个。令人愕然的是，在这 22 个案例中，大学生在诉讼中直接提出高校未保障其陈述权、申辩权的案例仅 11 个。换言之，即便高校未保障大学生的陈述权、申辩权，也仅有一半的大学生在法庭上对此提出异议。这在很大程度上说明了大学生在自我意识中就缺乏对陈述权、申辩权的捍卫意识。

其二，大学生以递交书面陈述、申辩材料且本人不在场的形式进行自力救济也是一种主体性缺失的表现。需要注意的是，笔者在这里并不是否认以书面的形式行使陈述权、申辩权的正当性，而是批判大学生受教育权自力救济中本人不在场的现象。以陈述权、申辩权为主要表现形式的自力救济更加注重通过双方意见的反复交锋来达到抗辩的状态，仅通过递交书面陈述、申辩材料来行使陈述权、申辩权使得大学生与高校的意见交锋不具有反复性，弱化了自力救济的抗辩性质，也降低了高校作出对大学生处分或者其他不利决定的透明度。

第二，大学生受教育权自力救济制衡高校行政权力的式微。大学生受教育权的自力救济以陈述权、申辩权的充分行使为形式，但陈述权、申辩权不是仅仅形式意义上的权利，还是对公权力具有实质制衡作用的权利，充分发挥陈述权、申辩权对行政权力的制衡作用才是其本质所在。《教育法》第 29 条第 1 款第 4 项规定，学校及其他教育机构对受教育者进行学籍管理，实施奖励或者处分。从这里可以看出，高校开除大学生学籍的权力是法律赋予高校的行政权力。从法理上来说，高校在开除大学生学籍的案件中理应成为适格的行政诉讼被告。尽管高校能否成为行政诉讼的被告在学术界仍然存在较大的争议，但主流观点基本认为，高校剥夺大学生受教育者身份的行为依然是可诉的具体行政行为。① 同时，陈述权、申辩权也是法律赋予大学生的依靠自己的力量与高校的行政权力进行抗辩的权利。但在笔者统计的 62 个高校开除大学生学籍案例中，部分高校认为开除大学生学籍不属于行政诉讼的受案范围，这是高校的内部管理行为，进言之，高校不是适格的行政诉讼被告。在这些高校的认知范围内，高校开除大学生学籍的行为不具有行政权力的性质，对大学生开除学籍的处分只是内部管理的一种，这也使得高校的行政权力膨胀与滥用成为可能。

另外，对笔者统计的 62 个行政诉讼案例进一步分析发现，在 23 个自力救济较为正常的样态的案例中，大学生败诉的案例有 19 个，达到了 83%。这也从侧面说明，大学生受教育权的自力救济并没有让高校更谨慎

---

① 相关研究成果参见温辉《受教育权可诉性研究》，《行政法学研究》2000 年第 3 期；宋立会《论受教育权的可诉性》，《河北法学》2004 年第 5 期；李昕《论受教育权在行政诉讼中的确认与保障》，《法学杂志》2010 年第 6 期；申素平、黄硕、郝盼盼《论高校开除学籍处分的法律性质》，《中国高教研究》2018 年第 3 期；等。

地行使自己的行政权力，权利对权力的制约作用没有特别彰显。同样，在自力救济的未进行样态中，法院认定高校剥夺大学生受教育权的自力救济和高校未提供保障大学生受教育权自力救济的证据的案例有 27 个，占自力救济未进行样态总数的 84%。这说明在现实中高校实际剥夺大学生陈述权、申辩权的现象也大量存在。总的来看，大学生受教育权的自力救济在高校行政权力运行的过程中很难发挥应有的对权力的制衡功能。

第三，法院对大学生受教育权自力救济的漠视。法院面对大学生自力救济被阻遏的情形不能袖手旁观，如前所述，任何自力救济都是以当事人的权利为表现形式，法院对自力救济的袖手旁观即是对当事人权利的漠视。实际上，在行政诉讼中，行政机关承担着证明自身行政行为合法性的法律义务，在对自身的行政行为的合法性举证不能的情况下，行政机关应当承担败诉的必然结果，一定程度上来说，这是法律在行政机关与当事人之间设置的不对称的法律义务，目的是在强势的公权力面前更充分地保障当事人的权利。“违法或者不适当的不利行政行为应当予以撤销，这是依法行政或者法治原则的要求。”[①] 在笔者搜集的 62 个高校开除大学生学籍的行政诉讼案例中，可以看出，部分法院对大学生受教育权的自力救济表现出了漠视的姿态。这主要体现为以下两点。

其一，如前所述，高校在行政诉讼中应当提供其保障大学生陈述权、申辩权行使的证据，这是高校的举证义务。法院也应当对高校是否真正保证了大学生的陈述权、申辩权进行实质审查。但在“唐露与沈阳师范大学教育处分纠纷上诉案”、“王青与衡水学院行政处罚案”和“杨国申与首都医科大学学籍管理上诉案”中，法院均未对高校是否保证被开除大学生的陈述权、申辩权的行使进行实质审查，甚至高校在法庭上就没有履行其举证义务。换言之，在这样的案例中，法院忽略了高校对保证大学生陈述权、申辩权的举证义务。法院减轻一方的义务就加重了另一方胜诉的负担，大学生受教育权的救济在这样的形势下很难进行。

其二，大学生陈述权、申辩权的直接来源就是现行《普通高等学校学

① 姜明安等:《行政程序法典化研究》，法律出版社，2016，第 280 页。

生管理规定》第55条,[①] 从裁判规范的角度来说，无论高校是否保证了大学生陈述权、申辩权，法院都应当在判决书中对该条进行引用。但在笔者统计的62个高校开除大学生学籍的行政诉讼案例中，就有29个案例法院未对该条进行引用，即有近一半的法院未对该条进行引用。“裁判文书是法官向当事人和公众传递其裁判正当性和裁判理由的方式，需要以法律之‘理’论证裁判合乎理性、逻辑、经验和日常做法、合乎一定的规定和事实。”[②] 陈述权、申辩权是法律规定的大学生受教育权自力救济的权利，也是大学生的一项程序权利，实践中，法院都应当引用《普通高等学校学生管理规定》第55条第1款来验证高校的做法是否符合法律之“理”，毫无疑问，法院不引用该款的做法在一定程度上即是对大学生受教育权自力救济的漠视。

五　大学生受教育权自力救济的重塑

大学生受教育权自力救济的充分发挥，在具体措施上，需要大学生、高校、法院共同助推。从当前大学生受教育权自力救济所存在的主要问题来说，大学生受教育权自力救济的重塑需要做到以下几个方面：其一，需要大学生对自身受教育权的救济具有自我意识，在自力救济的过程中充分发挥自身的主体性；其二，需要对高校施加“复核”“采纳”“申辩不加重处罚”的义务，并划定“直接负责的主管人员和其他责任人员”；其三，需要法院积极发挥权利正统性的再生产功能。

第一，大学生在受教育权自力救济中要充分发挥自身的主体性。首先，大学生自身要增强对自己受教育权自力救济的意识。如前所述，大学生受教育权自力救济的前提是知道自己的权利被侵犯，增强这种自我意识

① 《普通高等学校学生管理规定》第55条第1款规定：“在对学生作出处分或者其他不利决定之前，学校应当告知学生作出决定的事实、理由及依据，并告知学生享有陈述和申辩的权利，听取学生的陈述和申辩。”2005年9月1日起施行的《普通高等学校学生管理规定》第56条规定：“学校在对学生作出处分决定之前，应当听取学生或者其代理人的陈述和申辩。”

② 于晓青：《法官的法理认同及裁判说理》，《法学》2012年第8期。

是权利救济的第一步。但在现实中，很多大学生基于高校的强势地位，不敢伸张自己的权利，更不用说与高校进行激烈的意见博弈了。在他们的潜意识中，可能认为，即便伸张了自己的权利也可能会“流于形式”，难以起到权利救济的效果，甚至可能会引来高校对自己的更加严重的处分或者其他不利决定。[①] 但无论如何，面对高校可能会严重侵犯自己受教育权或者剥夺大学生身份的处分或者其他不利决定，每一个理性的大学生，不可能一点“意见”也没有。且不论这种“意见”是否具有合法性与正当性，也不论最终的结果如何，大学生都应当有意识地把这种“意见”表达出来，维权意识是大学生在受教育权自力救济面前迈出的第一步。“那些认为自己的权利受到侵犯的人心里都有气，他们希望有个场合来出出这口气。”[②] 陈述权、申辩权就为大学生自己来救济自己的受教育权提供了这样的一个场合。特别需要指出的是，在笔者搜集的 62 个案例中，一些案例尽管因为高校未提供保障大学生陈述权、申辩权的证据而导致高校败诉，但是在这样的案例中，很多大学生并没有对高校未保障其陈述权、申辩权提出异议，这实际上就是大学生自力救济意识不强、不珍视这种受教育权自力救济场合的体现。事实上，在这样的案例中只要大学生提出高校未保障其陈述权、申辩权法院一般都会判决高校败诉，这就事实上通过法院迂回地救济了他们的受教育权。

其次，权利行使的形式影响着权利实现的实质内容与质量。从大学生陈述权、申辩权的行使形式来看，大学生既可以书面行使也可以口头行使，但无论怎样，其自身应当坚持“在场原则”。这是因为在仅仅依靠大学生递交书面的陈述、申辩材料而本人不在场的情况之下，高校所作出的处分或者其他不利决定对于大学生而言缺乏一定的透明度，也不能使大学生与高校进行针锋相对的辩论，这实际上也就可能影响了大学生自力救济的功能发挥，即便处分结果被高校公正作出，也难以得到被处分大学生的

① 就《普通高等学校学生管理规定》的第 55 条第 1 款的内容来看，其并没有规定“申辩不加重处罚”，换言之，大学生如果与高校进行激烈争辩，在高校看来，这可能是大学生认错态度不诚恳。从规范的角度来说，有可能使大学生得到更加严重的处分或者其他不利决定。这种可能性在一定程度上会阻滞大学生受教育权的自力救济。

② 〔美〕波斯纳：《法理学问题》，苏力译，中国政法大学出版社，2001，第 259 页。

认可。从最大化地保障大学生受教育权的角度来说，大学生必须能够真正地、全面地把自己的意见和建议向高校提出，在此基础上，双方才有可能展开反复辩论。

第二，高校要尊重大学生受教育权的自力救济。毋庸置疑，要使掌握权柄的公权力主体尊重权利主体，必须要有实实在在的措施作为后盾。具体来说，要使高校能够在现实中真正尊重大学生受教育权的自力救济，应当为高校施加"复核""采纳""申辩不加重处罚"的义务以及对"直接负责的主管人员和其他责任人员"科以法律责任，这是为大学生陈述权、申辩权装上"铠甲"和"牙齿"的必要手段。对笔者搜集的这 62 个行政诉讼案例进行具体分析可以看出，高校因为未保障大学生陈述权、申辩权而败诉的案例无一例外的结果是高校"败诉就败诉了"，高校仅承担一个败诉结果，大学生受教育权却因为诉讼的时间延长实实在在地受到了侵犯。反思这一现象可以认为，正是陈述权、申辩权缺乏一定的"铠甲"和"牙齿"所致。具体说来，现行《普通高等学校学生管理规定》第 55 条第 1 款仅规定高校应当"听取学生的陈述和申辩"，这与行政法领域相关立法对当事人陈述权、申辩权的保障相距甚远，典型的如《行政处罚法》第 32 条对行政机关规定了"复核""采纳""申辩不加重处罚"的义务。[①]现行《普通高等学校学生管理规定》对高校设定较轻的义务是高校不尊重大学生受教育权自力救济的重要原因。当下，借鉴行政法领域相关立法对行政机关科以"复核""采纳""申辩不加重处罚"义务是有必要的，"行政相对人在行政执法中与行政主体处于相互对应的关系形式中，通常情况

---

① 《行政处罚法》第 32 条规定："当事人有权进行陈述和申辩。行政机关必须充分听取当事人的意见，对当事人提出的事实、理由和证据，应当进行复核；当事人提出的事实、理由或者证据成立的，行政机关应当采纳。行政机关不得因当事人申辩而加重处罚。"此外，《行政强制法》第 36 条规定："当事人收到催告书后有权进行陈述和申辩。行政机关应当充分听取当事人的意见，对当事人提出的事实、理由和证据，应当进行记录、复核。当事人提出的事实、理由或者证据成立的，行政机关应当采纳。"《治安管理处罚法》第 94 条也规定："……违反治安管理行为人有权陈述和申辩。公安机关必须充分听取违反治安管理行为人的意见，对违反治安管理行为人提出的事实、理由和证据，应当进行复核；……公安机关不得因违反治安管理行为人的陈述、申辩而加重处罚。"

下，行政主体在行政执法中所应当履行的义务就是行政相对人的权利”，[①]只有让高校能够对大学生受教育权自力救济的内容进行“复核”并对合理合法的部分进行“采纳”且不因自力救济“加重处罚”，才能让高校谨慎行使行政管理职权，使大学生受教育权的自力救济真正发挥功用。

另外，《普通高等学校学生管理规定》没有把大学生受教育权自力救济的保障与高校有关人员的法律责任联系起来。在司法实践中，法院可以依据高校没有提供保障大学生陈述权、申辩权的证据而撤销高校对大学生的处分或者其他不利决定，这在客观上也昭示了保证大学生的陈述权、申辩权是高校不容推卸的法律责任。既然《普通高等学校学生管理规定》赋予了大学生陈述权、申辩权，高校就应当有法律责任予以落实。但目前来看，这种“法律责任”既没有显示在法律文本中，在实践中也难以体现。“行政机关之职权，必须假手于行政人员以行使之，故行政责任之发生于行政人员者较为显著。”[②] 基于此，需要特别强调的是，这种法律责任的承担者不能是“高校”或高校的某一职能部门，即不能以“高校”或高校的某一职能部门的形式将法律责任大而化之，这恰恰可能导致实践中没有法律责任的承担者，即使出现应当承担法律责任的情形，也难以追究。为了积极促成高校尊重大学生受教育权自力救济局面的形成，可以对没有履行保障大学生陈述权、申辩权的“直接负责的主管人员和其他责任人员”追究法律责任。事实上，对侵犯受教育权的行为划定“直接负责的主管人员和其他责任人员”也是我国《教育法》法律责任追究的主要形式。[③] 参照《教育法》的相关规定，对“直接负责的主管人员和其他责任人员”疏于告知大学生陈述权和申辩权、未对大学生陈述权和申辩权的内容予以回应、默认大学生自力救济的替代样态等都可以进行法律责任的追究。“直接负责的主管人员和其他责任人员”及责任承担形式的具体划定可以在《普通高等学校学生管理规定》再次修订时予以明确，具体可以参

① 关保英：《行政相对人申辩权研究》，《东方法学》2015 年第 1 期。

② 张载宇：《行政法要论》，汉林出版社，1970，第 307 页。

③ 参见《教育法》第 71 条、第 73 条、第 74 条、第 75 条、第 76 条、第 77 条、第 78 条、第 81 条。

照《教育法》的“依法给予处分”的形式来进行修订。因为就目前的司法实践来看，高校未保证大学生陈述权、申辩权的不利后果仅仅可能是败诉，而高校中并没有相关人员对此承担法律责任。这对于大学生受教育权的保障来说显然是不公平的。为大学生陈述权、申辩权的充分行使指定“直接负责的主管人员和其他责任人员”也能够在一定意义上使二者的法律关系向对等的方向发展，有利于自力救济对高校行政权力的制衡。

第三，法院要积极发挥对权利正统性的再生产功能。任何实体权利的自力救济相较于司法救济都具有一定的脆弱性，因为自力救济的表现形式是权利，当权利处于纷争状态时，需要法院对权利是否得到法律上的保障进行认定。换言之，权利的正当性需要司法救济提供权威的再认定，“司法作为维持政治及社会体系的一个基本支点发挥着正统性的再生产功能”。[①] 实践中的法院对不确定性状态或者双方诉争的权利以国家的名义进行确认，一经法院确认，权利就具有了正统性，这就是法院对权利正统性的再生产功能。法院的这一功能一经发挥即起到定纷止争的效果，各权利人各得其所、各安其位，权利的聚讼纷纭状态得以安定。在大学生受教育权的司法救济中，法院应当积极关注大学生受教育权救济中的陈述权、申辩权是否得以充分行使。这就要求法院在实践中，不仅要对《普通高等学校学生管理规定》的第 55 条第 1 款进行引用，而且也要对高校是否提供了保证大学生陈述权、申辩权的证据进行审查。更进一步来讲，法院对于高校提交的保证大学生自力救济的证据应该进行谨慎的合法性判断，尤其是对一些高校所主张的大学生自力救济的替代样态保持警惕。如在“林凯与浙江农林大学教育行政管理上诉案”中，法院在裁判说理部分认为，原告在入学时已经阅读《浙江农林大学学生违纪处分条例》，并在被告作出《违纪告知书》的“学生意见”一栏明确表示“同意”，故认为被告在实体上保障了原告林凯的陈述权和申辩权，程序合法。[②] 这样的自力救济

---

① 〔日〕谷口安平：《程序的正义与诉讼》，王亚新、刘荣军译，中国政法大学出版社，1996，第 9 页，代译序。

② 浙江省杭州市中级人民法院（2014）浙杭行终字第 343 号“林凯与浙江农林大学教育行政管理上诉案”行政判决书。

的替代样态实际上是对大学生的陈述权、申辩权的变相剥夺。

从另一方面来说，现行的《行政诉讼法》第12条对行政诉讼的受案范围仅规定了侵犯行政相对人的实体权利可以进行行政诉讼，且《教育法》第43条第4款也规定受教育者可以对学校、教师侵犯“其人身权、财产权等合法权益”提出申诉或者依法提起诉讼。换言之，当下对大学生受教育权的救济来说，能够提起行政诉讼的仅止于实体权利。“倘若原告难以在法官面前寻求辩护，其结果即是权利的削减。”[①] 作为程序权利的大学生的陈述权、申辩权能否单独进行司法救济尽管在理论上有很大争议，但如果真实地迈开这一步，对于大学生受教育权的保障来说将有不可低估的现实意义。正如有的学者谈到类似问题时所指出的那样：“我国相关法律制度若能够在此方面有所突破，那么对我国的权利救济体系而言，则会产生革命性变化，因为它不但使我国行政救济制度能够救济行政相对人的实体权利，也能够救济行政相对人的程序权利。”[②] 如果程序权利救济不彰，则实体权利的享有也可能成为空谈。“只有当个人遭受的侵权通过政府公平而可预期地得到了矫正，个人才算在法律上而不是在道德意义上享受权利。”[③] 任何权利都可以诉诸法院进行救济是现代法治社会的基本特征，作为大学生受教育权自力救济的表现形式的陈述权、申辩权目前并没有被纳入司法救济的渠道，这是自力救济不彰的明证。换句话说，对受侵害的大学生陈述权、申辩权能否单独进行司法救济关系着法院能否真正发挥权利正统性的再生产功能。法院通过发挥权利正统性的再生产功能，让权利得到充分的司法尊重，能增强权利的分量，同时也是对自力救济的一种法治宣传。“除非有人声明和宣传权利，用它们来教育人民，在社会上给予它们以分量，否则权利基本上不会发生作用。”[④] 从另一层面来说，陈述权、申辩权能够被纳入司法救济渠道，也是司法机关尊重大学

---

① Stephen Holmes and Cass R. Sunstein, *The Cost of Rights: Why Liberty Depends on Taxes*, W. W. Norton & Company Press, 1999, p. 45.

② 关保英：《行政相对人申辩权研究》，《东方法学》2015年第1期。

③ Stephen Holmes and Cass R. Sunstein, *The Cost of Rights: Why Liberty Depends on Taxes*, W. W. Norton & Company Press, 1999, p. 44.

④ 〔英〕詹姆斯·格里芬：《论人权》，徐向东、刘明译，译林出版社，2015，第126页。

生自力救济、尊重权利人主体性的体现，彰显着法治文明的发展与进步。在今后的修法工作中，应当切实考虑把高校侵犯大学生的陈述权、申辩权的行为纳入司法救济中来，这在一定程度上既能防范大学生自力救济被侵犯，对于高校的行政权力的行使来说也未尝不是一种司法提醒，使高校行使行政权力时能够更加谨慎。

六 结语

从一定意义上来说，“自力”与“公力”相对，引入自力救济的概念旨在深化陈述权、申辩权的内涵。大学生受教育权的公力救济固然重要，但在法律视野下的自力救济同样具有重要的现实意义。借由自力救济的概念能够丰富大学生受教育权救济理论，在实践上也能够达到公权力尊重权利主体的效果。权利本位视域下，应当明确，任何权力都来源于权利，都是为权利服务的。大学生受教育权的自力救济实现了大学生与高校平等的理性商谈与辩论，促进了大学生与高校的良性互动，最大化地过滤了双方的不满，增强了结果的可接受性。从这个角度上来说，大学生受教育权的自力救济就是借助陈述权、申辩权的充分行使让公权力进行自我审视、自我检讨，在一定程度上迫使公权力积极回应大学生受教育权的救济诉求。这就会减弱高校行政权力的刚性、强制性，把高校对大学生作出开除学籍等严重影响其受教育权的强制性的行政行为转化为非强制性的行政行为。同时，大学生受教育权自力救济的充分发挥也是公权力尊重公民的主体性和价值性的体现，具有伦理上的正当性。

需要强调的是，笔者不打算把自力救济提升到与司法救济同等重要的高度。毫无疑问，司法救济是最权威、最终救济大学生受教育权的渠道。但最权威与最终的救济并不一定就是最切实的救济，对于任何权利救济来讲，除司法救济外，依然需要其他救济渠道来对司法救济进行补充与辅助。这实际上也是在呼吁一种节制型的司法救济观，节制型的司法救济观应当积极倡导并支持权利救济的其他路径积极参与到权利救济中来。司法救济之外，法律依然为大学生创造了陈述权、申辩权的自力救济空间，通过这个空间，大学生可以与高校的行政权力进行两造性的、直接性的抗辩，实现权利主体与救济主体的一体化。换句话说，法治社会并不是公权力一体化、排他化运行的社会，也需要权利主体的积极参与，自力救济同样需要公权力给予充分的尊重与观照，公权力在自力救济面前应当尽显克制、尊重、谨慎，使自力救济的功能得到最大限度的发挥。具体来说，这既需要大学生本身对自己的受教育权有积极捍卫的主体性姿态，也更加需要高校、法院放下公权力的傲慢与偏见，在大学生受教育权的自力救济中，充分尊重、保障大学生陈述权、申辩权的行使，推动大学生受教育权自力救济抗辩过程的充分实现。

Study on Self-Relief of University Students' Right to Education

Wang Yongheng

Abstract: The right to statement and the right to defense constitute the self-relief of the right to education of university students. Self-relief has rich theoretical meanings, it not only can overcome the limitations of judicial relief to a certain extent but also reflect university students checks and balances the administrative power of universities, and highlight the subjectivity of people. According to the self-relief of university students' right to education reflects the degree of defense against universities in the administrative litigation cases, the self-relief of the right to education of university students can be divided into three forms. The full realization of the self-relief defense process requires the cooperation of university students, universities and courts.

Keywords: University Students; the Right to Education; Self-Relief; Defense; the Administrative Litigation Cases

刑事诉讼中的人权保护

刑事缺席审判程序中的被告人权利保障*

——以法律的正当程序为视角

步洋洋**

摘　要： 刑事缺席审判程序因改变传统的控、辩、审三方齐备式的诉讼构造，可能因被告人之庭审缺位而带来权利保障措施旁落，进而冲击正当程序项下的若干原则与规范而备受疑义。立足于刑事诉讼制度乃至整个司法制度变革的时代语义，对刑事缺席审判制度的探讨不应单纯囿于正当程序对常态对席审判范式的基本框定，不能以可能带来的不利后果作为制度诟病的必然论据，而是应当以一种理性、中立的立场，回归制度原点，寻求刑事缺席审判制度所涉的基本原理，回应缺席被告人权利必然旁落的诸多质疑，并以此为基础辩证思考，从制度功能、价值预设与既有规范完善两个维度演绎归纳出时代语境下此一制度以强化缺席被告人之权利保障为重心的规范建构、制度运行以及内外圆融自洽的内在逻辑。

关键词： 正当程序；缺席审判；正当性；权利保障；程序救济

一　引言

2018 年 10 月，全国人大常委会通过《关于修改〈中华人民共和国刑

* 本文系教育部 2018 年人文社会科学研究青年基金项目“审判中心主义视角下的值班律师制度研究”（项目编号：18YJC820070）的阶段性成果；陕西高校青年创新团队“大数据时代西北地区社会治理中的刑事法治”研究课题的阶段性成果。

** 步洋洋，西北政法大学刑事法学院副教授，法学博士。

事诉讼法〉的决定》，在其第五编特别程序中增设刑事缺席审判程序一章，这再次引发学界对于此一程序的热烈探讨。与10年前将刑事缺席审判程序之探讨主要聚焦于如何实现对贪腐犯罪的追逃、追赃不同，本次修法及学界争鸣更加侧重于如何实现缺席被告人在此一程序中的权利保障，而这一点从下文2003～2019年与刑事缺席审判程序相关的论述数量统计折线图（见图1），以及2003～2019年与刑事缺席审判程序相关的关键词检索比例分布图（见图2）中便可得到佐证。作为对席审判程序的例外，缺席审判程序因其限制或剥夺了被告人的部分诉讼权利，可能有违刑事诉讼的基本原则甚至以正当程序为要义的司法公正而备受质疑，即使是在审慎适用，明确其有限适用范围，建构完善的程序保障以及必要救济机制的域外法治国家和地区亦是如此。相较于域外法治国家和地区较为系统、完善的缺席审判程序规范，我国现行《刑事诉讼法》下的缺席审判程序带有明显的粗线条勾勒式特征，不仅条文数量较少、适用范围宽泛，而且条文与条文之间的逻辑顺序混乱，对于被告人权利保障之规范内容语焉不详、适用与研究中的争议实乃无法避免。

在社会学研究领域，对某一程序或制度的正当性证明，通常可以从两个维度展开论证。一是通过对该程序或制度设置的目的进行考量，通过对社会的主观评价以及该制度目的实现路径的论证，达到对其合目的性的证明，用以论证其存在的正当性；二是通过对该程序或制度本身作合理性的分析，通过社会客观需求对制度设立的影响和要求的论证，继而对该制度的合法性予以证明，以达到对其正当性的证明。① 为回应对刑事缺席审判制度确立的诸多质疑与争议，笔者认为，作为一项最早可以追溯到古罗马时期的诉讼制度，中国式刑事缺席审判程序的合理性证成亦可以结合前述证成路径，着力围绕如下的两个维度展开：其一，此一程序的功能预设与价值目标；其二，如何在公正审判与正当法律程序的基准下最大限度地实现缺席被告人的权利保障。

① 张婕妤：《我国刑事缺席审判程序被告人权利的权利问题研究》，《中国刑事诉讼法学研究会2018年年会论文集》，第367页。

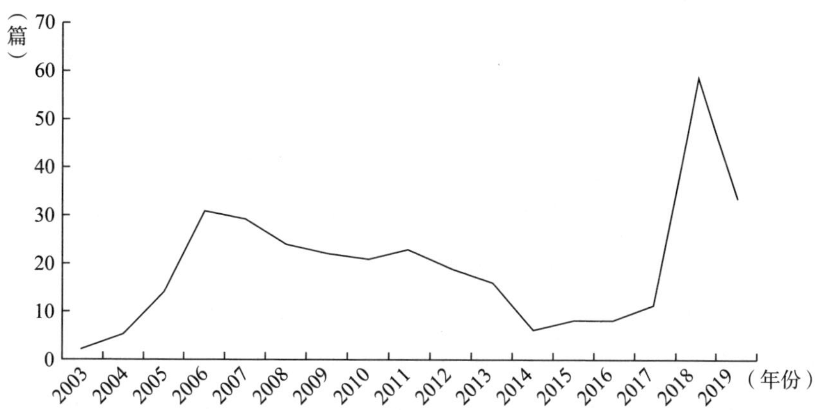

图 1　2003～2019 年与刑事缺席审判程序相关的论述数量统计

说明：截至 2019 年 7 月 1 日，笔者通过中国知网以刑事缺席审判为主题检索出不同年份的相关论文，并以此为基础整理出上述基于年份的论文数量统计折线图。

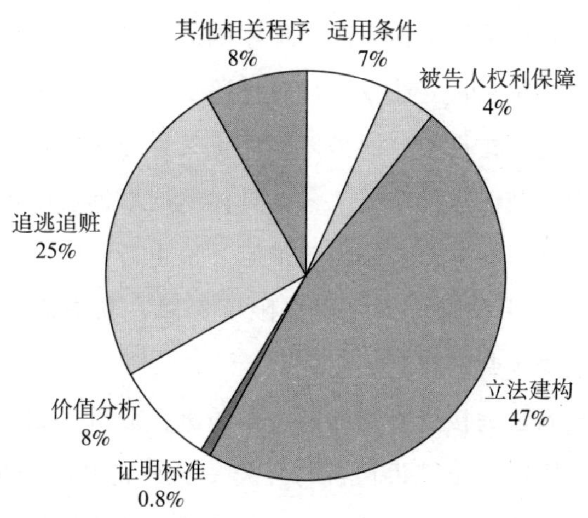

图 2　2003～2019 年与刑事缺席审判程序相关的关键词检索比例分布

说明：截至 2019 年 7 月 1 日，笔者通过中国知网以刑事缺席审判为主题，以刑事缺席审判程序的适用条件、被告人权利保障、立法建构、证明标准、价值分析、追逃追赃以及与之相关的其他程序为关键词分别检索出论文 8 篇、5 篇、57 篇、1 篇、10 篇、30 篇、10 篇，并以此为基础整理出上述饼状图。

二　正当程序视角下的缺席审判制度疑义

法律的正当程序也称为正当法律程序。按照布莱克法律词典的释义，所谓法律的正当程序是指为保证司法活动的公正性，保护刑事活动涉及的每一个人，包括犯罪嫌疑人和被告人的生命权、自由权、财产权、隐私权等合法权利免受非法干涉的一系列规则。它要求国家行使刑事司法权力的部门在对个人的权利加以限制或剥夺时应当严格按照法律规定的程序，而且此一程序本身必须是正当的、合理的。[①] “正当法律程序很久以来就是我们宪法词汇的一部分，几乎没有比它更重要的短语了。”[②] 遵守“正当法律程序”的思想及它所包含的一些因素在西方国家已经有很长的历史，伴随着普通法程序与自然权利观念的逐步融合，正当法律程序由最初的单纯程序性内涵向实体性内涵转变，兼具程序性与实体性的内容，并已为联合国刑事司法准则所采纳。正当法律程序所欲防范的是一切来自权力的威胁，无论此种威胁是来自立法权、行政权还是司法权。正当法律程序从来不是纯粹的技术与形式规则，而是以程序正义为理念始点所建构出的一套完整的旨在实现权利保障的系统工程。具体到刑事诉讼的审判程序中，正当法律程序所要维系的实乃包括无罪推定、禁止自我归罪、一罪不二罚等11项权利在内的刑事被追诉人之最低限度保障，其中最为核心的当属被告人出席法庭接受审判的权利。

从被告人出席法庭接受审判的制度本源进行分析，其之所以确立在现代刑事诉讼中，原因在于“诉讼参与”这一人权得到的长足发展。[③] 随着被告人诉讼主体地位的确立，被告人不再被视为被追诉的客体，而是享有一系列诉讼权利、积极参与诉讼的主体，诉讼程序必须保障其能够实质性地参与诉讼活动，即确保“在作出关系他们的判决之前，法院听取其意

---

① Bryan A. Garner, *Black's Law Dictionary* (9th ed.), West Publishing Co., 2009, p. 575.

② John V. Orth, *Due Process of Law: A Brief History*, Lawrence, Kansas: University Press of Kansas, 2003, p. 9.

③ 邓思清：《刑事缺席审判制度研究》，《法学研究》2007年第3期。

见，他们拥有发言权”。[①] 作为刑事被告人参与刑事审判最为直接的方式，被告人可以通过出席法庭接受审判，当庭向法院充分表达自己的意见，与证人直接、当面对质，进而影响事实审理者心证与裁判的形成。与此同时，伴随着现代刑罚理论的发展，特别是教育刑理论的兴起，刑罚的重心由传统的关注“行为”转向关注“行为人”，对行为人个别化的评判就成为刑罚判处的重要依据。与之相适应，刑事被告人出席法庭接受审判就成为刑事审判的前提条件，“审判之法官不只对证人，也要对被告亲自观察，以对其人格获得真正的认识，因此原则上如被告未到庭者，不得进行审判程序”。[②] 从这个意义上来讲，被告人所享有的“庭审在场权”不仅是正当法律程序的基本要求，同时构成公正审判的又一保障，昭示出对被追诉人主体地位尊重的基本诉讼法理，根植于国家为防止裁判事实认定错误之基本考量。《公民权利和政治权利国际公约》第 14 条第 3 款亦将“被告人出席法庭接受审判”作为刑事被告人所享有的最低限度保障，并将其作为正当法律程序不可分割的组成部分予以明确。

现代刑事诉讼是以控诉、辩护和审判这三大诉讼职能为轴心而运作的，从某种意义上来讲，整个刑事诉讼就是这三大职能相互作用和实现的过程。在刑事审判的进程中，若要维持此种诉讼职能的区分机制，就要保持控、辩、审三方组合而成的诉讼构造，即控诉与辩护职能保持相对平衡，实现控辩双方之间的平等对抗，而审判者居于其间，居于其上，居中裁判。从这个意义上来讲，刑事缺席审判程序改变了传统的控、辩、审三方齐备式的诉讼构造，可能会因被告人之庭审缺位而使权利保障措施旁落，进而冲击刑事诉讼的相关原则与规范。例如，由于被告人的缺席，辩护人可能无法获得充分的辩护依据而难以进行有效辩护，最终导致被告人有权获得辩护原则的式微；再如，缺席审判程序亦会影响被告人及其辩护人的对质权，冲击旨在实现真相查明目标的法庭审理程序与进程，背离了直接言词原则下的在场要求。从这个意义上来讲，缺席审判程序已然构成

---

① 〔美〕迈克尔·D. 贝勒斯：《法律的原则——一个规范的分析》，张文显等译，中国大百科全书出版社，1996，第 35 页。

② 万毅：《刑事缺席判决制度引论》，《当代法学》2004 年第 1 期。

对刑事被告人出庭受审权的一种无形"克减",构成对传统的"对席审判"以及被追诉人所享有的公正审判权的实然冲击。也正因如此,刑事缺席审判制度被一些学者认为是具有"天然缺陷"的诉讼制度。[①]

然而,在笔者看来,对刑事缺席审判制度的探讨不应单纯囿于正当程序对于常态对席审判范式的基本框定,不能以可能带来的不利后果作为制度诟病的必然论据。在研判此一制度时,应当站在一种更为理性、中立的立场,将对此一问题的分析、研判置于刑事诉讼制度乃至整个司法制度变革的时代格局之下,用以回归问题原点,寻求此一制度所涉的基本原理,回应缺席被告人权利必然旁落的诸多质疑,并以此为基础辩证思考,从制度功能与价值预设,以及既有规范完善两个维度演绎归纳出时代语境下此一制度之建构、运行的内在逻辑。

三　多维向度下的缺席审判制度之正当性论理

(一)刑事缺席审判制度下的价值冲突

现代刑事诉讼制度的建构与完善所关注的是一个多元的、有层次的多维目标、价值体系,不仅价值与价值之间存在多元差异,即使是同一价值在不同的条件下也具有多层次性。刑事缺席审判程序的立法确立既是刑事诉讼制度纵深发展的体现,也是此种多维、综合价值体系得到认同与践行的具体表征。[②] 在刑事诉讼制度的具体建构中,"如果其中的一项价值得到完全的实现,难免在一定程度上牺牲或者否定他项价值"。[③] 刑事诉讼制度的建构与完善本身即为多元价值的权衡,缺席审判制度的确立亦是此种多维价值平衡后的一种理性选择,因而受到"价值冲突""理性选择"等概念的涵摄。

基于正当法律程序的本源意涵,刑事审判须在被告人亲自出庭参加的

① 王敏远:《刑事缺席审判制度探讨》,《法学杂志》2018 年第 8 期。

② 胡志风:《刑事缺席审判中的证明标准》,《国家检察官学院学报》2018 年第 3 期。

③ 徐国栋:《民法基本原则解释》,中国政法大学出版社,1992,第 333 页。

前提下进行，而不能在其缺席的情况下展开。然而，理想的应然状态与现实的实然状态间时常存在这样或那样的不对等。在刑事司法实践中，刑事被告人可能会由于各种原因不到庭接受审判，或主动或被动，或自始或中途，此种情况下法院便面临着两难的选择：假使停止审判，以最大限度地维护被告人的程序参与权，保障程序公正的实现，就会在一定程度上延长诉讼周期、增加诉讼成本，由此导致诉讼效率低下；假使选择在被告人缺席的情况下进行审判，虽然可以最大限度地发挥刑罚的威慑功能，节约诉讼资源，提高诉讼效率，即贝卡利亚所说的“刑罚越是及时，犯罪与刑罚之联系在人们心中就越是突出和持续”，却减损了正当程序所要求的程序正义。从这个意义上来讲，刑事缺席审判制度之立法确立所面临的最为突出的价值冲突即为公正与效率的平衡问题。

从历史发展的角度进行省察，正是由于缺席审判与正当法律程序项下的若干原则，特别是司法公正的价值导向存在矛盾与冲突，在将司法公正之追求作为唯一价值目标的20世纪早中期，各国的刑事立法几乎都对缺席审判持否定态度。假使遇到被告人逃避审判的情形，普遍采取中止诉讼，待被告人到案后再进行审判的做法。但是，到了20世纪中后期，随着刑事犯罪的增多，诉讼效率日益受到关注和重视。为保证国家刑罚权的及时实现，避免出现因刑事被告人不到庭而无法审判的情况，越来越多的国家在其刑事诉讼法中确立了缺席审判制度，将其作为常态下对席审判的必要补充。[①] 作为刑事庭审乃至整个刑事诉讼所追求的价值目标与制度评判标准，诉讼效率这一概念是随着亚当·斯密以来，经济学对法律学科的不断渗透，特别是法律经济分析方法的运用而出现的。随着法律经济学的不断促进和推动，诉讼效率这一概念日益受到刑事理论研究和刑事立法规范的重视，提高诉讼效率亦因此成为刑事诉讼程序所追求的价值目标之一，被纳入诉讼程序价值研究的理论范畴。

作为刑事诉讼所追求的两大价值目标，公正和效率本身具有不同的内涵和外延，因而不可避免地具有冲突的一面。当公正和效率这两大价值目

① 邓思清：《刑事缺席审判制度研究》，《法学研究》2007年第3期。

标发生冲突时，就需要我们作出平衡和选择。诚然，作为刑事诉讼追求的首要价值目标，公正应当始终是第一位的，因为“每一个错误的判决都将导致诉讼资源的无效率利用”①。但这不意味着不应或不能在保障最低限度之司法公正的基础上最大限度地提高诉讼效率。而表1关于我国2013～2017年全国法院刑事一审案件结案总数以及普通程序、简易程序各自适用率的数据统计便足以表明，在我国当下的刑事司法实践中，案多人少的现实矛盾突出，刑事司法亟待提高效率价值，用以满足以较快的速度、较省的资源投入有效地处理更多刑事案件的实然需求。

表1　我国2013～2017年全国法院刑事一审案件结案总数以及普通程序、简易程序的各自适用率

单位：件，%

年份	一审刑事案件结案总数	适用普通程序案件数量	所占比	适用简易程序案件数量	所占比
2013	953976	463955	48.63	490021	51.37
2014	1023017	502462	49.12	520555	50.88
2015	1099205	561210	51.06	537995	48.94
2016	1115873	550190	49.31	565683	50.69
2017	1296650	741510	57.19	555140	42.81

资料来源：以中国法律年鉴社出版的《中国法律年鉴》（2013～2017年）的数据为基础，笔者整理出上述表格。

（二）刑事缺席审判制度的正当性论理

诚如拉德布鲁赫所言：“如果把法律看做社会生活的形式，那么作为‘形式的法律’的程序法，就是这种形式的形式，如同桅杆顶尖，对船身最轻微的运动也会作出强烈的摆动。”② 刑事缺席审判制度作为“形式的法律”所创设的一项新制度，其内容的设计、制度的建构、条文的逻辑框架直接折射出立法者的价值取向与实践因应。在笔者看来，规范、细化、

① 〔美〕迈克尔·D. 贝勒斯：《法律的原则》，张文显等译，中国大百科全书出版社，1996，第24页。

② 〔德〕拉德布鲁赫：《法学导论》，米健译，商务印书馆，2013，第170页。

健全且行之有效的刑事缺席审判制度，不仅具有现实合理性，同时具有本源意义的正当性，彰显出现代刑事诉讼的趋同走向。

第一，基于被告人权利面向的正当性论理。所谓权利，即权利主体在法定范围内所享有的为满足其特定利益而自主享有的权能总和，集中表现为权利主体基于其自主意志选择为一定行为或不为一定行为的自由。权利意味着在特定的关系之中，法律承认权利主体之选择优于义务主体的选择或意志。权利主体在此种自由范围内所作出的任何决定都应当被视作权利的行使。就权利的本质而言，放弃权利本身亦属于权利行使的一种特定方式，系权利主体之诉讼地位的表征。[①] 联合国人权事务委员会在“审理”有关“案件”中所发表的“意见”明确表示：“在被告人已经被给予一切必要的通知，包括告知审判时间和地点等，以及被要求出席法庭审判，但被告人自己却决定不出席审判的情况下，进行刑事缺席审判并不违背公民权利与政治权利国际公约第 14 条第 3 款丁项关于出席法庭审判权的规定。”[②] 换言之，出席法庭审判的权利同其他权利一样可以被处分，甚至被放弃。被追诉人基于其在刑事诉讼中的程序主体地位，有权根据其自由意志，在法律许可的范围内自主决定诉讼命运，并承担相应的法律后果，法庭应当对此予以尊重。[③] 在笔者看来，尊重被告人的诉讼主体地位，本身即包含应当尊重其主体权能项下基于其自主判断而作出的自由选择。在被告人放弃出庭的情形下进行缺席审判既是对其权利行使意愿的遵循，也是对其诉讼主体地位的确认。

不仅如此，虽然被告人出庭参与审判活动是其进行自我辩护，进行质疑、说明和辩驳，维护自身合法权益的有效手段，但是，诚如邓思清教授所言，“在某些情况下，被告人参与刑事审判也会存在一些不利的因素，不利于对其权利的保护。一方面，被告人出席法庭，其将在社会公众面前展示其‘可能’不光彩的一面，带来心理压力；另一方面，在被告人未被

---

① 肖沛权：《价值平衡下刑事缺席审判制度的适用》，《法学杂志》2018 年第 8 期。

② 张毅：《论〈打击跨国有组织犯罪公约〉和〈反腐败公约〉与我国刑事诉讼制度改革》，载陈光中主编《21 世纪域外刑事诉讼立法最新发展》，中国政法大学出版社，2004，第 77 页。

③ 陈卫东、胡之芳：《关于刑事诉讼当事人处分权的思考》，《政治与法律》2004 年第 4 期。

羁押的案件中，一味地要求被告人出席法庭会给其增加额外的时间和费用负担”。[①]

第二，因应司法实践需要，保障国家权力实现的正当性论理。《最高人民法院关于适用〈中华人民共和国刑事诉讼法〉的解释》（以下简称《高法解释》）第 181 条规定，人民法院对提起公诉的案件进行审查后，发现被告人不在案的，应当退回人民检察院。依据该条规定，被告人是否在案属于庭前公诉审查的一项核心内容，刑事审判仅能在被告人在案的情况下进行，我国刑事诉讼中的审判程序也因此而固化为单一的对席审判模式。[②]

然而，在错综复杂的刑事审判中，必然会出现被告人无法到场、拒绝到场等多种情形，假使一味地以权利保障为由将被告人在场作为刑事审判的要件，不仅刑事诉讼本身将处于未完成的形态，使得案件的纠纷无法得到解决，而且造成诉讼本该具有的定分止争功能难以发挥。法学家贝勒斯（Michael D. Bayles）曾说：“法律程序的内在目的即在于查明真相与解决争端。假使法庭审理的用意并不在此，而仅仅是向当事人的一方表示声援，那么此一诉讼程序就变得根本没有必要。”[③] 在刑事庭审当中，争端解决集中体现为适当处置那些以特定刑事案件为存在形式的社会冲突，即通过法庭调查和法庭辩论，在查明案件事实的基础之上，确定国家刑罚权于具体刑事案件中的有无和大小，进而恢复那些为犯罪行为所破坏的社会关系，在维护法律秩序的同时，保障公民的合法权益。[④] “法院开庭的目的绝非单纯地维护被告人的权益，更在于以正确适用法律为途径，解决围绕刑事案件产生的纠纷。”程序的正当不仅要求程序能够对公正起到应有的促进作用，更要求程序的建构安排能够符合解决社会纠纷的现实要求。换言之，从某种意义上来说，刑事被告人是否出席法庭审理对于纠纷的存在与解决并无实质影响，在被告人缺席的情况下，犯罪的认定、涉案财物

---

① 邓思清：《刑事缺席审判制度研究》，《法学研究》2007 年第 3 期。

② 陈卫东：《论中国特色刑事缺席审判制度》，《中国刑事法杂志》2018 年第 3 期。

③ 〔美〕迈克尔·D. 贝勒斯：《法律的原则》，张文显等译，中国大百科全书出版社，1996，第 37 页。

④ 龙宗智：《刑事庭审制度研究》，中国政法大学出版社，2001，第 22 页。

的处理以及民事赔偿等问题依然需要通过审判予以解决。[①]

如梁玉霞教授所言一般："犯罪嫌疑人、被告人的任何抗拒追诉、逃避审判的行为都不能阻止刑事诉讼的正常推进，法律不会因为某个人的违反而停止生效，刑事诉讼的权威性、强制性由于刑事缺席审判的进行而得到更为鲜明的体现。"[②] 在被告人不到庭的情况下，人民法院并非仅有裁定诉讼中止这一种选择。为保证刑事诉讼程序的顺利进行，防止刑事被告人将缺席作为其延缓诉讼的手段，及时补偿、救济被害人的物质损失，切实发挥审判的定分止争功能，刑事立法应然且实然地可以基于缺席审判制度所具有的正向功用，以及因应司法实践，保障国家权力实现的现实需要，允许此一程序在特定情形下的司法适用，彰显出庭受审权利本质项下的可限制性内容。《世界人权宣言》第 29 条第 2 款明确规定："人人在行使他的权利和自由时，只受法律所确定的限制，确定此种限制的唯一目的在于保证对旁人的权利和自由给予应有的承认和尊重，并在一个民主的社会中适应道德、公共秩序和普遍福利的正当需要。"[③] 刑事缺席审判制度即属于此种典型的基于价值判断而对权利之行使作出的必要限制。

第三，整合既有"缺席"规范，以制度形式划定缺席规范范畴的正当性论理。我国 2012 年《刑事诉讼法》下的部分规范带有典型的"缺席"特征。立法虽未采用"缺席审判"的表述，却符合缺席审判的制度特征，属于既有的"缺席"规范。其中，最为典型的当属 2012 年《刑事诉讼法》第 194 条关于法庭审理秩序的规定。

2012 年《刑事诉讼法》第 194 条规定："在法庭审判过程中，如果诉讼参与人或者旁听人员违反法庭秩序，审判长应当警告制止。对不听制止的，可以强行带出法庭……"这里的"诉讼参与人"就是包括被告人在内的当事人。根据该条规定，如果被告人严重违反法庭秩序，可能导致其丧失出席庭审的机会或权利。尽管刑事诉讼法并未就该条规范所涉及的被

① 杨明、王铮：《论刑事缺席审判》，《中国刑事法杂志》2003 年第 1 期。

② 梁玉霞：《论刑事缺席审判的合理性及其借鉴》，载陈光中主编《诉讼法理论与实践》(2005 年卷)，中国方正出版社，2005，第 679 页。

③ 张吉喜：《论刑事缺席审判的适用范围——比较法的视角》，《中国刑事法杂志》2007 年第 5 期。

告人被带离法庭后的诉讼程序如何进行予以明晰，但是，考察本条规范的立法意图便可知悉，该规定的立法目的在于防止被告人破坏诉讼秩序，妨碍庭审的正常进行。如果将被告人带离法庭后裁定诉讼中止，则会在客观上满足被告人实施妨碍行为的主观意图。因此，在被告人被带离法庭后，当以庭审继续进行为宜，而此种继续进行的庭审即属于在被告人缺席情况下进行的审判，属于典型的既有"缺席"规范。[①] 从这个意义上来讲，刑事缺席审判制度的立法确立在一定程度上有助于整合既有的"缺席"规范，规范实践中实然存在的缺席审判行为，以制度形式划定缺席规范范畴，将散见的"缺席"规范和既有实践纳入制度的框架之内。

此外，刑事缺席审判程序之确立还能够在我国刑事诉讼中形成与违法所得没收程序并轨协同的格局，弥补违法所得没收程序仅对物不对人，非严格意义之定罪量刑活动的既有不足。

四 以强化缺席被告人之权利保障为重心的完善进路

缺席审判程序绝非一项旨在克减被追诉人权利的诉讼制度，被告人之出庭受审权利的放弃及必要限制，并不意味着此种审判程序可以对法律正当程序权利所要求的底线公正进行克减。从立法定位来看，刑事缺席审判程序被规定在特别程序一编，属于对席审判程序的例外。根据一般与例外的关系原理，当缺席审判程序没有特别规定的时候，即应当遵循对席审判程序的一般规定。正当程序项下的各种旨在实现审判公正的底线权利保障不应也不能以权利之放弃或限制为托词被侵害或减损。

尽管由于诉讼价值观念、法律文化传统等多重差异，两大法系国家在刑事缺席审判制度的具体建构上存有不同，[②] 却普遍强化缺席被告人在除

① 王一超：《刑事缺席审判制度的适用范围——基于功能分析的视角》，《中国刑事诉讼法学研究会 2017 年年会论文集》，第 342 页。

② 总体而言，普通法系国家将出席法庭视为被告人的权利，其制度规范更多地折射出强化缺席被告人权利保护的倾向；而大陆法系国家则基于对实体真实的探知，更多地强调出席法庭受审的义务性质，折射出明显的国家权力倾向。

出庭受审权以外的，其基于诉讼主体地位所享有的其他权利，为其提供包括无罪推定、禁止自我归罪和一罪不二罚等 11 项权利在内的最低限度的保障。[①] 立足于我国当下刑事缺席审判制度的既有规范，从强化缺席被告人之权利保障为重心的进路出发，笔者认为中国式的刑事缺席审判制度至少应当在如下三个方面作出回应与完善，以在保有制度正当性的前提下，最大限度地提升其规范建构的合理性，进一步为中国式刑事缺席审判制度的扩大适用创造可能。

（一）调整规范条文的逻辑顺序，从技术层面明确权利保障的中心地位

现行《刑事诉讼法》下的缺席审判程序，其条文的逻辑顺序是：先规定第一种——贪腐类犯罪的缺席审判，再规定程序项下的权利保障机制，尔后规定另外两种——重疾和已故类缺席审判。此种规范条文的逻辑顺序让我们不得不去思考这样的一个问题：程序项下的权利保障机制究竟是仅适用于第一种贪腐类缺席审判类型还是通用于制度项下的全部三种缺席类型。如果立法的本意是将权利保障机制适用于全部三种缺席类型，那么其规范的逻辑顺序即应当沿着由“三种缺席情形之规范”到“权利保障机制规范”的路径或脉络进行。笔者认为，现行《刑事诉讼法》下的缺席审判制度呈现明显的粗疏性、写意性特征，立法所采取的“一体式”立法模式将三种本质上确有差异的缺席情形进行“打包”，由此带来制度本体目的不清、规范之间适用竞合、审判程序之公正价值减损等多重问题。为在立法技术层面明确权利保障的中心地位，刑事立法在短期内当对条文的逻辑顺序作调整，将程序项下的权利保障机制置于重疾和已故类缺席审判之后，以发挥权利保障机制所应然和实然具有的涵摄作用。

当然，此种立法技术层面的调整仅是在刑事诉讼法刚刚修正的前提下作出的短期微调。其实，诚如万毅教授所言，“现行刑事立法下的三类缺

---

① 张建伟：《以审判为中心：权利保障角度的纵深解读》，《中国政法大学学报》2016 年第 5 期。

席审判情形，唯有前者即第一种类型的缺席审判程序方可称为真正意义上的缺席审判程序。后两种类型的缺席审判，实际上是一种排除审判障碍的方式，即普通审判程序在运作中遭遇客观障碍（如被告人患有严重疾病、无法出庭或被告人死亡），丧失审判要件，导致庭审无法正常进行，为排除这种审判障碍，只能选择在被告人不在场的情况下继续审判。因此，其性质属于普通程序的一个环节，系普通程序处置审判障碍时的一项诉讼措施”。[①] 是故，从长远来看，刑事立法当以系统论为始点，在将第二种重疾类缺席审判情形纳入现行《刑事诉讼法》第 206 条关于第一审程序中止审理的情形之中的同时，将第三种已故类缺席审判情形分别纳入现行《刑事诉讼法》第 16 条“具有法定情形不予追究刑事责任”的原则及审判监督程序之中，以避免制度与制度之间、程序与程序之间的规范及机制冲突，实现刑事诉讼法内在规范的圆融自洽。

（二）强化程序保障，优化缺席审判的程序规范内容

缺席审判制度下的程序保障属于一项多元、开放的机制范畴，各国在此一保障机制的规范设定上并不完全相同。在笔者看来，中国式刑事缺席审判制度下的程序保障机制应当主要围绕如下的两个方面进行优化。

第一，以能够保证缺席被告人实际知悉的通知方式进行送达，以实现被告人之出庭受审权放弃的自愿性与明知性的客观证成。诉讼文书的送达是对缺席犯罪嫌疑人、被告人进行缺席审判的必备条件与基本保障之一。考察域外国家和地区关于缺席审判的送达方式的立法规范可以发现，此一程序中的送达主要包括通过刑事司法协助送达、通过外交或领事机构送达、向辩护人送达、公告送达以及受送达人接受的其他方式等。我国现行《刑事诉讼法》第 292 条仅就缺席审判程序下的开庭通知作了概括性规定，[②] 而在通知所应达到的程度以及通知的具体方式等核心层面语焉不详。

---

① 万毅：《刑事缺席审判制度立法技术三题——以〈中华人民共和国刑事诉讼法（修正案）〉为中心》，《中国刑事法杂志》2018 年第 3 期。

② 现行《刑事诉讼法》第 292 条规定：“人民法院应当通过有关国际条约规定的或者外交途径提出的司法协助方式，或者被告人所在地法律允许的其他方式，将传票和人民检察院的起诉书副本送达被告人……”

在笔者看来，缺席审判程序之合理性证成、缺席审判程序项下的程序保障首先要保障的即为缺席被告人的知情权。

从各国刑事立法所容许的缺席送达方式来看，除公告送达以及兜底性规范“受送达人接受的其他方式”外，缺席审判制度项下的送达方式普遍强调缺席被告人的实际知悉，通知义务的履行当以缺席被告人实际知悉为基准，避免以公告送达为代表的“视为知悉”方式。将实际知悉作为通知基准不仅是国际人权公约的基本要求，亦是区域司法协助的通行做法。在通知对被追诉人的相关程序时，仅进行合法而适当的努力不足以为缺席审判提供正当性。控方必须证明被告人对程序实际知悉，若未能证明，则构成对被告人出庭权利的侵害。

联合国第 32 号一般性意见指明，只有在事先已充分告知被告人相关程序，但其仍拒绝行使出庭受审权的情况下，基于司法利益等考量，才可以允许在没有被告人的情况下提起诉讼。换言之，只有当国家采取必要步骤及时传唤被告人并事先通知其审判的日期和地点并要求其出庭时，缺席审判才符合《公民权利和政治权利国际公约》第 14 条第 3 款（d）项的要求。[①] 参考欧盟关于刑事缺席审判的相关规范，此一制度在欧盟国家具有容许性，符合正当程序的前提在于确保被追诉人在缺席庭审前的知情权，即确保被追诉人“知晓”审理期日和不出庭的法律后果，隐含了对此一程序送达方式的客观要求。[②] 欧盟理事会亦指出：“对于有关人员没有亲自出庭的审判，在以下情形下不应拒绝对此作出决定的承认和执行：如果他或她被亲自传唤，从而被告知审判的预定日期和地点，或者如果他或她通过其他方式实际收到了该审判的预定日期和地点的官方信息，能够明确确定他或她知道预定的审判。在这种情况下，该人还应当‘及时’收到这些信息，这意味着此一时间足以让他或她参与审判并有效行使其辩护权。”[③]

---

① UNCHR, General Comment No. 32, U. N. Doc. CCPR/C/GC/32 (23 August 2007), para. 36, 转引自赵常成《国际人权视野下的中国式缺席审判》，《西部法学评论》2019 年第 1 期。

② 陈卫东：《检察机关适用刑事缺席审判的几个问题》，《国家检察官学院学报》2019 年第 1 期。

③ Council Framework Decision 2009/299/JHA of 26 February 2009, OJ L 81, 27. 3. 2009, p. 25, 转引自赵常成《国际人权视野下的中国式缺席审判》，《西部法学评论》2019 年第 1 期。

不仅明确了实际知悉的应有程度，亦表明了欧盟国家将缺席被告人之实际知悉作为缺席审判程序适用前提的基本立场。

据此，笔者主张，中国式刑事缺席审判在传票、起诉书副本以及判决书的送达方式设定上，应当尽量采用能够使犯罪嫌疑人、被告人亲自接收的方式，用以保障其亲自感知诉讼进行的权利，增加其参加庭审的机会。在笔者看来，尽管严格地要求亲自送达必然会在一定程度上降低此一程序适用的可能性，但从司法人权保障以及法律正当程序的应有之义出发，缺席审判程序下的通知义务当作严格解释，不能单纯因域外亲自送达困难，而以公告、转交送达等方式克减缺席被告人的知情权。德国《刑事诉讼法典》第 232 条第 2 款明确规定："仅公示传唤的，不得进行被告人缺席审理。"德国《刑事案件国际司法协助法》第 83 条第 3 款规定："如果请求所依据的是对被请求人的缺席判决，并且被请求人是因未接被亲自传唤或以其他方式告知聆讯日期而导致缺席审判，则不得准许引渡……"将在缺席被告人未实际知悉（亲自送达）情形下进行的缺席审判排除在可以引渡的情形范围外。

对缺席被告人适用直接送达，排除公告送达的适用，不仅是此一制度运行的合法性前提，同时构成刑事缺席审判程序与未经判决的财产罚没程序的最关键区别。两类程序之所以不同，就在于缺席审判程序对于被追诉人知情权的保障，即被追诉人是否在法庭审判前确定"知晓审理期日和不出庭的后果"，并且以明示或者默示的方式放弃其出庭的权利。是故，出于最低限度之程序正义、被追诉人之知情权保障的立法考量，缺席审判程序当以直接送达的方式进行，否定公告送达在此一程序中适用的合法性，这即是缺席判决合法性的基础，也是后续基于缺席判决要求返还涉案财物与引渡被告人的必要条件。[①] 当然，鉴于直接送达困难的客观存在，笔者赞同黄风教授的观点，即"应当充分估计通过刑事司法协助向处于境外的犯罪嫌疑人、被告人送达传唤通知的法律困难，可以考虑先行向上述人员送达比较中性的告知文书；适度前移为缺席被追诉人指派律师的程序，以

---

① 陈卫东：《论中国特色刑事缺席审判制度》，《中国刑事法杂志》2018 年第 3 期。

便通过律师设法完成缺席审判所要求的诉讼通知”。[①] 而这就需要法律援助制度的立法规范支撑。

第二，为缺席被告人提供实质有效的律师帮助，补足因被告人不在案所造成的庭审构造缺位。缺席审判作为审判程序的一种特殊类型，其言词审理的要求决定其仍应保有审判程序所固有的控、辩、审三方组合式的诉讼构造。由于被告人在此一程序中的缺位，辩护人的参与及有效帮助就成为缺席审判程序得以运行的又一关键机制，构成缺席审判制度下被告人权益保障的又一措施，即部分学者所言的“准对席”。为保证在被告人缺席的情况下，辩方意见仍能在庭审中有效参与裁判形成过程，一些国家明确要求缺席审判程序必须有辩护律师参加。[②]

作为法律正当程序及公正审判的基本要素之一，保障刑事被告人获得律师帮助不仅是国际人权法关于人权保障的题中应有之义，更是联合国刑事司法准则的基本要求。两次世界大战后，人们更加认识到了人权保障的重要性，尊重和保障人权的字样频频出现在重要的国际公约之中。最具有代表性的无疑是《联合国宪章》《世界人权宣言》《公民权利和政治权利国际公约》以及一些区域性的国际组织公约，如《欧洲人权公约》《美洲人权公约》等。《联合国宪章》“重申基本人权，人格尊严与价值”；《公民权利和政治权利国际公约》“考虑到，按照联合国宪章所宣布的原则，对人类家庭所有成员的固有尊严及其平等的和不移的权利的承认，乃是世界自由、正义与和平的基础……”正是在这种背景下，许多国家的国内法加强了对人权的保障。[③] 具体到刑事诉讼领域，一个标志性的体现即为完善和发展辩护权，特别是获得律师帮助权。《囚犯待遇最低限度标准规则》第 93 条要求：“未经审判的囚犯为了准备辩护、而社会上又有义务法律援

① 黄风：《对外逃人员缺席审判需注意的法律问题》，《法治研究》2018 年第 4 期。

② 如俄罗斯《刑事诉讼法典》规定“因身处境外或逃避出庭而缺席审判的，必须有辩护人参与”。意大利对此类缺席审判也明确要求“由辩护人代理”。欧洲人权法院的判例也明确指出：“如果要求法庭作缺席审判，应承担证明被告人逃避审判的责任，并且辩护律师应当出庭辩护。”

③ 陈光中、汪海燕：《侦查阶段律师辩护问题研究——兼论修订后的〈律师法〉实施问题》，《中国法学》2010 年第 1 期。

助，应准申请此项援助，并准会见律师。”《公民权利和政治权利国际公约》将被告人获得刑事法律援助的权利作为刑事审判公正的最低限度之一加以确认。[①]

从联合国通过和确认的一系列国际文书来看，在刑事司法领域提供法律援助的目的在于保障犯罪嫌疑人、被告人在刑事诉讼中的合法权益，保障刑事案件得以公正的处理，法律不仅赋予被追诉人以辩护权，还允许专职法律人员为犯罪嫌疑人、被告人进行辩护和提供法律帮助，不能使某些被追诉人仅仅由于经济贫困等原因便得不到律师的有效帮助，进而对其诉讼权利和实体利益造成损害。联合国刑事法律援助准则的确立，就是要求各国“确保设计刑事司法过程中所有人受到平等和公平待遇”。而从联合国刑事法律援助的相关法律文书来看，刑事司法过程中适用法律援助的对象可以分为一般对象和特殊对象两类。其中，一般对象即普通的犯罪嫌疑人、被告人。《公民权利和政治权利国际公约》第 14 条第 3 款第（丁）项规定，“如果他没有法律援助，要通知他享有这种权利；在司法利益有此需要的案件中，为他指定法律援助，而在他没有足够能力偿付法律援助的案件中，不要他自己付费”。特殊对象则主要是指死刑犯和少年犯。为了加强对可能判处死刑人员的特别保护，《关于保护面对死刑的人的权利保障措施》明确规定了“任何被怀疑或被控告犯了可判死刑罪的人”无一例外地都应得到法律援助。《联合国少年司法最低限度标准规则》（简称《北京规则》）鉴于少年在心理、生理等方面与成年人的差异，对少年涉案人员在刑事辩护上给予了特别的保护，不仅全面规定了少年涉案人员在刑事诉讼中的各项权利，还进一步强调“在整个诉讼过程中，少年都应有权由一名法律顾问代表，或在提供义务法律援助的国家申请这种法律援助”，从而实现了法律援助的阶段全方位化。

笔者认为，由缺席审判程序所具有的“缺席”特殊性所决定，缺席被告人应当同死刑犯和少年犯一样被归入此类特殊的法律援助对象之中。[②]

① 卞建林、杨宇冠：《联合国刑事司法准则摘要》，中国政法大学出版社，2003，第 105 页。

② 此一观点已为现行《刑事诉讼法》规范确认。现行《刑事诉讼法》第 293 条规定：“人民法院缺席审判案件，被告人有权委托辩护人，被告人的近亲属可以代为委托辩护人。被告人及其近亲属没有委托辩护人的，人民法院应当通知法律援助指派律师为其提供辩护。”

同时，为实现缺席被告人权益保障的及时性，切实发挥刑事辩护的应有作用，实现通过律师完成缺席审判所要求的诉讼通知的基本要义，笔者认为，缺席审判程序中为缺席被告人指派律师的程序应当适度前移。即现行《刑事诉讼法》第 293 条关于法律援助辩护的规定应当适用于立案、侦查、起诉、一审、二审、再审以及缺席被告人到案后重新审理的各个程序之中，用以保证律师帮助的全程性、全面性，避免法律援助辩护流于形式。

（三）细化救济规范，明晰救济方式的各自适用条件及其内在逻辑关系

缺席审判的案件可以采用何种救济方式，各国的规定略有不同。究竟该确立何种复审救济方式，其实质在于立法者在立法定位上如何看待缺席审判的效力，即是否将之视同对席审判。如果视同，缺席审判所形成之裁判在效力上便与普通程序一样；如果不视同，则可能会作出被告人在缺席审判后到案时重新审理或经异议重新审理的规定。影响立法考量的因素包括缺席审判的种类、保障准对席效果的制度安排等。[①] 缺席审判是在被告人不出庭的情况下进行的，在被告人到庭后不仅可能会发生程序适用选择上的变化，甚至可以通过启动审判监督程序重新作出裁判，由此导致此一程序所作之裁判具有某种不确定性。是故，从世界范围来看，法治国家和地区的刑事缺席审判程序普遍赋予被告人以程序救济权。

第一，缺席被告人所享有的程序异议权。作为缺席审判程序项下权利保障机制的重要一环，刑事被告人所享有的程序异议权不仅是缺席被告人诉讼权利保障的重要途径，有助于缓和公正与效率之间的价值冲突，最大限度地实现程序正义与实体正义的衡平，同时也是顺畅实现引渡请求的必要前提。2000 年通过的《引渡法》第 8 条也规定，中国拒绝外国引渡请求的情形之一即为“请求国根据缺席判决提出引渡请求的”，但“请求国承诺在引渡后对被请求引渡人给予在其出庭的情况下进行重新审判机会的除外”。对于某些不承认缺席判决或规定不以缺席判决为引渡依据的国家，

① 初殿清：《刑事缺席审判的分类与制度结构》，《人民法院报》2019 年 1 月 24 日，第 6 版。

制度设计专门规定了重新审理条款，保证犯罪人在到案后有获得重新审理的机会，从而有利于追逃引渡工作的顺利进行。①

然而，从我国现行《刑事诉讼法》的既有规范内容来看，② 缺席被告人所享有的程序异议权过于宽泛，缺少对此种异议权之必要限制，一旦缺席被告人提出异议，人民法院即应当重新审理，之前所进行的刑事审判即归零，背离了缺席审判程序所固有的提高诉讼效率之立法初衷。缺席审判程序作为一项特别程序，其特别之处仅仅在于适用对象和程序构造上的特殊性，而非其判决效力的特殊性。既然缺席审判程序是法定诉讼程序之一，那么人民法院依照此一程序所作的缺席判决就是合法的第一审判决。在诉讼法理上，经过法定的上诉期即产生既判的确定力。一旦缺席被告人提出异议，人民法院即应当重新审理的规定，等同于直接否定了缺席判决的既判力，冲击此一程序所作生效判决的稳定性和权威性，有违诉讼法理和程序法治原则。③ 在赋予缺席被告人程序异议权的域外法治国家和地区，其刑事立法基本上都对此种异议权之行使附加必要的限制条件，并由法院依法进行裁量。

为防止此种旨在实现权利保障与权利救济之异议权的滥用，笔者主张通过司法解释的形式明确缺席被告人提出程序异议的基本条件，即要求提出异议的缺席被告人提供证据证明其此前的缺席具有正当理由，而此种正当理由的判断则可以结合《民事诉讼法》中的相关规定，如自然灾害等不可抗力、不能归咎于本人的客观原因等。一旦刑事被告人此前已经明知并自愿放弃出庭受审的权利，则无须为其提供重新审理的机会。换言之，“如果因缺席定罪之人事先知道预定的审判，且在审判时存在律师为其辩护，则不应拒绝承认和执行缺席定罪的效力，或曰随意否定其已决

① 樊文：《德国的引渡规定：原则、结构与变化》，《环球法律评论》2016 年第 4 期。

② 现行《刑事诉讼法》第 295 条规定：“罪犯在判决、裁定发生效力后到案的，人民法院应当将罪犯交付执行刑罚。交付执行刑罚前，人民法院应当告知罪犯有权对判决、裁定提出异议。罪犯对判决、裁定提出异议的，人民法院应当重新审理。”

③ 万毅：《刑事缺席审判制度立法技术三题——以〈中华人民共和国刑事诉讼法（修正案）〉为中心》，《中国刑事法杂志》2018 年第 3 期。

效力”。[①] 只有在没有确定该缺席定罪之人已放弃出席法庭和自行辩护权的情况下进行审判，且不给予其随后申请对缺席判决依据事实、法律作出新的决定的异议权，才构成所谓的司法不公，背离法律的正当程序。

第二，近亲属所享有的独立上诉权。与现行《刑事诉讼法》第227条关于刑事被告人近亲属所享有的附条件上诉权的立法规范不同，[②] 缺席被告人的近亲属享有独立的上诉权。[③] 立法作此安排的本意与初衷在于最大限度地保障缺席被告人的救济权利，避免因本人无法到案等虚置上诉救济权。但是，与前述被告人程序异议权的规范问题相同，现行《刑事诉讼法》对于缺席被告人之近亲属所享有的独立上诉权规定过于宽泛、笼统，未有权利行使的条件、例外或曰必要限制。依据现有规定，即使缺席被告人本人能够正确表达意志且明确作出不上诉的意思表示，其近亲属也有权依据自我意愿提起上诉。从性质上作分析，缺席审判程序作为审判程序的一种，其内容围绕着解决缺席被告人的刑事责任，即定罪、量刑展开，缺席被告人才是此一程序的当事人。从这个意义上来讲，相较于缺席被告人本人所享有的本源上诉权，其近亲属所享有的上诉权在本质上属于一种派生的、从属的、补充性的救济权利。在缺席被告人能够正确表达意志且已经明确作出不予上诉之意思表示的情况下，刑事立法与刑事司法便应当尊重其本人的认知判断及内心意愿，不应允许其近亲属提起上诉。缺席被告人之近亲属所享有的上诉权应当被限定在“被告人无法正确表达上诉意愿或者没有作出是否上诉的明确意思表示”的前提下，避免以权利保障之名行自我认知之实。

第三，明晰救济方式间的内在逻辑关系。缺席审判程序确为一种高风险的诉讼程序，因而在程序启动、程序运作等多个环节都需要设置严格的

---

① Council Framework Decision 2009/299/JHA of 26 February 2009, OJ L 81, 27.3.2009, p.25，转引自赵常成《国际人权视野下的中国式缺席审判》，《西部法学评论》2019年第1期。

② 现行《刑事诉讼法》第227条规定：“被告人的辩护人和近亲属，经被告人同意，可以提出上诉。”

③ 现行《刑事诉讼法》第294条规定：“人民法院应当将判决书送达被告人及其近亲属、辩护人。被告人或者其近亲属不服判决的，有权向上一级人民法院上诉。辩护人经被告人或者其近亲属同意，可以提出上诉。”

条件和严格地把控。为防止因缺席而错判，消解法律正当程序项下的诸多审判原则及审判制度，在缺席审判程序中，一旦有证据表明可能存在错判或程序违法，即应当赋予缺席被告人或其近亲属、辩护人通过启动救济程序予以补救的权利。但是，笔者认为，在现行《刑事诉讼法》所规定的程序异议、上诉救济以及再审救济的三种救济方式中，刑事立法当以司法解释的形式在明确各自适用条件的基础上，明晰救济方式之间的内在逻辑关系，形成一种以上诉救济和再审救济为常态，以重新审理为例外的具有主次逻辑、衔接顺畅的救济机制，以在契合缺席审判之审判程序本质的基础上，最大限度地避免因重新审理而带来的程序归零。

除此之外，笔者认为，刑事缺席审判程序从一审、二审到再审的各个审判阶段均应当强调对社会公开，如邀请不特定的公众旁听，通过网络媒体等进行庭审直播，用以强化此一程序的正当性、合理性与社会可接受性。可以考虑的一种路径是，明确人民陪审员在此一程序中的应然参与，通过陪审员之参与打破公众对该程序司法不公的主观认知，深化社会公众对该程序的认同，同时强化缺席判决的心证说理，最大限度地促使缺席被告人及其近亲属、辩护人息讼服判，发挥刑事审判本源的定纷止争的正向功用。

五 结语

作为一项新生的刑事诉讼制度，刑事缺席审判制度的立法模式明显不同于此前的认罪认罚从宽制度与刑事速裁程序，此一制度的正式入法并未经过试点、总结司法实践经验，属于一种被动式的应急立法，因而势必带有粗线条勾勒式的特征。中国式刑事缺席审判制度的建构完善，不仅需以本土化的思维进行审视、省察，还需以世界性的眼光，基于国际刑事司法准则与国际司法协助机制的顺畅运行，基于正当法律程序的底线要求，从宏观和微观两个维度就该项制度作细化规范，保证此一制度之本体规范之间，以及此一制度与其他关联诉讼制度之间的圆融自洽。

The Rights Protection of the Defendants in the Trial Procedure of Criminal Default: From the Perspective of Due Process of Law

Bu Yangyang

Abstract: Due to the change of the traditional trial system of accusation, debate and trial, the trial by default may reduce the rights of protection measures due to the absence of trial by default, and thus the impact of certain principles and rules under the due process. Based on the criminal procedure system and the reform of the entire judicial system, the discussion of the criminal trial system should not be simply stipulated by the basic procedures of the normal procedure for the normal trial paradigm, and cannot be countered by the possible adverse consequences. We should based on a rational and neutral attitude, return to the original point of the system, seek the basic principles involved in trial by default, respond to the many doubts that the absent defendant's rights are bound to fall, and use this as a basis for dialectical thinking. From the two dimensions of function, value presupposition and system normative perfection, the internal logic of trial by default in the context of the times to strengthen the protection of absent defendant's rights is the normative construction, system operation, internal and external harmony and self-consistency.

Keywords: Due Process; Trial by Default; Legitimacy; Rights Protection; Procedural Relief

大数据侦查的程序法治要义*

——以人权保障为基本视角

彭俊磊**

摘　要：大数据侦查作为一种新型侦查技术、侦查模式以及侦查机制，其开展须以程序法治为前提。在现代法治理念引领下，“以权利制约为基础的侦查程序正当”“以权力制衡为基础的侦查权力谦抑”“以技术中立为基础的侦查利益衡量”相辅相成，一并构架起了大数据侦查之程序法治的理论框架。程序正当要求大数据侦查应以人本思想、无罪推定理念为指导，注重对犯罪嫌疑人知情权、隐私权、个人信息权等权利的切实保障，并以相对公开的方式加以强化；权力谦抑要求大数据侦查严格贯彻比例原则，受司法审查以及程序性制裁的权力制衡；利益衡量过程中则需要秉承技术中立原则，在个案裁量时通过综合衡量权力与权利、效果与效率等基本法治要素，真正实现大数据侦查的程序法治化。

关键词：大数据侦查；程序法治；人权保障；权力谦抑；利益衡量

一　引言

大数据侦查作为一种新技术、新模式、新机制，对刑事侦查带来多

---

* 本文系国家社科基金项目“基于犯罪嫌疑人权利保障的监察委员会调查权研究”（项目编号：17BFX055）；山东省法学会2018年度自选课题“大数据时代技术侦查的法律约束与权衡”［项目编号：SLS（2018）C11］的阶段性成果。

** 彭俊磊，山东大学法学院博士研究生。

方面影响，涵盖侦查理论与侦查实践两个层面。这种改变既是机遇，亦是挑战。唯有将程序法治作为前提，才能确保大数据侦查正向效能的发挥。

基于法理视角，“程序”作为从事法律行为、作出某种决定的过程、方式和关系，是“过程”这一时间概念和“方式”“关系”这一空间概念的有机统一。[①] “法治”则是相对于人治而言的一种规范模式，是国家治理现代化的基本表征，其核心要义是“良法善治”[②]。其中“良法”是指一项好的制度，应当综合考量公正、效率、秩序、人权、和谐等基本价值要素；“善治”则是指一种治理的方式、方法，包含着以人为本、依法治理、公共治理的基本特质。法治作为人类文明发展的必然产物，是民主社会之下的基本要求，它有法律至上的观念、系统完备的法制体系以及严格控制国家权力三个方面的意涵，法治需要通过一个动态的过程来实现这种最终的法治状态，而刑事诉讼作为一种法律程序，它的运行过程就是法治实现的过程。[③] 当然实现法治的这个过程，同样需要满足法治本身的内在意涵，即程序法治。相对于实体法治，程序法治主要是指通过建构和完善程序法律制度来实现国家法治目标，它强调法律的理性主义和自由价值，尊重以自由为基础的个体之间的平等、理性以及个人的价值和尊严，以程序过程为重心，注重博弈，强化司法的作用，目前已经成为当代各国实行法治的基本标志。[④]

从诉讼程序的视角出发，刑事侦查法治化，也可以称其为侦查活动的法治化，是指职业化的侦查主体在实施侦查活动时，严格遵循现代化的法治理念，在法律框架内依法侦查，从而达到发现案件事实真相，实现公平正义的法治化运行状态。[⑤] 具体而言，聚焦于刑事侦查之程序法治，实际上就是在综合考虑打击犯罪与保障人权、提升破案效率与追求实体公正等价值要素的基础上，搭建起一套相对完善而合理的法律规制

① 孙笑侠：《程序的法理》，商务印书馆，2005，第 15 页。

② 张文显：《法治与国家治理现代化》，《中国法学》2014 年第 4 期。

③ 邓思清：《侦查程序诉讼化研究》，中国人民公安大学出版社，2010，第 76 页。

④ 丁寰祥：《论程序法治及其实施》，《社会科学论坛》（学术研究卷）2007 年第 10 期。

⑤ 刘伟：《如何实现刑事侦查的法治化》，《政法论丛》2017 年第 4 期。

框架；并在有法可依的前提下，各诉讼参与主体依托法治思维开展各项侦查活动、监督活动、审查活动抑或权利救济活动，从而保证侦查程序运行的有序与和谐。按照“程序正义理论”[①] 对程序正义构成要素的概括，在刑事侦查中保证程序的参与性、对等性、合理性与即时性将格外重要。

程序正义作为程序法治的核心理念，也是实现包括侦查阶段在内的各个诉讼程序法治化的关键。程序法治的发展历程向来不是一成不变的，而须紧跟时代变化脚步。随着信息革命的又一次飞跃，大数据时代国家治理现代化同步跟进，这集中体现于国家公权力与公民私权利的互动关系中，这种基于信息数据的良性互动关系，有赖于法治化的程序规范。大数据运用于侦查是一把双刃剑，一方面有利于提高侦查破案、防控犯罪的效率，另一方面也加剧了侦查权力恣意的风险。不管是在以事实真相为依托的犯罪控制层面，还是在以人权保障为依托的程序正当层面，都带来了深刻影响。此时，程序法治就要发挥出其作为“权利稳定器”与“权力抑制器”[②] 的重要作用。由此看来，因大数据侦查而引发的“有关技术的权力”与“有关数据的权利”的张力更加明显。就目前学界研究来看，前者更侧重于强调个人信息大数据在强化犯罪控制方面所蕴含的巨大潜力；[③] 后者则更关注在运用大数据过程中对公民基本权利所造成的冲击风险，这种关注后者的思考集中表现在对隐私权、个人信息控制权等实体性权利的保护上。而要实现对上述权利的有效保护，程序法律规制必不可少，大数据侦查的程序法治意义可见一斑。

在现代法治理念引领下，“以权利制约为基础的侦查程序正当”“以权力制衡为基础的侦查权力谦抑”“以技术中立为基础的侦查利益衡量”相辅相成，一并构架起了大数据侦查之程序法治的理论框架。

---

① 陈瑞华：《程序正义理论》，中国法制出版社，2010，第 98 ~ 109 页。

② 〔美〕E. 博登海默：《法理学：法律哲学与法律方法》，邓正来译，中国政法大学出版社，2001，第 293 页。

③ 参见 Ric Simmons，“Quantifying Criminal Procedure：How to Unlock the Potential of Big Data in Our Criminal Justice System”，*Mich. St. L. Rev*，2016，pp. 947 – 1017。

二 大数据侦查之程序正当

（一）大数据侦查中的人权基础

纵览世界各国法治发展史可以得出这样一个结论：程序法治的发展历程与人权观念的演进[①]同步而行。人权作为人类启蒙观念的反映，[②] 从本体论内涵意义上来看，它是一种“人皆有之”且“人该有之”的重要基本权利，它既包括了基于人之自然本性生而有之的权利，即人的自然权利或者说是“天赋人权”；也包括了随着人类文明发展进步而不断衍生出的各种新兴权利，即历史发展形成的社会权利。不管具体是哪一种权利，作为人权形式而存在的权利，都具有普遍性与应然性的特点。[③] 正因如此，人权保障已经成为法治发展的基石，为世界各国所公认。具体到刑事诉讼领域，特别是侦查程序，“人权与法治”的问题向来都是被关注的焦点，因为“侦查与国民的人权紧密关联”，所以必须“注意侦查时不得非法侵犯人权”[④]。在大数据侦查过程中，作为公权力的侦查与作为私权利的人权之间的碰撞势必会更加激烈，因此为了保证合法权利不受侵犯、侦查行为公正进行，维护司法纯洁，正当程序成为关键。[⑤]

1. 以人为本

“所有的侦查措施都会不同程度地损害公民的人权。”[⑥] 这样一种论断并非危言耸听，侦查行为自身的权力属性使其天然具备扩张性，一旦缺失了外界约束很容易突破合法限度。也正因此，侦查程序正当应以人权保障

① 齐延平：《人权观念的演进》，山东大学出版社，2015，第1~5页。

② 〔瑞士〕托马斯·弗莱纳：《人权是什么》，谢鹏程译，中国社会科学出版社，1999，第5页。

③ 〔德〕雅科布斯：《市民刑法与敌人刑法》，徐育安译，台北学林文化有限公司，2003，第21页。

④ 〔日〕田口守一：《刑事诉讼法》，刘迪等译，法律出版社，2000，第27页。

⑤ 〔英〕丹宁勋爵：《法律的正当程序》，李克强、杨百揆、刘庸安译，法律出版社，2015，第2页。

⑥ 〔德〕魏根特：《德国现代侦查程序与人权保护》，刘莹译，载孙长永主编《现代侦查取证程序》，中国检察出版社，2005，第339页。

为逻辑起点，也即以人为本。

溯源程序正当中的人本思想，从古希腊传统程序正义观念的觉醒，到古罗马自然正义原则的确立，历经中世纪欧陆的程序观念演进，最终于近现代英美形成了较为完备的正当程序思想，“以人为本”的观念跨越千年、贯穿始终。在以大数据为时代背景的侦查程序中，“以人为本”的诉讼理念又将被赋予新的内涵。众所周知，《世界人权宣言》中明确规定了生命权、人身权、财产权以及隐私权等基本权利，并且关于侦查强制措施的程序性约束规定占了不少比重。我国第四次宪法修正案中也明确提出了“国家尊重和保障人权”，以根本大法的形式彰显了人本思想，为侦查程序正当奠定了坚实的法律根基。然而，除了将以上这些概括性的“宣誓”作为指导理念，我们还应该关注新时代背景下“人”与“权”的变迁，唯有如此才能真正确保程序法治的实现。具体到大数据侦查中，这里的“人”是一个多元化的概念，既包括传统意义上的犯罪嫌疑人，也应包括被害人、辩护人、证人以及其他相关诉讼参与主体，尊重他们每个人的自由意志。大数据侦查中的“权”也发生了相应的变化，一些传统意义上的基本权利正在受到前所未有的冲击，如传统知情权、隐私权等；而与此同时，一些新兴权利正在形成，如信息权、被遗忘权等。

人本精神作为历史发展、人类文明的必然产物，在法律层面已经成为程序法治的精髓，指导着侦查法治秩序的制度构建和实践运作。[①] 我们在明确其核心地位的同时，也要与时俱进地去丰富它的内涵，进行更多新时代背景下的具体解读，从而保证大数据侦查在正当程序的轨道中良性运行。

2. 无罪推定

在刑事司法领域有这样一种观点，认为刑事法治有两大基石，一块是实体上刑法的罪刑法定原则，另一块便是程序法中刑事诉讼法的无罪推定原则。[②] 因此，无罪推定又被誉为刑事法治领域的一颗王冠明珠，是现代

---

① 倪铁：《侦查程序的人本精神微探——兼论侦查程序正当化建设》，《犯罪研究》2006 年第 3 期。

② 樊崇义、刘涛：《无罪推定原则渗透下侦查程序之构建》，《社会科学研究》2003 年第 2 期。

法治国家所通行的一项基本刑事司法准则，是国际公约所确认和保护的基本人权。[①]

无罪推定作为正当程序的构成要素，重点解决的是犯罪嫌疑人在未经认定有罪之前应当被如何对待的问题，[②] 是实现犯罪嫌疑人之权利由“应然”走向“实然”的保障。[③] 因此，在侦查程序中，无罪推定具备重大意义：首先，它明确了犯罪嫌疑人乃“无罪之人”而非“罪犯”的主体地位，有利于犯罪嫌疑人获得更平等的对待，基本权利得到有效保障；其次，无罪推定让沉默权的行使具备了制度空间，在举证责任方面犯罪嫌疑人不承担证明有罪的任何责任，有利于引导侦查取证由“以供取证”向“以证取供”转型；最后，无罪推定原则作为一项程序法治的核心思想，还将有利于防止冤假错案的发生，提升刑事司法公信力，推动法治国家建设。以上无罪推定的积极法治意义，在大数据侦查中可以得到更好地发挥，突出表现在大数据侦查对客观证据的发现能力方面，这将会大大降低以侦查讯问为代表的各种侦查取证行为的非正当风险。当然，大数据侦查也更需要以无罪推定理念为指导思想，以保证侦查启动程序之前移、侦查技术之使用均以人权思想为前提。客观而言，基于数据的客观性、可靠性，大数据有助于无罪推定原则的贯彻落实。但是也要警惕大数据成为“有罪推定”的帮凶。这就需要明确开展大数据侦查的目标在于获取更多的案件线索或者证据材料以发现和证明案件事实；而非基于主观对案件事实的预期判断，通过大数据技术选择性地提取证据材料从而证实有罪的假设。

（二）大数据侦查中的权利制约

将人本思想、无罪推定等基本人权观念作为基础，为大数据侦查的权利制约体系构建指明了方向。在刑事侦查领域，对被追诉人防御权的制度

① 陈光中、张佳华、肖沛权：《论无罪推定原则及其在中国的适用》，《法学杂志》2013 年第 10 期。

② 易延友：《论无罪推定的涵义与刑事诉讼法的完善》，《政法论坛》2012 年第 1 期。

③ 彭俊磊：《论侦查讯问中的犯罪嫌疑人权利保障——基于审判中心诉讼制度改革的再思考》，《法学论坛》2018 年第 4 期。

性保障已逐渐成为各国刑事侦查程序现代化与法治化的基础坐标。[①] 在以“权利制约”为程序法治要素的分析路径中，知情权、隐私权、信息权成为大数据侦查过程中所要重点考察的几个权利类型，对它们的透析有助于大数据侦查之程序法治的实现。

1. 知情权

知情权（right to know），也称知悉权或了解权，就广义而言，是指寻求、接受和传递信息的自由，是从官方或非官方获知有关情况的权利；就狭义而言，则仅指知悉官方有关情况的权利。[②] 知情权的出现根植于人权理念的发展，是实现公民自由与权利的基础。从类型上划分，通常又可以分为政治知情权、社会知情权、司法知情权以及个人信息知情权等。在侦查程序中，犯罪嫌疑人的知情权主要属于司法知情权。当然随着大数据技术的广泛适用并被引入刑事侦查之中，因而也便增添了个人信息知情权的因素于其中。

在刑事侦查过程中，犯罪嫌疑人知情权是指犯罪嫌疑人有权获知案件有关信息，知悉自己居于何种诉讼地位、享有何种诉讼权利，以及代表国家进行刑事诉讼活动的侦控机关如何保障其以上权利的实现。[③] 基于程序法治的视野，犯罪嫌疑人的知情权在诉讼程序中具有多重价值。首先，从根本上来讲它是刑事程序正义的内在要求，正义不仅要实现，还要以看得见的方式实现，而“知情”恰是“看得见”的前提。其次，知情权还与犯罪嫌疑人诉讼主体定位紧密相关，是犯罪嫌疑人作为防御主体而行使程序主体权利的基础。再次，知情权是监督公权力、制衡公权力的基础。最后，犯罪嫌疑人知情权是对刑事诉讼“底线正义”的具体贯彻。[④] 犯罪嫌疑人的知情权目前已经被世界大多数国家所确认，最具代表性的当属美国的米兰达规则，该项规则主要是以侦查机关“权利告知”的形式来确保犯罪嫌疑人知情权的实现。这种知情权的实现路径也逐步被诸多国家借鉴，

---

① 林喜芬：《论侦查程序中的权利告知及其法律效力》，《中国刑事法杂志》2008 年第 11 期。

② 张庆福、吕艳滨：《论知情权》，《江苏行政学院学报》2002 年第 1 期。

③ 钱育之：《知情权：犯罪嫌疑人的基本权利》，《求索》2007 年第 8 期。

④ 蔡国芹：《程序正义视野下的犯罪嫌疑人知情权》，《中国刑事法杂志》2008 年第 2 期。

如英国在其《警察与刑事证据法》中也规定，“犯罪嫌疑人应当受到口头或书面的权利告知”；此外，法国《刑事诉讼法》第116条，德国《刑事诉讼法》第114、115条，《日本刑事诉讼法》第61、76、77条也都规定了类似的权利告知义务，以保障犯罪嫌疑人的知情权。

随着我国法治进程的不断推进，刑事诉讼法日臻完善，侦查中犯罪嫌疑人的知情权问题也日益得到关注。虽然目前我国尚未建立起较为系统的犯罪嫌疑人知情权制度，但是在几经修改后的《刑事诉讼法》相关条文中可以看到知情权散落的身影，如第34条规定了犯罪嫌疑人在被第一次讯问或者采取强制措施时，应当被告知其有权委托辩护人；第85、93条规定侦查机关对犯罪嫌疑人进行拘留、逮捕时应当分别出示拘留证和逮捕证，并在二十四小时内将情况通知其家属。显然，我国在侦查程序上对犯罪嫌疑人知情权的保障还有待进一步加强。尤其是伴随着大数据侦查的开展，知情权还将被赋予更多信息技术时代新的内涵，如对信息数据被收集分析程度的知情权、对大数据基础之上智能算法客观性的知情权、对涉及与案情无关之个人隐私数据销毁情况的知情权等。以“黑箱效应”为例，大数据很容易被秘密地用于涉及公民人身、自由等权益的侦查程序中。因此，对于因大数据决策机制而可能遭受不利影响的当事人，在不影响案件正常进展的前提下，司法机关应当保证相关权利主体对大数据侦查分析结果、数据来源及基本算法原理等内容的知情权。可以想见，在大数据侦查过程中，犯罪嫌疑人知情权的意涵将被进一步扩充，其在正当程序中的权利制约功能的作用也将更为重要。

2. 隐私权

隐私权，是一种“不受他人打扰的权利”。最早由美国著名法学家萨缪尔·D. 沃伦和路易斯·D. 布兰戴斯于1890年提出。经过一百多年的发展，个人隐私权已经从普通侵权法范畴提升到了宪法基本权利保护的层面，受到了越来越多的重视。虽然目前各国对于隐私权的理解仍然存在分歧，侧重点也有所不同，如英美法系更加强调隐私权中的信息隐私和自决隐私，大陆法系则更侧重人格尊严和人的发展，但是二者殊途同归，最终的落脚点和归宿均为实现人的自决自治。

隐私权不是一个固化的概念，随着社会发展，隐私权的内涵在不断丰富，保护的侧重点也发生着变化。从人身权、财产权到隐私权这种权利保护侧重点的变迁，客观上反映了时代的发展，而这种进步从未停止过。隐私权是公民对抗国家的基本防御权，侦查权是最具强制性的国家权力，隐私权和侦查权之间的冲突平衡，是侦查程序中的核心矛盾。[①] 在大数据时代，我们的社会正在逐步变成一个“大数据监控社会”（big data surveillance），无论我们在公众场所多么小心翼翼，仍会被大数据监控技术所记载。[②] 大数据对公民隐私权的侵犯是一种“从质到量”的变化，即传统的隐私权关注对公民物理空间和私生活的侵犯，是一种“质”的侵犯模式，而大数据则是通过由一个个信息碎片组成的海量数据库，“这些数据的单独使用可能是合法的、无关隐私的，但是聚集起来进行再次分析后则会对个人隐私带来侵犯，这也是传统隐私法无法规制的”。[③] 换句话说，在大数据时代，传统意义上的“隐私”已经不再仅仅停留于“隐”（隐匿，不被知晓）与“私”（私密，个人事务）的字面含义，宪法赋予公民的隐私权正在遭遇前所未有的挑战。在大数据时代，应当基于新的、动态发展的眼光重新审视、反思隐私权的意涵。大数据时代的隐私不再被纯粹地当作一种秘密，而是一种处于秘密与完全公开之间的中间状态，从此意义上来说，隐私权不是一种绝对的权利，而是一种相对的权利，“是一种信息管理规则”[④]。

3. 个人信息权

信息不同于“数据”和“知识”。信息是经过加工且有意义的数据，知识则是发展成熟且真实的信息。[⑤] 也正因此，有学者将信息的定义抽象

---

① 李岩：《侦查程序中之隐私权保护——从中美比较的角度》，中国政法大学2009年硕士学位论文。

② 王立明：《隐私权概念的再界定》，《法学家》2012年第1期。

③ Miller Kevin. Total Surveillance, “Big Data, and Predictive Crime Technology: Privacy's Perfect Storm”, *Journal of Technology Law & Policy*, Vol. 1, 2014, pp. 105 - 146.

④ 徐明：《大数据时代的隐私危机及其侵权法应对》，《中国法学》2017年第1期。

⑤ 关于数据、信息、知识三者之间的关系，参见 Luciano Floridi, *Information: A Very Short Introduction*, Oxford University Press, 2010, pp. 21 - 25。

为一组公式：信息 = 数据 + 意义。[①] 就权利主体而言，数据以及在数据基础上形成的信息，其权属并不清晰。[②] 关于个人信息，就权利的性质而言，个人信息属于财产权、人格权抑或混合型新型权利的争论，随着网络革命的深入而愈演愈烈。[③]

个人信息权，相对于隐私权所强调的“自决自治”以外，还包括了与经济、社会紧密相关的商业价值，以及与“数字社会”“数据治理”相契合的公共管理价值。这也就意味着不管是信息业者还是政府机关，都更期待获取足够多的信息数据以实现自身商业运营抑或社会治理的目标。所以说，在开展大数据侦查的过程中，将会围绕“信息数据”形成一种“（个人）信息权利者—（公司）信息经营者—（国家）信息权力者”新型制衡格局。除了内在价值衡量方面的复杂性，个人信息与个人隐私在权利属性、权利客体、权利内容、保护方式等方面也存在明显独立价值[④]：个人信息权区别于隐私权消极防御的属性，它更具主动性，是一种对个人数据信息的控制权，在这一过程中它将更多地涉及信息披露、商业价值与国家安全，所以对它的保护往往更侧重于提前预防，而非事后救济。总体而言，在大数据时代的刑事司法领域，大数据侦查过程中的“干预权利风险”将更为集中地体现在个人信息权之中，应当尽快明确个人信息权在推动程序法治过程中的重要地位。

（三）大数据侦查中的相对公开

法谚有云：“正义不仅要实现，而且要以人们看得见的方式实现。”[⑤]（justice must not only be done，but must be seen to be done）因此，“公开”自然便成了“看得见”的重要前提，这也是程序正义价值的内在要求。在

① 裴炜：《个人信息大数据与刑事正当程序的冲突及其调和》，《法学研究》2018 年第 2 期。

② 参见龙卫球《数据财产权构建及其体系研究》，《政法论坛》2017 年第 4 期。

③ 这种争论尤其体现在民法总则制定过程中对“个人信息”的权利安置及表述上。参见《民法总则立法背景与观点全集》编写组编《民法总则立法背景与观点全集》，法律出版社，2017，第 9、18、24、53、89 页。

④ 王利明：《论个人信息权的法律保护——以个人信息权与隐私权的界分为中心》，《当代法学》2013 年第 4 期。

⑤ 陈瑞华：《看得见的正义》（第 2 版），北京大学出版社，2015，第 3 页。

刑事司法领域，公开经历了一个“由诉讼不公开向诉讼公开，由审判公开向侦查公开”[①] 的发展趋势。

从传统意义上来看，侦查不公开是原则，其主要基于多重目的考虑：一是为了保证侦查效率，防止因侦查内容外泄而导致证据灭失、勾串或伪证等；二是为了保护当事人及利害关系人的人格、名誉、尊严、隐私等不受损；三是为了避免造成媒体审判，确保法官独立审判，不受侦查案情影响。[②] 这种观点主要还是受刑事诉讼职权主义模式的影响，因而多数大陆法系国家或者地区确定了侦查秘密原则，例如法国《刑事诉讼法》第 11 条[③]、德国《刑事诉讼法》第 147 条[④]、意大利《刑事诉讼法》第 329 条[⑤]都有相关表述。但是随着《国际刑事法院规约》（罗马规约）、《欧盟刑事法典》以及《欧洲人权公约》等法律文件的签署、生效或者是在实践中的良好应用，以及诸多建于之上的机构平台的运行，欧洲各国刑事诉讼人权保障的重心开始前移到侦查阶段，出现了“参与式侦查模式”，被告人较早地参与侦查程序，形成更为开放、更具有沟通性的侦查程序。[⑥]

由此可见，随着现代法治建设的不断推进，当事人主义模式与职权主义模式渐趋交融、相互借鉴，在增强侦查程序透明度和公开性的方面正在形成共识。侦查程序公开标志着刑事侦查尊重公民个人尊严，重视保障人权。侦查程序公开为侦查程序主体提供了参与和对抗的机会。侦查程序公

① 周长军、彭俊磊、韩晗：《刑事庭审实质化研究——以诉讼公开为视角》，《山东审判》2017 年第 5 期。

② 林钰雄：《刑事诉讼法》（下册、各论编），元照出版有限公司，2010，第 498 ~ 499 页；傅美惠：《侦查法学》，中国检察出版社，2016，第 65 页。

③ 法国《刑事诉讼法》第 11 条规定：“除法律另有规定的外，侦查和预审程序一律秘密进行，并不得损害犯罪嫌疑人的权利。”参见《法国刑事诉讼法典》，余叔通、谢朝华译，中国政法大学出版社，1997，第 13 页。

④ 德国《刑事诉讼法》第 147 条规定：“如果查阅可能使侦查目的受到影响的，可以拒绝辩护人查阅案卷、个别案卷文件或查看官方保管的证据。”参见《德国刑事诉讼法典》，李昌柯译，中国政法大学出版社，1995，第 69 页。

⑤ 意大利《刑事诉讼法》第 329 条规定：“由公诉人和司法警察进行侦查活动应当保密，直至被告人能够了解之时。”参见黄风《意大利刑事诉讼法典》，中国政法大学出版社，1994，第 117 页。

⑥ 陈卫东、刘计划、程雷：《德国刑事司法制度的现状与未来——中国人民大学诉讼制度与司法改革研究中心赴欧洲考察报告之二》，《人民检察》2004 年第 11 期。

开能够使人们更加仰赖程序信用。不过这种公开不是一种绝对公开，而是相对公开。侦查在刑事诉讼实践中长期以来都是最神秘的阶段，侦查机关侦办案件的过程一般不公之于众。从理论上分析，侦查活动保持一定的秘密性是有必要的。这不仅是侦查工作规律的必然要求，也是提高侦查效率的客观需要；不仅有助于侦查活动的顺畅运行，而且有助于缩短犯罪嫌疑人在侦查程序中的停留时间和羁押时间，从而在客观上有利于保障犯罪嫌疑人的权利。所以侦查程序中的“相对公开”需要综合考虑公开的内容、性质、时机、手段等因素，针对不同对象进行公开。坚持以向犯罪嫌疑人及其辩护人公开为主，以向社会公众公开为辅；在公开与不公开之间进行价值衡量时，应当充分贯彻比例原则，既要确保侦查活动的顺利进行，也要保障犯罪嫌疑人的合法权益，将侵害侦查秘密性与犯罪嫌疑人人权的可能风险降到最低。尤其是在大数据侦查过程中，因为技术手段的特殊性，其涉及的个人信息数据涵盖面更广，更应该关注知情权、隐私权、信息权等基本权利与国家机密、商业秘密、数据安全等公共利益，切实把握好“相对公开”的适度性。

三　大数据侦查之权力谦抑

“谦抑”，最早是刑法领域常用的一个概念，主要是指压缩或缩减。在社会治理、打击违法犯罪行为时，应当力求少用或不用刑罚，获取最大的社会效益，突出刑法的补充性、经济性、紧缩性。[①] 而随着社会发展进步，网络时代的到来，刑法谦抑性理论也在发生着相应的变化，正在由“限定的处罚”向“妥当的处罚”演进。[②] 依笔者理解，这里的“妥当”是一种合理与正当，蕴含着程序正当与实体正义相协调的意涵，具体到刑事司法的第一个实质性阶段，即侦查中的权力谦抑。从根本上说，追究犯罪、惩

① 陈兴良：《刑法谦抑的价值蕴含》，《现代法学》1996 年第 3 期。

② 张明楷：《网络时代的刑法理念——以刑法的谦抑性为中心》，《人民检察》2014 年第 9 期。

罚犯罪的刑事司法活动实质上是发生于个人与国家间的一种权益冲突。[①] 在这种博弈对抗下，仅仅依靠正当程序中的权利制约是远远不够的，还需要权力内部的谦抑与制衡，才能尽可能地实现理想状态下的控辩平等地位。

在社会治理语境下，权力概念总是涉及权力行使者与权力行使对象，以描述两者之间的一种特殊关系。[②] 通过行使权力，权力对象的行为可能向着更符合权力主体所欲之方向或效果发展。所以说权力亦是一把双刃剑，用得好引领发展方向，用不好导向歧途。在侦查程序中，理想的状态应该是控辩平等。然而现实情况却是控辩力量先天失衡的一种状态，侦查权自身具有扩张性与外溢性，更容易造成对犯罪嫌疑人私权利空间的挤压。特别是在大数据运用于侦查，“侦查 + 技术”这对强势组合之下，更要格外关注侦查权力的谦抑性。这是因为技术本身虽然具有中立属性，但是当其被运用于具体的侦查领域时便会自然地受到权力主体的主观影响。在理想与现实之间，“技术”很难客观地立足于“权力”与“权利”之间，它更易被“权力”所俘获，而使“权利”更加被动。因此，在程序法治的视野下，我们除了要关注权利对于权力的制约，还要注意权力自身谦抑性的实现，从而于权力主体内部实现制衡。

在数字化的大数据时代，数据作为信息资源的载体，信息资源已成为一种重要的社会资源，它可以促成“权力关系的非对称性”[③]。可以说数据信息正在改变着“权力构造”，成为社会权力的又一重要来源，因此有学者将其与强制、奖励、正当性、专业性、集体参照五种权力基础并列，视为社会权力的第六种基础。[④] 在大数据侦查中，海量的数据信息同样使侦查权力来源得到扩充，成为强势侦查权运行的重要能源。一方面，大数据侦查自身前瞻性的犯罪预防特点会使侦查权的发动起始点提前，在时间

---

① 陈光中：《诉讼法理论与实践·刑事诉讼卷》，人民法院出版社，2001，第10页。

② 参见 Robert A. Dahl，“The Concept of Power”，*Systems Research and Behavioral Science*，Vol. 2，1957，pp. 202 – 204。

③ 参见 Dannies H. Wrong，*Power*，*Its Forms*，*Bases*，*and Uses*，Transaction Publishers，1995，pp. x – xiii。

④ 参见 B. H. Raven，“Power and Social Influence”，in Ivan Dale Steiner & Martin Fishbein (eds.). *Current Studies in Social Psychology*，Holt，Rinehart and Winston，1965，pp. 127 – 145。

轴上导致侦查权的扩张。另一方面，数据信息作为虚拟空间的产物，打破了传统物理空间的桎梏，使得侦查权在立体空间内得以延展。除此之外，不同群体、个人之间受制于信息接收能力抑或信息收集、汇总、分析能力的不同，"信息不对称"天然存在，进一步导致了原本强势的侦查权力机关可以通过接触更多的信息数据，增强自身的权力优势，况且权力机关可以通过对数据进行选择性收集、筛选、拼组以形成信息，从而在此基础上强化其说服权力行使对象的能力。[①]

所以说，在大数据侦查过程中，侦查权力恣意的风险将进一步加大，为了保证程序法治的实现，观照犯罪嫌疑人的基本权利，必须实现权力自身的谦抑性，形成来自权力内部的牵制约束力。恰如孟德斯鸠所言，一切权力都容易被滥用，权力的运行必须受到必要的制约，破解控权难题的最佳选择就是用权力来制约权力。[②] 笔者认为，侦查权力谦抑内生三个方面的要求：一是侦查措施的合理适度使用；二是侦查程序的审慎发动；三是侦查权力的约束制裁。

（一）大数据侦查中的比例原则

当信息被定义为权力基础而作用于社会时，其产生的效果不仅是规则体系发生变化，更在于原先以宪法为核心而构建的基本权利体系以及相应原则出现适用上的困难。[③] 当大数据这项新的技术被运用于侦查之中时，无形之中让"数据信息"成为侦查权力的又一来源，以此为背景强调比例原则在大数据侦查中的重要地位，显得极为必要，也将发挥出侦查权力自身谦抑的作用。从概念上来看，侦查中的比例原则主要是指：侦查权力主体在实施侦查措施时应以刑事案件实际情况为标准，注意侦查措施类型的选择、实施的方式及程度，不得超过必要的限度而对侦查行为相对人的财产、自由等方面的权利造成非合理性侵犯和非必要性利益损害。[④] 从类型上细分，比例

① 裴炜：《个人信息大数据与刑事正当程序的冲突及其调和》，《法学研究》2018 年第 2 期。

② 〔法〕孟德斯鸠《论法的精神》，商务印书馆，1982，第 3 页。

③ 参见 Sandra Braman，*Change of State*：*Information*，*Policy and Power*，The MIT Press，2006，p. 39。

④ 韩德明：《侦查比例原则论》，《山东警察学院学报》2007 年第 2 期。

原则又可以分为适当性原则、必要性原则和狭义比例原则三项子原则。

1. 适当性原则

适当性原则作为比例原则的首要子原则，也是基础性原则。它要求侦查机关在实施侦查措施时，应当使侦查措施的具体行为手段与实现侦查目的相适当，其落脚点在于“手段—目的”二元关系的对等性。所以说，侦查比例原则中的适当性原则主要调整的是侦查行为方式与侦查预期目的之间的关系，这种关系应该是适宜的、妥当的、合理的，而超出目的效果之外的措施手段将被视为超出限度的，应当被排除在侦查措施可供选择的空间外。以大数据侦查取证手段为例，如数据搜索、数据碰撞、数据挖掘、数据画像，以上四种行为手段在技术难度以及隐私侵犯风险两个层面都是一种递进关系。所以说，如果根据案情分析，通过数据搜索就可以基本确定犯罪嫌疑人并获取相关证据线索，从而达到侦查破案的目的，那么就没有必要再采取其他三种更高位阶的技术手段去分析犯罪嫌疑人的生活社交、家庭成员情况等案外信息。

2. 必要性原则

必要性原则又被称作“任意性原则”或“最小侵害原则”，它是在解决了“手段—目的”二元关系适当性的基础上，对“手段”内部又做的进一步细分，着重强调手段之选择是否确实必要、确为最佳。众所周知，刑事侦查又可以区分为任意侦查与强制侦查两种，任意侦查作为一种权利侵犯低风险率的侦查行为，在开展刑事侦查时应为首选，也即“以任意性侦查为主，强制性侦查为辅”的原则。即使确有必要进行强制侦查，在侦查措施的选择上也理应坚持最小侵害原则，坚持“一般侦查措施为主，技术侦查为辅”的原则。以上原则在各国刑事诉讼规定中均有体现，比如讯问的适用条件要比询问的适用条件严苛得多，技术侦查措施的适用范围要比一般侦查措施的适用范围限缩得多。具体到大数据侦查措施的选择，继续以上文提到的“数据搜索”措施为例，即便此时已经满足了适当性原则，但是在搜索数据时还应该进一步对数据来源进行区分，如果所需案件信息通过简单网上搜索就可以查询到，那么就没必要进一步深度搜索相对不公开的数据库，更不得通过特殊技术手段对电子设备的相关数据进行搜寻提取。

3. 狭义比例原则

狭义比例原则也称“均衡性原则”，如果说前述两项子原则关注的是“手段实现目的”以及“手段自身选择”这一“过程”的合理性，那么狭义比例原则则是更加关注“结果”的合理性，它要求侦查措施对行为对象所造成的侵害损失必须小于该措施可能实现的价值效果,① 基于一种“功利主义”视角来综合评判侦查行为的合理性问题。因此，在大数据侦查时贯彻狭义比例原则，也就意味着即使满足了适当性原则以及必要性原则，涉案数据信息的收集、提取、分析乃至呈现过程都应当尽可能地降低利益损害，比如通过控制数据库的访问、限制敏感信息的利用以及相关涉案身份信息加密匿名处理等,② 实现损害利益发生的最小可能性，从而确保整体侦查收益最大化。

（二）大数据侦查中的司法审查

大数据时代，诉讼当事人权利受侵害的程度进一步加剧，正在由“已知的实害”向“未知的风险”转变。所以在实现权力谦抑的过程中，以“令状制度”为典型代表的司法审查制度成为防患于未然的重要举措。在大数据侦查过程中，侦查机关往往借助权力优势与技术优势处于主导地位，此时犯罪嫌疑人则只能处于相对被动的境地，这种失衡的状态如果没有中立第三方的介入，很难通过彼此双方的自然调整回归平衡。通过纵览刑事诉讼的整体发展脉络，我们可以看到诉讼理念由注重打击犯罪向强调保障人权转变的发展趋势，表现在诉讼构造上也自然出现了由“权力行使型”向“权力抑制型”的转型。③ 这种诉讼构造转型的趋势，集中体现在各国对侦查权的司法审查中。

追本溯源，司法审查制度孕育产生于霍布斯、洛克、卢梭与孟德斯鸠等人开创的自然法学派思想，将“正当程序”作为逻辑起点，强调程序法

① 陈永生：《侦查程序原理论》，中国政法大学 2002 年博士学位论文，第 2 页。

② 刘铭：《大数据反恐应用中的法律问题分析》，《河北法学》2015 年第 2 期。

③ 〔日〕田口守一：《刑事诉讼法》，刘迪等译，法律出版社，1999，第 6 页。

治与程序正义。司法审查目前已经成为法治发达国家一项基本的法律制度，它主要是指国家通过司法机关对其他国家机关行使国家权力的活动进行审查，通过司法活动纠正违法行为，并对由此给公民、法人、其他组织合法权益造成的损害给予相应救济的法律制度。① 从本质上而言，它表现为制度层面的分权制衡，权利保障层面的救济途径，程序运行层面的正当要求（也即和目的性与合法性的统一）。但就程序运行层面而言，侦查程序中的司法审查，关注的不是犯罪嫌疑人有罪抑或无罪的实体问题，而是要实现中立、权威的司法权对整个侦查程序的全程监督与控制，是对侦查行为合法与否的审查。②

建立对侦查的司法审查制度，在大数据侦查出现的新形势下变得更为迫切。大数据侦查作为一种新的侦查行为模式，目前在法律规定上尚无清晰的属性定位。它既具有对一般信息数据普通查询搜索的功能，也有对核心私密信息通过技术手段获取分析的功能；它既具备犯罪行为发生之后追击犯罪嫌疑人、固定证据的作用，也具备出于犯罪防控、社会治理之目的而提前监控预警的作用。可以说大数据侦查是一种结合了任意侦查与强制侦查、事后侦查与事前预警的新型复合侦查举措，在程序法律规制上还处于相对空白的阶段，它的开展适用主要是由侦查机关参照相关技术侦查的法律规定自行审批决定。然而，大数据侦查对犯罪嫌疑人权利干预的风险却是有增无减，再加上审查监督的缺失，势必会让控辩失衡状态进一步加剧，如此侦查程序正当的价值目标将难以实现。因此，在大数据时代背景下，在侦查程序中必须尽快建立并完善司法审查制度，通过客观中立的司法权实现对“侦查权 + 新技术”的有效外部制约，以达到权力谦抑、程序法治的基本要求，确保大数据侦查在正当法律程序中运行。

（三）大数据侦查中的程序性制裁

程序性制裁，实际上是司法审查制度的延伸，是司法机关在发现程序

---

① 罗豪才：《中国司法审查制度》，北京大学出版社，1993，第1页

② 邱飞：《侦查程序中的司法审查机制研究》，南京师范大学2007年博士学位论文。

性违法行为之后，开展司法救济的一项重要举措。关于程序性制裁的基本意涵，不同学者有着各自不同的解读，其中最具代表性的一个观点是：所谓刑事程序性制裁，是针对侦查人员、检察人员和法官违反诉讼程序的行为所实施的法律惩罚，也是一种追究警察、检察人员和法官程序性违法之法律责任的方式。它们都属于负责侦查、公诉和审判职责的官员对于其程序性违法行为所要承受的消极法律后果。① 这种程序性制裁理论的提出，是以程序的独立价值为前提和研究起点的，具有维护程序法治独立价值、发挥司法守护正义功能、促使司法人员遵守法律规则等方面的功能。② 概言之，程序性制裁针对的是违反正当程序的法律行为，本质上是在发挥控制公权力并提供权利救济的作用。

对违法侦查行为进行程序性制裁，最典型的举措当属非法证据排除。这是一项最早起源于 19 世纪英美法系的证据规则，以遏制警察权力、限制政府的违法行为、保护公民个人权利作为基本理念，其旨在保证侦查取证手段的开展以公民宪法性权利不受侵犯为前提，从而实现限制权力恣意、保障人权的最优价值平衡。③ 非法证据排除，表面上看排除的是证据，实际上排除的是非法取证行为的不正当收益。非法证据排除对非法取证行为的程序性制裁效果在诸多典型判例中均有体现。以美国联邦法院对科技手段运用于侦查行为的判决为例，在 2012 年著名的 Jones 案④中，美国联邦最高法院认为，警察在被告人的汽车上安装 GPS 追踪设备，属于宪法第四修正案所指称的搜查扣押行为，应当遵守令状原则；警察虽然申请了

---

① 陈瑞华：《程序性制裁理论》（第 2 版），中国法制出版社，2010，第 105 页。

② 陈瑞华：《程序性制裁制度的法理学分析》，《中国法学》2005 年第 6 期。

③ 彭俊磊：《价值平衡：基于公民宪法性权利保护视域下的非法证据排除》，《广州大学学报》（社会科学版）2017 年第 1 期。

④ 基本案情：该案被告人因涉嫌毒品犯罪，被联邦调查局和华盛顿特区警察采用监听、录像等技术侦查手段进行监控。根据通过使用上述手段收集到的信息，政府向法官申请对其妻子的汽车使用 GPS 跟踪设备，法院批准申请并签发令状。根据令状，政府只能在华盛顿特区给该汽车安装 GPS 装置，且使用该装置的期限为 10 天，但警察直至第 11 日才在马里兰州给该汽车安装了 GPS，并对其进行了长达 28 天的追踪，最终得到其从事毒品犯罪的证据。控辩双方的核心争议点在于，政府方以违反令状规定的方式对被告人进行 GPS 追踪是否侵犯了其宪法第四修正案权利，相应地，是否应当适用宪法第四修正案排除规则排除该证据。参见 United States v. Jones，565 U.S.（2012）-U.S. Supreme Court。

令状，却没有按照令状要求行事，故而视为没有令状，因此其行为违法，所取得的证据应当被排除。该案之所以著名，主要在于它引发了关于GPS、监听等高新科技手段运用于侦查时是否构成宪法第四修正案的搜查扣押的讨论，并以此为基础进一步探讨是否为一种超出法律规制的非法取证行为，进而决定是否进行证据排除的程序性制裁。其中的一个结论是：对于类似于监听这种侵犯性极强的技术侦查手段而言，虽然它被认为是一种对抗犯罪和维护社会秩序的“必要之恶”，但毕竟所涉及的公民权利过于重大，不能不对其作充分有效的限制，其中对非法证据进行排除就是一项非常有效的限制手段。[①] 可见，非法证据排除同样是随着时代发展而不断丰富扩充的一项程序性制裁措施，从1967年的Katz案到2012年的Jones案，围绕非法侦查行为的认定标准一直都在争论之中，这种讨论会随着大数据侦查的出现变得更为激烈。

因此，在对大数据侦查行为进行外部规制的时候，除了通过事前严格审批的司法审查手段外，还要结合以非法证据排除为代表的相关程序性制裁举措。而施以程序性制裁的前提是发现非法侦查行为，所以对于大数据侦查行为何为“非法”、何为“合法”的认定将至关重要。当然，由于大数据侦查是一个概括性的行为概念，其中必然包含了很多具体不同类别的侦查行为，所以对大数据侦查行为进行个案分析、效益权衡尤为必要。

四　大数据侦查之效益衡量

“法律制度的基本取向在于效益”，“正义的第二个含义，简单地说就是效益”。[②] 效益是指效果与收益，侦查效益即为侦查效果与侦查收益，它反映的是侦查投入和侦查产出之间复杂的动态关系，它又内在地包含了侦查的经济效益与社会效益两个方面。[③] 侦查的经济效益主要是从侦查经

---

① 郑曦、刘玫：《非法证据排除规则在监听证据中的运用——以美国法为蓝本的考察》，《证据科学》2012年第6期。

② 〔美〕波斯纳：《法律之经济分析》，美国Little Brown公司，1972，第1页。

③ 任惠华：《法治视野下的侦查效益问题研究》，西南政法大学2008年博士学位论文。

济成本与侦查经济收益方面进行考量；而侦查的社会效益则主要是从侦查的权力成本与侦查的社会收益方面进行考量。在以程序法治为思想引领的侦查活动中，我们除了要对正当程序之下的权利保障体系、权力制衡体系予以密切关注之外，还要基于一种宏观、综合的视角对侦查效益进行衡量。与侦查效益相关的概念还有侦查效率、侦查效用、侦查价值、侦查评价等。

在大数据侦查过程中，效益衡量理论的作用将进一步凸显，以个人信息权为突出代表的私权利保障诉求与以技术驱动为代表的侦查权力扩张趋势之间的紧张关系将空前加剧，找到“权力—权利”的利益平衡点以舒缓二者之间的张力，是大数据侦查之程序法治的又一基本要义。在侦查效益衡量时，应当坚持侦查经济效益评价标准与侦查社会效益评价标准相统一的原则，除了传统成本收益分析内容之外，还应对“技术中立”与“个案裁量”两个基本要素予以格外关注。

（一）大数据侦查中的技术中立

之所以说技术中立是大数据侦查效益衡量的一个关键因素，是因为以大数据为代表的高新技术已经对原本“权利—权力”的二元关系造成了冲击，正在逐步向“权利—技术—权力”的三方构造转变。如果蕴含巨大侦查能量的高新技术不能在权利与权力之间保持一种审慎、中立、客观的立场，那么势必会严重影响二者之间的平衡关系，程序法治对侦查程序中控辩平等的要求也将难以实现。

侦查效益衡量的过程，本质上也是侦查博弈的过程，其中“均衡”作为博弈的一个至关重要的构成要素，要求侦查中的每一个参与者（包括侦查主体、犯罪嫌疑人、被害人、利害关系人以及社会组织群体等）之间都处于一种最优策略选择状态，相互作用、相互平衡，以使收益或效用最大化，实现优势策略均衡。[①] 在大数据侦查中，必须做好技术侵犯个人信息隐私风险性的评估以及技术打击防控犯罪实效性的评估，在侦查效果与侦

---

① 李双其：《侦查博弈论》，中国人民公安大学出版社，2013，第28页。

查效率的动态平衡中实现大数据侦查的最大收益。因此，大数据作为一项新型技术被引入刑事侦查领域中，应当秉持技术中立原则，尽可能地去维护刑事诉讼双重价值目标的平衡。技术中立原则，最早适用于知识产权领域，对于推动技术进步具有积极意义。实际上，自我国“快播案”中被告人及其辩护人提出“技术无罪”的辩护理由之后，刑事司法领域对“技术中立”原则也开始广为关注。刑事司法与高新技术之间应该是一种什么样的对应关系？一方面，法律不能成为网络技术发展的绊脚石，阻碍技术发展；另一方面，网络技术应当造福于人类，而不能成为犯罪的挡箭牌。[①]具体到侦查领域道理是一样的，既不能让程序法律规制成为侦查技术创新的阻碍，影响到打击犯罪效果的实现；也不能让以大数据为代表的新型技术手段成为侦查权力恣意行使的帮凶，对公民基本权利造成更大的侵害。

有学者从法理视角进行审视，分析了既往文献对技术中立三种含义的定位：功能中立、责任中立和价值中立。并基于一种重构模式的基本立场对技术中立的意涵进行了三个方面的阐释，他认为技术中立是一个最低限度的分析概念，在涉及技术的法律问题时应当先对技术进行专业的定性；并且技术中立的基本内涵中不应该包括价值中立，否则会阻断技术价值与法律价值的碰撞与互动；但是技术中立的概念可以在价值论辩中发挥作用。[②] 笔者认同这种对技术中立内涵的解读，在大数据侦查中，技术中立也更多的是在强调功能中立，而不涉及责任中立与价值中立。因为当大数据技术被运用于侦查实践，中立性的保证更多的还是通过客观的技术功能予以体现，涉及的责任抑或价值的评判很难施行。而这种客观功能层面的技术中立，主要表现为对大数据的搜索、分析、提取既要涉及对有罪证据线索的收集，又要涉及对无罪证据线索的收集，是基于一种客观理性的立场去探寻与案件相关的一切数据信息。这种中立运用技术、客观发挥技术功能的侦查行为，可以在侦查效益衡量时不必过多担心由于技术价值倾向

① 陈兴良：《在技术与法律之间：评快播案一审判决》，《人民法院报》2016 年 9 月 14 日，第 3 版。

② 郑玉双：《破解技术中立难题——法律与科技之关系的法理学再思》，《华东政法大学学报》2018 年第 1 期。

对“权利—权力”二元平衡关系的影响。

（二）大数据侦查中的个案裁量

以技术中立为基本前提，在对侦查效益进行权衡时还要注意原则与例外、一般与特殊的关系，而不应该用一种僵化的、一刀切式的标准去评价大数据侦查的价值效果。应从每一个具体案件性质着手，进行个案评判，决定是否适用大数据侦查，适用何种程度的大数据侦查，通过大数据侦查又是否取得了预期侦查效果。这种根据具体情况进行效益权衡的过程，也即裁量的过程。

裁量权的运作是法律适用活动必然衍生的社会现象，相较于相对固化的立法规则，裁量更具灵活性，社会生活的丰富性、复杂性、变化发展性等特点都决定了任何一种法治的理想与现实都不得不留给司法人员一定的裁量空间，以便其能够具体情况具体处理，在追求一般正义、普遍正义的过程中，兼顾具体正义、个别正义的实现。[①] 在大数据侦查过程中，通过对个案的具体裁量，更有助于效率、正义、人道以及刑事政策等方面正向价值的实现。当然对于裁量与权衡我们也应当理性地对待，意识到其中可能伴随引发负向效能的风险，例如裁量主体因法治观念落后反而会对平等原则造成破坏，进而弱化对犯罪嫌疑人权利的保障；或者仅因裁量主体专业认知偏差出现了对案情的误判，导致放纵了犯罪分子；抑或享有裁量权者权力寻租出现了腐败现象等。因此，对于在侦查中大数据技术用或不用、适用何种层级的大数据侦查以及大数据侦查行为合法与否的定性等问题，均需进行综合权衡与公正裁量，而这种裁量同样需要得到合理有效的控制，以确保正向价值的最大化、负向价值的最小化，进而在实质正义与形式正义、个体性正义与比较性正义之间保持平衡。对于裁量的控制，除了一般规范性制约外，再者就是程序性控制，要求坚持以人为本的正当程序原则，裁量过程具有公开性、参与性、平等性、说理性等。如此看来，

① 周长军：《刑事裁量论——在划一性与个别化之间》，中国人民公安大学出版社，2006，第10页。

实际上就形成了一个正向价值不断循环的程序法治闭环："程序正当—以人为本—无罪推定—权利告知—相对公开—权力谦抑—比例原则—司法审查—程序制裁—效益衡量—技术中立—个案裁量—程序正当"。

如今已经进入信息化时代，随着网络犯罪的不断升级，"权利—权力"的二元关系变得愈加复杂，一方面围绕个人信息保护形成了包括被遗忘权在内的一系列新型权利；另一方面为实现打击犯罪、实现有效社会治理之目标，强化国家权力的呼声也在日渐高涨。尤其是伴随着大数据时代的到来，当信息质变为权力基础，国家权力与公民权利的二元关系将日益紧张而又相互依存，围绕国家数据网络安全公共利益与个人信息保护私人利益的冲突将进一步加剧。① 因此在开展大数据侦查的过程中，应当严格限定"例外""特殊"原则适用的具体情形，谨防"例外原则一般化"的法治漏洞出现。在权衡侦查效能的过程中，一定要始终坚持"以事实为依据，以法律为准绳"的基本原则，对每一个将要开展大数据侦查的案件进行事前评析，通过综合衡量权力、权利、效果、效率、技术、规则等②基本法治要素，确保大数据侦查程序法治的实现。

The Essentials of Procedural Rule of Law in Big Data Investigation: From the Basic Perspective of Human Rights Protection

Peng Junlei

Abstract: As a new technology, new model and new mechanism, big data investigation must take procedural rule of law as a prerequisite. Guided by the concept of modern rule of law, Under the guidance of the modern concept of rule of law, "Due Investigation Procedure Based on Right Restriction", "Modesty of Investigative Power Based on Power Balance", and "Measurement of investi-

① 裴炜：《个人信息大数据与刑事正当程序的冲突及其调和》，《法学研究》2018 年第 2 期。

② 刘伟：《如何实现刑事侦查的法治化》，《政法论丛》2017 年第 4 期。

gative interests based on technological neutrality" complement each other, which constructs the theoretical framework of the rule of law in the procedure of big data investigation. First of all, it requires big data investigation to uphold the Human Rights Foundation of people-oriented and presumption of innocence, special attention should be paid to the basic rights of the accused and other related rights, such as the right to know, privacy, and personal information rights, and they will be subject to supervision and restriction through "Relative openness of procedures". Secondly, it calls for strict implementation of the principle of proportionality in big data investigation, and to be checked and balanced by judicial review and procedural sanctions. Thirdly, in the process of interest measurement, we need to uphold the principle of technological neutrality, and realize the legalization of procedure in big data investigation by comprehensively measuring the basic elements of rule of law such as power and right, effect and efficiency in case discretion.

Keywords: Big Data Investigation; Procedural Rule of Law; Human Rights Protection; Power Moderation; Benefit Measurement

《人权研究》稿约

《人权研究》创刊于2001年，系山东大学人权研究中心主办的学术理论性刊物。该刊物在学术界具有良好学术声誉，已被收录为CSSCI来源集刊。现任主编为齐延平教授。

本刊欢迎以人权、基本权利为主题的历史研究、比较研究、跨学科研究、案例评析、书评及译文，亦欢迎涉及刑事法、行政法、国际法、环境法等部门法的相关研究。来稿应见解独立、论证清晰、资料翔实、文风清新。

论文以2万~3万字为宜，案例评析、书评及译文不受此限；另附中英文标题、摘要、关键词，以及作者信息和通讯方式。本刊常年征稿，来稿三个月内未接到刊用通知者，敬请自行处理。来稿请以电子版发送至编辑部收稿邮箱：rqyj2001@163.com，稿件请勿投寄个人。

本刊实行每页重新编号的脚注注释体例。引用性注释必须真实、必要。对观点的引用，应注重代表性；对事件、数据的引用，应注重资料来源的权威性。限制对非学术性书籍、非学术性期刊及报纸文章和网络资料的引用。说明性注释以必要为限，并应尽量简化表达。

欢迎学界同仁不吝赐稿！

《人权研究》编辑部

2019年7月

图书在版编目(CIP)数据

人权研究. 第二十二卷 / 齐延平主编. -- 北京 :
社会科学文献出版社, 2020.3
ISBN 978-7-5201-6413-9

Ⅰ. ①人… Ⅱ. ①齐… Ⅲ. ①人权-研究 Ⅳ.
①D082

中国版本图书馆 CIP 数据核字 (2020) 第 041149 号

人权研究 (第二十二卷)

主　　编 / 齐延平
执行主编 / 郑智航

出 版 人 / 谢寿光
组稿编辑 / 刘骁军
责任编辑 / 关晶焱
文稿编辑 / 张　娇

出　　版 / 社会科学文献出版社 · 集刊分社 (010) 59367161
地址: 北京市北三环中路甲 29 号院华龙大厦　邮编: 100029
网址: www.ssap.com.cn
发　　行 / 市场营销中心 (010) 59367081　59367083
印　　装 / 三河市尚艺印装有限公司

规　　格 / 开 本: 787mm × 1092mm　1/16
印 张: 32.5　字 数: 493 千字
版　　次 / 2020 年 3 月第 1 版　2020 年 3 月第 1 次印刷
书　　号 / ISBN 978-7-5201-6413-9
定　　价 / 138.00 元